租税法と行政法の交錯

租税手続法・租税争訟法の視点から

占部裕典

慈学社

はしがき

わが国において、租税手続法、租税争訟法の議論については、かって、行政法研究者の行政法研究の延長線上で議論されることが多かった。租税法が行政法各論として論じられた過去の状況からすれば当然の流れであったといえよう。しかし、その後、わが国の経済活動の発展のなかで多様な企業形態、多様な取引等に係る租税実体法での課税関係の究明が求められ、租税法において租税実体法が研究の中心となり、租税法が行政法各論の範疇として論じることが到底できないほど課税関係は複雑となってきた。それに伴い、税務争訟の件数は飛躍的に増加してきた。

最近の租税事件の特徴は、租税法の文理解釈をめぐる訴訟の増加、租税回避事案（特に国際課税関係事案）の増加、大型税務訴訟案件の急増であろう。特に、行政事件のうちに税務事件が占める割合、事件数は高く、行政訴訟の中心が税務訴訟であるといっても過言ではなかろう。しかし、行政不服審査法や行政事件訴訟法の特例としての国税通則法の存在、事前手続きとしての行政手続法の適用が原則として税務行政では排除されていることなど（不利益処分や行政指導等に一定の限度で適用されるのみ）、行政事件訴訟法等の規定の解釈やこれまでの行政法の一般理論等では対応できる領域とはいえなくなってきている。このことは、地方税法における課税関係においても状況はまったく同様である。

特にこれまでは、行政不服審査法が不服審査前置主義を採用することによる迂回的争訟手続きの弊害、国税不服審査法及び行政事件訴訟法の特例としての税務争訟の特徴などが必ずしも理解されたうえで税務争訟に係る理論的な構築が行われておらず、課税庁主導型で訴訟実務が推移することの弊害など、多くの課題を抱えていたといえよう。

また、かつては事前手続きなどにおいて、理由附記などの租税規定における判例の蓄積が行政手続一般に影響を与えるなど、租税法研究が行政法研究に与えた影響も評価しうるものといえようが、現在では行政手続法が広く行政に適用されるところ、税務行政には独自の規定がおかれていることなどを理由に事前手続きではもっとも対応が遅れた領域となっている。納税者の権利救済を手続法的視点からみていくことの必要性は高い。このような意識は、平成二三年度・二六年度の国税通則法の改正に反映されたものと思われ、これにより租税手続、それに対する救済方法については一定の前進が今後あるものと推測されるが、なお租税争訟法に係る部分については多くの問題が放置されたままとなっている。

さらに、税務訴訟においては、改正行政事件訴訟法以後、税務訴訟への活用は義務づけ訴訟などをはじめ広く活用の余地はあるものと思われるが具体的な適用が十分に議論されているとはいえない状況にある。特に改正行政事件訴訟法の税務に及ぼす影響についても検証することが必要である。税務訴訟においてあらたなる権利救済が可能になったものと推測される。また、平成二六年度には行政不服審査法の改正も行なわれ、この問題と併せて今後、税務における不服申立制度なども検討を進めていく必要があろう（平成二六年度の行政手続法、行政不服審査法及び国税通則法改正については、本書の編集との関係において追記等で対応せざるを得なかった）。

本書はこのような問題意識のもとに、特に、税務行政（特に税務調査）における権利救済方法、税務情報の管理と救済、嘆願書の法的な位置づけと不利益に係る法的責任、更正の請求（の範囲）手続きと理由なしとの処分に対する争訟、職権減額更正の発動と不発動に対する争訟、課税庁の更正権限（の範囲）と義務付け訴訟の許容性、理由附記の機能と理由附記の程度、理由の差替えの許容性、総額主義と争点主義の確執と訴訟の対象などといった論点から、租税手続法、租税争訟法の課題を、租税法判例・理論と行政法判例・理論を交錯させながら、検討していったものである。

租税法学者及び行政法学者にとって各々の研究の谷間にあるこれらの領域は、租税実体法の発展に比して旧態依然の状況に存することを肝に銘じ、その谷間に少しでも明かりを灯させれば幸いである。

本書の刊行にあたっては、これまで同様、慈学社出版の村岡侖衛氏に企画から編集・出版まで格別にお世話をいただいた。ここ数年、法科大学院制度が翻弄されるなかで学内行政に多くの時間を割くこととなり、研究時間は大幅に削減され、ともすれば研究意欲はそがれがちであったが、このような成果を公表できることは村岡氏のお力添えによるところが大きい。心より御礼を申し上げる次第である。

本学術図書は、平成二六年度科学研究費助成事業（科学研究費補助金）研究成果公開促進費（学術図書）の交付をうけて刊行されたものである。関係各位に厚く御礼を申し上げる。

京都御所を一望する研究室にて

占部 裕典

目　次

目　次

［初出一覧］

第一章は、税務行政（債務確定から不服申立てまで）の流れに則して現在の未税務行政の法的課題を納税者の権利救済といった視点から概観する。**第二章**は、裁判例を素材にして租税債務確定手続に係る課題を明らかにし、検討を加える。**第三章**は、国税の不服申立てに係る課題を明らかにして、立法論を含めて解決策を探る。**第四章**は、固定資産税に係る争訟方法の特徴を明らかにするとともに、固定資産税の賦課処分に係る不服申立てに係る論点を検討する。**第五章**は税務訴訟の訴訟要件（原告適格、訴えの利益）を論ずる。**第六章**は、更正の請求の排他性が及ぶ範囲を検討する。**第七章**及び**第八章**は固定資産税訴訟における違法性の判断基準等を論ずる。**第九章**は、更正処分等の取消訴訟における総額主義と争点主義に付随する問題を検討する。**第一〇章**は、税務訴訟における義務付け訴訟の許容性を、**第一一章**は、税務訴訟における当事者訴訟の適用可能性を論ずる。**第一二章**は、源泉徴収に係る争訟方法を検討する。**第一三章**は行政訴訟に直接関わる問題ではないが、これまで取り上げられてこなかった論点であり、議論を提起する意味で本書に掲載するものである。

第一章　税務行政と租税救済法——国税通則法改正を踏まえて

［書き下ろし］平成二六年度行政不服審査法・行政手続法・国税通則法の各改正を成果発表時期との関係で本章に盛り込むことは困難であったので追記という形で補筆している。

第二章　最近の判例にみる——租税確定手続の法的諸問題——租税手続法と租税訟法の交錯

「租税債務確定・租税争訟手続における課題と改正の方向性」『第六二回租税研究大会記録』一七三頁—二二〇頁（二〇一〇）、「租税手続法と租税争訟法の交錯（一）（二）（三・完）——改正行政事件訴訟法下における税務訴訟の新しい道——」同志社法学三二四号（五九巻五号）一—一〇一、三二五号（五九巻六号）二一三頁—三〇四、三二六号（六〇巻二号）二三頁—一〇〇頁（二〇〇八）から、更正の請求、重加算税の賦課要件に係るものを抜粋して掲載している。

第三章　不服申立て——不服審査前置主義の弊害

第一節　不服申立前置主義と違法性の承継

「第二次納税義務者の主たる課税処分に対する不服申立適格と不服申立期間の起算日」法令解説資料総覧二九四号八一頁—八七頁（二〇〇六）

第二節　国税通則法の改正と不服申立制度

［書き下ろし］平成二六年度行政不服審査法・行政手続法・国税通則法の各改正を成果発表時期との関係で本章に盛り込むことは困難であったので追記という形で補筆している。

第三節　スウェーデンにおける税務争訟制度

「スウェーデンの税務争訟制度」『世界の税金裁判』第六章（一五九頁—一七八頁）（清文社・二〇〇一）

第四章　固定資産税における救済方法

第一節　固定資産税の争訟方法の特殊性と改革の方向

「固定資産税の争訟方法の特殊性と改革の方向」総合税制研究 八号（一七頁—五九頁）（二〇〇〇）

第二節　不服申立て等を経ない国家賠償訴訟の可否

「課税処分をめぐる国家賠償訴訟の特殊性」波多野弘先生古稀祝賀記念論文集刊行委員会編『波多野弘先生古稀祝賀記念論文集』五七頁—八二頁（清文社・一九九九）

第五章　税務訴訟における訴えの利益と原告適格

第一節　更正処分・再更正処分と訴えの利益

「更正処分・再更正処分と訴えの利益」別冊ジュリスト二一二号（二〇一二）

第二節　租税特別措置に対する立法的・司法的統制と原告適格

「租税特別措置に対する立法的・司法的統制——『租税特別措置の適用状況の透明化等に関する法律の制定』をうけて——」『租税の複合法的構成：村井正先生喜寿記念論文集』（清文社・二〇一二）

第六章　更正の請求の排他性とその限界

「租税争訟における『更正の請求の排他性』の機能と限界」税法学五一九号（平安遷都一二〇〇年祭祝賀記念号）三六頁—五九頁（一九九四）を平成二三年度税制改正を受けて加筆修正している。

第七章　固定資産税の「適正な時価」と登録価格の違法に関する判断基準
「固定資産税の『適正な時価』と相続税法の『時価』の解釈――固定資産税の登録価格等の鑑定評価による主張立証責任について――」同志社法学 第六四巻二号一頁―七二頁（二〇一二）

第八章　家屋に係る固定資産税訴訟における審理の特殊性
東京地裁平成二三年一二月二〇日判決（判例批評）判例評論六六九号一頁（判例時報二一三二号一一五頁（二〇一四）

第九章　課税処分取消訴訟の審理の対象と処分理由～更正に係る処分理由の差替えの許容性
「更正にかかる処分理由の差替えの許容性――更正の除斥期間経過後に処分理由の差替えは認められるか――」同志社法学五六巻三号一―四〇頁（二〇〇四）に事例等を附加するなどして大幅に加筆修正した。

第一〇章　税務訴訟における義務付け訴訟の許容性
「税務訴訟における義務付け訴訟の許容性（一）（二）」民商法雑誌一三九巻二号一四七頁―一七六頁、一三九巻三号三二二頁―三七七頁（二〇〇八）

第一一章　税務訴訟における当事者訴訟の活用可能性
「税務訴訟における当事者訴訟の活用可能性」『行政法学の未来に向けて（阿部泰隆先生古稀記念）』六〇七頁―六二七頁（有斐閣・二〇一二）

第一二章　源泉徴収制度における権利関係と救済方法
［書き下ろし］

第一三章　税務にかかる損害賠償請求訴訟

第一節　弁護士業務と税理士業務の境界
「平成二三年四月二二日判決（判例評釈等）」法学セミナー増刊　速報判例解説一一巻（新・判例解説Watch）一八五頁―一八八頁（二〇一三）

第二節　税理士業務の付随的業務としての会計業務責任
「税理士の会計業務責任」旬刊商事法務 一六〇二号七六頁―九三頁（二〇〇一）

第一章　租税行政と租税救済法

――国税通則法改正を踏まえて

はじめに

税務（租税）行政は、自己完結的な権力的行政の典型的分野であるといってよい。税務行政の特徴としては、①租税法律主義のもとでの文理解釈の徹底、②租税法基本通達・個別通達等による通達による行政といわれる実態、③租税債務の確定権が一次的には納税者に、二次的には課税庁（税務署長等）に存する法的構造のもとでの租税債務確定手続（の特殊性）、④特別法（国税通則法等）による租税争訟手続の独自性・体系性などをあげることができる。租税確定手続、租税徴収手続は各々賦課処分及び滞納処分とそれに至る税務調査を中核に税務行政の権力的な法的構造が採用されている。国税の中心である申告納税に係る租税については、第一次的には申告により課税標準等又は税額等は確定するが、二次的には課税庁が課税標準等又は税額等の確定にあたり中心的な役割を果たす。確定した租税債務は納付等により消滅するが、納付期限までに納付等により租税を完納できないとき（滞納）には、督促のうえ滞納処分（強制徴収）に移行する。

本稿においては、税務行政を租税確定と租税徴収（滞納処分）という目的に向けての手続過程であると捉えて、作用法的な視点から時系列的に税務行政の問題点を検討していく。

なお、税務行政においては、ここ数年の行政手続法、行政不服審査法、行政事件訴訟法等の改正（の方向性）が税務行政への直接的な影響とはならず、納税者の権利保障の視点からもっとも改革が遅れた行政領域の一つとしての危機感があった。(1) 平成二三年度国税通則法等の改正はこれに一部応えるものであった。よって、本稿はこの改正にも特に留意する。

一　税務調査手続（課税処分の判断過程）と納税者の権利救済

税務調査の中心は質問検査権にもとづく税務調査であり、この紛争が昭和四〇年代に激化して質問検査権の行使をめぐって生じた刑事事件をはじめとして、納税者と課税庁の間でもっとも過激に対立があった。しかし、この直後に最高裁昭和四七年一一月二二日判決（月報三〇巻一号一五一頁）は、質問検査権と憲法上の令状主義との関係を判断し、最高裁昭和四八年七月一〇日決定（刑集二七巻七号一二〇五頁）は、質問検査権行使の要件・手続きについて税務職員の広範囲な裁量を認めたものであった。昭和四〇年代の上記二判決が今日までの税務調査の流れを停滞させているといっても過言ではなかろう。現在まで、税務調査（行政調査）は、もっとも税務行政手続（行政手続）のなかで取り残された領域の一つとなってきた。

行政調査は任意であるか強制であるかを問わず「行政目的達成のために必要な情報の収集活動」であり、国税通則法二四条でいう「調査」もそのような広範囲な活動を含んでいる（国税不服審判所平成一九年一二月一九日裁決参照）。税務調査は、①相手方の任意の協力を得て行う任意調査（純粋な税務調査）、②行政上の制裁等により実効性が担保された間接強制調査（質問検査権の行使による税務調査）、③実力行使により相手方の抵抗を排除して行う実力強制調査（国税犯則取締法にもとづく犯則調査）がある。ここで特に問題となるのが①②の税務調査であろう。そこではなによりも税務調査の裁量統制・法的統制が問題となろう。

最高裁昭和四八年七月一〇日裁決は、質問検査（行政調査）の範囲、程度、時期、場所等、実定法上実施の細目については、特段の定めのないところ、右にいう質問検査の必要があり、かつ、これと相手方の私的利益との衡量において社会通念上相当な程度にとどまるかぎり、権限ある税務職員の合理的な選択に委ねられていると判示する。そこで、相手方の私的利益との衡量において社会通念上相当な限度を超える場合とはどのような場合かが問題となる。また、「暦年終了前または確定申告期間経過前といえども質問検査が法律上許されないものではなく、実施の日時場所の事前通知、調査の理由および必要性の個別的、具体的な告知のごときも、質問検査を行なううえの法律上一律の要件とされているものではない」という判示は、事前通知および理由告知が必要とされる場合があることを示したものと解されるが、どのような場合かが問題となろう(2)。

なお、最高裁昭和四七年一一月二三日判決は、所得税法に基づく調査には令状主義や供述拒否権が及ばないと判示しているところであり、税務調査は実質上刑事責任追及のための資料の収集に直接結びつく作用を一般的に有しないものである。しかし、これに反して質問検査のやり方次第では告発等に結びつくことなどもあり、違法な質問・検査によって得た情報は証拠能力が排除されるか否かという問題が生じることは否定できないであろう（後述1(7)参照）。

1　税務調査の過程と取りまとめ

税務調査における税務職員（調査官）の裁量は、具体的には①調査の必要性、②調査の時期、③調査対象選択の合理性、④事前通知・調査理由の開示、⑤第三者の立会いの可否、⑥調査の手法、⑦反面調査の必要性や範囲の検討、⑧反面調査先への通知、⑨調査終了時のとりまとめ等において問題となる。

(1)　税務調査の主体としての当該職員

税務署長は、納税申告書の提出があった場合において、当該課税標準等又は税額等がその調査したところと異なるときは、その調査により、当該申告書に係る課税標準等又は税額等を更正する（国税通則法二四条）。また、国税庁又は国税局の当該職員の調査があったときは、税務署長は、当該調査したところに基づき、これらの規定による更正等をすることができる（同法二七条）。そこで、たとえば酒税目担当の税務職員が他の税目の調査をすることができるか（財務省組織規則五六〇条等参照）あるいは所得税の調査権限のある職員が法人税の調査資料を取得し、これにもとづいて税務署長が法人税の更正処分等を行うことがあるが、そのような調査は許容されるか、などといった問題が想定される。税務行政機関に所属する職員のうち、各々の税法上の権限を行使する事務をつかさどる職にある者を「当該職員」というが、組織法令上の部局に属してある個別科目に係る調査権限を有する当該職員が法令の授権なくしてほかの税目等に係る調査を行うことは原則として違法になると解されよう。しかし、この点について判例は緩やかに解している（名古屋高裁昭和四五年七月一六日判決・月報一七巻二号三六一頁等参照）。

(2)　調査の開始時期

税務調査（質問検査権の行使）は租税債務が成立していなくとも、あるいは法定申告期限を経過していなくとも開始することができると解されている（前掲最高裁昭和四八年七月一〇日決定）。しかし、現在の規定の租税債務確定手続の構造からして一定の国税徴収法に係る差押等のための調査を除き、法定申告期限が経過しないと調査はできないと解されよう。なお、所得税法二三四条一項一号等にいう「納税義務がある者」とは、既に法定の課税要件が充たされて客観的に所得税の納税義務が成立し、いまだ最終的に適正な税額の納付を終了していない者のほか、当該課税年が開始して課税の基礎となるべき収入の発生があり、これによって将来終局的に納税義務を負担するにいたるべき者をもいい、「納税義務があると認められる者」とは、税務職員の判断によって、納税義務がある者に該当すると合理的に推認される者をいうと解される（前掲最高裁昭和四八年七月一〇日判決）。

(3)「調査について必要があるとき」の意義

所得税法二三四条（当該職員の質問検査権）一項にいう「調査について必要があるとき」（調査の客観的な必要性）とは、過少申告の疑いが具体的かつ合理的に存する場合のみならず、そのような疑いが当初から存しない場合でも、課税の公平適正な運用を図るため、申告の適否すなわち申告の真実性、正確性を確認する必要性が存する場合も含むものであり、すなわち「法人税に関する調査について必要があるとき」とは、相手方の事業形態等諸般の具体的事情にかんがみ、客観的な必要性があると判断される場合のことをいう（客観的必要説）と判示されている（前掲最高裁昭和四八年七月一〇日決定、釧路地裁昭和六三年三月二九日判決・判タ六七四号八五頁。東京地裁昭和四八年四月一七日・行政事件裁判例集二四巻四・五号三一九頁は主観的な疑いで足りるとする。）。最高裁昭和四八年七月一〇日判決の枠組みは不動のものとして判例は推移してきている。しかし、それがどの程度のものを要求するかについては必ずしも明らかではないといえよう。客観的必要説は妥当であろうが、その非協力に対して罰則規定がおかれていることから、必要性を緩かに解することは許されないといえよう。調査をここ五年間一度も行っていないという理由で質問検査権を行使することができるか否かについて、青色申告の承認を受けている者の場合には、帳簿書類を備え付け、記録、保存する義務があることから（法人税法一二六条一項等）、青色申告者で税務署が長期間未接触である者については、調査の必要性の程度は未接触だけの理由では弱いものの、必要性自体は存在すると認めることができると判示する（広島高裁平成四年九月二九日判決・税務訴訟資料一九二号六九六頁、横浜地裁平成一三年一二月一二日判決・税務訴訟資料二五一号順号九〇三三等参照）。

なお、質問検査における被調査者の義務について、質問検査権は、犯罪捜査のためではなく、被調査者の任意の協力を前提としているとはいえ、その非協力に対し所得税法上罰則があることから、被調査者には右質問検査に応ずる義務がある（京都地裁昭和五九年四月二六日判決・シュトイエル二七四号一頁）と解されている。

(4)　反面調査の必要性

反面調査の要件、反面調査の範囲が問題となるところ、最高裁昭和四八年七月一〇日決定は当該職員の合理的な裁量に委ねている。広義説（裁量説）と補完要件説の対立が存しよう。広義説によれば、青色申告に対する税務調査において、帳簿等を調査せずにただちに反面調査に及ぶことは許される。これに対して、補充要件説によれば納税義務者の税務調査を経た後になお反面調査の必要性がある場合に限定されることになる。東京地裁昭和五八年九月三〇日判決・行政事件裁判例集三四巻九号一七二三頁等は、反面調査の補充性を否定する（東京高裁平成一一年一一月一〇日判決・税務訴訟資料二四五号二〇一頁、福岡地裁平成一二年五月二六日判決・税務訴訟資料二四七号八三九頁、熊本地裁平成一五年一一月二八日判決・民集五九巻二号三九一頁等参照）。反面調査は、直ちに反面調査に及ぶことなく、納税者における資料・調査等では申告内容の適否を判断できない場合に限られると解すべきであろう。

(5)　質問検査の実施の際の第三者の立会い

最高裁昭和四八年七月一〇日決定は、税務調査において一般私人の立会いを認めれば、被調査者及びその取引先の営業上の秘密ないしプライバシーに質問検査が及んだ場合には、守秘義務を負わない一般私人がその内容を聞知することになり、被調査者の取引先等の営業上の秘密を守るという守秘義務を定めた法の趣旨が実質的に損なわれるおそれがあり、税務職員がこうした事態を考慮して、調査に関係のない第三者の立会いを拒否したとしても、これは税務職員の裁量に委ねられた権限の範囲内の行為であるというべきであると判示する（同旨、東京地裁平成九年六月二六日判決・税務訴訟資料二二三号一一一六頁、神戸地裁平成一六年四月六日判決・税務訴訟資料二五四号順号九六一八、大阪高裁平成一五年五月八日判決・税務訴訟資料二五三号順号九三四〇等）。なお、税理士事務所の職員を立ち会わせることが広く行われているところであるが、これは税理士法二条一項・二項との問題も存するところであり、納税者や調査官の了解があったとしても違法なものと評価されうる。また、弁護士の立会いが許されるか否かについては争いがある（本書第一二章第一節参照）。

(6) 調査の通知、必要性の告知、調査理由等の告知

事前通知の必要性については、議論が分かれている。①調査そのものが、財産権の侵害等、一般的には納税者の権利を侵害可能性を含んでいる以上、事前通知は必要とする見解、②事前通知は不要であるとして実体法的規制を厳格にする見解、③事前通知は不要だが、立入時における調査の目的・事項の告知は必要とする見解などが存する。最高裁昭和四八年七月一〇日決定は、実施の日時場所の事前通知、調査の理由および必要性の個別的・具体的な告知のごときも、質問検査を行なう上の法律上一律の要件とされているものではないと判示する（福岡地裁平成一二年五月二六日判決・税務訴訟資料二四七号八三九頁、宇都宮地裁平成一〇年三月一九日判決・税務訴訟資料二三一号五〇頁、東京高裁平成一〇年一二月二五日判決等）が、事前通知・理由開示はいついかなる場合でも必要とされるわけではないが具体的事情によって必要とされる場合もあるという趣旨にも理解することができる。しかし、「質問検査の範囲、程度、時期、場所等実定法上特段の定めのない実施の細目については、右にいう質問検査の必要があり、かつ、これと相手方の私的利益との衡量において社会通念上相当な程度にとどまるかぎり、権限ある税務職員の合理的な選択に委ねられているもの」としていることから行政庁の裁量を広く認め、調査日時等の事前通知や調査理由等の

告知を当然に必要とはされていないと解するほかはない。よって、現在では個別の法律の規定のない限り、調査の必要性と相手方の私的利益の衡量によって決するほかはない（後述本章一2の改正参照）。基本的には資料の改竄、隠匿のおそれ、緊急性の高さ、資料収集の効率性、私生活や営業活動への配慮、立入等に対する制裁の有無、程度を考慮することになろう。

なお、税理士に対する「調査の事前通知」規定や「意見の聴取」規定は税理士固有の権利として認められているにもかかわらず（税理士法三四条（調査の通知）、三五条（意見の聴取））、納税者には固有の手続保障規定がほとんど存しないというアンバランスがこれまでは存していた（後述の改正2、3参照）。

(7) 調査の範囲と調査方法の選択

質問検査の範囲、程度、時期、場所等、実定法上特段の定めのない実施の細目については、客観的な必要性があり、かつ、これと相手方の私的利益との衡量において社会通念上相当な限度にとどまる限り、権限ある税務職員の合理的な選択に委ねられているものと解されている（前掲最高裁昭和四八年七月一〇日決定、熊本地裁平成一五年一一月二八日判決・民集五九巻二号三九一頁、大阪高裁平成一七年六月二八日判決・税務訴訟資料二五五号順号一〇〇六五等参照）。そこで税務職員の裁量行使について違法とすべき場合とは、調査の前提となる事実関係に誤認がある場合、調査の目的・動機に不正がある場合、信義則上で違法となりうる場合、平等原則違反の場合、比例原則違反の場合などが考えられる。比例原則違反を取り上げると、①調査権限を行使するか否か、②どの程度調査をするか、③どのような調査手段を選択するか、といった場面で問題となろう。①も比例原則はあてはまるがまず机上調査をしてみなければ規制権限を行使すべきか分からないことがあるので、この点での比例原則の拘束は弱い。調査について合理的な必要性があれば足りる。②については、比例原則が厳格に妥当するところであり、調査により収集される情報はその目的に照らして必要な程度ということになる。③については、いずれの手段をとるかにより相手方の被る負担も大きく、いずれの方法による方が納税者の負担が小さいかが衡量されなければならない。調査を行うために必要的合理性が認められない場合、調査目的に照らして調査の範囲が必要最小限を超えている場合、相手方の負担軽減が考慮されずに調査手段が選択された場合など、裁量を逸脱しているということができよう。

また、質問検査権に基づく税務調査と犯則調査との関係にも留意が必要である。税務職員が法人税等に関する調査のために行う質問検査権の行使を中心とする税務調査は、租税の公平かつ確実な賦課徴収という行政目的をもって、課税要件事実を認定し、課税処分を行うために認められた純然たる行政手続である。両者はその目的、手続等を異にしており、しかも質問検査権については、これに応じない者に対しては、罰則の適用をも伴うものであるから（法人税法一六二条二号等）、上記の行政目的を逸脱して、同法所定の調査の場合と全くその目的性格を異にする犯則調査のための手段として、若しくは犯罪捜査を有利に行おうとして質問検査権を行使し、調査に藉口して証拠資料を収集することは、憲法三五条、三八条の法意に照らし、許されないものといわなければならない。なお、最高裁平成一六年一月二〇日決定（刑集五八巻一号二六頁）は、質問又は検査の権限の行使にあたって、取得収集される証拠資料が後に犯則事件の証拠として利用されることが想定できたとしても、そのことによって直ちに、上記質問又は検査の権限が犯則事件の調査あるいは捜査のための手段として行使されたことにはならないというべきであるとして現実の利用に合せて判断している（高松高裁平成一六年一月一五日判決・月報五〇巻一〇号三〇五四頁等参照）。一方、逆の場合、すなわち、更正処分及び青色申告承認取消処分を行うにあたり国税犯則取締法に基づく調査により収集された資料を利用することが許されるかについて、最高裁昭和六三年三月三一日判決（判時一二七六号三九頁）は、収税官吏が犯則嫌疑者に対し国税犯則取締法に基づく調査を行った場合に、課税庁が当該調査により収集された資料を犯則嫌疑者に対する課税処分及び青色申告承認の取消処分を行うために利用することは許されるものと解するのが相当であるとして、そのような利用を許容する。

白色申告者との関係においては更正等にあたり推計課税が認められている（所得税法一五六条、法人税法一三一条）。ここでは、推計課税の「必要性」、推計課税の方法（推計課税の合理性）が問題となる。(3) 推計課税は納税義務者が帳簿書類等を備え付けておらず、収入・支出の状況を直接処理によって明らかにすることができない等の一定の場合（大阪地裁平成五七年七月二六日判決・行裁例集二八巻六・七号七二七頁等参照）に限られると解すべきである。また、いかなる方法で推計課税を行うかは税務署長等の自由裁量ではなく、合理的に行われなければならない（東京高裁平成一一年九月二八日判決・判時一七四〇号二八頁等参照）。推計課税の必要性、推計課税の合理性を欠く推計課税は違法となる。青色申告者に対しては青色申告の承認を取り消した上で、推計課税に基づく更正等を行うこととなるが、青色申告の承認の取消理由（所得税法一五〇条一項各号、法人税法一二七条一項各号）の有無、理由附記の程度等が問題となる（福岡高裁昭和五二年九月二九日判決・行裁例集二八巻九号一〇二九頁、最高裁昭和四九年四月二九日判決・民集二八巻三号四〇五頁等参照）。

なお、税務職員は職務上様々な秘密を知ることとなるが、その守秘義務は納税義務者の利害に深くかかわる。平成二二年度税制改正において、国税の調査又は国税の徴収等に関する事務に従事している者又は従事していた者による守秘義務違反について、国税通則法に統一的な罰則規定（二年以下の懲役又は一〇〇万円以下の罰金）を設けられた（税通一二六条）。広く国税の調査事務や徴収事務に従事する者等に対し、国家公務員法よりも加重された守秘義務違反に対する罰則を科すこととされ、従来の所得税法や法人税法等の「調査に関する事務」の範囲が必ずしも明確でなかったために規定上明確化された。税務職員の守秘義務とあわせて、特定職業人（弁護士・医師）の拒否特権（国税通則法の制定に関する答申、昭和三六年七月参照）等、税務調査の限界も別途検討される必要がある。

2　国税通則法改正による税務調査と納税者の権利保障

平成二三年度国税通則法改正により、法人税法・所得税法等の税務調査の根拠規定（質問検査権）が国税通則法に集約され、質問検査権に関する規定について、横断的に整備することとされた（改正国税通則法七四条の二～七四条の六）。そのうえで、具体的に下記の改正が行われた。

(1)　税務調査の事前通知

税務署長等は、税務職員に実地の調査において質問検査等を行わせる場合には、あらかじめ、納税義務者に対し、調査の開始日時・場所、調査の目的（例、〇〇年分の所得税の申告内容の確認等）、調査対象税目、課税期間、調査の対象となる帳簿書類その他の物件（例、法人税△△条に規定する帳簿書類）、その他必要事項を通知することとされた。ただし、税務署長等が違法又は不当な行為を容易にし、正確な課税標準等又は税額等の把握を困難にするおそれその他国税に関する調査の適正な遂行に支障を及ぼすおそれがあると認める場合には、これらの通知を要しない（改正国税通則法七四条の九、七四条の一〇、附則三九条）。当初の改正法案ではこの規定は書面による通知（事前通知）として導入が予定されていたが、再度の法案改正で口頭による通知に改められた。なお、納税者に合理的な理由が存する場合には事前通知に係る調査日時、場所の変更が可能である。

改正前においては、調査日時を口頭で原則通知（例外はある）とする「税務調査の際の事前通知について（事務運営指針）」（平成一三年三月二七日）に基づいて対応していたことから、課税庁は実質的な変化はないものと考えているると解される。しかし、法制度として導入された以上、課税処分等へ通知内容の範囲と程度等に係る手続違反がいかなる影響を及ぼすかは今後は慎重な判断が求められよう。
なお、反面調査先に対する事前通知は規定されていない（国税通則法七四条の九）。

(2) 領置規定の導入

税務調査において提出された物件の留置き制度が導入された。税務職員は、国税の調査について必要があるときは、当該調査において提出された物件を留め置くことができる（改正国税通則法七四条の七。附則四〇条）。これまでは「預かり証」の交付というかたちで納税者の同意のもとで運用されていたものであるが、改正においては一方的な領置規定がおかれた。(4)

3　税務調査の終了と取りまとめ

(1) 申告是認通知

平成二三年度の改正までは、実務上、税務調査において非違がない場合で帳簿の備付け、記録および保存について指導すべき事項もない場合は適正な申告として認められ、「調査結果についてのお知らせ」（書面）を送付することとしている。非違がない場合でも、上記の要件を充たさなければ、申告内容に誤りがない旨を税務調査終了時に口頭で通知することとなる。更正等に至らない場合においても指摘事項や指導事項があることが多く、そうした場合に税務署長は「申告内容について無傷であるとはいえない」として、是認通知を出すことを否定している。納税者にとって、申告是認通知は必ずしも後の税務調査を停止するものではなく、また信義則も必ずしも付随するとは考えられていない（大阪地裁昭和四二年五月三〇日判決・月報一三巻九号一一一三頁等）。この通知にどの程度の法的拘束力をもたせるかは今後の立法を含めた問題であった。

(2)　修正申告による終了（修正申告の勧奨）

税務職員は申告漏れ等については、納税者に対して修正申告又は期限後申告の慫慂（勧奨）を行うこととなる。「修正申告等について」（書面）を交付して、修正申告の法的効果について確実に説明することとしている。この勧奨による修正申告は講学上の行政指導に該当するものと解される。修正申告の慫慂については、行政手続法三五条一項の適用しかなく（同条二項及び三六条の規定は適用しない）、一定の範囲でしか行政指導の規定適用がされない。修正申告の慫慂について一定の制約（限度）があるものと解されてきていた。

4　国税通則法改正による税務調査の終了手続の導入

平成二三年度改正により、調査終了の際の手続について、以下のような規定の整備を行った（改正国税通則法七四条の一一。附則三九条）。

ア　税務署長等は、実地の調査を行った結果、更正決定等をすべきと認められない場合には、当該調査において質問検査等の相手方となった納税義務者に対し、その時点において更正決定等をすべきと認められない旨を書面により通知する。しかし、この通知にその後の再調査を遮断する効果はない（同条八項）。これはこれまでの申告是認通知に代わるものである。

イ　調査の結果、更正決定等をすべきと認める場合には、税務職員は、納税義務者に対し、調査結果の内容を説明するものとする（同条七項）。調査結果の内容を簡潔に記載した書面を交付する（同条二項）。

ウ　上記イの説明をする場合において、税務職員は、納税義務者に対し修正申告等を勧奨することができる。この場合において、当該調査結果に関し納税申告書を提出した場合には不服申立てをすることはできないが更正の請求をすることはできる旨を説明するとともに、その旨を記載した書面を交付しなければならない。納税義務者等の同意がある時には上記通知・交付（通知）は税務代理人に対してのみ行うことが可能である。勧奨による修正申告等、更正決定等が行われたときには調査終了の通知を行う（同条四項）。実地調査以外の調査については上記の適用なしの書面を、納税義務者からの交付要求があれば交付することとしている（同条五項）。なお、申告是認通知（終了通知）や修正申告等の勧奨が法制度化されることとなったが、これらはこれまでも実務上は行われてきたものであり、納税者の権利保障にどの程度つながるものか疑問であるともいえよう。

二　違法な調査の効果

1　違法な調査がなされた場合——国家賠償請求訴訟・取消訴訟等

相手方の作為義務を前提とした義務賦課型の調査は行政行為として、取消訴訟の対象になるという見解もあろうが取消訴訟の処分性についてのハードルは高いといえよう。そこでまず違法な調査については国家賠償請求訴訟を提起することが考えられる（国税調査官が相手方の不在を確認するため店舗内部に無断で立ち入った行為が必要性を欠くものとして、精神的苦痛について国家賠償責任を認めた事例などがある（京都地裁昭和五九年三月二二日判決・判タ五二七号一四七頁)）。最高裁平成五年三月一一日判決（民集四七巻四号二八六三頁）は、税務署長のする所得税の過大更正と国家賠償法一条の違法性について、「税務署長のする所得税の更正は、所得金額を過大に認定していたとしても、そのことから直ちに国家賠償法一条一項にいう違法があったとの評価を受けるものではなく、税務署長が資料を収集し、これに基づき課税要件事実を認定、判断する上において、職務上通常尽くすべき注意義務を尽くすことなく漫然と更正をしたと認め得るような事情がある場合に限り、右の評価を受けるものと解するのが相当である」と判示する。いわゆる違法性二元論に拠っている。

また、後続の行政行為の取消訴訟において行政調査の違法性を主張できるかであるが、税務調査の瑕疵と課税処分の瑕疵との関係については、①行政調査の違法と税務処分の違法とを峻別する見解、②税務調査の違法と課税処分の違法とを一応区別するが、税務調査の違法性が公序良俗に違反する程度までに至るときには違法となる（大阪高裁平成二年四月一一日判決・判タ七三〇号九〇頁）とする見解、③税務調査を課税処分と切り離すが重大な違法性を有する調査によってえられた資料は処分の資料として用いることができない（東京地裁昭和六一年三月三一日判時一一九〇号一五頁）とする見解などが存する。総額主義の立場から一定の手続的違法に配慮する②の見解が通説であるが、課税処分が違法と判断されたものは存しない（東京地裁昭和四八年八月八日判決・行裁例集二四巻八・九号七六三頁、大阪地裁昭和五九年一一月三〇日判決・行裁例集三五巻一一号一九〇六頁、広島高裁平成四年九月二九日判決・税務訴訟資料一九二号六九六頁、東京高裁平成一八年三月二九日判決・税務訴訟資料二五六号順号一〇三五六参照)。見解の対立は、課税処分の訴訟物、訴訟における審理のあり方をどのように解するかに由来するものであるといえる。通説的な見解によると課税処分の当否は処分の前提としてどれだけ調査が尽くされたかではなく、調査の結果である課税標準、税額等が客観的なそれに一致するかであるということである。そうすると、処分当時の調査資料では当該処分は適法ではないが、その後の調査によってみれば調査の内容が適法であるということは許容されることになる。税務調査手続の違法については、納税者の権利保護の視点が軽視されてきたことは否定できない。国庫主義的な視点から税務行政手続は構築されてきた。税務調査手続の法制化とともに、税務調査の実体法的コントロールがさらに必要であろう。

三　税務調査による課税処分（修正申告・更正等）

税務調査が終了し、納税者の自発的な修正申告や勧奨による期限後確定申告修正申告が存しない場合には、税務署長等による決定・更正等に移行する。

1　理由附記

青色申告者に対する更正については理由附記が求められている（所得税法一五五条二項、法人税法一三〇条二項）。理由附記を欠く処分は無効であり、その理由が不十分な場合は処分の取消事由になる。後日裁決等により理由が附記されてもその違法は治癒されない（最高裁昭和四七年一二月五日判決・民集二六巻一〇号一七九五頁等参照）。帳簿書類の記載自体を否認して更正をする場合において更正通知書に附記すべき理由としては、単に更正にかかる勘定科目とその金額を示すだけではなく、そのような更正をした根拠を帳簿記載以上に信憑力のある資料を摘示することによって具体的に明示することを要すると解されている(5)（最高裁昭和六〇年四月二三日判決・民集三〇巻三号八五〇頁）。

なお、理由附記は青色申告についてのみ要請されており、白色申告や加算税の賦課処分等にはそのような附記は要請されておらず、これまでは納税者はいかなる理由で処分されたのかすら知らされず、それを知るために異議申立てをするという悲喜劇を演ぜさせられていたといっても過言ではなかろう。

2　国税通則法改正による理由附記の拡大

平成二三年度国税通則法改正により、国税に関する法律に基づく申請により求められた許認可等を拒否する処分又は不利益処分について、課税庁は行政手続法の規定に基づき理由を示すこととなった（改正国税通則法七四条の一四。附則四一条）。個人の白色申告者に対する更正等に係る理由附記については、青色申告と同様の程度の理由附記は困難であるとの理由から、記帳・帳簿等の保存義務の拡大と併せて実施することとしている。

今回の理由附記規定の改正は、今後の不服申立て等に影響を与えると考えられる。理由の不備は取消事由に該当することから、税務調査が慎重に行われる（そうすると調査期間が今より長くなるおそれがある。）。また、修正申告の勧奨が今以上に行われる可能性もありうる。納税者の権利保障の視点から、調査結果の終了時の交付書面の内容等も含めて今後の改正の影響を見守る必要がある。

3　附帯税の賦課徴収

(1)　過少申告加算税の賦課

過少申告加算税の課税要件については、国税通則法六五条五項にいう「更正があるべきことを予知してされたものでないとき」（更正の余地）あるいは同条四項の「正当の理由があると認められるもの」（正当の理由）の意義が問題となってきた。「更正の予知」の要件については、①「調査開始」後に提出された修正申告をもって「更正の予知」したものと推定する見解（調査開始説）、②「調査開始」後に確定申告が不適切であることを了知し更正があることを客観的に相当程度の確実性をもって認められる段階で修正申告を提出した場合（客観的確実説）、③課税庁の実地又は呼び出し等の実際の調査により申告額が誤りであることを了知した後に修正申告を提出した場合とする見解（具体的事項発見説）が存する。国税通則法六五条五項にいう「調査があったことにより……更正があるべきことを予知してされたものでないとき」とは、税務職員がその申告に係る国税の課税要件事実についての調査に着手してその申告が不適正であることを発見するに足るかあるいはその端緒となる資料を発見し、これによりその後調査が進行し先の申告が不適正で申告漏れの存することが発覚し更正に至る可能性が生じたと認められる段階に達した後に、納税者がやがて更正に至るべきことを認識した上で修正申告を決意し修正申告書を提出したものでないこと、言い換えれば、同事実を認識する以前に自ら進んで修正申告を確定的に決意して修正申告書を提出することを必要とし、かつ、それをもって足りると解すべきであり、また、その「調査」は、納税者を具体的に特定した上でする直接的な調査でなくても、当該調査が客観的に当該納税者を対象とするものと評価でき、納税者が自らの申告に対して更正があるべきことを予知できる可能性がある限り、同項の「調査」に該当するというべきである（東京地裁平成一四・一・二三訟月五〇巻六号一八〇二頁等）。なお、更正を予知した修正申告の立証責任については、納税者の側にあり、自己の認識した調査の具体的内容と修正申告に至った経緯を具体的に明らかにして、その修正申告が「調査があったことにより更正があるべきことを予知してされたものでない」ことを主張立証すべきである（高松高裁平成一六年一月一五日判決・月報五〇巻一〇号三〇五四頁等）。

また、国税通則法六五条四項が定めた「正当な理由があると認められる」場合とは、真に納税者の責めに帰することのできない客観的な事情があり、上記のような過少申告加算税の趣旨に照らしてもなお納税者に過少申告加算税を賦課することが不当又は酷になる場合をいうものと解するのが相当である（最高裁平成一八年四月二〇日判決・民集六〇巻四号一六一一頁参照）。

重加算税の賦課処分においては、その課税要件である「隠蔽又は仮装により」の意義が問題なるが、特に、納税者以外の者が仮装隠蔽を行った場合について争いがある。(6) 隠蔽又は仮装行為を行うこと若しくは行ったことを認識し、又は容易に認識することができ、法定申告期限までにその是正や過少申告防止の措置を講ずることができたにもかかわらず、納税者においてこれを防止せずに上記行為が行われ、それに基づいて過少申告がされたときには、上記行為を納税者本人の行為と同視することができ、重加算税を賦課することができると解すべきであろうが（最高裁平成一八年四月二〇日判決民集六〇巻四号一六一一頁等参照）、実務においては反対も根強い（国税不服審判所平成五年一〇月一二日裁決事例集四六集一五頁等参照）（重加算税の賦課要件については、本書第二章第四節参照）。

四　移転価格調査――推定課税規定を中心に

1　移転価格税制における税務調査と推定課税

租税特別措置法（以下「租特法」という。）六六条の四第一項の規定によれば、法人は、その国外関連取引の対価が独立企業間価格と異なる場合には、まずは納税者が独立企業間価格で申告調整の上申告しなければならず、我が国の移転価格税制は「申告調整型」の制度であると解されている。(7) 納税者たる法人は、国外関連者との取引が租特法六六条の四第二項により定める方法に算定した独立企業間価格と異なる場合には第一項により申告調整を行うこととなる。移転価格税制は、国外関連取引に付すべき価格（独立企業間価格）を税法独自の観点から算定される点で法人税法のなかでも制度面、執行面においても特殊である。租特法六六条の四第一項・第二項を申告調整規定として納税者に調整義務を課すことは、第六項以下の推定課税の発動要件、推定規定の適用における独立企業間価格と推定される金額の算定の方法、独立企業間価格の主張立証責任の問題などに一定の答えを導くために強調されている一面があり、申告調整型を過度に強調することは慎重であるべきであろう。

租特法六六条の四第六項では、税務職員が、法人にその各事業年度における国外関連取引に係る租特法六六条の四第一項に規定する独立企業間価格を算定するために必要と認められる帳簿書類又はその写し（以下「書類等」という。）の提示又は提出（以下「提示等」という。）を求めた場合において、当該法人がこれらを遅滞なく提示等しなかったときは、税務署長は、当該法人の当該国外関連取引に係る事業と同種の事業を営む法人で事業規模その他の事業の内容が類似するものの当該事業に係る売上総利益率等を基礎として再販売価格基準法等により算定した金額を独立企業間価格と推定して更正又は決定を行うことができる旨規定している。租特法六六条の四第六項は、推定による課税の制度を設けているが、これは、主として、国外関連取引における独立企業間価格の算定の根拠となる帳簿書類等の提示又は提出についての納税者の協力を担保する趣旨で設けられたものである。すなわち、独立企業間価格の算定に必要な帳簿書類等の入手は、国外関連者からのものを含めて移転価格税制の適用に必要不可欠のものであり、そのような帳簿書類等の提供又は提出について納税者側からの協力が得られない場合に、税務当局が何の手だてもなくこれを放置せざるを得ないということになれば、移転価格税制の適正公平な執行が不可能となることから、推定による課税の制度が設けられたものと解されている。この推定規定は、移転価格税制導入時より規定されているが、質問検査権を規定する第八項も含めて解釈・適用にあたり必ずしも明確でないところがある。

租特法六六条の四第六項及び第七項は、わが国の範囲内での調査対象法人に対する税務調査と推計課税に係る規定である。租特法六六条の四第八項は、調査対象法人とまったく取引関係にない、無関係な比較対象法人に対する調査権限を定めるものである。移転価格税制が導入されて二十数年経過し、その間国外関連取引の増加などから法制度等の整備もすすめられてきたところである。平成二二年度税制改正で、推定課税規定（租特法六六の四⑥）及び第三者への質問・検査規定（租特法六六の四⑧）の発動の一要件である「独立企業間価格を算定するために必要と認められる書類」が租税特別措置法施行規則二二条の一〇で明確化された。いわゆる「文書化規程」が実質的に導入されたことからも今後のこの規定の運用についても少なからず影響を与えるものと思われる。

また、平成二二年度から二三年度にかけて、移転価格税制関連の重要な改正・整備が行われた。移転価格調査は一般の税務調査（質問検査権の行使等）とは異なるところではあるが、一連の租特法六六条の四第六項以下の規定は法人税に係る税務調査の規定の特別規定であり、一連の租特法六六条の四第六項以下の規定は国税通則法七四条の二等の規定ともあわせて理解される必要があろう。法人税においては、国税通則法七四条の二柱書で、「事業に関する帳簿書類その他の物件を検査し、又は当該物件の提示若しくは提出を求めることができる。」と定め、国税通則法七四条の二第二号で、「法人と取引先」に対し質問検査権を行使できると定めている（改正前規定のもとでは、税務職員は、法人税法一五三条にもとづき調査対象法人に対して質問検査権を行使することができる。また、税務署長は、法人税法一三一条にもとづく更正又は決定をする場合に白色申告者に対しては推計課税をすることができる）。

さらに、平成二二年度の税制改正により、また租税特別措置法六六条の四第一項・第二項におけるベストメソッドルールや独立企業間価格におけるレンジ規定などの基本的な枠組みについての実体法的な改正が行われた。これの改正も推計課税等における課税当局の判断にあたえる影響もありうるものと推測される。従来は、独立企業間価格の算定に際し、基本三法（独立価格比準法、再販売価格基準法及び原価基準法）がその他の方法に優先して適用されることになっていたが、ＯＥＣＤ移転価格ガイドラインが米国財務省規則と同様にベストメソッドルールを採用したことに伴い、最適な方法を事案に応じて選択する仕組みに改正された（租特法六六の四②。なお、本改正は、平成二三年一〇月一日以後に開始する事業年度より適用）。これまで、わが国の法令上は、基本三法を用いることができない場合に限って、基本三法に準ずる方法やその他政令で定める方法（取引単位営業利益法、利益分割法等）を用いることができたが、今後は課税当局による基本三法を用いることができないことの立証や説明は不必要となり、かわっていかにこのベストメソッドルールを運用するか等が問題となってこよう（平成二三年一〇月二七日にそろって改正された「租特法通達」「移転価格事務運営要領」（事務運営指針）及び「別冊　移転価格税制の適用に当たっての参考事例集」参照）。

比較対象取引が複数存在し、独立企業間価格が一定の幅（レンジ）を形成している場合において、国外関連取引の対価の額が当該幅の中にあるときには、移転価格課税は行われないこととなった（租特法通達六六の四(3)−四）。レンジから外れた場合には、原則として、幅を構成する比較対象利益率等の平均値に基づく課税が行われ、合理的な場合には中央値など当該比較対象利益率等の分布状況等に応じた値も認められることとなっている（事務運営指針3−5）。従来レンジは、事前確認等の場合に事実上用いられる一方、課税の局面では、あくまでも一つの価格（ポイント）が独立企業間価格であるとして更正等がなされてきたが、今後はレンジの幅の中に収まっていれば更正や決定を行うことができない(8)。

租特法第六六条の四に規定する推定規定や質問検査権規定、国税通則法に規定する質問検査権規定等について、その適用要件、具体的な適用方法、関係規定の関係等について検討を行う必要がある(9)。

2　推定課税規定の効果

推定課税を行う要件が満たされた場合、推定課税の制度が、同項に基づいて計算された価格を独立企業間価格と推定するものであることからして、納税者側が推定された金額と異なる金額が適正な独立企業間価格であることを立証すれば、推定は破られ、租特法六六条の四第六項に基づいて算定された金額を独立企業間価格と推定することは許されないこととなる。しかし、法律に定められた推定を破るという法律効果が生ずるものであることからして、納税者側が主張する金額が適正な独立企業間価格であることの立証責任は、納税者側が負うと解するのが相当であり、納税者側は、その主張する金額が、同条二項に定める方法に従って計算された適正な独立企業間価格であることを立証する必要がある。

すなわち、税務署長が租特法六六条の四第六項に基づいて更正処分等を行った場合、その処分に不服のある納税者としては、推定課税が行われる要件が満たされていないにもかかわらず推定課税が行われたことや推定課税の方法（同種事業類似法人の選定方法等）が違法であること等を主張して当該更正処分の適法性を争うか（この場合には、更正処分の適法性については被告に主張立証責任がある。）、当該国外関連取引に係る適正な独立企業間価格を自ら主張立証して、同項の推定を破るかのいずれかの方法を採ることが考えられる。

推定課税を行う要件が満たされた場合、推定課税の制度が、租特法六六条の四第七項に基づいて計算された価格を独立企業間価格と推定するものであることからして、納税者側が推定された金額と異なる金額が適正な独立企業間価格であることを立証すれば、推定は破られ、同項に基づいて算定された金額を独立企業間価格と推定することは許されないこととなるが、法律に定められた推定を破るという法律効果が生ずるものであることからして、納税者側が主張する金額が適正な独立企業間価格であることの立証責任は、納税者側が負うと解するのが相当であり、納税者側は、その主張する金額が同条二項に定める方法に従って計算された適正な独立企業間価格であることを立証する必要がある（東京地裁平成二三年一二月一日判決。松山地裁平成一六年四月一四日判決（訟務月報五一巻九号二三九五頁）は、「課税庁が、独立価格比準法、再販売価格基準法、原価基準法のいずれの方法を採るべきかについては、何らの規定がなく、課税庁の判断に委ねられているところである。」「しかも、本件では、原告から、独立企業間価格を算定するにつき、独立価格比準法を用いるよりも、上記の〔1〕ないし〔3〕の方法（引用注：再販売価格基準法、原価基準法、その他の方法）によることが、より適切であり、優れているとの主張、立証もされていないから、被告が、本件各取引に係る独立企業間価格を算定するについて、独立価格比準法を採用したこと自体には、特に、問題もない。」と判示している。）。

租特法六六条の四第一項は、法人が国外関連者と取引を行った場合に、当該取引について対価が独立企業間価格に満たないときには独立企業間価格で申告調整をすることを求めている。これに対して、第六項は法人がその選択した方法により算定した価格が独立企業間価格とはいえず、課税当局が当該法人に当該価格が独立企業間価格を算定するための書類等の提示等を求めたにもかかわらず、提出等をしない場合には第六項で規定する方法で算定した金額を独立企業間価格と推定するものである。独立企業間価格幅の取扱いが明確になったことにより、国外関連取引がレンジの中に入っていれば、移転価格課税を受けるリスクを抑えることができるが、レンジの中に入っていることの事実は、調査対象法人が移転価格調査の際に、所定の移転価格文書（租特法六六の四⑥）を提出して明らかにすることになる。また、納税者は、当該国外関連取引に係る適正な独立企業間価格を自ら主張立証して推定をくつがえすことができるが、今後は、独立企業間価格に一定の幅（レンジ）があることを前提とするのであるから、いかなる方法で独立企業間価格を算定したかというよりもその金額がレンジ内にあることを主張立証すれば足りるということになろう。ベストメソッドルールや独立企業間価格においてレンジが認められたことにより、納税者におけるこれまでの主張立証のあり方はこれまでとは異なってくるものといえよう。

五　更正の請求による救済手続

1　確定申告の過誤の是正方法

納税者が確定申告後あるいは修正申告後において、過大納付税額を争う場合においては更正の請求手続（国税通則法二三条等）を経て、過大納付税額の還付を受けることとなる。しかし、税務調査にもとづいて修正申告を提出した後税務調査に係る指摘事項に誤りがあったことが判明した場合など、多くの場合、更正の請求期間が一年であることからすでにその期間を徒過しており（平成二三年度税制改正により五年に改正）、納税者からの救済方法は原則として存しない。また、確定申告書の記載内容の過誤の是正についても、その過誤の是正が納税義務者の責めに帰せられない事由により、上記の法定の方法によることができなかった場合であって、その方法以外に是正を許さないならば、納税義務者の利益を著しく害すると認められる特段の事情がある場合でなければ、法定の方法によらないで訴訟（申告のうち過誤に係る部分の無効を理由とする不当利得返還請求訴訟又は債務不存在確認訴訟等）において確定申告書の記載内容の錯誤を主張することは許されないものと解するのが相当であると解されている（昭和三九年一〇月二二日判決・民集一八巻八号一七六二頁参照）。この点について、税務調査において修正申告の慫慂に応じた場合については、そもそもその同意（和解）に基づいて修正申告に及んだとして修正申告が錯誤無効となる（和解類似契約の無効）として救済手続を模索する動きなどがあった（10）。

2　更正の請求と納税者の権利

更正の請求が可能な場合には更正の請求を行い、その請求が理由なしとされればその処分（行政処分）を取消訴訟等で争うこととなる。その前提としての更正の請求事由（国税通則法二三条一項・二項）に該当するか否かについては、制限列挙である通常の更正の請求事由あるいは特別の更正の請求事由該当性をめぐって争いが絶えない状況であった。

なお、国税通則法二三条四項は、「税務署長は、更正の請求があった場合には、その請求に係る課税標準等又は税額等について調査し、更正をし、又は更正をすべき理由がない旨をその請求をした者に通知する」と規定していることから、更正の請求に対する応答はしなければならないと解される。しかし、実務においては更正の請求に応答せずに増額更正処分を行うことができると解されている（東京地裁昭和五七年三月二日判決・税務訴訟資料一二二号一一一六頁参照）。税務署長が更正の請求理由となった事実を肯認したうえ、独自の調査による申告漏れを加算して増額更正を行なった場合には、右増額更正のうち、更正の請求に係る課税価格・納付税額を超える部分については、申告額の範囲内であってもその取消を求める訴えの利益を有する。これとの関係において、税務訴訟においても更正の請求で申告額を争っていない以上は申告額については増額更正処分の取消訴訟において争えないものと取り扱われている（更正の請求の排他性）が、申告額についてさらなる増額更正処分がされた場合においては申告額の適否についても課税庁の判断が行われていると解されるのであるから、更正の請求を経由しなくとも不服申立てによって申告額を含めて争えるとして取り扱うべきであろう。

この問題は、更正の請求手続が用意されている場合には、その手続によってのみしか過大納付税額の還付を受けられないとする「更正の請求の排他的管轄」をどのように解するかにかかっているが、通説的には更正の請求を経ずに減額更正処分を受けることはできず、また更正の請求期間を徒過した後には申告税額を修正する方法は原則として存しないものと解されている（福岡高那覇支部判平成一六年四月一五日税務訴訟資料二五四号順号九六二七等）。また、申告無効と債務不存在確認訴訟との関係について、申告納税制度の下においては、納税義務者の意思に基づく申告により納税義務が確定したときは、納税義務者は修正申告や更正の請求のような特別の法定の手続以外の方法による申告書の内容の変更を許さないことが納税義務者の利益を著しく害すると認められる特段の事情がない限り、課税要件事実の不存在を主張することはできないと解されている（東京高裁平成一九年九月二〇日判決・税務訴訟資料二五七号順号一〇七八三等）。よって、このような通説的立場からは、租税債務の不存在確認訴訟あるいは過大税額の不当利得返還請求訴訟を提起することはできず、「更正の請求の理由なし」という処分を争うこと（抗告訴訟の救済手続）となる。確かに更正の請求の期間内においてはその排他性が働くものと解されるが、更正の請求期間経過後除斥期間内であれば租税債務の不存在確認訴訟あるいは過大税額の不当利得返還請求訴訟を拒む理由は存しない（本書第一二・一三章参照）。「更正の請求の排他的管轄権」と「取消訴訟の排他的管轄権」を同列に扱うことは誤りである[11]（本書第六章参照）。

その結果、納税者が更正の請求期間を徒過した後においては義務付け訴訟（非申請型義務付け訴訟）や仮の義務付けの申立てが訴訟類型として考えられるところではあるが、補充性の要件を充足しないとして否定的な見解が有力である。しかし、この点についても課税庁においては除斥期間内であれば減額更正処分等も可能であるのであるから、「課税庁は○○額まで減額せよ」といった義務付け訴訟は可能であるといわざるを得ない[12]（本書第一一章参照）。また、当事者訴訟をも提起することができると解される。納税者の権利救済の実効性の視点から個別事案にあわせて選択的に訴えを提起することとなる。納税者が更正の請求という手続をもって減額申請をすることはできなくなるが、訴訟において租税債務の不存在を主張することは許されると解すべきであろう（登録免許税法三一条一項について、最高裁平成一七年四月一四日判決・民集五九巻三号四九一頁参照）。

なお、確定申告や修正申告が無効である場合には加算税についてもその賦課決定が無効となることから、加算税についても賦課決定があることに基づいて債務不存在確認訴訟を提起することとなる（横浜地判平成一八年六月二八日税務訴訟資料二五六号順号一〇四三七は、申告行為に重大明白な瑕疵があれば、各加算税も重大明白な瑕疵があり、無効を前提とした当事者訴訟が可能であるとする（控訴審・東京高判平成一九年六月二〇日税務訴訟資料二五七号順号一〇七三〇も同旨））。これとの関係において、法人税再更正取消しの確定判決は、加算税賦課決定に影響を与えるかについて、同一の事情を原因として両処分がされたとしても、両処分は全く別個の要件に基づき課税されているのであり、一方の処分が他の処分の効力または法律要件を当然に前提とするものでもないから、法人税再更正等処分を取り消す確定判決の既判力または行政事件訴訟法三三条（取消判決等の拘束力）の効力は本件加算税賦課決定処分の効力または右加算税納付義務に何らの影響を及ぼすものではなく、国にその納付金を返還する義務を生じさせるものでもないと解されている（大阪地裁昭和五一年九月二二日判決・行集二七巻九号一六一六頁等参照）。本税の確定行為と加算税等との関係については取消判決の拘束力、違法性の承継の問題などともかかわる問題である。

3　国税通則法改正による更正の請求期間の延長

納税者がする更正の請求期限については法定申告期限から一年以内とされており、更正等の除斥期間等のアンバランスが指摘されていたところであるが、平成二三年度税制改正により、権利救済の面から請求をすることができる期間を原則として五年（改正前一年）に延長することとした（国税通則法二三条一項）。また、この改正に合わせ、課税庁がする増額更正の期間制限について、原則として五年（改正前三年）に延長することとされた[13]（改正国税通則法七〇条。附則三八条、三九条）。なお、更正の請求がこれまで以上に行われることから、内容虚偽の更正請求書の提出に対する処罰規定をおいている（改正国税通則法一二七条。附則一条、一〇八条）。

六　現行不服申立制度の課題と国税不服審判制度改革の方向性

1　組織的な側面（争訟機関）――国税不服審判所の透明性・第三者性の確保

平成二三年度税制改正大綱は争訟機関について「国税不服審判所における審理の中立性・公正性を向上させる観点から、今後、国税審判官への外部登用を以下のとおり拡大することとし、その方針及び工程表を公表」するとし、具体的な内容も公表されている[14]。

現行の国税不服審判所制度は、審判所長の人事について「国税庁長官が財務大臣の承認を受けて任命する」と定め（国税通則法七八条）、審判所長の権限について「国税庁長官の発した通達に示されている法令の解釈と異なる解釈により裁決をするとき又は法令の解釈の重要な先例となる裁決をするときは、あらかじめ国税庁長官に申し出て指示を受けなければならない」（同法九九条）と定めている。審判所審判官等の役職者は、原処分を行う立場にある税務署・国税局の職員からの出向がほとんどであることからすればこの点は一歩前進といえば前進であるが、大綱に基づく改正の方針からはこのような対応は暫定的な措置であるとの評価を与えておくべきであろう。原処分庁職員との人事交流の制約などもあわせて対応が検討されるべきであったといえよう。

国税不服審判所については、簡易・迅速な行政救済、審理の中立性・公正性といった観点からどのような組織のあり方や人事のあり方にすべきであるのかについては、かなりのバリエーションがありうる。国税不服審判所の透明性・第三者性の確保については、国税・地方税に対する不服申立制度の位置づけ、組織の性格（位置づけ）をまず議論すべきであろう。行政不服審査法における不服申立制度類似の不服申立制度（国税庁従属型（非独立型）不服申立制度）から独立の不服申立制度（独立型不服申立制度）が制度構築の両極に観念されるところであるが、簡易・迅速な行政救済、審理の中立性・公正性といった観点から不服申立て制度の構築が図られるべきである。財務省から独立した第三者的組織（独立型不服申立制度）として構築されるべきであり、そのうえで審判制度も検討されるべきであろう。「行政不服審査法の見直し」による「独立して職権行使を行う審理官の創設」などが議論されているところであるが、これら議論の結論と平仄を揃える理由は乏しい。

なお、国税不服審判所をどこにおくかは「歳入庁」構想とも関係し、慎重な検討が必要である。地方税との関係においては、国税と地方税（固定資産税を含む）双方を審査すべき一体的審判所を構想するのかが検討されるべきであろう。

2　不服申立前置主義の廃止、二審制の廃止

国税通則法一一五条、七五条三項・四項では、課税処分等に対して、訴えを提起するにはこれに先立って審査請求をしておくことが義務付けられており、審査請求をするにはこれに先立って異議申立てをしておくことが原則と

して義務付けられている。[15] 現行の不服申立前置主義を廃止して、異議申立て、審査請求についても自由選択性とすべきである。

現行法のもとで税務調査等において見解の対立が明確であるとか、あるいは課税処分に対してこれら前置された不服申立てをしても課税処分が維持される結果となることが相当程度明らかであるといったような場合にまで、不服申立前置を強制することは納税者に対する迅速な救済に反することは明らかである。また、上述した国税通則法の改正もとでは、①あらゆる行政処分に理由附記が要求されることとなり、また②多発すると想定される「更正の請求の理由なし」といった処分に対する不服申立てなども更正の請求手続の整備によりこれまで以上に争点が明確化されることとなると解されるので、納税者があえて不服申立てを経由する必要はなく、納税者の選択に委ねるべきである。改正法のもとでは、納税者において、異議申立て等を通じて課税庁の処分理由を明らかにするといった機能や争点整理や明確化といった機能の必要性もこれまでのように高くはない。

3　不服申立てによる税務調査・増額処分の停止、国税の徴収手続の停止

不服申立てにより差押え等の徴収手続が停止することはもとより、不服申立てが係属している間は、原則として、差押財産の換価は禁止されている（また、不服申立てに伴う徴収の猶予、滞納処分の続行の停止及び差押えの猶予制度がある。国税通則法一〇五条）。納期限における税額の納付自体についても不服申立てにあたっては停止するとの選択肢も認めるべきか否か（納税者に対して納付のうえ、不服申立てをするか、不納付の状態で不服申立てをするかの選択権を付与すべきか否か）も検討すべき問題である。不服申立てにおける執行停止の要件（行政不服審査法三三条四項）の緩和もあわせて検討すべきであろう。

税務署長等は、偽りその他の不正の行為に該当すると認められる事情（あるいはそれに準ずる特別の事情）がない限り、異議決定又は終結合意（和解）により終結した事案の課税標準及び税額に関し、新たに調査を開始することができず、また裁決・訴訟等が確定するまではあらたな総額的処分（その前提としての税務調査も同様）をすることができないものとすべきであろう。

なお一方で、租税手続における救済の一手段として、税務調査、異議申立手続、審査請求、訴訟の各段階において和解が行えるようにすべきかを検討する時期にきている（合法性の原則などの関連問題がある。）。現実の実務にはこのような和解は事実上存するといえよう。アメリカ等では和解制度が設けられ、大半の事件が和解（終結合意）によって解決しているといわれ、制度的にも検討に値しよう。

4　審理手続の対審構造化、証拠資料の閲覧・謄写等の拡大

現行法の審査請求手続では一方通行的・職権主義的構造がとられているが、対審構造的審理によって、納税者の救済を図る必要があろう。異議手続規定・審査手続規定の見直しや整備が不可欠である。ただし、どの程度の対審化を進めるかにあたっては、不服申立ての簡易・迅速性といった便益とのバランスを図りながら検討を進める必要がある。

また、審査請求手続では、証拠開示について、処分行政庁の提出した証拠については閲覧のみが定められ、その謄写が認められていない（国税通則法九六条）。また、審判所が自から収集した証拠については閲覧すら認められていない（同法九七条、九六条）。審査請求人又は参加人は、審理手続が終結するまでの間、担当審判官に対し、首席国税審判官が審査請求に係る事件の審理のために所持するすべての書類その他の物件の閲覧又は謄写を求めること

ができるものとし、この場合において、担当審判官は、第三者の利益を害するおそれがあると認めるとき、その他正当な理由があるときでなければ、その閲覧又は謄写を拒むことができないものとすることなどの改正が必要であろう。

5　総額主義的運営から争点主義的運営へ

国税不服審判所では争点主義的運営がとられているといわれている。国税不服審判所の段階においては、審理手続の対審構造化のもとでも決定の拘束力や理由の差替えの原則禁止といった取扱いを、審査請求段階においても徹底するなど、争点主義的運営を徹底させるべきである。担当審判官は審査請求の目的となった処分にかかる課税庁の処分についての審理にあっては、原処分庁が附記した処分理由以外の理由を根拠に処分の適法性を審査・維持できないと解するべきであろう。一方、訴訟においては総額主義的運営が広く認知されており、最高裁も総額主義的運営によっている。争点主義か総額主義かという問題は、税務争訟の全体構造等を検討する上で極めて重要な問題となる（第一〇章参照）。

6　理由の差替えの禁止等

現在の実務では、課税庁が特定の理由によって課税処分をしていながら、異議申立て、審査請求、訴訟の途中で当初の理由の誤りが判明しても原処分を維持しようとして別の理由を後出しして差し替えること（後出しジャンケン）が広く行われている（理由の差替えの許容性については、最高裁昭和五六年七月一四日判決・民集三五巻五号九〇一頁参照)。立法論的には理由の差替えの原則禁止規定をおくべきである。(16)特に、更正等の取消訴訟において問題となるが、争点主義又は総額主義のいずれに立脚するかによってその差替えの許容性は異なるものと解される(第九章参照)。

七　租税訴訟の課題と権利救済の実効性確保

課税処分等に係る権利救済は不服審査前置のもとでの取消訴訟を中心に、「自己完結的な租税救済手続の枠組み」(およびその背景にある取消訴訟中心主義)が確立されている。行政運営における公正の確保と透明性の向上を図ることを目的として制定された「行政手続法」(平成五年一一月一二日制定)は、税務行政においてはほとんどの規定が適用除外となっていた(国税通則法七四条の二)。また、一方、事後救済制度についても一連の司法制度改革の潮流の中で、行政救済制度の改革も進められ、平成一六年に、国民の権利利益のより実効的な救済手続の整備を図るために、「行政事件訴訟法」の抜本改正が行われたが、国税通則法等の争訟手続に直接的な影響はなかったといってもよい。(17)しかし、税務訴訟においても「更正の請求の排他性」や「更正等の取消訴訟の排他性」等の名の下に大きく制約されている納税者の権利救済として「実質的当事者訴訟」を活用することなどが期待されうるであろう(18)(第一一章参照)。

1　債務確定前における当事者訴訟の活用――課税要件該当性の確認

課税要件を充足しているか否かについて、確認を求める訴えを利用することが想定される。例えば、非課税要件を充足するか否かについて、納税者と課税庁の間で争いが存する場合である。非課税所得に該当するか否かの確認について、非課税所得に該当するか否かの判断が結局は無申告に基づく決定、確定申告に基づく更正、賦課決定等といった行政処分が想定されることから、そのような後続の課税処分等をもって争うことが可能であることから、非課税であることを前もって確認する訴えは不適法であるとの見解もありえよう。しかし、申告期限まで、あるいは課税庁による賦課処分まで課税関係について紛争が存する場合に争えないと解する理由は存しない。納税者の権利、法律的地位に危険・不安定が現存し、かつその危険・不安定を除去する方法として原告・被告間に当該請求について判決することが有効適切である場合に確認の利益は認められると解されることから、個別具体的な事例に即して判断せざるを得ず、一律に後日確定行為が予定されていることをもって確認の利益が存しないとはいえないであろう。後続の確定行為において、納税者が申告により税額を確定させる場合と賦課処分により税額を確定させる場合とがありうるが、特に前者については納税者自らが課税要件の充足等課税関係を判断せざるを得ず、後者の場合に比して「確認の利益」が認められやすいものといえよう（第一二章参照）。

2　租税法規や税務通達、個別回答にかかわる紛争

税務行政においては、各税法の基本通達、個別通達といった税務通達や個別照会回答が重要な役割を果たしてい

る。これらには原則として処分性がないと解されることから、租税法規（課税要件）の解釈通達として疑問が存するときには当該税務通達に従う義務のないことの確認を求める訴えが可能となるであろう。租税法規や税務通達、個別回答が違法・無効であるとして、その租税法規や税務通達、個別回答に直接起因する負担や義務のないことの確認を求める訴えが可能であるといえよう。平成一六年の改正により「公法上の当事者訴訟」として活用が期待されていたのは行政立法、行政計画、通達、行政指導などを契機として国民と行政主体との間で紛争が生じた場合であった。税務通達等をめぐる法的紛争についてはまさにこのような改正趣旨に応えうるものである。将来確定行為が予定されていることから、確定申告等において納税義務者の判断に基づき申告を行い、あるいは課税庁から決定や更正を受けた後に争うことも十分に可能ではあるが、そのような確定行為によっては納税や加算税の不利益等を覚悟した上で争わざるを得ず、確定行為を控えていることから確認の利益が存しないと解することはできないと解される。

3　処分性の問題

(1)　税務訴訟における処分性――取消訴訟の排他的管轄と債務不存在確認訴訟

確定申告後、課税庁による税務調査を経て増額の更正処分がなされた場合、納税者において、この税額に不服が存するときには不服審査を経て、通常は更正処分の取消訴訟を提起することとなる。納税者としては増額部分の税額についての債務不存在確認訴訟も考えられうるところであるが、更正処分を取消訴訟によって取り消さない限り公定力が働いていることから、増額部分の税額についての債務不存在確認訴訟を当然に提起することはできないと解されている(19)（札幌高裁昭和五九年八月九日判決・判時一一四四号七七頁等参照。過納金について、横浜地裁平成四年九月一六日判決・判時一四七七号三五頁等）。そうであるならば納税者において、確認訴訟や給付訴訟を提起できる場面は極めて限られてくることとなる。

紛争のもととなった行政の行為が「処分」か否か、「公権力の行使」か否かという判定により訴えのルールが変わるとして、その判別に関する解釈のリスクを国民の側に負わせるのは、平成一六年改正の趣旨に著しく反するとして、訴訟類型間の融通性を強調した上で抗告訴訟と当事者訴訟（確認訴訟）並行訴訟提起に言及する見解が今日有力に主張されている。[20]このような見解については一般的には共感を覚えるが、租税においては確定行為（自動確定を除く）が先行行為として存在するのが一般的であり、その確定行為を機軸にして救済手続が構成されていることから、当事者訴訟が取消訴訟に従属するものではないとしても課税処分に対する「取消訴訟の排他的管轄権」（あるいは当該課税処分とそれを前提とした後続処分との距離）との関係、さらに税務争訟においては不服審査前置主義が前提とされていることからそのような訴えが前置を回避することとなることなどから、このような枠組みとの関係をどのように考えるかであろう。

申告と更正、更正と再更正の関係においては、特に争訟における訴えの利益の問題等が存する。[21]最高裁の立場は、増額更正処分については消滅説（吸収説）の立場に立っており（最高裁昭和四二年九月一九日判決・民集二一巻七号一八二八頁等）、減額更正処分については併存説（一部消滅説）によっている（最高裁昭和五六年四月二四日判決・民集三五巻三号六七二頁）。過少申告加算税と重加算税の関係については、最高裁は後者の課税処分が前者を包摂するとの立場にたっている（最高裁昭和五八年一〇月二七日判決・民集三七巻八号一一九六頁）（第五章第一節参照）。

4　自動確定にかかる租税債務関係における問題――形式的行政処分と租税債務不存在

(1)　納税告知と租税債務不存在確認訴訟

自動確定による源泉徴収に係る所得税が誤って源泉徴収された場合について、どのような訴訟類型の選択が許されるかが問題となる。源泉徴収に係る所得税については、その税額が法令の定めるところに従って当然に自動的に確定する（国税通則法一五条）。源泉徴収に係る所得税についての納税の告知は、国税通則法三六条所定の場合に国税徴収手続の第一段階をなすものとして要求され、滞納処分の不可欠の前提となるものであり、またその性質は税額の確定した国税債権につき納期限を指定して納税義務者等に履行を請求する行為、すなわち徴収処分であって、それ自体独立して国税徴収権の消滅時効の中断事由となるものであるが（国税通則法七三条）、源泉徴収に係る所得税についての納税の告知は、確定した税額がいくばくであるかについての税務署長の意見が初めて公にされるものであるから、支払者がこれと意見を異にするときは、その税額による所得税の徴収を防止するため、異議申立てまたは審査請求のほか、抗告訴訟をも提起しうるものと解すべきであり、この場合、支払者は納税の告知の前提となる納税義務の存否または範囲を争って、納税の告知の違法を主張することができる。支払者は、一方、源泉徴収に係る所得税の納税告知に対する抗告訴訟において、その前提問題たる納税義務の存否または範囲を争って敗訴し、他方、受給者に対する税額相当額の支払請求訴訟（または受給者より支払者に対する控除額の支払請求訴訟）において敗訴することがありうるが、それは納税の告知が課税処分ではなく、これに対する抗告訴訟が支払者の納税義務、さらには受給者の源泉納税義務の存否・範囲を訴訟上確定させ得るものでないことからであって、支払者は不利益を避けるため、抗告訴訟に併せて、またはこれと別個に、納税の告知を受けた納税義務の全部または一部の不存在の確認の訴えを提起し、受給者に訴訟告知をして、自己の納税義務（受給者の源泉納税義務）の存否・範囲の確認について受給者とその責任を分かつことができる（最判昭和四五年一二月二四日民集二四巻一三号二二四三頁）。自動確定による税については公定力が存せず、かつ租税法において特別な救済手続が予定されていないことから、このような訴訟は適法といえることとなる。納税告知には処分性が存するが確定そのものに影響を及ぼすものではないことから、源泉徴収義務者は別途納税をうけた租税債務の不存在確認の訴えを提起することができることとなる（最高裁平成二三年一月一四日・判時二一〇五号三頁、最高裁昭和六二年四月二一日判決・民集四一巻三号三二九頁等参照）。これと関係して当該納税通知に係る不納付加算税との関係が問題となる。不納付加算税については、別途行政処分により不納付加算税の税額が確定するという賦課確定であり、納税通知自体に税額を確定させる効果はないのであるから、不納付加算税賦課決定処分の取消訴訟によらざるを得ないと解されることとなる（大阪高裁平成二〇年一〇月一五日税務訴訟資料二五八号順号一一〇五〇参照）。

なお、源泉徴収義務者以外の納税者は租税債務の債務不存在確認訴訟を提起することができるか否かについては、源泉徴収義務者が納税告知の取消訴訟を提起し、また一方で受給者が国に対して源泉徴収に係る所得税の不当利得返還請求訴訟を提起することができるかについては、確定申告に際して直接国から還付を受けることができないと解されている[22]（最判平成四年二月一八日民集四六巻二号七七頁参照）が、給付の訴えや確認の訴えが提起できるか否かについては別途検討が必要であろう。他の還付請求手続を行うことができない等、他に何らかの救済手段のない場合、または還付請求をしないことによって正当な事由があって返還を認めないことが著しく正義に反する特段の事由がある場合に限り、源泉徴収義務者以外の者である受給者はそのような請求が可能であると解する見解が存する[23]が、そのような限定は不要であり、そもそも源泉徴収に係る所得税（年末調整）だけで課税関係が終了している者、申告による納税義務の確定の下で更正の請求期間を徒過しているが除斥期間内にある者はいずれも源泉徴収関係における受給者としての立場ではなく、本来の所得税に係る納税義務者として、公法上の当事者訴訟を提起することができると解すべきであろう(24)（第一三章参照）。

5　国税徴収法における不当利得返還請求訴訟等

滞納者の財産のうち、どの財産を差し押さえるかは徴収職員の裁量である（東京高裁昭和四五年四月三〇日判決月法一六巻七号七一二頁等）。しかし、超過差押禁止原則（国税徴収法四八条一項）に反する差押えや差押対象財産以外のものの差押え等は違法である。差押えに対して、消滅時効を主張して租税債務不存在確認訴訟を提起することができるかなどが考えられるが、相続税法三四条一項に基づく連帯納付義務を負った者が、本来の納税義務者に対する相続税の徴収権が時効により消滅し、そのため連帯納付義務も消滅したなどと主張して、相続人の連帯納付義務が不存在であることの確認を求めることができる。相続税法三四条一項の規定による連帯納付義務は、相続人または受遺者の固有の相続税の納税義務の確定という事実に照応して法律上当然に確定することから（最判昭和五五年七月一日判決・民集三四巻四号五三五頁）、上記七4(1)の納税告知と租税債務不存在確認訴訟の場合とその関係は同様である（東京高裁平成一九年六月二八日判決・判タ一二六五号一八三頁、東京高裁平成二〇年四月三〇日判決・訟月五五巻四号一九五二頁等参照）。

国税通則法五七条による充当は、税務署長等が一方的に行うべきものとされ（同条一項）、その結果、充当された還付金等に相当する額の国税が納付されたものとみなされ（同条二項）、また、充当をしたときはその旨を相手方に通知するものとされている（同条三項）。このような規定の定めからすると、充当は、公権力行使の主体である税務署長が一方的に行う行為であって、それによって国民の法律上の地位に直接影響を及ぼすものというべきであり、また、国税通則法三七条による督促は、滞納処分の前提となるものであり、督促を受けたときは、納税者は、一定の日までに督促に係る国税を完納しなければ滞納処分を受ける地位に立たされることになり（同法四〇条、国税徴収法四七条）、国税通則法五七条所定の充当及び同法三七条所定の督促はいずれも、不服申立ての対象となるべき同法七五条（国税に関する処分についての不服申立て）所定の「国税に関する法律に基づく処分」に当たると解するのが相当であると解されている[25]（督促については、最高裁平成五年一〇月八日判決・判時一五一二号二〇頁等参照。充当については、札幌高裁昭和五九年八月九日判決・判時一一四四号七七頁等参照）。そのような前提においては、督促や充当の取消訴訟を提起した上で督促の対象となった租税債務や充当された租税債務が不存在であるとの主張をすることは別途確定行為において租税債務が確定していることから許されないものと解される。

交付要求はすでに差し押さえられている財産を重複して差し押さえる煩を避けつつ、租税債権の満足を図るために認められている制度であって民事における配当要求と性格を同じくする（国税徴収法八二条以下）。交付要求は強制換価手続の執行機関に対して滞納に係る租税の弁済を催告する行為であり、利害関係人の実体法上の権利義務を変動させる効果を有しないことから、行政処分とはいえないと解されている（最高裁昭和五九年三月二九日判決・訟月三〇巻八号一四九五頁）。よって、交付要求に不服のある債権者および債務者は配当異議の訴え（民事執行法九〇条）において、交付要求の対象とされている租税債権の存否（自動確定の租税につき課税要件が充足されていないこと、確定行為を要する租税につき確定行為が無効であること等）や交付要求が有効要件を充たしているか（形式的要件・時期等）を争うことができると解される[26]。

また、課税庁が破産管財人に対してした交付要求について、交付要求は処分性が存しないことから、同様に破産管財人は交付要求に対して債務不存在確認訴訟を提起することができる（東京高判平成一六年六月三〇日訟務月報五一巻八号二一〇二頁）と解される[27]。

おわりに

本稿においては、税務行政を租税確定と租税徴収（滞納処分）という目的に分けての手続過程であると捉えて、作用法的な視点から時系列的に現行における税務行政の問題に焦点をあてて論じた。すでに最高裁判決等、実務等で議論が収束しているものについては紙幅の関係で割愛している。また、本稿においては平成二三年度国税通則法改正をここ数年の大きな成果と位置づけ、詳細に言及するように務めている。しかし、現行租税争訟手続は納税者の権利救済としてまだ十分に評価できるものではない。今後、租税法学者のみでなく、行政法学者と手を合わせた議論が今後ますます必要になるものと思われる。

また、地方分権化のもとで地方税をめぐる新たな論点も噴出しており、別途考察が必要であることを最後に指摘しておく(28)。

〔追　記〕第一八六回国会で成立した行政不服審査法関連三法（行政不服審査法、行政不服審査法の施行に伴う関係法律の整備等に関する法律及び行政手続法の一部を改正する法律）は、平成二六年六月一三日に、行政不服審査法（平成二六年法律第六八号）、行政不服審査法の施行に伴う関係法律の整備等に関する法律（平成二六年法律第六九号）及び行政手続法の一部を改正する法律（平成二六年法律第七〇号）として公布された。行政不服審査法（公布後二年以内に施行）においては、(1)審理員による審理手続・第三者機関への諮問手続の導入、(2)不服申立ての手続を「審査請求」に一元化（「異議申立て」手続は廃止し、手続保障の水準が向上）などの改正が行われ、これにともなって国税通則法の改正も行われた。また、行政手続法においても事後救済手続を定める行政不服審査法の改正に併せ、国民の権利利益の保護の充実のための手続を整備し、処分等の求め、行政指導の中止等の求めに係る規定を創設した。特に同法三六条の三（処分等の求め）は、何人も、法令に違反する事実がある場合において、その是正のためにされるべき処分又は行政指導（その根拠となる規定が法律に置かれているものに限る。）がされていないと思料するときは、当該処分又は行政指導をする権限を有する行政庁又は行政機関に対し、その旨を申し出て、当該処分又は行政指導をすることを求めることができるものとし、申出を受けた行政庁又は行政機関は、必要な調査を行い、その結果に基づき必要があると認めるときは、当該処分又は行政指導をしなければならないものとすると規定されており、今後租税債務確定手続の場面での適用の可否が検討されることになろう。水野武夫「行政訴訟のさらなる改革――実効性ある権利救済のために」論究ジュリスト八号六〇頁以下（二〇一四）参照。

（1）　平成二三年一〇月に国会に提出された法案はまず税務調査から不服申立て・訴訟までのうち、納税者権利憲章と租税債務確定手続までについて、昭和三七年ぶりに大改正するものであった。国税通則法を「国税に係る共通的な手続並びに納税者の権利及び義務に関する法律」と改め、納税者権利憲章に係る規定の創設などを図った。「平成二三年度税制改正大綱」（平成二二年一二月一六日）において、①納税者権利憲章の策定（国税通則法一条の目的規定を改正し、税務行政において納税者の権利利益の保護を図る趣旨を明確にするとともに、国税通則法の名称を改正後の法律内容をよく表すものとなるよう変更など改正を行う）、②税務調査手続の整備（調査手続の透明性と予見可能性を高める観点から、税務調査に先立ち、課税庁が原則として事前通知を行うことを法律上明確化する。）、③更正の請求規定の整備（実務慣行として行われてきた「嘆願」を解消する観点から、納税者が申告税額の減額を求めることができる更正の請求の期間を五年に延長する。あわせて、課税の公平の観点も踏まえ、課税庁による増額更正の期間を五年に延長する。）、④処分の理由附記規定の整備（処分の適正化と納税者の予見可能性の確保の観点から、全ての処分について理由附記を実施する。）などが示され、改正法案が提出された。しかし、「納税者権利憲章」の創設が先送りされるなど一部修正は行われたが、改正法が平成二三年一一月三〇日に成立した（公布日：平成二三年一二月二日、施行日：平成二三年一二月二日（別段の定めがあるものを除く。）。

（2）　税務調査についての文献は多いが、包括的な研究として、北野弘久編『質問検査権の法理』（成文堂・一九七四）、曽和俊文「質問検査権をめぐる紛争と法」芝池義一ほか『税務行政と権利保護』九五頁（ミネルヴァ書房・一九九六）参照。

（3）　この問題については、浦東久男「推計課税の理論」前掲『税務行政と権利保護』一九九頁参照。

注

(4) この留置き制度の検討については、野一色直人「税務調査における提出物件の留置きをめぐる諸問題」大阪学院大学法学研究三八巻一号(二〇一一)参照。

(5) 理由附記の程度については、村井正＝占部裕典「青色申告の法理」小川英明＝松沢智編『租税争訟法・裁判実務大系二〇巻』七三頁(青林書院・一九八八)参照。

(6) 占部裕典「『偽りその他不正の行為』と更正等の期間制限」同志社法学五六巻六号二一三頁(二〇〇四)等参照。

(7) 荒巻健二「移転価格税制の創設」国税庁『改正税法のすべて』二一〇頁(大蔵財務協会・一九八六)参照。東京地裁平成二三年一二月一日判決(LEX/DBインターネット文献番号25490022)等も同様の理解を示す。

(8) 従来、課税庁は、独立企業間価格は一つの価格に決まるという考え方を採用していたものと解されるが、改正された取扱いにおいては、国外関連取引に係る比較対象取引が複数存在し、独立企業間価格が一定の幅を形成している場合において、国外関連取引の対価の額が一定の幅の中にある場合には、移転価格税制に基づく課税を行わないこと(措置法通六六の四(3)-四)、また、一定の幅の外にある場合には比較対象取引の平均値に加え、その分布状況等に応じた合理的な値を用いて独立企業間価格を算定することとされた(移転価格事務運営指針三-五)。

(9) これらの包括的な研究については、占部裕典「移転価格調査 —— 推定課税規定を中心に」日税研論集六四号一七七頁[二〇一三年]参照。

(10) この問題については、占部裕典『租税債務確定手続』三頁(信山社・一九九八)参照。

(11) 租税争訟における「更正の請求の排他性」の機能と限界については、占部裕典・前掲書(『租税債務確定手続』)一六八頁以下参照。

(12) この問題については、金子宏「更正の請求について」税大ジャーナル三号一頁(二〇〇五)、占部裕典「税務訴訟における義務付け訴訟の許容性(一)(二・完)」民商一三九巻二号一四七頁(二〇〇八)、一三九巻三号三三一頁(二〇〇八)参照。

(13) 更正の請求対象の拡大については、所得税額控除や外国税額控除など「控除額の制限」がある措置についての更正の請求等について、当初申告の確定申告書に適用金額を記載した場合等に限り適用を受けることができる制度について、確定申告書、修正申告書又は更正請求書に適用金額を記載した書類の添付がある場合等に限り適用を受けることができることとする見直しを行っている(法人税法二三条、二三条の二、三七条、五九条、六〇条の二、六八条、六九条、八一条の四、八一条の六、八一条の一四、八一条の一五)。

(14) 国税不服申立制度については、「組織的な側面」と「手続法整備の側面」の二面が存する。このたびの国税通則法の改正が租税債務確定手続にとどまり、「行政不服審査法の見直し」との関係から継続的な検討となっている(平成二三年度税制改正大綱。平成二二年度税制改正大綱は国税不服審判所の改革の方向性として不服申立期間の延長、証拠書類の閲覧・謄写の範囲、不服申立前置の見直しが示されている。)。

(15) 占部裕典「(判例解説)第二次納税義務者の主たる課税処分に対する不服申立適格と不服申立期間の起算日」法令解説資料総覧二九四号八一頁(二〇〇六)。

(16) 理由の差替えについては、占部裕典「青色申告の理由附記と手続保障」『松沢智古稀記念論文集　租税行政と納税者の救済』五三頁(中央経済社・一九九七)、占部裕典「更正にかかる処分理由の差替え――更正の除斥期間経過後に処分理由の差替えは認められるのか」同志社法学五六巻三号三三三頁(二〇〇七)参照。

(17) 占部裕典「最近の裁判例に見る租税確定手続の法的諸問題 ―― 租税手続法と租税争訟法との交錯」(財)日本租税研究協会・第五七回租税研究大会記録一二〇頁(二〇〇六)参照。

(18) このような視点からの検討として、占部裕典「税務訴訟における当事者訴訟の活用可能性」『阿部泰隆先生古稀記念論文集　行政法学の未来に向けて』六〇七頁(有斐閣・二〇一二)参照。「自己完結的な租税救済手続の枠組み」の中での間隙部分を今後この訴訟が果たすことが期待されよう。その結果、注(1)における②の下では実質的当事者訴訟の活用が拡がるものと解されるが、③の下では本稿で検討した実質的当事者訴訟が不要となる場面も存しよう。しかし、一方で減額更正等の申請型義務付け訴訟が増えることになろう。

(19) 南博方＝高橋滋『条解行政事件訴訟法〈第三版〉』一一二頁以下(弘文堂・二〇〇六)[山田洋]。なお、課税処分の無効を前提とする過誤納付金返還請求(不当利得返還請求)訴訟などは民事訴訟と考えられることがあるが、これを区別する実益はほとんどないとされる。同上一一三頁以下[山田洋]参照。

(20) 橋本博之『要説行政訴訟』一三七頁(弘文堂・二〇〇六)。

(21) この問題については、占部裕典・前掲書(『租税債務確定手続』)四四頁以下参照。

(22) この問題については、加藤雅信＝岩崎政明「租税法学と民法学との対話 ―― 不当利得を接点として」租税法研究二〇号

（一九九二）六四頁。

(23) 松沢智『新版租税争訟法』一三六頁（中央経済社・二〇〇一）。

(24) 加藤＝岩崎・前掲注(22)八六頁以下（岩崎）同旨。

(25) なお、充当については行政処分に当たらず、その措置が誤っているときには納税者は時効が完成するまで正しい金額の還付を求めることができると解する見解も存する。金子宏『租税法（一六版）』（弘文堂・二〇一一）六三七頁。

(26) 金子・前掲注(25)七八一頁。

(27) この問題については、日本弁護士連合会行政センター編『実務解説行政事件訴訟法――改正行訴法を使いこなす』一六六頁（青林書院・二〇〇五）参照。

(28) 地方税における論点については、占部裕典『地方公共団体と課税自主権』（慈学社・二〇一一）参照。

第二章　最近の裁判例にみる租税確定手続の法的諸問題

——租税手続法と租税争訟法との交錯

はじめに

租税手続や租税争訟は、これらの場面の一般法である行政手続法や行政不服審査法・行政訴訟法の適用を多くの場合、特別法によって排除され、独自の法理論等を形成しているように思われる。本稿では、わが国の租税手続法、租税争訟法にかかわる課題を、最近の最高裁判例等を踏まえて検討する。特に、嘆願書の法的な位置づけ、更正の請求（の範囲）、職権減額更正の発動、課税庁の更正権限（の範囲）、理由附記の機能、理由の差替えの許容性、総額主義と争点主義の確執といった視点から、租税債務確定手続、租税争訟手続のあり方を検討してみよう。

なお、納税者の権利救済における手続保障と、行政手続法における一般的な手続保障との比較、さらには改正行政事件訴訟法の税務に及ぼす影響などについても検証する。

第一節　課税庁に対する嘆願書提出の法的意義とその効果
――税理士が嘆願の教示・指導を怠ったことによる損害賠償責任との関係において

はじめに――問題の所在

嘆願書の法的な性質についてこれまで十分な検討は行われていない。しかし、個別事案における課税庁敗訴の最高裁判決などをうけて、個別事案の対応において嘆願書の受入れを積極的に実務が肯定する傾向もみえはじめている。

また、近年、職業専門家としての税理士に対する損害賠償責任訴訟が多発しているが、裁判所は税理士（の税理士業務）に対してきわめて高度な注意義務（善管注意義務）を課し、税理士の債務不履行責任（民法六四四条、四一五条）が広く認められる傾向にあることは周知のところである。このような判例の流れのなかで、前橋地裁平成一四年六月一二日判決は、原告がワラント債の売却損につき減額更正の請求（いわゆる「嘆願」）をする機会を失わせたために還付金相当額の損害が発生したと主張し、顧問税理士であった被告に対し債務不履行に基づく損害賠償を請求した事案（以下、「本件」という。）において、被告が平成二年度の過大申告につき嘆願書を提出すべきことについて原告に助言・指導をしなかったことは、顧問契約上の義務に違反しており、債務不履行に当たると判示した。この判決は、東京高裁平成一五年二月二七日判決によっても支持されるところとなっている。更正の請求は、原則として法定申告期限から一年を経過した後は納税者の権利ではなく、課税庁（税務署長等）は納税者から減額更正の請求を受けたところで、減額更正の決定通知をするかしないかは課税庁の裁量事項であることから、減額更正のための嘆願の説明やその申立ての指導の義務などは生じないと一般には解されてきたところが少なからず実務にはある。このような法的構造の理解との関係において、これらの判決は大きな波紋を投げかけているようである。

この判例は、単に税理士の損害賠償責任問題にとどまらず、更正の請求の期間経過後で、かつ更正の除斥期間内における、過大申告に対する納税者と課税庁のこれまでの対応へ与える影響は大きいものがあるのではと懸念されている。そこで、前橋地裁平成一四年六月一二日判決及び東京高裁平成一五年二月二七日判決を取り上げて、これらの判決でクローズ・アップされた嘆願の法的意義を再検討してみたいと思う。

一　更正の請求と減額更正の法的意義

1　過大申告の修正権限に係る法的構造と嘆願の位置づけ

更正の請求の期間経過後ではあるが法定申告期限から五年の更正の除斥期間内において、過大申告に対して納税者と課税庁がいかなる権利や権限を有しているか、双方の法的な位置づけをまずみておこう。

納税申告書を提出した者は、当該申告書に記載した課税標準等若しくは税額等の計算が国税に関する法律の規定に従っていなかったこと又は当該計算に誤りがあったことにより、当該申告税額が過大であるときには、当該申告書に係る国税の法定申告期限から一年以内に限り、税務署長に対して更正すべき旨の請求（通常の更正の請求）をすることができる（国税通則法二三条一項一号。二・三号の該当事由省略）。納税者に対しては、この更正の請求の一年の期間制限（除斥期間）を経過した後には、特別の更正の請求として、国税通則法あるいは個別税法に定める特別の事由が発生した場合などに一定の期間内に更正の請求を限定的に認めているにとどまる（同法二三条二項、所得税法一五二条等）。一方、課税庁は、納税申告書の提出があった場合において、当該申告書に記載した課税標準等又は税額等の計算が国税に関する法律の規定に従っていなかったとき、その他当該課税標準等又は税額等がその調査したところと異なるときは当該申告書に係る課税標準等又は税額等を更正することとなっているが（国税通則法二四条、二六条参照）、この更正は減額更正の場合には法定申告期限から五年の除斥期間に服することとなっている（国税通則法七〇条二項一号）。

そこで、この更正の請求の申立期間経過後における過大申告に対する納税者からの修正は、法がわざわざ更正の請求の手続を設けた趣旨にかんがみると、原則として他の救済手段によることは許されず、更正の請求の手続によらなければならないであろうと解されている。この効力を一般的に「更正の請求の排他性」とよんでいるが、これには強力な排他性が存すると一般には解されている。そこでこの嘆願書の提出による救済をどのように位置づけるかが問題となろう。

課税庁がこの嘆願書を受け入れ（更正にあたっての税務調査の端緒とすること）、減額更正をすることが法的に許容されているか否かについては、それに法的な効果を付与することとなれば「更正の請求の排他性」の視点からいえば問題がないとはいえない。しかし、一方で「更正の請求の排他性」のもとでも、更正の請求の除斥期間内においてもて、納税者が職権発動の意味合いで嘆願書を提出することが「更正の請求」と法的に同様の効果を有しないというのであれば、そのような提出が法的に禁止されていると積極的に解する規定や根拠は存しないようにもみえる。なお、後述するように判例においてはその法的効果は一切否定されていると解されているところである。

しかし一方で、その税務調査の端緒であるか否かはともかくも、課税庁による減額更正自体は法的には適法であり（国税通則法二四条、七〇条二項一号）、積極的に肯定されうるものであることは異論のないところである。そうであるならば、課税庁は五年（除斥期間）にわたり更正権限をもっていることから、このような嘆願書の提出は、課税庁の更正権限の規定のもとで許容されると解することも十分に可能であろう。ただし、それについて更正するか否かの裁量を有すると解することができるか否かについてはなお議論が存することになるであろう（しかし、このような論理構成を採用すると、課税庁に減額更正が結果的には義務づけられるということになろう。すると、課税庁が不作為であるといった場合に不作為の違法確認の訴えは無理であろうから、結果的には納税者は更正処分の取消訴訟を通じてのみ争うことができるにすぎないということになろう。ただし改正行政事件訴訟法による新たな訴訟類型に留意する必要があろう。）。

また、現実に嘆願書の提出と受理といった行為は広く実務では公然と認知されており、職権発動の契機にもなっているという現状から、これに広く行政先例法としての評価を与えることも十分に可能であろう。ただし、行政先例法としての嘆願に「更正の請求」と同様の法的評価を与えることまではできず、その効果は別途検討すべきこととなろう。

なお、積極的にこのような嘆願書を、憲法上の嘆願書として位置づける見解も存するところである。憲法一六条はいわゆる「請願権」を保障している。請願権は、請願を受理するという国務を請求する権利である。そこで、更正の請求の期間徒過後の更正の請求書（いわゆる嘆願書）の提出の根拠をここに求めるのである。「請願」とは国や地方団体の機関に対して、それぞれの職務に関する事項について、苦情や要望を申し立てることであるが、憲法一六条は、損害の救済をはじめとして、一定のものを例示列挙しているところである。このような減額更正についての嘆願も当然許されるものといえよう。公の機関は、請願法に定める手続を踏んで提出された請願を「受理し誠実に処理する」義務を有するが（請願法五条）、その請願の内容を審査し、それに応じた何らかの決定をするような拘束は受けないものと解されている。憲法一六条及び請願法に基づく申立てに対する不作為を理由とする不作為の違法確認請求について、憲法一六条及び請願法で定められる請願とは、国または地方団体の機関に対して、その職務に関する事項について希望を述べるものにすぎないのであるから、このような申立ては、訴訟法三条五項にいう「法例に基づく申請」とはいえず、その対象にもならないものである（東京地裁平成元年六月一四日判決・税務訴訟資料一七五号一頁参照）。嘆願をこのような請願として位置づけることによる格別の利益は存しないといえよう。

2　裁判例による嘆願行為の法的評価

では、このような法的構造のなかでの嘆願について裁判所はどのように解しているのであろうか。

(1)　神戸地裁昭和六二年一一月三〇日判決（判タ六六四号七一頁）は、当該事案での更正請求の適否に関して、右請求は法定申告期限から一年以内の場合のほか、法定申告期限から一年を経過した後であっても国税通則法二三条二項に該当する場合や相続税法三二条に該当する場合には更正の請求が認められるが、本件更正の請求は、そのような特別の更正に該当しないことは明らかであり、原告は、国税通則法二三条一項により、法定申告期限後一年以内の昭和五四年六月二九日までに限り更正の請求ができるところ、本件更正の請求がなされたのは五七年九月一〇日であるから、右請求は、法定期限徒過後になされたものというべきであり、適法になされたものといえないと判示している。

(2)　また、最高裁平成元年六月一五日判決（税務訴訟資料一七〇号七三一頁。第一審神戸地裁昭和六三年五月一八日判決・税務訴訟資料一六四号三七六頁、控訴審大阪高裁昭和六三年一一月三〇日判決・税務訴訟資料一六六号六三五頁）は、上告人は訴外Hに対する課税処分を求める嘆願書に対する被上告人（課税庁）の不作為の違法確認を求めているが、行政事件訴訟法三条（抗告訴訟）五項の規定によれば、行政処分の不作為の違法確認の訴えは、行政庁において法令に基づく申請に対して何らかの処分又は裁決をなすべきであるにもかかわらず、これをしないことを要件としているところ、「上告人の嘆願行為は課税庁の職権発動を促すにすぎないもの」と解されるばかりか、仮にそれが申請に価するとしても、かかる申請をなし得るとの法令上の規定、またかかる申請に基づき被上告人において課税処分その他何らかの処分、裁決をなすべき法令上の規定は存しないとした原審の判断は正当として是認できるとすると判示する。

(3)　さらに、名古屋高裁昭和四八年八月二九日判決（訟月二〇巻三号六九頁。第一審名古屋地裁昭和四七年五月三一日判決・税務訴訟資料六九号一頁、上告審最高裁昭和四九年六月一四日判決・税務訴訟資料七五号七九五頁）は、申告納税の制度は、納税義務者がみずから課税標準等又は税額等の基礎となる課税要件事実を確認したうえで、これに課税することを通知することにより納税義務の実現をはかるものであって、右申告行為によって納税義務者の具体的な租税債務が確定するのであり、一旦申告によって納税義務が確定した以上、法定の手続に則った更正の請求により更正されるほかはこれを変更することはできないものとすることが、納税義務者の利益の保護をはかるとともに租税債権債務関係の不確定によって惹起される租税行政の混乱を避け、その円滑な運営を保つゆえんと考えられると判示する。さらに同判決は、名古屋中税務署長において控訴人主張のように法定の更正の請求期間経過後になされた本件不動産に関する相続税の更正の請求についてその全額を取り消したことは被控訴人の明らかに争わないところであり、また同税務署長が贈与税の更正の請求について一部減額の更正決定をしたことは被控訴人の認めるところであるが、「本来法定の更正の請求期間経過後になされた更正の請求はもはや税法上許容する余地のないものであること」は説示のとおりであるから、たとえ、たまたま課税庁においてかつてこれに反する取扱いをした事実があったとしても、その故に税務官庁が法律の規定に従ってなすべき本来の税務処理の方法を変更しなければならない理由は全くないのであるから、これと観点を等しくする被控訴人の主張はなんら信義則ないし禁反言の原則に反するものということはできないと判示している。

神戸地裁昭和六二年一一月三〇日判決は、更正の請求のための法的な期間制限を経過した更正の請求（嘆願）の法的な効果を否定しており、現行法からは当然の結論であるといえよう。最高裁平成元年六月一五日判決も、嘆願行為は課税庁の職権発動を促すにすぎないものであり、課税庁はそれに対して何らの応答義務は存しないと解している。また、名古屋高裁昭和四八年八月二九日判決は、本来法定の更正の請求期間経過後になされた更正の請求はもはや税法上許容する余地のないものであるとしている。そして、その結果、課税庁においてはこの請願を無視してもなんら法的に違法な問題は生じないと解しているところである。

このような解釈が広く一般的にとられていたなかで、課税庁は五年にわたり減額更正をすることができることから、現実には嘆願書という方式によって減額更正への発動が促されていたのも事実であろう。そこで、更正の請求後においては嘆願書の提出がまったく許されないと解していたかはともかくも、ダメもとで嘆願書を提出する者など、その嘆願のもつ意味は一様ではなかったと考えられる。また、嘆願書に対する対応が課税庁によっていろいろであり、その意味での不公平も生じていたところである。しかし、すくなくとも更正の請求の除斥期間経過後の嘆願書の提出は税理士においても広く周知のところであったといえる。

ここでの裁判例をみる限り、更正除斥期間経過後で更正の除斥期間満了までの間における納税者の嘆願の法的評価（納税者の位置付け）及び課税庁の職権減額更正の法的性質（減額更正義務か否か）については明確になっているといってよかろう。職権発動に対して減額更正をしない場合には、不作為の違法確認も当然のこと職権減額更正の義務付け訴訟なども許されない。この職権発動に係る行為が現行法のもとでは税法的な評価を与えられず、単なる事実的な行為として解される一方で、現実には広く課税庁の職権発動の契機を与えるものとして活用されていたと理解されることになろう。

二　減額更正の請求についての助言・指導と専門家責任

1　裁判例における税理士の債務不履行について

(1)　前橋地裁平成一四年六月一二日判決・東京高裁平成一五年二月二七日判決の内容

まず、本件における、原告・被告双方の主張を検討してみよう。

原告は、被告が五年経過前の平成八年六月一九日以前に、本件ワラント債について平成二年七月に売却損が生じていることを知っていたのに、①平成七年度の申告において本件ワラント債の売却損を計上し、②本件ワラント債の売却損については平成二年度の申告に関して減額更正ができることを原告に説明し、その申立てを指導すべきであるにもかかわらず、これを怠った（そのために五年間の除斥期間を経過し、その機会を失った）という注意義務違反があると主張し、さらに、原告が減額更正の請求をすれば、嘆願といえども正当なものであれば課税庁はこれに応ずる義務があるから、認められた可能性は高かったとして因果関係の存在を主張している。

これに対して、被告は以下のように反論している。

(1)　被告において本件ワラント債が平成二年七月ころ売却されていたことを知ったのは、平成七年度の確定申告書提出の直前である平成八年六月二〇日過ぎ（当時の原告の経理責任者から報告を受けたとき）である。被告は、本件ワラント債の売却損について平成七年度の特別損金として計上した上、平成八年六月二八日に確定申告書を作成し提出したが、この処理は、申告期限から一年以上経過した時期において、平成三年四月期決算という粉飾した事業年度に遡って修正できないことから、当期である平成八年四月期決算において経費の計上漏れという仮装経理の典型例である特別損失としての計上という唯一とりうる方法で修正したものである。法人税法一二九条二項の趣旨にも合致するものであるから、適法である。

(2)　減額更正の請求は、申告期限から一年経過後は原告の権利ではなく税務署に対する嘆願の制度にすぎない。原告から減額更正の請求を受けたところで、減額更正の決定通知をするかしないかは課税庁の裁量事項である。被告が本件ワラント債の売却を知った時点において、申告期限から一年経過していたものであり、原告との顧問契約の内容として、減額更正の嘆願の制度についての説明、申立ての指導の義務などは生じない。

(3)　上記(1)の処理は、課税庁に対する減額更正の嘆願の請求をしたと同様の効果を持つものであり、損金処理を認めず増額更正した本件更正決定に対して原告が異議申立て等の手続をすれば、減額更正される可能性は十分にあった。このように減額更正される可能性を残した被告の処理に注意義務違反は何ら認められない。

ここで留意すべきことは、原告が嘆願といえども正当なものであれば課税庁にはこれに応ずる義務があると解しており、これまでの学説・判例とは異なる理解を示しているということであろう。一方、被告は、更正の請求（嘆願）に係る法的義務としては被告の主張はこれまでの通説にそった展開をしているようにみえる。

このような主張に対して、前橋地裁平成一四年六月一二日判決は以下のように判示する。

(1)　平成七年度の申告において平成二年度に発生した売却損を計上することはできないので、この場合には、①仮装経理に基づく過大申告につき修正の経理（損益計算書中の財務諸表（損益計算書）の特別損益の項目において、前期損益修正損等と計上して仮装経理を修正してその事実を明らかにすべきもの）をしたうえで、修正経理で特別損失と計上した金額を法人税申告書別表四で加算した確定申告書を提出し（法人税法一二九条二項）、②税務署長宛に減額更正（国税通則法七〇条二項）を求める嘆願書を提出することになる。納税者は過大な申告をした場合には、法定申告期限から一年間は更正請求ができるが（国税通則法二三条一項）、これを経過しても法定申告期限から五年が経過していない場合には、税務署長は減額更正をすることができるからである（国税通則法七〇条二項）。

(2)　このような知識は、税理士として当然に保有・駆使することが期待される程度のものと考えられ、これら関係する知識を駆使することによって、違法・不当な申告により原告が更正処分や過少申告加算税の賦課処分を受けることがないようにすることはもちろん、過年度の決算・申告の誤りによって過大な所得申告があったことを発見した場合には適切な事後措置を講ずること（本件ワラント債売却損につき減額更正の請求（嘆願）をすべきこと）を助言・指導すべき義務があったということができる。

(3)　被告が採った処理は、確定申告書に添付された「雑損失等の内訳書」では、他の有価証券売却損に係る取引（平成八年四月二〇日等の株式売却損）と何ら区別することなく、本件ワラント債に係る各損失を「平成八年四月三〇日」の売却損として計上し、損益計算書の特別損益の部・特別損失の項目に「有価証券売却損」として当期利益や所得の金額が算出されている。このような処理は、平成二年度に発生した有価証券売却損を平成七年度の損金に算入した点において法人税法六一条の二第一項に違反し、同法一二九条二項に規定する修正の経理を含むものでないことは明らかである。

(4)　被告は、法定申告期限（平成八年七月一日）前の同年六月一五日ころに平成二年度に計上すべきであった本件ワラント債売却損が存在することを知ったために検討の時間的余裕が十分でなかったことは窺われるものの、その一方で、原告の経理担当者に直ちに証券会社に対する照会等の調査を指示することによって早急にほぼ確実な裏付け資料を入手し、修正の経理を経たうえで、平成二年度の申告につき減額更正の請求をすべきことについて原告に助言・指導をしなかったことは、顧問契約上の義務に違反した債務不履行にあたるというべきである。

また、控訴審である東京高裁平成一五年二月二七日判決は原審を支持するが、国税通則法七〇条二項は、同条一項に定める三年の更正の期限を五年に伸長しているところ、その趣旨は、納税者に不当に不利益を課す結果となっている課税処分については、できる限りその状態を是正すべきものとすることにあると解されるのであって、同条二項に基づいてされる更正が裁量に属するとしても、控訴人が平成七年度の確定申告に当たり修正の経理に係る申告と所要の処置を講じていれば、「職権に基づく更正決定により金額が還付された蓋然性があったというべきである」と述べる。また、同判決は、控訴人が直ちに嘆願書を提出したとしても、同月三〇日の更正期限までに税務当局が更正の決定をすることは客観的に不可能であった旨の控訴人の追加主張も退けている。

2　債務不履行に関する判決の評価——嘆願の効果との関係について

税理士は自己が受任した税理士業務は専門家としての注意義務であり、これは専門家としての専門的知識水準・経験・判断力を前提とした善良なる管理者の注意義務を意味する。税理士業における税務専門家としての税理士の善管注意義務の程度はいわゆる高度な注意義務が要求されており、具体的な注意義務の程度についても学説・判例においてはほぼ確立しているといえる。しかし、高度な注意義務の及ぶ範囲又は内容については必ずしも一致しているとはいえないであろう。本件のような更正の請求の期間制限後についての嘆願書提出といった助言や指導までその対象になりうるであろうか。

前橋地裁平成一四年六月一二日判決及び東京高裁平成一五年二月二七日判決はこの点について一つの判断を示しており、その意義は大きいと考えられる。

二1(2)で述べたように納税者と課税庁との法的な関係においては、過大申告の是正は更正の請求によるべきであり、その期間制限をすぎた嘆願書についてはなんら法的な効果はなく、課税庁において応答する法的な義務すら存在しないものである。そうであるならばそのようなものは納税者に助言・指導をしてもなんら法的な効果が存しないことから無意味であり、これを納税者に告げなかったことが税理士の注意義務違反にならないと解する向きが強いようであるが、このような見解には、納税者と課税庁との法的な関係と納税者と税理士（納税者と委任関係にたつ税理士、受任者たる税理士（職業専門家））との関係を混同するものであり、採ることはできないであろう。

税理士業務における高度な注意義務の範囲内でそのような助言・指導が委任事務の遂行の範囲（内容）であるか否かが検討されなければならないのである。これは直截的に嘆願の法的性質や課税庁のそれに対する応答義務などの有無により影響はうけない。

最近の学説においては専門家の特徴を踏まえながら、そこでの法的な義務を、専門的な知識・技能に応じた高度の注意義務を負う側面（高度注意義務）と委嘱者から依頼を受けて裁量的な判断をしなければならないという意味での注意義務を負う側面（忠実義務）があるとされており、税務専門家さらには会計専門家としての税理士においてもこのような主張が展開されている。委嘱者である納税者は、専門家である税理士が委嘱者の利益のために適切な行為をしてくれるものと期待しており、税理士は納税者の期待に委ねられているように裁量的な判断が依頼者の利益のために適切に行使されなければならない。

ともかく善管注意義務あるいは忠実義務のもとで、税理士は、委嘱者の信頼に答え、納税者の利益のために適正な行為を行なうことが求められている。ここでの適正な行為は法令や通達、実務等の取扱いを前提したものであり、期限後の減額更正の請求あるいは嘆願書が現実に受け入れられる可能性があり、このような行為に基づく効果が法的にはともかくも職権発動を促すものである以上、税理士は嘆願を行なうかこのような実務での処理にかかる制度について納税者に助言あるいは嘆願書の提出への指導を行なうべきであったといえよう。このような制度が違法として排除されているのではなく、事実行為として認知される傾向にあり、その結果としての（その端緒はともかくも）職権としての減額更正が適法として評価されるべきものであることからも税理士の善管注意義務の内容として当然に肯定されうるものである。本件においては税理士の高度な注意義務（善管注意義務）が課せられていることからして、嘆願指導をしなかったことは債務不履行を構成するであろう。

また、ワラント債売却損が発生したのは平成二年の七月であるが、平成八年六月一九日以前にこの損失のことを知っており平成七年度申告において売却損を計上したこととなっている。すくなくとも課税庁による職権での減額更正を受けるためには平成七年度の申告書で修正経理をすればその余地は残されていたのであるが、裁判所が判断するように修正の経理が行なわれていない場合においては、そのこと自体が職権減額更正の機会を喪失させるものとして（嘆願書を出せば減額更正するという証人の証言を前提）（被告の自認するところでは平成八年六月二〇日過ぎ）善管注意義務違反を問われることになろう。さらにまた、決算書の作成において税理士の付随業務である会計業務においても高度な注意義務が存するとの見解のもとでは、そもそも当該平成二年度の確定申告に特別損益として計上しなかったことによる善管注意義務違反も検討の余地があるといえよう。

なお一方、被告税理士が平成七年度確定申告に対して更正処分をうけた場合においては、平成二年度仮装経理によ る場合には修正の経理をへなければ課税庁による減額更正はありえないことから（判決のいうように原告が修正の経理を講じていないという前提）、原告の主張は認められないところであるが、仮に平成二年度において売却損を計上しなかったことが仮装行為でない場合においては、なお原告が平成七年度申告における更正処分を争う機会を有していたということになるであろう。

なお、債務不履行を理由とする損害を賠償請求できるというためには、まず債務不履行と評価された具体的な行為と損害との間に当該具体的行為から当該結果が生じたといえるかという因果関係（事実的因果関係）が存在しなければならない。この意味において税理士の債務不履行と損害との間に事実的因果関係がありとされたものについては、次に民法四一六条の規定により、どの範囲の損害が賠償されるべきかという規範的判断（相当因果関係の有無）が加えられる。

本件において、被告は、更正請求の期間経過後に税務当局に職権による減額更正を求めたとしても、更正決定をするか否かはその裁量に属するから、因果関係を認めることはできない旨を主張するが、前橋地裁平成一四年六月一二日判決は、職権による減額更正につき税務当局に裁量が認められるとしても、このことは税務当局が更正決定を常に義務付けられるものではないことを意味するに止まるから、減額更正の請求をし得た時点で入手していた資料その他の事情から税務当局により更正決定がされたであろう蓋然性を認定しうる場合における因果関係の存否の判断を左右するものではないと判示している。この点について、「相当性」の判断にあたり、国税通則法における法的な意味から引き出されうる蓋然性ではなく、当該課税庁との関係において個別的に減額更正の蓋然性を問題としており、このような蓋然性でたりるとした点には注目すべきであろう。この相当因果関係の有無の判断にあたっては課税庁の減額更正の裁量の問題が影響を及ぼさないとする立場である。

また、税理士に債務不履行責任が存する場合においても、賠償責任及び賠償額の算定にあたり、委嘱者たる納税者には従業員等の監督責任としての過失があるとして過失相殺が論じられる。職業専門家である税理士の誤りが委囑者の不十分な情報・資料に基づく場合で、税理士として重要な事項について確認を怠ったという場合などには過失相殺を論ずる余地がある。本件においても平成七年度の申告当時、被告は会社側の理由により時間的余裕のない状態での処理を強いられたことに加え、原告の経理担当者の交替によって例年どおりの決算書作成に係る協力を得がたい状況に置かれたということ、申告期限の直前になって本件ワラント債売却損に係る取引事実が判明したために特別損失について上記のような処理が行われたことを考慮すると、その責任の一部は原告の側にもあると認めるのが相当であるとして、その四割を減ずるとしている。

三　小　括

前橋地裁平成一四年六月一二日判決及び東京高裁平成一五年二月二七日判決は、嘆願書の法的な意義をめぐってこれまでの法的な位置づけに影響を与えるかのような意見も存するところであるが、税理士の債務不履行の有無について、そのような見解は、納税者と課税庁との法的な関係と納税者と税理士（納税者と委任関係にたつ税理士）との関係を混同するものである。しかし、高度な注意義務の範囲内でそのような嘆願書の提出についての助言や指導が委任事務の遂行の範囲（内容）であるということがこれらの判決で明確にされたという意味で意義が存する。税理士の専門家責任に、高度な注意義務に関する判例がさらに付加されたということになろう。

しかし、この判決を契機に税理士が過大申告の修正にあたりこれまで以上に嘆願書の提出に当然に依拠することが考えられる。そうであるならば、嘆願書の提出と減額更正をめぐる問題がいま以上に解釈論的かつ立法論的問題として解決をせまられることとなるであろう。更正除斥期間経過後更正の除斥期間満了までの間における納税者の嘆願の法的評価（納税者の位置付け）及び課税庁の職権減額更正の法的性質（減額更正義務か否か）については判例において明確になっている。職権発動に対して減額更正をしない場合には、不作為の違法確認も当然のこと職権減額更正の義務付け訴訟などもこれまでは一般的には許されないとされてきた（ただし、改正行政事件訴訟法のもとでは別途考察が必要である。この問題については、本書第一〇章参照）。この職権発動にかかる行為が現行法のもとでは税法的な評価を与えられず単なる事実的な行為として解される一方で、現実には広く課税庁に職権発動の契機を与えるものとして活用されている。これを今後どのように税法学的に位置づけるかは一つの課題であろう。一つは更正の除斥期間の規定にその根拠を求めるという解釈もありえよう。また、現実に広く実務では行なわれ職権発動の契機にもなっているという現状からは広く行政先例法としての評価を与えることも十分に可能であろう。

このような問題は、嘆願を否定することは職権による減額更正の途を完全に否定することになったといった、一見すると「角を矯めて牛を殺す」ことになるかもしれないという配慮から、これまでグレイ・ゾーンとしてあえてあやふやにしてきたところさえあるように思える。しかし、現実に嘆願という非公式な方式により減額更正の発動を促し、その結果として減額更正が行なわれるということは、憲法の租税法律主義のもとでの合法性の原則や手続保障の原則（憲法三〇条、八四条）といった趣旨からも望ましいものといえよう。

なお、立法論的には、更正の請求が一年に限定されていることの不都合を考えるならば過大申告についても減額更正を認めることにより、課税庁の更正期間と歩調を合せることも検討されてよかろう。濫訴の弊は軽卒な減額更正に対しては重加算税同様のペナルティを課すことで防げると思われるし、そうであればまた刑事的には脱税犯を構成することになるのであるから、このような制度の導入にあたってそのようなことを懸念する必要はなかろう。また、それは、更正に代えて勧奨による修正申告が実務において大勢を占め、納税者の権利救済の途が限られてきている状況のもとでも、意義を有するものといえよう。

〔追　記〕　本稿における立法論的提案は、平成二三年度税制改正によりかなりの部分について実現をみた（第一章五**3**参照）。更正の請求期間が一年から五年に延長されたことにより嘆願書を提出する場面は大幅に減少することとなる。

第二節　更正の請求と納税者の権利救済
――公共用地の収用証明書の未発行と租税特別措置法六四条一項の適用

はじめに――問題の所在

国税通則法上、更正の請求には期間制限があること、特別の更正の請求事由の範囲が限定的であることなどから、納税者の権利救済制度としての「更正の請求」には批判も多い。以下、特別の更正の請求事由の問題、特に国税通則法二三条二項一号にいう「判決」を取り上げて検証を行うこととする。

収用等に伴い交付される各種の補償金については、土地収用等が憲法二九条のもとでの私有財産制度のもとで納税者に特別な犠牲を強いること、あるいは公共事業の円滑な推進を図ることなどを目的に、租税特別措置法（以下、「措置法」という。）により、各種の特例措置が設けられている。この各種の特例措置は、事業施行者や代行買収者が発効する「収用証明書」を基礎として適用される制度となっている。そして、各種の特例制度が的確に運営されるためには、事業施行者や代行買収者が発行する「収用証明書」が適正に発行されるよう、事業施行者と税務署等が事前に協議をして、公共事業等についての特例の該当・非該当等またはどの特例に該当するか等を事前に確認し合い、そのうえで買収に着手してもらうという運用が行われている。「事前協議制度」と呼ばれるものである。しかし、この制度は法律の規定に基づくものではない（国税庁長官から各省庁事務次官への協力依頼との形をとっている。）。しかし、この協議の段階で税務署長側が異議をとなえれば、事業施行者は証明書を発行することは現実にはありえない。このような制度運用のもとで、収用証明書の発行を得られなかった納税者の救済はどのような方法によるのであろうか。納税者（原告）が、その所有地が公共事業のため買収されたことを証明する旨の収用証明書を別訴において事業施行者である県より得たうえで、問題の土地について租税特別措置法六四条一項の規定による特例が適用されることを前提に法人税に係る更正の請求をした事案（福井地裁平成一五年一二月三日判決・ＴＫＣ２８０９１６３７）（以下、「福井地裁判決」という。）を素材にして、この問題を検討することにしよう。やや事実関係は複雑であるが、その概要は以下のとおりである。

甲法人は、Ｆ県からのＦ空港拡張のための公共用地としての用地買収の申入れを受け、甲法人所有の土地（本件土地）をＦ県に譲渡した。Ｆ空港はＦ県が昭和四一年六月に開港した空港であるところ、Ｆ県は、昭和六〇年三月に同空港をジェット機の離着陸できる空港にするための空港拡張基本計画を決定し公表し、昭和六一年一一月にはＦ空港の滑走路延長事業が政府の第五次空港整備五か年計画に新規事業として組み入れられ、次いで、平成三年には第六次の、平成八年には第七次の各空港整備五か年計画に組み入れられた。そして、Ｆ県は、平成五年二月にＦ空港拡張整備事業（以下、「本件事業」という。）の基本計画を策定していた。甲法人は、当初から本件用地買収は、Ｆ県土地開発公社に譲渡した本件土地について、租税特別措置法（平成一一年三月三一日号外法律第九号による改正前のもの。以下「措置法」という。）六四条一項の規定による特例（以下、「本件特例」という。）が適用されるものと解していた。ところがＦ県と所轄Ｍ税務署長（以下、「課税庁」という。）との事前協議の結果、課税庁が本件特例適用に本件用地買収が該当しないと判断したことから、Ｆ県は甲法人に対して、本件土地について公有地の拡大の推進に関する法律（以下、「公拡法」という。）五条一項の規定に基づく特例が受けられる旨を伝えた。その結果、甲法人は、平成七年五月三一日付けで、Ｆ県知事に対し、本件特例適用のための証明書交付を要望するとともに本件土地について公拡法五条一項の規定に基づく土地買取り希望申出書を提出した。Ｆ県知事は、同年六月一二日付けで、甲法人とＦ県土地開発公社に対し、同法六条一項に基づき、本件土地の買取りの協議を行う地方公共団体等としてＦ県土地開発公社を指定した旨通知した。

Ｆ県土地開発公社は、平成七年六月一六日付けで、本件土地が公拡法に係る買取りであることなどを記載した事前協議説明書を提出して課税庁と事前協議を行った。課税庁は、同月二〇日付けで、同公社に対し、本件事業については措置法六五条の四第一項四号に規定する特定住宅地造成事業等のために土地等を譲渡した場合の所得の特別控除の特例（以下、「一五〇〇万円控除の特例」という。）、租税特別措置法施行規則（以下、「措置法施行規則」という。）一七条の二第一項六号に規定する書類の発行ができる事業に該当する旨通知し、甲法人は、平成七年六月二〇日過ぎころ、Ｆ県職員から口頭で、Ｍ税務署に確認した結果、本件土地については本件特例に該当しない旨の説明を受けた。

甲法人は、平成七年六月二三日、Ｆ県土地開発公社に対し、本件土地を代金四億五九一四万〇四〇〇円で売り渡す旨の売買契約を締結した。この売買契約に係る土地売買契約書（本件売買契約書）には、Ｆ県土地開発公社が本件事業のために買取りをするものである旨の記載はない。Ｆ県は、本件土地の買取りの時点において、航空法施行規則八六条一項に規定する飛行場変更許可申請書を運輸大臣（当時、以下同じ）に提出しておらず、運輸大臣の許可や意見書を取得していなかった。甲法人は、平成七年一一月二二日、本件土地の代替資産として土地を購入し、その後、同土地上に工場を新築した。甲法人は、平成八年一月一九日、F県に対し、本件土地をF県土地開発公社に売り渡したことについて本件特例が適用されるとして、収用証明書の発行を求めているが、課税庁の意向に反して証明書が発行される可能性は低い。

このような状況にある納税者は今後のどのように対応していくべきであろうか。なお、「事前協議」の段階で、納税者が課税庁に「収用証明書」の発行を拒まれた場合には、納税者にはどのような対応が可能であったのであろうか。

一　更正の請求と減額更正の法的意義

上記の事例においては、「事前協議」の段階で、納税者が課税庁に「収用証明書」の発行を拒まれた場合には、納税者にはどのような対応が求められるのであろうか。まず関係規定を確認しておこう。

措置法六四条は、収用等に伴い代替資産を取得した場合の課税の特例として、法人の有する資産（棚卸資産を除く）で、⑴資産が土地収用法等の規定に基づいて収用され、補償金を取得する場合、⑵資産について買取りの申出を拒むときは土地収用法等の規定に基づいて収用されることとなる場合において、当該資産が買い取られ、対価を取得するとき、などにおいて、当該法人が当該各号に規定する補償金等の額の全部又は一部に相当する金額をもって収用や買取り等のあった日を含む事業年度において当該収用等により譲渡した資産と同種の資産で政令で定める代替資産の取得をし、当該代替資産につき、当該事業年度終了の時において、その取得価額に、補償金等の額から当該譲渡した資産の譲渡直前の帳簿価額を控除した残額の当該補償金等の額に対する割合（差益割合）を乗じて計算した金額（圧縮限度額）の範囲内でその帳簿価額を損金経理により減額し、又はその帳簿価額を減額することに代えてその圧縮限度額以下の金額を損金経理により引当金勘定に繰り入れる方法により経理したときは、その減額し、又は経理した金額に相当する金額は、当該事業年度の所得の金額の計算上、損金の額に算入すると規定している。

しかし、納税者がこの特例を受けるためには、確定申告書等に同項の規定により損金の額に算入される金額の損金算入に関する申告の記載があり、かつ、当該確定申告書等にその損金の額に算入される金額の計算に関する明細書その他財務省令で定める書類（収用証明書等）の添付がある場合に限り、適用することとしている（措置法六四条四項）。

よって、財務省令で定める書類（措置法施行規則一四条参照）の添付がなければ機械的に適用が受けられないこととなっている。事前協議の結果、証明書の発行が受けられなければおそらく納税者はその限りで、特例適用をあきらめることとなるであろう。仮に本事例のように、公拡法による一定額の控除が認められるということであればその申請でやむなしということになるのであろう。

ただし、収用証明書の添付等がない場合においても、税務署長は、確定申告書等の提出があった場合において、その記載又は添付がなかったことについてやむを得ない事情があると認めるときは、当該記載をした書類並びに同項の明細書及び財務省令で定める書類の提出があった場合に限り、措置法六四条一項の規定を適用することができるとしている（同条五項）。しかし、この場合の「やむを得ない事情」とは災害等の天災と解されていることから、本事例のような場合に、この規定で救済されることはないといってよかろう。

本事例では、通常、課税庁とF県との協議の結果、F県が「協議に係る証明書が発行できる事業に該当しません」という旨の通知を受けとった場合に、F県は証明書を発行することはありえず、納税者は、当該事業が収用証明書の対象となる事業であるとの主張を繰り返すしかないが、本事例のように受け入れてもらえないということになると、事前協議の結果によって納税者の救済手段は閉ざされることになりそうである。そうであるならば、納税者は、実体法上の争点を検討する機会（不服申立てや訴訟）を持つことができないということになる。

しかし、仮に、後日、「収用証明書」が発行される、あるいはなんらかの争訟手段の結果、収容証明書が発行されることを前提に、平成八年三月期の確定申告書に、本件特例を適用して圧縮記帳を行い、圧縮額を損金の額に算入し、本件土地に係る収用証明書をＦ県に対して申請中である旨の上申書を添付するなどしたうえで、この申告をして、そのうえで課税庁から収用証明書が添付されていないことをもって増額の更正処分をうけて（もらって）おくことが必要になるよう思われる。

ただ、この場合においても、納税者は、更正処分がなされた後に、当該更正処分の取消訴訟や無効確認訴訟において、収用証明書が法律の規定に反して発行されないと主張しうるであろうか。課税庁は、収用証明書が添付されていてもその内容を審査しうるものと考えているようであることから、収用証明書の不添付の判断についても取消訴訟のなかで審査の対象となると解することも考えられなくもないが、今日、収用証明書が発布されず、申請書に添付されていない場合には適用の要件をそもそも充足していないのであるから、更正処分の取消しを争っていても当該更正処分は適法であると判断されることになりそうである。

福井地裁平成一五年一二月三日判決にかかる事案において、納税者は以下のような争訟手段をとっている。

(1)甲法人は、Ｆ県に対し、本件土地をＦ県土地開発公社に売り渡したことについて本件特例が適用されるとして、収用証明書の発行を求め、平成八年三月期の確定申告書に、本件特例を適用して圧縮記帳を行い、圧縮額三億九九七三万一八七六円を損金の額に算入し、本件土地に係る収用証明書をＦ県に対して申請中である旨の上申書を添付している。しかし、課税庁は当然のごとく、この申告に対して、収用証明書が添付されていないことをもって、更正処分を行なっている。そしてその後に、(2)F県が本件土地に係る収用証明書の発行を拒否したため、甲法人は、F県を被告とし、収用証明書の発行を求める訴えを提起し、名古屋高等裁判所金沢支部は平成一二年二月二八日(原判決を取り消し)F県に対して収用証明書の発行を命じる判決を言い渡し(以下、「別訴高裁判決」という)、同判決は確定している。

F県は、別訴高裁判決に基づき、平成一二年三月二二日付けで、原告に対し、措置法規則一四条七項三号イにより、本件土地は、F県が施行するF空港拡張整備事業(根拠法令・土地収用法三条一二号)の用に供するため、代行買収者であるF県土地開発公社が合計四億五九一四万〇四〇〇円で買収したものであることを証明する旨の収用証明書(以下、「本件収用証明書」という。)を発行した。

甲法人は、本件収用証明書を添付の上、平成一二年三月二四日付けで課税庁に対し、平成八年三月期から平成一一年三月期までの各事業年度の法人税につき、更正の請求をした(以下、「本件更正請求」という。)が、課税庁は、本件更正請求についていずれも更正をすべき理由がない旨の各通知処分をしている(以下、「本件通知処分」という。)。

更正の請求の前提として、収用証明書の発行を求める訴えを提起し、その判決をもって、国税通則法二三条一項一号にいう特別の更正の請求事由に該当するという論法は、卓見ではあるように思われる。

そこで、本件通知処分をまず納税者が争うにあたっては、本件通知処分の不服審査及び取消訴訟において、納税者は、手続的争点としては、以下のような点を検討しておく必要があろう。

(1) 本事例において、控訴人は別訴名古屋高裁金沢支部平成一二年二月二八日判決(以下、「名古屋高裁金沢支部判決」という。)に基づいて、国税通則法二三条二項二号による特別の更正の請求を行っているところである。「名古屋高裁金沢支部判決」は、同項二号でいう「判決」に該当し、ここでいう特別の更正の事由に該当するかといえるか。

(2)　争点(1)において、名古屋高裁金沢支部判決が特別の更正の請求事由になりうるとするならば、課税庁（被告・被控訴人）は、名古屋高裁金沢支部判決に拘束されるといえるか否か。

(3)　名古屋高裁金沢支部判決が特別の更正の請求事由に該当するとされた場合に、被告・被控訴人は、名古屋高裁金沢支部判決に基づいてF県から給付された当該事業に必要なものとして収用又は使用することのできる資産に該当する旨の証明書に拘束されるか。

なお、上記争点(1)(2)(3)が否定される場合にそなえて、以下の実体法の争点についてもあわせて検討が必要であろう。

(1)　措置法六四条一項二号にいう「資産について買取りの申出を拒むときは土地収用法等の規定に基づいて収用されることとなる場合」とはいかなる状況をさすか。

さらに、措置法六四条四項は、同法六四条一項二号の適用にあたって、収用証明書等の添付を求めているところであるが、措置法施行規則一四条七項三号イは具体的には土地収用法三条一二号（航空法による飛行場又は航空保安施設で公共の用に供するもの）に関する「事業に必要なものとして収用又は使用することのできる資産」に該当するものであることを求めているところである。

(2)　争点(1)と関わる問題であるが、措置法六四条一項二号の適用にあたっては代行買収による買取りを認めているところである（措置法施行規則一四条七項三号イ等参照）が、本件における買取りが代行買収の要件を充足しているといえるか。

なお、実体法上の争点(1)については、措置法六四条一項一号の「収用されうることとなる場合」の解釈にあたり、「収用されることとなる場合」とは、事業認定前における「いかなる状態をさすのか」といった問題（法解釈）において、一見するとこの文言は課税要件明確主義のもとで必ずしも明確であるとはいえないようにみえる。この点について、実務は、措置法関係通達六四(4)—3に定める「当該買取りの時において、当該事業の施行場所、施行内容等が具体的に確定し、当該資産について事業認定が行われ得る状況にあるかどうかによって判定する」こととしているが、この通達の文言も明確ではない。この通達のような解釈が「収用されることとなる場合」の文言から一義的に導くことができるのかも疑問が存しよう。

また、代行買収については、措置通達六四(4)—2は以下のように定めている。

(1)　買取りをした資産は、最終的に事業の施行者に帰属するものであること

(2)　買取りをする者の買取りの申出を拒む者がある場合には、事業の施行者が収用するものであること

(3)　資産の買取り契約書には、資産の買取りをする者が事業の施行者が施行する○○事業のために買取りをするものであること

(4)　上記(1)及び(2)の事項については、事業の施行者と資産の買取りをする者との間の契約書又は覚書により相互に明確に確認されているものであること

(1)(3)の事項については契約書や覚書に明記される必要は必ずしも必要はなく、一連の買取りの過程において、当事者間でそのような合意があれば足りると解することができ、よってそのことを控訴人が立証できる場合においては、なんら問題は存しない。課税庁が、このような通達を画一的、形式的に使うことには問題が存するといえよう。

二　事前協議段階での救済

課税庁がF県（公共事業の施行者）へ「協議にかかる証明書が発行できる事業に該当しない」という旨の通知が

なされた段階での納税者の救済はきわめて困難であるといえよう。この段階で「協議にかかる証明書が発行できる事業に該当しない」という旨の通知を納税者が取り消せるか否かであるが、当該通知は内部行為であると構成される確立がきわめて高く、またそもそもこの事前通知制度そのものが法令の前提をもたない協議制度であることから、当該通知を取消訴訟の対象となる行政処分ということ（行政事件訴訟法三条）は困難であろう（改正行政事件訴訟法のもとでの救済は別途検討が必要である。本書第一一章参照）。

では、直截的に証明書を発行しないことが違法であるといった不作為の違法確認の訴えが提起できるであろうか。この点、不作為の違法確認の訴えは、申請行為の存在を前提とすることから（行政事件訴訟法三条五項、三七条）、まず無理といえそうである。今日においては、改正行政事件訴訟法三七条の二による「義務付け訴訟」による方法もありうるところではあるが、仮に「収用証明書の発行を命ずる」との判決が下されたとしても、確定申告の法定納期限まで判決がおりることは時間的に困難であろうから、やはりこの場合においても更正の請求の問題が生ずるであろう。とくに、本事例における特別の更正の請求に係る争点と同じ問題を抱えることになるといえよう。

なお、ちなみに本事例（行政事件訴訟法改正前の事件である）においては、義務付け訴訟ではなくF県に対する債務の履行請求として「収容証明書の発行を請求」しており、上記のように名古屋高裁金沢支部判決において認められるところとなっているのである。

事前協議制度は、用地買収に着手する前に行うこととされており、そこでは課税庁側の判断が示され、現実にはその判断が一方的に事業施行者に伝えられるものと解しても差し支えないであろう。この段階について事業施行者等はその課税庁の判断について、その適否を争う手段をもたない。納税者においても、そのような事前協議段階での課税庁の見解を争う手段をもたないのである。この段階ですでに納税者は収用証明書等の交付が受けられないということが事実上決定されてしまうが、課税庁の判断を争う手段は封じられてしまう。収用証明書等が存しないまま特例の手続を申請すれば、前述したように手続の不備を理由にはねられてしまうのである。事業施行者が証明書を発行しない場合において、その原因が事前協議における課税庁の判断誤りに起因する場合において、納税者が仮に本事例における納税者のような更正の請求が認められないとすれば本件特例の適用の有無を争う手段は存しないのである。これは大きな問題であろう。仮に本事例のような救済方法が公定されたとしてもその救済方法はきわめて迂回的である。「事前協議制度」を法定の制度として、これに対する救済制度を立法論的には用意すべきであろう。

三　特別の更正の請求の可否について

1　国税通則法二三条二項一号における後発的事由について

納税者（原告）は、名古屋高裁金沢支部判決が原審福井地裁平成一一年七月三〇日判決を取り消し、「『当該土地が、土地収用法三条一二号に該当する施設に関する事業に必要なものとして、被控訴人において収用することができる資産に該当する』旨の証明書（以下、「本件収用証明書」という。）を発行せよ」との判決に基づいて、国税通則法二三条二項一号にいう特別の更正の請求をしているところである。名古屋高裁金沢支部判決が、国税通則法二三条二項にいう特別の更正の請求事由の一つである「判決」（同条二項一号）に該当するものと解している。

しかし、福井地裁判決において、課税庁（被告）は、この名古屋高裁金沢支部判決は、国税通則法二三条二項一号にいう後発的事由に該当せず、更正の請求は不適法であるとして、以下のように主張していたところである。

①　名古屋高裁金沢支部判決は、本件収用証明書の発行を福井県に命じたにすぎない判決である。すなわち、この名古屋高裁金沢支部判決は、「措置法六四条に規定する収用等に伴い代替資産を取得した場合の課税の特例（以下、「本件特例」という。）の適用にあたっての申告要件である大蔵省令で定める書類（収用証明書）について、原告からの発行請求に基づき、訴外F県に対してその給付を命じた判決であるにすぎないことから、課税標準等又は税額等の計算の基礎となった事実に関する訴えについてなされたものとはいえず、別訴高裁判決によって、原告の平成七年の本件土地の譲渡等の計算の基礎となる事実には何らの変動を生じていない」。

②　さらに、「本件譲渡が、措置法六四条一項二号に規定する特例の実体的要件である『資産について買取りの申出を拒むときは土地収用法等の規定に基づいて収用されることとなる場合において、当該資産が買い取られ、対価を取得するとき』については、別訴高裁判決において変更されるものではなく、後発的事由による事情変更はなんら生じていない」。

しかし、このような解釈には以下で述べるように「その申告、更正又は決定に係る課税標準等又は税額等の計算の基礎となった事実に関する訴えについての判決」の解釈に誤りが存する。

(1)　国税通則法二三条二項一号にいう「判決」とは

国税通則法二三条一項による更正の請求（いわゆる「通常の更正の請求」）は、納税申告書に記載された課税標準等又は税額等の計算が国税に関する法律の規定に従っていなかったこと又は当該計算に誤りがあったことにより、当該申告書の提出により納付すべき税額が過大となった場合（一号）等に、納税者の側から税額等の変更をするために法定申告期限から一年内に限り行うことができるものである。これに対して、国税通則法二三条二項各号は、納税者が課税当時若しくはその後の同条一項の期間内にも適切な権利の主張ができなかったような後発的な事由により、当初の課税が実体法的に違法となった場合に、納税者からその是正を請求できる途を認めたものと解され、同条一項の適用を前提にその特例を定めたものである（後掲広島地裁昭和五六年二月二六日判決・税務訴訟資料一六号三八八頁等参照）。すなわち、特別の更正の請求は、納税者が申告時には予知しえなかった事態その他やむを得ない事由がその後において生じたことにより、さかのぼって税額の減額等をなすべきこととなった場合に、これを課税庁の一方的な更正の処分に委ねることなく納税者の側からもその更正を請求しうることとして、納税者の権利救済の途をさらに拡大したものである。これら更正の請求は、租税法律主義の一内容である「手続保障原則」に由来するものと解されよう。

国税通則法二三条二項は、納税申告書を提出した者は、「その申告、更正又は決定に係る課税標準等又は税額等の計算の基礎となった事実に関する訴えについての判決（判決と同一の効力を有する和解その他の行為を含む）により、その事実が当該計算の基礎としたところと異なることが確定したとき」は、その確定した日の翌日から起算して二月以内に更正の請求ができる旨を規定している（以下、「本件特別の更正の請求」という）。ここでいう「判決」とは「課税標準等又は税額等の計算の基礎となった事実に関する訴え」についての判決であるところ、この「判決」とは申告の前提となる課税要件事実にかかる紛争を解決することを目的とした民事事件の判決を意味するものと解される。[1] このような解釈は、広く支持されているところである。

ア　広島地裁昭和五六年二月二六日判決

国税通則法二三条二項各号の意義について、広島地裁昭和五六年二月二六日判決（税務訴訟資料一六号三八八頁）は、以下のように述べる。やや長文に及ぶが引用する。

①「法二三条二項の立法の経過をみるに、従前から、課税所得とは課税適状にある経済的利益を意味するものとされることから、仮に課税の基因となるべき行為が無効なもの又は取消し得べきものであっても、現にその行為に伴って経済的成果を生じている場合には適法に課税を行うことができるものと解され、しかし反面、後に、右行為の無効であることが確認され、あるいはこれが取消されて、右経済的成果が失われたような場合には、これに伴い右当初の課税も適切に是正されるべきであると考えられるのに、その旨の規定がなかった。そこで、昭和三六年七月五日の税調第二次答申では、右の点につき、右当初の課税の後、『行為の無効であることが確認されて経済的効果が除去されたとき、又はその取消しが行われたときは、課税の取消し又は変更を行うべき旨を明らかにする』旨の規定を設けるよう意見が述べられ、法二三条二項制定の根源も右にあるとみられる。

すなわち、国税通則法は右税調第二次答申に基づき昭和三七年四月二日法律第六六号により制定されたものであるが、その七一条二項においては、右答申で述べられたのとはほぼ同一文言で、その事由（同法施行令三〇条二四条で所得税法上の資産の譲渡代金が後回収不能となった場合等が附加されている）が生じた日から三年間当初の課税を課税庁において職権で（減額）更正できる旨の規定が設けられた。しかし、その際は、納税者からの更正の請求としては、法二三条一項において申告書に記載した課税標準等もしくは税額等の計算が法律の規定に従っていなかったこと又はその計算に誤りがあったような場合に法定申告期限から二月以内に限り（減額）更正の請求ができる旨の規定が設けられたのみで、前記答申のごとき内容の規定は設けられなかった。

ところがその後、昭和四三年七月に税制調査会の『税制簡素化についての第三次答申』（以下、「税調第三次答申」という。）がなされ、右更正の請求期間二月を一年に延長するよう意見が述べられるとともに、『このように期限を延長しても期限内に権利が主張できなかったことについて正当な理由があると認められる場合の納税者の立場を保護するため、後発的事由により期限の特例が認められる場合を拡張し、課税要件事実について、申告の基礎となったものと異なる判決があった場合その他これらに類する場合を追加するものとする』旨の意見が述べられたことに基づき、昭和四五年法律第八号により法二三条が改正されてその二項（一ないし三号）が附加され、同一項の期間経過後でも、さらに右後発的事由によりその事由の生じた日の翌日から二月以内に限り納税者から更正の請求ができる旨の規定が設けられたものである。

右改正の経過からすると、法二三条二項各号制定の趣旨は、納税者が課税当時もしくはその後の同条一項の期間内にも適切に権利の主張ができなかったような後発的事由により、当初の課税が実体的に不当となった場合に、納税者からその是正を請求できる途を認めたものと解され、前記税調第二次答申で述べられている趣旨にその基礎を置くものとみられる」。

②「個人及び法人の所得に対する課税は、前記のとおり、現に生じた経済的利益に着目してなされるもので、課税適状にある経済的利益の得喪変動自体が課税要件をなすものとみられることから、課税所得算定の基礎となった事実にかかる行為が、後に無効であることが確定しあるいは取消されてすでに生じた経済的成果が失われるようなことがあっても、これら後発的事由により、さかのぼって、右当初の課税まで違法となるものではない。したがって、右のような場合は、商人の事業所得及び法人所得の場合のように継続企業として、その事由の生じた年度の会計処理で是正できるような場合の外は、特に、右のごとき続発的事由に基づき、納税者からも後に当初の課税を是正できる途を設ける必要がある。特に、右後発的事由が当初の課税処分から相当年月を経て生ずることを考えると、右の場合を仮に法二三条一項で賄うものとしても、その法定申告期限から二月あるいは一年間でも到底賄い切れず、法二三条二項のごとき規定を設ける必要性は強いといえる。

ただ、右趣旨からすると、法二三条二項は、個人の事業所得及び法人所得については、その適用される場合は少なく、一般的には、国税通則法として、右以外の課税についての適用を多く予定したものとみられる」。

さらに、同判決は、国税通則法二三条二項の具体的内容について、以下のように述べる。

①「法二三条二項一号は、申告、更正又は決定は係る課税標準等又は税額等の計算の基礎となった『事実』に関する訴についての判決等で、その『事実』が右と異なることが確定したとき、とのみ規定していて、右規定の文言からだけでは、被告が主張するようにするように右『事実』を課税計算の基礎となった『私法上の事実』にのみ限定すべき理由は見出しがたいし、却って、前記立法の経過からすると、特に、税調第二次答申後最初に制定された当初の法第七一条一号二号の規定と対比してみた場合、右『事実』は、必ずしも『私法上の事実』に限らず、広く課税計算の基礎もしくは前提となって、その事実により特定の課税計算の内容を明確に左右するようなものであれば、これら諸事実をすべて含むものと解される。

また、右は、法七一条一号及び法人税法八二条が、同一課税事実についての前事業年度の異動に伴う後の事業年度の課税の是正につき、更正（職権）及び更正の請求の特例として定めているところからするとこのような関係の場合も含めた広い意味に解することもできる」。

②「ただ、法二三条二項のその余の規定と対比して全体的に見た場合、同二項一号は、課税計算の基礎となった事実が、後に判決等で異なる内容のものとして確定した場合で、しかも、課税当時及び右確定に至るまでは、納税者において課税庁の間で、右と異なる事実及び権利を主張して右事実を適切に争いかつ確定することができないような場合に限られるものと解される。課税計算の前提となる諸事実は広汎多様に及び、その中には、課税当事者間では適切もしくは最終的に確定しがたい事実も多いから、このような事実を課税の基礎とする場合は、相当な当事者間及び手続によってその事実の確定を得て、その段階で、課税の適切な是正を計るべきものとするのが妥当であり、右規定もこのような趣旨に基づくものとみられる」。

③　「法二三条二項二号も、課税標準等の計算に当りその者に帰属するとされた所得が、後に他の者に帰属することが明らかとなってその旨の更正、決定があったときのことで、所得の帰属については、争われる他の者を含めない関係では適切な確定はできないものであるとともに、もし、右の場合そのままでは、当初の納税者と他の者の両者に課税するといった不当な事態を容認することとなる。これが、右更正の請求を認めた理由とみられ、法二三条二項一号と同旨に基づくものといえる。

そして、同条二項三号も、同号では、『前二号に類する政令で定めるやむを得ない理由があるとき』としたうえ、令六条一項で、右『やむを得ない理由』は、課税の基礎となった事実のうちに含まれていた行為の効力に係る官公署の許可その他の処分が後に取消されたとき（一号）、課税の基礎となった事実にかかる契約が、後に排除され、又は取消されたとき（二号）、帳簿書類の押収等のやむを得ない事情により、課税標準、税額等の計算ができなかった場合において、後に右事情が消滅したとき（三号）、条約に基づく当局間の協議により、申告等に係る課税標準、税額等に関し、後にその内容と異なる内容の合意がなされたとき（四号）と規定している。右二、三号は、納税者と課税庁との間で確定し得ない事柄であることはその性質上明らかであり、右三、四号は、いずれも納税者にとっていかんともしがたいことであり、そして、これらからすると、右一号もその官公署の許可処分とは農地譲渡の場合の県知事の許可等で当該課税庁以外の官公署の許可処分を意味するものと解され、したがって、納税者と課税庁との間では確定しがたい事柄であることは明らかであり、結局、これらからして、右はいずれも納税者に、特に、右事由が生じたときに更正の請求を認めるべきやむを得ない理由がある場合であるとみられる。そして、右『やむを得ない理由があるとき』としている点は前記法二三条二項一号の理解を裏付けるものといえよう」。

イ　大阪地裁平成六年一〇月二六日判決

また、大阪地裁平成六年一〇月二六日判決（税務訴訟資料二〇六号六六頁）は、国税通則法二三条二項一号に基づく「判決」に刑事判決が含まれるか否かが争点となった事件ではあるが、この「判決」の意義について、以下のように述べている。

「法二三条一項は、納税申告書を提出した者からの更正請求ができる期間を法定申告期限から一年以内に限定し、同条二項は、後日一定の事由が生じた場合には右期間の延長を認めているが、これは、租税債務を可及的速やかに確定させるという国家財政上の要請から更正請求ができる期間を限定するとともに、他方で、一定の後発的事由が発生したために課税標準等又は税額等の計算をするための基礎的な事実関係に変化が生じ、これによって税額の減額をすべき場合にも更正請求を認めないと納税者に過酷な結果となることから、例外的に一定の場合に右期間経過後の更正請求を認めたものである。そして、同条二項一号は、その申告に係る課税標準等又は税額等の計算の基礎となった事実に関する訴えについての判決又はこれと同一の効力を有する和解その他の行為により、その事実が当該計算の基礎としたところと異なることが確定したときに、更正請求を認めているが、ここにいう判決とは、申告に係る課税標準等又は税額等の計算の基礎となった事実（例えば契約の成否、相続による財産取得の有無、特定の債権債務を発生させる行政処分の効力の有無等）を訴えの対象とする民事事件の判決を意味し、刑事事件の判決はこれには当たらないと解せられる（最高裁第二小法廷昭和六〇年五月一七日判決・税務訴訟資料一四五号四六三頁）。なぜならば、そのように解するのが、『事実に関する訴えについての判決』という右規定の文言にも合致するし、また、実質的に考えても、刑事事件は、刑罰権の存否、範囲を確定することを直接の目的とし、犯則所得金額や逋脱税額の認定はそのための前提として行うに過ぎず、その認定に当たっても、証拠能力の制限や証拠の証明力の評価等に関して民事事件とは異なった著しく厳格な法規、法則が適用されるのであるから、そこでの事実認定は民事事件（課税処分の適否を決する訴訟は民事事件である。）におけるのとは相違するものになる可能性も十分考えられ、従って、右のような解釈が前記の法令の趣旨に適合し、妥当なものといえるからである。」（国税不服審判所平成三年一一月一日裁決・裁決事例集四二号七頁も併せて参照）。

広島地裁昭和五六年二月二六日判決の趣旨及び「事実」についての解釈は正鵠を得ているものといえよう。「事実」とは前述したように「課税要件事実」を意味すると解されるべきであるが、本件においてはこの問題は、以下のように解することができる。

国税通則法二三条二項一号は、「判決、和解によりその事実が当該計算の基礎としたところと異なることが確定した」ことを要件としており、判決等により旧事実と異なる内容の新事実が確定したことを要するものであるが、制定された当初の国税通則法七一条一号二号の規定と対比してみた場合、右「事実」は、必ずしも「私法上の事実」に限らず、広く課税計算の基礎もしくは前提となって、その事実により特定の課税計算の内容を明確に左右するようなものであれば、これら諸事実をすべて含むものと解される。なお、同条二項が当初の課税関係の前提となる事実にとどまらず、更にその後に確定した事実を当初の課税関係に関連させて是正すべきであることまで予定したものではないことは当然である。

本事件においては、F県土地開発公社と原告との間で締結された売買契約自体にはなんら変更はないが、その契約が租税特別措置法六四条一項二号にいう買取りに当たるか否かという課税要件事実についての紛争であり、名古屋高裁金沢支部判決によって「課税要件事実」に変動が生じる以上（あるいは変動が生ずる可能性がある以上）、同判決によりあらたな後発的事実が生じたと解することができる。「事実」はいわゆる「課税要件事実」であり、法的な評価を含むことは当然である。事実に変動がないにしても判決により事実認定が異なることにより、課税要件事実に変動が生ずる場合、あるいは事実に対する法的な評価が判決によって変わり、課税要件事実に変動が生ずる場合を含むことは当然である。

本事例において、名古屋高裁金沢支部判決が原審・福井地裁平成一一年七月三〇日判決を取り消し、「『当該土地が、土地収用法三条一二号に該当する施設に関する事業に必要なものとして、被控訴人において収用することができる資産に該当する』旨の証明書（以下、「本件収用証明書」という。）を発行せよ」との判決は、国税通則法二三条二項一号にいう「判決」に該当するものである。控訴人の申告書提出時における事実と変更はないものの、福井県が租税特別措置法六四条一項二号に該当する買取りを行い（課税要件事実）、かつそのことを証明する書類を発行したのであるから、「判決」に基づき更正の請求が可能である。

「原告からの発行請求に基き、訴外福井県に対してその給付を命じた判決であるにすぎないことから、課税標準等又は税額等の計算の基礎となった事実に関する訴えについてなされたものとはいえず、別訴高裁判決によって、原告の平成七年の本件土地の譲渡等の計算の基礎となる事実には何らの変動を生じていない」との、被告の解釈は採用することができない。

2　国税通則法二三条二項一号の「判決」の該当性の判断について

国税通則法二三条二項一号の更正の請求にあたって、課税庁（被告）は同号にいう「判決」に該当するか否かについて判断することは当然に許されている。しかし、課税標準等又は税額等の計算の基礎となった事実に関する訴えについての判決でありながら、課税庁が更正の請求の趣旨から排除できるものは限られている。

ここでいう民事判決たる「判決」から排除されうるものとしては、以下のようなものを挙げることができるであろう。

① 判決と同一の効果を有する和解であっても、租税を免れる目的で馴れ合いによって行われた判決（東京高裁平成一〇年七月一五日判決・訟月四五巻四号七七七頁等）

② 相続税申告の起訴となった遺産分割協議が通謀虚偽表示のために無効であるとする判決（判決が確定した場合においても、国税通則法二三条一項にいう更正の請求をしなかったことにつきやむを得ない理由があるとはいえないから、ここでいう「判決」に該当しないとするものである（最高裁平成一五年四月二五日判決・判時一八二二号五一頁等））。

本件における別訴名古屋高裁金沢支部判決は、このような判決ではないことは明らかである。よって、名古屋高裁金沢支部判決が課税標準等又は税額等の計算の基礎となった事実に関する訴えについての判決であると判断されれば、被控訴人は、この名古屋高裁金沢支部判決に基づいて減額更正を行うべき義務が存するといえる。

四　名古屋高裁金沢支部判決の拘束力について

上述したように名古屋高裁金沢支部平成一二年二月二八日判決が「判決」に相当することについて異論は存しない。それでは名古屋高裁金沢支部平成一二年二月二八日判決について、課税庁は更正の請求にかかる審査の段階において、いかなる対応が可能であろうか。

訴訟法上、別訴高裁判決との関係をみても、同判決の当事者は原告とF県であり、民事訴訟法一一五条に、被告にその既判力が及ばないことは当然であると述べた上で、別訴高裁判決においては、収用証明書の発行の可否を判断するに当たり、その効力が本件訴訟において被告に及ぶ法的根拠は存在しないし、その判断基礎となったのは、弁論主義に基づき別訴当事者（原告及び福井県）が主張立証した範囲の資料に限られていると主張する。実質的にみて、別訴名古屋高裁金沢支部判決が原告・控訴人と被告・被控訴人との代理戦争といえるか否かはさておくとしても、このような主張は採用することができない。

課税庁（被告）が更正の請求において、名古屋高裁金沢支部判決に拘束されるか否かは、民事訴訟法上の既判力等の問題ではなく、国税通則法二三条二項一号の固有の問題である。課税庁は、更正の請求にあたり、問題となる判決が国税通則法二三条二項一号に規定する「判決」に該当するか否かを判断する権限を有するのみで、そこでの「判決」に該当することと判定されれば、課税庁は司法判断たる「判決」の内容にしたがって（減額）更正処分を行うことを予定しており、その判決を行政庁たる税務署長が否定することは許されないと解さざるを得ないのである。

司法上の判断（判決）を更正の請求の要件事実に組み込ませることにより、課税庁はその判決に拘束されることとなっているのである。課税庁は、判決によって課税要件事実に変動が存したにもかかわらず、これを否定することは許されないのである。原判決にはこのような前提が欠落しているといえる。

措置法六四条四項の添付資料に基づいて同条一項二号の適用要件を充足しているか否かを独自に判断する権限を有するか否かという問題と、更正の請求における「判決」の拘束力の問題を区別して論じる必要があること（次元の異なる別問題である。）は、前述のとおりである。

後発的事由に基づく特別の更正の請求の趣旨は、納税申告書の提出時にはそのような納税申告書の瑕疵ないしは減額更正をすべき事由は内在せず、後日、そのような事由が発生する場合があることから、課税庁側からのみでなく納税者側からも更正の請求をし得ることとして、納税者の権利救済の道を拡充したものであると説かれている。よって、一般的には、一旦適法に成立した課税関係がその後の後発的な事情によってその前提となった経済的成果の起因たる「私法上の事実関係」に変動が生じた場合に、変動後の事実関係に適合せしめるための納税者の権利救済制度であると説明されているところである。(2) 課税庁は、「私法上の事実関係」等を単なる「事実」としてとらえ、審査の対象となる事実には変動はないとの主張を展開しているものと考えられる。

五　措置法六四条の適用判断と更正の請求における判断との関係について

1　措置法六四条における課税庁の判断権について

福井地裁判決において、課税庁(被告)は、措置法六四条四項は、収用証明書の添付がなければ本件特例が適用できないことを規定したまでで、収用証明書の記載内容が税務署長を拘束するものでないこと明らかであるとして、その適用要件の充足を課税庁の独自の判断で検討することが可能であると主張していたところである。本事例において、国税通則法二三条二項一号による「判決」に基づく更正の請求における後発的事実についての拘束力と、租税特別措置法六四条一項二号の適用要件の判断にあたり同条四項に基づいて提出された収用証明書の拘束力の問題とは区別されることに留意をすべきである。

本事例において、本件収用証明書の発行は法的には公共事業者であるF県の専権に属することであり、この発行をめぐっての、本件土地の買取り時に、本件土地について、土地収用法の事業認定が行われ得る状況にあったか否かが争点とされ、土地収用法上の事業認定がうけられる状況にあったと裁判所によって判断されたのであるから、課税庁がこの判決に拘束されることは当然である。

措置法六四条四項は、「第一項の規定は、確定申告書等に同項の規定により損金の額に算入される金額の損金算入に関する申告の記載があり、かつ、当該確定申告書等にその損金の額に算入される金額の計算に関する明細書その他財務省令で定める書類の添付がある場合に限り、適用する」と規定している。よって、福井地裁判決における被告は、同項所定の要件を充足していても、収用に関する所定の書類が確定申告書に添付していなければ適用することができないことを規定したままでであって、添付書類の記載内容が税務署長を拘束するものではなく、納税者から提出された収用証明書等の記載内容に拘束されることなく、特例の適否について調査し認定判断を行うことができる旨主張する。措置法六四条四項は、収用証明書の添付がなければ本件特例が適用できず、課税庁において収用証明書の記載内容を含めて、納税者がその記載内容等に仮装が存しないかなど、同条一項二号の実体法的要件を充足するか否かの判断をする権限を有していることは当然である。

しかし、本事例の場合、確定した判決に基づいて特別の更正の請求を行っているのであり、課税庁が更正の段階でその判決に拘束される以上、結果的には措置法六四条一項二号の実体法的判断においてもその拘束力は及ぶこととなり、課税庁は裁判所の判断（判決）に従うことが義務づけられることとなる。

2　「本件特別の更正の請求」による納税者の権利救済について

本事例において、納税者は、いかなる救済方法が可能であろうか。本事件のように、納税者（原告）は租税特別措置法六四条一項二号の要件を充足していると考えているものの、F県が証明書を発行しないといった場合（事前協議に基づいて、課税庁の判断によって、F県の証明書等の発行が差し控えられている場合）などについては、証明書等の発行を求めるという給付訴訟を通じて「判決」を得た上で、特別の更正の請求を行うという方法以外に、救済方法が閉ざされているということに留意をすべきである。本件土地の買取りに本件特例の適用が認められるべきであるという納税者の主張が、F県と課税庁の事前協議等との判断を通じてF県がそのような書類は発行できないとして別途の特例措置にかかる証明書類を発行してきた場合（あるいはなんら書類を発行しない場合）に、福井地裁判決において、被告が主張するように名古屋高裁金沢支部判決が特別の更正の請求事由である「判決」に該当しないとするならば、納税者（原告）の権利救済はきわめて困難であるといえよう。

当初、本事例において、納税者（原告）は措置法六四条一項二号の適用が受けられるとの前提のうえで、納税者は本件土地の買取りに応じる姿勢であったと思われる。しかし、F県は、事前のF県及びM税務署担当官との間で、本件土地が同項二号の適用が受けられないとのやり取りの経緯を踏まえて、措置法六五条の四第一項への適用に振り替えて、公有地の拡大の推進に関する法律に基づき用地買収の手続きが進められていったと推認される。

平成七年五月三一日付の土地買取希望申出者、平成七年六月一二日付の買取協議に係る通知書、買取協議を行うものの指定にかかる通知書などには、買取りの目的として「F空港拡張整備事業用地として」と明記されており、また証拠などからみるに、公共用地の取得としての買取りの認識のもとでF県とM税務署との事前協議がすすめられており、納税者はつまるところ措置法施行規則一七条の二第一項六号に規定する書類の発行についてはすでに買取りの過程において不満であったことがうかがわれる。

そこで、控訴人のように納税申告書において証明書類の添付が存しない場合においては、措置法六四条一項二号の適用があったとの前提に基づいた税務会計処理（圧縮記帳）を行い、当該申告書に対する更正処分をまって、その取消訴訟のなかで、本件買取りが措置法六四条一項二号に該当するか否か争うということもあり得ようが、添付書類が同項適用の形式的要件となっていることから、そのような添付書類の存しない本件は、手続要件が欠けていることをもって、機械的に取消請求が棄却されてしまうこととなる。すなわち、事前協議等において、課税庁から措置法六四条一項二号に該当しないとの通知をF県から事前連絡を受けた場合には、当該条項に該当すると考える納税者は証明資料の添付がないまま納税申告書においてその適用を記載したうえで申告を行い、その後に、課税庁による更正処分を受けた後に、措置法六四条二項の要件を充足しているとして争うことが可能のようであるようにみえるが、形式的な要件である証明書類の添付が存しないという理由で、措置法六四条一項二号の規定の適用が認められないこととなる。このような救済方法では、実体法上の適否の審査を受けることができないのである。

本件更正処分の取消訴訟のなかで「やむを得ない事情」（租税特別措置法六四条五項）が存するという主張も可能であるようにみえるが、同項にいう「やむを得ない事情」等とは天災等の場合に宥恕を認めるものであることから、本件のような場合にはこのような場合に該当しない。F県が証明書等を発行しないということは「やむを得ない事情」にあたらないこと、明らかである。仮に、事前協議において、課税庁が、F県の判断に基づく対応に応ぜず、適用できないとの判断をした場合に、裁判において「やむを得ない事情」ありとして申告時に添付があったと認められる可能性はないであろう。

措置法六四条一項二号の適否について、納税者は、事業施行者に対して証明書の交付をせよという「義務付け訴訟」もその許容性をめぐってはすくなからず争いがある（判例はいわゆる補充説によっていると解される。）ところではあるが、そもそも本件土地の買取りが私法上の契約によっておこなわれている以上、証明書の交付もこの契約の内容の履行であり、「義務付け訴訟」の提起については消極的に解さざるを得ない。

本事例のような場合においては、直截的に証明書の発行を求めるという給付訴訟による判決をもって、特別の更正の請求を行うという方法によってのみしか、本件のような事案において、納税者は救済方法の途が存しなかったのである。本事例のような場合の納税者の権利救済はきわめて困難である（ただし、改正行政事件訴訟法四条後段に留意。後述本書第一一章参照)。

なお、実体法上の争点については、本稿では紙幅の都合で詳細な検討は行わないが、簡単に結論だけを記しておこう。

① 課税庁は、上記の土地収用法上の手続要件及び認定要件のうち、ことさら土地収用法二〇条の二号の要件にその基準を求めるものである。課税実務において、措置法関係通達六四(4)—三が「措置法規則一四条第七項第三号の規定を適用する場合において、買取りの対象となった資産が、同号イに規定する事業に必要なのもとして収用又は使用することができる資産に該当するかどうかは、当該買取りの時において、当該事業の施行場所、施行内容等が具体的に確定し、当該資産について事業認定が行われ得る状況にあるかどうかによって判定することに留意をする。」と述べていることを受けて、「当該資産について事業認定が行われ得る状況にあるかどうか」について、この基準(「当該事業を遂行する十分な意思」)が用いられている。土地収用法の事業認定要件のうち、ことさらこの要件のみに基準を求めることには合理性が存しないといわざるを得ない。条文の解釈をめぐって、特に「(当該)事業に必要なものとして収用することのできる資産に該当するものである」ことから、このような基準は出て来ないといえよう。

この通達の解釈をめぐっては、控訴人と被控訴人の主張に争いが生ずるところであるが、措置法関係通達六四(4)—三における「当該資産について事業認定が行われ得る状況にあるかどうか」は、その前節の「当該買取りの時において、当該事業の施行場所、施行内容等が具体的に確定し」を受けたものであり、そのような場所的特定があれば一般的には事業認定の手続を事業施行者が進めようと思えば進められることから、特別の事情がない限り、事業認定が行われ得る状況にあると判断して差し支えないということである。これ以上の厳格な認定要件を求めることは、措置法施行規則一四条七項三号イの要件にかかる文言の解釈(文理解釈)にも反することになろう。

そうであるならば、本件において場所的特定があるか否かが次に問題となろう。F県は、昭和六〇年二月にF空港拡張基本計画を決定・公表し、昭和六一年一一月には被控訴人によるF空港の滑走路延長事業が政府の第五次空港整備五カ年計画に新規事業として組みいれられ（閣議決定）、平成五年二月にはF空港拡張整備事業の基本計画を策定し、事業の施行場所や施行内容を具体的に確定していたといえる。本件土地の買取り時に場所的な特定が存することは明らかであったといえる。買取り時の状況で判断されるべきであることに留意をしておかなければならない。

②　原判決は、「同項二条が適用されるのは、買取りの申出に応じなければ収用されることが確実な状況にある場合に限られるものと解するのが相当である」と解した上で、さらに同条四項、措置法一四条七項三号イに基づいて、「公共事業について土地収用法に規定する事業認定を待たずに先行取得することが必要な場合があることから、当該資産に税法上の特例措置を適用するのが相当か否かを公的な証明にかからせしめようとする趣旨によるものと考えられる。そのうえで、措置法関係通達六四(1)—三によって判断するのが相当である」と判示している。

原判決は、当該資産について事業認定が行われる得る状況にあるか否かについて、土地収用法に規定する充分な意思と能力を要求しているところ（同法二〇条二号）、この事業を遂行する意思を有するというためには、事業認定申請書の添付書類である「事業計画書の他、事業の施行に関して行政機関の免許、許可又は認可等の処分を必要とする場合においては、これらの処分があったことを証明する書類又は行政機関の意見書等を添付しなければならないことから（土地収用法一八条一項、二号）、その前提として、当該事業を遂行するために基本的に必要とされる行政機関の許可等を取得していることが含まれる」と解している。すなわち、「事業認定が行われ得る状況にあるといえるためには、当該事業を遂行するに当たり基本的に必要とされる行政機関の許可等を取得しているか、それに変わる行政機関の意見書を取得していることが必要である」と判示する。

③　措置法六四条四項は、「収容されることとなる場合」の判断にあたり責任ある行政官庁（本件ではF県）からの公的な証明書等の添付を求めているのであり、証明書等の添付がなければ、本件特例規定の適用を許さないこととしているのである。原判決又は被告・被控訴人が主張するように、運輸大臣（現国土交通大臣）の許可又は意見書を添付させることを要求していたのであれば、当然にそのような書類の添付を求めることも可能であったし、あるいは証明書等の記載内容においてそのような取得の有無の記載を求めることも、その規定の条項を立法するにあたって、課税要件法定主義のもとで明記される必要があったといえる。

原判決のように措置法関係通達六四(4)―三を解釈するのであれば、租税通達であらたな適用要件を規定するに等しいこととなり、租税法律主義（課税要件法定主義）に反するということになろう。

④　事業認定がなされないような場合において、いかなる段階までの先行取得が措置法六四条一項二号の適用要件の解釈にあたり含まれるかについては、措置法六四条一項一号との対比において厳しい要件を要求されると解することは不合理である。措置法六四条一項一号との対比のみにおいて課税の公平を論ずることは、措置法六四条一項三号以下における資産の譲渡の場合とのバランスなどを考慮する必要があろう。

措置法六四条一項二号以下における、同様の簡易な買取証明の対象となる取得は今日までその適用対象を順次拡大してきているのであるが、この制度の趣旨は改正事項の解説のなかで「公共事業のうち特に緊急を要するものや場所的に特定されるもので事業認定を受けることが確実であると認められるものについては、収用事業の認定をうけた旨の証明書でなくとも、公共事業施行者の買取りをする土地等が特定の公共事業のために収用することができる資産に該当する旨のいわゆる簡易な収用証明書によることができること」によるものであると解されている（立法時の解説については、税経通信二九巻六号五三頁以下九二頁以下、同二七巻八号七〇頁以下等参照）。すなわち立法者はここに規定されている取得がなされた場合には逆に、「公共事業のうち特に緊急を要するものや場所的に特定されるもので事業認定を受けることが確実であると認められる」ことになるのである。「関係行政機関の認可等を受けた」といった文言は規定のどこにも存しない。

六　小　括

本件にかかる原審・福井地裁平成一五年一二月三日判決は、租税特別措置法六四条一項二号の適用要件を充足しないことなどを理由に、原告の請求をいずれも棄却するものであるが、原判決には、以下のように明らかな法解釈上の誤りが存するといわざるを得ないであろう。

(1)　租税特別措置法六四条一項二号の「収用されることとなる場合」の解釈について、原判決は、同号が適用されるにあたって、「買取りを拒否した場合に収用が確実視される状況にあること」が要件とされる旨、判示する。そのうえで、原判決は、原告・控訴人がF県土地開発公社に譲渡した本件土地の買取り時において、平成五年二月に策定されたF空港拡張整備事業は、航空法上、運輸大臣（現国土交通大臣）の許可を要する事業であることから、運輸大臣の許可又は意見書の発行のいずれかがなされた段階をもって、土地収用法上の事業認定が行われ得る状況になったことと判断するほかはないと述べる。すなわち、原判決は、措置法関係通達六四(4)―三にいう「当該買取りの時において、当該事業の施行場所、施行内容等が具体的に確定し、当該資産について事業認定が行われ得る状況にあるかどうかによって判定することに留意をする」とはこのような状況を示すと判断している。

しかし、このような厳格な適用要件は、租税特別措置法六四条一項の趣旨（財産権の保障のための規定）あるいは

「収用されることとなる場合」（租税特別措置法六四条一項二号）や「事業に必要なものとして収用することのできる資産に該当するものである」（租税特別措置法施行規則一四条七項三号）といった文言、本特例措置の趣旨及び関連の特例措置規定とのバランスなどから導き出すことはできない。控訴人が主張するように、運輸大臣の許可又は意見書を添付させることを要求していたのであれば、当然にその旨を立法にあたって明記できたはずである。このような限定解釈は税法では許されないばかりか、原判決のように措置法関係通達六四(4)—三を解釈するのであれば租税通達であらたな適用要件を規定するに等しいこととなり、租税法律主義に反するということになろう。

原判決のこのような解釈の背景には本件特例規定を単純に優遇措置規定として位置づけることにあるように思われる。公権力を背景にした財産権の侵害に対しては、正当な補償（完全な補償）が求められるべきであり、本条の解釈にあたってはこの負担も考慮されるべきであり、そうであるならば原判決が述べるような厳格な基準は採用することができない。本件特例の適用にあたっては、当該買取りの時に、当該事業の施行場所、施行内容等が具体的に確定していれば足りると解すべきである。

その結果、本件においては、一連の空港整備拡張整備事業の基本計画等が策定されていることから、「収用されることとなる場合」という本件特例の適用要件を充足していると解される。

(2)　代行買収にかかる措置法関係通達六四(4)—二でいう資産の買取契約書には、「資産の買取りをする者が事業の施行者が施行する○○事業のために買取りをするものであること」という要件は、実質的に判断されるべきであり、本件におけるF県土地開発公社への本件土地譲渡はF県のための代行買収であることは明らかであるといえる。

(3)　名古屋高裁金沢支部判決が原審・福井地裁判決を取り消し、「『当該土地が、土地収用法三条一二号に該当する施設に関する事業に必要なものとして、被控訴人において収用することができる資産に該当する』旨の証明書（以下「本件収用証明書」という。）を発行せよ」との判決は、国税通則法二三条二項一号にいう「判決」に該当するものである。控訴人の申告書提出時における事実と、変更はないものの、F県が租税特別措置法六四条一項二号に該当する買取りを行い（課税要件事実）、かつその本件収用証明書を発行したのであるから課税要件事実に変更があり、「判決」に基づいて更正の請求が可能である。

そして、課税庁は、更正の請求にあたり、判決が国税通則法二三条二項二号に規定する「判決」に該当するか否かを判断する権限を有するのみで、そこでの「判決」に該当することと判定されれば、課税庁は判決の内容にしたがって（減額）更正処分を行うこととならざるを得ないのである。

ここでの本件特別の更正の請求規定は、司法上の判断（判決）を更正の請求の要件事実に組み込ませることにより、課税庁がその判決に拘束されることとされているのである。

(4)　本件において、国税通則法二三条二項一号による「判決」に基づく更正の請求における後発的事実についての拘束力と、租税特別措置法六四条一項二号の適用要件の判断にあたり同条四項に基づいて提出された収用証明書の拘束力の問題とは、明確に区別されるべきである。本件の場合、確定した判決に基づいて特別の更正の請求を行っているのであり、課税庁が更正の段階でその判決に拘束される以上、結果的には措置法六四条一項二号の実体法的判断においてもその拘束力は及ぶこととなり、課税庁は裁判所の判断（「判決」）に従うことが義務づけられることとなる。

なお、本件のように、納税者（原告・控訴人）は租税特別措置法六四条一項二号の要件を充足していると考えているものの、F県が収用証明書を発行しないといった場合（事前協議に基づいて、課税庁の判断によってこの証明書の発行が差し控えられている場合）などについては、収用証明書の発行を求めるという給付訴訟を通じて判決を得た上で、特別の更正の請求を行うという方法以外に、本件のような事案においては救済方法が閉ざされているということに留意をしておくべきである。収用証明書等といった添付書類を提出しなかった納税者（原告・控訴人）の権利救済はきわめて困難であるといえよう。

(5) 被告税務署長による本件更正処分の附記理由、同税務署法人税担当統括官らが、原告訴訟代理人らに対し、別訴の結果に従うと述べていること、さらに、名古屋高裁金沢支部判決後に、納付受託証券返還通知書（平成一二年三月二八日付け）により委託証券が返還されていることなどから、「別訴の結果に従う」（すなわち、添付書類があれば本件特別の更正の請求を認める。）との公的な見解の表示があったものと認められる。

第三節　認定賞与と源泉徴収
――源泉徴収による所得税の対象となる「賞与の認定」

はじめに――問題の所在

法人の役員（法人税法上の「みなし役員」を含む。法人税法二条一五号、法人税法施行令七条参照）に対して支給される賞与の額は、法人税の所得の金額の計算上、損金の額に算入されない（法人税法三五条。平成一八年度改正前法人税法）。しかし、法人税法三五条四項は、「賞与」を「役員……に対する臨時的な給与（債務の免除による利益その他の経済的な利益を含む。）」と規定していることから、法人が役員賞与と会計処理をしていない場合であっても、課税庁が税法上の役員賞与に該当すると認定して、会社の所得計算を否認することが、税務実務においては、一般的に行われている。これを広く「認定賞与」と呼んでいる。そのうえで、当該法人に対して源泉徴収に係る納税告知がなされ（所得税法二二一条、国税通則法三六条）、当該役員に対して所得税が賦課される。

このような課税関係においては、かねてよりいかなる場合に「賞与」と認定されるかについて議論が存したところである。しかし、認定賞与の問題はこれだけの問題にとどまらず、源泉徴収に係る所得税が課税されることから、いかなるときに賞与（認定賞与）を支払ったといえるのか（たとえば、現金を支出したときであるのか、その後に賞与と認定したときであるのか）も合わせて問題となる。いわゆる「認定賞与」に対する源泉徴収に係る所得税についての納税告知処分の適否が争われる事例は多いが、このような問題は必ずしも十分に意識されてきたものとはいえない。所得税法一八三条一項における「支払」の意義、認定賞与と源泉徴収の関係、認定賞与と納税の告知との関係をみていくことが必要であろう。また、この問題は法人税の所得計算にも影響を与えることが予想される。

認定賞与に対する源泉徴収に係る所得税についての裁判例も多い。なかでも、京都地裁平成一四年九月二〇日判決（タインズZ八八八-〇六八二）はこれまでの判例の流れや実務とはその解釈を異にし、理事長が横領によってえた金員は賞与に該当しないとした納税者の主張を全面的に肯定したその論理構成については支持する向きが強かった（三木義一＝上西左大信「理事長の横領と源泉徴収義務」税経通信五八巻九号二一一頁）。同判決は、所得税法の視点から源泉徴収による所得税と賞与との関係を検討するものであった。

しかし、その京都地裁判決は、控訴審判決である大阪高裁平成一五年八月二七日判決（タインズZ八八八-〇六八二）は、当時の理事長の法人に対する全面的な支配権を認定して当該理事長の取得した金員を賞与と認めて、課税庁が行なった各処分（異議決定により一部取り消されたもの）は適法として原判決をすべて取り消している。一転して納税者の逆転敗訴である。この大阪高裁判決はこれまでの判例の流れに戻ってしまったような感があるが、今一度、あらためてこの大阪高裁判決を通じてこの問題を検討してみたい。なお、大阪高裁判決にかかる事案は法人側にかかる課税処分は当該法人が社会福祉法人（公益法人等）であるがためにそもそも課税庁においては問題となっていないのであるが、通常このような問題を考慮するときに法人側における対応は無視することはできないものである。

県の補助金の行政監査のさいに、社会福祉法人の理事長による不正経理が発覚した。課税庁は、この理事長が横領した、法人から代表者への利得は、明確な利得の趣旨がなければ代表者の地位にあること以外に利得を得る理由はないと断定して、その金員を賞与の支給とみなして課税するのが合理的であると判断して、当該社会福祉法人に対して納税告知処分等を行なった。課税庁は、理事長が全面的に社会福祉法人の経営を支配していたものとして理事長の行為を社会福祉法人が容認していたとし、賞与の支給とみなしている。

納税者はいかなる反論や主張が可能であろうか。また、理事長が納税告知処分のあとに、この横領した金銭を返還する旨の契約を当該福祉法人と交わした場合には課税関係に変動が生ずるであろうか。この課税庁の主張を退けるためには、理事長の行為を社会福祉法人は容認していなかったということを立証しなければならない。横領を働いた理事長に対して損害賠償請求訴訟を提起し、これが認められれば、社会福祉法人は理事長の行為を容認していなかったと認められることになるであろうか。

なお、この横領が、理事長退任後、その後も社会福祉法人への影響力を実質的に有しているといった状況のもとで行なわれた場合には、納税者の主張は変わってくるであろうか。

裁判例を通じて源泉徴収に所得税の対象となる賞与（認定賞与）の意義、所得税法一八三条一項における「支払」の意義、認定賞与と源泉徴収の関係、認定賞与と納税の告知との関係を中心にみていくこととしよう。

一　二判決の論理構成とその整合性

京都地裁判決によると、「原告は、後に各理事が交代して、Aらに対し、別件訴訟を提起して、その損害の賠償の支払を求め、その請求を認容する判決が確定しており、少なくとも別件訴訟においても、裁判所は、法人である原告が本件金員の移動を是認していたとの判断をしなかったことになる。むしろ、本件事実関係によれば、本件金員の移動は、法人としての原告の当時の客観的な意思（それはAの意思とは異なる。）に反していたものというべきで、これを原告がAに支払ったとみるのは無理であると考えられる。」としている。

さらに、「本件事実関係の下では、いわばAによる横領行為の被害者ともいうべき原告に対し、Aの所得についての源泉徴収をして納付する義務があることを前提とする本件各処分は、いかにも不当な結論であると考えられる。課税庁との間の法律関係においても、本件金員の移動によって、原告という法人がAに対して法二八条一項所定の賞与を支払ったとまではいえないと考えられる。」としている。

しかしながら、控訴審の大阪高裁判決においては、つぎのような異なった判断が示されている。

「ワンマン代表者として、同協会を実質的に支配しており、定款においても、理事長であるAのみが、同協会を代表し、資産を管理していたといえるから、結局、Aの権限は包括的であって、被控訴人協会に対し実質的に全面的な支配権を有していたものということができる。」とし「Aの被控訴人協会における地位、権限、実質的に有していた全面的な支配権に照らせば、本件金員の移動、すなわち、被控訴人協会の金員を同協会からAの口座へ送金したことは、同協会の意思に基づくものであって、被控訴人協会がAに対し、経済的な利得を与えたものとみるのが相当である。Ａに被控訴人協会の金員について、これを不正に取得する意図や不正な行為があったとしても、Ａの被控訴人協会における地位、権限等からみて上記認定判断を左右するものではなく、本件金員は、定期的に定額が支払われたものではなく、臨時的な給付であるといえるから、給与所得のうちの賞与に該当するものと解するのが相当である。」としている。

さらに「Ａの本件金員の取得が税法上、給与所得に該当すると認められるものであって、被控訴人協会とＡとの間で別件（損害賠償請求（筆者挿入））訴訟の判決が確定していることは、本件の判断に直接関係するものではない。」と判示している。

京都地裁判決と大阪高裁判決は一見するとまったくその法的な立場を異にするようにみえる。京都地裁判決及び大阪高裁判決における論理構成や賞与についての法解釈には相違があるのであろうか。まず、この点をみておきたい。

理事長の地位等について、大阪高裁判決は、Ａの被控訴人協会（本件における社会福祉法人）における地位等について、「上記認定のとおり、Ａは、被控訴人協会の実質的創始者であって、平成二年四月三〇日から同九年二月五日までは、被控訴人協会の理事長の地位にあった。また、Ａは、被控訴人協会の設立母体であった社会福祉法人徳風会の創立者でもあり、同協会においてＡに反対する理事はおらず、Ａの指示は絶対的であって、Ａがワンマン代表者として被控訴人協会を実質的に支配していた。そして、被控訴人協会の定款においても、理事長であるＡのみが同協会を代表し、Ａのみが同協会の資産を管理していたといえるから、結局、Ａの権限は、包括的であって、被控訴人協会に対し実質的に全面的な支配権を有していたものということができる」と判示して、理事長の権限が全面的かつ包括的であったことを強調している。このことが大阪高裁判決の結論を引き出す大前提となっている。

一方これに対して、京都地裁判決の結論は「被告の主張の中で、被告が挙げるいわゆる認定賞与の事例の中には、法人の規模や実態から法人とその代表者の行為とを一体的にみることのできる事実関係があるものもあると考えられ、そのような事例と本件を比較すると、本件各証拠によってAが原告の内部で様々の経理処理について実質的には相当の決定権を有していた実態があったと認められるとしても、原告には代表者個人とは別個の社会福祉法人の実態があって、社会福祉法に従って経理処理がされていたことも明らかであるというべきであるから、両事例は事実関係が異なるものと考えられる」という判断を前提としている。そうであるとすると、大阪高裁判決の事実認定は、京都地裁判決のいう「被告が挙げるいわゆる認定賞与の事例の中には、法人の規模や実態から法人とその代表者の行為とを一体的にみることのできる事実関係がある」場合であり、同判決はこのような事実関係に該当すると判断したと解することができる。

京都地裁判決は、そのうえで福祉法人が理事長に「賞与を支払った」といえるか否かについて解釈の相違を示す。大阪高裁は「支払」ったとの解釈について直接言及することなく、上記のような事実関係のもとでは当然に賞与であるとの理解にたっている。

すなわち、京都地裁判決は、「本件金員の移動によって、原告が本件金員を『支払った』ことになるのか否かが問題になる。本件事実関係の下では、Aは、定款により社会福祉法人である原告の代表権を有していたものであるが、単独では、業務執行の権限はなく、本件金員の移動は、その権限外のことで、また、Aが、原告に帰属すべき本件金員を、正規の経理上の手続を経ることなく、原告名義の口座からA個人名義の口座に移動させたことは、原告との関係では違法な行為（委任契約上の義務違反又は不法行為上の義務違反）に当たることは明らかであり、正に、法人の金員の横領行為であったもので、しかも、原告としては、支払者として、Aからその所得税を天引により徴収する余地はなかったもので、法が予定しているように原告という法人がAから所得税を源泉徴収する余地はおよそ考えられない形態の金員の移動であったというべきである。原告として、当時、本件金員をAに『支払った』ものということができるかどうかは、極めて疑問であるといわなければならない。原告は、後に各理事が交代して、Ａらに対し、別件訴訟を提起して、その損害の賠償の支払を求め、その請求を認容する判決が確定しており、少なくとも別件訴訟においても、裁判所は、法人である原告が本件金員の移動を是認していたとの判断をしなかったことになる。むしろ、本件事実関係によれば、本件金員の移動は、法人としての原告の当時の客観的な意思（それはＡの意思とは異なる。）に反していたものというべきで、これを原告がＡに支払ったとみるのは無理であると考えられる。原告の源泉徴収による前記の納税義務は、法一八三条一項の支払の際に発生すると解されるところ、本件金員の移動については、この要件があったとまでは認められないといわざるを得ない」と判示する。

さらに、京都地裁判決は、役務の提供との対価性について、「本件金員の移動は、Ａらが、自己の個人的用途に使用する目的で、不正に、原告の資金を移動したものであることが明らかであり、その事実経過、金額、その他いかなる観点からみても、Ａがした原告の理事長としての職務・役務の提供と対価の関係に立つものでないことも明らかであるといわなければならない。本件事実関係によれば、本件金員の移動は、専ら、Ａが、その個人的用途に使用する必要に応じて、その都度、個人的用途に必要な金額分についてされたものであって、法人である原告側の事情は一切無関係であると認められ、このような本件金員が、理事長としてのＡの職務、役務の提供と対価関係にあると解するのは、不合理というべきである。さらに、原告は、会社とは異なり、社会福祉法人であることからしても、本件金員の移動を原告のＡに対する利益処分と解することも疑問であるといわなければならない。……課税関係では、Ａの所得であることは明らかであるが、源泉徴収の対象となる法二八条一項所定の給与や賞与であると認めるのは無理であって、それ以外のＡの所得として、Ａ個人から徴収されるべきである」。

この点について、大阪高裁判決は、「本件金員のＡへの移動が賞与に該当するか否かについて上記認定事実によれば、本件金員は、いずれも、当時、被控訴人協会の代表者であった理事長のＡの意思に基づいて、同協会の本部会計や同協会名義の簿外の裏口座……から、Aが支配していた……各口座に送金手続がされたこと、すなわち、被控訴人協会の本件金員が同協会からAの口座へ送金されたことが明らかである。

この本件金員の移動によりAは経済的な利得を得たものということができ、これはAの所得税法上の『所得』に該当するものといえる。……

ところで、Aの被控訴人協会における地位、権限、実質的に有していた全面的な支配権に照らせば、本件金員の移動、すなわち、被控訴人協会の金員を同協会からAの口座へ送金したことは、同協会の意思に基づくものであって、被控訴人協会がAに対し、経済的な利得を与えたものとみるのが相当である。なお、Aに被控訴人協会の金員について、これを不正に取得する意図や不正な行為があったとしても、Aの上記のような被控訴人協会における地位、権限等からみて上記認定判断を左右するものではない。

そして、本件金員は、定期的に定額が支払われたものではなく臨時的な給付であるといえるから、給与所得のうちの賞与に該当するものと解するのが相当である」と判示する。

二　大阪高裁判決の評価

大阪高裁判決は、被控訴人が、「①Aの本件金員の取得は、給与所得ではなく、一時所得ないし雑所得に該当するとか、②本件金員は賞与として支給することが許されない金員であったものをAが横領したものであり、別件訴訟の判決でAの返還債務が確定しているとか、③社会福祉法人である被控訴人協会は第三者に代表権の制限を主張できるとか、④Aの行為が被控訴人協会の行為といえる実質はないとか、⑤Aの取得した本件金員とAの職務との間に対価性がないとか、⑥本件は源泉徴収をすべき場合でないなどと主張する」としたうえで、「①、②が理由のないことは、上記認定判断から明らかである」と述べるが、上記の理由からなぜそのような結論になるのか必ずしも明らかではないといわざるを得ない。大阪高裁判決は、Aの全面的な支配権を前提にAの意思がすなわち社会福祉法人の意思に基づくものであるとの前提のもと、そのような給与所得の該当性（「支払」あるいは「役務との対価性」）といった検証は不要とするように思われる。大阪高裁判決は、違法所得が所得になるとしたうえで、なぜそれがその結果当然に臨時的であるというだけで「賞与」に該当するのか、あるいは「賞与」としての「支払」があったのかの説明について飛躍があるように思われる。

さらに、大阪高裁は、「本件では、上記のとおり、Aの本件金員の取得が税法上、給与所得に該当すると認められるものであって、被控訴人協会とAとの間で別件訴訟の判決が確定していることは、本件の判断に直接関係するものではない」と判示するが、このこともなぜそのようなるのかこれだけではその理由が不明である。後述する（「六　認定賞与と納税の告知」参照）法人税の更正処分の取消しの効果と納税告知の効力との問題を、立証の問題と混同したおそれがあるようにもみえる。Aの被控訴人協会における地位、権限等から、Aの意思及び行為は被控訴人協会の意思及び行為として捉えることができるのであるから、すなわち「賞与」と認定できるのであるから、あえて所得税法二八条との関係を検討する必要もなく、所得税法上も当然に「賞与」として扱われるとの論理構成を採るものと解することができよう。「Aの権限等に照らせば、Aの本件金員の取得もAが代表者の地位にあったことによる給付として賞与であると認めてよいといえるから、被控訴人の主張⑤も理由がない」との趣旨もこの論理構成を前提としているといえる。では、両判決の前提である役員が全面的に支配権を有するとその役員の行為が法人の行為となる理屈（京都地裁判決もこのようなことを前提としているといえる）はどこから生ずるのであろうか。大阪高裁判決の論理構成において、理事長の全面的な支配権の存在すなわち横領金が賞与との認定は推認の域を超えたところがあり、納税者には理事長の全面的な支配権が肯定されたのであるならばもはや賞与ではないとの反証は現実には許されないと判示しているといってもよかろう。そのうえで、課税庁側には法人税法における賞与の認定が所得税法における給与所得に該当するとの暗黙の前提があるようである。所得税法における給与所得に該当するか否かの判断よりも賞与として認定されることがまずその前提として重要であるとの立場を採るようである。

なお、「所得の受給者が源泉徴収義務者から不法に利得した場合であっても、その利得が給与所得と認められる以上は、源泉徴収義務者に納税義務を課すべきものであって、源泉徴収が困難であるかどうかは全く関係のないことである」との判断について異論は存しないところではあるが、本件利得が給与といえるかはなお検討の余地があろう。これが給与所得であるとの前提に立てば、被控訴人の主張⑥に理由がないことについては異論がない。

これに対して、京都地裁は、Ａの全面的な支配権を否定したうえで（あるいは否定したからこそ）、原告（社会福祉法人）の支払の意思や対価性が検討されることとなったものとして評価することも可能である。そうであるならば、両判決の論理構成は必ずしも矛盾が存するとはいえない、あるいは相反するとはいえない。すなわち、大阪高裁と京都地裁における両判決をつなげると、理事長等の役員が法人に対して全面的な支配権をもっている場合にはその役員に帰属する金員は給与あるいは賞与である（その意味で所得税法二八条の要件を検討する必要はない）が、当該理事長がそのような権限を有していない場合においては所得税法二八条でいう給与等の該当性及び源泉徴収による所得税との関係においてその給与等の支払があったか否かが問題となると整理することも十分に可能である。しかし、前段階の解釈に無理があることは上述したとおりである。

三　認定賞与の意義

両判決における課税庁側の主張にもみえるように、実務は賞与をまず法人の側から認定するというところに、その論理の出発点がある。このような場面で広く用いられている「賞与の認定」（すなわち「認定賞与」）という言葉の意味するところは、論者において必ずしも一致している訳ではない。しかし、一般的には、法人税法三五条一項でいう「賞与とされるべき臨時的給与には、債務の免除による利益その他の経済的利益を含むと規定されている（法人税法三五条四項）ところから、法人が役員賞与として会計処理していない取引について、課税庁が税法上の役員賞与に該当すると認定し、会社の所得計算を否認することがある。これを税務の実務上、認定賞与という。[3]」と定義づける。

松沢智教授は、さらに認定賞与を次の三つの場面に区別をして論じている。すなわち、①課税庁が法人税法一三二条に基づき会社（同族会社）の行為計算を否認し、当該法人税の関係においてのみ、否認された行為計算に代えて課税庁の適正と認めるところに従い課税を行うこと（これを、「本来的な意義（真正な意義）の認定賞与」と呼んでいる。）、②会社が役員に対し臨時的に経済的な利益供与を行った場合に、法人税法上はかかる臨時的な給与も賞与として取り扱う旨規定していることから、課税庁はかかる経済的な利益を賞与と認定して構成を行うこと（これを、「不真正な意義における認定賞与」と呼んでいる。）、③売上計上漏れ、架空仕入れ、使途不明金の交際費等に関連して、計上された金額がいずれも役員の懐中に存在したと推認すること（あるいは見込むこと）（これを、「事実上の推認（事実認定）としての意味における認定賞与」と呼んでいる。）に区別をして論じている。[4]

松沢教授は、この三分類の意義を以下のように説いている。「本来的な意義（真正な意義）の認定賞与」は、法人税法一三二条がまさに通常人であれば賞与として支給したであろうフィクションを認定賞与として作り上げるもので、それはまさに「認定賞与」と称するにふさわしいものであり、課税庁にこの意味での認定権を与えている。「不真正な意義における認定賞与」は、臨時的な経常的な利益があるか否か、会社が当該経済的利益を役員に贈与したか否か、という課税要件事実が認められる場合に、会社が経理上役員に対する賞与として認定していない場合に、課税庁が初めて役員賞与として認定するものである。それは、課税庁において会社と役員間の経済的利益の贈与契約を認識し、かつ時価を算定して、あるいはその差額を計算して経済的な利益を認定する行為である。この意味の認定賞与は、松沢教授によれば、隠れた利益処分として、会社が実質的に利益を分配したものとしてとらえうる点に特色があると述べる。「事実上の推認（事実認定）としての意味における認定賞与」は、売上計上漏れ等に関連して従来から慣例上認定賞与として称されているものであり、それは前二者と違い全く認定賞与の名に値しないものであり、それは本来的な認定権と関係のない単なる事実認定を誤解したものにすぎない。すなわち、「認定賞与」概念の不必要な増幅であると主張する。

松沢教授の見解は、「本来的な認定権」に基づく認定賞与と単なる事実認定としての認定賞与を区別するところに特徴がある。しかし、松沢教授が述べるように一定の支出が賞与に該当するか否かという事実認定とは区別された「認定権」というものが課税庁に付与されているか否かは一つの問題である。すなわち、法人税法三五条の賞与の範囲を超えて賞与を認定する権限が課税庁に存するか否かである。松沢教授が、認定権の法的根拠として法人税法一三二条を挙げて、「まさに通常人であれば賞与として支給したであろうフィクションを認定賞与として作り上げる」権限が付与されていると解する。このような場面としてどのような事例が該当するのか必ずしも明確ではないが、たとえば、同族会社の役員の親族に対する資産の低額譲渡について法人税法一三二条を適用し、当該取引を時価による取引で引き直した上で時価との差額を役員に対する賞与として認定をするといった事例があげられるのであろうか。しかし、法人税法一三二条にそのような権限までが付与されているかは疑問であるといわざるを得ないであろう。法人税法一三二条は、同族会社の行為や計算を否認する権限を課税庁に付与するにとどまり、その相手方（個人）あるいは役員の課税関係を律することはできない（所得税法一五七条においても同様である）。同族会社の行為や計算を否認した場合において、役員賞与が存在するか否かは、法人税法三四条における賞与（経済的な利益）を役員が現実に享受しているか否かであり、法人税法一三二条及び所得税法一五七条といえども、これらの規定を無視して課税庁が独自に賞与を認定することは許されないであろう（たとえば、東京地裁平成八年一一月二九日判決（判時一六〇二号五六頁）は、原告（課税庁）及び裁判所において、法人税法一三二条に基づいた独自の認定権が課税庁に存するとの見解を採用していないものといえよう）。

「不真正な意義における認定賞与」といわれるものは、役員に支出された金銭等の経済的な利益が法人税法三四条四項に該当するか否かの問題であり、法的な評価の問題であり、「認定賞与」として特別に取りあげるものではない。また、「事実上の推認（事実認定）」は会社から現に経済的な利益を享受しているか否かについての判断であり、単なる事実認定の問題にとどまらず、「不真正な意義における認定賞与」における法的評価の問題にかかわることもある。

認定賞与と判断する場合、賞与である以上、役員に対する単に個人会社ないし同族会社の使途不明金であるとの判断のみで、役員に対する賞与と認定する理由として不足しているとの批判はあたっている。金銭の給付または経済的な利益の供与が存在し、それが賞与に該当すること、さらに役員がそれを現実に享受すること、を課税庁が立証することが必要である。賞与と認定すべき事実については課税庁側においてその証明責任を負うというのが実務の通説的見解である。個人会社や同族会社の使途不明金については、それだけで、または使途に関する合理的な説

明がないことを理由に、代表者らが役員に対する賞与と認定するものもあるが、それだけでは認定賞与とすることは困難であろう

松沢教授のいう「事実上の推認（事実認定）としての意味における認定賞与」は、つまるところ「不真正な意義における認定賞与」の一場面であり、あえて区別する必要はないものと思われるし、また「本来的な意義（真正な意義）の認定賞与」が法人税法一三二条の要件を充たせば無条件に課税庁が賞与を認定しうるものではない。

四　所得税法一八三条一項における「支払」の意義

源泉徴収による所得税は、源泉徴収をなすべき所得の支払の時に成立し（国税通則法一五条二項二号。国税通則法施行令五条参照）、納付すべき税額は特別の手続を要しないで自動的に確定する（国税通則法一五条三項二号）。いわゆる自動確定方式による税である。国税通則法一五条二項二号においては「支払の時」あるいは所得税法一八三条一項においては「支払をする」あるいは「支払の際」といった文言が用いられているが、いつ「支払」がなされたかは、源泉徴収による所得税に係る法定納期限の起算点として重要な意義をもつ。

そして、給与等の支払者は、給与等の支払をする際、その給与等について所得税を徴収し、その徴収の日の属する月の翌月一〇日までに（法定納期限）、これを国に納付しなければならない（所得税法一八三条一項）とされている。当該所得の支払者は、自動的に確定した税額を受給者に所得を支払う時に受給者から徴収して支払うこととなるが、これを法定の納期限までに納付しないときには、税務署長はその支払者に対して国税通則法三六条に基づき、納税の告知を行い、これを徴収すべきものとされている。

よって、本件の争点がまさにそうであるように、納税の告知はいつから可能か、あるいは国税の徴収権の消滅時効の起算日はいつかなどの判断にあたって、「支払」日は極めて重要な意義をもつ。

ここでの「支払」の文言は、文理解釈のもとでの「支払」と同様の意味に解釈されなければならない。そうであるならば、給与等の「支払」とは現金の交付などその支払債務を法的に消滅させる行為（現金の交付に準ずる行為を含む。）であるということになる。

裁判例においても、このような解釈は支持されている。たとえば、①旧所得税法三八条の規定による給与所得についての源泉徴収義務は、給与所得の支払をなす者がその支払をなすべき時に成立するものではなく、現実にその支払をなす時に成立するというべく、したがって右支払が現実に行われない以上、その支払うべき者は、納税義務者に対し税額を徴収すべき権限を有せず、国に対しこれを徴収し納付すべき義務を負担するものではない（山口地裁昭和三五年三月三一日判決・行裁例集一一巻三号六二〇頁）、②給与支払債務が確定し、その給与額が給与所得として課税の対象となるべき時は、たとえその給与額が未払いであっても納付義務は既に潜在的に確定し、ただその始期が支払の時にかかっていると解すべきである（広島高裁昭和三五年七月二六日判決・行裁例集一一巻七号一九八〇頁）、③所得税の源泉徴収義務は、所得の支払の時に、何らの手続を要しないで確定し（国税通則法一五条二項二号）、ここで確定する税額とは、支払われた所得の額及び法令の規定から法律上当然に算出される額をいうと解するのが相当である（神戸地裁平成二年五月一六日判決・税務訴訟資料一七六号七八五頁）と判示した裁判例など（その他、東京地裁昭和五三年五月二五日判決・訟月二四巻九号一八二七号等参照）において、そのような解釈をみることができる。

また、所得税基本通達一八一～二二三共―一は、「法第四編（源泉徴収）に規定する『支払の際』又は『支払をする際』の支払には、現実に金銭を交付する行為のほか、元本に繰り入れ又は預金口座に振り替えるなどその支払の債務が消滅する一切の行為が含まれることに留意する。」と規定をしており、上記のような解釈は行政実務においても採用されている。すなわち、「給与等に対する所得税の源泉徴収は、その給与等が現実に支払われる際、行われるのが原則であり、未払の場合は源泉徴収はされない」[(5)]のである。さらに、所得税基本通達一八三～一九三共―一は、「支給総額が確定している給与等を分割して支払う場合の各支払の際徴収すべき税額は、当該確定している支給総額に対する税額を各回の支払額に按分して計算するものとする。」と規定しており、このような通達の解釈にも「支払」が現実の支払を要求しているという前提が存在していることは明らかであり、上記通達の延長線上にあるものである。このような通達の解釈は広く支持することができる[(6)]。

ただし、所得税法一八三条二項はその例外として、法人が利益又は剰余金の処分により支払をする役員賞与や特定の賞与についてはたとえ未払いであっても、その支払が確定した日から一年を経過してもなおその支払がなされないときは、その支払いが確定した日から一年を経過した日において、その支払があったものとみなしてその所得税の源泉徴収を行う旨規定している。

五　認定賞与と源泉徴収の関係

法人税法三四条四項の規定を適用することにより、役員に対する経済的な利益が「賞与」に該当する場合においては、源泉徴収に係る所得税が課されると今日では一般的に解されている。しかし、そのような役員に対する経済的利益がそもそも所得税法二八条でいう「賞与」、すなわち給与所得に該当するか否かについて、改めて問われなければならない。すなわち、所得税法一八三条（源泉徴収義務）は、所得税法二八条でいう給与所得に該当する金銭等の支払をするものに源泉徴収義務を課しているからである。法人税の賞与が自動的に所得税の給与等に該当するという保証は必ずしも存しないことから、この点での検証が必要である。

一般的に、会社が役員（法人税法上の「みなし役員」を含む。）に対して臨時的な経済的利益の供与をした場合、この経済的な利益を役員に対する賞与として認定することができる。この場合に経済的な利益が賞与となるのは、これらが実質的に役員に対して給与を支給したと同様の経済的な効果をもたらすことに着目して定められたものであるから、従って、税法上賞与となるのは、まず経済的利益があるか否か、あるとすればそれが臨時的なものであるか否か（法人税法三五条四項かっこ書）、また会社が役員に対して贈与契約（又は債務の免除）を行ったか否かという課税要件を充足することが必要である。(7) ちなみに、松沢智教授は、前述したように、認定賞与を「本来的な意味における認定賞与」、「不真正な意味における認定賞与」、「事実上の推認（事実認定）としての意味における認定賞与」に分類されるが、経済的な利益が役員に帰属していることが当事者間に争いがない場合、経済的利益の供与は、ここでいう、いわゆる「事実上の推認（事実認定）としての意味における認定賞与」や法人税法一三二条に基づく「本来的な意味における認定賞与」の問題でもないと言わざるを得ない。

ここでの問題は、役員が法人税法施行令七条一項に規定する「みなし役員」であると解した場合に、臨時的な給与として機械的に「賞与」に該当すると解することが許される否かである。すなわち、法人税法三五条はもとより受給者においては、源泉徴収としての所得税の課税においては、その前提として所得税法二八条にいう給与所得の要件が充足される必要がある。法人税法三五条にいう「賞与」が法人税法一八三条にいう「賞与」に常に機械的に相当すると解することはできない。まったく法的な雇用関係あるいは委任関係の存しない実質的経営者たる当該役員（法人税法上は、「みなし役員」である。所得税法は「役員」ではない。）が当該源泉徴収義務者（法人）に役務を提供していると構成をして、法人からの贈与を賞与として課税することはできない（所得税法上、みなし役員に対する経済的利益（賞与）が所得税法上、給与として扱われる場合として、所得税法一八三条二項参照）と解さざるを得ない。

よって、このような場合においては、そもそも源泉徴収に係る所得税の問題ではないともいえるのである。法人税法一三二条に基づく「本来的な意味における認定賞与」や「不真正な意味における認定賞与」のうち「みなし役員」にあたえられた経済的利益が機械的に所得税法においても賞与（給与所得）であるとして取り扱われるということにはならないことに留保しておく必要があろう。本事例において、理事長がその職を退任後に横領を行なった場合についてはいくら実質的な支配権を維持していたとしても、当然に賞与になるのではなく、このような場面に該当するといわざるをえない。

六　認定賞与と納税の告知

源泉徴収による所得税は、源泉徴収をすべきものとされている所得の支払の時に納税義務が成立し、同時に納税義務が確定する（国税通則法一五条一項ないし三項）が、翌月一〇日までに納付すべき税額が納付されないときには納税の告知（国税通則法三六条）が行われる。最高裁昭和四五年一二月二四日判決（民集二四巻一三号二二四三頁）は、①納税告知は、徴収手続きの一環であって確定処分ではないことから、納税義務を確定する効果を有しないことはもちろんである、②納税告知は税額確定の効力を有しないが、なお抗告訴訟の対象とすることができ、納税告知処分の取消争訟において（先行する租税確定行為の適否を争うことは許されない）、自動確定の租税については、税額は公定力をもって確定されていないから、この争訟において納税義務の存否及び範囲を争うことができる、③納税義務の存否・範囲は納税告知（徴収手続）の前提問題にすぎないから、支払者が敗訴してもその義務の存否・範囲が訴訟法上確定するわけではない（よって、受給者の源泉納税義務になんら影響を与えない）と一般に解されている（金子・前掲書六八九頁以下参照）。このような源泉徴収における納税告知の法理を前提にすると、たとえば会社役員に対して賞与支払いの事実があったと認定し、これを損金に算入しないでされた法人税の更正処分が取り消されても、支払者が源泉徴収の対象となるべき所得を支払ったと認められる以上は、その賞与に係る源泉徴収所得税については会社あてにされた納税告知の効力に影響は存しないこととなる（東京高裁昭和五六年六月一九日判決・訟月二七巻一〇号一九四九頁。最高裁昭和四八年一二月一四日判決・訟月二〇巻六号一四六頁等参照）。また、源泉納税義務は申告納税方式によって確定される所得税額とは別個に成立、確定すべき性質のものであるから、受給者の年税について更正期間が経過したとしても、すでに成立、確定している受給者の源泉納税義務及び支払者の納税義務が消滅する等の影響をうけるものとはいえないこと当然であるといえよう（東京地裁昭和五三年五月二五日判決・訟月二四巻九号一八二七頁、判時九〇三号三八頁、東京高裁昭和五五年一〇月二七日判決・訟月二七巻一号二一一頁、最高裁昭和五七年一月二二日判決・税務訴訟資料一二二号四三頁等）。

しかし、課税庁が、税務調査においてある役員に対する経済的利益が賞与であると認定し、法人税法三五条（役員賞与等の損金不算入）の規定に基づき更正処分を行い、また納税告知を行った場合において、納税告知処分の取消訴訟において、納税者（源泉徴収義務者）は更正処分の内容たる賞与が、賞与たる給与所得が存するか、あるいは支払行為があるかといった内容は、源泉徴収に係る所得の納税義務の存否に直接かかわることであることから、当然に納税告知の取消訴訟において争うことができることとなる（最高裁昭和五七年七月一日・税務訴訟資料一二七号一頁等参照）。

納税告知処分の取消訴訟において、役員に対する支払が賞与ではないと判断された場合には、その義務の存在・範囲が訴訟法上確定されるわけではないので、課税庁は法人が提起した法人税の更正処分取消訴訟において賞与であることを主張することができるということになろう。しかし、このような解釈が最高裁昭和四五年一二月二四日判決の射程距離であるかは十分に検討の余地がある。

本事例のような場合においては、納税者たる法人は源泉徴収に係る所得税についての納税告知処分の取消請求（不服申立てや訴訟）により納税義務の存否を争うこととなる。納税告知に基づいて源泉徴収に係る所得税を納付した場合においては、税額が公定力をもって確定することがないので、その納付または徴収が実体法上理由を欠く場合には、納付のときから誤納金として還付請求が可能であるといえよう。なお、横領した金銭を返還する場合において、そもそも当初から横領した金員が賞与としての支払でないのであれば別途給与所得以外の所得として、その経済的利益を返還するまで課税されることとなるが、このような場合においては申告納付した税額は更正の請求により返還を求めることが可能となる。

七　小　括——所得税法と法人税法における賞与の解釈

いわゆる「認定賞与」の法的な評価及びそれにともなって生ずる「認定賞与」と源泉徴収による所得税の関係はこれまで必ずしも十分に検討されてこなかった。これらの抱える法解釈的、法理論的な諸問題については、以下のような結論を導くことができるものと考える。

(1)　いわゆる「認定賞与」とは、会社による支出が、課税庁が法人税法三四条四項にいう役員（みなし役員を含む。）に対する「臨時的な給与」に該当するか否かの法的評価と役員がその利益を享受しているか否かという事実認定の問題を含むものである。これらの法的な評価や事実認定を離れて課税庁に独自の賞与の認定権が存するものではない。このことは、ちなみに法人税法一三二条の規定の適用においても何ら変わることはないと解さざるを得ない。

(2)　会社から役員が賞与を取得したという事実は、課税庁において主張・立証すべきものである。すなわち、課税庁に立証責任が存するといわざるを得ない。

(3)　所得税法一八三条一項における給与等の「支払」とは、現金の交付などその支払債務を法的に消滅させる行為（現金の交付に準ずるような行為を含む。）であると解することができる。たとえば、役員が会社の資金あるいは売上金を横領した場合においては、金銭の交付（取得）という事実は存するが、なお会社が横領者（役員）に対して損害賠償請求権を有するにすぎず、この損害賠償請求権を放棄するときがはじめて所得税法一八三条一項にいう「支払」が存したこととなる。

(4)　代表者が売上除外等の金額を流用した場合において、判例等は流用した事実をもって「支払」の事実を肯定するのが一般的である。これらは、代表者のそのような行為は会社（納税義務者たる法人）がそのときにおいて賞与として是認をしていたとの前提にたつものであろうが、「支払」の事実の認定に先立って、そもそも法人がそのような支払自体（それが賞与としての支出であることを認識している必要は存しない。）を肯定していたか否かが問われる必要があろう。課税庁の税務調査にあたり、役員による違法な支出が支出時に認定賞与（社外流出）とされる傾向にあるが、このような実務は会社の役員に対する経済的な利益の供与に対する追認行為を訴求させるもので法的には問題が存するといえよう。

(5)　法人税法三四条四項の規定の適用にあたり、役員に対する経済的な利益が「賞与」に該当する場合においては、当然に源泉徴収に係る所得税の課税関係が発生すると解されている。しかし、法人税法上の「賞与」と所得税法上の「賞与（給与所得）」の認定は必ずしも一致するものではない。よって、法人税法三四条四項で認定された賞与が所得税法二八条における賞与に該当するか否かの法的な評価及び事実認定が求められることとなる。また、みなし役員に対する「賞与」は所得税法上の賞与（給与所得）に一般的に該当すると判断することはできず、法人税法一八三条一項における源泉徴収に係る所得税の対象となる所得税であるとはいえないであろう。

第四節　重加算税の賦課要件の再検討 —— 国税通則法六八条一項・七〇条五項、法人税法一二七条一項三号・一五九条の関係に着目して

はじめに —— 問題の所在

国税通則法六八条一項は、「第六五条第一項（過少申告加算税）の規定に該当する場合（同条第五項の規定の適用がある場合を除く。）において、納税者がその国税の課税標準等又は税額等の計算の基礎となるべき事実の全部又は一部を隠ぺいし、又は仮装し、その隠ぺいし、又は仮装したところに基づき納税申告書を提出していたときは、当該納税者に対し、政令で定めるところにより、過少申告加算税の額の計算の基礎となるべき税額（その税額の計算の基礎となるべき事実で隠ぺいし、又は仮装されていないものに基づくことが明らかであるものがあるときは、当該隠ぺいし、又は仮装されていない事実に基づく税額として政令で定めるところにより計算した金額を控除した税額）に係る過少申告加算税に代え、当該基礎となるべき税額に百分の三十五の割合を乗じて計算した金額に相当する重加算税を課す

る。」（傍線部占部。以下同）と規定する。この重加算税の賦課要件（上記傍線部分の解釈）としては、(1)過少申告加算税が課される要件に該当していること、(2)納税者がその国税の課税標準等又は税額等の計算の基礎となるべき事実の全部又は一部を隠ぺいし、又は仮装していること、(3)上記(2)における隠ぺいし、又は仮装したところに基づいて納税申告書を提出していることである。この要件のうち、(2)の要件が最大の論点となる。すなわち、(ア)隠ぺい又は仮装の行為主体（行為者）は納税者に限定されるのか、すなわち第三者等がそのような行為を行った場合においても、重加算税が賦課されうるのか、(イ)「隠ぺい・仮装」とはどのような行為を指すのか、(ウ)納税者以外の者が隠ぺい・仮装を行った場合に、納税者と当該第三者とはいかなる関係が求められるか、などが問題となる。

また、「隠ぺい・仮装」といった文言は、国税通則法六八条一項のみでなく、法人税法一二七条一項三号所定においても同様に用いられており、同様に問題となる。また、「隠ぺい・仮装」といった文言は、その法文上あるいは文理上、確定権の除斥期間に係る国税通則法七〇条五項所定の「偽りその他不正の行為」とも深く関わる。

なお、重加算税の賦課要件(1)でいう過少申告加算税（国税通則法六五条一項）については、賦課にあたって税額が客観的に過少になっていることが要件であり、その賦課の判断にあたって、納税者において税を免れる意図といったような主観的要素が不要であることは明らかである。過少申告加算税の賦課は、申告義務に反して適切な申告をしないものに対して、一定の制裁を加え、その申告秩序の維持を目的とする行政上の制裁の一種である。そのうえで、国税通則法六八条一項が「隠ぺいし、又は仮装し、その隠ぺいし、又は仮装したところに基づき納税申告書を提出していたとき」と規定していることから、このような過少申告加算税の賦課要件において、国税通則法六八条一項における「隠ぺい・仮装」と過少申告の関係も問題となりうるものと解される。

そこで、本稿では、国税通則法六八条一項、法人税法一二七条一項三号所定の「隠ぺい・仮装」の意義及びその有無に係る判断基準を明らかにする。また、国税通則法六八条一項、法人税法一二七条一項三号所定の「隠ぺい・

仮装」と深く関わる確定権の除斥期間に係る国税通則法七〇条五項所定の「偽りその他不正の行為」の意義もあわせて検討することとする。

一　実務における国税通則法六八条一項の解釈（枠組み）

1　実務の枠組み

行政実務（課税庁）が採用する国税通則法六八条一項の解釈についてまず概観をしてみよう。課税庁の見解は、以下の枠組みに基づいているといえよう。

(1)　国税通則法六八条一項の趣旨・目的は「違反者の不正行為の反社会性ないし反道徳性に着目してこれに対する制裁として課せられる刑罰とは異なるものであ（り）」、その結果、重加算税は、刑罰のように、隠ぺい・仮装行為という不正行為に対する倫理的非難を含むものではないから、必ずしも実際に隠ぺい・仮装の行為をした者に対してのみ課されなければならないものではない。

行政実務は、国税通則法六八条一項に定める重加算税は、同法六五条ないし六七条に規定する各種の加算税を課すべき納税義務違反が課税要件事実を隠ぺいし、または仮装する方法によって行なわれた場合に、行政機関の行政手続により違反者に課せられるもので、これによってかかる方法による納税義務違反の発生を防止し、もつて徴税の実を挙げようとする趣旨に出た行政上の措置であり、違反者の不正行為の反社会性ないし反道徳性に着目してこれに対する制裁として科せられる刑罰とは趣旨、性質を異にするもの（最高裁昭和四五年九月一一日第二小法廷判決・刑集二四巻一〇号一三三三頁）であるとして、重加算税の性質を強調するものと解される。また、「この加算税のように、行政上の義務違反に対し制裁として経済的不利益を課し、これにより義務の履行確保を促進しようとする趣旨・目的は、経済的インセンティブを利用して義務履行を誘導ないし確保しようとするという意味であり、すなわち、重加算税についていえば、隠ぺい・仮装に基づく過少申告等による納税義務違反が行われる場合には、非常に高率の加算税が課されることを明らかにすることにより、納税者にその賦課を避けるために納税義務違反を行わないようにさせるという、隠ぺい・仮装による納税義務違反について負のインセンティブを与える経済的な負担である」と解するものである。そして、脱税犯に対する刑事処罰がその反社会性・反道徳性に対する倫理的非難を含むのに対し、重加算税は、倫理的には無色な、そのような非難の意味合いを含まない不利益なのであるとして、重加算税は、刑罰のように隠ぺい・仮装という不正行為に対する倫理的非難を含むものではないから、必ずしも実際に隠ぺい・仮装の行為をした者に対してのみ課さなければならないものではないと解する(8)。

ここでは、重加算税の趣旨・性質がことさら強調され、特にその反社会性・反道徳性に対する倫理的非難を伴わないとする重加算税の性質が強調されている。重加算税の賦課要件に係る検討において、倫理的要素を排除することは納税者の主観的要素を排除することにつながることに留意をしておくべきである。

(2)　法人税法が申告納税方式であることから、申告義務の内容はそのまま申告義務違反に対する加算税の構造に反映され、重加算税は隠ぺい・仮装という不正手段による悪質な「過少申告」である場合の加算類型と解されるものである。

(3)　納税者である法人（代表取締役）が取締役等に課税要件事実の把握、管理を委任した場合は、国税通則法六八条一項は納税者に重加算税の賦課を避けるというインセンティブを与えることにより、当該取締役等の隠ぺい・仮装を防止させようとする趣旨・目的を含んでいることから、納税者が上記の委任をした取締役等の隠ぺい・仮装を防止できたと認められるにもかかわらず防止しなかった場合には、重加算税を賦課し得ないとすることは、重加算税の趣旨・目的に反するものである。

すなわち、行政実務においては、納税者（会社の代表者又は事業主）が自ら隠ぺい・仮装行為を行うことは必要ではなく、納税者以外の者が隠ぺい・仮装の行為を行い、納税者がそのような行為を防止するに必要な注意を尽くさなかった場合には重加算税を賦課されると解する。また、納税者が法人である場合において、法人の代表取締役以外の取締役ないし従業員が隠ぺい・仮装を行った場合に、当該取締役等が形式的に法人全体を代表・代理する権限を有していなくても、法人のある部門等について法人を直接に代表・代理しているような「経営に参画する者」である場合には、その者が行った隠ぺい・仮装の行為についての効果は法人自体に及び、重加算税を賦課できるというべきであると解する。

(4)　さらに、法人税法一六四条一項は、委任を受けたか否かにかかわらず取締役等（同法一六四条一項でいう「使用人その他の従業者」に該当する）が隠ぺい・仮装で税を免れた場合にはその行為者が罰せられるが、業務主においてはそのような行為を防止するに必要な注意を尽くしたことを立証したときには業務主はこの規定の適用を免れることと解されている。そこで、実務は、業務主に注意義務違反が存しないにもかかわらず重加算税を賦課されないとすると、ほ脱犯が課せられても重加算税が賦課されないというアンバランスが生ずるとして、このような解釈の合理性を説いている。

すなわち、「納税者が法人である場合において、法人の代表取締役以外の取締役ないし従業員が隠ぺい・仮装を行った易合には、当該取締役等が形式的に法人全体を代表・代理する権限を有していなくても、法人のある部門等について法人を直接に代表・代理しているような『経営に参画する者』である場合には、その者が行った隠ぺい・仮装行為についての効果は法人自体に及び、重加算税を賦課できるというべきであり、また隠ぺい・仮装を行った取締役等が『経営に参画する者』と認められないとしても、法人の代表取締役が当該取締役等に対する監督上の注意義務を尽くして、隠ぺい・仮装行為を防止することができたのに、それを尽くさなかった場合には、当該取締役等の隠ぺい・仮装は、納税者たる法人による隠ぺい・仮装と同視できるというべきであって、そのような場合においては国税通則法六八条一項により重加算税を賦課することができるというべきである」という結論を導くことが可能となる。

このような見解の背景には、これは税額を免れる意図をもって、隠ぺい・仮装を行い、その結果、その国税通則法六八条一項において重加算税が賦課される要件としての「納税者が事実の全部又は一部を隠ぺいし、又は仮装したところに基づいて納税申告書を提出し、もしくは納税をしなかったこと」について、隠ぺい・仮装の行為者が問題なるところ、納税者本人の行為に限定されず、その従業員や家族がそのような行為を行ったときには、納税者がそれを知っているか否かにかかわりなく、この要件の隠ぺい・仮装に該当するといったような行政実務家の見解(9)が広く支持されているとともに、またそのような見解と同様な立場にたつと解される下級審判決（京都地裁昭和五四年四月二七日判決・訟月二五巻八号二三〇一頁等）などが存することによるものといえよう。

しかし、以下に述べるように、国税通則法六八条一項についての、このような行政実務（あるいは一部の下級審判決）の枠組みによる論理構成には誤りがあるといえよう。

2　実務の解釈上の問題点

国税通則法六八条一項の解釈適用については、以下のように解することができる。

(1)　国税通則法六八条一項は、過少申告をした納税者が、その国税の課税標準等又は税額等の計算の基礎となるべき事実の全部又は一部を隠ぺいし又は仮装し、その隠ぺいし又は仮装したところに基づき納税申告書を提出していたときは、その納税者に対して重加算税を課することとしている。この重加算税の制度は、納税者が過少申告をするにつき隠ぺい又は仮装という不正手段を用いていた場合に、過少申告加算税よりも重い行政上の制裁を課すことによって、悪質な納税義務違反の発生を防止し、もって申告納税制度による適正な徴税の実現を確保しようとするものである（重加算税の趣旨・目的、性質）(10)。

(2)　国税通則法六八条一項は、「納税者」が隠ぺい・仮装の行為主体となることを文理上求めているのであって、同条一項は、本来的には、納税者自身による隠ぺい仮装行為の防止を企図したものと解される。

しかし、納税者以外の者が隠ぺい仮装行為を行った場合であっても、それが納税者本人の行為と同視することができるときには、形式的にそれが納税者自身の行為でないというだけで重加算税の賦課が許されないとすると、重加算税制度の趣旨及び目的を没却することになる。そうであるならば、国税通則法六八条一項は、本来的には、納税者自身による隠ぺい仮装行為の防止を企図したものと解されるとしたうえで、重加算税制度の趣旨及び目的から納税者以外の者が隠ぺい仮装行為を行った場合であっても、それが「納税者本人の行為と同視することができるとき」には、重加算税の賦課が許されると解することができる。

実務における国税通則法六八条一項の（論理）解釈の出発点及び大前提たる見解は、たとえば、最高裁平成一八年四月二五日判決が、国税通則法六八条一項に規定する「重加算税の制度は、納税者が過少申告をするにつき隠ぺい又は仮装という不正手段を用いていた場合に、過少申告加算税よりも重い行政上の制裁を課すことによって、悪質な納税義務違反の発生を防止し、もって申告納税制度による適正な徴税の実現を確保しようとするものである。」と判示するように、納税者の倫理的側面を無視することはできず、重加算税の賦課要件として納税者の主観的要素は排除することはできない。(11)

この重加算税の制度は、納税者が過少申告をするにつき隠ぺい又は仮装という不正手段を用いていた場合に、過少申告加算税よりも重い行政上の制裁を課すことによって、悪質な納税義務違反の発生を防止するという趣旨・目的を有することは明らかである。

(3)　国税通則法六八条一項は「納税者が……隠ぺいし、又は仮装し」と規定していることから、文理解釈からすれば拡大解釈することは許されないはずであるが、「納税者本人の行為と同視することができるとき」といったような解釈は文理解釈により導き出すことが可能である。(12)

(4)　「納税者本人の行為と同視することができるとき」とは、納税者において納税者以外の者が隠ぺい仮装行為を行うこと若しくは行ったことを認識し、又は容易に認識することができ、法定申告期限までにその是正や過少申告防止の措置を講ずることができたにもかかわらず、納税者においてこれを防止せずに隠ぺい仮装行為が行われ（認識要件と不正行為是正義務要件）、それに基づいて過少申告がされたときには、当該隠ぺい仮装行為を納税者本人の行為と同視することができ、重加算税を賦課することができると解するのが相当である。(13)

第三者としては取締役、従業員、税理士等など想定されうるところ、第三者による隠ぺい・仮装を本人の行為と同視できるか否かを個別具体的に判断していくとする見解なども存するところではあるが、上記の認識要件は「納税者本人の行為と同視することができるとき」の一般的法理を示したものとして解されなければならない。

(5)　他方、不正行為を行った取締役・従業員等の選任又は監督につき納税者に何らかの落ち度があるというだけで、当然に当該税理士による隠ぺい仮装行為を納税者本人の行為と同視することができるとはいえない。また、納税者と特別な関係にある者が隠ぺい・仮装を行った場合に「納税者本人の行為と同視することができるとき」と解することもできない。

よって、選任・監督上の過失論、使用者責任論や履行補助者論に立脚する下級審判決は、このような最高裁判所の論理構成に反するものと評価しうる。(14) そのような判決から導かれる基準は採用することができない。このような見解は、最高裁判決の論理構成に反するものであるといえよう。(15)

行政実務においては、国税通則法六八条一項の趣旨・目的が制裁的な趣旨を含まず、倫理的には無色な、非難の意味合いを伴わない経済的な負担を課するものであると解する傾向にあるが、そのような理解には誤りが存するといえよう。過少申告という要件にさらに隠ぺい・仮装という不正手段を要件にしており、隠ぺい・仮装という不正手段による悪質な行為に対する制裁的な目的を有している。重加算税の趣旨・目的や性格は、過少申告加算税よりも重い行政上の制裁を課すことによって、「悪質な納税義務違反」の発生を防止することである。

行政実務は、納税者に主観的な要素は要求されていないことから、納税者が第三者による隠ぺい・仮装行為を知っているか否かにかかわらず、国税通則法六八条一項の適用が可能であり、「経営に参画している者」が隠ぺい・仮装を行った場合には同条一項の適用が認められると解するものであろう。また、納税者において「注意義務違反」がある場合には重加算税を負うとして、注意義務の有無を基準に、重加算税の賦課を判断すべきであると解するものであろう。

しかし、このような判断基準は、上記の、誤った重加算税の性質等を出発点にした論理解釈であり、採用することができないのである。

国税通則法六八条一項においては、納税者に主観的要素（責任要素）が求められており、納税者が第三者による隠ぺい・仮装の行為を認識していたか（あるいは認識しうる状況にあったか）否かがその適用にあたり不可欠である。このような解釈は、一連の最高裁判決（後述）にも沿うものである。

(6)　国税通則法六八条一項においては、最高裁判所の解釈によれば、法人の代表者が使用人等の関係において使用人等が行った隠ぺい・仮装を認識していることが重加算税の賦課にあたって求められているといえる。[16]このような解釈は、国税通則法六八条一項の趣旨・目的や文理解釈などから導かれうるものである。

最高裁一八年四月二五日判決は、「納税者本人の行為と同視することができるとき〔る〕」場合とは、税理士に納税申告を委任した場合の事案であるが、「納税者が税理士に納税申告の手続を委任した場合についていえば、納税者において当該税理士が隠ぺい仮装行為を行うこと若しくは行ったことを認識し、又は容易に認識することができ、法定申告期限までにその是正や過少申告防止の措置を講ずることができたにもかかわらず、納税者においてこれを防止せずに隠ぺい仮装行為が行われ、それに基づいて過少申告がされたときには、当該隠ぺい仮装行為を納税者本人の行為と同視することができ、重加算税を賦課することができると解するのが相当である。他方、当該税理士の選任又は監督につき納税者に何らかの落ち度があるというだけで、当然に当該税理士による隠ぺい仮装行為を納税者本人の行為と同視することができるとはいえない。」と判示する。

すなわち、(1)納税者において当該税理士が隠ぺい仮装行為を行うこと若しくは行ったことを認識している場合、又は、(2)容易に認識することができた場合、において、(3)法定申告期限までにその是正や過少申告防止の措置を講ずることができたにもかかわらず、納税者においてこれを防止せずに隠ぺい仮装行為が行われ、それに基づいて過少申告がされたときには、当該隠ぺい仮装行為を納税者本人の行為と同視することができると判示する。

最高裁判所は、納税者が隠ぺい・仮装の行為について認識（容易に認識できた場合も含む。）を必要とする、いわゆる「認識必要説」（主観的要件必要説）に立脚しているのである。税理士への納税申告の委任はまさに申告納税に係る義務を委任するのであることから第三者の行った隠ぺい・仮装については最も責任を問いやすく、控訴人が主張する注意義務違反説がもっとも簡単に認定されうる場合であると解されるところ、最高裁一八年四月二五日判決は「選任又は監督につき納税者に何らかの落ち度があるというだけで、当然に当該税理士による隠ぺい仮装行為を納税者本人の行為と同視することができるとはいえない。」と判示する。

最高裁平成一八年四月二五日判決は、国税通則法六八条一項の解釈として、「納税者が……隠ぺいし、又は仮装し」と規定し、隠ぺいし、又は仮装する行為（以下「隠ぺい仮装行為」という。）の主体を納税者としているのであって、本来的には、納税者自身による隠ぺい仮装行為の防止を企図したものと解される。しかし、納税者以外の者が隠ぺい仮装行為を行った場合であっても、それが納税者本人の行為と同視することができるときには、形式的にそれが納税者自身の行為でないというだけで重加算税の賦課が許されないとすると、重加算税制度の趣旨及び目的を没却することになる。」と判示しており、このことからすれば、納税申告についての税理士への委任（税理士案件）においてのみこの判決の射程範囲が存すると解することはできない。重加算税の賦課要件についての最高裁平成一八年四月二五日判決の判示は、国税通則法六八条一項の解釈原理であり、その射程距離は広く本件にも及ぶことは明らかである。

そのうえで、最高裁平成一八年四月二五日判決は、法定申告期限までにその是正や過少申告防止の措置を講ずることができたにもかかわらず、納税者においてこれを防止せずに隠ぺい仮装行為が行われ、それに基づいて過少申告がされたときには、当該隠ぺい仮装行為を納税者本人の行為と同視することができ、重加算税を賦課することができると解するのが相当である。隠ぺい・仮装行為を認識した場合に、隠ぺい・仮装行為の是正義務や過少申告防止義務を課している。そのような義務違反が行われることによって、過少申告にいたった場合においては、国税通則法六八条一項が適用されることとなる。

なお、「認識必要説」に対して、学説や判例は不要説が一般的に支持をされているとする見解があるが、これは後述するようにこのような一連の最高裁判決前における下級審判例における見解であるといってよい。また、認識不要説にたっても第三者の範囲を限定する第三者限定説が有力であるとする見解もあるがこのような見解は今日では採用することができない(17)。

なお、納税者自身の隠ぺい・仮装をあくまでも納税者本人の行為と解する見解があるが（大阪地裁平成一〇年四月三〇日判決）、納税者本人の行為であっても同視できるような場合は同然に含まれると解することは前述したように、国税通則法六八条一項の文理解釈からも十分に可能であり、納税者自身の隠ぺい・仮装をあくまでも納税者本人の行為と解することは、重加算税の趣旨や目的に反することになろう。

よって、「経営に参画する者」といったような納税者と一定の関係のあるのが当然に納税者に含まれる、とする見解は採用することができない。上述したように、「納税者本人の行為と同視することができる」場合に限って、国税通則法六八条一項が適用されるとする見解が、その立法経緯・趣旨目的、文理解釈などから妥当な結論であるといえる。

二　国税通則法七〇条五項の解釈適用について

国税通則法七〇条五項の趣旨・目的、同条五項の文言解釈から、ここでいう「偽りその他不正の行為」とは、ほ脱の意思をもってその手段として税の賦課を不能又は著しく困難ならしめるような何らかのその他の工作を行うものであるところ、そのような行為の主体は納税者あるいは納税者と同視しうる者に限定されないという点で、国税通則法六八条一項とは相違がある（「隠ぺい・仮装による行為」と「偽りその他不正の行為」とどちらもその語意に故意といった主観的な要件を含むものであるが、両者の行為態様自体には相違があることはもちろんである。）。

法人税法一五九条においては、法人の代表者（人格のない社団等の管理人及び法人課税信託の受託者である個人を含む。）、代理人、使用人その他の従業者でその違反行為をした者がほ脱犯の主体として予定されているところであり、国税通則法七〇条五項の立法趣旨からすれば、国税通則法七〇条五項は脱税に対応するために五年から七年に除斥期間が延長されたところであることから、このような法人の代表者、代理人、使用人その他の従業者が行った「偽りその他不正の行為」により税を免れた場合（法人税法一五九条のほ脱犯が成立する場合）において当然に適用することを予定して改正されたものであることからすれば、行為主体をそのようなものに限定するのも合理的な解釈であろう。国税通則法七〇条五項における行為主体が納税者に限定されていないのはこのような立法目的によるものであると解される。よって、納税者以外の者が偽りその他不正の行為を行った場合においても、納税者との関係（不正行為に及ぶことについて納税者に認識等がなかったとしても）に関係なく、同条五項の適用が及び、その結果、国税通則法六八条一項で重加算税を賦課されるものもいれば、法人税法一五九条に規定するほ脱犯に該当するものもいる。国税通則法七〇条五項の規定は、主体が納税者であるかを否かは問わず法人の従業者等がほ脱の意図で「偽りその他不正の行為」により税を免れた場合に適用される。

なお、法人の代表者、代理人、使用人その他の従業者が「偽りその他不正の行為」により税を免れた場合ではなく、納税者のみに、あるいは納税者と「納税者と同視しうる者」に限定して解することも上述したように文理解釈、国税通則法にかかる法的構造から十分に合理的な解釈であると解することも可能であろうが、「脱税」の場合に更正の除斥期間を延長するとの立法趣旨からすれば、上記のような解釈がより合理的な解釈として支持されるべきであるといえよう(18)。

国税通則法七〇条五項においては、同法七〇条五項の規定の趣旨が脱税という不正の行為に対し本来の適正な課税を実現することにあり、行為者がだれであるかに着目しているものではなく、脱税があった場合に、三年間の除斥期間内の更正により適正な課税を行うことが困難となることは、当該行為を行う者が納税者自身であるか第三者であるかによって異ならず、除斥期間が七年間とされる。条文上も、国税通則法六八条一項は、明確に「納税者」を主体として規定しているのに対して、同法七〇条五項は、主体を何ら限定していない、ことなどから、行為主体が納税義務者であるかどうかを問わず、不正の行為によってほ脱の結果が生じた場合を広く含むと解するのが相当である。この限りにおいては、不正の行為の主体を納税者に限定しなければならないと解する積極的な根拠は存せず、また、行為主体が「偽りその他の不正行為」により税を免れる行為をした以上、納税者本人は行為主体が行った「偽りその他の不正行為」についての認識は必要ないと解すべきである。最高裁判決においても、この点については同様に解されているものと解される(19)。

よって、納税者以外の一定の者が偽りその他不正の行為を行った場合においても、納税者との関係（不正行為に及ぶことについて納税者に認識等がなかったとしても）に関係なく、同条五項の適用が及び、その結果、国税通則法六八条一項で重加算税を賦課されるものもいれば、法人税法一五九条に規定するほ脱犯に該当するものもいる。国税通則法七〇条五項の規定は、行為主体が納税者であるかを否かは問わず法人の従業員等がほ脱の意図で「偽りその他不正の行為」により税を免れた場合に適用される。国税通則法七〇条五項における適用要件は、納税者あるいは法人税法一五九条一項の行為主体がほ脱犯の成立要件を充足していなければならないといえよう。

よって、このような解釈によれば、法人の代表者や従業者等がほ脱の意図で「偽りその他不正の行為」を行って、結果的に納税者が税を免れれば、国税通則法七〇条五項の適用があるものと解される。法人税法一五九条一項は、法人の代表者又は法人若しくは人の代理人、使用人その他の従業者が法人税法一五九条一項（法人税を免れる等の罪）の成立要件を充足した場合に適用があることとなる。このような解釈が、国税通則法七〇条五項、法人税法一五九条一項の規定の文理解釈、国税通則法七〇条五項の立法趣旨から、合理的な解釈といえよう。その結果、法人又は業務主にはほ脱犯の適用がなく、法人の使用人等にのみほ脱犯が適用されることとなる場合も存するが、この場合に、使用人等により偽りその他不正の行為が行われていることから、国税通則法七〇条五項の規定の適用がされることになる。その結果、更正の除斥期間は七年となり、納税者はその間、更正等の処分に服することとなる。納税者が従業員等による隠ぺい・仮装の行為を認識している場合には国税通則法六八条一項の適用が行われることとなり、納税者がそのような行為を認識していない場合には、納税者に過少申告加算税（国税通則法六五条一項）が賦課されることとなる。

三　法人税法一二七条一項の解釈適用について

国税通則法六八条一項の趣旨・目的と法人税法一二七条一項の趣旨・目的が違うことをもって、両者の「隠ぺい・仮装」の意義が異なると解することはできない。法人税法一二七条一項各号による青色申告承認の取消制度は青色申告制度の適正な運営（ひいては適正な申告納税制度の運営）を担保するためのものであり、また青色申告にともなう利益は一身専属的な利益であり、その取消しは不利益処分であることから、納税者に帰責事由が必要であると解される。その結果、国税通則法六八条一項における「隠ぺい・仮装」と法人税法一二七条一項三号における「隠ぺい・仮装」は同義と解さなければならない。よって、たとえば会社代表者自身に「隠ぺい・仮装」がなく、また会社代表者が横領した者の「隠ぺい・仮装」を認識していない以上、一二七条一項三号にいう「隠ぺい・仮装」はなく、青色申告承認処分を取り消すことは、明らかに違法であるといえよう。

四　小　括

「経営に参画する者」が行った隠ぺい・仮装行為についての効果が法人や事業主に及ぶと解する国税通則法六八条一項、同法七〇条五項及び法人税法一二七条一項三号の解釈は採用することができない。また、このような解釈は、最高裁判決にも違反しているといえる。

また、国税通則法六八条一項の適用にあたっては、納税者自身が隠ぺい・仮装を行うか、あるいは納税者が納税者以外の者が行った隠ぺい・仮装を認識していることが求められる。よって、代表取締役は横領を行った役員が行った行為を認識していない場合には、国税通則法六八条一項は適用されない。

国税通則法七〇条五項の適用にあたっては、納税者がほ脱の意図のもとで、偽りその他不正の行為を行うか、法人の従業員等がほ脱の意図のもとで、偽りその他不正の行為を行うことが求められる。納税者以外の一定の者が偽りその他不正の行為を行った場合においても、納税者との関係（不正行為に及ぶことについて納税者に認識等がなかったとしても）に関係なく、同条五項の適用が及び、その結果、国税通則法六八条一項で重加算税を賦課されるものもいれば、法人税法一五九条に規定するほ脱犯に該当するものもいる。国税通則法七〇条五項の規定は、行為主体が納税者であるかを否かは問わず法人の従業員等がほ脱の意図で「偽りその他不正の行為」により税を免れた場合に適用される。国税通則法七〇条五項における適用要件は、納税者あるいは法人税法一五九条一項の行為主体がほ脱犯の成立要件を充足していなければならないといえよう。

よって、このような解釈によれば、法人の代表者や従業者等がほ脱の意図で「偽りその他不正の行為」を行って、結果的に納税者が税を免れれば、国税通則法七〇条五項の適用があるものと解される。

なお、法人税法一二七条一項三号の「隠ぺい・仮装」も国税通則法六八条一項の「隠ぺい・仮装」と同義であると解されることから、納税者による隠ぺい・仮装が存しないことから、会社に対する青色申告承認処分の取消処分は違法となる。

(1)　金子宏『租税法　第九版増補版』六四四頁以下（弘文堂・二〇〇四）は、この規定に係る判例の動向について、判例はゆるやかな解釈を採っていると評している。また、同教授は、「事実」とは課税要件事実を原則的には指すとの前提に立っておられる。

(2)　武田昌輔『ＤＨＣコンメンタール国税通則法』一四四二頁（第一法規・加除式）。

(3)　斉藤稔「使途不明金と認定賞与」『租税判例百選（三版）』別冊ジュリスト一二〇号八四頁（一九九二）。その他、太田幸夫「使途不明金と認定賞与」小川英明他編『裁判実務大系二〇　租税争訟法』四六一頁（青林書院・一九八五）等参照。

(4)　松沢智『新版租税実体法』二二四頁（中央経済社・一九九四）。以下、松沢教授の認定賞与の記述はこの論文を参照している。

(5)　武田昌輔編『ＤＨＣコンメンタール所得税法』七七九四頁（第一法規・加除式）。

(6)　「支払」の法的な意味については、浦東久男「源泉徴収における支払について」税法学五三四号一五頁が詳細に検討を加えている。

(7)　松沢・前掲書二八六頁以下参照。

(8)　佐藤英明「納税者以外の者による隠ぺい・仮装工作と重加算税」総合税制研究一九九六年三月号八八頁。なお、加算税の特徴については、原田尚彦『行政法要論（全訂第六版）』二二三頁（学陽書房・二〇〇五）参照。

(9)　武田昌輔『ＤＨＣコンメンタール国税通則法』三六二八頁（第一法規・加除式）参照。

(10)　最高裁平成一八年四月二八日判決は、「過少申告加算税は、過少申告による納税義務違反の事実があれば、原則としてその違反者に対し課されるものであり、これによって、当初から適法に申告し納税した納税者との間の客観的不公平の実質的な是正を図るとともに、過少申告による納税義務違反の発生を防止し、適正な申告納税の実現を図り、もって納税の実を挙げようとする行政上の措置である。」と判示する。

過少申告加算税の趣旨・目的から、「正当の理由」とは、(1)同税理士にその根拠を尋ねるなどすれば、同税理士が脱税の意図を有していることを認識し得たものというべきであり、(2)それらの確認を怠り、安易に同税理士を信頼して本件確定申告手続を委任してしまった一審原告には代理人の選任、監督について過失があったというべきであるとの判断を退けて、過少申告加算税については納税者が第三者の過少申告を認識し得なかったかとか、監督責任を怠たらなかったかといったことではなく、客観的な事情があり、上記のような過少申告加算税の趣旨に照らしても、なお、納税者に過少申告加算税を賦課することが不当又は酷になる場合をいうものと述べる。これは重加算税との相違として留意をしておく必要がある。

過少申告加算税の趣旨を示す最高裁判所第一小法廷（差戻上告審）平成二〇年三月二七日判決（ＴＫＣ【文献番号】二五四五〇七四三）は、重加算税の趣旨との対比において、以下のように述べている。上記のような重加算税の賦課要件は、過少申告加算税の趣旨・目的、性質を重加算税のそれらと対比することによっても相当なものであると解されうる。

「(1)過少申告加算税は、過少申告による納税義務違反の事実があれば、原則としてその違反者に対して課されるものであり、これによって、当初から適法に申告し納税した納税者との間の客観的不公平の実質的な是正を図るとともに、過少申告による納税義務違反の発生を防止し、適正な申告納税の実現を図り、もって納税の実を挙げようとする行政上の措置である。この趣旨に照らせば、過少申告があっても例外的に過少申告加算税が課されない場合として国税通則法六五条四項が定めた『正当な理由があると認められる』場合とは、真に納税者の責めに帰することのできない客観的な事情があり、上記のような過少申告加算税の趣旨に照らしてもなお納税者に過少申告加算税を賦課することが不当又は酷になる場合をいうものと解するのが相当である（最高裁平成一七年（行ヒ）第九号同一八年四月二〇日第一小法廷判決・民集六〇巻四号一六一一頁、最高裁平成一六年（行ヒ）第八六号、第八七号同一八年四月二五日第三小法廷判決・民集六〇巻四号一七二八頁参照）。」

(11)　金子宏『租税法（一六版）』六五六頁（二〇一一）において、「隠ぺい・仮装とは、その語義からして故意を含む観念であると解すべきであ（る）」とされており、原田・前掲書二三三頁も重加算税の制裁としての経済的負担を述べるにとどまり、重加算税における主観的責任要素を排除することまで述べているわけではないといえよう。

(12)　加算税の趣旨と性質について、平成一八年四月二五日判決（民集六〇巻四号一七二八頁）は、「国税通則法六八条一項は、過少申告をした納税者が、その国税の課税標準等又は税額等の計算の基礎となるべき事実の全部又は一部を隠ぺいし又は仮装し、その隠ぺいし又は仮装したところに基づき納税申告書を提出していたときは、その納税者に対して重加算税を課することとしている。この重加算税の制度は、納税者が過少申告をするにつき隠ぺい又は仮装という不正手段を用いていた場合に、過少申告加算税よりも重い行政上の制裁を課することによって、悪質な納税義務違反の発生を防止し、もって申告納税制度による適正な徴税の実現を確保しようとするものである。」と判示する。重加算税の趣旨・性質について過少申告加算税よりも「重い行政上の制裁」を課すことによって、「悪質な納税義務違反」の発生を防止することとしている。

さらに、納税者と隠ぺい・仮装行為をした者との関係について、最高裁平成一八年四月二五日判決は、「国税通則法六八条一項は『納税者が……隠ぺいし、又は仮装し』と規定し、隠ぺいし、又は仮装する行為（以下「隠ぺい仮装行為」という。）の主体を納税者としているのであって、本来的には、納税者自身による隠ぺい仮装行為の防止を企図したものと解される。しかし、納税者以外の者が隠ぺい仮装行為を行った場合であっても、それが納税者本人の行為と同視することができるときには、形式的にそれが納税者自身の行為でないというだけで重加算税の賦課が許されないとすると、重加算税制度の趣旨及び目的を没却することになる。」と判示する。

国税通則法六八条一項は、本来的には、納税者自身による隠ぺい仮装行為の防止を企図したものと解されるとしたうえで、重加算税制度の趣旨及び目的から納税者以外の者が隠ぺい仮装行為を行った場合であっても、それが納税者本人の行為と同視することができるときには、重加算税の賦課が許されるとするのである。

国税通則法六八条一項は「納税者が……隠ぺいし、又は仮装し」と規定していることから、租税法律主義のもとでの文理解釈によれば拡大解釈することは許されないはずである。

しかし、最高裁は規定の趣旨又は目的を強調して、納税者本人の行為と同視することができるときも「納税者」に含めることとしている。これは、納税者自ら隠ぺい・仮装を行うことなく、従業員等をして、そのような行為を行うことがありうるところ、このような行為を納税者本人の行為と同視できること当然であり、最高裁の判断は支持されうるものである。

文理解釈において、当該規定の趣旨・目的を考慮することは否定されないものの、あくまでも通常の用語の範囲内で解されなければならないところ、そのような文理解釈によるものといえる（東京高裁平成二〇年三月一二日判決・金融・商事判例一二九〇号三二頁参照)。

よって、最高裁判決においては、その判断にあたり「納税者本人の行為と同視することができるとき」といった要件が付されているのである。なお、ここでの要件は、「経営に参画する者」とはその前提を異にするものであり、その内容も異なることに留意をしておくべきである。また、控訴人は、法人の代表取締役が取締役等に対する監督上の注意義務を尽くして、隠ぺい・仮装行為を防止することができたのに、それを尽くさなかった場合にも、「納税者本人の行為と同視することができるとき」とは異なる。

(13) 国税通則法六八条一項は、過少申告加算税の加重賦課要件規定であるところ、最高裁昭和五二年一月二五日判決(訟月二三巻三号五六三頁)は、その賦課要件の一つである過少申告に係る過少申告加算税について、過少申告加算税は、「主観的責任の追及という意味での制裁的な要素は重加算税に比して少ないものである」として、重加算税があくまでも主観的責任の追及という制裁的なものであることを明確に述べている。

最高裁平成七年四月二八日判決(最高裁判所民事判例集四九巻四号一一九三頁)は、いわゆるつまみ申告の事案において、「重加算税を課するためには、納税者のした過少申告行為そのものが隠ぺい、仮装に当たるというだけでは足りず、過少申告行為そのものとは別に、隠ぺい、仮装と評価すべき行為が存在し、これに合わせた過少申告がされたことを要するものである。しかし、右の重加算税制度の趣旨にかんがみれば、架空名義の利用や資料の隠匿等の積極的な行為が存在したことまで必要であると解するのは相当でなく、納税者が、当初から所得を過少に申告することを意図し、その意図を外部からもうかがい得る特段の行動をした上、その意図に基づく過少申告をしたような場合には、重加算税の右賦課要件が満たされるものと解すべきである。」と判示する。

いわゆるつまみ申告において重加算税を課するためには、納税者のした過少申告行為それ自体が隠ぺい、仮装に当たるということはできず、(1)過少申告行為そのものとは別に、隠ぺい、仮装と評価すべき行為が存在し、(2)これに合わせた過少申告がされたことを要するものであると判示するが、本件はいわゆるつまみ申告についてのみの賦課要件であると解する余地もありそうであるが、重加算税の一般的賦課要件を論じていると解することも十分に可能である。国税通則法六八条一項の適用において、つまみ申告は隠ぺい・仮装が外部的に存しないことから納税者が、当初から所得を過少に申告することを意図し、その意図を外部からもうかがい得る特段の行動をしたことを最高裁判決は求めているといえる。最高裁平成六年一一月二二日判決(訟月四一巻一一号二八八七頁)も同様である。上記両判決は、仮装隠ぺいの積極的な行為がない場合においては真実の所得金額を隠ぺいしようという確定的な意図を求めるものであり、隠ぺい・仮装の積極的な行為が存する場合にはこのような要件は不要である。

(14) 選任・監督上の過失論、使用者責任論や履行補助者論に立脚する判決等の分析については、酒井克彦『附帯税の理論と実務』二七〇頁以下（ぎょうせい・二〇一〇）参照。

(15) 最高裁平成一八年四月二〇日判決（民集六〇巻四号一六一一頁）は、以下のように最高裁平成一八年四月二五日判決と同様の判断を示している。

「国税通則法六八条一項は、過少申告をした納税者が、その国税の課税標準等又は税額等の計算の基礎となるべき事実の全部又は一部を隠ぺいし又は仮装し、その隠ぺいし又は仮装したところに基づき納税申告書を提出していたときは、その納税者に対して重加算税を課することとしている。この重加算税の制度は、納税者が過少申告をするにつき隠ぺい又は仮装という不正手段を用いていた場合に、過少申告加算税よりも重い行政上の制裁を課することによって、悪質な納税義務違反の発生を防止し、もって申告納税制度による適正な徴税の実現を確保しようとするものである。

同項は、『納税者が……隠ぺいし、又は仮装し』と規定し、隠ぺいし、又は仮装する行為（以下「隠ぺい仮装行為」という。）の主体を納税者としているのであって、本来的には、納税者自身による隠ぺい仮装行為の防止を企図したものと解される。しかし、納税者以外の者が隠ぺい仮装行為を行った場合であっても、それが納税者本人の行為と同視することができるときには、形式的にそれが納税者自身の行為でないというだけで重加算税の賦課が許されないとすると、重加算税制度の趣旨及び目的を没却することになる。そして、納税者が税理士に納税申告の手続を委任した場合についていえば、納税者において当該税理士が隠ぺい仮装行為を行うこと若しくは行ったことを認識し、又は容易に認識することができ、法定申告期限までにその是正や過少申告防止の措置を講ずることができたにもかかわらず、納税者においてこれを防止せずに隠ぺい仮装行為が行われ、それに基づいて過少申告がされたときには、当該隠ぺい仮装行為を納税者本人の行為と同視することができ、重加算税を賦課することができると解するのが相当である。他方、当該税理士の選任又は監督につき納税者に何らかの落ち度があるというだけで、当然に当該税理士による隠ぺい仮装行為を納税者本人の行為と同視することができるとはいえない。」

最高裁判決は、納税者において、納税者以外のものによる隠蔽・仮装行為を認識しながら、法定申告期限までにその是正や過少申告防止の措置を講ずることができたにもかかわらず、これを防止せずに隠ぺい仮装行為が行われ、それに基づいて過少申告がされたときには、当該隠ぺい仮装行為を納税者本人の行為と同視することができ、重加算税を賦課することができると解している。

また、過少申告加算税と重加算税の趣旨・性質の相違——重加算税における主観的要素について、最高裁平成一八年四月二〇日判決は、原審は第一審と同様、第一賦課決定処分のうちの過少申告加算税額相当分についても取消しを免れないものと判断したところであるが、その理由は、次のとおりである。

「過少申告加算税は、過少申告による納税義務違反の事実があれば、原則としてその違反者に対し課されるものであり、これによって、当初から適法に申告し納税した納税者との間の客観的不公平の実質的な是正を図るとともに、過少申告による納税義務違反の発生を防止し、適正な申告納税の実現を図り、もって納税の実を挙げようとする行政上の措置であり、主観的責任の追及という意味での制裁的な要素は重加算税に比して少ないものである。

国税通則法六五条四項は、修正申告書の提出又は更正に基づき納付すべき税額に対して課される過少申告加算税につき、その納付すべき税額の計算の基礎となった事実のうちにその修正申告又は更正前の税額の計算の基礎とされていなかったことについて正当な理由があると認められるものがある場合には、その事実に対応する部分についてはこれを課さないこととしているが、過少申告加算税の上記の趣旨に照らせば、同項にいう「正当な理由があると認められる」場合とは、真に納税者の責めに帰することのできない客観的な事情があり、上記のような過少申告加算税の趣旨に照らしても、なお、納税者に過少申告加算税を賦課することが不当又は酷になる場合をいうものと解するのが相当である。」

この最高裁判決は、過少申告加算税と重加算税との関係において重要な判示をしている。すなわち、「過少申告加算税は、過少申告による納税義務違反の事実があれば、原則としてその違反者に対し課されるものであり、これによって、当初から適法に申告し納税した納税者との間の客観的不公平の実質的な是正を図るとともに、過少申告による納税義務違反の発生を防止し、適正な申告納税の実現を図り、もって納税の実を挙げようとする行政上の措置であり、主観的責任の追及という意味での制裁的な要素は重加算税に比して少ないものである。前掲最高裁同様、過少申告による納税義務違反の発生を防止し、適正な申告納税の実現を図り、もって納税の実を挙げようとする行政上の措置であり、主観的責任の追及という意味での制裁的な要素は重加算税に比して少ないものであると明言しており、「重加算税は倫理的非難を伴わないもの」などではないことは明らかである。前述において指摘したところであるが、控訴人における重加算税の性質に対する理解が誤っていることは、このような判示からも明らかである。

また、国税通則法六五条四項は、修正申告書の提出又は更正に基づき納付すべき税額に対して課される過少申告加算税につき、その納付すべき税額の計算の基礎となった事実のうちにその修正申告又は更正前の税額の計算の基礎とされていなかったことについて正当な理由があると認められるものがある場合には、その事実に対応する部分についてはこれを課さないこととしているが、過少申告加算税の上記の趣旨に照らせば、同項にいう「正当な理由があると認められる」場合とは、真に納税者の責めに帰することのできない客観的な事情があり、上記のような過少申告加算税の趣旨に照らしても、なお、納税者に過少申告加算税を賦課することが不当又は酷になる場合をいうものと解するのが相当であるということになる。

なお、補足意見（裁判官滝井繁男）は、「納税者と税理士との間にどの範囲の事実の隠ぺい・仮装について意思の連絡があったかは、差戻し審において審理し、確定される必要がある。」「重加算税は、高率の加算税を課すことによって、隠ぺい・仮装による納税義務違反行為を防止し、徴税の実を挙げようとする趣旨に出た行政上の一種の制裁措置である。納税者から申告手続の委任を受けた税理士等の第三者が隠ぺい・仮装行為をした場合において、納税者は、自らその行為をしていないというだけの理由でこの制裁を免れるわけではない。しかし、事実の隠ぺい・仮装についてその一部に意思の連絡があるからといって、必ずしも過少申告となった税額全体について納税者に対して重加算税を賦課することができるわけではないとする考え方が十分あり得るのであり、重加算税を賦課することができる範囲は、重加算税制度の趣旨、目的等から見て、慎重な検討を要する問題である。」として差戻審においては、前記の事実を確定した上で、上記の問題について十分検討すべきであると述べる。

このような意見は、制裁としての重加算税についての主観的要件について的確な見解を述べているものとして評価しうる。

(16)　最高裁平成一八年四月二〇日判決の差戻控訴審・東京高裁平成一八年一月一八日判決（税務訴訟資料二五六号順号一〇二六五）は、納税者から委任を受けた者が隠ぺい、仮装行為を行った場合における重加算税の賦課要件について、「重加算税制度の目的及び法の文理に従えば、重加算税の賦課要件としては、過少申告の計算の基礎となるべき事実につき客観的に隠ぺい又は仮装の行為があり、この隠ぺい、仮装の行為に合わせた申告がされるというだけでは足りず、その隠ぺい、仮装の行為が納税者の行為と評価し得る（納税者に帰責すべき）事由が必要である。もっとも、この場合、納税者自身が資料の隠匿、隠ぺい又は仮装等の積極的な行為をすることまでの必要はなく、当該隠ぺい又は仮装の行為をした補助者又は代理人が過少申告の計算の基礎となるべき事実につき架空経費の計上などの違法な手段により税額を減少させようと企図していることを了知していたなど、隠ぺい又は仮装の行為がされることを容認し、その間に意思の連絡がある場合には、上記通則法六八条一項所定の重加算税の賦課の要件を充足するものというべきである。」としている。

また、同判決は、納税者と履行補助者又は代理人等においてその態様がかならずしも一致している必要はないとしていることから、その隠ぺい・仮装行為の内容が双方において完全に一致していることまでは求められてはいないことを明示している。重加算税の規定にかかる趣旨・目的から、またその賦課が刑事罰と異なることなどから、租税法律主義のもとでもおおむねその行為が一致していれば、そのような齟齬により重加算税の適用が排除されると解する必要はない。

(17) 首藤重幸「相続財産の隠ぺいの事実を知らなかった相続人の重加算税」税務事例研究三〇号六六頁（一九九六）参照。

(18) 法人税法一五九条におけるほ脱犯の犯罪の主体は、法人の代表者、代理人、使用人、その他の従業者であり、そのような者が法人税法一五九条における「偽りその他不正の行為」によって法人税を免れることによってほ脱犯が成立する。「偽りその他不正の行為」とは、法人の代表者等がほ脱の意思をもって、税の賦課を不能又は著しく困難ならしめるような（脱税を可能ならしめる）行為であって社会通念上不正と認められる一切の行為であり、ほ脱犯においてはこのような不正の行為と税を免れたという結果との間に因果関係が求められている。免れた税額は不正行為との間に因果関係を有する。さらに、ほ税の認識（故意）を必要とする。この認識は、包括的な不正行為と租税債務の不法利得に対するものである。

国税通則法七〇条五項により更正の除斥期間が七年となる場合の「偽りその他不正行為」と法人税法一五九条の規定する「偽りその他不正行為」とは、同条の文理解釈や国税通則法における法的構造から、上記の解釈を原則として一致させたうえで、かかる法解釈を展開しているものであり、一つの解釈として一定の合理性をもちうるものではあるといえよう。

(19) 国税通則法七〇条五項の立法趣旨は、以下のように解されている（武田・前掲書（DHC国税通則法コンメンタール）三七五九頁の二以下参照）。なお、国税通則法七〇条二項四号〔旧規定〕のもとでの立法趣旨とも同様に解することができる（泉美之松・高橋元・石原秀昭信雄「五六年税制改正をめぐって」税経通信四四巻六号二〇頁（一九八九）参照）。

1 昭和三六年の「国税通則法の制定に伴う答申」では脱税の場合の賦課権の除斥期間は五年とすると述べ、これについて、同答申の説明では五年よりも長期の除斥期間とすべきであったとの意見が強かったが、⑴税務官署及び納税義務者における書類保存の年限の制限、⑵上記の⑴の事情から除斥期間を延長すれば、税務署ごとの課税が恣意的になりやすいなどの理由により、この期間を延長するに至らなかった。

2 しかし、その後、悪質な脱税事件の発生を契機として脱税に対する世論の批判が高まり、また所得課税については税務執行面における把握差が生じやすく、実質的な負担の公平の確保の面で批判がすくなからずみうけられるようになり、書類等保存を延長するとともに、あわせて税務署ごとの課税が恣意に陥ることのないように配慮しつつ、除斥期間を延長することとした。国税通則法七〇条五項は「脱税」への対応を意識したものであり、ほ税犯が成立する場合（ほ脱犯の成立要件を充足する場合）に適用があるものと解することができる。なおこのような立法趣旨に立ったうえで、両規定の関係については争いがある。

1　国税通則法七〇条五項と法人税法一五九条の適用要件に係る「偽りその他不正の行為により……法人税を免れ」という文言は同じであり、その適用要件は同じであると考えられることから、法人税については、法人税法一五九条におけるほ脱犯が成立する場合には、国税通則法七〇条五項が結果的には適用されることになる。両者の適用要件は同じであると解する（以下「ほ脱犯重複説」という。）。その結果、法人税法一五九条で規定する「法人の代表者又は法人若しくは人の代理人、使用人その他の従業者」がその法人の業務又は財産に関して行った脱税について、国税通則法七〇条五項の適用がある。

2　国税通則法七〇条五項と法人税法一五九条の適用要件に係る「偽りその他不正の行為により……法人税を免れ」という文言は同じであり、その適用要件は同じであると考えられることから、法人税については、法人税法一五九条で規定する「法人の代表者又は法人若しくは人の代理人、使用人その他の従業員」がその法人又は人の業務又は財産に関して「偽りその他不正の行為」を行えば国税通則法七〇条五項の適用がある。国税通則法七〇条五項の規定の要件としては、ほ脱の犯意は必要としていないから、犯意がなくともほ脱行為があればその適用を受ける（以下「ほ脱行為要求説」という。）。

3　国税通則法七〇条五項と法人税法一五九条の適用要件に係る両規定の適用要件に係る「偽りその他不正の行為により……法人税を免れ」という文言は同じであることから、その適用要件は同じであると考えられるが、あくまでもその主体は更正の名宛人である納税者に限定される（以下「納税者ほ脱行為要求説」という。）。

国税通則法七〇条五項は、更正の除斥期間を定めたもので、この規定によって課税庁に課税権（更正権限等）が付与されるものではなく、国税通則法二四条において更正等の権限が付与されているところ、上記一の「ほ脱犯重複説」においては従業員等においてほ脱犯が成立したときにも（納税者自身にほ脱犯が成立していない場合においても）、同条五項の規定の適用を認めることとなるが、同条五項はそのような場合にまで拡大適用されることを予定していない。

納税者ほ脱行為要求説においては、国税通則法七〇条五項にいう、「偽りその他不正の行為」とは、税額を免れる意図の下に税の賦課徴収を不能又は著しく困難にするような何らかの偽計その他工作を伴う不正の行為を行っていることを意味するところ、たとえば乙が営業担当者にすぎず、経理・税務申告担当者ではなく、当該法人が乙らによる不正行為を認識したのは、税務調査が行われた後であったから、法人には、税金を免れる目的ですでに存在している誤った状況をあえて放置し、これを利用して税金を免れようとした事実はなく、乙の行為を法人の行為と同視して、法人に国税通則法七〇条五項所定の「偽りその他不正の行為」があったということはできない、ということになる。

ほ脱犯重複説は同項に「偽りその他不正の行為」の主体が「納税者」と記載されていないことを強調するが、納税者ほ脱行為要求説は、同項が「偽りその他不正の行為により……税額を免れ……た国税についての更正」と規定しているところ、税額を免れた主体が納税者であることは明らかであるから、「偽りその他不正の行為」の主体も納税者に限定して解するのが相当であると解するものである。もっとも、「偽りその他不正の行為」の手段、態様は限定されていないのであるから、使用人等の第三者が「偽りその他不正の行為」によって申告書を作成し提出することを、納税者が認識しながら、これを認容して静止しない場合や、申告書の提出時には認識がなかったとしても、後にこれを認識し、修正申告を提出するなどの行為が可能であるのに、あえてこれをしない場合にあっては、そのような認識、認容をもって、納税者の「偽りその他不正の行為」としてとらえることは充分に可能である。

第三章　不服申立て――不服審査前置主義の弊害

第一節　不服申立前置主義と違法性の承継

はじめに――第二次納税義務者の主たる課税処分に対する不服申立適格と不服申立期間の起算日

現在、わが国の税務争訟においては、不服審査前置主義が要件として存在する。しかし、この制度が現実に、機能しているのか（たとえば税理士制度のもとで不服審査を前置させる必要があるのか）、この要件がネックとなり、納税者の権利救済が不当に阻害されることがあるのではないか、など再検討の時期にきているといわれている。

ここでは後者の問題について、最高裁平成一八年一月一九日判決（平成一六年（行ヒ）第二七五号）〔事件名〕裁決取消請求事件、裁判所時報一四〇四号四頁を素材に検討してみよう。同最高裁判決は、第二次納税義務者は主たる課税処分に対する不服申立適格を有しており、また国税通則法七七条一項所定の「処分があったことを知った日」とは当該第二次納税義務者に対する納付告知（納付通知書の送達）がされた日をいい、不服申立期間の起算日は納付告知がされた日の翌日であると解するのが相当である、と判示しており、今後の不服審査前置主義のもとでの不服申立ての「起算日」について一石を投じたものである。

事案の概要は以下の通りである。

本件は、A社から同社の保有する株式の譲渡を受けた上告人が、同社に対する法人税の決定及び無申告加算税賦課決定（以下、「本件課税処分」という。）に基づく同社の滞納国税につき、国税徴収法三九条に基づく第二次納税義務の納付告知（以下、「本件告知」という。）を受けたため、それから二か月以内に本件課税処分に対する異議申立てをしたところ、国税通則法七七条一項所定の不服申立期間を経過した後にされた申立てであることを理由に異議申立て却下の決定を受け、審査請求に対しても、これを却下する裁決（以下、「本件裁決」という。）を受けたため、本件裁決の取消しを求めている事案である。

麹町税務署長は、A社に対し、平成一四年三月二九日付けで法人税の決定及び無申告加算税賦課決定（以下「本件課税処分」という。）を行い、同年四月三日、本件課税処分の通知書が同社に到達した。東京国税局長は、A社から同社の保有する株式の譲渡を受けた上告人に対し、同年六月七日、A社の本件課税処分に基づく滞納国税につき、国税徴収法三九条に基づく第二次納税義務の納付通知書を発し、同月八日、上記納付通知書が上告人に到達して、本件告知がされた。

上告人は、同年八月六日、右記の第二次納税義務の納付告知（以下、「本件告知」という。）に対して異議申立てをするとともに、本件課税処分に対しても異議申立て（以下、「本件異議申立て」という。）をした。

東京国税局長は、同年一〇月一一日、本件告知に係る異議申立てについて納付限度額変更の異議決定をしたが、本件異議申立てについては、同月一七日、不服申立期間は本件課税処分がA社に送達された日の翌日から起算して二か月を経過する同年六月三日までであり、本件異議申立ては不服申立期間を経過した後にされたものであるとして、国税通則法八三条一項に基づき、これを却下する旨の決定をした。

そこで、上告人は、同年一一月八日、本件課税処分について審査請求をしたが（なお、同日、本件告知についても審査請求をしている）、被上告人が同一五年四月七日、本件異議申立ては不服申立期間を経過した後にされた不適法なものであり、本件課税処分に係る審査請求は適法な異議申立てを経ないでされた不適法なものであるとして、国税通則法九二条に基づき、これを却下する旨の裁決（以下、「本件裁決」という。）をしたため、本件裁決の取消しを求めて提訴に及んだ。

なお、A社も、同一四年七月二二日、本件課税処分に対する異議申立てをし、同年一〇月一七日、東京国税局長から、不服申立期間を経過した後にされた申立てであるとして、これを却下する旨の決定を受けたため、同年一一月一五日、本件課税処分について審査請求をしたが、同年一二月二日、上記審査請求を取り下げている。

一審判決（平成一六年一月二二日東京地判、訟務月報五一巻六号一六四四頁）は、第二次納税義務者は、本来の納税義務者に対する課税処分の取消しを求めるにつき法律上の利益を有し、その適否を争う地位を認められるべきであり、第二次納税義務者が主たる課税処分に対して不服申立てをする場合の不服申立期間の起算日は、第二次納税義務者に納付告知がされ、第二次納税義務が発生した日の翌日と解すべきであるなどとして、上記事実関係の下において、本件異議申立ては不服申立期間内にされた適法なものであると判断し、上告人の請求を認容して、本件裁決を取り消した。

これに対して、控訴審（平成一六年六月一五日東京高判、訟務月報五一巻六号一六三三頁、判例時報一九〇三号一八頁）は、第二次納税義務者は、本来の納税義務者の納税義務（以下、「主たる納税義務」という。）の存否又は数額を争って主たる課税処分に対する不服を申し立てる適格を有しないとして、本件裁決に違法はないと判断し、上告人の請求を棄却した。

一　裁判所の判断（破棄自判）

「〔国税徴収法三九条〕に定める第二次納税義務は、本来の納税義務者に対する主たる課税処分等によって確定した主たる納税義務の税額につき本来の納税義務者に対して滞納処分を執行してもなお徴収すべき額に不足すると認められる場合に、……〔本来の納税義務者と特別の〕関係にある第三者に対して補充的に課される義務であって、主たる納税義務が主たる課税処分によって確定されるときには、第二次納税義務の基本的内容は主たる課税処分において定められるのであり、違法な主たる課税処分によって主たる納税義務の税額が過大に確定されれば、本来の納税義務者からの徴収不足額は当然に大きくなり、第二次納税義務の範囲も過大となって、第二次納税義務者は直接具体的な不利益を被るおそれがある。他方、主たる課税処分の全部又は一部がその違法を理由に取り消されれば、本来の納税義務者からの徴収不足額が消滅し又は減少することになり、第二次納税義務は消滅するか又はその額が減少し得る関係にあるのであるから、第二次納税義務者は、主たる課税処分により自己の権利若しくは法律上保護された利益を侵害され又は必然的に侵害されるおそれがあり、その取消しによってこれを回復すべき法律上の利益を有するというべきである。」

「一般的、抽象的にいえば、国税徴収法上第二次納税義務者として予定されるのは、本来の納税義務者と同一の納税上の責任を負わせても公平を失しないような特別な関係にある者であるということができるが、その関係には種々の態様があるのであるし、納付告知によって自ら独立した納税義務を負うことになる第二次納税義務者の人的独立性を、すべての場面において完全に否定し去ることは相当ではない。特に、本件で問題となっている国税徴収法三九条所定の第二次納税義務者は、本来の納税義務者から無償又は著しく低い額の対価による財産譲渡等を受けたという取引相手にとどまり、常に本来の納税義務者と一体性又は親近性のある関係にあるということはできないのであって、譲渡等による利益を受けていることをもって、当然に、本来の納税義務者との一体性を肯定して両者を同一に取り扱うことが合理的であるということはできない。また、第二次納税義務が成立する場合の本来の納税義務者は、滞納者であるから、自己に対する主たる課税処分に瑕疵があり、これに不服があるとしても、必ずしも時間や費用の負担をしてまで主たる課税処分に対する不服申立て等の争訟に及ぶとは限らないのであり、本来の納税義務者によって第二次納税義務者の訴権が十分に代理されているとみることは困難である。なお、主たる納税義務が申告によって確定する場合には、第二次納税義務者が本来の納税義務者の申告自体を直接争う方法はないのであるが、そのことから逆に、行政権の違法な行使によって権利利益の侵害が生ずる場合にまで、これを争う方法を否定する結論を導くべきであるとは考えられない。」

「第二次納税義務は、本来の納税義務者に対して滞納処分を執行してもなお徴収すべき額に不足すると認められるときに、初めて、その義務が成立するものであり、主たる課税処分の時点では、上記のような第二次納税義務が成立する要件が充足されるかどうかが未確定であることも多い。したがって、本来の納税義務者以外の第三者がそのような段階で主たる課税処分の存在を知ったとしても、当該第三者において、それが自己の法律上の地位に変動を及ぼすべきものかどうかを認識し得る状態にはないといわざるを得ない。他方、第二次納税義務者となる者に主たる課税処分に対する不服申立ての適格を肯定し得るのは、納付告知を受けて第二次納税義務者であることが確定したか、又は少なくとも第二次納税義務者として納付告知を受けることが確実となったと客観的に認識し得る時点からであると解される。そうであるのに、不服申立ての適格を肯定し得ない段階で、その者について不服申立期間が進行していくというのは背理というべきである。

殊に国税徴収法三九条所定の第二次納税義務者は、前記のとおり、本来の納税義務者から無償又は著しく低い額の対価による財産譲渡等を受けたという取引相手にとどまり、常に本来の納税義務者と一体性又は親近性のある関係にあるということはできないのであって、第二次納税義務を確定させる納付告知があるまでは、不服申立ての適格があることを確実に認識することはできないといわざるを得ない。その反面、納付告知があれば、それによって、主たる課税処分の存在及び第二次納税義務が成立していることを確実に認識することになるのであって、少なくともその時点では明確に『処分があったことを知った』ということができる。」

そうすると、「国税通則法七七条一項所定の『処分があったことを知った日』とは、当該第二次納税義務者に対する納付告知（納付通知書の送達）がされた日をいい、不服申立期間の起算日は納付告知がされた日の翌日であると解するのが相当である。」

よって、本件異議申立ては同法七七条一項所定の不服申立期間内にされた適法なものであり、本件審査請求が適法な異議申立てを経ていないことを理由としてこれを却下した本件裁決は、取り消されるべきである。

二　本最高裁判決の位置づけと意義

本件の争点は、(1)第二次納税義務者が主たる課税処分の取消を求める不服申立適格を有するか否か、(2)本件異議申立てが国税通則法七七条一項所定の不服申立期間内に行われたものであるか否か、である。

第二次納税義務は、確定した主たる納税義務につき本来の納税義務者の財産に対する滞納処分を執行してもなお徴収すべき額に不足すると認められる場合に、租税徴収の確保を図るため、本来の納税義務者と人的、物的に特別の関係にある第三者（国税徴収法三三条以下、地方税法一一条の二以下参照）に本来の納税義務者と同一の納税上の責任を負わせても公平を失しないような場合に、本来の納税義務者の納税義務に代わる義務を負わせることによって、徴税の確保をはかるものである。この第二次納税義務は、課税庁から納付通知書によって告知されたときに具体的に確定する（国税徴収法三二条、地方税法一一条等参照）。このような場合に、第二次納税義務者の権利保護をどのように担保するかはかねてより争いのあるところである。

第二次納税義務者が第二次納税義務を争う局面としては、(1)第二次納税義務者に対する納税告知の取消訴訟において、納税告知固有の違法事由を主張する場合、(2)第二次納税義務者に対する納税告知の取消訴訟等において、本来の納税義務者に対する課税処分が違法であると主張する場合、(3)主たる納税義務者に対する賦課処分（更正・決定等）が無効であると主張する場合、(4)主たる納税義務者に対する賦課処分が取り消されるべきであると主張する場合、などが想定されよう。(1)は、第二次納税義務固有の瑕疵を争う場面であり、納税告知は抗告訴訟の対象となり、そのような主張は当然に許容される。しかし、主たる課税処分の取消原因としての瑕疵を主張することができるか否かについては争いが存するところである。

最高裁昭和五〇年八月二七日判決（民集二九巻七号一二二六頁、判時七八九号二五頁）は、「第二次納税義務の納付告知は、主たる課税処分等により確定した主たる納税義務の徴収手続上の一処分としての性格を有し、右納付告知を受けた第二次納税義務者は、あたかも主たる納税義務について徴収処分を受けた本来の納税義務者と同様の立場に立つに至るものというべきである。したがって、主たる課税処分等が不存在又は無効でないかぎり、主たる納税義務の確定手続における所得誤認等の瑕疵は第二次納税義務の納付告知の効力に影響を及ぼすものではなく、第二次納税義務者は、右納付告知の取消訴訟において、右の確定した主たる納税義務の存否又は数額を争うことはできないと解するのが相当である。」と判示しているところである。本来の納税義務者に対する賦課処分（更正・決定等）が取消原因たる違法性をもつに過ぎない場合には、それを理由として告知処分の取消訴訟を提起することはできないと解している。いわゆる、第二次納税義務者に対する納税告知と主たる納税義務者に対する賦課処分間での「違法性の承継」を否定する立場にたっているといえよう。(1)

しかしなお、このような立場においては、第二次納税義務者へ納税の告知があってはじめて本来の納税義務の存在等を知ることも少なくなく、その時点においては多くの場合、更正・決定等に対する不服申立期間や出訴期間が経過していることが多く、第二次納税義務者は課税の違法性を争う機会を喪失することとなり批判が存するところであった。そこで、(2)のような訴訟を認めるべきであるとして、本来の納税義務者に対する更正・決定等の内容が第二次納税義務者の告知処分に承継されると考え、第二次納税義務者は、更正・決定等に存した実体的違法性を理由として告知処分の取消を求めることができるとする見解等が有力に主張されてきた。(2)

本件は、納付告知処分が争われている事案ではないが、本件最高裁判決における裁判官泉徳治の意見もこの点に言及されている。同意見は、「第二次納税義務者の納税義務は、この納付告知処分によって成立し確定するのである。納付告知処分の要件の一つとして主たる課税処分が組み込まれてはいるが、第二次納税義務者の納税義務と、本来の納税義務者の納税義務とは別個独立のものである。したがって、第二次納税義務者は、自己の第二次納税義務の成立自体にかかわる問題として、納付告知処分の内容に組み込まれた主たる課税処分の違法性を、独自に争うことができるというべきである。主たる課税処分の公定力は、第二次納税義務者が自己に課せられた納税義務、すなわち第二次納税義務を争うために、その要件の一部を構成する主たる課税処分の違法性を主張することを妨げるものではない。換言すると、第二次納税義務者は、独自に、納付告知処分の取消請求の中で主たる課税処分の違法性を主張することができると解すべきである」として、最高裁昭和五〇年八月二七日判決は変更されるべきであると述べる（本件は、納付告知処分が争われている事案ではなく、上記判決の変更を議論するのに適切な事案ともいえないところ、上記判決が変更されない以上、多数意見の結論に同調）。

最高裁判所昭和五〇年八月二二日判決（消極説）を前提とする場合についても、第二次納税義務者が主たる納税義務者に対する賦課処分を直接争うことができるか否か（(3)(4)の訴訟）が問題となろう。第二次納税義務者の権利保護の視点から、消極説に立つ論者もこの点では積極説に立ち、第二次納税義務者の原告適格を肯定する見解が存していた。本件の一審判決は、最高裁平成三年一月一七日判決（税務訴訟資料一八二号八頁）を引用して、原告適格を肯定しているようにみえる（神戸地裁昭和六三年七月一三日判決（税務訴訟資料一六五号二五〇頁）は、原告適格を否定して、主たる納税義務についての課税処分の法的効果は第二次納税義務者には及ばず、その効果は単なる反射的効果にすぎないとしているのに対して、控訴審大阪高裁平成元年二月二二日判決（判時一三二七号二七頁）は、反対に原告適格を肯定している。最高裁平成三年一月一七日判決はこの点が直接の争点とはなっていないが、控訴審の結論を支持している。）。本最高裁判決も同様に、第二次納税義務者の原告適格を認める。

そこで、次にこのような場合の不服申立てや取消訴訟の出訴期間の起算日が問題とる。これまで、主たる課税処分が主たる納税義務者に告知された時を基準とする説と第二次納税義務者が主たる課税を知ったときあるいは第二次納税義務者が納税告知を受けたときを基準とする説の対立があったが、本最高裁判決は後説の納税告知基準説を採用することを明らかにする。本最高裁判決は、不服申立適格の問題についてはともかくも、不服申立期間の起算日について判示した最初の最高裁判例であり、最高裁判所昭和五〇年八月二二日判決を前提とするかぎり、高く評価されうる判決であるといえよう。

三　第二次納税義務の性格と不服申立適格

不服申立適格の有無を考えるにあたっては、第二次納税義務者と主たる納税義務との関係が問題となろう。被告は、第二次納税義務の納付告知は、確定した主たる納税義務の徴収手続上の一処分としての性格を有するものというべきであり、納付告知を受けた第二次納税義務者は、あたかも主たる納税義務について徴収処分を受けた本来の納税義務者と同様の立場に立ち、第二次納税義務者の訴権利益は、主たる納税義務者においていわば代理されていると主張する。

本最高裁判決は、この点について、「本件で問題となっている国税徴収法三九条所定の第二次納税義務者は、本来の納税義務者から無償又は著しく低い額の対価による財産譲渡等を受けたという取引相手にとどまり、常に本来の納税義務者と一体性又は親近性のある関係にあるということはできないのであって、譲渡等による利益を受けていることをもって、当然に、本来の納税義務者との一体性を肯定して両者を同一に取り扱うことが合理的であるということはできない。また、第二次納税義務が成立する場合の本来の納税義務者は、滞納者であるから、自己に対する主たる課税処分に瑕疵があり、これに不服があるとしても、必ずしも時間や費用の負担をしてまで主たる課税処分に対する不服申立て等の争訟に及ぶとは限らないのであり、本来の納税義務者によって第二次納税義務者の訴権が十分に代理されているとみることは困難である。」と判示している。

これに対して、最高裁昭和五〇年八月二七日判決は、「第二次納税義務の納付告知は、主たる課税処分等により確定した主たる納税義務の徴収手続上の一処分としての性格を有し、右納付告知を受けた第二次納税義務者は、あたかも主たる納税義務について徴収処分を受けた本来の納税義務者と同様の立場に立つに至るものというべきである」と判示している。第二次納税義務者は、あたかも主たる納税義務について徴収処分を受けた本来の納税義務者と同様の立場に立つことを強調する。このような相互の人的独立性を否定するような立場においては、不服申立適格（さらには原告適格）が否定されることとなり易い。被告の主張は、このような立場にたつものである。

控訴審判決は、納付告知を受けた第二次納税義務者は、あたかも主たる納税義務について徴収処分を受けた納税義務者と同一の立場に立つものであるということができ、本来の納税義務者は、主たる納税義務についての申告又は決定、更正等が不存在又は無効でない限り、徴収手続において主たる納税義務の存否又は数額を争うことができないのと同様に、第二次納税義務の納付告知を受けた者も、納付告知についての不服申立て又は訴えにおいて主たる納税義務の存否又は数額を争うことのできないのはもとより（前掲昭和五〇年八月二七日第二小法廷判決参照）、本来の納税義務者とは別に、主たる課税処分についての不服申立て又は訴えを提起する固有の利益は有しないものと解するのが相当であるとしている。本件の控訴審判決は、「第二次納税義務制度は、形式的には第三者に権利が帰属しているが、実質的には本来の納税義務者にそれが帰属していると認めても公平を失わないような場合、あるいは、第三者が何らかの意味で本来の納税義務者と密接な親近性を有する者であり、両者の間に実質的な一体性を肯定しても公平に反しないような利害共通の関係がある場合において、形式的な権利の帰属を否認して私法秩序を乱すことを避けつつ本来の納税義務者の租税を徴収するために、形式的な権利の帰属者に補充的に納税義務を負担させて徴収手続の合理化を図るとともに、権利救済の面においても、主たる納税義務を争う第二次納税義務者の訴権は、本来の納税義務者によっていわば代理行使されているものとみて、主たる納税義務については、本来の納税義務者に主たる課税処分についての不服申立ての途が与えられている以上、徴収手続の段階では第二次納税義務者が別途これを争うことはできないものとすることとして、第二次納税義務者に対し、本来の納税義務者との間で確定した主たる納税義務の存否及び数額を実体的な要件とし、これを所与のものとしてその履行責任を負担させるというものである」と判示しているところである。

第二次納税義務者と本来の納税義務者の関係について、本最高裁判決と最高裁昭和五〇年八月二七日判決の見解は相違が存するようにもみえるが、最高裁昭和五〇年八月二七日判決の見解においても必ずしも原告適格が否定されるとの結論に必然的に結びつくものでなかったといえよう。最高裁昭和五〇年八月二七日判決を引用して、同判決の趣旨に依拠しながら原告適格を否定したものとみられる。上記の最高裁判決の射程距離の理解の相違によるものと考えられる。

一方、一審判決は、「第二次納税義務は主たる納税義務者と同一の納税上の責任を負わせても公平を失しないような特別の関係にある第三者に対し、その所定の範囲で主たる納税義務の履行責任を課すものではあるが、そのことのみをもって、主たる課税処分に瑕疵がある場合にまで、第二次納税義務者が同処分を所与のものとして処分を甘受しなければならない理由とはなり得ない」として、「第二次納税義務者の訴権利益が、主たる納税義務者においていわば代理されていると言い切るのは難しいといわざるを得ない。特に、本件のように主たる納税義務者と取引関係や親族関係等の法的関係の全くない第二次納税義務者については、以上のことが強く妥当するものと考えられる」として、最高裁昭和五〇年八月二七日判決を引用しながら、個別訴権利益説にたち、第二次納税義務者の不服申立適格の肯定に道を開いている。一審判決と本最高裁判決は同様の立場にたっているものといってよかろう。第二次納税義務者は、日本国憲法においても、広く裁判所において裁判を受ける権利を保障されており、行政から権利・利益の侵害を受ける者は、その適否を訴訟手続により争う機会を保障されなければならないものと解すべきであるとして、第二次納税義務者は、主たる課税処分の取消しを求めるにつき法律上の利益を有すると判示している。

なお、最高裁平成三年一月一七日判決（税務訴訟資料一八二号八頁）は、第二次納税義務者が本来の納税義務者に対する賦課処分の取消訴訟において原告適格を有すると判示する控訴審大阪高裁平成元年二月二二日判決を支持しているところである。同大阪高裁判決は、「第二次納税義務者は納付告知の取消訴訟において、右確定した主たる納税義務の存否又は数額を争うことができない（違法性の承継の否定）ものといわなければならないこと、などに照らすと、第二次納税義務者は、主たる課税処分そのものの取消を求めるについて、法律上の利益を有する者にあたるものというべきであるから、第二次納税義務者の救済のために、主たる課税処分等そのものに対して第二次納税義務者が無効確認訴訟を提起することができるものと解するのが相当であり、この理は、第二次納税義務を課されるおそれがある者が現実に納付告知を受けるまでの間においても、これを別異に解する要をみないものというべきである」として、原告適格を肯定している。東京地裁平成一六年一月二二日判決は、この最高裁判決を引用しているところである。

四　不服申立期間の起算日

本件において、被告は、主たる課税処分に対する時期に遅れた取消訴訟の提起を許すと徴税の安定と能率を害するおそれがあることから、第二次納税義務者が主たる課税処分の不服申立てを行う場合、国税通則法七七条一項の「処分があったことを知った日」を「主たる課税処分が主たる納税義務者に告知された日」と解すべきである旨主張する。第二次納税義務者につき主たる納税義務者と異なった不服申立期間を設定すると、主たる課税処分に対する時期に遅れた取消訴訟の提起を招き、徴税の安定と能率を害するおそれがあるとの立場からの主張である。

このような見解については、第二次納税義務は、主たる納税義務者の財産に滞納処分を執行してもなおその徴収すべき額に不足すると認められる場合に発生するものと規定されているところ、主たる課税処分がされた後、主たる納税義務者の財産の滞納処分に着手し、第二次納税義務発生の要件を具備することが確定するまでには相当の期間を要することがあり得ることは被告も認めるところであり、ほとんどの場合第二次納税義務の告知処分がされる際には既に不服申立期間が経過してしまうことが想定され、第二次納税義務者の不服申立権は事実上封殺されることとなるとの批判が存したところである。

前掲大阪高裁平成元年二月二二日判決は、「第二次納税義務者による主たる課税処分の取消訴訟を提起する場合の不服申立てないし出訴期間の起算点は、主たる課税処分に対する時機に遅れた取消訴訟の提起を許すことが、徴税の安定と能率を害するおそれがあることを考慮すると、主たる課税処分が主たる納税義務者に告知された時をもつて基準とするのが相当であり、また、処分取消しの訴えについて不服申立前置が要求されるのは、行政処分に対する司法審査の前に、その処分の当否につき、一応行政庁に反省の機会を与え、その自主的解決を期待するところにあることからすれば、主たる納税義務者又は第二次納税義務者のいずれかによつて審査請求・裁決（異議申立て・決定等を含む。）が経由されることをもつて訴訟要件としての裁決前置は充たされるものというべきであるところ、本件においては、主たる納税者たるK社が、各法定の期間内に、主たる課税処分に対する異議決定及び審査裁決を経由しているから、第二次納税義務者であるXが主たる課税処分の取消訴訟を提起するについての裁決前置がこれをもつて足りることとなる」として、本件における被告の立場を支持している。

一方、本件・一審判決は、不服申立期間の起算点を一律に主たる課税処分が主たる納税義務者に通知された日であるとすることは、第二次納税義務者は形式的には原告適格を認められるものの実質的にはほとんどの場合において主たる課税処分の適否を争う機会を与えられないという結果を招くこととなり、第二次納税義務者に実質を伴った不服申立ての機会を確保するには、不服申立期間の起算点を、第二次納税義務者が主たる課税処分を知った日の翌日とするか、第二次納税義務の納付告知がされた日の翌日と解するかのいずれかが考えられ、この点は、前記の主たる課税処分の不服申立ての利益をどの範囲で認めるかの問題と関連するものと解されるが、前記のとおり、第二次納税義務発生をもって、第二次納税義務者が主たる課税処分の不服申立ての利益が発生すると解する場合、第二次納税義務者に納付告知がされ、第二次納税義務が発生した日をもって起算点と解すべきであると判示している。徴税の安定と能率のために、本来可能であるべき不服申立てを行い得なくなることが正当化されるべきものではなく、前記のとおり、第二次納税義務者において不服申立てを行う必要性が認められる以上、相当期間が経過した後に課税処分が覆る結果が生じるとしてもやむを得ないものといわざるを得ないとし、本件のような第二次納税義務者への課税が問題となるのは、主たる納税義務者からの徴税が期待できないことによるのであり、第二次納税義務の告知によってようやく徴税の実の上がることが期待できることとなるのであるから、その時点を基準として不服申立てを認めることとしても、徴税の能率と安定を害するおそれは少なく、このような場合には、納税者の権利救済をより重視すべきものとしている。

第二次納税義務発生をもって、第二次納税義務者が主たる課税処分の不服申立ての利益が発生すると解する場合、第二次納税義務者に納付告知がされ、第二次納税義務が発生した日をもって起算点と解するのが合理的であろう。このような見解は本最高裁判決も結果的には支持するところとなっている。

本最高裁判決をもって、今後の議論は、より直截的に納付告知の取消訴訟において主たる課税処分の違法事由を主張できるか否かという問題に移っていこうが、本最高裁判決において第二次納税義務者の権利保護は実質的には担保されたといえよう。

第二節　国税通則法の改正と不服申立制度

Ⅰ　現行不服申立制度の課題と国税不服審判制度改革の方向性

1　組織的な側面（争訟機関）――国税不服審判所の透明性・第三者性の確保

平成二三年度税制改正大綱は争訟機関については、「国税不服審判所における審理の中立性・公正性を向上させる観点から、今後、国税審判官への外部登用を以下のとおり拡大することとし、その方針及び工程表を公表」するとし、具体的な内容も公表されている(3)。

現行の国税不服審判所制度は、審判所長の人事について「国税庁長官が財務大臣の承認を受けて任命する」と定め（国税通則法七八条）、審判所長の権限について「国税庁長官の発した通達に示されている法令の解釈と異なる解釈により裁決をするとき又は法令の解釈の重要な先例となる裁決をするときは、あらかじめ国税庁長官に申し出て指示を受けなければならない」と定めている（同法九九条）。審判所審判官等の役職者は、原処分を行う立場にある税務署・国税局の職員からの出向がほとんどであることからすればこの点は一歩前進といえば前進であるが、大綱に基づく改正の方針からはこのような対応は暫定的な措置であるとの評価を与えておくべきであろう。原処分庁職員との人事交流の制約などもあわせて対応が検討されるべきであったといえよう。

国税不服審判所については、簡易・迅速な行政救済、審理の中立性・公正性といった観点からどのような組織のあり方や人事のあり方にすべきであるのかについては、かなりのバリエーションがありうる。国税不服審判所の透明性・第三者性の確保については、国税・地方税に対する不服申立制度の位置づけ、組織の性格（位置づけ）をまず議論すべきであろう。行政不服審査法における不服申立制度類似の不服申立制度（国税庁従属型（部内型不服申立制度））から独立の不服申立制度（独立型不服申立制度）が制度構築の両極に観念されるところであるが、簡易・迅速な行政救済、審理の中立性・公正性といった観点から不服申立制度の構築が図られるべきである。財務省から独立した第三者的組織（独立型不服申立制度）として構築されるべきであり、そのうえで審判制度も検討されるべきであろう。「行政不服審査法の見直し」による「独立して職権行使を行う審理官の創設」などが議論されているところであるが、これら議論の結論と平仄を揃える理由は乏しい。

なお、国税不服審判所をどこにおくかは「歳入庁」構想とも関係し、慎重な検討が必要である。地方税との関係においては、国税と地方税（固定資産税を含む。）双方を審査すべき一体的審判所を構想するのかが検討されるべきであろう。

2　不服申立前置主義の廃止、二審制の廃止

国税通則法一一五条、七五条三項・四項では、課税処分等に対して、訴えを提起するにはこれに先立って審査請

求をしておくことが義務付けられており、審査請求をするにはこれに先立って異議申立てをしておくことが原則として義務付けられている。(4) 現行の不服申立前置主義を廃止して、異議申立て、審査請求についても自由選択性とすべきである。

現行法のもとで税務調査等において見解の対立が明確であるとか、あるいは課税処分に対してこれら前置された不服申立てをしても課税処分が維持される結果となることが相当程度明らかであるといったような場合にまで、不服申立前置を強制することは納税者に対する迅速な救済に反することは明らかである。また、上述した国税通則法の改正もとでは、(1)あらゆる行政処分に理由附記が要求されることとなり、また、(2)多発すると想定される「更正の請求の理由なし」といった処分に対する不服申立てなども更正の請求手続の整備によりこれまで以上に争点が明確化されることとなると解されるので、納税者があえて不服申立てを経由する必要はなく、納税者の選択に委ねるべきである。改正法のもとでは、納税者において、異議申立て等を通じて課税庁の処分理由を明らかにするといった機能や争点整理や明確化といった機能もこれまでのように高くはない。

3　不服申立てによる税務調査・増額処分の停止、国税の徴収手続の停止

不服申立てにより差押等の徴収手続きが停止することはもとより、不服申立てが係属している間は、原則として、差押財産の換価は禁止されている（また、不服申立てに伴う徴収の猶予、滞納処分の続行の停止及び差押えの猶予制度がある。国税通則法一〇五条）。納期限における税額の納付自体についても不服申立てにあたっては停止するとの選択肢も認めるべきか否か（納税者に対して納付のうえ、不服申立てをするか、不納付の状態で不服申立てをするかの選択権を付与すべきか否か）も検討すべき問題である。不服申立てにおける執行停止の要件（行政不服審査法三三条四項）の

緩和もあわせて検討すべきであろう。

税務署長等は、偽りその他の不正の行為に該当すると認められる事情（あるいはそれに準ずる特別の事情）がない限り、異議決定又は終結合意（和解）により終結した事案の課税標準及び税額に関し、新たに調査を開始することができず、また裁決・訴訟等が確定するまではあらたな総額的処分をすることができないものとすべきであろう。

なお一方で、租税手続における救済の一手段として、税務調査、異議申立手続・審査請求・訴訟の各段階において和解が行えるようにすべきかを検討する時期にきている（合法性の原則などの関連問題がある）。現実にはこのような和解は存するといえよう。アメリカ等では和解制度が設けられ大半の事件が和解（終結合意）によって解決しているといわれ、制度的にも検討に値しよう。

4　審理手続の対審構造化、証拠資料の閲覧・謄写等の拡大

現行法の審査請求手続では一方通行的、職権主義的構造がとられているが、対審構造的審理によって、納税者の救済を図る必要があろう。異議手続規定、審査手続規定の見直しや整備が不可欠である。ただし、どの程度の対審化をすすめるかにあたっては不服申立ての簡易・迅速性といった便益とのバランスを図りながら検討をすすめる必要がある。

また、審査請求手続では、証拠開示について、処分行政庁の提出した証拠について閲覧のみが定められ、その謄写が認められていない（国税通則法九六条）。また、審判所が自から収集した証拠については閲覧すら認められていない（同法九七条、九六条）。審査請求人又は参加人は、審理手続が終結するまでの間、担当審判官に対し、首席国税審判官が審査請求に係る事件の審理のために所持するすべての書類その他の物件の閲覧又は謄写を求めることが

できるものとし、この場合において、担当審判官は、第三者の利益を害するおそれがあると認めるとき、その他正当な理由があるときでなければ、その閲覧又は謄写を拒むことができないものとすることなどの改正が必要であろう。

5　総額主義的運営から争点主義的運営へ

国税不服審判所では争点主義的運営がとられているといわれている。国税不服審判所の段階においては、審理手続の対審構造化のもとでも決定の拘束力や理由の差替えの原則禁止といった取扱いを、審査請求段階においても徹底するなど、争点主義的運営を徹底させるべきである。担当審判官は審査請求の目的となった処分にかかる課税庁の処分についての審理にあっては、原処分庁が附記した処分理由以外の理由を根拠に処分の適法性を審査・維持できないと解するべきであろう。一方、訴訟においては総額主義的運営が広く認知されており、最高裁も総額主義的運営によっている。争点主義か総額主義かという問題は、税務争訟の全体構造等を検討する上で極めて重要な問題となる。

6　理由の差替えの禁止等

現在の実務では、課税庁が特定の理由によって課税処分をしていながら、異議申立て、審査請求、訴訟の途中で当初の理由の誤りが判明しても原処分を維持しようとして別の理由を後出しして差替えること（後出しジャンケン）が広く行われている（理由の差替えの許容性については、最高裁昭和五六年七月一四日判決・民集三五巻五号九〇一頁参照)。立法論的には理由の差替えの原則禁止規定をおくべきである。(5)特に、更正等の取消訴訟において問題となるが、争点主義又は総額主義のいずれに立脚するかによってその差替えの許容性は異なるものと解される。

Ⅱ　租税訴訟の課題と権利救済の実効性確保

課税処分等に係る権利救済は不服審査前置のもとでの取消訴訟を中心に、「自己完結的な租税救済手続の枠組み」(及びその背景にある取消訴訟中心主義)が確立されている。行政運営における公正の確保と透明性の向上を図ることを目的として制定された「行政手続法」(平成五年一一月一二日制定)は、税務行政においてはほとんどの規定が適用除外となっていた(国税通則法七四条の二)。また、一方、事後救済制度についても一連の司法制度改革の潮流の中で、行政救済制度の改革も進められ、平成一六年に、国民の権利利益のより実効的な救済手続の整備を図るために、「行政事件訴訟法」の抜本改正が行われたが、国税通則法等の争訟手続に直接的な影響はなかったといってもよい。(6)しかし、税務訴訟においても「更正の請求の排他性」「更正等の取消訴訟の排他性」等の名の下に大きく制約されている納税者の権利救済として「実質的当事者訴訟」を活用することなどが期待されうるであろう。(7)

第三節　スウェーデンにおける税務争訟制度

1　スウェーデンにおける租税手続法の枠組み

租税（課税）手続は行政活動に属するため、行政活動の基本的なルールを規定している行政手続法（Färvaltingslagen, SFS 1986: 223）の適用を受ける。主たる原則は、これらのルールが公的な行政のあらゆる領域において有効であるということであり、特別法に特別な規定が存しない限り、この法律による規定が適用される。行政処分に対する訴え（申立て）は、行政裁判所(8)に関する一連の手続により進められる。この訴えはまず地方行政裁判所（länsrätten）に申し立てられる。申立人がこの裁判所の判決に不服であれば、さらに上級の裁判所、まず控訴行政裁判所（kammarrätten）に控訴を、次に最高行政裁判所（Regeringsrätten）に上告を行うこととなる。行政裁判所にかかる手続は、行政裁判所手続法（Färvaltingsprpcesslagen, SFS 1971: 291）に規定されている。

行政手続法及び行政裁判所手続法にかかる規定は、租税手続にも適用される。これらの規定は、さまざまな異なる行政分野における処分等に対処するために、基本的な行政手続を規定するにすぎない。よって、租税手続については、さまざま特別な問題に対処するために特別な規定が存する。租税手続に関してもっとも重要な法律は、租税賦課法（Taxeringsslagen. SFS 1990：324）であるといえよう。それは、直接税、特に所得課税（わが国でいう所得税、法人税を含む）に関する手続について規定をおいている。租税賦課法は、納税申告及び利得の報告に関する法律（Lagen om självdeklaration och kontrolluppgifter, SFS 1990：325）により補足されている。この法律は、納税申告書の提出義務と課税庁に申告書へ送付する義務について定めている。また、その法律は、使用者及び使用者と類似の立場にある者に対して税務申告に関する情報を申告することを義務づけている。付加価値税に関する税務手続についての規定は付加価値税法（Mervärdesskattelagen, SFS 1994：200）により補足されている。使用者による給付に関する手続規定は、使用者からの社会保障給付の租税徴収に関する法律（Lagen om uppbörd av sociala avgifter från arbetslagen, SFS 1984：668）により補足されている。また、相続・贈与税に関する手続規定は、相続税・贈与税法（Arvs-och gåvoskattelagen, SFS 1941：416）によって補足されている。

課税制度は、一九九〇年に最終的な改正がなされた。この改正目的は、上記の異なる税目間の手続規定をできる限り統一することであった。よって、以下、所得税についてモデルとしてみることで十分であろう。

2　税務行政を担う機関

租税の賦課・徴収機関は、租税徴収法（ＴＬ）の二章に述べられている。税務行政における最高機関は国家租税庁（RSV, National Tax Board）である。ＲＳＶは、租税の賦課について最終的な責任を有する。ＲＳＶは、税務行政組織と租税業務取扱いについて課税機関にディレクティブを発する。また、ＲＳＶは、政府があらゆる組織に配分する経済的なリソース（歳入）についても責任をもつ。しかし、ＲＳＶは、課税庁によって行われる個々のケースの取扱いには関与しない。これは、スウェーデン憲法で確立された原則である（一一章七条参照）。

租税規定は議会（政府又はその他の行政機関にこの権限を委譲することができない）により立法化されるべきである。

しかし、スウェーデン憲法は、一定の範囲で規則によって法律を補足することを認めている。そのような規則は、政府又は政府が認めた行政機関によって立法される。RSVは多くの租税事項に関する規則を立法している。しかし、そのような規則において新しい義務を課すことはできず、これは規則の制定範囲がかなり制限されることを意味している。

RSVが、租税法規がどのように適用されるべきかについて勧告を発するための特別の権限を有しているということは重要である。これらは法的な拘束力のない勧告であるけれども、現実にはこの勧告に通常課税庁は従っている。

スウェーデンは二四のカウンティ（地域）があり、各々カウンティには、租税賦課に責任をもつ地方課税庁がある。各々の地方課税庁はさらに一以上の租税事務所を有する。租税事務所の職員が税務行政を遂行し、あらゆる処分を行っている。租税事務所は独立した課税庁ではないが、地方課税庁の一部である。あらゆる賦課処分は地方課税庁のために行われる。各々の租税事務所は、非専門家代表者の参加する租税委員会(9)（tax committee）を有している。租税委員会は、再賦課（わが国の再更正に近い）段階において所得課税および不動産課税に関する事項についての紛争を取り扱う。当事者において争いのある事項について、納税者や不動産所有者が提示した証拠等で同委員会が以前に判断をしていないものに対する審査をはじめ、納税者や不動産所有者にとって経済的重要性を有する事項、同委員会が取りあげる特別な理由が存する事項についても判断する。

3　租税申告、租税記録（タックス・レコード）

租税記録の大部分は課税庁に提出する租税申告あるいは納税者が提供する税務情報からなりたっている。租税申告に関する規定は納税申告及び利得の報告に関する法律の二章に詳細に規定されている。(10) 納税申告に関する手続はここ数年、簡略化されてきている。給与所得者の多くは、つまり五五〇万人から六〇〇万人の納税者は、簡略化された納税申告書をもちいている。簡略化された納税申告書を提出する納税者は、賦課年度（わが国でいう課税年度の翌年を意味する）の四月一五日までに各自の租税申告書を受け取る。その申告書には課税庁が第三者からの情報、たとえば使用者や銀行等の機関が支払う利得や利子に関する情報が記載されている。もし、それらの情報が正しければ納税者はその申告書にサインをするだけである。この情報を修正する必要のある納税者は課税庁にそれを送付する前にその情報を修正しなければならない。これらの簡略化された申告書は賦課年度の五月二日までに申告しなければならない。

事業所得やその他の複雑な税務事項にかかわる法人及び個人の納税者は、特別な申告書を提出する。これらの申告書は賦課年度の三月三一日までに送付されなければならない。課税庁が課税されるべき個人を選択することが容易にできるように、事業所得に関する情報を記載するフォームはかなり標準化されている。事業者や会社は、会計記録から情報を集め、標準会計報告書（SRU）でその情報を報告すべきである。この情報は、自動データプロセスを通じて送ることが可能である。

租税申告書を管理するために重要なものは、利得の報告書（LSK三章）である。この報告書を提出しなければならない事項は、非常に広範囲なものとなっている。使用者又はその他の雇用契約類似の締結者は、かれらの使用人の報告書を作る義務がある。銀行やその他の金融機関は利子とともに、株式譲渡の報告書を提出しなければならない。証券取引所は支払った配当を報告しなければならない。保険会社は、私的年金に支払われたプレミアムを報告しなければならない。なお、事業所得や取引に関する情報は報告することがもとめられていない。しかし、課税庁は、第三者に特定の事業者に対する情報を提供するように命じることはできる。

4　税務調査

課税庁は税務調査をする責任があり、その結果、上記の提出された情報等で処分（賦課）を行うのに十分であるかを確認しなければならないと解されている。しかし、納税者にも、各々の事案において処分を正確に行うために必要な証拠や情報を提供することにより、税務調査に参加する義務があると解されている。課税庁が税務調査が必要であると判断すると、通常、付加的な情報が納税者に対して要求されることになる。仮に、その情報が十分でないときには、次のような方法で対処されることになろう。

① 課税庁は、納税者に付加的な情報をさらに求める命令を発する。納税者がその命令に従わないときには罰金が課せられることになる。

② 関係する納税者と税務調査官との間で会合がもたれる。このような調査の形態は「自発的な（任意な）原則」のもとで行われる。納税者はそのような会合に同意をするであろう。

③ 税務監査（Tax Audit）。税務監査は一番進んだ税務調査の形態である。

その監査を実施するための条件、課税庁の権限の範囲等は法律により明確に規定されている。税務監査に関しては、租税賦課法三章に詳細な規定がおかれている（八～一一条参照）。

税務監査の目的は、納税者が正確な情報を租税申告書に記載しているかどうかをチェックすることである。税務監査に服すべき納税者をどのように選択するかについての規定は存しない。納税者に租税犯罪の嫌疑が存するとか、さらに納税申告書を提出していないということは条件ではない。租税監査のための納税者は自由に選択される。租税監査は、特定の個人のみではなく、一連の取引にも焦点をあわせて行われる。税務監査は、数年の課税年度まで及び、また他の税目についても併せてその対象となる。

地方課税庁は、税務監査の実施を決定する権限をもっている。ＲＳＶもこのような権限をもっている。ＲＳＶは、カウンティ（行政地域）をまたがる税務調査を調整する責任がある。課税庁は、租税申告書又は利得の報告書が正確で完全な情報を提供しているか否かを判断するために、第三者に情報を提示するように命令することもできる。

税務監査は、原則として強制的な手段ではない。それは、納税者との協力のもとで遂行される。しかし、一定の事案においては、課税庁は強制的に監査を行うことができる。そのような場合は、租税手続における特別強制手段に関する法律（Tvångsåtgärder i beskattningsförfarandet, SFS1994: 466）に規定されている。強制的手段の目的は、抵抗する納税者に納税者の義務を強制的に遂行させることであり、また、納税者が税務調査を妨げることを防止することである。この法律のもとで、課税庁は、なんらの許可をえずに納税者に帰属する財産について税務監査を行うことができる。課税庁は、税務調査に必要な資料を調査、差押えをすることができる。さらに、前述の報告書の提出を命じることなく、第三者の財産を検証することも可能である。

強制的手段の適用についての決定は、通常裁判所の決定に服する。しかし、税務調査の責任者は、強制的監査について、裁判所の決定がなされる前に重要な証拠が隠されたり、破壊したりされるおそれがあると考えるときには、強制的監査について暫定的な許可を与える権限をもっている。

ときに早期の段階で納税者が租税債務の支払いを回避する意図であるということが明確な場合がある。そのような場合には、特別に認められている予防的な手段によって将来の決定の遂行を保障することが可能である。このような規定は、租税等の支払いを保証するための法律（Betalningssäkringslagen, SFS1978: 880）におかれている。この法律のもとで、課税庁は税の支払いを担保するために、租税債務者の資産の一部を一定の条件のもとで、差し押さえることが可能である。このための条件は、租税債務の存在あるいはそのような負債の存在が確実であることであろう。このような予防手段は課税年度の終わるまでは遂行することができない。さらに、納税者が租税債務を明らかに回避することを示唆するような危険がなければならない。また、このような租税債務の額がかなり大きな額であることも必要である。

5　課税処分

課税処分に関する規定は租税賦課法四章におかれている。毎年の課税処分は地方課税庁の公務員（civil servant）により行われる。毎年の賦課に関する基本的な処分は、賦課年度の一一月末までに行われるべきである。しかし、一一月には納税者にとって不利益な処分をすることはできない。この一か月は、納税者の要求にもとづいて課税処分を再検討するために用いられる。

納税者が納税申告書を提出しない場合、あるいは納税申告書及びその申告書の前提となっている書類が不正確あるいは不十分で正確な税額の計算ができない場合には、課税庁は裁量課税（discretionary taxation）を行うことができる。ただし、裁量課税は、納税者の申告書が不十分であるときに納税者に対する威圧のために用いることはできない。あるいは、懲罰的な手段としてもちいることはできない。この目的は厳格に正確な課税処分を行うために用いられる必要がある。

通常、裁量課税が適正であるか否かを判断するために二つの方法が用いられている。いわゆる、現金計算方法（わが国の純資産増加法に近い）と総利益計算方法（わが国の類似業種比準法に近い）である。

事業所得に関して課税処分がなされた個人の数

事業所得	総　　計
純損失	
≧150,000	16,315
50,000～149,999	30,197
1～ 49,999	86,993
（合計）	133,505
純所得	
1～ 49,999	139,879
50,000～149,999	100,363
≧150,000	52,803
（合計）	293,045
総合計	426,550

（1999年）

6　課税処分の審査

課税処分は、一定の条件のもとで再審査されうる。租税賦課法七～二二条に関係規定がおかれている。再賦課（再更正）は、納税者の要求（請求）にもとづいて行われることもあるが、課税庁のイニシアティブのもとで行われることもある。納税者は賦課年度のおわりから五年の間、課税処分の審査を求めることができる。原則として、そのような審査は、五年の期間内に何度でも要求することができる。

審査の請求に当たっては、以前に再賦課において問題とならなかった争点あるいは前に審査の対象となった事項についても言及することができる。たとえ納税者が新しい事実を提出しなくとも、課税庁は、課税処分を検証しなければならない。しかし、それについては、一つの制限がある。賦課にかかる争点が裁判所の審査に服した後は、審査の請求をすることができない。

課税庁は、自らの判断で付加的な課税（更正）を行う

【2000年――審査決定の数】

付加価値税	84,876（ストックホルム）	294,937（全国）
雇用者税	80,496（ストックホルム）	265,675（全国）
所得課税	56,942（ストックホルム）*	全国は不明
源泉徴収課税	43,647（ストックホルム）	133,856（全国）

＊　審査決定の数が不明のため、審査請求件数を掲げる。

【2001年１月～４月――審査決定の数】

付加価値税	26,686（ストックホルム）	95,382（全国）
雇用者税	26,209（ストックホルム）	97,656（全国）
所得課税	19,388（ストックホルム）	65,477（全国）
源泉徴収課税	13,600（ストックホルム）	49,464（全国）

ことができる。課税庁は、自らの判断で課税処分を変更することができるが、納税者にとって有利な処分への変更は五年以内に、納税者にとって不利益な処分は賦課年度の終了から一年以内に行われなければならない。

課税庁の審査請求に対する再賦課（審査決定）の件数は、以下のとおりである。租税委員会での審査の対象とならない所得課税の審査、付加価値税、雇用者税、源泉徴収課税の審査は、税務事務所職員が行う。誤りが一目瞭然であるといった案件（簡単な計算間違い等）については、所得課税の場合も租税委員会を経由せずに租税事務所職員が審査をする。

課税庁は、再賦課の特別な形態としての付加的な課税（再更正）を行うことができる。付加的な課税を行うための本質的な理由は、納税者が不正確で、不十分な情報を申告していたということである。いくつかの事案において、最高行政裁判所は、事実認定の判断が不可能であるときには、納税者の情報が不十分であるとみなしている。また、不正確な情報を申告したということは、情報を全く申告してないということに準ずるような状況である。

付加的な課税は、問題となる額が一定額以上の場合にのみ遂行される。ガイドラインでは、SEK5,000という額が示唆されている。課税庁は、付加的な課税が、その事件において特別な事情が明らかに存することにより不合理であると判断する場合には、そのような課税を差し控えている。

付加的な課税処分は、賦課年度から五年以内であれば行うことができる。この期間は租税犯罪が行われたときには延長される。

7　裁判制度

課税処分（更正）に不服のある納税者は、地方（カウンティ）行政裁判所に、賦課年度から五年以内に訴えを提起することができる。納税者は、行政裁判所への提訴と課税庁に対する審査請求を選択することができる。仮に納税者が行政裁判所への提訴を選択した場合には、事案が地方行政裁判所に行く前に課税庁は再賦課を行っている。地方行政裁判所の判決は行政控訴裁判所に控訴することができる。控訴判決は、最高裁判所に上告することができる。控訴、上告のための出訴期間は、原則として判決から二か月以内である。しかし、納税者の上告のための権利は非常に制限されており、非常に大きな疑問の存する判決であるか、先例的な価値のある事案に制限されている。

行政訴訟のルールは、租税賦課法六章に規定されている。その規定は、完全なものではないので、行政手続法の規定により補われることとなる。租税賦課法は、原告適格、訴えの出訴期間、訴訟物のみに言及しているにすぎず、その他の手続的な問題は行政裁判所手続法によることになる。

裁判手続きは対審の原則に基づく。納税者の相手方は一般的には処分をした課税庁であるが、例外的にＮＴＢも相手方になりうることがある。地方課税庁はその課税処分について提訴することができない。よって、提訴のための行政庁は、ＮＴＢである。

課税処分等の租税手続に関する審理は職権主義に基づいて行なわれる。その結果、行政裁判所は調査を十分にしなければならず、また一方で、行政裁判所は公平かつ客観的でなければならない。そこで現実には、主として、当事者の責任で調査が行なわれている。通常、行政裁判所は、調査すべきポイントを当事者に指示するに留まっている。

なお、ここで、和解の重要性が増していることは注意すべきである。

原則として、審理は書面で進められる。付加的に口頭（審理）手続が行なわれるが、それは、審査に利益となる又はすみやかに事案を処理することができると信じるに値する理由が存する場合にのみ行われる。口頭（審理）手続が納税者から要求された場合には、それが不必要であるとみなされない限り、そして特別な状況の存在が口頭審理の障害にならない限り、行政裁判所はそれを拒むことはできない。

行政裁判所は、事案において請求された以上のことを判断しないというのが審理手続の基本原則であり、また、下級審により下された判決を納税者の不利益に変更することはできない。例外的な場合においてのみ、行政裁判所は納税者に有利な判決をすることが可能である。一九九〇年の租税手続の改正において、審理手続は賦課処分に含まれている個々の問題に焦点をあてることとなり、課税所得の総額に焦点をあてる者ではなくなった。わが国流にいえば、スウェーデンでは、争点主義により審理が図られているということである。総額主義は放棄されている。たとえば、争点がある費用の控除に関係しているとしよう。仮に行政裁判所が課税庁の控除にかかる取扱いを変更すれば、課税庁の責任で新しい課税所得が計算されることになる。この計算は、タックス・メジャー（tax measures）を適用したもの（taxeringsågärder）を適用したものとして解されている。

訴えが受理され、審理が開始されると、基本的なルールは、訴状の記載内容は、変更することができないというのが基本的なルールである。しかし、申立人は自分の訴えの内容を制限すること、あるいは自分の訴えについて新しい事実を主張することは許される。行政裁判所がその事案について判決を下すと、控訴あるいは上告がなされない場合には判決が確定する。その結果、同じ争点に関するあらたな訴訟は認められない。課税庁は、その場合たとえ五年が経過していなくとも、その争点を審理することは許されなくなる。一方、行政裁判所によって判決の対象とならなかった争点については課税庁に対する再審理の請求又は地方行政裁判所に訴訟を提起することができる。

8　行政裁判所の構成

地方行政裁判所は一般行政裁判所組織のうち、一審の裁判所である。二三の地方行政裁判所が存在する。裁判官の権限は地方裁判所判事の権限と同一である。地方行政裁判所における審理は、一人の法的に訓練された裁判官と三人の民間裁判官によりおこなわれ、判決が下される。

控訴行政裁判所は二審の裁判所である。例外的に一審の裁判所となりうる（公文書の開示拒否処分などが該当）。四の控訴行政裁判所が存在する。控訴行政裁判所の裁判長は控訴行政裁判所長官の資格を有している。その他の裁判官は控訴行政裁判所部門統括判事又は控訴行政裁判所判事である。控訴行政裁判所における審理は、通常三人の法的に訓練された裁判官により行われ、判決が下される。

最高行政裁判所は一般行政裁判所組織のうち、最終審の裁判所である。それは、現在一七人の最高裁判所裁判官により構成されている。一七人のうち、三分の二以上の裁判官が法的な訓練を受けた裁判官でなければならない。最高行政裁判所は、最高裁判所同様に、いくつかの部門に別れている。最高行政裁判所の五人の裁判官で構成される。最高行政裁判所が上告を受け付けるか否かについて審査をするときには、最高裁判所判事の三分の二の裁判官が出席しなければならない。

なお、スウェーデン法のもとでは裁判所において弁護士として活動する場合の要件は存しない。しかし、公的な答弁弁護士として法廷に立つためには、スウェーデン法曹協会の会員であることが要件となる。会計業務に携わる者であっても税務訴訟に関わることは可能である。

9　行政裁判所の判決の動向

地方行政裁判所への提訴件数（税務訴訟）は、一九九八年―一八、九〇三件、一九九九年―一七、二四七件、二〇〇〇年―一六、八七九件である。控訴行政裁判所への提訴件数（税務訴訟）は、一九九八年―七、四六四件、一九九九年―九、二二九件、二〇〇〇年―七、八〇七件である。最高行政裁判所への提訴件数（税務訴訟）は、一九九八年―二、〇五九件、一九九九年―二、五四九件、二〇〇〇年―二、六三六件である。

Lars Tärnqvist 税務弁護士は、税務訴訟の勝訴率は二〇～三〇％であり、またこの数字は非常に低いとの印象であると述べている。一件あたりの処理期間について、Lars Tärnqvist 税務弁護士が担当している事件で一〇年を超えるものもあり、必ずしも短いとはいえない。ケース・バイ・ケースである。

10　裁判費用

租税裁判手続について、手数料はかからない。当事者の訴訟費用に関して、主たる原則は、「報酬は認められない」ということである。結果的に、納税者は税務事件において生じた自分の出費だけを負担することになる。納税者は裁判で負けた場合にも、その費用を課税庁に支払う義務はない。さらに、納税者が自分の費用は自分で負担しなければならないという原則も、一定の場合には不合理であるとみなされている。この費用についても納税者に補塡する可能性が認められている。この点に関する規定は、租税事件の費用補償に関する法律（Ersättning för kostnader i skattemål, SFS 1989：479）におかれている。たとえば、補償は、納税者が勝訴したとき、また例外的な状況が生じたときなどに認められる。納税者が、審理の間、課税庁に送付しなければならない情報に関する費用は、補償の対象にならない。

11　附帯税の徴収

法的な義務を果たさない納税者は刑事罰と行政罰に服することがある。行政罰は、追徴金と延滞金からなる。これらの罰金に関する規定は、租税賦課法五章におかれている。

納税者が正確な情報を申告書に申告しないときに、追徴金が課せられる。追徴金は不正確な情報を意図的に提供したか否かを問わない。追徴金は、免れた額に四〇％の率を通常乗じた金額である。追徴金は、不正確な情報について相対的にマイナーな事件においては、二〇％に減じられる。たとえば、その所得が年度の帰属を誤っている場合、あるいは課税庁が納税者の最新の申告をチェックすることにより誤った情報を訂正した場合などが、それに該当する。さらに、一定の場合には、追徴金は賦課されない。たとえば、明らかな計算間違い、あるいは語学上の理由による誤解に起因する計算間違いなどが、それに該当する。また、追徴金は、合理的な理由が存する場合には免除される（納税者が年少であるとか、病気であるときなど）。租税上の問題の解決が困難なとき、あるいは徴収される額が少額のとき（所得にしてSEK五〇〇〇以下）のときにも同様に免除される。

租税申告書が無申告であるとき、あるいは信頼のできる方法で所得を計算することができないほどその内容が不完全であるときには、裁量課税が行なわれる。秘匿した所得について支払うべき税額に四〇％を乗じた追徴金がこの場合には課せられる。この目的は、納税者に租税申告書を提出させるようにすることである。追徴金は、ここでは強制的な手段の役割を果たす。納税者が特別期間内に納税申告書を提出した場合には、この追徴金は免除される。延滞金は、個人についてはＳＥＫ五〇〇、法人についてはＳＥＫ一〇〇〇である。納税申告書が賦課年度の八月一日までに申告されないときには、その金額は各々四倍となる。

行政上の追徴金は、課税事件の誤りに対して重要な罰則である。刑事罰は、非常に重大な犯罪について租税刑事法（Skattebrottslag, SFS 1971：69）に基づいて適用される。その法律における中心的犯罪は、ほ脱犯である。最大で二年以下の懲役刑である。しかし、非常に重大な犯罪については六年までその期間を延長できる。

12　アドバンス・ルーリング

租税手続におけるもっとも本質的な法的な処理は、アドバンス・ルーリング（Statterättsnämnden）を通して発展してきている。納税者は、租税問題に関するアドバンス・ルーリング法（SFS 1951：442）における一定の条件に従って、取引行為が行われる前に、法的に拘束される方式で、その課税上の取扱いを求めることができる。特別な租税委員会がアドバンス・ルーリングに関係する個々の事案において、その取扱いを判断している。

租税問題が納税者にとって、きわめて重要であるときにはアドバンス・ルーリングが適用されうる。この適用問題は、所得金額や税額にも関係するであろう。アドバンス・ルーリングの適用は、争点となっている問題が関係する課税年度の所得について納税申告書を提出するために認められている最後の日までにすくなくとも申請しなければならない。アドバンス・ルーリングは、解釈の統一性や法律の適用のために重要なケースであるときに認められる。アドバンス・ルーリングの対象は、通常、法律の問題である。仮に、特別の租税委員会は、アドバンス・ルーリングの手続を進めるための理由が存しないと判断したときには、アドバンス・ルーリングの適用を取り消す権限を有している。この処分は訴訟の対象とはならない。ＳＥＫ六〇〇からＳＥＫ一〇〇〇の間の手続料がアトバンス・ルーリングの適用にはかかる。年間二〇〇件程度である。

アドバンス・ルーリングの手続は、行政手続と類似している。納税者の反対当事者は、課税庁である。しかし、課税庁はこのアドバンス・ルーリングの適用を受けることができない。アドバンス・ルーリングは、納税者が通常の課税手続においてその判断に言及したときにのみ拘束力を有する。課税庁のみでなく、納税者も、最高行政裁判所に対してアドバンス・ルーリングについて提訴することができる。

13　租税（債務）の徴収と訴訟

租税の徴収は、租税徴収法（Uppbördslagen, SFS 1953: 272）に規定されている。租税は、予定税額、確定税額、賦課税額のかたちで徴収される。スウェーデンは、予定税額として源泉徴収制度を採用している。所得税について、納税者は、所得の課税年度において納税者が当然支払うべきである税について、まず租税の見積額にもとづいた支払いを行なう。

予定税額の制度、源泉課税には二つの局面がある。①賃金、サラリーからの源泉徴収税、この予定（事前）税は、A-課税（ＴＡＸ）と呼ばれている。②納税者のみつもり所得に支払われる予定税、これは、F-課税と呼ばれている。

多くの納税者は、A-課税制度のもとにある。勤労所得からの源泉に対して源泉徴収される額は、所得の段階に応じて規定されている。F-課税制度は、会社や個人事業者のためにもうけられた制度である。課税庁は、いわゆるF-課税通知書とよばれるものをそのような納税者に発行する。換言すれば、課税庁は自らの力でF-課税通知書を発行することができない。予定税額は、納税者が申告した年度及び次年度に言及した事前賦課税申告書に基づくか、あるいはそのような申告書が提出されていないときには前年度に納税者が支払った税額を考慮して計算されている。F-課税額は、一二か月にわたり一か月ごと支払われる。納税者の状況が変化した場合には、予定税がすでに発行されたのちにはその額の変更を求めることができる（租税徴収法四五〜四七条）。

所得年度が閉鎖され、及び賦課が課税庁により行われたときには、納税者からの税額は最終的に決定される。最終税の額は、その年度に支払われたA-課税額あるいはF-課税額と比較される。仮に支払われた予定税額が不足していれば、翌賦課年度の四月一〇日までにチャージ（超過遅滞税と、遅滞した本税額）を納めなければならない。逆に予定税が最終税を超えていた場合には、納税者は利息とともに還付を受ける権利を有する。税務事務所はそれぞれの納税者に請求書または還付書を送る。納税者が特別な納税申告書を提出しなければ、納税者は賦課年度の一二月一五日前に通知書を受け取るべきである。納税者が簡素化された申告書を提出していたならば、納税者は賦課年度の一〇月に既に通知書を受け取るべきである。

最終税額が予定税額を超えた場合、付加的支払いは税の追徴及び超過追徴税を回避するためには、次の賦課年度の二月一〇日までに行われるべきである。そのような追徴額が二月一〇日以後三月三日前に支払われると、少額超過追徴税額が支払われるべきである。

最終税額が決定されたのちに付加的な課税が必要であると判断されると、利子と一緒に付加的な税額が支払われなければならない。課税処分の結果、最終税額が減じられたら、過大な税額の返還が利子とともに納税者に対して行われる。

納税者が支払うべき税額が過大であるとして地方行政裁判所に提訴しているという事実は支払うべき税額に影響

を与えない。直ちに徴収を執行するというルールの例外は存しない。一定の状況下で、課税庁が問題のある税の支払いについて猶予を与える可能性は存する。課税額が減少すると信ずるに値する理由があるとき、あるいはその問題の処分の成果が予測できないときには、この猶予は与えられる。また、問題となっている税額を支払うことが納税者にかなりの損害を引き起こす、あるいは納税者にその他不公平をもたらすときには認められる。後者の場合について、問題の決定が期待されないとき、あるいは支払いに対する要求が不公平であるときであるが、課税庁は、猶予が与えられる額がすぐに支払われないと信ずる理由があるときには、支払いについて保証人を要求するであろう。

猶予問題についての処分に対する訴訟は、地方行政裁判所で取り上げられる。地方行政裁判所のこの判決は、控訴することができない。

＊　スウェーデンの税務争訟制度については、ストックホルム大学法学部 Peter Melz 教授、同 Christer Silfverberg 教授から詳細な説明をうけた。また、Peter Melz 教授の紹介により、Ernst & Young（法律事務所）のパートナーである Börje Leidhammer 博士（租税法教授、弁護士）、Lars Tärnqvist 税務弁護士に実務について貴重な話を伺うことができた。貴重な時間を割いて下さった各位に改めて感謝の意を表したい。

また、初校の校正段階において、ストックホルム地方課税庁（国税局）の上田香氏より、租税委員会制度、審査請求・行政裁判所（税務争訟）制度について貴重なご教示を受けた。記して謝意を表します。

(1)　判例解説として、三木義一「第二次納税義務」別冊ジュリスト租税判例百選第四版四八頁、同・「第二次納税義務―確定手続」別冊ジュリスト租税判例百選第三版三六頁、村重慶一「第二次納税義務―確定手続」別冊ジュリスト租税判例百選第二版五〇頁。その他の解説・評釈については、これら判例解説の参考文献等を参照。

（2）金子宏『租税法　第一一版』一六六頁以下（弘文堂・二〇〇六）、宇賀克也〈大阪高裁平成元年二月二二日判決評釈〉ジュリスト九四七号一二八頁（一九八九）等参照。

（3）平成二三年度税制改正に向けての問題点については、「租税債務確定・租税争訟手続における課題と改正の方向性――平成二二年度税制改正大綱における『納税環境の整備』を踏まえ」第六二回租税研究大会（租税研究協会・二〇一一）において、①「行政不服審査法」改正の方向性、②「国税通則法の改正」の方向性、③民主党政権下における改正の方向性、④「納税者権利憲章」の制定と内容、⑤租税手続法の課題と改正のあり方（税務調査・不利益処分にかかる理由附記・勧奨による修正申告の手続規定の整備、⑥更正の請求の期間制限、⑦租税救済法の課題と改正のあり方（不服申立前置主義の廃止不服審判所の透明性・第三者性の確保・誤った教示をした場合の救済・国税不服審判所の審理手続きの整備・地裁調査官制度の廃止）、⑧総額主義的運営から争点主義的運営へ、⑨税務上の和解、⑩納税者番号制の導入について論じているので参照されたい。

国税不服申立制度については、「組織的な側面」と「手続法整備の側面」の二面が存する。この度の国税通則法の改正が租税債務確定手続にとどまり、「行政不服審査法の見直し」との関係から継続的な検討となっている（平成二三年度税制改正大綱。平成二二年度税制改正大綱は国税不服審判所の改革の方向性として不服申立期間の延長、証拠書類の閲覧・謄写の範囲、不服申立前置の見直しが示されている。）。

（4）占部裕典「〈判例解説〉第二次納税義務者の主たる課税処分に対する不服申立適格と不服申立期間の起算日」法令解説資料総覧二九四号八一頁（二〇〇六）。

（5）理由の差替えについては、占部裕典「青色申告の理由附記と手続保障」『松沢智古稀記念論文集　租税行政と納税者の救済』五三頁（中央経済社・一九九七）、占部裕典「更正にかかる処分理由の差替え――更正の除斥期間経過後に処分理由の差替えは認められるのか」同志社法学五六巻三号三三頁（二〇〇七）参照。

（6）占部裕典「最近の裁判例に見る租税確定手続の法的諸問題――租税手続法と租税争訟法との交錯」（財）日本租税研究協会・第五七回租税研究大会記録一二〇頁（二〇〇六）参照。

（7）このような視点からの検討として、占部裕典「税務訴訟における当事者訴訟の活用可能性」『阿部泰隆先生古稀記念論文集　行政法学の未来に向けて』六〇七頁（二〇一二・有斐閣）参照。「自己完結的な租税救済手続の枠組み」の中での間隙部分を今後この訴訟が果たすことが期待されよう。その結果、注（3）における②の下では実質的当事者訴訟の活用が拡がるものと解されるが、③の下では本稿で検討した実質的当事者訴訟が不要となる場面も存しよう。しかし、一方で減額更正等の申請型義務付け訴訟が増えることになろう。

(8) スウェーデンにおいて、裁判所は、通常裁判所、行政裁判所、特別裁判所に大別することができる。通常裁判所は、刑事事件と個人間での民事事件を取り扱う。行政裁判所は、私人と行政庁との紛争に関する事件を取り扱う。特別裁判所は、通常裁判所の管轄とは独立して民事的な訴訟を取り扱う。税務事件は、通常行政裁判所において取り扱われる。

通常行政裁判所の仕事は、行政における法の適正な執行を維持させることがその一つであると解されている。多くの事件は、行政裁判所に直接提訴しているが、かなりの事件は、行政処分に対する不服申立ての結果、提訴されている。行政裁判所に対する提訴への途を閉ざしている行政処分は規定に列挙されている。これらは主として、法的なアセスメントが優先する事件である。結果的に、行政裁判所の活動は、あらゆる行政活動の領域を包含するものではない。

(9) 租税委員会は、委員長、副委員長およびその他五名の委員から構成されている。同委員会は、委員長、副委員長の他、三名の委員の出席により決定をすることができる。委員長と副委員長は、地方課税庁の職員の中から、RSVによって任命される。その他委員は、地方議会によって当該カウンティの居住者で市会議員の選挙権を有する者のなかから選出される。地方課税庁においては、租税委員会への調査資料等への作成にかなりの時間を費やしているようである。

(10) 所得税についていえば、一九九一年までは賦課課税方式であった。一九〇二年に納税者に所得税申告書を提出するように強制はされていたが、それは租税徴収委員会が賦課処分をするときにその内容を考慮するために求められていた。一九九一年にこの委員会制度が現行の税務行政庁制度にとってかわった。上述したように特別の申告書は課税年度の翌年の三月三一日まで提出しなければならない。簡易申告書の場合は、五月二日までに提出しなければならない。これらの申告書の提出は、最大二か月までその提出期限を延長することが可能である。多くの会計事務所は、納税者のためにこの期限延長を行っている。課税庁は、課税額を一一月三〇日までに決定する。その結果、納税者は賦課税を支払うか、還付金を受け取ることになる。後述**5**、**6**参照。

第四章　固定資産税における救済方法

第一節　固定資産税の争訟方法の特殊性と改革の方向

はじめに

平成一一年度税制改正大綱（自由民主党平成一〇年一二月一六日）は、固定資産税にかかる争訟方法に大きな改正を求めたが、固定資産税の改正はこれからも積極的に行われる予定である(1)。

平成三年の総合土地対策推進要綱では固定資産税評価を地価公示価格の一定割合を目標に均衡かつ適正化することが閣議決定された。そして、平成六年の固定資産税の評価替えにおいては固定資産税評価額は七割とすることが決められ、この七割評価が自治省通達で実施された。また、平成八年には固定資産評価基準において七割評価が明示された。その結果、平成六年度の固定資産税の評価替えの際には全国で二万二二二九件の審査請求があった。さらなる負担軽減措置の結果、平成九年度の固定資産税評価替えについては、審査請求は一万三二〇八件と大幅に減ったが、過去の審査請求から比較すると異常に高いことには変わりはない(2)。このような審査請求の増加原因は、固定資産税の評価制度そのものにあることに異論はないが(3)、一方で固定資産税の評価額にかかる不服審査制度そのものにも多くの欠陥があることを露呈したといえよう。

固定資産税をめぐる問題は、固定資産評価のあり方、負担水準などの実体法上の問題と固定資産課税台帳制度（台帳課税主義・縦覧等）、固定資産税にかかる争訟制度（固定資産評価審査委員会の構成と審理手続等）に二分できるが、後者については後述するように平成九年度より改正がすすめられている。特に、平成一一年度税制改正大綱第二十五（地方税）3は、以下のように、固定資産税にかかる争訟制度に大きな改正を求めている。

(1) 審査の申出期間を延長し、納税通知書の交付の日以後三〇日までとする。
(2) 審査の申出ができる事項を固定資産税の価格とする。
(3) 審査を申し出た者は、市町村長に対して、主張又は証明を準備するために必要な事項について照会をすることができる制度を創設する。
(4) 固定資産評価審査委員会が行う審理の進行管理にかかる規定の整備を行う。
(5) 審査を申し出た者に対して口頭で意見を述べる機会をあたえなければならないこととする等の審理の手続きを整備する。
(6) 委員の定数の上限にかかる要件等を廃止する。
(7) その他所要の規定の整備を行う。

基本的には、これらの固定資産評価審査委員会の審査制度の改革への方向は評価されうるものであるし、これを受けた平成一一年度地方税法の改正も固定資産税にかかる手続法規定の整備にむけての第一歩として評価されうるものであるといえよう(4)。しかし、これらの関係規定の改正にまったく問題が存しないとはいえないであろう。

以下、これらの改正事項を現行制度と比較しながら検証を行う(5)。

一　固定資産税にかかる争訟方式の特徴

国税にかかる税務争訟制度においては、税務署長又は国税局長の処分については、原則として審査請求をするためには異議申立前置が要求されている（審査請求前置）、さらに賦課処分の取消訴訟等という制度が予定されている（国通法第八章参照）。さらに、国税不服審判所長への審査請求という異なる特殊な制度が採用されている趣旨として、①国税に対する処分が大量かつ回帰的であること、②租税が複雑かつ専門的であることから、行政庁による専門的な審査を経ることにより迅速な事件の解決が図られること、③裁判所への濫訴の弊害を防止することなど、が一般的には挙げられている[6]。このように一般の行政処分にかかる争訟方法とまた、地方税法においても、このような国税にかかる争訟方法（不服審査前置主義等）は基本的には維持されている（地法一九、一九の[1]二等参照）。

これに対して、固定資産税は、さらに特殊な争訟方法を採用している。市町村長は、固定資産税課税台帳が毎年三月一日から同月二〇日までの間に、関係者に固定資産税台帳を縦覧に供する（地法四一五①）が、固定資産税の納税者が、固定資産課税台帳に登録された一定の事項について不服がある場合には、原則として、縦覧の初日からその末日後一〇日までの間（三月一日から三月三〇日まで）に、又は固定資産課税台帳の縦覧後、市町村長による固定資産の価格等の決定・修正があった旨の通知を受けたときにはその通知を受けた日から三〇日以内に、文書をもって、固定資産評価審査委員会に審査の申出をすることができる（地法四三二、四一七参照）。

そしてさらに、固定資産税の納税者は、固定資産評価審査委員会の決定に不服がある場合には、その取消しの訴えを提起できる（地法四三四①）。そのうえで、固定資産評価審査委員会に審査を申し出ることができる事項について、不服がある固定資産税の納税者は、固定資産評価審査委員会への審査の申出、同委員会にかかる決定の取消しの訴えの提起によってのみ争うことができる（地法四三四②）。

地方税法四三二条二項の規定する内容については、「争訟方式の排他性」と一般的に呼ばれており、審査申出事項の範囲と深くかかわる。なお、同項は主張制限を定めるものに止まると解されることから、登記事項の誤りを理由に審査裁決の取消しを求める訴えも適法と解される（大阪高裁昭和五九年四月一三日判決・行裁例集三五巻四号五〇五頁。ただし、神戸地裁昭和五八年一一月二八日判決・行裁例集三五巻四号五〇九頁は、その訴えを不適法としている。）。このような「争訟方式の排他性」を認める理由は固定資産課税台帳を早期に確定させるためであると解されている。(7) よって、この「争訟方式の排他性」（地法四三四条）のもとでは、固定資産課税台帳に登録された一定の事項とその他の事項との不服事由の分離、違法性の承継の否定などが導かれ、たとえば納税通知（賦課処分）の際に固定資産の評価額を争うことはできないこととなる。

しかし、多くの納税者はこのような固定資産税の争訟方法を知らず、すなわち縦覧制度あるいは縦覧制度の意義を知らず、納税通知を受け取って初めて固定資産税の税額に不満を抱くというのが一般的であることから、このような審査の申出期間については問題が指摘されていたところである。大綱を受けて、地方税法は、固定資産台帳大綱は、審査の申出期間を延長し、納税通知書の交付の日以後三〇日までとすることにより、これまでの固定資産税の登録事項についての事前確認手続きといった意味あいは薄れ、固定資産の価格についての審査のみを別の機関でその専門性のゆえに争わせるといった色彩が強くなろう。

その結果、固定資産評価審査委員会が十分な審査能力を有し、かつ中立的な第三者的機能を果たすことが要求される。

固定資産評価審査委員会の設置と選任については、まず、平成九年の改正により、審査請求の増加に対応すべく、固定資産評価審査委員の定数が拡大されてきたところである。平成九年の改正前においては委員の定数は三人とされており、処理すべき事務が多いと認める市は条例により一五人まで増加することができたが、平成九年の改正により、倍の三〇人まで増加することができるようになった。審査の申出から三〇日以内に審査の決定をしなければならない（地法四三三②）と規定されているにもかかわらず、審査の決定が大幅に遅れたことに起因する改正であった。今日、この定数の上限が取り払われたのもこの延長線上にあるものといえよう。

なお、固定資産評価審査委員の選任要件については、平成九年の改正により、従来の市町村の住民、納税義務者の要件を充足しなくとも「学識経験を有する者」を選任することができるようになった。この委員の選任要件を緩和した理由としては、人口の少ない一部の町村においては委員としての適格者を選任することは困難であったため、幅広い角度から適任者を選任することができるようにするためであった。平成六年の評価替え以前には固定資産税の評価額も低く抑えられ、審査件数も少なく、また平成九年改正前においては固定資産評価審査委員に専門的な知識や経験は求められておらず、名誉職的な色彩さえあった。

平成九年からの改正は、固定資産評価審査委員の質・量ともに高まり、専門家集団による審査、審査の迅速性及び委員会の独立性といった視点からは評価されえよう。

二　固定資産審査委員会への審査申出事項

「争訟方式の排他性」のもとで、固定資産課税台帳（土地課税台帳、家屋課税台帳、土地補充課税台帳、家屋補充課税台帳、償却資産課税台帳）に登録された一定の事項とその他の事項との不服事由の分離が行われることとなっていた（固定資産税台帳の種類については、地法三八一参照）。固定資産課税台帳の登録事項については、地法三四一⑨、固定資産課税台帳の登録事項については、地法三八一参照）。

固定資産税の納税者にとってはもっとも重要な不服申立要件の一つであったといえよう。固定資産課税台帳の登録事項のうち、明文で審査の申出事項から除外されるものとしては、①土地登記簿又は建物登記簿に登記された事項、②地方税法第三八九条一項、第四一七条二項又は第七四三条第一項若しくは第二項の規定によって都道府県知事又は自治大臣が決定し、又は修正し市町村に通知した価格等に関する事項である（地法四三二・括弧書き）。固定資産評価審査委員会に対する審査の申出事項とされるものについては、第十五章参照）。しかし、上記①②以外の事項がすべて審査の申出事項と解されるかについては、学説、判例さらには実務において必ずしも統一的に解されているわけではなかった。たとえば、金子宏教授は、その範囲を固定資産の評価及びそれに関連した事項に限定し、固定資産の所有者として登録された者がその固定資産の所有者であるか否か（課税物件の帰属）、ある物件が固定資産税の課税対象となるか否か、固定資産が非課税要件を充足するか否か等の問題は、それに含まれず、これらの問題については確定処分に対する不服申立て又は訴訟において争いうると解すべきであろうとされる。(8) 金子教授の見解は、単に固定資産課税台帳の登録事項と解するのではなく、その範囲を固定資産の評価及びそれに関連した事項に限定しているところに特徴があるといえよう。ただ、このような基準においてもそのふるい分けは必ずしも明確であるとはいえなかったのである。そこで、固定資産評価審査委員会に対する審査の申出事項については具体的に列挙すべきであるとの意見が存した。大綱は、この点、審査の申出ができる事項を固定資産税の価格とすると規定している。これまでの審査申出事項と結果的にどのような相違が生ずるのか明確ではない。

ここで問題となると考えられていた事項は、以下のようなものであった。
(1)　所有者に関する事項（すなわち、住所・氏名又は名称）
土地登記簿又は建物登記簿に登記された事項については明文で上記審査の申出の対象から除いてあるが、これらの事項についての不服は不動産登記法の定めるところの処理によることを予定しているからであると解されている。土地又は所有者に関する登記名義が誤っている場合などがその典型例であるとされ、一般には争訟方式の排他性が肯定されている。

最高裁昭和四四年三月一一日判決（裁判集民九四号六〇五頁）は、償却資産に関する事案ではあるが、「上告人が本件課税物件の所有者たることを争うのは、……『固定資産課税台帳に登録された事項』について争うのであるから、上告人は、本件について固定資産評価審査委員会が上告人の審査の申出を棄却した決定に対し取消しの訴えを提起すべきであったものといわなければならない。(9)」と判示して、上記の立場を採用していた。

これに関して、碓井光明教授は、「現行法では、所有者に対する通知制度が存在しないから、自己が当該固定資産の所有者でないと確信している者に、固定資産課税台帳の縦覧および争訟を期待することは無理であるので、無条件に方式の排他性を認めるべきではない(10)」とされる。自己が所有者として登録されていることを全く予想できない者に限って、所有者に関する事項についての争訟方式の排他性は及ばないと解されるようである。また上述したように、金子宏教授も碓井教授のような条件を前提とするかはともかくも同様の解釈を採られるようである。(11)

この問題は、固定資産税が賦課期日（一月一日）の登記名義人を納税者とすることから（いわゆる台帳課税主義）、そもそも真実の所有者が固定資産評価審査委員会への審査の申出か課税庁への不服申立てかはともかくも、公法上の争訟手段が認められうるのかという視点から論じられる余地がある。そもそも土地登記簿又は建物登記簿に登記された事項については明文で上記審査の申出の対象から除いてあることから、ここで論じられるべきは償却資産の所有関係ということになろう。そして、償却資産課税台帳への登録は償却資産の所有者からの申告によって行われるのであるから、争訟方式の排他性が及ぶと解しても不都合はないように思われる。

(2)　地方税法第三八九条一項、第四一七条二項又は第七四三条第一項若しくは第二項の規定によって都道府県知

事又は自治大臣が決定し、又は修正し市町村に通知した価格等に関する事項

これらも上述の(1)同様、明文で上記審査の申出の対象から除いてあるが、これらの事項については市町村に設置される固定資産評価審査委員会が審査すること自体が適当でないこと等による。(12)

(3)　地方税法第四一一条第二項の規定によって土地課税台帳又は家屋課税台帳に登録されたものとみなされる土地又は家屋の価格に関する事項

土地又は家屋の評価額を三年間据え置く場合には、毎年価格を固定資産課税台帳に登録することなく、固定資産課税台帳に登録された基準年度の価格をもって第二年度、第三年度における登録価格とみなし、また既に登録されている比準価格をもって第三年度において固定資産課税台帳に登録された価格とみなすこととしている（地法四一一②）。ここでの問題は、審査申出事項の範囲ではなく、審査申出自体にかかわることである。

このような評価替えにおける価格の据置制度に関連して、原則として基準年度以外の年度において、土地又は家屋の価格について審査の申出ができない（地法四三二①但書き）。これは、据置制度のもとでは三年に一度審査の機会を与えればよいとの趣旨からである（例外として、地法三四九②1、地法附則一七②参照）。(13)この場合においては、審査の申出もできないばかりか、賦課決定の取消訴訟等においても争わせない趣旨と解されよう。

今回の改正は、結果的には価格以外の事項についてはこの規定の適用を受けないことから旧規定よりも望ましいといえよう。しかし、本規定にはそもそも制度的には問題が残るといわざるを得ない（この問題については、後述三参照）。

(4)　土地の地目・地積、建物の種類・構造・床面積

これらはまさに固定資産の評価の重要な要素であり、固定資産の価格（評価額）の問題に直接かかわる。そこで、これらの事項については土地登記簿又は建物登記簿に登記された事項であることから、審査申出事項から除外され

ることになると解することには問題がある。(14)

ただし、固定資産の価格自体は登記事項ではないので、審査申出事項となる。また登記事項を除外するといっても、それは土地登記簿又は建物登記簿に登記された事項が異なるため、これを基礎として評価された固定資産の価格について不服がある場合には審査の申出を妨げる趣旨ではないと解されている（昭和二七年一月二一日地財委税第七六号参照）。改正規定のもとでもこのような取扱いは引き継がれるものと思われる。

なお、土地課税台帳に登録された現況地目及びこれに基づいて決定された評価額については、土地課税台帳に登録された現況地目は土地登記簿又は建物登記簿に登記された事項であるといえず、固定資産税の採用する現況評価の原則であることから（地法四〇八、地法三八一⑦等参照）、これは評価（価格）に直接かかわる事項であり、争訟方式の排他性が及ぶと解されよう。

(5)　賦課期日現在、非課税要件を充足していたか否か

賦課期日現在において、固定資産の非課税要件、特に物的要件（たとえば、「公用又は公共の用に供する」、「専ら本来の用に供する」等）を充足しているか否かが問題となるが、この不服が争訟の排他性に服するかは問題である。

課税対象となる土地の一部が非課税物件とされる可能性があるにもかかわらず、それを無視してなされた評価額について、徳島地裁平成元年一二月一五日判決（行裁例集四〇巻一一・一二号一七三六頁）は、「地方税法第四三四条第二項、第一項は、固定資産評価審査委員会に対し不服を申し立てることができる事項については、これについての同委員会の決定に対してのみ取消しの訴えを提起することができる旨を定め、同法第四三二条第一項、第三八一条第一項は、固定資産課税台帳に登録された事項については、当該土地登記簿に登録された事項を除き、固定資産評価審査委員会に対して不服申立てをすることができると定めているが、……地積の認定について、登記簿に登記された土地については、登記簿上の地積を実際の地積と認定することが許されるのは便宜的な措置であるから、土

地の一部に非課税とすべきことが含まれている場合にこれを看過して全部の地積を課税対象土地の地積として登録したときは、登録事項に対する誤りとして固定資産評価委員会に対して不服申立てをすべきであり、市町村長に対し直接に課税処分の取消しを求めることは許されないのではないかと解する余地がないではない。しかしながら、……非課税物件については、元来、固定資産台帳を作成しないこととなっているのであり、土地の全部又は一部が非課税物件になるかどうかは単なる価格評価の問題とはいえないから、これを課税処分に対する不服の理由とすることができると解するのが相当である。」と判示し、直接に固定資産税賦課決定処分の取消しを求めることができるとの立場を採用した。これに対して、大阪地裁昭和五六年一一月一七日判決（行裁例集三二巻一一号一九六五頁）は、地方税法施行規則二五号様式で「課税標準の特例の規定が適用される場合（減額率が定められている場合）には、家屋課税台帳の『価格』の欄に価格及び価格にこれらの規定に定める率を乗じて得た額を登録することと規定されているから、固定資産評価委員会は、家屋の評価額を決定する前提問題として、課税部分と非課税部分の区別、すなわち非課税規定の適用を判断せざるを得ない」と述べて、争訟方式の排他性をも肯定した。(15) 実務においても、固定資産評価審査委員会は、家屋の評価額を決定する前提として課税部分と非課税部分の区分について、審理して差し支えないと解されてきた（同判決理由参照）。

なお、本案前の問題に言及することなく、課税処分の取消訴訟において非課税財産か否かが判断された事例も多く存する（たとえば、東京地裁昭和四五年一月二七日判決・行裁例集二一巻一号九七頁等）。

この問題について、碓井教授は、「課税部分と非課税部分の区分という……例外を除き、私は、課税客体が存したか否かとか、非課税規定の適用の有無については、固定資産評価審査委員会への争訟という方法の排他性をみとめるべきではない。(16)」とされたうえで、納税者が審査の申出方式を選択した場合にはそれを拒絶することはできず、納税者によりこの選択がなされると、以後、その手続きのなかで争わなければならないと解するのが相当であるとされる。碓井教授は、納税者に関する事項や課税客体の存否、非課税規定の適用の有無は、このような選択主義のもとでの排他性を主張されてきた(17)。

固定資産が非課税の要件を充足するか否か、その旨は固定資産台帳に登録されないが、結局は固定資産の価格（評価額）にかかわるという意味では訴訟方式の排他性に服すると言えよう。特に前年度まで非課税であったものがあらためて課税されるようになる場合には通知制度が導入されていることから、縦覧は可能であるものの、「地目の変換、家屋の改廃又はその他これらに類する特別な事情」が存する場合には基準年度以外でも審査の申出ができる場合に該当すると解してさしつかえないであろう。

しかし、納税者が価格決定の前提問題としてではなく、納税者が非課税要件のみを争点としている場合においては、あえて争訟方式の排他性に服させる必要はなかろう。

(6)　固定資産税の課税対象となる固定資産か否か

課税物件である固定資産が賦課期日現在存在していたか否かについて、東京地裁昭和四八年一二月二〇日判決（行裁例集二四巻一一号一三三二頁）は、「固定資産税の課税客体であるか否かは、その実態により定められるものであり、法第三四一条第二号から第四号までに……該当しない物は、たとえ、登記簿又は固定資産台帳に登記又は登録されたとしても、それによって固定資産税の課税客体となるものではない」と述べ、課税客体に関しては台帳課税主義が及ばないことを理由に課税客体となるか否かは、審査申出事項に該当しないと判示し、争訟方式の排他性を認めなかった。台帳課税主義が及ばないことを理由として争訟方式の排他性の有無を判断することには疑問が存するが、固定資産税の課税対象となる固定資産か否かは、そもそも評価、さらには課税標準算定に直接かかわる事項ではないので争訟方式の排他性に服さないと解されよう(18)。

(7)　課税標準の特例制度

固定資産税の課税標準は、土地、家屋又は償却資産の価格（適正な時価）で（地法三四一）、土地課税台帳、家屋課税台帳又は償却資産台帳に登録されたものである（地法三四九①、地法三四九の二）が、今日、課税標準の算定にあたっては、公益事業等に対する課税標準の特例（地法三四九の三等）、住宅用地に対する特例（地法三四九の三の二、地令五二の一二）、市街化区域農地に対する特例（地附則一九の三）、評価替えにかかる負担調整措置（地附則一七以下）など様々な特例措置がおかれている。そこで、特例措置による課税標準額、たとえば、住宅用地に対する特例の適用について、「住宅用地」又は「小規模住宅用地」の認定を誤った場合、あるいは特例措置として乗ずべき割合を誤った場合などについて、争訟方式の排他性を認めるべきか否かが問題となっていた。

碓井教授は、「『住宅用地』や『小規模住宅用地』は、評価とは一応切断されており、基準年度制度の適用はないと解される。しかし、そのことと争訟の排他性を認めるべきか否かとは、直結するものではない。これらの課税標準の特例の適用があるか否かは、毎年一月一日を基準にして認定されるもので、その早期確定の要請は、通常の評価と同程度強いといわなければならない。しかも住宅用地等の認定に関して、固定資産評価審査委員会に対する審査の申出を妨げる理由は見当たらない」のであるから、争訟方式の排他性を認めるべきであるとされていた(19)。すなわち、この問題は適正な時価の算定という評価にはそもそも直結しないが、「住宅用地」や「小規模住宅用地」の認定は課税標準算定の重要な要因であり、後述するように固定資産台帳への登録事項であることから、争訟方式の排他性を認めるべきであるとされる(20)。結論においては碓井教授の見解を支持することができよう。ただし、基準年度制度とこの特例措置が切り離されていることから、基準年度以外の年度については賦課決定処分を通じて争うこととなるものと解することができたといえよう。しかし、この問題も改正規定のもとではすべて賦課決定処分を通じて争うことになり、解決されたといえよう。

公益事業等に対する課税標準の特例（地法三四九の三等）、住宅用地に対する特例（地法三四九の三の二）などについては、固定資産課税台帳の登録事項である（地法三八一⑥）。宅地等に対する固定資産税の特例としての負担調整措置（地附則一九）、市街化区域農地に対する措置（地附則一八）、農地に対する固定資産税の特例としての負担調整措置（地附則一九の二）においても、調整対象宅地・農地・市街化調整区域農地にかかる課税標準は土地課税台帳等への登録事項であるが（地附則二八）、これらの額等については、地方税法第四三二条第一項の規定にかかわらず、審査の申出をすることができないとしている（ただし、調整対象宅地・農地・市街化調整区域農地にかかる比準課税標準額を除く。）（地附則二八⑤）。この審査申出事項からの除外は、比準課税標準額以外の登録事項等が対納税者との関係において課税事務の円滑化を期するために課税台帳等に登録しているに過ぎないものであって、すでに確定をみた前年度分の課税標準又は当該年度の評価額を基礎としているので、それをわざわざ審査申出事項とするまでのことはないとの趣旨によるものと解される[21]。

しかし、このような争訟方式（審査申出事項からの排除）が合理的なものであるか、きわめて疑問であるといわなければならない。

現行制度のもとでは、固定資産課税台帳は毎年縦覧に供するものであるが審査申出は原則基準年度のみと制限されていることから、将来的には毎年の固定資産評価審査委員会への審査の申出を原則化し、このような特例措置の適用にかかる課税標準は、その制度のもとに組み入れる必要があろう。

三　審査申出期間等

(1)　固定資産台帳の縦覧と審査申出人

(2)　審査申立期間

前述したように、平成一一年度の改正では課税台帳の縦覧期間は「三月一日から二〇日以上」に改められ（四一六）、審査申出期間も「縦覧期間の初日から納税通知書の交付を受けた後三〇日までの間」と規定された（地法四三二）。よって、縦覧期間の周知は、各市町村の条例により規定されることになる。

この改正により、納税者は納税通知書を受理した後に、縦覧を行い、審査申出をすることができることとなり、これまでの問題は大きく解消されることとなった。この改正は高く評価されるべきであろう。

しかし、既存の縦覧制度と固定資産評価審査委員会への審査申立制度が固定資産税の賦課通知に先立って、早期に納税者の課税標準（固定資産の価格）を確定させるための事前手続きとして位置づけられていたことから、賦課処分に対する課税処分に対する不服申立て（固定資産評価審査委員会に対する審査申立事項を除く。）との関係規定との整備、固定資産評価審査委員会の審理手続き等を再検討する必要があろう。

四　固定資産評価審査委員会の機能と不服審査前置主義

固定資産税の争訟方法は、上述したように一般の税務争訟方式とは違って、固定資産評価審査委員会への不服審査前置主義や審査申出事項にかかる争訟方式の排他性など、きわめて特殊化された制度を採用している。固定資産税の賦課処分の前段階において、固定資産課税台帳を縦覧に供し、価格等の台帳登録事項について、不服を申し出る機会を納税者に保障することは、事前に納税者の経理利益に対する不法な侵害を防止するうえで意味があるとともに、行政庁にとっても賦課処分に先立って、固定資産税の課税標準の中心となる価格等を確定させておくことは重要な意味があると解される。[22] 現行の制度の前提には上記の趣旨の他、固定資産評価審査委員会という第三者的な争訟裁断機能を有する専門的な委員会に評価させることがその前提として、存在しなければならないと考えられよう。近年、固定資産評価審査委員会の構成と手続きにかかる規定の整備がはかられているところであるが、なお固定資産評価審査委員会においては、審査において固定資産評価基準あるいはそれに基づいた市町村の評価取扱要領にそった評価方法が採られたか否かに終始するところもなお多く、その機能の充実がいっそう図られる必要があろう。また、この制度の趣旨が実現させられるためには、その他、課税庁における路線価等の公開、固定資産評価審査委員会における審査の手続きの整備が一層図られなければならない。

また、上述したところでもあるが、評価替えにおける価格の据置制度に関連して、例外として、地方税法第三四九条第二項や地方税法附則第一七条第二項による審査の申出が許容される場合はありうるものの、原則として基準年度以外の年度において、土地又は家屋の価格について審査の申出ができない（地法四三二①）。しかし、三年間にわたり、原則として基準年度の価格を据え置くことと争訟の機会を一度しか与えないこととは何ら論理的整合性はなく、課税年度ごとに納税者は納税義務を負う以上、賦課処分がそうであるように、制度的には毎年審査の申出を認めるべきである。固定資産課税台帳は毎年、関係者の縦覧に供するものである、争訟手段だけは認めないというのは、きわめて不合理であるといえよう（本書第八章参照）。

五　固定資産評価審査委員会の組織

平成九年度の改正により、条例の定めるところにより定数を三〇人まで増加することができるように改正されたが、平成一一年度改正ではさらに「委員の定数は三人以上とし、当該市町村の条例で定める」（地法四二三②）として、委員数の上限は撤廃された。

委員の定数が三人を超える場合には三人の委員からなる合議体が審査を行い、その合議体は固定制であったが、平成一一年からは柔軟に事案の内容に応じて審査委員会の指名による三名をもって構成することができることとなった。

委員の資格要件は、平成九年度の改正により、委員の「当該市町村の住民で市町村税の納税義務がある者」（四二三条三項）という要件が緩和され、委員の定数の三分の一まではこの要件を不要とされた（同時に、住民要件と市町村税納税者要件の双方を同時に充足する必要もなくなった）。さらに、平成一一年度改正により、この要件をさらに緩和し、住民要件と市長村民税の納税義務者要件を充足しない学識経験者は定数の三分の一という制限が緩和された。

時価評価にかかる極めて専門的な知識が必要とされるものが多く、これまでの名誉職的色彩のあった固定資産評価審査委員からなる固定資産評価審査委員会の審査が固定資産評価規程にそった審査がなされているか否かの審査に陥りがちだったことを考えると、この改正も高く評価される。

しかし、市町村間においてその委員の選任の幅が広まったことを意味しており、その委員会の質（機能）に格差が生ずることも予定される。個別に構成委員（割合）とその経験を具体的に列挙することが必要であろう。

六　審査手続き

平成一一年度改正においては、原則として書面審理によることとし（地法四三三②）、審査申出人から請求があったときには口頭で意見を述べる機会を与えるとしている（地法四三三②但書）。審査委員会は、審査のために必要がある場合には、審査申出人及びその者の固定資産の評価に必要な資料の提供を求めることができる（職権証拠収集主義）。審査委員会は、審査のために必要があるときには固定資産評価委員に対して、評価調書に関する事項について説明を求めることができる（地法四三三④）。審査申出人は、市町村長に対して、市町村長に対してその主張に理由があることを明らかにするために必要な資料について、書面で回答するように書面で照会することができる（地法四三三⑤）。

平成一一年度改正は以上のように書面審理主義をとっているが、他方で、審理のために必要がある場合には、審査申出人及び市町村長の出席を求めて公開による口頭審理を行うことができる（地法四三三⑥）。この公開審理においては、固定資産評価委員らの他の関係者の出席及び証言を求めることができる（地法四三三⑦）。どのような場合に口頭審理を行うかは、各市町村の条例又は審査委員会の規程で定められるべきである（四三八条）。

納税者に広く選択権を与えるべきであろう。市町村間で口頭審理の機会に相違が生ずることは好ましくない。

七　固定資産評価審査委員会の審理期間等、裁決等

審査申出期間は上述したところであるが、固定資産評価審査委員会は、この審査の申出を受けた場合においては、その日から三〇日以内に審査の決定をしなければならないとされている（地法四三三②）。ただし、この規定は訓示規定と解されており、三〇日を超えてなされた決定であっても直ちに違法となるものではないと解されている（昭和二五年一〇月二三日地財委市税収第二〇号参照）[23]。

なお、審査を受けた日から三〇日までに決定がないときには、決定が遅れることにより審査申出人の出訴の機会が遅延される不利益を解消し、もって権利関係を早期に確定するために、その審査の申出を却下する旨の決定があったものとみなすことができるとする（地法四三三⑧）、みなし却下制度が採用されている（なお、この制度の趣旨については、東京地裁昭和四四年一二月二四日判決・行裁例集二〇巻一二号一七四三頁参照）。みなし却下の場合には、審査申出人は、みなし却下の取消しを求めることになるが、不作為の違法確認の訴えが提起できるとの見解もあるが[24]、地方税法第四三四条第二項の趣旨から、前者によるものと解される。

なお、審査の決定にかかる理由付記の問題については、平成一一年度改正において地方税法四三三条一一項において理由付記規定をおいている。

八　不当利得返還訴訟、国家賠償請求訴訟

固定資産課税台帳の登録事項に関する不服については上述したような特別な不服申立手続きが用意されていることから、一般法たる（民法の）不当利得に関する規定の適用は排除されているとする見解がある（たとえば、京都地裁平成二年六月六日判決・判時一四五〇号一五頁参照）。大阪高裁平成三年五月三一日判決（判時一四〇〇号一五頁、判タ七七二号一七四頁）は、「〔固定資産課税台帳の〕登録事項についての不服については、課税処分に対する争訟手続きによらずに、専ら右の独立した争訟手続中において解決することを意図したものである点において、独自の制度的意義を有することはいうまでもないことであるが、……右の一連の規定が、固定資産課税台帳の登録事項に関する市町村の認定に重大かつ明白な誤りがあり、ひいてはその認定に起因する固定資産税の賦課処分自体が無効であるとみとめられるような場合においても、納税者が、右無効な課税処分により徴収された税額（過誤納金）について、一般の正義公平の原則に基づき、これを不当利得としてその返還を求めることを許さないとした趣旨のものと解することが合理的であるとする理由はこれを見出し得ないというほかはない」と判示し、現況が畑である土地を雑種地として認定して固定資産税を賦課した処分には重大明白な瑕疵があるとして、民法上の不当利得返還請求を認めた。

過誤納金のうち、誤納金は最初から法律上の原因を欠いているのであるから、納税者は直ちに不当利得としてその税額の還付を求めることができるのに対して、過納金は有効な確定処分に基づいて納付又は徴収された税額であることから、基礎になっている行政処分が取り消され、肯定力が排除されない限り、納税者は不当利得としてその税額の還付をもとめることができないことは既に最高裁判決等において確立されているところである（最高裁昭和

五二年三月二二日判決・訟月二三巻四号八〇二頁、大審院昭和五年七月八日判決・民集九巻一〇号七一九頁等参照）。この理は当然に、上記大阪高裁の判示するとおり、固定資産税における争訟方式の排他性は不当利得としてその返還を求めることを許さないと解されない。

固定資産評価審査委員会への審査申出制度、特に固定資産評価審査委員会への審査前置主義、争訟の排他性等は、関係者への固定資産課税台帳の縦覧という制度を前提としているもののわが国には納税者への事前通知制度があるわけではないことから、必ずしも納税者はこの縦覧制度を周知しておらず、通常の納税者は賦課決定（納税通知）により初めてその税額に不満をいだき、その固定資産税の価格に疑問を呈するともいえよう。このようなことから、上記の審査申出事項の範囲をめぐる議論において、納税者の権利利益を不当に侵害することにないよう、争訟方式の排他性の射程距離をできる限り、狭く解そうとする見解もうかがえるところである。

しかし、最近においては、評価をめぐる不服については、争訟方式の排他性の問題を回避するために、過剰納付税額を損害として請求する国家賠償訴訟が広く提起される傾向にある（次章において、国家賠償訴訟をめぐる問題を検討する。）。

（1）この問題については、占部裕典監修・婦人税理士連合編『固定資産税の現状と課題』第六章～第一一章（信山社・一九九八）参照。固定資産税の実体法的問題についても、同書を参照されたい。
（2）占部監修・前掲書三八四頁の参考資料参照。
（3）固定資産、特に土地の評価制度については、占部監修・前掲書、第七・八章（中野和子執筆）参照。
（4）平成一一年度における固定資産税の改革の評価については、金子宏「固定資産税の改革――手続きの整備と透明化に向けて」『税研』八四号二〇頁以下（一九九八年）参照。
（5）現行制度については、占部監修・前掲書第一五章（野呂玲子執筆）、一六章（道広裕子執筆）を参照している。

(6) 松沢智『租税争訟法』一六頁(中央経済社・一九七七)参照。
(7) 西村宏一・小川英明・碓井光明編『注解不動産登記法』二五〇頁以下(田中治執筆)(青林書院・一九九二)参照。
(8) 金子・前掲論文二三頁。菅原真紀子「固定資産税関係の一部改正について」『税経通信』五四巻七号(改正税法詳解特集号)二八四頁(一九九九)。
(9) 石島弘・碓井光明・木村弘之亮・山田二郎編著『固定資産税の現状と納税者の視点』七八頁以下(木村執筆)(六法出版社・一九八八)、碓井光明『地方税の法理論と実際』一八四頁以下(弘文堂・一九八六)等参照。
(10) 碓井・前掲書一八四―一八五頁。
(11) 金子・前掲書三九八頁。
(12) 石島ほか・前掲書七五頁(木村執筆)、碓井・前掲書一八三頁、西村ほか・前掲書、二五一頁(田中執筆)参照。
(13) 石島ほか・前掲書七五―七六頁(木村執筆)、西村ほか・前掲書二五一頁(田中執筆)参照。
(14) 石島ほか・前掲書八一頁(木村執筆)、碓井・前掲書一八三頁、西村ほか・前掲書二五一頁(田中執筆)参照。
(15) この判決については、碓井・前掲書一八六頁等参照。
(16) 碓井・前掲書一八六頁。
(17) 碓井・前掲書一八六―一八七頁。
(18) 石島ほか・前掲書八四―八五頁(木村執筆)、碓井・前掲書一八五―一八六頁参照。
(19) 碓井・前掲書一八七頁。なお、石島ほか・前掲書八六―八七頁(木村執筆)も併せて参照。
(20) 碓井・前掲書一八六―一八七頁。
(21) 西村ほか・前掲書三四二頁(井上正執筆)参照。
(22) 西村ほか・前掲書二五〇頁(田中執筆)参照。
(23) 西村ほか・前掲書二五六頁(田中執筆)参照。
(24) 東京高裁昭和四五年五月二〇日判決・行裁例集二一巻五号八一三頁は、争訟手続きにおける条理として決定書には理由付記が必要であると判示しており、実務においては理由は付記されていた。横浜地裁平成九年二月二六日判決・判例地方自治一七四号七三頁も同旨。

第二節　不服申立て等を経ない国家賠償訴訟の可否

はじめに――問題の所在

行政処分の違法を理由として国家賠償訴訟を提起する場合、あらかじめ当該行政処分の公定力を排除するために、それを取消訴訟等で取り消しておく必要はないと一般的には解されている(1)。すなわち、国家賠償訴訟においては行政行為の違法性が審理・判断されるが、行政処分の公定力は行政処分の法的効果のみに及び、行政処分の法的効果を生ずる法的要件の存在に及ばないので、このことは公定力ないしは取消訴訟の排他的管轄の制度に反しないと解されている(2)。

しかし、このような原則について、特に最近に至り、課税処分のように金銭を納付させることを直接の目的とする行政処分は、金銭債権債務に直接かかわるものであり、取消訴訟と国家賠償訴訟が実質的に同一の機能を果たす場合については、国家賠償訴訟において「取消訴訟の排他的管轄」が及ぶとする見解が塩野宏教授、宇賀克也教授など、行政法学者から強力に主張されてきている（後述二(1)一参照)。一方、このような国賠否定説に対して、国賠認容説も遠藤博也教授、阿部泰隆教授、人見剛教授らにより、唱えられている（後述二(2)参照)。

そこで、本稿では、課税処分の違法を理由とする取消訴訟と、それと実質的に同じ目的・機能を有する国家賠償訴訟との関係にかかる議論を前提にして、そこから派生する関連問題を租税法学の視点から考察することとする。

一　不服申立て、取消訴訟等を経ない国家賠償訴訟の可否

税務訴訟において、課税処分（決定・更正）の取消訴訟を提起するためには、通常の行政処分の取消訴訟にかかる訴訟要件を充足しなければならないことは当然であるが、不服申立前置主義が要請されており（国税通則法一一五条一項、地方税法一九条の一一参照）、特に国税においては国税不服審判所に対する審査請求（不服申立ては原則二審制、すなわち異議申立・審査請求を採用する。ただし、青色申告者は異議申立てを必ずしも経る必要はない（国税通則法七五条四項）。なお、地方税については地方税法一九条の一二参照）をいかなる場合においても要求している。

また、固定資産税について、地方税法四三二条は、固定資産台帳に登録された事項について不服がある場合については縦覧期間の初日から末日後一〇日までの間において（縦覧期間については、地方税法四一五条一項参照）、固定資産評価審査委員会に審査の申出をすることができる旨、規定するとともに、地方税法四三四条は、固定資産税の納税者は、固定資産税評価審査委員会の決定に不服があるときには、その取消の訴えを提起することができる旨、規定している。そして、地方税法四三四条二項においては、固定資産評価審査委員会に審査を申し出ることができる事項（地方税法四三二条一項）について不服がある固定資産税の納税者は、同項及び前項の規定によりのみ争うことができるとして、固定資産課税台帳への登録事項について「争訟方式の排他性」を規定している。よって、賦課処分の取消訴訟のなかで固定資産台帳に登録された事項にかかる違法を主張することはできないことから、縦覧

期間を経過すれば固定資産台帳に登録された事項について納税者は一切争う手段をもたないこととなる。(3) また、固定資産評価審査委員会に対して審査の申出をし、その委員会の決定に不服があるときには、その審査決定の取消訴訟により争うこととされているが、この点についても固定資産評価審査委員会への審査申出前置主義が採用されている。このような争訟制度は、固定資産台帳に登録された事項を早期に確定し、賦課処分の早期安定を実現する見地から採用されているが、この制度は後に行われる賦課徴収の事前手続きとして位置づけることができよう。(4)

また、納税者は、原則として、法定申告期限から一年以内において課税標準等又は税額等が法律の規定に従っていなかった場合、減額更正を求めて更正の請求をすることができる（国税通則法二三条一項）。納税者自らは納税申告書の課税標準等又は税額等をこの方法によってのみ減額をすることができる（いわゆる「更正の請求の排他性」）と解されている。しかし、課税庁の作成した公的情報（たとえば、固定資産税あるいは相続税における路線価等）をもとに納付税額を算定した際に、公的資料に誤りがあった場合にやはり更正の請求の排他性が機能するのであろうか。よって、本稿においては、固定資産税にかかる「争訟の排他性」あるいは「更正の請求の排他性」などにも留意しておく必要がある（その他、課税処分の取消訴訟等の訴訟要件（訴えの利益）に影響を及ぼすものとして、「更正の請求の排他性」の問題があるが、後述三(3)参照）。

このような争訟手段を徒過した後に、国家賠償訴訟を提起あるいは過誤納額の還付を目的とした損害賠償請求が許されるかについて、いかなる問題が存するであろうか。

二　学説・判例の展開

主要な学説・判例については、ドイツの比較法的な考察を含めて、最近公表された人見剛教授の論文「金銭徴収・給付を目的とする行政処分の公定力と国家賠償訴訟」（東京都立大学法学会雑誌三八巻一号一五七頁以下（一九九七））に紹介されている。一部人見論文と重複するところもあるが、本稿での議論との関係で最低限、必要なものを次に掲げる。

(1)　国家賠償訴訟否定説（国賠否定説）

この両者の関係、特に国家賠償訴訟が取消訴訟との関係において、国家賠償請求をすることが許されないのではないかとの疑問は、学説的にはかなり早い時期から提唱されており（おそらく公刊されたものとしては、以下の松宮隆弁護士の見解が最初ではあるまいか）、その後に、広く行政法学者により支持されるところとなっている。

1　松宮説

松宮隆弁護士は、賦課ならびに滞納処分は公権力の行使に当たるから、その違法な行為により生じた損害は、国家賠償法一条により当然賠償すべきであるが、「課税処分を違法であるとして、国家賠償法に基づき納付済の税金の返還を求める訴えは、課税処分が違法として取り消されない限り、納税義務は法律上存続しているのであるから、その義務の履行として納付した税金相当額を損害と観念することはできないと思われるので、その成否は頗る疑問である」[5]とされていた。

松宮弁護士の見解は、課税処分の公定力（取消訴訟の排他的管轄）との抵触を示唆しているといえよう。

2　山内説

山内一夫教授は、「更正処分を取消訴訟の排他的管轄に服させる目的、換言すれば、更正処分に公定力を認める目的は、国がその作用に不可欠な経済的な価値を迅速に入手し、かつ、それを維持することを可能にするためであるから、裁判所が原告の国家賠償請求を容認することができないのは明らかである。けだし、国家賠償は、金銭によって支払われるものである以上、その請求を容認するとすれば、更正処分を更正処分の排他的管轄に服させ、更正処分に公定力を認めることは、全くその意味を失わせることになるからである」[6]とされる。

山内教授は、明確に「更正処分の公定力」との抵触を指摘されており、以後の学説の展開に大きな影響力をもつこととなる。

3　宇賀説

宇賀克也教授は、「課税処分……に関する処分は、金銭債権債務にかかわるものであり、取消訴訟と国家賠償請求訴訟は、実質的に同一の機能を果たすものであるから、前掲最判昭和五七・二・二三の法理（後掲6参照、筆者注）を援用するまでもなく、行政上の不服申立てを経ないで国家賠償請求を行うことは、取消訴訟につき不服申立前置主義を設けた趣旨を潜脱することになり許されないと解しうる。」[7]「また、課税処分について、直ちに取消訴訟の排他的管轄が及ばず、直ちに国家賠償請求が可能であるとすると取消訴訟の排他的管轄の趣旨が没却されるおそれがある。たとえば、増額更正処分を受けた場合に、それによって生じた損害の賠償請求を直ちに提起することを認めると、当該取消処分を取り消すことなく、不当利得返還請求を認めたのと実質的に同じ効果が生じてしまう。よって、不服申立て前置主義、取消訴訟の排他的管轄の趣旨からして、国家賠償訴訟は許されない(8)」と主張される。

国賠否定説において、不可争力が生ずるまでは国家賠償訴訟の提起は可能であるか否かはなお、一つの問題であるが、宇賀教授は取消訴訟によって当該取消処分を取り消すことなくして、国家賠償訴訟は認められないとする立場を採られる(9)。なお、不可争力が生じた後はそもそも更正処分の違法が主張できなくなることにより国家賠償訴訟の提起自体がそもそも許されないと解しているのか（この場合、結果的には付随的損害についても請求が許されないことになろう。）、国家賠償訴訟において過大納付税額が損害として主張できないとの趣旨であるのか必ずしも明確ではないように思われる。

4　塩野説

塩野宏教授は、「課税処分のような、直接金銭上の権利義務にかかる処分については、国家賠償請求訴訟を認めると、出訴期間、不服申立主義の前置の意義を失わせることになるので、これら処分の救済方法は別途検討の要がある。仮に原告が更正処分の取消請求をせず、国家賠償請求のみを主張したときに、その損害額を更正処分相当額とするならば、故意・過失（注意義務違反）の要件はあるにせよ、排他的管轄のしばりを実質的に免れることになるのである(10)」と主張される。上記の宇賀説と一見同説のようにもみえるが、後述の塩野教授が一方で主張される国賠要件加重説と比較すると、必ずしも「課税処分の公定力」の抵触を理論的に問題視されているとは解されないであろう。違法な課税処分の結果生じた過大納付税額を取消訴訟と国家賠償訴訟のどちらで取り戻すかの相違だけで、宇賀説のように両者の関係に排他的な管轄を認めようとする趣旨は必ずしも存しないように解される。

5　碓井説

碓井光明教授は、「出訴期間経過後に国家賠償請求訴訟を提起して、故意過失という責任要件によって損害賠償によって目的を達しうるというのは、出訴期間制度による法律関係の早期安定の趣旨を没却するものである。私は、金銭の賦課を目的とする処分について、それが取消原因たる瑕疵を有するにとどまる場合において、取消訴訟を提起することなく、当該金額を国家賠償請求における損害額として主張することは、原則として許されない[11]」と解される。この見解は、国家賠償訴訟の提起は許容するが、違法な更正処分にかかる税額を損害として主張することを許さないとする趣旨である。

6　国賠否定説の趣旨

以上のような国賠否定説は、さらに村重慶一判事、上野至判事、岩崎政明教授等によって支持されている[12]。これら国賠否定説（課税処分の違法を理由とする国家賠償請求訴訟を認めない見解）の根拠は、次のように要約できるであろう。

(1)　金銭債権債務にかかわる課税処分の取消訴訟と課税処分の違法を理由とする国家賠償訴訟は実質的に同じ目的・機能を有することから、国家賠償請求を認めると、それが実質的に課税処分の効力を覆滅させることになる。

(2)　不服審査前置主義、さらには法律関係の早期安定の趣旨から導入されている不服申立てにかかる申立期間の制限や取消訴訟にかかる出訴期間制限などを回避させることになる。

上記の(2)については、金銭債権債務にかかわるものについてでなくとも特別の争訟手段が用意されていれば、損害賠償請求を否定することがある（そこでは争訟手段の特殊性そのものが問題となるといえよう。）。宇賀説の見解に大きな影響を与えた最高裁昭和五七年二月二三日判決は、行政処分ではないけれども、強制執行手続について、「不動産の強制競売事件における執行裁判所の処分は、債権者の主張、登記簿の記載その他記録にあらわれた権利関係の外形に依拠して行われるものであり、その結果関係人間の実体的権利関係との不適合が生じることがありうるが、これについては執行手続の性質上、強制執行法に定める救済の手続により是正されることが予定されているものである。したがって、執行裁判所みずからその処分を是正すべき場合等特別の事情がある場合は格別、そうでない場合には権利者が右の手続による救済を求めることを怠ったため損害が発生したとしても、その賠償を国に対して請求することはできないものと解するのが相当である」と判示する。すなわち、本判決は、当事者が損害回避義務を懈怠した場合、国家賠償請求自体が許されないとした点に大きな特色がある（本件一・二審は、国家賠償法一条の適否について、適用肯定説を採用し、当該職務行為の違法性、故意、過失等を判断するための実質審理を行い、その認定事実に基づいて独自に法令を適用したうえで、当該職務行為の特殊な性格を配慮して違法性等の認定に一定の制約を課すという審理方法を採っていた）。(13) また、従来、裁判官の職務行為（判決、決定、強制執行手続、強制処分、破産手続等）について、その職務行為の違法を是正する手続きとして、上訴、再審、不服申立て等の方法が法律上予定されている場合には、国家賠償請求をすることは許されないとする判例、学説が広く採られていたところである。(14)

宇賀説、塩野説等は、課税処分については、不服審査前置主義などの税務訴訟の特殊性を強調しているがしかし、このことのみにより国家賠償訴訟を否定するものでないことから、つまるところ上記の理由(1)と(2)は同じことを意味していることとなろう。(15) なお、国賠否定説の多くは、その理由をここでの課税処分の取消訴訟と損害賠償請求訴訟は過大納付税額の還付という同じ目的・機能を有しながら、国家賠償訴訟を認めると、結果的に「課税処分の公定力」（あるいは「遮断効」）を侵害するということに求めているといえようか。

(2)　国賠認容説

1　学説

国家賠償訴訟を許容する見解は、まず遠藤博也教授であり、国家賠償訴訟と取消訴訟とはその目的を異にし、故意過失という要件が別に付加されており、取消訴訟の出訴期間経過後であっても、それと無関係に判断してもおかしくはないと主張され(16)、さらに阿部泰隆教授も、同様に「国家賠償における違法性は取消訴訟の出訴期間の趣旨とは別に独立に評価できようし、国家賠償では故意・過失という独立の要件も必要であるから、国家賠償の要件を満たしたときにその請求を認容したからといって、取消訴訟の趣旨が当然に没却されるものではない」と述べられている(17)。なお、古崎慶長判事は山内説を異説として引用されていることから、この問題についても国賠認容説の立場に立たれるものと思われる(18)。

人見教授は、行政処分の公定力の整合性だけを問題とすることは一面的であり、国家賠償制度の存在意義（特に国家賠償請求の限定的ファクター（故意・過失）を強調される。）も考慮される必要があるとされ、国賠否定説に次のような問題を投げかけられる。「否定説は、国家賠償請求権の憲法上の根拠である同一七条『何人も、公務員の不法行為により、損害を受けたときは、法律の定めるところにより、国又は公共団体に、その賠償を求めることができる。』との適合性を問われるべきである。憲法一七条の下で、処分の公定力のみを根拠に、違法行為によって招来された損害の賠償請求を否定することが容認されるところであろうか。仮にそれが認められるとしても、それには実定法の明文の根拠が必要ではないか、あるいは賠償請求の制限をするのではなくそれをアンブロックに完全に排除することが、比例原則を含めた憲法の趣旨に適合するであろうか。否定説は、これらの点に言及すべきであろう。また、金銭の徴収・給付を目的とする行政処分の場合に、国家賠償訴訟が当該処分の取消訴訟と同一の結果をもたらすというのは、金銭というものの特質に由来することであって、取り立てて特にこの場合に処分の公定力との調整を図るまでもない、とも考えられる[19]。」

2　判　例

(1)　課税処分の取消訴訟と国家賠償訴訟の関係

この問題について、正面から論じた判決は、固定資産税にかかる事案が中心である。

①　浦和地裁平成四年二月二四日判決・判時一四二九号一〇五頁、判例地方自治九八号三〇頁[20]

本件は、八潮市の住民Xが被告八潮市Yに対して、住宅用地に対する固定資産税の減税特例を看過して課税したために損害を被ったとして、過払税額相当の損害賠償を求めたものであるが、Yの「(行政不服審査法上の意義申立て又は審査請求、及びこれに続く取消訴訟の提起等による）救済手段がとれなくなった後において、それと同一の目的を国家賠償法により達成しようとすることは許されない」との主張に対して、裁判所は、課税処分について、無効ではなく、取り消しうるべき瑕疵があるに過ぎないことを明言したうえで、「被告は、違法な租税の賦課処分は、専ら行政不服審査法上の異議申立て又は審査請求、及びこれに続く取消訴訟の提起等によって是正されるべきであると主張するが、これらは専ら租税の賦課処分の効力を争うものであるのに対して、租税の賦課処分が違法であることを理由とする国家賠償請求は、租税の賦課処分の効力を問うのとは別に、違法な租税の賦課処分によって被った損害の回復を図ろうとするものであって、両者はその制度の趣旨・目的を異にし、租税の賦課処分に関することだからといって、その要件を具備する限り、国家賠償請求が許されないとする理由はない。」と判示して、Xの損害賠償請求を認容している。

②　広島高裁平成八年三月一三日判決・判例地方自治一五六号四八頁（原審広島地裁平成六年二月一七日判決・判例地方自治一二八号二三頁、シュトイエル三八五号一頁・三八六号一頁）(21)

広島県が誤記した嘱託分筆登記の地積を登記官が看過してそのまま分筆登記を行い、次にこの地積変更通知により市が固定資産課税台帳に過大な地積を記載したことから、X_1が固定資産税相当額の過剰徴収額に相当する損害について、また当該土地の所有者の相続人（X_2・X_3）が同台帳に基づき本件土地の価額を算定し、過大に納付した相続税相当額の損害について、国家賠償法一条に基づいて、国Y_1、広島県Y_2、広島市Y_3に損害賠償訴訟を提起した。広島地裁平成六年二月一七日判決は、X_1の右請求を認容した（Y_3の責任のみを認める。Y_2に対しては国家賠償法による請求をそもそも否定）ものの、X_2とX_3の請求を棄却した（Y_1及びY_3の双方の過失を認めたが、双方の行為と損害との因果関係を否定）。そのため、X_2とX_3は控訴に及んだ（X_1については確定）。

一審においては、国家賠償法に基づく請求の可否がまず争点となったが、「国家賠償に基づく請求は、行政処分の法的効力を問題とするものではないから、行政処分の公定力に抵触するものではなく、更に行政処分の取消訴訟とは、目的、要件を異にするものであるから、取消訴訟の出訴期間を潜脱するものであるということはできず、取消訴訟の提起等及び固定資産評価委員会に対する審査の請求ができたか否かにかかわらず、国家賠償に基づく請求は許されると解するのが相当である」と判示して、そもそも国家賠償訴訟の提起を許容している。二審も同様に、「国家賠償法に基づく請求と右過剰徴収の課税処分取消訴訟及び過剰納付相続税の更正請求とはその効果において実質的に同一の面があるが、右両者はその目的、要件を異にしており（この点おいて、不当利得に基づく過誤納金の返還請求とは異なる。）、また、国家賠償請求に基づく請求は、行政処分の法的効果を問題とするものではないから、行政処分の公定力にも抵触するものではなく、さらに右のように行政処分の取消訴訟とは目的、要件を異にする別個の訴訟であるから、取消訴訟の出訴期間を潜脱するものであるということはできず、右取消訴訟の提起等及び固定資産税評価審査委員会に対する審査の申出ができたか否かにかかわらず、右国家賠償法に基づく請求は許される」と判示する。

なお、この広島高裁平成八年三月一三日判決において、被告側は、塩野説に基づき損害賠償訴訟が認められるとしても、単なる過失ではなく重過失の存在が必要とされると論じている点で注目すべきものである。(22)

以上のように、課税処分のような、直接金銭上の権利義務にかかる処分について国家賠償訴訟を認めることができるか否かが直接争点となったケースは、固定資産税の賦課処分にみることができる。これは、固定資産税についてはほぼ国賠認容説で固まりつつあるといってよい。固定資産税は賦課課税方式であり、申告課税方式をとる国税とはその確定構造を異にし、かつ争訟方法も前述したように国税に比べて、さらに特殊であることにも留意をしておくべきであろう。

浦和地裁平成四年二月二四日判決、広島地裁平成六年二月一七日判決、広島高裁平成八年三月一三日判決にかかる事件はまさに納税者が争訟手段を喪失した結果、損害賠償訴訟を提起したものであったと考えられる。これらの判決は、固定資産税にかかる争訟手段の抱える問題点から生じた納税者の不利益を救済する機能を果たしているとも評価することができる。

一方、国税については、公刊された判例のなかにはこの問題が正面から争われたものは存しないが（ただし、広島高裁平成八年三月一三日判決は、固定資産税における土地評価を前提とした相続税の課税処分にかかる損害賠償訴訟をも認めている。）、課税処分の公定力を排除することなく、広く損害賠償訴訟そのものは認められている。(23)

(3)　国賠要件加重説

1　塩野説

塩野教授は一方で、「一般に、国家賠償請求訴訟における処分の違法判断は公定力に反しないとされるのであるが、行政目的が専ら金銭の徴収にかかわるような場合には、取消訴訟と国家賠償は機能を等しくするので、国家賠償請求権の成立は単純な過失（注意義務違反）では足りず、故意または重過失に限るものと考えるべきであろう。或いは、かかる場合は処分の無効要件を充足するものとして、専ら税務訴訟の枠内で処理することも考えられる(24)」とされる。

塩野説は、宇賀説と違い、国家賠償訴訟は一切許されないと解するのではなく、国家賠償訴訟において故意・過失という主観的要件を加重するか、あるいは無効確認訴訟を認めて、納税者の救済を一定の場合に認めるとするものであり、国賠認容説にも与しているといえよう(25)。

この説は課税処分が無効の場合に、それを課税処分の無効確認訴訟で対応するか、当然その場合には公定力に抵触しないので損害賠償訴訟で対応するかの問題とも考えられるが、この前提には課税処分の無効要件（重大かつ明白な瑕疵）が存する場合に、とりもなおさず国家賠償訴訟の重過失、故意といった加重要件に該当するということがなければならない。塩野説は、このような前提に立つものであろう。

2　判　例——国家賠償訴訟における過失の程度

前掲広島高裁平成八年三月一三日判決（このケースは、更正の請求期間後において国家賠償法に基づいて過剰納付税額（相続税）にかかる損害賠償請求ができるか否かが争点となっている、きわめて珍しいものである。なお、一審においては過剰徴収固定資産税が国家賠償法に基づく損害として損害賠償請求できるか否かも争点となっており、まさに行政法学者はこのようなケースも念頭におくべきであろう。）において、塩野説に従って、被告国側は国家賠償請求権の成立には故意又は重過失が要求されると主張した。同判決は、以下のように述べている。

①　Y_3の責任について

「Y_3が本件登記地積を用いて算出した本件土地の固定資産評価額を固定資産課税台帳に登録したことは、登記官の過失に起因する結果にすぎず、X_2らが右登記に係る固定資産評価額に基づき相続税を過剰納付したことにつきY_1とは別個に独立の過失責任を認めるのは相当ではない……（本件は登記地積の誤りという登記官の過失に端を発しているところ、わが国の不動産登記制度のもと、国家の管理する公簿（登記簿）に寄せる一般の信頼性に鑑みると、不動産登記の専門官である登記官の右過失は重大であり、登記官による実質審査を経た本件登記地積を信じたにすぎないY_3（担当者）の右行為は、X_2らの本件損害（相続税の過剰納付）との間の法的因果関係上、登記官の過失行為に包摂されるとみるのが相当であり、これとは別個独立の行為として評価することはできない。……）。」

②　Y_1の責任について

「登記官が分筆登記の際本件土地の登記簿に誤った地積を記載したことについて面積の単位を誤認した過失があることは明らかである。そして、X_2らが右登記簿上の地積によって本件土地の面積を把握して申告をしたことにより本件過剰納付の結果を生じたのであるから、登記官の過失と本件過剰納付との間には相当因果関係があると認めるのが相当であり」、Y_1は損害を賠償する責任がある。また、Y_3（担当者）の行為は、Y_1の過失に誘発されたものであり、当該担当者が誤記に気づくことが容易ではなかったことなどから、「合併前の高陽町の担当者に右因果関係を切断する程の重大な過失があったとは認められない」。

③　X^2とX^3の過失の有無

相続税財産評価に関する基本通達（「財産評価基本通達」）によれば、土地の評価額の算定は実地面積によるとされているが、路線価の定めのない本件土地は、倍率方式により固定資産評価額を一・六倍して評価額を算出すべきものとされていることから、現実にも経験則上からもX^2らは登記地積に基づき算出された本件土地の同台帳の登録価格を相続税申告にあたり用いざるをえないことは明らかであるから、X^2らに登記地積を信用させて相続税の申告をしたことを捉えて重大な過失があったと評価することはできない。

④　Y^1登記官の過失の有無

広島高裁は、不動産登記の専門官である登記官に重過失が存する旨、判示する。本件の登記官には面積の単位を誤認した過失があることは明らかであろうが、一審判決は、単純過失に止まる旨判示していたが、本判決は重大な過失を認定している（なお、塩野教授の見解との関係に注意）。本判決は、登記簿の記載の真正にきわめて高い社会的な信頼性があることを強調して、高度な注意義務を課している。判例・学説は、一般的には無過失責任に近い、極めて高度の注意義務を登記官に課していると解する傾向にある(26)。

ここでの登記官の過失の程度は本稿での問題と直接関係がないようにみえる。しかし、一方、本判決は、「合併前の高陽町の担当者に右因果関係を切断する程の重大な過失があったとは認められない」と述べていることからして、重過失を要求しているといえよう。

一審判決は、「登記所から通知を受けた高陽町の課税担当者は、その通知は土地分筆に伴う地積の変更通知であったから、固定資産課税台帳に従前記載の二五九・四〇平方メートルが八五七・五二平方メートル（二五九・四〇坪）と記載されていたことに疑問を抱き、いずれが正しいかについてそれ以前の固定資産台帳を調査するなり登記所に照会してその疑問を解決し、正しい地積を右台帳に記載すべき注意義務」があったとして、本判決に比べてより高い注意義務を課している。本判決が、担当者が右通知内容の誤りに気づくことが容易であったとはいえないとするのに対し、一審判決は、担当者が注意義務を怠り、漫然と右通知記載の地積を右台帳に記載したことに過失があるというべきであると判示する。

本判決は、登記官の記載行為、固定資産課税台帳への登録（地積変更通知を介するが）、さらには固定資産税の評価額をベースにした相続税の申告（の基礎となる本件土地の価額）という流れは、特別の事情（すなわち、Y_3担当者の重過失）が存しない限り切断できないものと解しているといえよう。本判決は、固定資産税の評価にかかる特殊な事例にかかるものであるが、塩野説の国賠要件加重説に沿っていると評価することも可能であろう。

三　国賠否定説への疑問

(1)　課税処分の公定力との抵触

違法な課税処分の取消訴訟（あるいは不服申立て）と当該課税処分にかかる国家賠償訴訟とが実質的に同じ機能を有することから、国家賠償訴訟を認めることは課税処分の公定力と抵触することになるとの見解は、経済的に過剰納付税額が二重に還付されることから問題が生ずるのであり、敢えて「課税処分の公定力」（取消訴訟の排他的管轄）の侵害（あるいは「遮断効」）をもちだすまでもない。課税処分自体に不可争力が発生するのみで、金銭債権そのものに直接不可争力が生ずるわけではない。その限りで、本件の場合も、通常の行政処分の取消訴訟と国家賠償訴訟との関係と本質的に何ら変わるところはないといえよう。(27) 国家賠償訴訟の「損害額」の範囲の問題といえる。

よって、課税処分自体に不可争力が発生している場合においても国家賠償請求は一面では可能であるといえよう。

(2) 課税関係の早期安定

行政処分の公定力（＝取消訴訟の排他的管轄）は、いわゆる権利関係の早期安定をその旨とするものである。結果的には、課税処分にかかる争訟手段については「租税債務の早期安定」をその目的とするものであるとも換言することができそうであるが、所得税等にかかる各課税処分に不可争力が生じたからといって、それ以後納税者は過剰納付税額について争訟手段を失うことには必ずしもならないことに留意をすべきである。再更正処分等が行われると、それを奇貨として再更正処分のなかですでに不可争力の生じた課税処分の過大納付税額を、更正と再更正等の関係を総額主義のもとで理解をする通説・判例のもとでは再更正処分によって増額された範囲内で（ただし、青色申告の場合には、理由附記による制約がある。）、不可争力の生じた課税処分にかかる過剰納付税額を争うことができる。[28] よって、国賠否定説を採ったからといって租税債務の早期安定を強調することにはならないといえよう。

さらに、このような課税争訟構造（総額主義）を前提とすると、国賠否定説（ただし、不可争力が生ずるまでは国家賠償請求も可能との説による。）においては、更正処分の税額は後に再更正処分が行われた場合には、不可争力が発生するまでは当該再更正処分の取消訴訟又は国家賠償訴訟の提起を認め、不可争力が発生した後には、国家賠償訴訟の提起を認めないこととなるが、再々更正がなされるとその部分の税額につきまた当該再々更正処分の取消訴訟又は国家賠償請求訴訟の提起を認めることになる。このようなことの繰り返しが予想され、理論的に大きな矛盾が生ずることになる。

(3) 国家賠償訴訟の目的

違法な課税処分の取消訴訟と課税処分の違法を理由とする国家賠償訴訟とは、国賠否定説にいうように確かに金銭（税額）を取り戻す限りにはおいて同じ機能を果たすのであるが、やはり国賠認容説の主張するように、国家賠償請求には公務員の責任（故意・過失）が要件になっていることを軽視することはできないであろう[29]。国賠否定説に立ち、前掲浦和地裁平成四年二月二四日判決あるいは広島地裁平成六年二月一七日判決を否定することは、納税者にとってきわめて不合理な結果が生ずることとなろう。

なお、国賠認容説に立つと、実践的にも①付随的な損害の賠償請求が認められやすいこと[30]、②勧奨（行政指導）による修正申告による過誤に国家賠償請求が認められると解されることから、納税者の権利救済に役立つといえよう。後者の②については、勧奨による修正申告にかかる課税標準等又は税額等の過誤が課税庁による行政指導に起因するとするならば、行政指導によった部分については国家賠償訴訟により過誤納金の還付が可能となるであろう（ここでは、「更正の請求の排他性」が問題となる。勧奨による修正申告をあくまでも申告と捉えると「更正の請求の排他性」により損害賠償は許されないと考える余地もある。後述(5)参照。しかし、実質的には誤った行政指導によった税額部分については、自主申告と区別して、国家賠償請求が可能であると解するべきであろう[31]）。

(4) 課税処分の違法性と国家賠償請求の違法性との関係

最高裁平成五年五月一一日判決・民集四七巻四号二八六三頁は、「税務署長のする所得税の更正は、所得金額を過大に認定していたとしても、そのことから直ちに国家賠償法一条一項にいう違法があったとの評価を受けるものではなく、税務署長が資料を収集し、これらに基づき課税要件事実を認定、判断する上において職務上通常尽くすべき注意義務を尽くすことなく漫然と更正をしたと認め得るような事情がある限り、右の評価をうけるものと解するのが相当である」と判示し、取消訴訟において違法とされた税務署長の課税処分について、国家賠償訴訟において違法性相対説にたち、違法性判断基準として職務行為基準説を採用して、国家賠償法一条一項の違法性を否定した注目すべき判決である。(32) 申告納税制度のもとで、正確な所得金額（の内容）は、納税義務者自身が最もよく知っていることをその理由とするものである。

これまでの判決は、課税処分が違法であると判示された場合に、国家賠償法上も違法であることを前提として（いわゆる違法性同一説）、税務職員の故意・過失を論ずるものが多かったといえる。(33) 今日、上記の最高裁判決と同様の見解を採る裁判例がふえつつあるが、(34) 学説において、なお両者の対立状況は続いているといえよう。(35)

この課税処分の違法性と国家賠償請求の違法性との関係について違法性同一説に立てば、両者の結びつきに理論的に必然性はないが（国家賠償請求には違法性のみでなく責任要素がその要件として求められる。）、国賠否定説を導きやすいといえよう。

違法性相対説あるいは違法性同一説の対立について、課税要件法規は、租税法律主義（課税要件法定主義、課税要件明確主義、合法性の原則）に基づくものであり、税務行政の領域において課税処分ないし法的効果の効力要件に関する違法性と納税者に損害を発生させる違法性とは同じ課税要件法規への適合性を判断すれば足りると考えられる。税務領域において、違法性相対説はとりえないものと解されよう。(36)

(5)　更正の請求の排他性の関係

納税義務者は、法定申告期限から一年を経過すると、原則として、申告にかかる課税標準等又は税額等が国税に関する法律に従っていなかったことなどを理由に更正の請求をすることができない（国税通則法二三条一項）。納税義務者はまた更正の請求をしておかなければ、更正処分の取消訴訟において、申告額を超える金額の取消しを請求することはできないと解されている。通説によれば、いわゆる「更正の請求の排他性」により、申告額は更正の請求を通してのみ申告にかかる課税標準等又は税額等の減額が認められている。(37) 申告額については、最高裁は、申告行為に重大かつ明白な瑕疵があり、かつ特別な事情がある場合に限り、当該申告行為の無効を許容する（現実にはこのような主張が認められることは皆無に近い。）。このような最高裁の立場の前提には「更正の請求の排他性」が存在する。(38) 勧奨による修正申告もあくまでも自主修正申告の一種であると解すると、「更正の請求の排他性」により損害賠償は許されないと考えられよう。これは租税法がそもそも過大納付額を取り戻す方法として更正の請求のみを予定していることによる。さらに、更正の請求を経ることなく、不服申立てあるいは取消訴訟において、申告額を下回る額を請求することはできない。すなわち、「更正の請求の排他性」は、吸収説に基づく課税処分の取消訴訟において「申告額を超えない部分の取消しが認められないという原則」を導いている（正確には、課税庁の減額更正の後にさらに増額更正があると取消訴訟の対象となりうる。）。吸収説のもとで申告額を超えない部分の取消しが認められないのは更正の請求の排他性による。

国賠否定説に立てば、申告額（課税標準等又は税額等）の算定過程に公務員がかかわる場合において、公務員の違法行為に起因する税額は「更正の請求の排他性」に服することになるものと解される（このことは、前掲広島高裁平成八年三月一三日判決における争点の一つであった。）。しかし、更正の請求は前述したように自主修正申告にのみ適用されるものであり、公務員の違法行為に起因する税額にまで「更正の請求の排他性」はそもそも及ばないと解されよう。仮に、「更正の請求の排他性」が及ぶと解しても、広島高裁（平成八年三月一三日判決）が判示するように、その目的、要件を異にしていることから、国家賠償請求は許されると解される。

具体的には、以下のような点が検討されるべきであろう。

①　一〇〇〇万円の申告税額について更正の請求により五〇〇万円の減額を請求している場合に、更正の請求を

理由なしとされた処分が違法である場合に、損害賠償訴訟を提起することができるであろうか。

上述したように、更正の請求をすることなしに、減額更正の不作為の違法確認あるいは損害賠償訴訟を提起することが許されるか否かは大きな問題であるが、更正の請求を理由なしとする処分に対する不服申立て、取消訴訟に代えて、損害賠償訴訟を提起することは当然許されよう（ただし、多くの場合、そもそも違法性は申告納税制度のもとで納税者の申告行為に起因することから、損害賠償請求が認められることは現実にはありえないであろう。）。

② 一〇〇〇万円の申告税額について申告漏れがあったとして、二〇〇〇万円の増額更正処分がなされたとすると、納税者は増額更正部分を争えるかというかぎりではこれまでの議論であるが、一五〇〇万円の損害賠償請求を求めることができるであろうか。これは、更正の請求の制度と国家賠償訴訟との競合問題である。前述したように「更正の請求の排他性」は国家賠償訴訟には及ばず、前掲福岡高裁平成八年三月一三日判決が支持されるべきであろう。

なお、「勧奨による修正申告」について、行政指導にもとづく申告であるとするならば、行政指導によった税額部分については国家賠償訴訟はできるのであろうか。この点についての議論は必ずしも十分に行われていないが、おそらく通説からは、上述した「更正の請求の排他性」の枠内で処理すべきことを予定しており、国家賠償請求は許されないと解しているものと思われる。

(6) 課税庁の減額更正処分との関係

納税義務者は、法定申告期限から一年を経過すると、更正の請求の排他性に服することになるが、課税庁には更正のための権限が法定申告期限から最長七年は留保されていることから、課税庁が職権減額更正を放置している場合には、過大納付額の減額を求めて、不作為の違法確認の訴え（あるいはさらに義務付け訴訟）が提起できるとの見解も有力である。[39] しかし、更正の請求あるいは課税処分（決定・更正）の不服申立て、あるいは課税処分の取消訴訟によるべきであるとの見解が通説であるといえよう。[40]

国賠否定説のもとでは、このような国家賠償訴訟も否定されることになるが、上記(1)～(5)までの趣旨を踏まえると、不作為の違法確認の訴えはともかくも、国家賠償訴訟は許容されうると解することができよう。

(7)　不当利得返還請求訴訟との関係

誤納金は、最初から法律上の原因を欠いている利得であるから、納税者は直ちに不当利得としてその返還を求めることができるが、これに対して、過納金は、有効な確定処分に基づいて納付ないし徴収された税額であることから、基礎になっている行政処分が取り消され、公定力が排除されない限り、納税者は不当利得としてその返還を求めることはできないと解されている。[41] 課税処分が無効でない以上は、その公定力を排除するために、課税処分の取消訴訟を提起しなければならない。課税処分が存在する限り、その公定力によって、納付税額は適法かつ有効であったのであり、不当利得を構成しないと解される。よって、前述したように、宇賀教授は、損害賠償訴訟を認めると、当該課税処分を取り消すことなく、不当利得の返還請求訴訟を認めたことになるという。[42]

これに対して、前掲広島高裁平成八年三月一三日判決は、「国家賠償法に基づく請求と右過剰徴収の課税処分取消訴訟及び過剰納付相続税の更正請求とはその効果において実質的に同一の面があるが、右両者はその目的、要件を異にしており（この点において、不当利得に基づく過誤納金の返還請求とは異なる。）」と判示する。この判決は、損害賠償請求訴訟と不当利得（返還請求訴訟）とでは、その取扱いを異にするようであるが、これは過納金にかかる大審院以来の判例・通説を意識したものであるとも考えられる（国税通則法五六条以下、地方税法一七条以下参照）。

違法な課税処分に基づく税額の返還を目的とする国家賠償請求訴訟及び違法な更正処分に基づく過納金の返還を

求める不当利得返還請求訴訟とは、過大な納付税額の返還を求める点で同一であるが、国家賠償訴訟と取扱いを異にすることに理論的な整合性はあるのであろうか。国家賠償法一条に規定する請求権の性質と不当利得返還請求権の性質との違いによるものであり、この相違は肯定されるべきであろう。前述したように、国家賠償請求は公務員の責任（故意・過失）が要件になっており、その目的は不当利得返還請求訴訟と大きく異にするといえよう。

小早川光郎教授は、課税処分と不当利得返還請求訴訟との関係について、「実体法的に見た場合、課税要件の存否が不当利得返還請求に対して先決関係を有することは否定されえないであろう。……しかし、現行の租税手続法の全体の仕組みを考慮にいれると、別の観点が必要となる。現行法上、課税処分の取消を求めるについては不服申立前置および不服申立期間（ならびに出訴期間）が法律で規定され、また……課税処分の違法をのちの滞納処分の段階で主張することは許されないと解されている。ところで、課税処分の不存在を理由とする不当利得返還請求訴訟は、同じ理由で課税処分に対して提起される争訟と、その目的および機能において重なり合うものである。このような請求が、それ自体として課税処分の効果を否定するものでないとの理由で、課税処分の不可争化ののちに直接裁判所に提起され、課税されうるとすれば、さきのような租税手続法の仕組が結果的において覆されてしまうことは明らかである。そこで、滞納処分に関する争訟との関係で課税処分に認められる〔前記の〕遮断効果が、解釈上、不当利得返還請求に対する関係にも同様に及ぶと解されるべきことになる。一般的に言えば、課税処分の遮断効果は、国が税金を迅速かつ確実に収受し、保有することを目的として、課税要件の存否に関する主張を遮断するものである。したがって、特定の請求または抗弁と課税処分の特定の具体的な効果との法律上の関連を問うまでもなく、結果において右の目的実現を妨げるような請求・抗弁に対して、すべて遮断効果が及ぶと解することには、合理性がある」(43)として、遮断効果から説明される。このような視点からいえば、損害賠償請求はその性質からして、課税処分の遮断効果（国が税金を迅速かつ確実に収受し、保有すること）は及ばないと解さざるをえないであろう。(44)

おわりに

以上の見解をもとにすれば、課税処分の取消訴訟と国家賠償訴訟との関係は、二重に過大納付額を損害賠償として、あるいは過誤納金として主張することが許されないまでで、大上段にその理由として「課税処分の公定力」あるいは「遮断効」などをあえて持ち出す必要はなかろう。国賠認容説が支持されるべきであろう。

また、損害賠償訴訟において故意・過失という主観的な要件が加重されるか否かについて、原則として、申告納税方式にかかる税目の課税処分については故意又は重過失が要求されると解されるが、賦課課税方式のそれについては単純な過失で足りると解すべきであろう(45)。

〔追　記〕　最高裁平成二二年六月三日判決（損害賠償請求事件）（民集六四巻四号一〇一〇頁、いわゆる冷凍倉庫固定資産税過重賦課事件（名古屋市））は、倉庫を所有する原告（控訴人、上告人）が、本件賦課決定の前提となる価格の決定には本件倉庫の評価を誤った違法があるとして、被告（被控訴人、被上告人）に対し、過納金等相当額の損害賠償を求めたところ、原判決が、請求を棄却した第一審判決を維持したため、原告が上告した事案において、たとい固定資産の価格の決定及びこれに基づく固定資産税等の賦課決定に無効事由が認められない場合であっても、公務員が納税者に対する職務上の法的義務に違背して当該固定資産の価格等を過大に決定したときは、これによって損害を被った当該納税者は、地方税法四三二条一項本文に基づく審査の申出及び同法四三四条一項に基づく取消訴訟等の手続を経るまでもなく、国家賠償請求を行い得るとし、原判決を破棄し、差し戻した（補足意見あり）。本判決は、①行政処分が違法であることを理由として国家賠償請求をするについては、あらかじめ当該行政処分について取消し又は無効確認の判決を得なければならないものではなく（最高裁昭和三六年四月二一日第二小法廷判決・民集一五巻四号八五〇頁参照）、このことは、当該行政処分が金銭を納付させることを直接の目的としており、その違法を理由とする国家賠償請求を認容したとすれば、結果的に当該行政処分を取り消した場合と同様の経済的効果が得られるという場合であっても異ならない、②固定資産の価格の決定及びこれに基づく固定資産税等の賦課決定に無効事由が認められない場合でも、公務員が、納税者に対する職務上の法的義務に違背して、当該固定資産の価格ないし固定資産税等の税額を過大に決定したときは、これによって損害を被った当該納税者は、地方税法四三二条一項本文に基づく審査の申出及び同法四三四条一項に基づく取消訴訟等の手続を経るまでもなく、国家賠償請求を行い得るものと解すべきである、と判断している。本稿は行政法学者の通説を否定するものであったが、本稿の見解が認められたものとなった。阿部泰隆・判例地方自治三三九号二九頁（二〇一一）、岡田幸人・法曹時報六四巻九号二三〇頁（二〇一二）等をはじめして多くの判例解説がある。

注

（1）最高裁昭和三六年四月二一日判決・民集一五巻四号八五〇頁等参照。塩野宏『行政法Ⅰ』一〇九、一一〇頁（有斐閣・一九九一）、藤田宙靖『行政法Ⅰ（総論）〔第三版〕』二〇五頁（青林書院・一九九五）等参照。

（2）塩野・前掲書一〇九頁等。学説については、上野至「行政訴訟と国家賠償請求訴訟との関係」村重慶一編『裁判実務体系一八』一二二以下（青林書院・一九八七）参照。

（3）金子宏『租税法　第六版補訂版』三八四頁以下（弘文堂・一九九八）、碓井光明『地方税の法理論と実際』一九四頁以下（弘文堂・一九八六）、西村宏一・小川英明・碓井光明編『注解不動産法―不動産関係税法Ⅱ』二五七頁以下〔田中治執筆〕（青林書院・一九九二）等参照。

（4）西村宏一他・前掲書二五〇頁以下〔田中治執筆〕等参照。

（5）松宮隆『争訟の実務』二七七頁（酒井書店・一九六四）。

（6）山内一夫・雄川一郎編著『演習行政法』五〇頁以下〔山内執筆〕（良書普及会・一九七二）。

（7）宇賀克也『国家賠償法』三七九頁（有斐閣・一九九七）。宇賀克也「強制執行法上の救済手続きの懈怠」（判例解説）行政判例百選（第二版）二八七頁（一九八七）、宇賀克也『ドイツ国家責任法の分析』一六五頁以下（有斐閣・一九八八）も併せて参照。

(8) 宇賀・前掲書（『国家賠償法』）三八一頁以下。
(9) このような段階での国家賠償訴訟の可否について、人見剛「金銭徴収・給付を目的とする行政処分の公定力と国家賠償訴訟」東京都立大学法学会雑誌三八巻一号一七四頁以下（一九九七）参照。
(10) 塩野・前掲書一一〇頁。
(11) 碓井光明「納税者の租税争訟費用の負担――アメリカ合衆国の例と若干の提案」『納税者の権利』（北野弘久教授還暦記念論文集）三三七頁注(5)（勁草書房・一九九一）。
(12) 村重慶一「国家賠償(1)一般的問題」小川英明・松沢智編『裁判実務体系二〇』五三六頁以下（青林書院・一九八八）。岩崎政明「課税処分の違法を理由とする国家賠償請求の可能性と範囲」金子宏編『所得課税の研究』四八六頁（有斐閣・一九九一）。岩崎教授の見解は碓井説と同じであると考えられる。上野・前掲論文一二四頁は、実質的には更正処分の違法を主張して否定することと同じであるから、許されないと考える余地があろうと述べる。
(13) この問題については、大藤敏「強制競売事件において権利を侵害された者の国の国家賠償請求の可否」（判例解説）西村宏一・幾代通・園部逸夫編『国家補償法大系三・国家賠償法の判例』一九三頁以下（日本評論社・一九八八）参照。この判決の法理については、古崎慶長・民商八七巻四号一五二頁参照。
(14) 学説・判例については、大藤・前掲論文一九六頁以下。その他、西村宏一「裁判官の職務活動と国家賠償」判タ一五〇号八四頁（一九六三）、桜田勝義「裁判官の国家賠償責任」法学教室（旧版・復刻版）七号七四頁（一九七五）等参照。
(15) 人見・前掲論文一七四頁以下の否定説の分析も併せて参照。
(16) 遠藤博也『国家補償法（上）』二一七頁以下（青林書院新社・一九八一）。
(17) 宇賀克也・阿部泰隆「取りすぎた税金は返還できないのか?」法学セミナー四三六号七九頁以下（一九九一）。
(18) 古崎慶長『国家賠償法の法理』二七五頁注1（有斐閣・一九八五）。
(19) 人見・前掲論文一七五頁、一七六頁。
(20) 宇賀克也・前掲書（『国家賠償法』）三七九頁以下、人見論文一六〇頁等に言及がある。

本稿掲記以外の参考判例については、人見・前掲論文一六〇頁以下を参照。なお、阿部・前掲論文七九頁は、時効にかかった債権と国家賠償との関係を論ずる。法律の規定する消滅時効の効果は損害賠償請求を認めると有名無実に帰し、時効制度の趣旨を没却することになると判示する（東京地裁昭和四一年五月一九日判決・判時四四七号六四頁）。

(21) 本判決の解説としては、占部裕典「地方行政判例解説―土地固定資産税等過剰徴収事件（広島県・広島市）」判例地方自治一六九号一〇〇頁（一九九八）、一審判決の紹介としては、富岡淳「平方メートル二重書換え事件」民研四四八号二八頁（一九九四）、澤田省三「登記制度と固定資産税課税事務との関係の一断面」判例地方自治一二八号一一三頁（一九九五）がある。

(22) 占部・前掲判例解説一〇三頁参照。富岡・前掲判例紹介二八頁も併せて参照。

(23) たとえば、課税処分の公定力を排除することなく、税務調査の違法（手続的違法）を主張して、過大納付税額の返還を目的とした国家賠償訴訟が広く提起されている。

(24) 塩野宏『行政法Ⅱ（第二版）』二五一頁、二三七頁（有斐閣・一九九四）。ちなみに、同『行政法Ⅱ』（一九九一）にはこのような主張はない。

(25) 塩野説と同様の見解として、森田寛二教授は、重過失が存するときは国家賠償請求訴訟を認容すべきであると主張される。森田寛二「行政行為の『特殊な効力』」雄川一郎・塩野宏・園部逸夫編『現代行政法大系二巻』一四一頁（注）二二（有斐閣・一九八四）。兼子仁『行政法学』一五五頁（岩波書店・一九九七）も併せて参照。これらの詳細については、人見・前掲論文一六二頁以下参照。

(26) 最高裁昭和四三年六月二七日判決・民集二二巻六号一三三九頁。古崎・前掲論文一二五頁以下。具体的な注意義務の程度については、伊藤進「登記官の注意義務と不動産登記制度（中）」登記研究五〇三号一頁以下（一九八九）が詳しい。高度な注意義務を課すことについて、反対の立場としては、樋口哲夫「登記」前掲『裁判実務大系一八』三八六頁以下参照。

(27) 結論において、人見教授の「（この問題は）金銭というものの特質に由来することであって、取り立てて特にこの場合に処分と公定力との調整を図るまでもない」（人見・前掲論文一七六頁）との見解に賛成である。

(28) この問題については、占部裕典「租税争訟における『更正の請求の排他性』の機能と限界」税法学五一九号三六頁以下（一九九四）参照。総額主義と争点主義の対立については、金子・前掲書六三四頁以下参照。

(29) 国賠肯定説論者は総じてこの点を強調する。人見・前掲論文一七五頁以下参照。

(30) 遠藤・前掲書二一七頁以下参照。

(31) 勧奨による修正申告の問題点については、占部裕典「勧奨による修正申告の誤りに対する救済方法（一）（二完）」六甲台論集三四巻一号一四一頁（一九八七）、八幡大学論集三八巻三・四合併号一一一頁（一九八八）参照。国家賠償請求を認めることにより、ここで指摘する「更正の請求の排他性」による弊害等を除去し、納税者の権利救済を図ることができる。

(32) 本判決の評釈・解説としては、小貫芳信「課税処分の国家賠償法一条一項の違法性」（判例解説）平成五年行政判例解説三四五頁（一九九四・ぎょうせい）、三木義一「更正における所得金額過大認定が違法とされなかった例」（判例批評）民商法雑誌一〇九巻六号一五〇頁（一九九四）、山田二郎「所得金額を過大に認定した更正処分が違法であっても国家賠償法一条一項にいう違法がないとした事例」（判例評釈）ジュリスト一〇五〇号一九〇頁（一九九四）等。二審判決（大阪高裁平成元年三月二八日判決・判時一三二四号三七頁）の評釈・解説としては、田中清「課税処分と国家賠償」（判例解説）平成元年行政判例解説三四五頁（一九九〇・ぎょうせい）、岩崎政明「課税処分における所得認定の過誤と国家賠償の可否」（判例批評）判例評論三八六号二七頁（一九九一）等参照。

(33) たとえば、津地裁昭和四三年三月二一日判決・訟月一四巻七号七五三頁等参照。

(34) 東京地裁昭和六一年一二月二四日判決・判時一二六〇号六九頁等参照。このような判例の流れについては、小貫・前掲判例解説三五二頁以下参照。

(35) 学説・判例の展開については、阿部泰隆「国家賠償訴訟における違法と抗告訴訟における違法」塩野宏編『行政法の争点（新版）』一七六頁以下（有斐閣・一九九〇）参照。

(36) 取消訴訟の違法性と国家賠償訴訟の違法性については、仮に、違法性相対説に立ち、行政処分の取消訴訟において争われる行政処分の違法とその処分の違法を前提として国家賠償訴訟において争われる損害を賠償すべき違法性とは異なるといえると解しても（すなわち、国家賠償訴訟における違法とは、要するに、「究極的には他人に損害を加えることが法の許容するところかどうかという見地からする行為規範性」を内容とする（遠藤・前掲書一六六頁）。したがって、国家賠償訴訟の違法性の判断においては、単に行政処分の法的要件の充足性の有無（取消訴訟における違法性）を審理するだけでは足りず、さらに被侵害利益の種類、性質、侵害行為の態様及びその原因、行政処分の発動に対する被害者側の関与の有無、程度並びに損害の程度等の諸般の事情を総合判断する必要があるという（上野・一二六頁）。税務行政においてはこのような見解は当てはまらない。課税処分の違法性の判断（取消訴訟における違法性）は、租税法律主義のもと単に行政処分の法的要件の充足性の有無を審理するだけで足りると考えられることから、実質的に課税処分の取消訴訟と目的を同じくする損害賠償請求の場合において、その違法性の審査は同じであるといえよう（古崎・前掲書二七七頁以下（「行政訴訟と国家賠償訴訟」判例タイムズ別冊二号（一九七六）初出）参照）。違法性は同じであるといえる。

(37) 金子・前掲書五二七頁、六五九頁等参照。

(38) 最高裁昭和三九年一〇月二二日判決・民集一八巻八号一七六二頁等参照。この最高裁判決については、占部・前掲注（31）論文六甲台論集三四巻一号一四三頁参照。

(39) この問題については、占部・前掲注（28）論文五五頁以下参照。

(40) 占部・前掲注（28）論文五六頁参照。

(41) これは大審院以来の判例・通説である。金子・前掲書四九八頁。田中二郎「公法上の不当利得に就いて」『公法と私法』五三頁（有斐閣・一九五五）参照。

(42) 宇賀・前掲書（『国家賠償法』）三一八頁。なお、租税の賦課処分と不当利得返還請求訴訟の関係も、公定力の効果としてではなく、それとは別個の遮断効の問題として理解するものとして、小早川光郎「先決問題と行政処分」『公法の理論（下）』（田中古稀記念）（有斐閣・一九七六）三七三頁以下。

(43) 小早川・前掲論文三九一頁、三九二頁。

(44) 小早川教授は、この問題について、とりあえず結論を留保されている。小早川・前掲論文三九七頁注（2）。人見前掲論文一五八頁も併せて参照。

(45) 本稿では、取消訴訟の判決の既判力の問題については言及しなかった。この問題は、仮に行政処分が取消訴訟によって違法であることが確定されて取り消された後に、被処分者である原告が国家賠償請求訴訟を提起したとき、被告国又は地方団体は取消訴訟の判決の既判力に妨げられて処分の適法性が主張できないか、あるいはこの逆に、行政処分が取消訴訟によって適法であることが確定された後に、被処分者である原告は国家賠償訴訟を提起したとき、被告国又は地方団体は取消訴訟の判決の既判力に妨げられて処分の違法性が主張できないか、ということである。

「既判力は、前訴で判断済みの事項が後訴において直接の内容として判断される場合に限らず、後訴の請求の先決問題である場合にも、裁判所は、既判力に反する判断をすることは許されない」（斉藤秀夫『民事訴訟法概論』四〇五頁（有斐閣・一九六九））。取消訴訟の訴訟物は行政処分の違法性一般であるとして、個々の違法事由については生じないと解されていることから

（緒方節郎「課税処分取消訴訟の訴訟物」実務民訴九七頁。最高裁昭和四九年四月一八日訟月二〇巻一一号一七五頁等参照）、取消訴訟の確定判決（請求認容と請求棄却の判決）の既判力は個々の違法事由ごとに生ずるのではなく、行政処分が適法であること、違法であることについて生ずると解されている（近藤昭三「判決の効力」田中二郎・原龍之助・柳瀬良幹編『行政法講座第三巻』三三三頁（有斐閣・一九六四）等参照）。

東京地裁昭和三九年三月一一日判決訟月一〇巻四号六二〇頁は、課税処分の取消訴訟で課税処分が違法と判断された場合には、右確定判決の既判力により、国家賠償訴訟において、被告は課税処分が違法でないと主張できない、としている（上野・前掲書一二九頁参照）。税務訴訟における訴訟物については争いがあるが、通説のいうように違法性一般であると解すると上記の結論を支持することになろう。この問題は、確定処分に対する争訟の対象を総額主義的に解するか、争点主義的に解するかという問題と関連して、興味ある問題を提供する。

第五章　税務訴訟における訴えの利益、原告適格

第一節　更正処分・再更正処分と訴えの利益

はじめに

本稿ではまず、第一節において、税務争訟における訴えの利益を検討する。最一小判昭和四二年九月一九日（民集二一巻七号一八二八頁）を取り上げて、まず最高裁の立場を明らかにしておこう。原告適格については、税務訴訟については更正等の行政処分の名宛人が原告として訴訟を提起するのが通常であろう。しかし、優遇税制等においては、名宛人以外のものの原告適格が問題となりうるであろう。第二節ではこのような場面の原告適格を検討する。

一　事実の概要

X（原告・控訴人・上告人）は洋品販売を業とする青色申告法人であるが、昭和三二年八月三〇日に所轄税務署長Ｙ（被告・被控訴人・被上告人）に対して昭和三一年七月一日から昭和三二年六月三〇日までの事業年度分の法人所得を一〇六万六六六七円として法人税確定申告書を提出した。Ｙは昭和三三年三月三一日付で右年度の所得金額を金二四二万三〇〇〇円とする更正処分をなし、Ｘに対してその通知をしてきた。右更正処分の通知書にはＸにおいて理解できる程度の具体的理由は何等記載なく、更正の理由を全く欠くに等しいものであった。そこで、ＸはＹに対し昭和三三年四月二〇日右更正処分をなされた事項について再調査の請求をなしたところ、Ｙは同請求について決定をなさず、国税局長は昭和三四年四月六日にＸの右審査請求を棄却する旨の決定をなし、同月七日Ｘは同決定通知書の送達を受けた。

そこで、Ｘは、その審査決定の理由に係る贈与の事実はなく、また更正処分通知書の理由附記には金額の誤記があるほか更正の具体的な根拠も明示していない理由不備の違法があるなど主張して、ＹがＸに対し昭和三三年三月三一日付をもってした昭和三一事業年度の法人税に関する更正（第一次更正処分）の取消訴訟を提起した。しかして、訴訟継続中に、Ｙは、本件訴訟係属後の昭和三五年四月三〇日に至り、訴訟で攻撃されている右更正処分の瑕疵を是正するために、同日付で、更正の用紙を用い、Ｘの昭和三一事業年度の所得金額を確定申告書記載の金額に減額する旨の再更正（第二次更正処分）と、更正の具体的根拠を明示して、申告に係る課税標準及び税額を第一次更正処分のとおりに更正する旨の再々更正（第三次更正処分）をなし、右二個の処分の通知書を一通の封筒に同封してＸに送付した。そのうえで、Ｙは、弁論期日に至り、第一次更正処分は第二次更正処分によって適法に取り消されたのであるから、第一次更正処分の取消を求める本件訴訟はその利益を失うにいたったものというべきであるとの本案前の抗弁を提出した。

なお、Ｘは、第二次更正処分の違法を主張するのみで、予備的にも第三次更正処分の取消を求めることはしなかった。第一、第二審ともＹ側の抗弁を入れて、本案前の判断をすることなく、請求棄却の判決を下した。

二　判旨

「Xは、YがXに対し昭和三三年三月三一日付をもつてした昭和三一事業年度の法人税に関する更正（第一次更正処分）の取消を求めるものである。しかして、原判決の確定した事実によれば、Yは、本件訴訟係属後の昭和三五年四月三〇日にいたり、訴訟で攻撃されている右更正処分の瑕疵を是正するために、同日付で、更正の用紙を用い、Xの昭和三一事業年度の所得金額を確定申告書記載の金額に減額する旨の再更正（第二次更正処分）と、更正の具体的根拠を明示して、申告に係る課税標準及び税額を第一次更正処分のとおりに更正する旨の再々更正（第三次更正処分）をなし、右二個の処分の通知書を一通の封筒に同封してXに送付した、というのである。右の事実関係の下においては、第二次更正処分は、第三次更正処分を行なうための前提手続たる意味を有するにすぎず、また、第三次更正処分も、実質的には、第一次更正処分の附記理由を追完したにとどまることは否定し得ず、また、かかる行為の効力には疑問がないわけではない。しかしながら、これらの行為も、各々独立の行政処分であることはいうまでもなく、その取消の求められていない本件においては、第一次更正処分は第二次更正処分によつて取り消され、第三次更正処分は、第一次更正処分とは別個になされた新たな行政処分であると解さざるを得ない。

されば、第一次更正処分の取消を求めるにすぎない本件訴は、第二次更正処分の行なわれた時以降、その利益を失うにいたつたものというべく、これと同趣旨に出た原審の判断は正当であり、論旨は、排斥を免れない。」

なお、本件については、田中二郎裁判官の反対意見がある。

三　解　説

1　本判決の意義

本件においては、Yは第一次更正処分の理由附記に不備があったとして第二次更正処分を取消、次に具体的な理由を附記して第一次更正処分どおりの金額に更正する旨の第三次更正処分を行ったものである。当時、課税庁が理由附記の不備について追完することによりその瑕疵は治癒されないと厳格に解するのであれば（最判昭和三八年五月三一日民集一七巻四号六一七頁）、このような更正処分の手続をとることにならざるをえないところであったといえよう。最高裁は、第三次更正処分も、実質的には、第一次更正処分の附記理由を追完したにとどまることは否定し得ず、また、かかる行為の効力には疑問がないわけではないとしながらも、これらの行為も、各々独立の行政処分であることはいうまでもなく、その取消の求められていない本件においては、第一次更正処分は第二次更正処分によって取り消され、第三次更正処分は、第一次更正処分とは別個になされた新たな行政処分であると解さざるを得ないと判断している。Xとしては理由附記の不備による違法などの主張もありえたところ、そのような主張がされていない以上、このような形式的な判断によらざるを得ず、本判決は、本件第一次更正処分は、これに対する取消訴訟の提起後、第二次更正処分によって取り消され、第三次更正処分は、第一次更正処分とは別個になされた新たな行政処分であると解して、第一次更正処分の取消を求めるにすぎない本件訴えは、第二次更正処分の行なわれた時以降、その利益を失うに至ったものとする。これに対して、田中反対意見は、「第二次の再更正処分及び第三次の再々更正処分は、本来の更正処分とみるべきものではなく、第一次更正処分と第三次の再々更正処分とがその理由附記が追完されている以外は、その内容が同一である点からみても、理由を附記するためだけの修正・正誤にほかならず、取消訴訟上、別個独立の処分とみるべきものではない」と述べている。

Yの主張は、更正処分が再更正処分によって取り消されたことにより訴えの利益が消滅したとする原審の判断が旧法人税法三一条一項の適用を誤っているとの主張であり、そのような意味で典型的な更正処分と増額再更正処分の関係が問われたものではない。本件は、第二次更正処分は税額を申告額まで減額する更正処分であり、第三次更正処分はその後になされていることから、第三次更正処分はその後になされているのでここで問題としている増資額更正処分一般の場合に妥当する先例ではないとする見解も存する（碓井光明・判評二七五号〔判時一〇二〇号〕一頁）。本件と類似の事案について、最判昭和五〇年九月一一日訟月一巻一〇号二一三〇頁がある）。その後、最判昭和五五年一一月二〇日判時一〇〇一号三一頁は、本件更正処分がされたのちこれを増額する再更正処分がされたことにより、当初の更正処分の取消を求める訴の利益が失われたとしてこれを却下すべきものとして、典型的事案について両者の関係を明らかにしている。

田中反対意見は、本件取消訴訟の対象になっているのは、正に、その内容であって、内容そのものは何ら異なるところはない（第二次再更正処分は、形式上、上告人の主張するとおりに更正しているのである）のであるから、訴の追加的併合（又は訴の変更）の措置をとるまでもなく、第三次更正処分の内容が、正に、本件訴訟の対象になっていると解すべきであるとして[(1)]、この点に関する多数意見のとる見解は、処分の形式・外観に拘泥しすぎ、訴訟技術の末に走った感があると批判する。このような批判は一連の更正処分の独立性について認識の相違にとどまらず、本件は、取消訴訟の本質ないし訴訟物をどう考えるべきかの根本問題につながる問題でもあるとし、田中反対意見

が新訴訟物理論に立脚していることに依っている。(2)

2 租税債務確定手続(確定の法構造)——吸収説と併存説の対立の背景

租税債務の確定手続は、一時的には納税者の申告により確定し(国通法一五条、法法七四条等)、過大申告については更正の請求により、過少申告については修正申告が予定されている(国通法一九条)。さらに、二次的には納税者のみでなく課税庁の行政処分(決定・更正)により確定することとされている。課税庁は、更正等の除斥期間において調査に基づき決定・更正をすることができる(国通法二四条、二五条)。よって、訴訟の継続中であっても課税庁は当該税額を維持するために税務調査を行って更正処分を行うこともありうる。更正の除斥期間内においては更正処分等により課税標準等又は税額等が積み上げられていくこととなる。最高裁は、更正額を増額する再更正処分がなされた場合の両者の課税関係については、今日、当初の更正は再更正処分によって独立の存在意義を失うとする吸収説(消滅説)に立脚していることは明らかであり、(3)租税実務上も租税債務の確定はこのような前提の上に進められている。しかし、両者の関係について、学説上は、更正処分と再更正処分は各々独立して併存するため、両者とも取消訴訟の対象となるとする併存説が通説的な地位を占めているといってよかろう。(4)

併存説の根拠としては、実定法上の根拠として国税通則法が、当初の更正・決定によって既に確定した納付すべき税額に係る部分の国税については納税義務に影響を及ぼさないとしていること(国通法二九条一項)、国税の徴収権の中断について、「処分に係る部分の国税」については、その処分の効力が生じたときに中断するとしていること(同七三条一項一号)、さらに当初の更正・決定と増額再更正の各々がそれぞれ不服申立ての対象となりうる旨の規定であること(同九〇条・一〇四条二項・一一五条一項二号)などを挙げることができる。この点でもっとも問題となるのは不服申立てとの関係であるが、不服申立ての審理は同一行政組織内で行われるため、格別に不服申立てがなされても、取消訴訟のように裁判所の判断が異なり抵触するというおそれはないところから、これは合理的に説明がつく問題であり、必ずしもこれら規定が決定的とはいえないであろう。[5] 実務（実際の審理）においては、取消の対象として当初の更正・決定を選択して訴えを提起した納税者においても例外なく増額更正処分の取消の対象とする訴えの変更に応じているようであり、実務上は一応の解決をみているといえよう。[6] なお、当初の更正等の取消訴訟がその出訴期間経過後、増額更正処分取消訴訟の出訴期間経過後に増額再更正取消の訴えが予備的に追加された場合については、後者の訴えを適法とするもの（名古屋高判昭和四六年六月一六日行集二二巻六号八二六頁）と不適法とするもの（福岡地判昭和五二年一一月一一日行集二八巻一一号一二一三頁）に分かれている。

また、このような関係は第二次更正処分が増額再更正ではなく減額再更正がなされた場合との関係もあわせて論じられている。減額更正処分については、最判昭和五六年四月二四日（民集三五巻三号六七二頁）は一部取消説（併存説）を採用していることから、増額再更正と減額再更正との間で争いの対象を異にしていることから両者の整合性の視点から疑問を投げかける見解も存するが、[7] 総額主義のもとで常にもっとも大きい税額の更正処分を争わせるというスタンスでは最高裁判例は整合的であり、問題は存しないといえよう。

吸収説と併存説の対立は、総額主義か争点主義かという理論的な問題に起因する。この問題は、今日、更正と再更正等との関係における訴えの利益の問題、更正処分における理由の差替えの問題の解決に当たりきわめて実践的な理念として現れている。総額主義において、訴訟の対象物（訴訟物）は当該更正処分の取消原因としての違法、すなわち処分の主張、内容、手続、方式等のすべての面における違法、すなわち更正処分の違法一般であるということになるのに対して、争点主義においては個々の具体的違法事由が訴訟物であると解するものである。最高裁は、総額主義にたって処分理由の差替えも柔軟に認め、課税標準又は税額が客観的に存在すれば当該処分が適法である

（最判昭和五六年七月一四日民集三五巻五号九〇一頁）と解するといってよかろう。どちらが妥当かについては、納税者にとっては一長一短あるところではあるが、理由の差替えに係る許容性等、申告と更正との関係を含めたなかで更正処分に対する取消訴訟の救済制度としての趣旨・目的に沿う解釈を展開することが必要であろう。(8)

（1）　田中二郎『租税法〔第三版〕』二六九頁（有斐閣・一九九〇）。
（2）　渡部吉隆・最判解民事篇昭和四二年度四二五頁（一九七三）。
（3）　塩野宏・租税判例百選〔第二版〕二一六頁（一九八三）。
（4）　金子宏『租税法〔第一七版〕』八八四頁。学説的には、再更正が当初更正に吸収され、再更正によって当初更正が増減するという逆吸収説とよばれる見解（南博方『租税訴訟の理論と実際〔増補版〕』一二二頁（財経詳報社・一九八〇））なども存する。学説等については、小幡純子・租税判例百選〔第五版〕二一八頁（二〇一一）。
（5）　村井正・行政判例百選Ⅰ〔第四版〕二〇二頁（一九九九）参照。
（6）　吉田徹「訴えの利益をめぐる問題」小川英明ほか編『新・裁判実務大系　租税訴訟〔第一八巻〕』一三六頁（書林書院・二〇〇九）。
（7）　清永敬次・シュトイエル一〇〇号九一頁（一九七〇）等参照。
（8）　占部裕典『租税債務確定手続』七〇頁（一九九八）、そのほか、本文中に掲げたもののほか、松沢智『新版　租税争訟法』（中央経済社・二〇〇一）三一六頁、占部裕典「租税訴訟における審理の対象――理由附記及び理由の差替えをめぐる諸問題」小川英明ほか編・前掲書一二〇頁を参照。

第二節　租税特別措置に対する司法的統制と原告適格

はじめに――「租税特別措置の適用状況の透明化等に関する法律」の制定をうけて

現実の租税制度の分析においては、必要な税収を公平かつ効率的に確保するという、租税理論に則した税制の基本構造に係る規定とは異なる異質の租税政策にかかる規定が多数存在する。そして、そのような異質の租税制度（多くの場合は「租税特別措置」と呼ばれている。）にかかる法改正はわが国の毎年の税制改正事項の多数を占める。税制改正においては、様々な政策的な配慮から、租税特別措置として、法人税法を中心にこのような規定が導入される。戦後のわが国の経済成長の要因の一つとして、政府の施策である産業政策等と租税特別措置との結びつきをみることができよう。

租税特別措置（租税優遇措置、税負担軽減措置等）は、特定の政策目的を実現するための政策手段の一つであり、税負担の公平・中立・簡素という税制の基本理念の例外措置として設けられているものである。租税特別措置はシャウプ勧告において一度は廃止されたものの、以後、わが国が発展途上国から先進国へと推移する流れのなかで、また経済の成長過程等を通じて相応の役割を果たしてきた。(1)

このような税制改正における政策税制については、⑴いかなる政策目標のもとで、いかなる効果が具体的に予定されているのか（政策目標と具体的な成果との関連性）、また⑵その政策達成のための手段、たとえばなぜ税額控除、特別償却（あるいはその両者の選択性）等といった手法であるのか（達成目的とそのための手法との関係）、⑶一定の限度額など（租税措置法における控除限度額規定等）はどのような判断のもとで決定されているのか、⑷期間（期限）延長はいかなる基準（優先順位の）もとで行われているのか、等々、合理的に説明できるものでなければならないであろう。

しかしながら、租税特別措置については、個別的な政策目的に細分化され、極めて複雑なものとなっており、一旦、租税特別措置が導入されると、既得権益となり長期間にわたって継続して措置されがちであるなど、問題が指摘されてきた。租税特別措置については、これまでも、①その目的が現下の喫緊の政策課題に資するものであるか、②政策目的達成のために効果的な措置であるか、③政策手段として税制が適当か、④利用実態が特定の者に偏っていないか、⑤利用実態が低調となっていないか、⑥創設後長期間にわたっていないか、等の視点から整理合理化が行われてきたところである。旧税制調査会の整理合理化の方針をうけてその見直しが行われてきてはいるが、これまで十分な成果をあげているかは疑わしい状況にあったといえよう。また、租税特別措置について、その長期化を避けるため一定期間経過後は延長せずに廃止する仕組みを考えてはどうか、その利用実態等の透明性を高めるような方策を検討すべきではないかとの見解もかねてより存したところである。

このような状況下で、民主党（民主党政策集インデックス二〇〇九）は、特定の企業や団体が本来払うはずの税金を減免される点で、租税特別措置は実質的な補助金（「隠れた補助金」）であり、また税務当局も要求官庁も各租税特別措置の必要性や効果を十分に検証しておらず、国民への説明責任を全く果たしていないといった問題意識から、租税特別措置について、減税措置の適用状況、政策評価等を明らかにした上で、恒久化あるいは廃止の方向性を明確にする「租税特別措置透明化法」を制定し、それらのデータをもとに租税特別措置の抜本的見直しを行うとしていたところである。(2) そして、租税特別措置の透明化を進める中で、租税特別措置を含めた実質的な負担水準を明らかにし、それにより課税ベースが拡大した場合には、法人税率の水準を見直していくこととしていた。この方針は基本的には民主党政権下において引き継がれて、今日、租税特別措置の見直しが税制改正の重要な課題として浮上してきている。民主党が政権を獲得したことで、「租税特別措置」にこれまでにないメスが入ったといってよかろう。

本稿では、民主党政権下での租税特別措置に対するわが国の見直しのための枠組みを検証するとともに、その法的な意味での実効性確保のためのあり方を検討するものである。

Ⅰ　租税特別措置の見直しの方向性

1　租税特別措置の定義

法人税や法人税等にかかる多くの租税特別措置が存するが、いかなるものを租税特別措置にかかる税制として理解するかはかならずしも見解が一致しているとはいえない。租税特別措置法に根拠規定をおけばそのような税制であるといえるであろうか。ここでは、まず、租税特別措置の意義についてまず明らかにしておこう。

「租税特別措置」をどのように定義するかは論者により異なる。税制調査会においては、おおむね「租税特別措置・非課税等特別措置は、特定の政策目的を実現するための政策手段の一つであり、税負担の公平・中立・簡素という税制の基本理念の例外措置として設けられているものである」（昭和六二年税制調査会答申）と位置づける傾向にある。金子宏教授は、「租税特別措置というのは、租税類別措置とは異なり担税力その他の点では同様の状況にあるにもかかわらず、なんらかの政策目的の実現のために、特定の要件に該当する場合に、税負担を軽減しあるいは加重することを内容とする措置のことで、税負担の軽減を内容とする租税特別措置を租税優遇措置といい、税負担を加重する租税特別措置を租税重課措置という」(3)と定義づける。和田八束教授は、「特定の政策目的を実現するために、税制上の特例規定・特別規定をもって行われる税の軽減措置・優遇措置である」(4)と定義づける。また、武田昌輔教授は、「租税特別措置は、経済政策、社会政策その他の政策的理由に基づいて、租税制度に加えられた臨時的な、例外的措置であり、特に、所得を課税標準とする所得税法、法人税法においては、その課税標準の計算は、所得の種類（たとえば、営業利益とキャピタルゲイン）をそれほど重視しないで計算されることから、租税特別措置はこの等質的な所得に対する例外的措置として、本則と明確に区別される」(5)と定義づける。

一般的な定義については、おおむね大差はないものと考えられるが、多くの論者が租税特別措置を租税優遇税制（非課税等特別措置を含む）として論じる傾向にある。(6)しかし、租税特別措置の法的限界を論ずるに当たっては、金子教授が指摘するように租税特別措置による重課も（法的な視点からは）当然に射程距離にいれなければならないといえよう。租税特別措置にかかる場面と所得課税の基本的枠組みにかかる場面で、議会における法的統制に差が生ずることは当然のこと、後述するように司法的な意味で審査基準に相違が生ずるかなどについても影響が及ぶとも考えられる。

なお、「租税特別措置」といわれるものは同時に「政策税制」として位置づけることができるであろうか。税制調査会（「昭和五一年度の税制改正に関する答申」）は、以下のように、租税特別措置を「政策税制」と「それ以外の特別措置」に分類している。

(1)　特定の政策上の配慮がなかったとすれば、税負担の公平その他の税制の基本原則からは認め難いと考えられる実質的な意味での特別措置（「政策税制」）

(2)　それ以外の制度、すなわち、政策税制とは異なり税制の基本原則からみて所得税法、法人税法等の本法において規定されてしかるべき制度及び現在のところ租税特別措置法に規定されてはいるもののいずれは本法に吸収されてしかるべきものと考えられる制度

租税特別措置の多くは前者に属するものであろうが、(1)(2)の区分が必ずしも明確にできないものも存する。(7)交際費の損金不算入規定などは後者に該当することとなる。税率の軽減（措置法六八条等）、非課税（措置法六七条の一一等）、土地譲渡がある場合の特別税率（措置法六二条の三）などは前者に属するといえよう。また、タックス・ヘイブン税制（措置法六六条の六、四〇条の四以下）などは広く租税回避否認規定と解されているところであるが、一面では重課と解するか本来の租税原則に戻すための制度と解するか、資本輸出の中立性の確保のための租税政策と解するかなどといった視点からも検討を加えることもできよう。上記の(2)は、いわゆる租税政策にかかるものとして理解することが可能であるといえよう。ただ、租税政策にかかる制度か経済的措置にかかる税制かの境界はきわめて流動的であるといえよう。たとえば、上述したように租税特別措置法のタックス・ヘイブン税制や留保金課税制度（法法六七条）などを想定すると明らかであろう。

租税特別措置に該当するか否かについて、租税特別措置法において制度化されているか、あるいは法人税法や所得税法において制度化されているか、によって区別する方法もあろう（「形式的な意味での特別措置」という）。しかし、形式的に分類することは必ずしも有益ではない。ちなみに、「一般的減税」、「特別減税」といった区別は、このような「形式的な意味での特別措置」によるものであろう。

法人税法自体においても租税特別措置（あるいは政策税制）は存在しており、租税特別措置に対する法的な評価は、「実質的意味での租税特別措置」を対象とすべきこともちろんである。「実質的な意味での租税特別措置（非課税措置、重課措置も含む）」＝「政策税制」として、ここでは理解することができよう。なお、租税特別措置から租税政策（租税基本原則の修正）は除かれることは明らかであり、租税特別措置と租税政策の意義、両者にかかる税制の法的な評価の基準が異なることは当然であろう。

では、このような実質的な意味での租税特別措置の意義を明らかにすることには、どのような意義があるであろうか。必ずしも、十分にこれまで議論されてきたところではないが、以下のような点をあげることができるように思われる。

(1)　租税優遇措置にかかる規定の解釈論
(2)　租税特別措置にかかる規定の実体法的な意味（特別措置の法的限界）
(3)　立法過程を含めた租税特別措置に対する手続的なコントロール
(4)　租税特別措置の見直し（整理合理化の対象）

(1)の視点については、たとえば外国税額控除事件にかかる一連の事件での主張をみることができるであろう。そこでは、被告から租税優遇措置については、厳格な文理解釈が要求されておらず目的論解釈が可能であるとする主張がなされていたところである。(8)

大阪地裁平成一三年五月一八日判決・判例時報一七九三号三七頁（控訴審・大阪高裁平成一四年六月一四日判決・判例時報一八一六号三〇頁）は、一般論として、「租税法律主義の見地からすると、租税法規は納税者の有利・不利にかかわらず、みだりに拡張解釈したり縮小解釈したりすることは許されないと解される。しかし、税額控除の規定を含む減免規定は、通常、政策的判断から設けられた規定であり、その趣旨・目的に合致しない場合を除外するとの解釈をとる余地もあり、また、これらの規定については、租税負担衡平の原則から不公平の拡大を防止するため、解釈の狭義性が要請されるものということができる。したがって、租税法律主義によっても、かかる場合に課税減免規定を限定解釈することが全く禁止されるものではないと解するのが相当である。」（原判決一二七頁）と判示する。(9)外国税額控除規定は、租税優遇措置のような単なる政策目的に基づく軽減措置と相違するか否の議論はここではおくとして、今後、租税優遇措置にかかる規定の解釈と租税法律主義との関係は一つの問題でありうるであろう。

租税特別措置にかかる規定の趣旨・目的が立法経緯から明確にうかがえない限り、納税者に不利となるような限定解釈は、租税法律主義の原則のもとでは差し控えられるべきである。外国税額控除規定は、租税優遇措置のような単なる政策目的に基づく軽減措置とは相違することに留意すべきである。

しかし、例外的に当該法規の導入経緯・立法経緯により規定（における文言）の解釈が明らかな場合においてのみ、限定解釈が許容されると解することについて、租税法律主義違反は存しない。ただし、極めて限定的な場合においてのみ許されるものであることに留意をしておくべきであろう。

(2)の租税特別措置の実体法的検証については、法人税以外のものであるが、大牟田電気ガス税訴訟（福岡地裁昭和五五年六月五日判決・月報二六巻九号一五七二頁）、朝鮮総連の固定資産税減免規定事件（福岡高裁平成一八年二月二日判決（未登載））など、非課税規定等にかかる事件は多く存するが、租税特別措置の適否を実体法的な視点から争ったものは存しないといえよう。租税特別措置を定義することによって、その法的な限界を画する判断基準のもとで、租税特別措置を法的な審査に服させることが可能であるか否かが問題となろう。

(2)と(4)との関係が問題なるが、(2)においては、租税特別措置と憲法（租税平等主義）との抵触が問題となるであろうが、いかなる審査基準が適用されるかが問題となろう。最高裁昭和六〇年三月二七日判決（民集三九巻二号二四七頁）は、「租税優遇措置が合理性を欠くものであるとしても、そのことは、当該措置自体の有効性に影響を与えるものにすぎず、本件課税規定を違憲無効ならしめるものではない」と判示しているところである。「租税特別措置」が「著しく不合理でない限り」違憲とはいえないとする違憲基準は、租税平等主義や租税法律主義のもとで、再検討される必要がある。法的には、なお、租税条約あるいはガット（ＷＴＯ）等の抵触問題が論じられることもあろう。

(2)は、(4)との関係において議論することも可能であるが、たとえば、政府税制調査会においては、これまでも幾度となく租税特別措置を定義をして、その整理合理化の一般的な基準を示している。[10] (4)はいわゆる租税特別措置の合理化のための基準といってよかろう。(4)においては、立法段階における見直し基準が問題となるであろう。租税特別措置等の整理合理化にあたっては、上記のような基準からのみなおしが強調されてきたといえよう。これらの視点は、必ずしも具体的な法的な意味での判断基準ではなく、評価基準としての意義をもつものであろう。租税特別措置に対する法的な意味での無効等の判断基準と整理合理化のための評価基準については、おのずから相違があろう。実体法的基準としては、ヘイグ・サイモン基準、公平基準、担税力基準、政策目的達成基準などがわが国においても提唱されているが、これらの基準もここでの見直しのための評価基準にとどまるものであろう。[11]

なお、(3)においては、行政手続法三八条以下の意見公募手続きが、主として租税特別措置にかかる行政規則としての施行令、施行規則の施行に関して、論じられることになろう。しかし、租税支出（tax expenditure）やサンセット法のような手続法を導入するに際して、「租税特別措置」の意義は重要であろう。

2　平成二二年度税制改正大綱

租税特別措置については、平成二二年度税制改正大綱（平成二一年一二月二二日閣議決定）に基づいて、「抜本的に見直す」こととされ、「租税特別措置の見直しに関する基本方針」が示された。平成二三年度税制改正大綱（平成二二年一二月一六日閣議決定）においても、租税特別措置（国税）の見直しについては、法人実効税率引下げに伴う課税ベースの拡大措置に加え、平成二二年度税制改正大綱同様に、税制を納税者の視点に立って公平で分かりやすい仕組みとするとの観点から、租税特別措置については引き続き徹底した見直しを進めることとして、政策税制措置について一〇九項目の見直しを行い、その結果として、五〇項目を廃止又は縮減することとしている。なお、中期財政フレーム（平成二四年度〜平成二六年度）（平成二三年度八月一二日閣議決定）においても、租税特別措置については、平成二二年度税制改正大綱の方針に従ってゼロベースから見直すこととなっている。平成二二年度税制改正大綱における見直しの対象及び見直しの方針は、以下の通りである。

1　見直しの対象

(1)　租税特別措置の見直しは、租税特別措置法に規定された措置や特例等のうち、産業政策等の特定の政策目的により税負担の軽減等を行う措置（以下「政策税制措置」という。）に該当するものを対象とする。

(2)　政策税制措置に該当するもの（現時点で二四一項目）の全てについて、今後四年間で抜本的に見直す。各年の見直しの対象は、その年度末までに期限が到来する措置に、期限の定めのない措置等を随時加えたものとすることを基本とする。

2　見直しの方針（「ふるい」）

租税特別措置の見直しに当たっては、公平・透明・納得の税制の構築と財源確保の要請を踏まえつつ、以下の方針により行うこととする。

(1)　既存の政策税制措置のうち、期限の定めのある措置については、その期限到来時に廃止する（サンセット）。ただし、「指針」（いわゆる「六つのテスト」）に照らして合理性、有効性及び相当性のすべてが明確に認められる措置に限り、その内容の厳格な絞込みを前提に、原則として三年以下の期限を付して存続させることを検討する。

なお、政策税制措置の見直し「指針」に照らして厳格な見直しを行った結果、実質的に同じ内容の措置を二〇年を超えて存続させることとなる場合には、原則として、期限の定めのない措置とすることを検討する。

(2)　既存の政策税制措置のうち、期限の定めのない措置については、関連する措置を見直す場合等の適時に、「指針」に照らしてその適用状況や政策評価等を踏まえて存続の必要性を判断し、存続させる場合は、内容の厳格な見直しを行う。

なお、期限の定めのない措置のうち、もはや適用状況や政策評価等を踏まえた必要性を判断する必要がなく、かつ、課税の公平原則を逸脱するものではないと明確に認められるものについては、本則化の適否を検討する。

(3)　政策税制措置を新設又は拡充する場合には、スクラップ・アンド・ビルドを基本とし、その費用対効果の見通しと検証可能性に留意しつつ、「指針」を踏まえてその緊要性を厳格に判断し、原則として、三年以下の期限を付すものとする。

ここでは、見直しの対象とする租税特別措置（政策税制措置）の定義をすることにより見直しの対象を明らかにし、各年の見直しの対象は、その年度末までに期限が到来する措置に、期限の定めのない措置等を随時加えたものとすることを基本とする（財務省資料では、平成二一年度一月一日現在での租税特別措置は三〇〇項目あり、そのうち適用期限の定められているものが一八二項目、定められていないものが一三四項目となっている。同様に、経過年数別法人税関係でみると、平成二一年度一月一日現在で、三〇年以上が二項目、三五年以上が四項目、四〇年以上が九項目、四五年以上が五項目、五〇年以上が三項目である。平成二一年度では国の政策税制措置（二四一項目）の三分の一にあたる八二項目を見直しの対象とし、うち四一項目について廃止又は縮減をする（廃止一二、縮減二九）としていた）。見直しの対象とする租税特別措置の範囲をどこまでにするかは一つの問題である（後述、租特透明化法二条一項一号・二号参照）。租税特別措置の見直しに当たっては、「公平・透明・納得の税制の構築」のみでなく、「財源確保の要請」を踏まえることとしており、財源論あるいは歳出抑制を強く意識した内容となっているところである。

最大の問題は、租税特別措置の新設・変更・廃止の方針（基準）であるが、租税特別措置のうち、期限が到来するものは原則廃止、存続の必要性があるものについては原則三年以下の期間で存続させることとしている。また、政策税制措置を新設又は拡充する場合には、スクラップ・アンド・ビルドを基本とし、その緊要性を厳格に判断し、原則として、三年以下の期限を付すものとしている。この方針については、評価しうるものであろう。

なお、「地方税における税負担軽減措置等の見直しに関する基本方針」も同様に明らかにされた。地方税における税負担軽減措置等の見直しは、地方税法に規定された措置や特例等のうち、特定の政策目的により税負担の軽減等を行う措置に該当するもの（現時点で二八六項目）の全てについて、今後四年間で抜本的に見直すとするなど国税と同様の立場をとっていた(11)。また、見直しの方針も「租税特別措置の見直しに関する基本方針」に準じて行うこととしていた。しかし、固定資産税、不動産取得税、自動車関係税等については、(1)による見直しに加え、①実施期間が長期にわたる措置（一〇年超）、②適用件数が少ない措置（一〇〇件未満）、③適用金額が小さい措置（一億円未満）のいずれかの要件に該当する措置について特に厳格な見直しを行うこととしていた。また、特別の必要により延長を認める場合でも、経過年数に応じて段階的・自動的に特例措置を縮減する仕組み（新サンセット方式）の導入を検討することとしていた。平成二三年度税制改正大綱においても同様の方針の下で固定資産税に係る政策税制措置について適用実態や有効性等を検証し、厳格に見直すことなどが求められている。

3　租税特別措置の見直しのためのテスト（基準）

平成二二年度税制改正大綱の特徴はこれまでの租税特別措置の見直しの基準と比較して、より具体的な見直しのための指針を示していることである。以下のような政策税制措置の見直しの指針（「六つのテスト」）が示され、その厳格な見直しが求められている。

［一］　背景にある政策に今日的な「合理性」が認められるか

1　法律に規定されるなど、所管官庁の政策体系の中で優先度や緊要性の高いものとして明確に位置付けられているか。

2　当初の政策目標が既に達成されていないか。

［二］　政策目的に向けた手段としての「有効性」が認められるか

3　適用数が想定外に僅少であったり、想定外に特定の者に偏っていないか。

4　政策評価法に基づく所管官庁の事後評価等において、税収減を是認するような有効性（費用対効果）が客観的に確認されているか。

［三］　補助金等他の政策手段と比して「相当性」が認められるか

5　同様の政策目的に係る他の支援措置や義務付け等がある場合に、適切かつ明確に役割分担がなされているか。

6　適用実態などからみて、その政策目的を達成するための政策手段として的確であり、かつ、課税の公平原則に照らし、国民の納得できる必要最小限の特例措置となっているか。

なお、上記の「合理性」、「有効性」、「相当性」の検証に当たっては、存続期間が比較的長期にわたっている措置（一〇年超）や適用者数が比較的少ない措置（二桁台以下）等については、特に厳格に判断することとされている。

政策税制措置の見直しの指針（基準）はこれまでも政策税制措置の見直しの度に示されてきたといってもよい。ちなみに、旧税制調査会のもとでも、度々のふるいわけの基準は示されてきており、たとえば、昭和四〇年税制調査会長期答申は、「租税特別措置が認められるのは、まず、税制以外の措置で相当な手段がないか否かどうかを検討し、他に適当な方法がない場合に限られるべきであり、その場合においても、(1)政策目的自体の合理性の判定、(2)政策手段としての有効性の判定、(3)付随して生ずる効果と租税特別措置の効果との比較衡量、(4)付随して生ずる弊害と租税特別措置の効果との比較衡量、の要件を厳格に経た上でなければならない」としていた。[12] 平成二二年度税制改正大綱の「合理性」「有効性」「相当性」といった三要件はほぼこれまで同様に用いられているものの、平成二二年度税制改正大綱は、租税特別措置の新設・変更・廃止の方針（基準）を前提にした三要件基準（六つのテスト）である。過去の租税特別措置の見直しと比べて具体的なテスト（基準）によってその判断基準を明確にしており（「より厳格なふるい分け基準」）、厳格な見直しに向けての枠組みとしては評価しうるものであるといえる。

Ⅱ　「租税特別措置の適用状況の透明化等に関する法律」による統制

1　租特透明化法等の創設とその役割

平成二二年度税制改正大綱においては、⑴租税特別措置の適用実態を明確にし、その効果の検証に役立てる仕組みを構築するため、租税特別措置の適用の実態を把握するための調査やその結果の国会への報告等について定める「租特透明化法案（仮称）」を平成二二年の通常国会に提出することとしていた。また、⑵地方税における税負担軽減措置等の適用の実態の透明化を図るとともに、適宜、適切な見直しを推進するため、統計資料等による地方税における税負担軽減措置等の適用実態の把握やその結果の国会への報告等について定める地方税法改正案を平成二二年の通常国会に提出することとしていた。⑴を受けて、政府は、「租税特別措置の適用状況の透明化等に関する法律案」（いわゆる「租特透明化法案」）を国会に提出し、平成二二年三月二四日に可決・成立した。[13] 租特透明化法等の創設は国会に租税特別措置の議論に不可欠の情報を提供するものであり、国民への見直しに係る評価についての情報を提供するものともなりえよう。

「租特透明化法」の目的は、租税特別措置について、その適用状況を透明化するとともに適切な見直しを推進し、国民が納得できる公平で透明な税制の確立に寄与することである（租特透明化法一）。租特透明化法は、平成二二年度税制改正大綱を受けて、適用額明細書の提出義務（租特透明化法三）、適用実態調査の実施（租特透明化法四）を制度化し、これらによって租税特別措置法の見直しのための基礎的データを取得することによってより厳格な見直しを行うとともに、財務大臣による適用実態調査の結果に関する報告書の作成と国会への提出等（租特透明化法五）を通して、租税特別措置の見直しについての透明性を高めることを主眼としている。租特透明化法の対象となるものは、内国税を軽減し、若しくは免除し、若しくは還付する措置又はこれらの税に係る納税義務、課税標準若しくは税額の計算、申告書の提出期限若しくは徴収につき設けられた内国税に関する法律の特例で、租税特別措置法により規定されたものをいうとされている（租特透明化法二①1、令一）。よって、税額控除や特別控除等がこれに該当するが、交際費の損金不算入規定などはこの対象からはずれることになる。法人税申告書を提出する法人で、当該法人税申告書に係る事業年度又は連結事業年度において法人税関係特別措置の適用を受けようとするものは、当該法人税関係特別措置につき記載した適用額明細書を当該法人税申告書に添付しなければならない（適用額明細書の提出義務）とし、適用額明細書を添付せず、又は虚偽の記載をした適用額明細書を添付して法人税申告書を提出した法人については、当該法人税申告書に係る事業年度又は連結事業年度において適用を受けようとする法人税関係特別措置の適用はないものと規定する（租特透明化法三①②）。これらの規定は、平成二三年四月一日以後終了する事業年度の申告から適用）。租税特別措置の適用を受ける納税者に一定の明細書の提出義務を課すものであるが、納税者の負担、行政側の負担を考慮して、かなり適用対象が限定されているといえよう。一方、適用実態調査（租特透明化法二①9）の実施としては、(1)財務大臣が、法人税関係特別措置について、適用額明細書に記載された事項を集計することにより、法人税関係特別措置ごとの適用法人数（当該法人税関係特別措置の適用を受けた法人の数をいう）、適用額の総額その他の適用の実態を調査するもの（適用明細書を利用する適用実態調査）（租特透明化法四①）と(2)(1)以外のほか、財務大臣が、租税特別措置の適用の実態を調査する必要があると認めるときは、その必要の限度において、所得税法二二五条一項に規定する調書その他の資料を利用し、並びに行政機関が行う政策の評価に関する法律（政策評価法）二条一項に規定する行政機関その他の租税特別措置の適用に関連する業務を行う団体に対し資料の提出及び説明を求めることにより調査するもの（行政機関等に関する適用実態調査）（租特透明化法四②）の二つの調査が規定されている。適用明細書を利用する適用実態調査の対象が法人税関係特別措置に絞られたことにより、(2)の調査規定を置くものであろうが、この規定の趣旨・目的からすれば運用としては定期的に実施されるべきものであろう。平成二二年度税制改正大綱においては、租税特別措置の抜本的な見直しに関し、政策評価を厳格に行うこととされたほか、見直しの指針として、政策評価法に基づく所管官庁の事後評価等において、税収減を是認するような有効性が客観的に確認されているかが明記されたところである。租税特別措置の透明化及びその適宜適切な見直しを図る上で、政策評価の果たす役割は大きいものと考えられる。評価の実施においては、客観的なデータを可能な限り明らかにし、租税特別措置の新設、拡充又は延長の適否や租税特別措置の具体的な内容についての検討に資するよう分析するとともに、分析内容が国民や利害関係者等との議論の共通の土台として用いられ、各行政機関における検討作業や政府における税制改正作業において有効に用いられることが重要である[15]（租税特別措置に係る政策評価の内容、手順等の標準的な指針を示したものとして、「租税特別措置に係る政策評価の実施に関するガイドライン」（平成二二年五月二八日・政策評価各府省連絡会議了承）が存する）。

さらに、財務大臣は、毎会計年度、租税特別措置の適用状況等を記載した報告書を作成し（租特透明化法五①）、内閣は、これを国会に提出することとされている（翌年一月に開会される国会の常会に提出することを常例とする。租特透明化法五②）。報告書には法人税関係特別措置ごとの高額適用額について適用額の大きい上位二〇社の適用額をいうが、報告書には報告者用コードが記載され、プライバシーが担保されている（租特透明化法施行規則五④）。また、行政機関の長等は、政策評価を行うため、財務大臣に対し、適用実態調査により得られた適用実態調査情報の提供を求めることができることとされている（法六①）。このような「租税特別措置の整理合理化推進プログラム」

に基づいて適用実態の把握、見直しの指針が行われる。

なお、租特透明化法に先立って、民主党は議員立法という形で「租税特別措置の整理及び合理化を推進するための適用実態調査及び正当性の検証等に関する法律案」（旧租特透明化法案）を通常国会に提出したが、衆議院で審議未了で廃案となった。その基本的な考え方を維持して作られたものが上記の租特透明化法である。旧租特透明化法案の趣旨説明において、発議者は法律案を提出する理由を、①租税特別措置は、実質的には補助金と同様のものであることから、新設、継続に当たっては、対象者が明確であること、効果や必要性が明白であること等透明性の確保が必要となる、②民主党は、関係各省庁にヒアリングをしたが、だれがどの程度利用しているのか、どの企業がどのような恩典を受けているのか所管する財務省ですら全くわからない現状にある、③民主党は、租税特別措置について、その適用実態を明らかにする仕組みを整備し、各措置について、既に役割が終わったものか、引き続き継続すべきものかなどを国会で具体的に検証し、その整理合理化を推進し、もって納税者が納得できる公平で透明性の高い税制を確立する、ためとして、本法律案が提出されていた。旧租特透明化法案では、租特透明化を具体的に進めるための手段として、⑴財務省等による適用実態調査、⑵会計検査院による検査、⑶行政機関による政策評価を通じた政策への反映の三つを定めている[16]。租特透明化法案では、租税特別措置の適用見込数、その増減収見込額等についてできる限り合理的な推計を行い、これを基礎として、⑴その租税特別措置が行政目的を実現する手段として相当なものであるか、⑵行政目的を実現するために有効なものであるか、⑶適用を受ける納税者の過度の偏りその他の適用の実態で合理性を欠く不公平が生じていないかを検証基準に掲げていた。適用実態調査は、租税特別措置法で規定されている国税に関する特例について行われるが（旧租特透明化法案二①）、対象となる税目は特に限定されていない。また、調査に当たっては、通常の納税申告書だけでは租税特別措置の利用実績を把握するのが難しいことから、新たに納税者に申告書に添付して「増減額明細書」（増加する税額又は軽減若しくは免除される税額を一覧することができるように記載した書類）の提出を求めることができるとされていた（旧租特透明化法案七②）。適用実態調査は、租税特別措置法で規定されている国税に関する特例について行われるが（旧租特透明化法案二①）、対象となる税目は特に限定されていなかった。企業向け租税特別措置だけでなく、個人向けの租税特別措置についても調査が行われるものとしていた。また、会計検査院による検査は毎年実施され、国会に対して行われる検査報告に、その年の検査の方針並びに租税特別措置ごとの検査の対象及び方法、検査の状況及び結果並びに会計検査院の所見を掲記するとされていた（旧租特透明化法案一二）。このように租特透明化法とは相違があるが、旧租特透明化法案での審議内容を反映したうえでの相違であるといってよかろう。

2　租税特別措置の見直し・透明化に向けた課題

租税特別措置において六つのテストを充足しないものは、課税ベースの侵食、公平性の侵害をもたらすばかりでなく、経済や財政の不安定さをもたらす。

そのためには、本稿で示された、租特透明化法に基づくいわゆる「租税特別措置の整理合理化推進プログラム」が適正に機能しなければならない。

平成二四年度税制改正においては、平成二三年税制改正大綱の見直しの方針に基づき、今年度末までに期限が切れる租特等を中心に適用実績が僅少か否か、政策効果が認められるかなどの点検を行っていくこととなるが、租特透明化法により、順次データが出てくることとなるので、これまで以上に、より厳格な見直しが可能となるものと思われる(17)。歴史的使命を終え、「合理性」を欠いた租税特別措置、効果が薄い租税特別措置も六つのテストのもとで当然、廃止・縮減することとなる一方、経済政策としての「有効性」（費用対効果）の高い、特に雇用や経済成長に寄与する措置、震災復興等にかかる措置などは実施していくこととなるであろう。補助金等の歳出との役割分担といった「相当性」についても積極的に検討を行うことが必要であろう。

Ⅲ　租税特別措置の法的統制――租税特別措置の法的判断基準

1　租税特別措置の平等原則違反について（現実には租税特別措置に関して違憲はありえないのか）

不合理な租税特別措置の是正は当然に国会にまず期待されているというよりは義務づけられているといってよい。不合理な租税特別措置を放置することはまったく無駄な補助金を交付しているのにほかならず許されないであろう。地方税法においても地方公共団体の判断のもとで公共の利益という政策判断に基づき様々な軽減措置（たとえば地方税法六条に基づく税軽減条例規定）などのような場合については、住民は住民訴訟によりそのような税の軽減についてはコントロールを及ぼすことが可能であるのに対して、国税の租税特別措置の是正については立法（議会）に大きな期待がかけられているのである。

租税特別措置において六つのテストを充足しないものは、課税ベースの侵食、公平性の侵害をもたらすばかりでなく、経済や財政の不安定さをもたらすことから、議会（国会）による機能が重要な意味を有する。そのために「租税特別措置の整理合理化推進プログラム」が適正に機能しなければならないことは言を待たない。しかし、国会におけるこのような機能が十分に機能しない場合においては納税者はいかなる法的な対応が可能であろうか。

租税特別措置において六つのテストを充足しないものは不合理な特別措置といえようが（それが直ちに法的に違法であるかはともかくも）、納税者は租税特別措置の存在によって具体的に財産上の不利益を被ったわけではなく、そもそも平等原則違反を主張する資格を有するか否か問題となろう。

また、租税特別措置・税負担軽減措置等（租税特別措置）は、特定の政策目的を実現するための政策手段の一つであり、税負担の公平・中立・簡素という税制の基本理念の例外措置として設けられているものである。それでは、租税特別措置は、実体法的には、憲法一四条一項に反して、不合理な制度となる場合がありうるのか、が問題となる。

この点については、東京地裁昭和五七年一一月一五日判決（税資一二八号三三九頁）は、所得税法八三条（税率）の規定は事業所得者を利子所得者、配当所得者及び株の譲渡所得者に比して不当に差別するものであるから憲法一四条（法の下の平等、貴族の禁止、栄典）、八四条（課税）に違反するとの主張につき、利子所得、配当所得及び有価証券の譲渡に対し、それぞれ分離課税制度（昭和四二年法律第七号による改正前の租税特別措置法三条、三八年分については三九年法律二四号による改正前のもの、同三九年分については四〇年法律三二号による改正前のもの、同四〇年分については右改正後のもの）等、源泉分離課税制度（同法八条の三、但し、同条は四〇年法律第三二号のより追加されたもの）及び非課税（旧法六条六号、新法九条一項一一号）などといった租税優遇措置がとられているからといって、それが国の経済政策の一環をなす租税政策について認められる合目的的裁量の範囲内と認められる限りにおいて、違憲の問題を生ずる余地はなく、右裁量は、立法府の政策的裁量としての性格上、一見して明白に裁量権の濫用ないし裁量の範囲の逸脱と認められる場合に限って違憲の瑕疵を帯びるものと解すべきであって、租税については、特に公平負担の原則が重視されるべきことはもろちんではあるが、前記課税制度が、一見して明白に政策的裁量の濫用ないし裁量の範囲の逸脱と認められるとは解されないから、前記法条が憲法一四条に違反するとの主張は理由がなく、また、憲法八四条に規定する租税法律主義とは、課税要件がすべて法律において明確に定められていなければならないということであるが、その内容も合理的なものでなければならないとの趣旨を含むにしても、前述したところからすれば、旧法一三条及び新法八三条が憲法八四条に違反するといえないことは明らかというべきであると判示する。これに対して、最高裁昭和六〇年三月二七日判決（サラリーマン税金訴訟上告審判決）がある。最高裁は、租税は、今日では、国家の財政需要を充足するという本来の機能に加え、所得の再分配、資源の適正配分、景気の調整等の諸機能をも有しており、国民の租税負担を定めるについて、財政・経済・社会政策等の国政全般からの総合的な政策判断を必要とするばかりでなく、課税要件等を定めるについて、極めて専門技術的な判断を必要とするから、租税法の定立については、国家財政、社会経済、国民所得、国民生活等の実態についての正確な資料を基礎とする立法府の政策的、技術的な判断にゆだねるほかはなく、裁判所は、基本的にはその裁量的判断を尊重せざるを得ないから、租税法の分野における所得の性質の違い等を理由とする取扱いの区別は、その立法目的が正当なものであり、かつ、その立法において具体的に採用された区別の態様が右目的との関連で著しく不合理であることが明らかでない限り、その合理性を否定することができず、これを憲法一四条（法の下の平等、貴族の禁止、栄典）一項の規定に違反するものということはできないと判示したうえで、上告人が「合理的理由のない租税優遇措置の存在をいうが、仮に所論の租税優遇措置が合理性を欠くものであるとしても、そのことは、当該措置自体の有効性に影響を与えるものにすぎず、本件課税規定を違憲無効ならしめるものということはできない」と判示する。(18)

上記最高裁判決までは、下級審においては、広く、「一見して明白に裁量権の濫用ないし裁量の範囲の逸脱と認められる場合に限って違憲の瑕疵を帯びる」とする基準が広く採用されていたところであるが、上記最高裁判決により、「裁判所は、基本的にはその裁量的判断を尊重せざるを得ないから、租税法の分野における所得の性質の違い等を理由とする取扱いの区別は、その立法目的が正当なものであり、かつ、その立法において具体的に採用された区別の態様が右目的との関連で著しく不合理であることが明らかでない限り、その合理性を否定することができず、これを憲法一四条（法の下の平等、貴族の禁止、栄典）一項の規定に違反するものということはできない」として「ゆるやかな合理性基準」が採用された[19]。このような審査基準がわが国においては、租税特別措置についても同様に採用されるべきか否かが問題となろう。最高裁は、いわゆる課税の基本的構造にかかる規定及び租税特別措置にかかる規定について、同様な審査基準を採用しているか否かについては必ずしも明確ではないが、上記判決からそもそも審査対象にならないと解しているともいえる。これらの判断基準の前提には課税権の具体化に伴う国会（立法）の広い立法裁量の存在が存する。

一方、金子宏教授は、個別の租税優遇措置ごとになされるべきであるが、この判断にあたって、主として問題となるのは、以下の諸点などであると説く[20]。

①　その措置の政策目的が合理的であるかどうか。

②　その目的を達成するのにその措置が有効であるか否か。

③　それによって公平負担がどの程度害されるか。

具体的には、租税法の基本原則との乖離の程度、優遇又は重課の割合あるいは程度（金額又は税率換算）、政策目的の合理性、目的実現の緊急性、政策目的とその手法との関連性、税制以外の方法による同様の目的達成の有無、特別措置によりもたらされた弊害等が総合的に検討されることになろうと説かれている。すなわち、憲法一四条違反としての「不合理な優遇」基準を採用する。既存の違憲審査基準との関係・位置づけは必ずしも示されていないものの、これまでの違憲審査基準に代わるものとして評価しうる。

しかし、そのような租税特別措置としての優遇措置をどのようにして争うかについて、このように断言できるかは、なお検討が必要であろう。

たとえば、租税特別措置の一つとして減価償却資産について通常の減価償却額より以上の超過償却を行わせるものが存するが、その目的は、投下資本の早期回収または資金繰り緩和を図るために、主として産業基盤の強化、設備近代化等の見地から認められており、制度的には、狭義の特別償却と割増償却とがある。企業に対して経済的誘因を促す政策的措置の一つとして各国において広く用いられている。生産設備の近代化、特定設備への投資促進、住宅建設の促進、社会的政策的目的の達成等、そのときどきの緊急の政策課題を達成するために直接的な経済的効果が期待できると解されている。特別償却は、資産の取得時に一時にその取得価額の一定割合を乗じて計算した金額を加算して必要経費または損金の額に算入する。割増償却は、その年度または事業年度の普通償却費の額または普通償却限度額に一定割合を乗じて計算した金額を加えて必要経費または損金の額に算入する。租税特別償却は、初年度特別償却（「特定設備等の特別償却」等）と割増償却（「新築貸家住宅の割増償却」等）に区分できる。①電子機器利用設備を取得した場合等の特別償却（措置法四二条の六）、②特別設備等の特別償却（措置法四三条、公害防止用設備、大気汚染、水質汚濁除去設備、電線類地中化設備）、③特定電気通信設備等の特別償却（不正アクセス防御用設備の特別償却・措置法四四条の六七第一項 表五、電子機器利用設備については特別償却と税額控除との選択もありうる）などがあげられる。特別償却の経済的効果は投資額の一定額が投資と同時に流動化するとともに、耐用年数が短縮される効果を有するものである[21]。

なお、特別償却は措置法上の減価償却の特例として、普通償却と同様に位置づけられている。このような処理法は特別償却が税務上はともかくも、商法上の「相当の償却」に当たるかどうかについて疑義が生ずるところから、このような償却方法にかえて特別償却準備金として積み立てることを認める（準備金方式は引当金方式と任意積立金方式の選択適用を認めている）。

特定設備等の特別償却は、昭和三二年度において導入された（旧措置法四三条、合理化機械等の初年度の二分の一償却）。昭和三六年に合理化機械等の特別償却として改正された。重要機械の三年間五割増特別償却、合理化機械等の初年度二分の一特別償却、協同事業用機械等の三年間五割増特別償却を排して、一定の期間以内に特定の機械その他設備等（合理化機械等）を取得し、事業の用に供した場合には、その用に供した日を含む事業年度の償却範囲額は、普通償却のほかに、取得価額の三分の一を加算することができるとした。この改正は、昭和三五年税制調査会において「税制との関連においてみると、その期に納めるべき法人税額を特定の固定資産の取得にあたって、無利子で借り入れる性格をもつものである」としている（一〇〇〇取得すると一四七の支払を免除されることとなる効果がある）。

その後、この制度は、適用法人、適用資産、償却割合の改廃を通じて今日に至っている（昭和四八年度に特定の特別償却に改める(22)）。

なお、初年度特別控除制度の例として措置法四三条（特定設備等の特別償却）がある。たとえば、エネルギー利用効率化設備（耐用年数一〇年）の経済的効果をみる。投資総額一〇〇〇万円は投資を行った年度にその三〇％と普通償却（定率法〇・二〇六）がなされるために、総額五〇六万円の償却額が回収される。これは取得価額の五一％であり、この金額が投資と同時に流動化することとなる。一方で耐用年数は二年短縮されている。これに対して、たとえば「新築貸家住宅等の割増償却」（五年間四割）の場合は、通常の償却に早期に回収、耐用年数も三年間短縮されることになる。投下資本の早期回収を図るという効果をもつ。

仮に、このような特別償却制度の一つの制度の効果に疑問をもつ納税者（たとえば事業所得者や法人であり、そのような特別償却を受けていない場合とする）はその特別償却にかかる租税特別措置規定を争うことが可能であろうか。

本節では、このような判例や学説を踏まえながら、租税特別措置についての違憲審査基準、租税特別措置を納税者が争うに際しての原告適格（standing）の問題、さらには憲法訴訟の対象を含めていかなる訴訟が提起できるのかについて検討を加えることとする。[23]

2　租税特別措置についての違憲判断基準

憲法一四条一項のもとでの「法の下の平等」については絶対的平等を排除して、一定の範囲での異なる取扱いは許されるとして、その判断基準を「合理性」に求めてきた。原則として、差別がある法律の目的を達成するために合理的な関連性をもつかどうかが問われることになる。しかし、憲法一四条一項後段事由や基本的人権の重大な制限を伴う場合などのようにやむにやまれざる政治的利益を達成するためにその別異なる取扱いが必要不可欠のものであるか否かが厳格に問われる必要があると解されている（厳格な審査テスト）。法律の目的を厳格に解して、あるいは手段が実質的相当性を有するか否かを厳格に問う必要があると解されている。[24]

アメリカにおいても、平等保護条項（修正一四条一節）のもとで、一定のグループや個人が異なる取扱いを受けるには立法権は制約されている。たとえば、人種に基づく制定法上の差別（区別）は、平等保護条項の侵害として違憲と判断されることは異論がない。そのほかにも国籍、性別などがそのような取扱いをうけている。しかし、このような場合を除いて平等保護条項は寛大であるといってよかろう。いわゆる合理性基準は、制定法が立法目的との合理的関連性求めるにすぎない。すなわち、その差別がその法律の目的を達成するために不相当な前提に基づくときには合憲的保障を与えない。[25]

制定法の目的と手段の合理的な関係性については、「許容されうる立法目的」についてのいくつかの制約がある。すなわち、制定法の差別は、制定法の目的がなにを行うべきであるか、そして差別がその目的を達成するための「完全な手段」であるという前提に基づいて、合理的基準テストを充足していると判断することになる。[26]したがって、裁判所は、立法府が制定法上の差別（区別）が合理的関係にあるべきその目的を遂行することができず、そしてその規定は立法者が合法的に施行すべきその目的に合理的に関係していないときには、合理的審査基準を満たさないと判示する。

多くの租税特別措置規定は、生の政治的な権限の行使の結果としてもっともらしく説明されている。すなわち、生の政治的な権限の行使の結果である租税特別措置によって利益をうける納税者は、ほかの納税者に比較して、いかなる原則的な方法においても、援助に値しないものであるかも知れないのである。このような場合の重要な問題は、政治的な特別な利益からの圧力に従った立法目的が合法的な（正当な）目的を構成するか否かである。そのような差別に対して合理的基準によって平等原則を守ることができるか。合理的審査基準が意義を有すべきであるとする見解に立つならば、その問題の答えは「ノー」でなければならない。(27) 立法的な圧力に対する単なる返答（優遇措置）が合法的な目的であるとするならば、立法的差別（区分）が合法的な目的に合理的な関連性を有しないというような結論は理解できないであろう。

しかし、アメリカでの有力な見解は、異なる利益グループ間での権力の闘争の成果を反映する立法は合法的でかつ正当であり、憲法訴訟になじまないと説く。(28) ここ数十年において、政治は、公共的利益の利害関係のない探求よりも、むしろ私的利益の無節操な競争として、立法過程を理解する傾向にある。(29) 公共選択の理論（立法者を含む個人が主として私的利益に動機づけられるという経済的過程を政治的過程に適用する理論）は、特にきわだっている。制定法による差別（区別）は、私的利益の競争としての権限闘争の成果が存するとして十分に正当化されうると論じる人々は、記述的なものとしてだけでなく規範的なものとして立法の私的利益の見解を受け入れる。たとえば、ポスナー（Posner）教授は、民主主義的な政治制度のもっとも特徴的な行為を違憲とすることは非常に奇妙なことであると述べる。(30)

連邦最高裁はこの問題への対応に関してあまり明確ではないといえよう。合理的基準にかかる平等保護が存しており、そしてそのような要件は、圧力団体の政治的力の成果が受け入れられない場合にのみ意義を有していると解されており、政治の規範的、私的利益の視点を否定している。しかし、連邦最高裁が租税や経済的な立法についての合理的基準のテストを適用することについての方法は大変異なっており、あらゆる合理的基準についての訴訟を棄却しているようにみえる。(31)

連邦最高裁は、問題の立法が遂行可能な公的な目的を積極的に仮定して、そして仮説的目的と制定法上の差別との関係を緩やかな手段と目的との関係として受け入れる。単純に、圧力団体に対する反応が合法的立法目的であるかどうかという問題に正面から答えることなく、あらゆる差別（区別）を支持している。(32)よって、裁判所は、立法が一定の公的とみなされるような目的に奉仕することをも意図されているという見解に対して、リップサービスを継続的に行う一方で、裁判所は暗示的に政治の私法的利益の観点（視点）を受け入れているということができるかもしれない。わが国における大島訴訟以後の税制にかかる憲法訴訟の実態は同様であるといってよい。

アメリカにおいてはここ最近五〇年で一度だけ平等保護条項違反で経済的な規制を無効としたが、その後その判決の立場は退けられている。(33)裁判所は、二つの方法によって、問題の差別に極端な差別（区別）が存することを証明するという方法によってほとんど完璧なまでに合理的な基準のもとで合理性が存すると判断してきている。(34)

第一に、裁判所は、問題の差別が達成しようとした立法的目的をイメージして、そしてこの目的に照らして、その差別の合理性を分析する。(35)裁判所は、たとえ立法にそのような目的が存することを立法経緯や規定に明らかに記載していないとしても、たとえそのような目的が立法者に存しないとしてもこのようなことを行う。(36)裁判所は、「称賛すべき合法的目的」が存在する限り、目的が立法の現実的目的であったかどうかに係わらず、その目的は憲法的には無関係であるという。

第二に、裁判所は、想定される立法目的と問題の差別との関係が合理的な関連性を達成するために必要な事実を寛大に認める傾向にある。裁判所がこのような立法的な判断を行うことは、裁判所をして、差別が明らかに基づいている立法事実が政府の決定者によって真実であると合理的に確認（認知）させることができないことを確信している。(37)

租税立法に対する平等保護条項の適用は原則として、経済的な審査基準よりも「さらにもっと緩やか」である。かなり古い論文ではあるが、アメリカにおいては租税立法に対する司法審査は放棄されていたと述べている。(38)また、Madden v. Kentucky（1940）においては、課税の分野において立法者が示した差別（区分）についての広範囲な裁量は長い間認知されてきたといったような意見も見ることができる。(39)

アメリカにおいては、これまで、適正な租税政策を遂行するにあたり、立法府によって必要とされる広範囲な裁量における英知の存在を強調することにのみ奉仕してきた。

伝統的に差別は、租税負担の公平な配分は国家の需要等に課税のプログラムを適用するための装置であり、そのために他の分野に比して広範囲な裁量を立法者はもっていると解していた。立法者は、裁判所がもつことのできない租税負担を平等に配分するための国家の状況との親密性を必ず享受するのであるから、租税のプログラムの合憲性の推定は、差別が特別な人やグループに対する対立的圧力による区別であることを非常に明示的に実証することでのみ覆すことができる。よって、納税者が、違憲訴訟において勝訴判決を得ることはほとんどありえないことであるといえる。(40)

特別な（アドホックな）租税法について、平等保護条項にもとづいて勝訴する可能性はほとんどない。裁判所は、これまでの経済的な審査についての基準を踏襲している。しかし、このような審査基準に対する疑問も提示されてきている。Marshall 判事は、「伝統的な合理性基準テストのもとで原告が自動的に敗訴することはないという合理

性基準のもとでの司法的発動は連邦最高裁や地方裁判所にとって前例を築くものである」と述べる。(41)

アメリカにおいて、より厳格な審査基準（もっと調査に基づいた審査をおこなうこと）を主張する見解がでてきたことは注目すべきであろう。サンスタイン（Sunstein）教授の論考は有益である。(42) サンスタイン教授は、憲法は政治の哲学であり、同教授がマディソンの共和主義と呼ぶ立法と政治の哲学であると論ずる。(43) この哲学は、立法過程の大部分は、私的利益グループの闘争であると解している。しかし、一方で、立法者は、共通財（common good）を慎重に考慮しなければならないということを意味している。憲法審査において、平等保護の合理性要件は、規制的（調整的）手段が政治的な圧力の応答として以外のものであるとの要件のもとで正確に理解されなければならないであろう。(44)

サンスタイン教授は、生のより政治的な権限闘争の非原理的な成果以外のもの、すなわち合法的な公益目的を有しているという要件は、合理的審査をより厳格に行うべきであるということを正当化させるほど重要であると論ずる。より厳格な審査は、差別的な取扱いが利益を得る者による政治的な行使以外のものに関係することによって正当化されることを保障することも意図している。

司法審査のレベルは二つの方法においてより高められることになる。裁判所は現実のみを考慮に入れて、仮説的、合法的立法目的を考慮に入れるべきではない。そして裁判所は、制定法の差別と立法目的との関係について単に称賛されるべき目的以上に、より密接な結びつきを求めるべきである。サンスタイン教授の見解は通常、裁判所が経済的な規制に対して特別の場合にのみ適用しているより厳格な審査基準のようなものを用いることを主張している。(45) 経済的な規制に適用されるような合理的な審査基準が意味のないものであるような問題は合法性の問題である。しかし、議論のあるように、その問題は、立法が公的な目的に奉仕するという役割を司法がほとんど放棄させることになるといったようなことを正当化するに十分ではない。(46)

裁判所が厳格な審査基準を用いていたらどうなっていたか。厳格な審査基準は二つの要素に着目する。目的と手段である。裁判所は合法的な公的目的が存するという仮説を拒むことになろう。代わりに裁判所はその法律規定に示された目的のみを考慮すべきである。特別取扱いにおいて適用される納税者が述べられているのであれば規程自体のなかにその目的を見出すことが可能である。

二つめの要件は、主張されている立法目的とその差別との間のかろうじて妥当性のある関連性以上のものを要求するということである。すなわち、実質的な関連性が求められる。議会がロビストによって譲歩したと解されるような関係を排除することとなる。

3　租税特別措置を争う納税者の原告適格

憲法訴訟において、納税者は第三者の納税義務を争うための訴訟を提起できるであろうか。これは原告適格の問題である。ここでは憲法一四条の規定に反して違憲無効を主張する場合の「平等保護原告適格」と憲法三〇条・八四条の国民の納税義務を前提とした「納税者の原告適格」に分けて論ずることとする。

金子宏教授は、「憲法一四条は、特定の者を不利益に取り扱うことを禁止するのみでなく、特定の者に合理的な理由なしに特別の利益を与えることをも禁止する趣旨である」(47)と解される。確かに、株式譲渡についてきわめて税負担の軽い分離課税が租税特別措置規定に定められているときに、株式譲渡益がほかの所得に比して、低い担税力しかもたないわけではないから、そのような取扱いは租税平等主義（平等原則）から問題が生ずるといえよう。しかし、このような場合に誰が訴訟を提起しうるであろうか（どのような訴訟を提起するかも当然に問題となる）。一方、北野弘久教授は、憲法三〇条をベースにして「納税者基本権」という新たな人権を提唱し、そのような基本権は納税者に対して憲法で規定する法規範原則に適合するように租税の徴収と賦課が行われることを保障する実定憲法上の権利であるとされ、納税者訴訟を許容する特別な立法がなくとも、この権利の成立によって、納税者は納税者基本権に対する主観的な権利侵害を主張することができるとする(48)。

アメリカにおいては、平等保護における原告適格は、裁判、訴訟の司法権限を制限する憲法三章二条の文言から発展した。連邦最高裁は、「原告は被告の不法な行為に原告の損害が帰することができ、訴訟によって救済がもたらされるが必要である」という(49)。ここでの問題はいわゆる「訴えの利益」である。平等保護条項は、憲法によって保障された平等条項によって権利を侵害された特定の者に対して適用される。

差別待遇による平等原則違反においては原告に明確な救済利益は存しないともいえる。Mathews 判決(50)は、差別待遇が問題であり、経済外的権利侵害を是正するので、救済策がほかのものに対する優遇措置の是正であっても原告は認められるという(51)。

一方、Apache Bend 判決(52)において、連邦地方裁判所は、平等保護原告適格とは異なって、納税者が原告適格をもっていることを明らかにした。裁判所は、納税者統一条項（tax uniformity clause）に基づいて憲法違反を主張する納税者が存すると判断している。仮にそうであるとすれば、アメリカにおいては平等保護原告適格が平等保護条項や統一保護条項双方の主張に活用されうる場合において、納税者原告適格が利用できないということはそれほど実務上問題とすることはないことになる。以下述べるように、そのような連邦裁判所の判断は誤っているとする見解も強い。

トライブ教授が主張するように、納税者原告適格の前提は、課税権を有する国家の支出計画を争うために、また、理論的に（より公平に）、そのような支出について成功した訴訟は、議会の課税についての減少をもたらすという理論に基づいて、納税者自身において十分な権利を有しているともいえる(53)。

たとえば、リーディングケースは、Flast v. Cohen[54]であるが、原告は宗教学校を支援するための連邦基金の使用に対して国教条項（Establishment clause）違反を提起するための納税者としての原告適格を有していた。[55]最高裁判所は、納税者原告適格のための二つの要件を示した。一つは、憲法一条八節の課税・支出条項に基づいて議会の課税権の行使の違憲性について、納税者として主張することである。二つ目は、問題の立法が議会の課税権の行使について課せられた憲法上の制限を超えているということを、単に立法が憲法一章八条により付与された権限を超えているということを主張するのではなく、立証することである。[56]最高裁はこの二つの要件を比較的簡単に認めた。

裁判所は、原告の申立てが原告の税の支出が違憲的な方法で支出されているという点で、原告適格に適合しているかどうかについて考慮しなかった。問題は、原告適格を肯定するための支出の同一性である。原告の議論は、納税者の原告適格について、アドホックな徴収されない租税歳入が優遇的な措置をうけている納税者の利益と直接的な支出とかに相当するかである。よって、原告の主張は、統一的条項を侵害して、政府が現実の支出に対する租税のブレイク（停止・破壊）において原告の租税負担分を支出しているかである。現実の支出と租税停止（ブレイク）との類似性は、租税支出分析の要素との類似性にみいだすことができるといえる。[57]しかし、連邦最高裁判所が納税者の原告適格の法理に租税支出を組み込むことを快しとしているかどうかについては、なお不明であるといえよう。[58]

このような見解をわが国で採用することは必ずしも否定されることにはならないであろう。租税特別措置にかかる憲法訴訟の原告適格の前提には、課税権を有する国家の支出計画を争うために、また、理論的に（より公平に）、そのような支出について勝訴すれば、議会（立法）の課税についての減少をもたらすという程度の結びつきで原告適格を肯定することには消極的に解する見解が多数であろうが、租特透明化法（の目的等）の規定をうけて納税者の原告適格は肯定されると解することも可能になったものといえよう。

そのような組み込みを前提とする判断における一つの問題は、アドホック規定についての憲法訴訟に対して広範囲な原告適格を認めることになるということである。原告適格のベースは、原告の税負担が統一条項における侵害において特定の納税者に税の停止を与えるために費やされるということであるので、原告適格は、単に統一的条項により優遇的措置を与えられることを拒まれた納税者のみではなく、あらゆる納税者にまで拡大されることになろう。連邦最高裁はそのような原告適格の拡大を承認しているとはむしろいえないようにみえる。

もう一つの問題は、アドホックな規定があたかも現実の支出のようなものとして取り扱うことの問題である。本質的に、原告適格の支持への議論はアドホックの規定があたかも税を支払われたかのような優遇的納税者が通常の規範において、政府から現金（アドホックな規定により軽減された税額に等しい）を受け取ったとして、分析されるべきであるということである。納税者原告適格が依存する政府の租税支出を提供するために、このような方法でアドホックな規定が分析されなければならない。ここで、唯一、原告適格が存在する方法は、仮に現金の付与の擬制が原告に対して必要な支出を作り出すということであり、しかし、統一条項に対する訴訟のメリットを考慮するときに、原告適格が存在することになろう。

しかし、連邦最高裁判所はこれまで、国教条項違反以外の憲法上の条項で原告適格をみとめたことはないといえよう。Flast 判決から四〇年以上立ったが、連邦最高裁判所は、課税権と支出権についての特別の憲法上の制限として運用するところのほかの条項と同一であるといったような見解を採用していない。Flast 判決は、真の納税者原告適格ではなく、国教条項において原告適格を与えたものとして解されている。そして、著名な注釈者は、将来においても最高裁のこのような見解は維持されるものとして評価しているといえる。(59) すなわち、国教条項に対する特別の問題のために、裁判所は、通常、国教条項のために通常のリベラルな原告適格ルールを採用している。

連邦裁判所が Flast 判決で採用した形式は統一条項をカバーしているようにみえるけれども、連邦裁判所はおそらく統一条項訴訟にFlast判決を拡張することに抵抗をしていると解することができるであろう。

おわりに

わが国は、租税特別措置の見直し・透明化に向けた租特透明化法の創設をみたところではあるが、なお各国の租税支出（租税特別措置）の統制手段と比較して見た場合に、わが国はなお立ち遅れており、租税特別措置の概念規定、測定方法、評価方法、公表方法等についてさらなる議論が今後必要であろう。(60) 租特透明化法の整備を進める一方で、租税特別措置に係る政策評価についての分析手法の確立、システムの策定などが喫緊の課題といえよう。

租特透明化法により、これまで以上により立法による厳格な見直しが可能となるのであるが、そのような見直しが国会のレベルで実行されるかである。そのためには、予算に完全にフルアカウントすることによって、議会の審議過程に取り込む（租税支出制度の導入）、あるいはサンセット法（期間延長の必要性についての具体的立証責任を課税庁に）をおくことにより期間的（たとえば、最長一年を超える）租税による補助金を原則認めない、といった手続的制約をおくことも今後検討されうる。ちなみに、アメリカ等で採用されている租税支出分析の対象は、わが国の租税特別措置（あるいは政策税制）よりも広範囲なものであるといえ、租税特別措置にかかる規定と租税基本原則にかかる規定との区別（租税特別措置の定義）、租税支出分析における整理合理化基準と司法統制にかかる審査基準との関係などを今後どのように位置づけていくか検討すべき課題は多い。

また、国税に対して常に議論が手薄となりがちな地方税法についても、国税と歩調をあわせた租税優遇措置（租税支出）について、早急な制度作りが不可欠である。

さらに、上記における立法による統制とは別に、納税者による司法的統制が検討されるべきであろう。租税特別措置についての違憲審査基準、租税特別措置を納税者が争うに際しての原告適格（standing）の問題、さらには憲法訴訟の対象を含めていかなる訴訟が提起できるのかについての検討が必要である。

たとえば、租税特別措置において前述の六つのテストを充足しないものは、課税ベースの侵食、公平性の侵害をもたらすばかりでなく、経済や財政の不安定さをもたらすことから、議会（国会）による機能が重要な意味を有する。そのために「租税特別措置の整理合理化推進プログラム」が適正に機能しなければならないことは言を待たない。しかし、国会におけるこのような機能が十分に機能しない場合においては納税者はいかなる法的な対応が可能であろうか。

租税特別措置において六つのテストを充足しないものは不合理な特別措置といえようが（租税優遇措置（租税支出）の見直し基準と法的に不合理な租税特別措置との関係をどうするかは問題となるが、それが直ちに法的に違法であるかはともかくも）、納税者は租税特別措置の存在によって具体的に財産上の不利益を被ったわけではなく、そもそも平等原則違反を主張する資格を有するか否か問題となろう。

また、租税特別措置・税負担軽減措置等（租税特別措置）は、特定の政策目的を実現するための政策手段の一つであり、税負担の公平・中立・簡素という税制の基本理念の例外措置として設けられているものである。司法審査のレベルについては、憲法一四条及び三〇条のもとで、裁判所は制定法の差別と立法目的との関係について、より密接な結びつきを求めるべきであろう。通常、裁判所が経済的な規制に対して特別の場合にのみ適用している、「より厳格な審査基準」のようなものを租税特別措置にかかる憲法訴訟の審査基準においても用いるべきであろう。

また、租税特別措置にかかる憲法訴訟の原告適格の前提には、課税権を有する国家の支出計画を争うために、また、理論的に（より公平に）、そのような支出について勝訴すれば、議会（立法）の課税についての減少をもたらすという理論に基づいて、納税者自身において十分な権利や利益を有しているといえるとの立場からは、憲法一四条及び三〇条、租特透明化法（の目的規定等）に基づいて納税者の原告適格は肯定されることになろう。このような見解が客観的訴訟にまで踏み込んだとはいえないであろう。

注

（1）わが国の租税特別措置の経緯とその評価については、占部裕典「法人税における政策税制――その機能と法的限界」日税研論集五八号一二五頁以下（二〇〇八）、和田八束『租税特別措置』第二章（有斐閣・一九九二）等参照。また、戦後から昭和を中心とした租税特別措置については、大蔵省財政史室編『昭和財政史（Ⅲ）』を参照。

（2）民主党税制改正ＰＴ「租税特別措置・税負担軽減措置等にかかる重点要望について」（二〇一〇年一一月八日）、民主党税制調査会「平成二四年度税制改正における重点要望等について」（二〇一一年一一月二八日）等もあわせて参照。

（3）しかし、政策税制の効果との関係はきわめて判別が困難である。なお、租税特別措置の経済的効果を分析したものとして、たとえば山内進『租税特別措置と産業成長――租税特別措置の効果分析』税務経理協会（一九九九）がある。租税特別措置についての法的な問題については、金子宏『租税法　第一六版』八二頁以下（弘文堂・二〇一一）参照。

（4）和田・前掲書六頁。

（5）武田昌輔「交際費課税は抜本的な見直しが必要」税研一一二号一四頁（二〇〇三）参照。

（6）この問題については、畠山武道「租税特別措置とその統制」租税法研究一八号一頁以下（一九九〇）参照。

（7）租税特別措置法あるいは法人税法（地方税法も含む）における「政策税制」を分析するにあたり、いくつかの視点から分類することができる。

⑴　目的の細分化による分類

⑵　手法による分類

⑶　期間による分類（長期措置、一時措置、時限立法）

⑷　対象（適用範囲）による分類

(1)は、経済政策を目的とするものであるが、さらにその内容はいくつかに具体化されよう。資本の蓄積、中小企業育成、ＩＴ産業育成といった抽象的な政策目的による傾向がある（政策目的の具体化）。

(2)は、手法による分類である。目的とその手法は密接に関連することからその手法は目的達成のために合理的なものでなければならないが、具体的な達成目標や税制以外の手法による効果との関連性（達成する効果との関係）が、我が国では軽視される傾向にある（税制依存型の問題）。

租税特別措置法における特別措置を整理分類すると、以下のような手法が用いられている。

①　法人税を永久に免除し、または軽減する性質を有するもの

②　一時的にその課税を猶予し、その延期を行うもの

③　重課等のその他特別措置

①としては、税率の軽減、損金算入（特別控除）、税額控除、益金不算入、非課税、②としては、特別償却、準備金、圧縮記帳、③としては、税率による重課、損金不算入、などをあげることができよう。

(3)は、恒久的な特別措置、単年度的租税措置、期間的な租税措置にわけることができる。ワンタイム（隠れた）補助金（投資税額控除や試験研究費の所得控除など）と期間的な（隠れた）補助金（加速度償却、公債利子の非課税など）といった分類もこのような視点に基づくものである。

(4)は、租税特別措置を、人的、物的、場所的区別により分類するものである。たとえば、人的な分類としては、わが国においては租税特別措置が特定の産業分野と連携することによって特定の産業の育成が図られることがある（金融証券税制等）。

(8)　これらの事件については、占部裕典「外国税額控除余裕枠の利用にかかる『租税回避否認』の検討（上）―大阪高裁における三判決を踏まえて」金融法務事情第一七三〇号（二〇〇五）等参照。

(9)　最高裁平成一七年一二月一九日判決はこの問題に言及することなく、「法人税法六九条の定める外国税額控除の制度は、内国法人が外国法人税を納付することとなる場合に、一定の限度で、その外国法人税の額を我が国の法人税の額から控除するという制度である。これは、同一の所得に対する国際的二重課税を排斥し、かつ、事業活動に対する税制の中立性を確保しようとする政策目的に基づく制度である。」「ところが、本件取引は、全体としてみれば、本来は外国法人が負担すべき外国法人税について我が国の銀行である被上告人が対価を得て引き受け、その負担を自己の外国税額控除の余裕枠を利用して国内で納付すべき法

人税額を減らすことによって免れ、最終的に利益を得ようとするものであるということができる。これは、我が国の外国税額控除制度をその本来の趣旨目的から著しく逸脱する態様で利用して納税を免れ、我が国において納付されるべき法人税額を減少させた上、この免れた税額を原資とする利益を取引関係者が享受するために、取引自体によっては外国法人税を負担すれば損失が生ずるだけであるという本件取引をあえて行うというものであって、我が国ひいては我が国の納税者の負担の下に取引関係者の利益を図るものというほかない」と判示している。

　租税特別措置にかかる規定の趣旨・目的が立法経緯から明確にうかがえない限り、納税者に不利となるような限定解釈は、租税法律主義の原則のもとでは差し控えられるべきである。外国税額控除規定は、租税優遇措置のような単なる政策目的に基づく軽減措置とは相違することに留意すべきである。

　しかし、例外的に当該法規の導入経緯・立法経緯により規定（における文言）の解釈が明らかな場合においてのみ、限定解釈が許容されると解すことについて、租税法律主義違反は存しない。ただし、極めて限定的な場合においてのみ許されるものであることに留意をしておくべきであろう。

(10)　税制調査会（平成八年一一月法人課税小委員会報告参照）は、租税特別措置等について次のように述べる。

「(ア)　租税特別措置・非課税等特別措置は、特定の政策目的を実現するための政策手段の一つであり、税負担の公平・中立・簡素という税制の基本理念の例外措置として設けられているものである。租税特別措置等は、これまで我が国経済の成長過程を通じて相応の役割を果たしてきた。しかしながら、租税特別措置等については、

イ　租税特別措置等が、個別的な政策目的に細分化され、極めて複雑なものとなっている、

ロ　一旦、租税特別措置等が導入されると、既得権益となり長期間にわたって継続して措置されがちである、

ハ　租税特別措置等の中には、種々の基準や行政当局の認定・承認等を適用要件としているものがある。これは、適用対象を適切に規定するための方法であるが、規制緩和の要請に反する面もある、といった問題が指摘されている。

(イ)　租税特別措置等については、これまでも、

イ　その目的が現下の喫緊の政策課題に資するものであるか、

ロ　政策目的達成のために効果的な措置であるか、

ハ　政策手段として税制が適当か、

ニ　利用実態が特定の者に偏っていないか、
ホ　利用実態が低調となっていないか、
ヘ　創設後長期間にわたっていないか、

等の視点から整理合理化が行われてきたところである。しかし、『課税ベースを拡大しつつ税率を引き下げる』という基本的考え方からすれば、産業間・企業間の中立性をより一層重視する観点から、徹底した見直しを行うことが適当である。

なお、租税特別措置等については、その長期化を避けるため一定期間経過後は延長せずに廃止する仕組みを考えてはどうか、その利用実態等の透明性を高めるような方策を検討すべきではないかとの意見があったほか、租税特別措置等が複雑化する中で、措置相互間で誘因効果が減殺されているのではないかとの指摘もあった。」

ちなみに、昭和四〇年税制調査会長期答申は、同様に、以下のような議論がされている。租税特別措置が認められるのは、まず、税制以外の措置で相当な手段がないか否かどうかを検討し、他に適当な方法が得ない場合に限られるべきであり、その場合においても以下の要件を厳格に経たうえでなければならないとしている。

（イ）政策目的自体の合理性の判定
（ロ）政策手段としての有効性の判定
（ハ）付随して生ずる効果と租税特別措置の効果との比較衡量
（ニ）付随して生ずる弊害と租税特別措置の効果との比較衡量

(11)　全体の件数二八六項目うち今回見直しの対象としたもの九〇項目（平成二一年度末期限到来七六項目、その他一四項目。見直し結果は、拡充六項目、単純延長等二七項目、縮減一〇項目、廃止（サンセット含む）四七項目である。なお、平成二四年度税制改正要望項目一覧（国税）、平成二四年度税制改正要望項目一覧（地方税）については、平成二三年度第一一回税制調査会（一二月一日）ホームページ資料一覧参照。

(12)　旧税制調査会のもとでの租税特別措置の検討については、占部裕典「法人税における政策税制――その機能と法的限界」日税研論集五八号一二五頁以下（二〇〇八）参照。

(13)　租特透明化法の詳細については、松代孝廣・河邑忠昭「租税特別措置の適用状況の透明化等に関する法律の制定」『改正税法のすべて（平成二二年版）』六四五頁以下（二〇一一）参照。地方税における税負担軽減措置等の透明化については、西方建

一「地方税法等の改正」（前掲書）七三一頁以下参照。

(14) 租税特別措置に係る政策評価に関する分析手法については、総務省行政評価局（委託先三菱ＵＦＪリサーチ&コンサルティング株式会社）「租税特別措置に係る政策評価に関する政策効果等の分析手法等に関する調査研究（報告書）」（平成二三年三月）参照。

(15) 平成二四年度税制改正要望に際して、各府省で実施された租税特別措置に係る政策評価（租特措置）の件数は一六五件（義務づけとなっている措特消化はこのうち一〇〇件）の点検結果については、租税特別措置に係る政策評価の点検結果（平成二三年一一月八日　総務省行政評価局）参照。

(16) 旧租特透明化法案の経緯、審議状況等については、近藤俊之「租税特別措置の見直し・透明化に向けた今後の課題――国税の租税特別措置を中心に」経済のプリズム七号二一頁以下（二〇〇九）が詳しい。第一七一回国会参議院財政金融委員会会議録第一六号（平二一・四・二三）、第一六九回国会参議院財政金融委員会会議録第一一号（平二〇・五・二二）、第一七一回国会参議院財政金融委員会会議録第一六号（平二一・四・二三）、第一七一回国会衆議院財務金融委員会議録第二五号（平二一・五・二六）等参照。

(17) わが国は租特透明化法において一定の進展をみたところである。租税支出の公表、報告を促すというのは財政の透明化強化という共通の目的を有する。主要一三カ国のうち、法的根拠をもたない国はわが国を含めて五カ国であったといわれている。渡瀬・前掲論文八頁以下参照。

租税支出の概念については、国によって争いがあるといえよう。渡瀬・前掲論文一三頁以下。すくなからずわが国においても明確とはいえない。租税支出を判定するための現実的基準（ベースライン）が問題となろうが、わが国は租税特別措置法を有していることから、形式的な区別がほぼ実質的な基準としても機能しうるであろう。アメリカにおける現実的基準（ベースライン）について、渡瀬・前掲論文一五頁以下参照

(18) 補足意見として島谷六郎裁判官は、給与所得控除制度における概算控除と実額控除の選択的適用について、給与所得者の必要経費の実額が給与所得控除の額を超過する程度が著しいときは、給与所得に係る課税関係規定の適用違憲の問題を生ずるが、右の超過の程度が著しいとはいえないときであっても、超過額の存する限り所得のないところに課税が行われる結果となり、それが直ちに違憲の問題を生ぜしめるものではないとしても、純所得課税という所得税の基本原則に照らし、安易に看過し得ない

ものとなるから、このような課税が行われることがないよう、給与所得者にも必要経費の実額控除を認め、概算控除と実額控除とのいずれかを任意に選び得るという選択制の採用の問題をも含めて、給与所得控除制度についての幅広い検討が期待されるところであると述べる。

本件最高裁判決の審査基準に疑問を示す憲法学者は多い。たとえば、佐藤幸治『日本国憲法論』二一四頁（成文堂・二〇一一）。しかし、疑問を呈するのみで積極的な議論の展開はない。

(19) 西山由美「大島訴訟」金子宏編『租税法の発展』一九九頁以下（有斐閣・二〇一〇）。同論文は租税法規の審査基準について疑問を投げかけるが、同様の指摘については、金子・前掲書九七頁、占部・前掲論文一四六頁。

(20) 金子・前掲書八三頁以下。

(21) 割増償却の効果については、たとえば、山内・前掲書第V部（租税特別措置が効果をもたらす条件と限界）等参照。

(22) 減価償却制度の改正議論については、武田昌輔「わが国の減価償却制度の規制緩和について」税研二〇〇三年一一月号一四頁参照。

(23) アメリカにおいて、このような議論は、L. Zelenak, Are Rifle Shot Transition Rules and Other Ad Hoc Tax Legislation Constitutional? *44 Tax L. Rev. 563*において見ることができる。本稿の執筆にあたっても有益であった。

(24) 手塚和男「平等と合理的区分」ジュリ増刊『憲法の争点』一〇四頁、松井茂記「違憲審査基準」ジュリ増刊『憲法の争点』二八二頁等参照。

(25) *McGowan v. Maryland, 366 U.S. 420, 425* (*1961*). 同様に、*Vance v. Bradley, 440 U.S. 93, 97* (*1979*) において、連邦裁判所は、立法行為が不合理であると考えうる立法目的の遂行に無関係でない限り、合理性基準は充足されると述べる。なお、アメリカにおける平等保護条項における差別と審査基準については、松井茂記『アメリカ憲法入門（第六版）』三〇二頁以下（有斐閣・二〇〇八）参照。

(26) Linde, Due Process of Lawmaking, *55 Neb. L. Rev. 197, 229* (*1976*); Perry, Constitutional "Fairness" : Notes on Equal Protection and Due Process, *63 Va. L. Rev. 383, 418* (*1977*); Sunstein, Public Values, Private Interests, and the Equal Protection Clause, *1982 Sup. Ct. Rev. 127, 130*; Note, Legislative Purpose, Rationality, and Equal Protection, *82 Yale L.J. 123* (*1972*).

(27) See Tussman & tenBroek, The Equal Protection of the Laws, *37 Calif. L. Rev. 341, 349-50* (*1949*).

(28) Linde, note 29, at 222-35; Loewy, A Different and More Viable Theory of Equal Protection, *57 N.C.L. Rev. 1, 49-53* (*1978*); Posner, The DeFunis Case and the Constitutionality of Preferential Treatment of Racial Minorities, *1974 Sup. Ct. Rev. 1, 27-28.*

(29) Lee, Politics, Ideology, and the Power of Public Choice, *74 Va. L. Rev. 191, 191* (*1988*). 公共選択の理論については，J. Buchanan & G. Tullock, The Calculus of Consent: Logical Foundations of Constitutional Democracy (1962) (the seminal work in the field).

(30) Posner, note 31, at 28.

(31) Zelenak, note 23 at 570.

(32) Cohen, Federalism in Equality Clothing: A Comment on Metropolitan Life Insurance Company v. Ward, *38 Stan. L. Rev. 1, 26 nn. 115-16* (*1985*). But see, Sunstein, Interest Groups in American Public Law, *38 Stan. L. Rev. 29, 33-34, 49-50* (*1985*).

(33) *39 City of New Orleans v. Dukes, 427 U.S. 297, 306* (*1976*), overruling *Morey v. Doud, 354 U.S. 457* (*1957*) (the aberrational case).

(34) Zelenak, note 23 at 570-71.

(35) See, e.g., *Kadrmas, 487 U.S. at 465; Lyng v. Castillo, 477 U.S. 635, 642-43* (*1986*); *United States R.R. Retirement Bd. v. Fritz, 449 U.S. 166, 179* (*1980*); *Williamson v. Lee Optical, Inc., 348 U.S. 483, 489* (*1955*); *Kotch v. Board of River Port Pilot Comm'rs, 330 U.S. 552, 552-63* (*1947*).

(36) Ely, Legislative and Administrative Motivation in Constitutional Law, *79 Yale L.J. 1205, 1225 & n.* 66 (*1970*) (citing *Daniel v. Family Sec. Life Ins. Co., 336 U.S. 220* (*1949*); *Railway Express Agency, Inc. v. New York, 336 U.S. 106* (*1949*); *and Kotch, 330 U.S. 552*).

(37) *Railway Express Agency, Inc. v. New York, 336 U.S. 106, 112-13* (*1949*). 336 U.S. 106 110. (1949).

(38) Tussman & tenBroek, note 30, at 368. 1 B. Bittker & L. Lokken, Federal Taxation of Income, Estates and Gifts P1. 2. 5 (2d ed. 1989).

(39) *Regan v. Taxation With Representation, 461 U.S. 540, 547* (*1983*). 連邦最高裁は，*Exxon Corp. v. Eagerton, 462 U.S. 176,*

196（*1983*）において同様の判決文を用いた。

（40）*309 U.S. 83*（*1940*）. 連邦所得税規定に対して平等保護規定の適用を認められたまれな判決として、*Moritz v. Commissioner, 469 F. 2d 466*（*10th Cir. 1972*）, *cert. denied, 412 U.S. 906*（*1973*）がある。

（41）See, e. g. *City of Cleburne v. Cleburne Living Center, 473 U.S. 432, 456-608 19859.*

（42）E.g. Sunstein, note 37　at 38-48A; Tussman & tenBroek, note 30, at 350; Bennett, "Mere" Rationality in Constitutional Law: Judicial Review and Democratic Theory, *67 Calif. L. Rev. 1049*（*1979*）; Bice, Rationality Analysis in Constitutional Law, *65 Minn. L. Rev. 1*（*1980*）; Mashaw, Constitutional Deregulation: Notes Toward a Public, Public Law, *54 Tul. L. Rev. 849*（1980）.

（43）E.g. Sunstein, note 37, at 47.

（44）Id. at 49.

（45）Id. at 69. その他、同様の方向を示唆するものとして、Bennett, "Mere" Rationality in Constitutional Law: Judicial Review and Democratic Theory, *67 Calif. L. Rev. 1049*（*1979*）; Bice, Rationality Analysis in Constitutional Law, *65 Minn. L. Rev. 1*（*1980*）; Mashaw, Constitutional Deregulation: Notes Toward a Public, Public Law, *54 Tul. L. Rev. 849*（*1980*）; Michelman, Politics and Values or What's Really Wrong with Rationality Review?, *13 Creighton L. Rev. 487*（*1979*）.

（46）*Morey v. Doud, 354 U.S. 457*（*1957*）. この判決は、その後 *City of New Orleans v. Dukes, 427 U.S. 297*（*1976*）によって退けられている。

（47）金子・前掲書八三頁。

（48）北野弘久『現代法学者著作選集　納税者基本権論の展開』（三省堂・一九九二）参照。アメリカにおける納税者訴訟の思想をわが国に適用できるように理論展開をされているところであるが、その背景の一つに、納税者の権利として、歳入面と歳出面の双方について一元的に統一的に監視・統制しようとする意図がある。

（49）原告適格を認めるためには三つ目の理論構成が考えられる。アドホック規定の違憲訴訟において競争的な原告適格であると主張をする。すなわち、特別な租税法規定の利益を受け取っている競争者から不公平な競争により経済的な不利益を被っているとの主張である。競争的な原告適格の典型的な主張は、優遇的な租税利益を受けている者が市場で商品等を低価格で販売できるというものである。なお、事件性と当事者適格の概説については、芦部信喜『憲法訴訟の理論』五六頁以下（有斐閣・一九七三）参照。

（50） *465 U.S. 728 (1984)*.

（51） 裁判所は、*Simon v. Eastern Ky. Welfare Rights Org., 426 U.S. 26 (1976)* (see note 二五二) に着目している。原告の損害が政府の行為によって引き起こされたかどうか、そして優遇的な判断によって損害を被ったか否かについて懐疑的な状況にあった。これに比較してMathewsには平等保護条項に対する原告の権利に対する政府の侵害行為と原告が被った人的な損害との関係については明らかであった。

（52） *702 F.Supp. 1285 (5th Cir. 1982)*.

（53） L. Tribe, American Constitutional Law § 16 - 3, at 116 (2d ed. 1988).

（54） *392 U.S. 83 (1968)*.

（55） この事件の分析については、畠山武道「租税優遇措置を争う納税者の原告適格」ジュリ八〇三号九七頁以下（一九八三）参照。この論文は租税優遇措置を争う納税者の原告適格について検討を加えた先駆的論文である。

（56） *392 U.S.*. at 102-103.

（57） *Id.* at 103-105.

（58） 租税支出の一般的な分析については、S. Surrey & P. McDaniel, Tax Expenditures (1985) 参照。*Walz v. Tax Comm., 397 U.S. 664 (1970)* において、裁判所は、教会に対する固定資産税の免除について合憲であると判断した。その意見の中で、裁判所は直接的な現金の支出と租税支出とを区別している。しかし、一方で *Regan v. Taxation With Representation, 461 U.S. 540, 544 (1983)* において、裁判所は非課税も所得控除も租税システムを介して管理するところの補助金にすぎないと判示している。

（59） 13 C. Wright, A. Miller, & E. Cooper, note 264, § 3531. 10, at 650-51.

（60） 各国における租税優遇措置の公表・報告等の制度について、渡瀬義男「租税優遇措置——米国におけるその実態と統制を中心として」レファレンス平成二〇年一二月号七頁（二〇〇八）参照。

第六章　更正の請求の排他性とその限界（再論）

はじめに ―― 国税通則法改正による更正の請求をとりまく環境の変化

納税者がする更正の請求期限については法定申告期限から一年以内とされており、更正等の除斥期間等のアンバランスが指摘されていたところであるが、平成二三年度税制改正により、権利救済の面から請求をすることができる期間を原則として五年（改正前一年）に延長することとした（国税通則法二三条一項）。また、この改正に合わせ、課税庁がする増額更正の期間制限について、原則として五年（改正前三年）に延長することとされた（改正国税通則法七〇条。附則三八条、三九条）。なお、更正の請求がこれまで以上に行われることから、内容虚偽の更正請求書の提出に対する処罰規定をおいている（改正国税通則法一二七条。附則一条、一〇八条）。

筆者はかって、「租税争訟における『更正の請求の排他性』の機能と限界」（税法学五一九号（平安遷都一二〇〇年祭祝賀記念号）三六頁～五九頁（一九九四）と題する論文において、以下のような問題提起及び提案を行った。

I　更正の請求の機能と課題

一　更正の請求の「過重負担」

申告内容（課税標準等及び税額等）を自己に不利益に変更するための手続としては、修正申告の手続がある（国税通則法一九条）が、一方申告内容を自己に利益に変更するための手続としては、更正の請求の手続（国税通則法二三条等）がある。そこで、申告が過大である場合には、原則として、他の救済手段によることは許されず、更正の請求の手続によらなければならないと解されている。このことは、「抗告訴訟の排他性」の観念にならって、一般には「更正の請求の原則的排他性」あるいは「更正の請求の排他性」と呼ばれている。(1)

そこで、この「更正の請求の排他性」の意義、内容をどのように解するかは、租税債務確定手続、税務争訟の法構造に大きな影響を与え、それぞれの法構造を理解する上で極めて重要である。

かって、筆者はこのような問題意識から、租税債務確定手続において、申告納税制度のもとで「更正の請求」が今日「過重負担」の傾向にあり、租税債務確定手続の再検討が早急に必要であることを指摘してきた。(2)

(1)　租税債務の確定の基本構造が現実の税務実務においては崩壊しており、更正の請求にかってない負担が課せられるようになってきている（「勧奨による修正申告」による更正の請求への負担と課税要件の選択規定に係る更正の請求による救済の限界）。現実の確定手続を睨んだ更正の請求規定の解釈論あるいは立法論が検討されるべきである（解釈論としては「勧奨による修正申告」は、和解類似の無名契約であることから、民法総則の意思にかかる規定が通常の自主申告よりも適用されやすく、また、自主納税申告にのみ適用されると考えられる国税通則法二三条は、「勧奨による修正申告」には適用されず、また「勧奨による修正申告」を一方的に弊害視するよりも手続的規定等の整備を図り認知することより更正の請求の負担軽減さらには納税者の減額修正申告制度の採用などが検討される。）。

(2)　「更正の請求の排他性」により、更正の請求の期間を徒過すると、納税者においては減額修正の途が閉ざされ、減額更正処分が課税庁の自由裁量として運用されている実情にある。更正の請求期間徒過後は嘆願書、陳情書などの非公式な救済が便宜的に行われ、納税者間に不公平が生じている。しかし、課税庁は一定の要件のもとで更正の請求期間徒過後も減額更正義務を負っていると解されることから、一定の要件のもとで減額更正の義務づけ訴訟等も許容されうる。

(3)　判例、行政実務において、「更正の請求の排他性」は裁判所において極めて厳格に理解され、更正の請求期間後は納税者からの申告内容の修正に向けての関与を一切遮断する効果をもつもの（「絶対的な排他性」）であると解されているが、「更正の請求の排他性」とは実体的真実主義のもとで「相対的な排他性」である。「更正の請求の排他性」が税務訴訟にどのような影響を与え、どの程度の効果を付与されていると考えるのか、さらに更正の請求期間徒過後の申告内容の修正に向けての理論的解明が急務である。

しかし、このような問題提起の背景にある法制度につき一部改正が行われた。前述したように平成二三年度改正において、税務調査手続の明確化等を内容とする国税通則法等の改正がなされ、また平成二六年度には行政不服審査法の改正にあわせて国税通則法の一部改正が行われた。

具体的には「更正の請求」が原則として法定申告期限から五年間することができるようになった。この改正は、かねてよりそのような改正を提案していたものにとっては歓迎すべきものであり、遅きに失した感さえ存する（「租税債務確定手続の諸問題と今後のあり方――修正申告、更正の請求及び更正処分の再検討」税務弘報四一巻五号八六-九三頁（一九九三）参照）。また、税務調査等の法定化において、調査結果の説明と修正申告や期限後申告の勧奨が制度化された。修正申告等の勧奨手続及び勧奨に応じた場合のリスクの説明が義務づけられるなどについては一定の評価はありうる。更正の請求が五年間することができることとなったことと併せみれば納税者の権利救済の余地はかなり広がったといわざるを得ないであろう。

なお、平成二六年度改正において、国税に関する処分に不服がある者は、すべての処分につき、直接、国税不服審判所に対して審査請求をすることができるようになり、従前の異議申立てについては「再調査の請求」に改め、請求人の選択により審査請求前にこの再調査の請求をすることができることとされた（国税通則法七五条一項一号・三号、二項、五項）。これは、一歩前進であるといえるが、平成二三年度改正において導入された更正や決定などの不利益処分に対する理由附記の範囲の拡大などの動きとあわせみれば、不服申立てと税務訴訟の完全な選択性が合理的であると解されるところ、審査請求（不服申立て）の前置を義務づけることにはやはり疑問が存するといえよう。

本稿では、①このような改正を受けてなお残されている問題はどのようなものであるか、また、②新たな課題とはどのようなものであるか、といった視点からこのテーマを再考する。

二　「更正の請求の排他性」の内容

二〇年前に、筆者は国税通則法二三条を中心とした更正の請求は、更正の請求の要件あるいは手続をめぐって議論はこれまで展開されてきたが、「更正の請求の排他性」についての理論的な解明はこれまで十分になされていないと述べた。基本的にはこの認識は今日でも変わらない。

最高裁をはじめとする裁判例は、国税通則法等が更正の請求の手続をおいていることから、それら規定によるのでなければ申告内容の減額修正は認められない旨を一貫して判示している（最高裁昭和三九年一〇月二二日判決・民集一八巻八号一七六二頁、神戸地裁昭和三七年三月二三日判決・訟月九巻九号一一二九頁、京都地裁昭和四七年四月二八日判決・行裁例集二三巻四号二六六頁、神戸地裁昭和五四年一一月九日判決・訟月二一・一八巻二号三四〇頁当）。申告の効力は「更正の請求の排他的管轄」に属すると一般に解されており、これが広く行政行為の「取消訴訟の排他的管轄権」とパラレルに解される傾向にある。そして、更正の請求期間を徒過すると、確定申告、修正申告の内容は当然に確定し、そして、さらに租税争訟法が不服申立前置主義をとることから、更正の請求に係る処分の不服申立期間を徒過すると、確定申告、修正申告の内容については永久的に不可争力が生じると一般に解されている。確かに「更正の請求の排他性」は、「取消争訟の排他性」と極めて類似した構造となっているといえる。このことは、義務付け訴訟等において「補充性の要件」とも絡んで、形を変えてさらなる強固な原理を形成しつつあるといってもよい（第一〇章参照）。

しかし、今日納税者は一度申告をすれば、更正の請求を介してしか、申告内容の変更は許されないという厳格な

「更正の請求の排他性」は、更正の請求規定の存在から果たして自明のことといえるのであろうか、[3] すなわち納税者は申告をすれば、減額修正については更正の請求以外の修正手続が争訟面を含めて原則として完全に排除されているといえるのであろうか（**問題1**）。

この問題については確かに更正の請求期間が法定申告期限から五年に延長されたことに伴い、多くの場合更正の請求が可能であることから、これまでのような救済の機会が失われることはなくなったといえよう。その限りでは、いわゆる以前のような更正の請求も不可、義務づけ訴訟も不可ということで嘆願書による神頼みといったことは想定しにくくなった。

そこで、本稿では、上述の論稿において十分検討できなかった（上述(3)の問題意識が背景に存するが）租税争訟における「更正の請求の排他性」について、その意義、内容がどのように理解され、かついかなる機能を果たしているかを検証する。そこで、更正の請求制度がどのように租税救済手続のなかで位置づけられているか ―― これはとりもなおさず「更正の請求の排他性」の機能と限界を探ることになる ―― を主として「申告額を超えない部分の取消しが認められない」という原則を介して検討していくことにする。

Ⅱ　「更正の請求の排他性」の影響

一　「申告額を超えない部分の取消しが認められない」という原則

「申告額を超えない部分の取消しが認められない」という原則は、課税庁が増額更正処分をした場合に当該更正処分の取消訴訟において、申告額を超える部分の取消しを求めることは当然許されるが、申告額そのものについて誤りがあったとして申告額を超えない部分を争うことは許されないということである（前掲神戸地裁昭和三七年三月二三日判決等参照）と一般に解されている。

1　申告と更正との関係

この原則の抱える問題は、更正の請求（又は申告）と増額更正との関係という訴訟要件（訴えの利益）の問題に集約されてくる。そこで、この問題の検討にあたっては、まず申告の後に更正がなされた場合の両者の関係（申告と更正との関係）についてどのように理解するかが不可欠であろう（**問題2**）。

この関係については、更正と増額再更正の関係がそのまま、ここにおいても同様に当てはまるものと一般に解されており、併存説（段階説、分離説、差額処分説、集積説）と吸収説（消滅説、一体説、更新処分説、全面説）の対立がある(4)（第五章第一節参照）。併存説は、申告と更正が別個独立の行為として併存し、更正処分は申告により確定した税額に一定額の税額を追加するものに過ぎず（所得金額の不足額を継ぎ足すのが更正である。）、申告と更正の両者で一個の納税義務を確定させるとする。この見解によると、確定申告の効力は消滅しないから、確定申告の納付税額等、事後の滞納処分の手続には全く影響がないことになる。吸収説は、更正は修正に係る税額の脱漏部分のみを追加確認する処分ではなく、当該納税者の納付すべき税額を全面的に見直し、申告に係る税額を含めて全体としての税額を確定する処分である、当初の申告は増額（再）更正処分に吸収されて一体となり、その申告の外形が消滅するとする。

また、次に申告と更正との関係をどのように解するかにより、この原則についていかなる差異が生ずるのかをみておく必要があろう（**問題3**）。

泉徳治氏は、申告と増額更正の関係について更正と増額再更正処分とを同様に扱い吸収説を妥当とされたうえで、増額更正のうち、申告額を超えない部分の取消しを無条件に請求できるかについては、さらに検討を要するとされたうえで、納税者が申告が過大であるとしてその誤りを是正する手段としては法が更正の請求を要求しており、この手続を経由することなく申告額を超えない部分の取消しを請求することはできないとされる(5)。

中尾功氏は、吸収説による立場を妥当としたうえで、申告に納税義務を確定させる公法上の効力が認められていること、さらに納税者の申告に誤りがある場合の是正の手段としては更正の請求による手続のみが認められていることから、このような場合に申告額を超えない部分の取消しを求めることは、実質的には更正の請求の手続をとった場合と同様の効果を認めることになり、法の予定するところではないとされる(6)。

塚本伊平氏も吸収説を支持され、吸収説にたつと申告は増額更正に吸収されてしまうものの、申告により確定した税額は更正の請求の手続を経由していない限り、申告額を超えない部分の取消しを求める訴えの利益がないと主張される[7]。窪田守雄氏もその理由は明言されないが同様の立場を支持される[8]。泉氏や中尾氏同様に吸収説に立つ論者においては「更正の請求の排他性」が強調されることになる。

また、裁判例の多くは、租税債務を可及的速やかに確定させる国家財政上の理由、自己の所得につき最もその間の事情に通じている納税義務者自身の申告を尊重するたてまえから、申告内容の是正については、その過誤が客観的に明白かつ重大であり、特段の事情がない限り、修正申告及び更正の請求という手続以外の方法でこれを主張することは許さない趣旨であるとして、特に減額修正については更正の請求を経ずして申告額を超えない部分について取消しを求めることはできないと判示する（前掲最高裁昭和三九年一〇月二二日判決、神戸地裁昭和五四年一一月九日判決等参照）。

併存説を主張する論者においては、塚本氏がいわれるように「併存説にたつと申告の効力がそのまま存続することから、増額更正の効力は申告額を増額する部分についてのみ生じると考えられ、申告額を超えない部分の取消しを求める訴えの利益がないことは自明のことである[9]」ということになる。更正処分のうち、申告額を超えない部分の取消しを求めることは、その範囲においては所得のあることを納税者が自認するものであるから、許されないということになるのであろう。よって、更正の請求の規定による限りにおいて、特別にその申告額の確定を排除することができ、申告額を超えない部分の取消しは許されるということになる。

理論的にいえば、吸収説が後述する消滅説と本質的に同一のものであるとすると、吸収説は「更正の請求の排他性」により、併存説は申告行為の確定力それ自体により、この原則は当然に維持されることになるとされるのである。

しかし、更正の請求規定の存在、申告の確定力（申告の法的効力）から当然にこの原則が生じると説きながら、なぜ争訟の遮断効までその租税債務確定手続が波及するのか必ずしも理論的には明らかにされていない（**問題4**）。おそらく、申告納税制度のもとで自ら確定させた税額（自認した金額）については後に一切争わせない、ただし例外的に更正の請求という方法でのみ救済されるとの理解であろうことは推測されるが、少なくとも課税庁により一度見直されたものが誤っているとの主張をするにあたり「更正の請求の排他性」が機能するのか疑問である。なお、最高裁は、申告と更正の関係についてこれまで直接的には何ら判示していない。

二　吸収説と消滅説の理論的な区別

前述したように、申告と増額更正の関係については、吸収説（消滅説）が判例の支持するところとなっているが、かっては、独立追加処分説（あるいは併存説）、消滅説、吸収説という、三つの考え方が大きく対立していたところである(10)。かって、ここでの消滅説と吸収説は理論的にも明確に区別されてきていた（最高裁は、更正と再更正との関係であるが、かっては消滅説の立場を採用していたともいえる。国税通則法施行前は消滅説、施行後は吸収説と理論的には区別されるべきものであることに留意をしておく必要があるといえよう。消滅説は、更正があると前の申告の効力は消滅し、更正により納税義務を確定させる、すなわち、更正によって前の申告の効力は消滅するという見解であるが、この見解を貫くと、申告税額を納付した後に更正を受けると、確定申告の効力は更正により消滅することになるから、納付の原因が消滅することになり、これを還付しなければならないなどの不都合があった(11)。）。

消滅説と吸収説の違いは、消滅説というのは、最初の申告行為の効力がなくなってしまうとする説であるが、吸収説は最初の申告行為が効力を取り消されて消滅してしまうのではなく、その最初の申告の効力はそのままであるけれども、その中身が空っぽになってしまうという見解である。(12) これは非常に技巧的な見解ではあるが、時効の起算点、滞納処分、執行との関係などを極めてよく説明しうる。このような吸収説が消滅説と租税確定手続、租税争訟手続において、どのような差異が存するのかいまひとつ明確ではない。吸収説は、併存説と消滅説の対立のなかから折衷的な見解として登場してきた経緯があり、本質的には消滅説に類似したものでありながら、国税通則法二九条を配慮した技巧的な説明づけに過ぎないのではないかと評される。(13) 国税通則法二九条一項は、申告とか増税更正前の更正により一応確定していた申告内容の確定力そのものには直接ふれる規定の仕方をしていないのであるから、当初の申告、更正がそのまま存在することには問題がある（大阪地裁昭和四〇年四月二七日判決・税資四一号三八九頁参照）ともいえよう。この点、同項は、吸収説も申告を吸収する以上申告等の効力は当然消滅するが、同時に増額更正により申告額までは課税標準等及び税額等の確定が生じることを踏まえた徴税上の規定に過ぎないと考えることも可能ではあるまいか。(14)

国税通則法二三条一項は、「納税申告書を提出した者は、次の各号のいずれかに該当する場合には、当該申告書に係る国税の法定申告期限から五年（第二号に掲げる場合のうち法人税に係る場合については、九年）以内に限り、税務署長に対し、その申告に係る課税標準等又は税額等（当該課税標準等又は税額等に関し次条又は第二六条（再更正）の規定による更正（以下この条において「更正」という。）があつた場合には、当該更正後の課税標準等又は税額等）につき更正をすべき旨の請求をすることができる」と規定しており、更正等があった場合においては更正額をもって申告額の範囲内で争わせることとしているという意味で吸収説にたっているといえるのではなかろうか。

併存説と対立する吸収説はその内容が論者によって一様ではないが、多くは依然として前の申告は効力を持続するとする特殊な性格を有するものと解されている。(15) それが訴訟面において、特に消滅説といかなる相違が生じるのか必ずしも明確ではない。

清永教授は既にこの点について、この吸収説が「『後の更正等により前の申告等はこれに吸収されて一体的なものとなる』というのが、前の申告等が消滅することを意味するのであれば、『前の申告等と後の申告等とはあくまでも別個の行為として併存し』という〔吸収説〕の説明と矛盾することになる。『吸収され』ればもはや『存在』はありえないのではないだろうか」と指摘されている(16)。上述の「申告額を超えない部分の取消しが認められないという原則」において、吸収説にたつ論者が「更正の請求の排他性」を強調する、あるいは強調せざるを得ない背景には、この矛盾の存在を少なからず意識しているからではあるまいか。

理論的には、消滅説によると、更正処分が行われて申告が吸収されると零から課税標準等及び税額等が見直されていることになるのであるから、申告額を超えない額を取り消しうるということに当然になるのではないであろうか。確定申告について更正の請求をしたが、それが理由がないとして棄却され、その棄却の決定を争う訴訟を提起したときに、訴訟提起後に更正が行われれば、現存する再更正が訴訟の対象となるため、棄却の決定を争う訴訟は、消滅した確定申告に基づく対象を欠く不適法な訴えとなり（棄却決定の基礎となった確定申告が消滅したから、棄却決定もその存在意義を失ったという理由で）却下されることになるといえよう(17)。

同様に、併存説においては、確定申告について更正の請求期間を徒過すれば、確定申告の効果は確定されてから、更正の請求期間を徒過すれば、もはや申告所得金額の当否は争うことができなくなるので、更正に対する異議申立ての対象は増差所得金額の当否だけということになる。異議申立ての決定で取り消すという場合は更正の増差所得金額のみが取り消されることになる（更正の請求の棄却を争う訴訟は却下されないで適法な訴訟として帰属することになる）(18)。

金子教授はこの点について、「本質的には更正又は再更正が単に申告又は更正・決定によって確定した税額を変更するのみでなく、課税標準の内容をも変更する（課税標準の中身を入替える）ことが少なくないことを考えると、この二つの見解のなかでは、本質論としては、消滅説が正当であり、更正及び再更正の実態に合致しているといえよう。しかし、消滅説をとると、更正又は再更正がなされると、申告又は更正・決定に基づいてなされた種々の行為（納付・滞納処分・不服申立て及び訴えの提起）は、その基礎を失い、さかのぼって無効になるから、租税法律主義の安定性が損なわれることになる」[19]とされる。ここで用いられている消滅説は吸収説と区別された消滅説に近いものであると考えられる。

申告と更正の関係については、課税庁の増額更正にあたり申告内容（課税標準等又は税額等）が税務調査等により見直されたと現実に解しうることから（すべてを現実には精査するわけではないが、調査時においては課税標準等及び税額等が法的にはとりあえず再確認されているといえるよう）、増額更正は申告を吸収し、消滅させることとなるので、消滅説が素直な理解ではないかと思われる。

Ⅲ　更正の請求と更正の関係——具体的な事例を通じて

現在、申告と更正の関係については、吸収説と併存説の二大対立があるわけであるが、今一度、消滅説（以下、「消滅説」と「吸収説」は区別をして用いる。）を加えた三説により、具体的にケースの処理を検討してみたい。具体的なケースを分析することにより、各説の問題点、特に各説と「更正の請求の排他性」との係わり合いを指摘することにする。平成二三年度改正により、更正の請求期間は一年から五年に延長されたところ、改正前の一年を前提にこれまでの学説・判例を検討する。

一　更正の請求の期間内に更正がなされて、更正処分を争う場合
――更正の請求と更正処分の取消訴訟

確定申告（あるいは修正申告）を行った後に、法定申告期限から一年以内に更正がなされた場合の取扱いについては、「当該更正後の課税標準等又は税額等」について更正の請求をするようになる（国税通則法二三条一項括弧書）。「当該更正後の課税標準等又は税額等」の更正の請求にあたり、国税通則法二三条一項一号の更正の請求は、当該申告書の提出により納付すべき税額（当該税額に関し更正があった場合には当該更正の額）が過大であるときと規定しているが、右更正は申告による納付すべき税額が過大でない場合には、更正の請求の要件を満たしていることにはならない（東京地裁平成元年七月二六日判決・税資一七三号三五一頁、東京高裁平成元年一二月二一日判決・税資一七四号一〇四九頁等）と一般に解されている。

その理由とするところは「申告による納付すべき税額の算定につきこれを過大ならしめる要素があった場合には、右申告に係る更正による税額のなかに過大な税額が含まれることになるから、なお更正の請求を許すこととしたまでであって、申告に係る税額がそもそも過大ではない場合には、更正の介在によって、右要件を満たすことにはなるはずはない。」（前掲東京地裁・東京高裁判決）ということにある。このような解釈は、更正の請求を許さないばかりでなく、さらに更正処分の取消訴訟をもって申告額を超えない部分の取消しを求めることはできないことを意味している。(20)

しかし、上記の判決が示すようなこの括弧書をおいた趣旨を併存説、吸収説あるいは消滅説からもどのように解するのであろうか（**問題5**）。さらに、この場合に、判例の採る吸収説によると、更正の請求期間内に減額修正を求める場合には、やはりここでも「更正の請求の排他性」が強力に機能することから、申告額を超えない部分の取消しを求めるには更正処分の取消訴訟ではなく、更正の請求の手続を経由するものと一般的には解されよう。また、逆に、増額更正に係る追加税額等は更正の請求のなかで主張できず、前掲東京高裁平成元年一二月二一日判決のような判決では更正処分の取消訴訟において主張をせざるをえないということになる（減額更正についても同様の検討がされるべきである）。しかし、課税標準の中身が入れ替わるとすると吸収説、消滅説からは極めて問題のある判決であるということになろう。

この規定は、基本的には更正がなされた以上は、取消訴訟により、更正に係わる課税標準等及び税額等において申告額を超えない部分の取消しを求めてもかまわないし、更正処分の取消訴訟において、申告額を超えない部分の取消しを求めてもかまわないと解すべきではあるまいか。「更正の請求の排他性」が更正の請求期間内において、申告について更正の請求の要件を充たしている以上、取消訴訟の提起（申告額を超えない部分の取消しをも含む。）をも排除する機能はもたないと考えられよう。

更正の請求期間内においては「更正の請求の排他性」が十分に機能しうるのであるし、また吸収説においては申告額が更正処分に吸収されるのであるから、更正の請求期間を徒過していなければ、どちらでも選択して争えると解する。

消滅説からは、この規定の趣旨は本来更正がなされた場合には、更正処分の不服申立て、取消訴訟で争うべきであるが、更正の請求規定を特に置いていることから、この方法においても申告額を超えない部分を争うことを認めていると解すべきであろう。更正が法定申告期限から一年（改正後五年）内にあるか否かにより争訟手続が左右されるのは望ましくないということになろう。

ただし、併存説においてはこのような理解は困難である。よって、併存説によった場合には、申告額の減額をし、かつ更正された部分の額をも争うというような場合には、きわめて迂回的な争訟手続になるといえよう。

なお、更正の請求に対して増額更正をすべき場合の処理方法について、裁判例、課税庁は、更正の請求がなされた場合には、これに対応する減額更正をした後に改めて申告漏れを加算する増額更正を行うか、それとも更正の請求に基づく減額分を申告漏れ額から差し引いた額で増額更正のみを行うかについては、格別の制約はなく、課税庁の判断に委ねられている（東京高裁昭和五九年七月一九日判決・税資一三九号一七〇頁等）。また更正の請求に対する通知処分と増額更正処分の関係についても、理由がない旨の通知処分と増額更正のどちらを先に行うかも法令上格別の規定もなく課税庁の判断に委ねられている（横浜地裁平成三年六月一〇日判決、税資一八三号八七四頁等）と解されていることなどをも考慮すると（ただし、更正の請求がなされているときには、更正の請求の理由が要求されていることから、このような方法は手続上違法であるか否かはさらに検討を要するが）、上述のような解釈は首肯されうるといえよう（Ⅳも併せて参照）。

更正の請求期間内に増額更正が行われ、更正の請求をせずに、更正処分の取消訴訟において、申告額を超えない部分の取消しを求めることが許されないとすると、更正をすることにより納税者の更正の請求の権利を侵害することになるといっても過言ではあるまい。

二　更正の請求の期間後に更正がなされて、更正処分を争う場合

確定申告（あるいは修正申告）を行った後に、法定申告期限から一年後に更正が行なわれた場合の取扱いについては、更正処分の不服申立て、取消訴訟の提起をすることになるが、この原則はやはり存在するといえるであろうか（**問題6**）。このような場合は今日では課税庁が七年の更正の除斥期間内に更正を行うときなどに考えうる。

併存説（追加説）においては、「更正の請求の排他性」というよりも、申告と更正がそれぞれ確定行為として存在することとなるので、前者には処分性がなく、後者においては上積みされた税額のみが訴訟の対象となるので申告額を超えない部分を争うことは当然許されない。また、吸収説においても申告額までは更正の請求期間内に争わなかったことにより、「更正の請求の排他性」により、申告額を超えない部分の取消しを求めることは許されないということになりそうである。

吸収説においては、申告を白紙に戻して税額を全体として確定しなおす行為であるにもかかわらず、なぜ更正の請求の排他性がその「見直し効果（まき直し効果）」を排斥するのか必ずしも明確ではない。

消滅説においては、更正を前述したように申告額を取り消して、あらたに一から見直すものであると考えると、当初申告の効力が消滅することから（見直し効果が「更正の請求の排他性」をも消滅させる。）、更正処分の取消訴訟において、申告額を超えない部分の取消しを求めることも許容されることになると思われる。このような主張に対しては、更正を奇貨として、更正の請求期間を徒過したものにまで再度救済を与えることになるとする批判もありえよう。

しかし、併存説において、更正と再更正の関係においては、再更正がなされると、当初更正が不可争力の状態にあったとしても再度更正額の範囲まで取消訴訟を広く肯定していることに比してもあながち不合理な結果ではないと考える（ただし、更正を確定させた者は、更正額の限度では再更正を争うこともできないのではないかとする主張がある）[21]。まさにこの点では整合性がとれているといえる。

また、更正と増額更正についてではあるが、これは課税庁が早期確定の利益を放棄しているケースであるから、当初更正処分の出訴期間を徒過した者は、再更正処分を機に取消訴訟を提起することができるということからも肯定しうるであろう[22]。すると、申告の場合のみ更正の請求期間を徒過した者は、「更正の請求の排他性」（あるいは確定申告の効力自体）から一切救済されないことになるのは不合理である。さもなければ申告せずに決定を受けたほうが得ということになろう。

たとえば、上述したような判例の通説、あるいは併存説によると、申告額の一部を別の理由（たとえば減価償却費超過額の損金不算入）で差し替え、課税処分を上積みした場合、この理由であれば納税者が納得できず更正の請求をしていたといった場合でも、すでに更正の請求期間を徒過しているということで争訟手段をすべて奪われてしまうという不合理な結果が生じるであろう。課税庁が更正権限を有している以上、「更正の請求の排他性」あるいは申告行為自体のもつ確定効果も更正のもとで消滅することになると解せよう。

この点、金子宏教授は、「更正の請求に対して、租税行政庁が、その理由を認めた上で、独自の調査によって、申告漏れを発見して増額更正を行った場合には、納税者は、申告の範囲内であっても、更正の請求にかかる課税標準額を上回る部分については、取消を求める利益を有すると解すべきである。なお、増額更正が申告にかかる課税標準の一部の取消と新たに認定された課税要件事実に基づく課税標準の加算から成り立っている場合には、更正の請求の有無にかかわらず、納税者は申告にかかわる課税標準額の範囲内であっても、新たに認定された課税要件事実に基づく課税標準の部分の取消を求める利益を有すると解すべきであろう」[23]とされる。このような見解は、申告と更正との関係が国税通則法二九条の規定により現行の解釈としては増額更正については併存説であるが、この説にたっても理論的に消滅説が正当であること、また課税標準の中味が入れ替わるという事実まで否定するものではないと解されることによる。[24]金子教授の見解は申告と更正との関係の本質的理解を背景にしている（なお、争点主義をも意識されているといえようか。[25]）。金子教授の見解は、併存説の欠陥を是正するもので傾聴に値するが、吸収説（消滅説）の本質を配慮しながら併存説に立脚するという点で必ずしも理論的な整合性について問題がないとはいえないように思われる。青色申告等の場合についてはともかくも、課税標準の中身が入れ替わったことを納税者において必ずしも知ることができないのではないかと思われる。前述したように国税通則法の規定を配慮したうえでも消滅説にたつことは十分可能ではあるまいか。

三　更正の請求を行ったが、更正の請求の理由なしとして通知を受け、その後（更正の請求期間内）なされた更正処分を争う場合

確定申告（あるいは修正申告）を行った後に更正の請求を行ったが、更正の請求に対する理由がない旨の通知処分（以下「通知処分」という）を受け[26]、その後法定申告期限から一年内に増額更正処分を受けた場合の取扱いいかんである（**問題7**）。この取扱いには、さらに次のような場合を考慮しなければならない。

① 通知処分の出訴期間内に更正がなされた場合（これはさらに、ⓐ更正の請求の理由がない旨の通知処分について不服申立てをしている場合とⓑそのような不服申立てをしていない場合がある。）

②　通知処分の出訴期間を徒過している場合

併存説によると、更正の請求の棄却処分について、不可争力が生じているとする（②）と、「更正の請求の排他性」よりも不可争力により当該通知処分を争うことができず、また更正処分の不服申立て、取消訴訟において申告額を超えない部分の取消しを求めることは許されないということになる。不服申立てがなされている場合には不可争力が生じていないものの、通知処分の取消訴訟と更正処分の取消訴訟を提起することになる（①ⓐ）。さらに、更正の請求の理由のない旨の通知処分について不服申立て、取消訴訟で争うことは不可争力が生じていない限りにおいては、当然許されることになる（①ⓑ）。

ただし、金子教授によるとここでも、増額更正が申告に係る課税標準の一部の取消しと新たに認定された課税要件事実に基づく課税標準の加算から成り立っている場合には、更正の請求の有無にかかわらず、納税者は申告に係る課税標準額の範囲内であっても、新たに認定される課税要件事実に基づく課税標準の部分の取消しを求める利益を有すると解されよう。

吸収説においても、通知処分の不服申立期間内に争わなかったとき（②）には、申告は更正処分に吸収され、申告額を自認しているのであるから、あるいは更正の請求をしていないのであるから、申告額を超えない部分の取消しを求めることは許されないということになる。不服申立期間内においては更正の請求の棄却処分について、不可争力が生じていない場合（①）には、更正処分の取消訴訟において、申告額を超えない部分の取消しを求めることも許されるということになろう。

なお、吸収説にたつ泉氏は、更正の請求中に増額更正がなされれば、その取消しを請求されると、増額更正は更正の請求の棄却処分を中味に包含するものとして、更正の請求に係る部分の取消しをも増額更正の取消訴訟において請求できるが、更正の請求の棄却処分があったときには不服申立て、取消訴訟を提起して、その確定を遮断したうえで、その後になされた更正処分の取消訴訟を提起し、そこで更正の請求にかかる部分の取消しをも増額更正の取消訴訟において請求できるとされる(27)。

消滅説においては、更正の請求の期間内に更正処分がなされていても、理由が異なれば更正の請求は何度でもでき（更正の請求の通知処分の取消請求をせずに、別の理由で何度でも更正の請求をすることができる。(28)）、更正の請求が可能なのであるから、申告額を超えない部分の取消しを求めることができ（①）、前述したように不可争力が生じている場合においても、さらに更正をすれば、更正の取消訴訟において申告額を超えない部分の取消しを求めることができる（②）ということになろう。

四　更正の請求を行ったが、更正の請求に対する理由がない旨の通知処分を受け、その後（更正の請求期間後）なされた更正処分を争う場合

確定申告（あるいは修正申告）を行った後に、更正の請求を行ったが通知処分（棄却処分）を受けたが、法定申告期限から一年後にさらに増額処分を受けた場合の取扱いかんである（**問題8**、今日では前述二の場合が想定しうる。）。この取扱には、さらに次のような場合を配慮しなければならない。

① 通知処分の出訴期間内に更正がなされた場合（これはさらに、(a)更正の請求の理由がない旨の通知処分について不服申立てをしている場合と(b)そのような不服申立てをしていない場合がある。）

② 通知処分の出訴期間を徒過した後に更正がなされた場合

併存説によると、更正の請求に対する理由がない旨の通知処分（棄却処分）について、不可争力が生じていると

する（②）と申告額について争うことはできない。更正処分の取消訴訟について、更正の上積み額の部分しか争えず、申告額を超えない部分の取消しを求めることは、許されないのは当然である。更正の請求期間経過後通知処分の出訴期間内に更正を行った場合には、①ⓐの場合には更正の請求の理由がない旨の通知処分を争う。これにより申告額を超えない部分を争うことになる。①ⓑの場合は通知処分の不服申立てをしない限り（更正処分の不服申立てをすれば、通知処分の不服申立てを前置したと解することができるか否かについては、国税通則法一〇四条二項、四項〔のあわせ審理〕参照）、申告額を超えない部分について争う途はない。

吸収説によると、通知処分について不服申立てをして、不可争力が生じてない場合（①ⓐ）には、更正の取消訴訟において、申告額を超えない部分の取消しを求めることができる。通知処分について不服申立てをしていない場合（①ⓑ）に、不服申立てをせずに、更正の取消訴訟において申告額を超えない部分の取消しを求めることは許されそうであるが、この点については吸収説の論者の見解は定かでない。

ただし、泉氏は、前述したように、その更正の請求の理由がない旨の通知処分を争って、その確定を遮断しておかなければ、更正処分の取消訴訟において申告額を超えない部分の取消しを求めることは許されないとされる。吸収説といいながら、申告の効力（確定力）、「更正の請求の排他性」の影響が背後に見え隠れしており、吸収説において通知処分を争わなかったことにより不可争力が生じている場合には併存説と同様の結果になりそうである。

この問題は後に章を改めて論じることにする。また、更正の請求の原則的排他性と取消訴訟等の出訴期間の問題も吸収説においては同様に問題とされなければならず、同様に後に節を改めて論じることにする（後述Ⅵ参照）。

なお、吸収説においても、申告額を更正の請求期間内に争わなかったことにより、また更正の請求にかかる通知処分を争わなかったことにより不可争力が生じている場合には（②）、この原則については併存説と同様の結果になりそうである。一方でまた、金子教授の主張するような前述の理由により、吸収説においても更正処分の取消訴訟において申告額を超えない部分の取消しを求めることか許されるとする解釈もありえよう。

消極説においては、前述したように更正が申告に係る課税標準等又は税額等の見直し効果まで含むということから、更正の請求の期間後に更正を行うことにより、「更正の請求の原則的排他性」が消滅させられたと考えることも一理あり、そのような場合には更正処分の取消訴訟において、申告額を超えない部分の取消しを求めることもできよう。これに対して、消滅説においても、更正の請求期間を徒過した申告についてまで「更正の請求の排他性」を排除することはできないとする見解によると、申告額を超えない部分の取消しを求めることはできないということになろう。しかし、課税庁による「見直し効果」が生じた以上、前者が正当であろう。更正の請求は、そもそも納税者が更正の発動を課税庁へ促すものであり、これが吸収説が認めるような争訟手段を奪う効果があるとは考えられない。

Ⅳ　更正の請求に対する理由がない旨の通知処分と増額更正との関係

更正の請求に対する通知処分に先立って増額更正が行なわれた場合については、吸収説、消滅説において通知処分を更正処分との関係でどのように理解するかが、この原則を考えるにあたって重要な問題となる（**問題9**）。この問題については、次のような見解が可能であろう。

①　申告を下回る取消しはもっぱら更正の請求及びそれに対する理由がない旨の通知処分の取消訴訟によるべきであり、増額更正処分のそれによることはできないとする（以下、「個別独立説」という。）。他方、増額更

正処分に係る増額部分の取消を求めるには、増額更正処分の取消訴訟の提起が必要である。この見解は、国税通則法二九条一項、三項、二三条、一〇四条四項が別個のものとして併存することを認めていることを理由とする。(29) 税務実務はこの方法をとるといわれている。(30)

② 更正の請求に対する理由がない旨の通知処分は、実質的に更正に包含されている。増額更正は、申告よりも過大な課税標準等及び税額等を確定させるものであるから、申告が更正に吸収されるように、通知処分も増額更正に吸収され、独立の行為としては存在しなくなる（以下、「増額更正吸収説」という。）。

③ 更正の請求後にこれに対する応答よりも先に増額更正がなされた場合には、当該更正の請求を増額更正に対してなされたものとして取り扱い、その後に更正の請求に対する理由がない旨の通知処分がなされたときには、この通知処分の取消訴訟のみを提起でき、その訴訟において申告額を超えない部分の取消しを請求することができる（以下、「通知処分吸収説」という。）。また、新たに更正処分で増額された部分を通知処分の取消訴訟で争えるとする。

個別独立説については、併存説の抱える問題が存する。両者に別個独立訴訟を求めることにより、裁判所の判断が異なることもあるとする批判が同様に当てはまろう。(31) ただし、この説も併存説のもとでのみ可能な見解ではなく、「更正の請求の排他性」等の理解の仕方いかんでは吸収説、消滅説のもとでも理論的には可能であることに留意をしておく必要がある。

増額更正吸収説については、通知処分の本質は課税庁の職権発動を拒否する処分であり、それ自体納税義務を確定させる処分ではないから、前述の吸収説あるいは消滅説の論拠は直ちに妥当しないとする批判がありえよう。(32)

通知処分吸収説においては、更正の請求後の増額更正を当然に増額更正に対する更正の請求であると読み替えることができるかとする批判があろう。(33) さらに、通知処分の取消訴訟で更正による増差額を争うことは問題が残る。

東京地裁昭和五七年三月二日判決・行裁例集三三巻三号三三〇頁は、納税者の更正の請求に対し、課税庁が更正の請求の理由となった事実を認めた上、申告漏れの相続財産の価格を加算して増額更正処分をした事案であるが、「相続税は納税者の申告により確定するのを原則とし、納税者において申告にかかる課税価格及び納付税額が過大であるとするときは、一定期間に限り更正の請求を行うことができるが、更正の請求が申告額の一部についてのみ行われたときは、すくなくとも更正の請求にかかる課税価格及び送付税額の範囲内においては、納税者が自らの申告によってこれを確定させ、しかも是正のための法律上認められた手続きをとっていないのであるから、たとえ右申告につき税務署長により増額更正が行われても、右更正の請求にかかる課税価格及び納付税額を超えない部分については、納税者にとって不利益処分ということができず、その取消しを求むべき訴えの利益がない。」と判示する。この判示は、課税庁が更正の請求の理由と事実を認めていることに注意する必要があるが、更正すべき理由がない旨の通知処分は増額更正処分に吸収されることを仄めかしていたといえる。(34)

横浜地裁平成三年六月一〇日判決・税資一八三号八七四頁は、課税及び不服申立ての場面では両者はそれぞれ別個独立の行為として併存し、既に更正の請求がなされているからといって、当然増額更正の前に通知処分がなされる必要はなく、また先に増額更正がなされたからといって、当然にそれが通知処分を含むものと解することはできないが、この場合においても、増額更正の内容は単に通知処分により承認された申告に係る税額に増差額を追加する（したがって、申告と増差税額の両者で、一個の納税義務が確定される）というものではなく、課税要件事実を全体的に見直し、申告に係る税額をも含めて全体としての税額を総額的に確定するとみるのが関係法令の趣旨に合致するとしたうえで、「通知処分と増額更正の両者につき取消訴訟が係属し、これについて裁判所が判断する場合においては、通知処分と増額更正とが、いずれも同一年度分の所得税という一個の納税義務を確定させる処分であることに鑑み、裁判の統一を図る趣旨から、通知処分は増額更正の処分内容に吸収されて一体となり、その外形が消滅することにより、通知処分の取消訴訟はその対象を失って、不適法な訴えとなると考えるのが合理的である。そして、このことは、増額更正の前に通知処分がなされた場合に限らず、増額更正の後に通知処分がなされた場合にも妥当し、また、通知処分についても固有の違法事由が主張されている場合にも、別異に取り扱うべき理由はないものと考える（もっとも通知処分に取消原因がある場合には、課税標準等及び税額等が申告額を下回ると認められる限り、増額更正について申告額を下回る額まで取り消すことができることはいうまでもない）。」と判示する。(35) 本判決は、課税及び不服申立ての場面と行政訴訟との場面を何故に区分しなければならないのか理由を明らかにしていないが、訴訟段階に限定してではあるが、上述の増額更正吸収説を採用している。また、本判決の控訴審である東京高裁平成四年六月二九日判決・訟月三九巻五号九一七頁は、増額更正処分の内容が右通知処分の内容を包摂する関係にあるとして、本判決の結論を維持している。

一方で、東京高裁平成元年一月二一日判決・税資一七四号一〇四九頁（原審・同旨、平成元年七月二一・一八日判決・税資一七三号三五一頁）は、「本件更正すべき理由がない旨の通知処分の取消しを求める訴えと本件更正処分の取消しを求める訴えとはいずれか一方の処分の取消しが認められれば目的を達することができるものではあるが、右処分は、一方が他方を吸収する関係にあるのではなく、それぞれ別個の処分であって、かつ、それぞれについて取消訴訟を提起することを妨げられていないこと、右通知処分の取消請求における処分の違法事由と本件更正請求におけるそれとは、内容を同じくするものもあるが、すべてが重複したものではなく、それぞれについて固有の違法事由が主張されていることからすると、右処分の取消の訴えはそれぞれにつき取消しを求める固有の利益が認められるといわなくてはならない。」と判示する。

この問題については、吸収説内においても見解の相違が存するであろうと思われる。通知処分と更正処分はその効果が本質的に異なるのであるから、単に「大は小を兼ねる」ということで吸収関係を認め、さらに総額主義をとるということになれば、更正の請求の理由を特定して更正の発動を求めた納税者の手続的権利は損なわれるであろう。この問題は消滅説にも同様に当てはまる。前述Ⅲ一とかかわる問題でもあるが、納税者の手続的保障を強調すれば両者の相互吸収関係を前提にしたうえで、更正の請求に対する理由がない旨の通知処分についても訴えが認められ（結果的には、更正処分の取消訴訟との選択的適用）、申告額を超えない部分の取消しを請求することができるものと思われる。

Ⅴ　更正の請求の原則的排他性と取消訴訟等の出訴期間・不服申立て前置

一　取消訴訟等の出訴期間

更正の請求に対する理由がない旨の通知処分を争っているときに、更正、再更正等の処分がなされた場合、併存説を採用する場合には、申告、更正、再更正等によって納税義務は追加的に、段階的に確定し、積み重ねられると考えるので、それぞれについて適法な不服申立て、訴訟の手続を踏むことが一般的には要求される。消滅説の場合には、理論的にはもっとも直近の確定行為について包括的に争えば足りるということになる。しかし、その両説の折衷説といわれる吸収説については、それは必ずしも明確ではない（**問題10**）。

更正と再更正に係るこの問題について、①更正処分について不服申立期間を徒過し、不可争力が生じている場合においても、再更正処分の取消訴訟について訴えが適法に提起された場合には、再更正が当初更正の形式的確定による不可争力を消滅させ、申告額を超える部分について実体審理が認められる（東京地裁昭和五二年一一月七日判決・シュトイエル一九〇号五頁）、②更正について審査請求を棄却され、審査決定の取消訴訟を提起していたが、更正処分に対する出訴期間内に再更正処分がなされると、再更正により当初更正、審査決定も消滅し、再更正において申告額を超える部分を争うことができる（広島地裁昭和五一年一〇月二七日判決・税資九〇巻三四九頁等参照）、③更正処分の出訴期間内に、再更正がなされて、再更正処分の取消訴訟を提起すると更正に係る額も争える、④更正処分の出訴期間を徒過して、再更正処分がなされて、適法に不服申立て及び取消訴訟の提起する場合には、更正処分に係る額も争うことができる、と解されている。[36]申告（又は通知処分）と更正について論じるとどうなるであろうか。

申告について更正の請求に対する理由がない旨の通知処分と増額更正との関係としてみると、次のようにおきかえることができる。

①更正処分の取消訴訟について訴えが適法に提起された場合には、通知処分について不服申立期間を徒過し、不可争力が生じている場合においても、更正が通知処分の形式的確定による不可争力を消滅させ、申告額を超えない部分について実体審理が認められる。

②更正の請求に対する理由がない旨の通知処分について審査請求を棄却され、通知処分の取消訴訟を提起していた場合には、通知処分に対する不服申立期間、出訴期間内に再更正処分がなされると、再更正により申告額を超えない部分についても取消しを求めることができる。③通知処分の出訴期間内に、更正処分がなされて、更正処分の訴訟を適法に提起すると、申告額を超えない部分についても取消しを求めることができる。

吸収説においては、④通知処分の出訴期間を徒過した後に更正がなされて、適法に不服申立て及び取消訴訟を提起する場合については、「更正の請求の排他性」が機能していることから、申告額を超えない部分について取消しを求めることはできないとする見解と、更正と再更正との関係においてこのような場合には、「申告の確定力」は排除されていることから申告額を超えない部分について取消しを求めることができるとする見解に分かれよう。

しかし、前掲横浜地裁平成三年六月一〇日判決は、「増額更正処分についてのみ不服を申し立て、通知処分について不服を申し立てなければ、通知処分について不可争力の状態になり、増額更正処分についても、確定申告額未満の部分についてまで取消しを請求することは、原則として不可能となるべきである。」と判示する。[37] このような判決を前提とする限りは（すなわち、通知処分を実質更正処分と同一であるとみなすのであれば）、申告額を超えない部分についても取消しの請求を認めるべきであろう。後者の見解を妥当としよう。さもなければ、更正と再更正の関係との場合とバランスを著しく欠くことになる。

二　不服申立前置

不服申立前置、すなわち決定・裁決と判決との関係について、上述同様に通知処分の不服申立てと更正の不服申立てとの関係が問題となる（**問題11**）。異議申立ての決定又は審査請求の裁決を経ないことに「正当な理由」がある場合には直ちに更正処分の取消訴訟を提起できる（国税通則法一一五条一項三号）。

そのような判例として更正と再更正をめぐってではあるが、更正処分の取消訴訟を増額の再更正処分の取消訴訟に変更する場合には、両訴が実質上同一であるとして、前訴について審査請求手続きを経ている以上、後訴について審査手続を経ることを要しないとするもの（東京高裁昭和四七年二月二八日判決・行裁例集二三巻一・二号五七頁等）、更正処分に対する不服申立てを経由した納税者に対し、更正処分に対する訴えが法定の出訴期間内に提起され、かつその出訴前に再更正処分がされた場合に、当該再更正処分に対して不服申立てを要求することは、更正処分に対して不服申立てを経て出訴の要件を備えた納税者に対して、さらに不当に煩雑な手続を強制することになり不合理であり、再更正処分の取消訴訟は、不服申立てを経ないことに「正当な理由」がある場合に当たるとするもの（福岡高裁昭和五二年九月二九日判決・行裁例集二八巻九号一〇二九頁等）など、がある。(38) 吸収説、消滅説においても、通知処分の不服申立てが適法に行なわれている場合には、できる限り「正当な理由」があるとして直ちに更正処分の取消の訴えを認めるべきであろう。

Ⅵ　更正の請求期間経過後に行われた修正申告

国税通則法二三条等においては更正の請求期間が限定されていることから、更正の請求期間を徒過すると納税者としては減額の途が原則的には閉ざされることになる（修正申告について、更正の請求制度が存しない理由については、東京地裁昭和三九年一一月二八日判決・行裁例集一五巻一一号二一二八頁参照）。今日でもこのような場面は更正の除斥期間が七年の場合に生じる。そこで、一般的には、納税者としては、更正の請求期間経過後に更正に係る額を増大する修正申告を行うと、修正申告についても「更正の請求の排他性」が機能し、修正申告に係る課税標準等及び税額等を取り消すことは原則として許されず、課税庁による職権減額更正に期待せざるをえないこととなる。しかし、減額更正処分の発動は、更正の請求期間を徒過した後は、更正の請求の原則的排他性により、申告額を減額更正するかしないかは課税庁の裁量であるとする立場が広く採用されている。日本税理士会においても「(更正の請求期間が経過した場合には）納税者の側からの更正の請求権はないが、嘆願書等（更正の請求書に準じたもの）の提出により、税務署長の職権更正を依頼することができる。しかし、このような嘆願書等による税務署長の更正がないことについて異議申立て、審査請求、訴訟等の税務争訟はできない」という見解が広く知られている。[39] 現実には納税者が嘆願書等を提出することによりその発動を促しているが、判例の多くは、これに対する法的な効果は認めず、まさに課税庁の対応はこの領域においては全くの自由裁量である（行政便宜主義的理解を示すものとして、東京高裁平成三年一月二四日判決・シュトイエル三五二号三八頁、三五三号一六頁参照）と解している。すなわち、更正の請求期間経過後にも職権による減額更正が義務づけられるのは更正の請求期間を設けた期間の制限を実質上無意味にする（前掲東京高裁平成三年一月二四日判決）ことから更正の請求の原則的排他性が課税更正義務の範囲をも画すると解されている。極めて強力な「更正の請求の排他性」をみることができる。この問題については、行政事件訴訟法改正以後において義務付け訴訟が法定されているところ、その後の判決や学説の動向等についても注視する必要がある（第一〇章参照）。

しかし、このような更正の請求期間が経過すると課税庁の減額更正処分は課税庁の裁量に属するのであろうか（**問題12**）。「不作為の違法確認の訴え」あるいは「減額更正の義務付け訴訟」もこれまでの通説の立場から一刀両断に認められないと即断することには疑問が生じる。

上述したような見解については、異論も存するところではあるが、課税庁が職権減額更正義務を負うとした場合にもいかなる要件のもとでその発動が義務づけられるかについては整合性のある説明は今日までなされていない。[40]

更正の請求の期間経過後においても課税庁に一定の場合、減額の義務が存するとすることは、一般的には憲法上の租税法の大原則である租税要件法定主義の一内容としての「合法性の原則」により課税庁は、減額更正をするしないの自由をもたず、また更正等（決定を含む）は税法に定める課税要件を充足している事実を確認し、既に成立している納税義務の内容を確定する、いわゆる準法律行為的行政行為としての確認行為であることから、一般的には課税庁は賦課するかどうかの裁量を有しないと理解されている（更正、決定に係る国税通則法二四条及び二五条は、「……更正する」「……決定する」と規定しており、「……更正することができる」「……決定することができる」とはなっていないことから首肯できる。[41] 更正義務の根拠規定は、憲法三〇条、八四条、国税通則法二四条、二五条であるといえよう。）が、これのみを根拠に常に更正の請求期間経過後も「不作為の違法確認の訴え」あるいは「減額更正の義務付け訴訟」をも認められるといえるであろうか。

ここでいう減額更正義務を含む更正義務は、納税義務の成立により負う極めて抽象的な更正義務であり、よって、更正の請求期間徒過後国税通則法二三条の要件を充足している場合に常に納税者から減額更正の不作為の違法確認の訴えを提起しうるようなものではない。しかし、国税通則法二四条は、納税申告書に記載された課税標準等の計算が国税に関する法律に従っていなかったとき、その他当該課税標準等及び税額等が税務署長の調査したところと異なるときに更正が行われることを求めているのであるから、課税庁は、更正の請求期間の徒過にかかわらず、また嘆願書の提出の有無にもかかわらず、税務調査等において知りえた事実をもとに更正義務を負うという意味において、具体的な減額更正義務を有している（よって、知りえた事実のうち、増額更正に係る事実のみを考慮して増額更正行うということは許されない。）といえよう。

所得税、法人税については租税法律主義が厳格に機能し、たとえば所得税であれば暦年終了により納税義務が成立していることから、課税庁の第一次的判断権等尊重といった問題は生せず、義務付け訴訟（の訴訟要件）も他の行政領域より肯定されやすい分野であるといえよう。[42]

Ⅶ　おわりに

申告納税方式のもとで基本的には納税者がもっとも課税要件事実等を知りえる立場にあることから、一次的には納税者に確定義務を負わせるが、必ずしも納税者において課税要件法のもとで課税標準等又は税額等を適正に算出することができる（あるいは算定する）とは限らないため、二次的に課税庁に更正権限が与えられている。更正の除斥期間内においては、段階的（更正、再更正等）な確定行為が適正な課税標準等又は税額等の確定を目指して行われる。国税通則法における租税債務確定の法構造は、納税者が一次的に、課税庁が二次的に適正な課税標準等又は税額等の確定（実体的真実主義）に向けて行う一連の過程であると認識することができる（二つの確定権による二重構造）。

更正の請求の排他性は、確定申告行為がそもそも絶対的なものであるとの前提のうえで、例外的に更正の請求により納税者からの減額修正を許すとする理解を背景とするもので、確定申告の法構造を見誤っている。申告納税義務が極めて民主的であるとする理解であるが、そのような理解は納税者の実体的な真実主義をも剥奪することではない。更正の請求は、課税庁の職権による更正発動を促すというものであり、これが消滅したからといって確定手続のみでなく争訟手続においても「更正の請求の排他性」の言葉のもとで、納税者の救済手続を制限することは許されない。そのような理解のもと、本稿の各問題が処理されなければならない。

今日、更正と再更正、申告と更正との関係は行為の主体が異なる者の課税標準等及び税額等を確定させるという点では、その効力は同質であり、基本的には吸収一体関係にあるとの理解が相当であると解しうる。特に、申告と更正の関係においては、更正により納税者の申告に修正を加えるわけであるから、そこには十分な「見直し効果」に対する救済手続が担保されていなければならない。なお、今日判例の流れとして定着している吸収説は、不服申立要件、訴訟要件の適用が緩やかに解されることから、その実態は消滅説的な理解を前提としたものに近づきつつあるとの印象も受ける。さらに、併存説は確かに納税者の救済手続に厚いと解される向きもあるが、多くの納税者が更正の請求期間後に更正により申告額が修正されている実態をみると、これまでの吸収説、消滅説に対する非難も再検討の余地があるように思われる。

申告と更正、再更正の相互関係はストレートに消滅説の理解により、申告額を超えない部分について争わせることの方が納税者の権利救済につながるとも考えられ、申告と更正の関係についてはすくなくとも消滅説によるべきであろう。更正が申告に吸収されたときも同じように消滅説の理解によることが相当であると考えられるが、自主修正申告（一からの見直し）をすれば申告額を超えない部分の取消しを求めることはできなくなる。しかし、この場合については、課税庁の減額更正義務が問題となる。

吸収説、併存説からは「更正の請求の排他性」の絶対性が強調されているが、更正の請求は納税者が課税庁に減額の発動を求めるものに過ぎず、更正の請求期間を徒過することにより、実体的真実主義を犠牲にして、納税者の申告税額を確定せしめる効果はなく、すなわち「更正の請求の排他性」は納税者の訴訟面においても直接影響を及ぼすものではなく、「更正の請求の排他性」さらには申告自体の確定力を課税手続と訴訟段階（あるいは不服申立段階）において区別して論じることが重要である。

更正の請求期間の延長という国税通則法の改正をうけた今日においても「更正の請求の排他性」を訴訟の場においても及ぼすことは、国税通則法二三条の立法経緯や国税通則法における租税債務確定構造の理解を誤るものであるといわざるを得ない。「更正の請求の排他性」の法的効力を正しく理解することが必要である。

（1）「更正の請求の原則的排他性」、「更正の請求の排他性」については、金子宏『租税法　第四版』四九七頁（弘文堂・一九九二）、碓井光明「更正の請求についての若干の考察」ジュリスト六七七号六四、六五頁（一九七八）。

（2）占部裕典「租税債務確定手続の諸問題と今後のあり方」税務弘報四一巻五号八六頁以下（一九九三）、同「勧奨による修正申告の誤りに対する救済方法(1)(2)」六甲台論集三四巻一号一四一頁（一九八七）、八幡大学論集三八巻三・四号一一一頁（一九八八）。

更正の請求規定の制定（改正）経緯については、武田昌輔編『DHCコンメンタール国税通則法』一四二四頁以下（第一法規・加除式）参照。ただし、現実の行政実務では、更正の請求規定の運用が更正の請求期間徒過後も陳情書に応じるなど比較的柔軟であるともいえる。

（3）この原則については、これまで当然のこと、自明のことと考えられてきた。この原則の論拠等については、とりあえず神戸地裁昭和五四年一一月九日判決・訟月二六巻二号三四〇頁参照。

（4）申告と更正、更正と再更正という各々関係をパラレルに解しうるか検討を要するが、租税債務を確定させるという点では本質的に同じである。

更正と再更正の関係の詳細な分析については、清永敬次「更正と再更正」シュトイエル一〇〇号九一頁（一九七〇）。この関係を論じた文献は数多くあるが、南博方『租税争訟の理論と実際』一一七頁以下（弘文堂・一九七五）、木村弘之亮「審判の対象」小川英明＝松沢智編『裁判実務大系二〇　租税争訟法』二一七頁以下（青林書院・一九八八）、田中治「税務行政と救済」杉村敏正編『行政救済二』三三六頁以下（有斐閣・一九九一）等が有益である。学説は一般に併存説であり、判例は一般に吸収説であるといえる。

（5）泉徳治「租税訴訟の審理について」司法研究報告書三六巻二号四一頁以下（一九八四）。

（6）中尾功『税務訴訟入門』一一七、一一八頁（商事法務研究会・一九九〇）

（7）塚本伊平「訴えの利益」前掲『裁判実務大系二〇　租税争訟法』二七三頁以下。

(8) 窪田守雄「訴訟物の特定」前掲『裁判実務大系二〇　租税争訟法』三三三頁以下。
(9) 塚本・前掲論文二七四頁。
(10) その他の学説も併せて、木村・前掲論文二一九頁以下が詳しい。
(11) 最高裁事務総局行政局「税法関係行政事件裁判官合同概要（昭和二五年三月九日）」行政裁判資料二四頁以下（一九五〇）の議論は参考となる。国税通則法での改正経緯については、志場喜徳郎他共編『国税通則法精解』三二七頁以下（大蔵財務協会、一九九〇）参照。
(12) 最高裁事務総局行政局「税法関係行政事件裁判官合同概要（昭和四一年一〇月三一日・一一月一日）」行政裁判資料一四六頁以下（一九六六）。
(13) 廣瀬時江『判例を中心とする税金問題の研究』二八〇頁以下（財経詳報社・一九七一）。
(14) 志場・前掲書三二八頁は、吸収説を前提として同条等の整備を図ったとするが、今日、同条等を併存説の根拠とする主張が多い。清永・前掲論文一〇二頁、金子・前掲書五〇六頁等参照。
(15) ちなみに、最高裁昭和三二年九月一九日第一小法廷判決・民集一一巻九号一六〇九頁はわが国で初めて吸収説を採用したものとして紹介されているが、その理解には争いがある。その他、行政裁判所大正一一年一〇月一〇日宣告・行政裁判所判決録五三、最高裁昭和四二年九月一九日第一小法廷判決・民集二一巻七号一八二八頁、最高裁昭和五五年一一月二〇日第一小法廷判決・判時一〇〇一号三一頁等参照。
(16) 清永・前掲論文一〇二頁。
(17) 廣瀬・前掲論文二八〇頁、二八一頁。
(18) 廣瀬・前掲論文二八一、二八二頁。
(19) 金子・前掲書五〇五頁。
(20) 国税庁『改正税法のすべて（一九七〇年）』による立法趣旨及び松村佳幸・判例解説・税務事例二二一巻六号二五頁参照。
　このことは一見明白のようであるが、申告額一〇〇、更正による増加額五〇のもとで九〇までの減額修正を主張する場合に、六〇について更正の請求を行うか、一〇は更正の請求、五〇は取消訴訟で争うことになるのか、さらに六〇について取消訴訟で争うことができるのか、特に、課税標準の中身が入れ替わった場合等には厄介である。

(21) 佐藤繁「課税処分取消訴訟の審理」三ケ月章他監修『新・実務民事訴訟講座一〇』七四頁（日本評論社・一九八二）。
(22) 碓井光明・判例評論二七五号一二頁、木村・前掲論文二一九頁は消滅説、吸収説において主張する。
(23) 金子・前掲書六二七頁。
(24) 金子・前掲書五〇六頁。
(25) 金子・前掲書六〇〇頁以下参照。なお、併存説と争点主義、吸収説・消滅説と総額主義を必然的に結びつけて考える傾向にあるが、結びつきやすいのは確かであるものの理論的な必然性はない。
(26) 更正すべき理由がない旨の通知処分には、期限徒過後により更正の請求が形式的要件を欠き、不適法なものであるために、これを門前払いとする「実質的に却下処分の性質を許すもの」と、税額等の当否につき実体判断をした上で更正の請求に理由がないとする「実質的に棄却処分の性質を有するもの」があるところ、執行、不服審査及び訴訟を通じて二つの分別が理論上されなければならず、却下処分的拒否通知処分の抗告訴訟において課税庁以外の審査庁等がこの処分をなすことは更正類似処分とみて、その全部又は一部の取消しの名において税額等につき実質実額裁決をすることは、課税庁固有の一次的判断権と複数段階の納税者の権利の保障を侵すことから、一般的には適正課税の実現に支障を与えることになる、という意味において、この分別の混迷にかかわる問題を指摘する見解もある。四元俊明『行間の税法解釈学』三六三頁、三六四頁（ぎょうせい・一九八八）。
(27) 泉・前掲論文四三頁。このような見解が広く判例において支持されている。
(28) 同じ理由で更正の請求が認められるまで更正の請求を繰り返すことは許されないが、更正の請求の理由が変われば、何度でも更正の請求期間内は更正の請求が可能である。ただし、更正の請求の理由等を記載した更正請求書を提出しなければならないが（国税通則法二三条、二三条三項、六項、七項）、東京地裁昭和五二年八月八日判決・税務訴訟資料九五巻三一〇頁は、更正の請求に対する理由がない旨の通知処分に理由を附記することは必要ないと判示する。
(29) 榎本恒男・判例解説〔横浜地裁平成三年六月一〇日判決〕平成三年行政関係判例解説二四六頁。
(30) 榎本・前掲判例解説二四六頁。
(31) 榎本・前掲判例解説二四六頁、二四七頁。
(32) 榎本・前掲判例解説二四七頁。
(33) 榎本・前掲判例解説二四八頁。

(34) 中尾・前掲書一二五頁、一二六頁。
(35) 榎本・前掲判例解説二四八頁。
(36) この問題については、竹下重人「再更正がされた後の訴訟手続」税法学三六六号六頁以下（一九八一）。その他、出訴期間との関係については、小磯武男「出訴期間」前掲『裁判実務大系二〇 租税争訟法』三二八頁以下も併せて参照。
(37) 同旨のものとして、横浜地裁平成三年四月二四日判決・判タ七七〇号一二一頁がある。しかし、同判決は、通知処分に不服申立てがされていなくとも両処分が同日にされ、増額更正処分の不服申立てにおいて確定申告額未満の部分についても取消しを請求しているとして、右申告額未満の部分までの請求を許す。
(38) 不服申立てとの関係については、榎本恒男「不服申立ての前置(2)」前掲『裁判実務大系二〇 租税争訟法』三〇七頁以下。
(39) 日本税理士連合会編集『租税救済一 適用要件と手続』六七頁（新日本法規・一九八二）。
(40) 田中治教授は、「課税庁が嘆願書によって違法状態の認識を得た場合には、当然そのような違法状態の排除はすべきであって、このような場合においては、嘆願書に対する応答義務がある、と考えるべきであろう。」（田中・判例評釈〈修正申告の錯誤と法定期間経過後の更正の請求〉シュトイエル三二七号五、六頁）とされる。更正の請求期間が徒過しても諦めず嘆願書を出した者が得をするというのもやや疑問が残るようにも思われる。この問題についての最近の論稿としては、橋本守次「更正の請求期限を徒過した場合の救済」税理三六巻一七号一〇四頁（一九九三）があるが、具体的な救済方法は提示されていないように思える。その他、武田・前掲コンメンタール一四四〇頁、占部・前掲論文（税務弘報）九二頁、九三頁、同・判例評釈〈繰越欠損金額の是正方法と職権減額更正の発動要件〉シュトイエル三六〇号一四頁等参照。
(41) 占部・前掲論文九一頁以下の課税庁による決定・更正（特に職権減額更正）の発動要件も併せて参照。なお、申告額を下回わる減額更正の義務づけ訴訟は、消滅説にたつことにより初めて理論的に可能になるといえよう。
(42) 義務付け訴訟の要件をめぐっては様々な議論が展開されているが、最も丹念な研究として、阿部泰隆『行政訴訟改革論』二二三頁以下（有斐閣・一九九三年、論文初出一九七七年、一九八五年）がある。これまでの学説を整理、分析したものとして、乙部哲郎「義務づけ訴訟の一考察」神戸学院法学二三巻二号一頁（一九九三）参照。改正行政事件訴訟法のもとでの義務付け訴訟をめぐる議論については、本書第一〇章で詳細に検討する。

第七章　固定資産税の「適正な時価」と登録価格の違法に関する判断基準

はじめに――問題の所在

固定資産税は、固定資産に対して、その所有者に課する地方税である（地方税法三四二条、三四三条）。土地に対して課する基準年度の固定資産税の課税標準は、当該土地の基準年度に係る賦課期日における価格、すなわち「適正な時価」で土地課税台帳に登録されたものである（地方税法三四九条一項、三四一条五号）。土地、建物、償却資産について基準年度における価格を課税標準とすることとされている。上記の規定から「固定資産」における「価格」は「適正な時価」を指すこととなる。ただし、地方税法三四九条の三以下に規定する課税標準の特例及び地方税法附則一七条の二の適用がある場合の課税標準は、登録価格に所定の調整措置を施したものである。

かねてより、固定資産という不動産等を所有することにより公共サービスを受けていることによる対価を固定資産税として理解しうるところ、固定資産の「価格」の解釈が問題となってきた。また、「適正な時価」の算定基準、さらには納税者がいかなる場合に時価（客観的な交換価値）を主張しうるかも議論されてきた。本稿では、登録価格の違法に関する判断基準について検討を加える。

一　最高裁平成一五年六月二六日判決（民集五七巻六号七二三頁）の射程距離

1　固定資産税の課税標準算定の枠組みと「適正な時価」の意義

(1)　適正な時価の意義等

固定資産税は、固定資産課税台帳に登録された固定資産の価格を課税標準とすることを原則として（地方税法三四九条一項、三四九条の二）、固定資産の所有者（質権又は一〇〇年より永い存続期間の定めのある地上権の目的である土地については、その質権者又は地上権者とする。以下同じ。）に対して（地方税法三四三条一項）、資産の所有という事実に担税力を認めて課する一種の財産税であって、資産から生ずる現実の収益に着目して課税される収益税とは異なるものである。たとえば、固定資産が土地である場合には、その土地の資産価値に着目し、その所有という事実に担税力を認めて課税するものである。

このような固定資産税の性質からすると、その課税標準又はその算定基礎となる土地の「適正な時価」（地方税法三四一条五号）とは、正常な条件の下に成立する当該土地の取引価格、すなわち客観的な交換価値（あるいは「客観的時価」という。）をいうものと解される（最高裁平成一五年六月二六日判決・民集五七巻六号七二三頁、最高裁平成一八年七月七日判決・裁判集民事二二〇号六二一頁参照。ちなみに、このような解釈は、相続税法や法人税法においても採られている。最高裁平成二二年七月一六日判決（判時二〇九七号二八頁）は、相続税法二二条は、贈与等により取得した財産の価額を当該財産の取得の時における時価によるとするが、ここにいう時価とは当該財産の客観的な交換価値をいうものと解されると判示する。高松高裁平成一九年一一月二九日税務訴訟資料二五七号順号一〇八三七も同様に、相続税法二二条にいう「時価」とは、相続開始時における当該財産の客観的交換価値をいい、交換価値とは、それぞれの財産の現況に応じ、不特定多数の当事者間において自由な取引が行われる場合に通常成立すると認められる価額であっていわゆる市場価格と同義であると解するのが相当であると判示する。）。

そして、地方税法は、土地課税台帳に登録すべき価格（以下「登録価格」という。）を基準年度に係る賦課期日における価格としていることから（地方税法三四九条一項）、上記登録価格を算定すべき基準日は、賦課期日である当該年度の初日の属する年の一月一日である。本件においては、平成二一年一月一日の時点における価格（適正な時価）をもって登録価格とすべきこととなる。

地方税法三八八条一項、同法四〇三条一項は、大量の固定資産について反復的、継続的に実施される評価を可及的に適正に行い、統一的な基準による評価を行うことによって、各市町村全体の評価の均衡を確保するとともに、評価に関与する者の個人差に基づく評価の不均衡を解消するため、固定資産の評価方法は固定資産評価基準（昭和三八年一二月二五日自治省告示第一五八号）（以下「評価基準」という。）による旨、規定している。このような評価基準に従った計算過程においては、当該固定資産の特殊事情が十分に反映されない事象が生じることもあると考えられるが、そのような事象が生じた場合であっても、評価基準に従った計算結果が適正な時価を超えないように、いわゆる七割評価の経過措置等の制度が設けられている。

したがって、当該固定資産の評価が評価基準に従って行われている場合には、その価格に一応の妥当性があるものと推認することができる。しかし、評価基準が定める評価の方法によっては当該固定資産を適切に評価することができないという特別の事情が存することにより、評価基準に従って評価された登録価格が適正な時価である客観的時価を上回ることが認められる場合には、当該登録価格は「適正な時価」を超えるものといわざるを得ず、その限度で違法となるというべきである（最高裁平成一五年六月二六日判決、最高裁平成一五年七月一八日判決参照）。

最高裁平成一五年六月二六日判決は「適正な時価」を「客観的な交換価値」と明言しているところであり、このような解釈は、固定資産税の性質を「財産税」と解することによるものであるが、さらに固定資産税の課税根拠を公共サービスの提供の対価である（固定資産税は、いわゆる応益税である。）と解することからも、固定資産税の課税標準として最もふさわしいのは「客観的な交換価値」（客観的時価）であると解することができるのである。(1)

なお、課税庁（市町村長）のなかには、最高裁平成一五年六月二六日判決の射程は宅地にのみ及び、たとえばゴルフ場用地には及ばないと主張する向きもある。すなわち、ゴルフ場用地の評価に当たって、「適正な時価とは、正常な条件の下に成立する当該土地の取引価格、すなわち、客観的な交換価値をいう」との判示部分はゴルフ場用地の評価に当てはまらないと解する。このような主張は、評価基準に従って固定資産を評価し、登録価格を算定していれば、登録価格は常に適法であるとの結論を導くことにつながる。

しかし、このような課税庁の主張は、以下(2)(3)で述べるように、地方税法における関係規定の解釈・法的な構造、租税理論の両面から採用することができない。課税庁の主張の枠組みの出発点には、明らかな誤りが存するといえよう。

(2)　「適正な時価」はどこまでの固定資産に求められているか——法令の規定等

固定資産税は、固定資産に対して、その所有者に課する地方税である（地方税法三四二条、三四三条）。ここでいう課税客体である固定資産とは、以下のものである。

第三百四十一条　固定資産税について、次の各号に掲げる用語の意義は、それぞれ当該各号に定めるところによる。

一　固定資産　土地、家屋及び償却資産を総称する。

二　土地　田、畑、宅地、塩田、鉱泉地、池沼、山林、牧場、原野その他の土地をいう。

三　家屋　住家、店舗、工場（発電所及び変電所を含む。）、倉庫その他の建物をいう。

四　償却資産　土地及び家屋以外の事業の用に供することができる資産（鉱業権、漁業権、特許権その他の無形減価償却資産を除く。）でその減価償却額又は減価償却費が法人税法又は所得税法の規定による所得の計算上損金又は必要な経費に算入されるもののうちその取得価額が少額である資産その他の政令で定める資産以外のもの（これに類する資産で法人税又は所得税を課されない者が所有するものを含む。）をいう。（略）

土地に対して課する基準年度の固定資産税の課税標準は、当該土地の基準年度に係る賦課期日における価格、すなわち「適正な時価」で土地課税台帳に登録されたものである（地方税法三四九条一項、三四一条五号）。ただし、地方税法三四九条の三以下に規定する課税標準の特例及び地方税法附則一七条の二の適用がある場合の課税標準は、登録価格に所定の調整措置を施したものである。

（土地又は家屋に対して課する固定資産税の課税標準）

第三百四十九条　基準年度に係る賦課期日に所在する土地又は家屋（以下「基準年度の土地又は家屋」という。）に対して課する基準年度の固定資産税の課税標準は、当該土地又は家屋の基準年度に係る賦課期日における価格（以下「基準年度の価格」という。）で土地課税台帳若しくは土地補充課税台帳（以下「土地課税台帳等」という。）又は家屋課税台帳若しくは家屋補充課税台帳（以下「家屋課税台帳等」という。）に登録されたものとする。

二～六（略）。

（償却資産に対して課する固定資産税の課税標準）
第三百四十九条の二　償却資産に対して課する固定資産税の課税標準は、賦課期日における当該償却資産の価格で償却資産課税台帳に登録されたものとする。
第三百四十一条
一～四（略）
五　価格　適正な時価をいう。

上記の規定から「固定資産」における「価格」は「適正な時価」を指すこととなる。土地、建物、償却資産について基準年度における価格を課税標準とすることとされており、当該価格についても「適正な時価」が要求されていると文理上も明らかに解することができる。また、課税客体と課税標準との結びつき（資産のあるものが一つの課税客体として担税力を指標するものとして、課税客体に取り込まれた場合に当該課税客体を課税標準としてどのように数値化するか）は一つの税目（固定資産税）において統一的に解されることは論を待たない。現行の固定資産税に係る規定の法的な構造もこのように体系的に構築されている。

また、固定資産という不動産等を所有することにより公共サービスを受けていることによる対価を固定資産税として理解しうることから、固定資産に応じて「価格」の解釈が異なり、その結果、ある固定資産には「適正な時価」（客観的な交換価値）を超えた課税も許されるとするならば、それは固定資産税に係る担税力に即した課税、固定資産間での公平な課税といった視点から租税平等主義（憲法一四条）違反を招来することとなるといえよう。

上述した課税庁のような限定的な解釈を採用することができないのは明らかである。

(3)　最高裁平成一五年六月二六日判決とその射程距離

最高裁平成一五年六月二六日判決は、各土地（宅地）の固定資産税の納税義務者である被上告人が、本件各土地の平成六年度の価格について時価を超える違法な価格であるとして、上告人に対して審査の申出をしたが、上告人が標準宅地の評価価格にいわゆる七割評価通達を適用して価格決定をしたところ、これにも不服があるとして、右価格決定のうち前年度価格を超える部分の取消しを求めた事案であるが、固定資産の価格における適正な時価とは客観的交換価値をいい、土地課税台帳等に登録された価格（登録価格）が賦課期日における当該土地の客観的交換価値を上回れば、当該価格の決定は違法となるとして、本件決定において客観的交換価値を上回る部分について取消しうるものとした原審の判断を維持する旨の判示をしたものである。事件は、本件各土地の固定資産税にかかわるものであるが、判決は固定資産税に係る「適正な時価」についての一般論を展開しており、判決の射程距離を被告のように限定して解することはできない。

すなわち、最高裁平成一五年六月二六日判決は、①「〔地方税〕法四一〇条は、市町村長（略）が、固定資産の価格等を毎年二月末日までに決定しなければならないと規定するところ、大量に存する固定資産の評価事務に要する期間を考慮して賦課期日からさかのぼった時点を価格調査基準日とし、同日の標準宅地の価格を賦課期日における価格の算定資料とすること自体は、法の禁止するところということはできない。しかし、法三四九条一項の文言からすれば、同項所定の固定資産税の課税標準である固定資産の価格である適正な時価が、基準年度に係る賦課期日におけるものを意味することは明らかであり、他の時点の価格をもって土地課税台帳等に登録すべきものと解する根拠はない。そして、土地に対する固定資産税は、土地の資産価値に着目し、その所有という事実に担税力を認めて課する一種の財産税であって、個々の土地の収益性の有無にかかわらず、その所有者に対して課するものであるから、上記の適正な時価とは、正常な条件の下に成立する当該土地の取引価格、すなわち、客観的な交換価値をいうと解される。したがって、土地課税台帳等に登録された価格が賦課期日における当該土地の客観的な交換価値を上回れば、当該価格の決定は違法となる。」、②「他方、〔地方税〕法は、固定資産の評価の基準並びに評価の実施の方法及び手続を自治大臣の告示である評価基準にゆだね（法三八八条一項）、市町村長は、評価基準によって、固定資産の価格を決定しなければならないと定めている（法四〇三条一項）。これは、全国一律の統一的な評価基準による評価によって、各市町村全体の評価の均衡を図り、評価に関与する者の個人差に基づく評価の不均衡を解消するために、固定資産の価格は評価基準によって決定されることを要するものとする趣旨であるが、適正な時価の意義については上記のとおり解すべきであり、法もこれを算定するための技術的かつ細目的な基準の定めを自治大臣の告示に委任したものであって、賦課期日における客観的な交換価値を上回る価格を算定することまでもゆだねたものではない。」（傍線部占部、以下同じ）と判示しているところである。

最高裁平成一五年六月二六日判決においても、上記傍線部から明らかなように、地方税法上の固定資産税に係るすべての「固定資産」の「価格」を「適正な時価」と解しており、最高裁平成一五年六月二六日判決の射程距離がすべての固定資産に及ぶことを明らかにしているのである。

上記①においては、地方税法三四九条一項における価格について「適正な時価」が及ぶことを明らかにし、②においては、そのような「適正な時価」を指向し、適正な時価に接近するための評価基準一般に言及しており、被告のような限定的な解釈は無理があるものといわざるをえない。

このように、宅地に限らず、ゴルフ場用地のような評価においても、「価格」＝「適正な時価」＝「客観的な交換価値」と解することとなる。

最高裁平成一五年六月二六日判決の射程距離は、本件における評価基準等の意義、解釈等において、きわめて重要な意味をもつものである。最高裁平成一五年六月二六日判決の射程距離を宅地にのみ適用するとの立場からは、評価基準等に従って算定された価格については「適正の時価」を超えていても問題とはならない、違法とはいえないと解することとなる。しかし、上述したように最高裁平成一五年六月二六日判決の射程距離を宅地にのみ及ぶと解することは明らかに誤りである。

二　固定資産の評価にあたり、収益還元方法を用いることは妥当か

1　「適正な時価」は「客観的な交換価値」か

(1)　地方税法における適正な時価の意義

最高裁平成一五年六月二六日判決は、「評価基準に定める市街地宅地評価法は、標準宅地の適正な時価に基づいて所定の方式に従って各筆の宅地の評価をすべき旨を規定するところ、これにのっとって算定される当該宅地の価格が、賦課期日における客観的な交換価値を超えるものではないと推認することができるためには、標準宅地の適正な時価として評定された価格が、標準宅地の賦課期日における客観的な交換価値を上回っていないことが必要である。」と判示する。

登録価格の決定に際しての土地の評価については、総務大臣が、評価の基準並びに評価の実施の方法及び手続を定め、告示しなければならないものとされ、評価基準が告示されており（地方税法三八八条一項）、市町村長は評価基準によって土地の価格を決定しなければならない（地方税法四〇三条一項）。多くの市町村においては、評価基準

及びこれに基づいて定められた固定資産（土地）評価事務取扱要領により、土地の価格が決定されているところである。

最高裁平成一八年七月七日判決（裁判集民事二二〇号六二一頁）も同様に、土地に対する固定資産税は、土地の資産価値に着目し、その所有という事実に担税力を認めて課する一種の財産税であって、個々の土地の収益性の有無にかかわらず、その所有者に対して課するものであるから、その課税標準とされている土地の価格である適正な時価とは、正常な条件の下に成立する当該土地の取引価格、すなわち、客観的な交換価値をいう（最高裁平成一五年六月二六日判決参照）としたうえで、上記の適正な時価を、その年度において土地から得ることのできる収益を基準に資本還元して導き出される当該土地の価格をいうものと解すべき根拠はなく、また、一般に、土地の取引価格は、上記の価格以下にとどまるものでなければ正常な条件の下に成立したものとはいえないと認めることもできないと判示する。

なお、原審・東京高裁平成一四年一〇月二九日判決（判時一八〇一号六〇頁）は、最高裁判決とは異なる見解に立って、本件各土地の平成九年一月一日における客観的な交換価値を確定することなく、本件各土地の収益還元価格を超える部分を取り消すべきものとしていた。東京高裁平成一四年一〇月二九日判決は、固定資産税の課税標準である「適正な時価」の意義について、固定資産税は、物税である財産税であって（最高裁昭和四七年一月二五日判決・民集二六巻一号一頁参照）、かつ、毎年課される固定資産税については、値上がり益や、将来の収益の現在価値部分に課税することは、その制度本来の趣旨に反することであるとしたうえで、「固定資産税の課税標準である『適正な時価』は、値上がり益や将来の収益の現在価値を含まない、当該年度の収益を基準に資本還元した価格によって算定されねばならない。固定資産税は、固定資産が毎年生み出す現実の収益に課される税金ではない。その固定資産によって標準的にあげうる収益に課される税金である。（略）そこで、標準的な収益を資本還元した価格

二　固定資産の評価にあたり、収益還元方法を用いることは妥当か

（収益還元価格）によって、その物の資本としての価値を把握することにより、個人的な事情によって左右されず、物それ自体が税を負担する物税としての固定資産税が成立するのである。法にいう『適正な時価』とは、このような意義を有する資本価値を意味するものと解される。」と判示する。

東京高裁平成一四年一〇月二九日判決は、固定資産税の課税標準である「適正な時価」を売買実例価格（市場価格）によって評価すべきであるという見解は一種のドグマにとらわれた見解であり、「適正な時価」は、値上がりや将来の収益の現在価格を含まない当該年度の収益を基準に資本還元利回り年五％で資本還元した価格によって算定されなければならないとしていたところであるが、このような見解は最高裁により否定されているといえる。固定資産税を応益課税の一つとしての物税（地方税）と制度化した場合に、「価格」を「適正な時価」（客観的な交換価値）として位置づけることに十分な合理性はあるといえよう。

地方税法は、「価格」を「適正な時価」と規定していることから、収益そのもの、あるいはその一定倍数を課税標準と解する余地はない。収益還元価格はそれ自体幅のある概念であり、計算方法等についても、将来における正常収益を合理的に推定することはきわめて困難であるなど、いろいろと問題を抱えている(2)。しかし、土地について自由な競争が行われたとすると、最終的に取引価格は収益還元価格に一致したところで成立し、値上がりの予想、売り急ぎといった、取引に係るいわゆる不正常要素が排除された場合には、土地の取引価格は収益還元価格と一致すると考える余地もある(3)。したがって、そのような前提で考えると、売買実例価格から正常売買価格を求める場合に、収益還元価格はもっとも適切な指標であるといえるが、収益還元価格を実際に算定することは技術的に不可能であるといえよう。そこで不動産鑑定評価の手法などを取り入れながら、収益還元価格の近似値などを求め、そのほかさまざまな情報を加味したうえで売買実例価格から不正常要素を取り除き正常売買価格を求めるのが、特に宅地などの固定資産評価基準であるといえよう。しかし、最高裁は、地方税法における「適正な時価」の解釈として、その適正な時価（正常な価格）を指向するための評価基準としてそのようなものを立法論的にも排除したのではなく、適正な時価（正常な価格）は上記でいう収益還元価格ではないことを明らかにしたにすぎないものであると解される。

(2) 適正な時価の評価方法 —— 収益還元方法の排除

「適正な時価」の意義を上記の最高裁判決のように解すると、土地の適正な時価の算定は、鑑定評価理論に従って個々の土地について個別的、具体的に鑑定評価することが最も正確な方法ということになるが、固定資産税の課税対象となる土地は極めて大量に存在することから、限りある人的資源により、時間的制約の下で、そのような評価を実施することが困難であることは明らかである。

そこで、地方税法は、これらの諸制約の下における評価方法を総務大臣の定める評価基準によらしめることとし、あわせて①課税対象となる全国の大量の固定資産について、限りある人的資源の下で、しかも一定の時間的制約の中で（地方税法四一〇条によれば、市町村長の価格決定は賦課期日の約三か月後に当たる毎年三月末日までに行うべきものとされている。）課税の基礎となる価格の評価事務を効率的に行うとともに、②反復、継続的に実施される評価について、全国一律の統一的な評価基準による評価によって、各市町村全体の評価の均衡を図り、もって、評価に関与する者の個人差による評価の不均衡を解消することとしたものである。

地方税法は、土地課税台帳に登録される価格の決定に際しての固定資産の評価については、評価の基準並びに評価の実施の方法及び手続を総務大臣の告示である評価基準にゆだね（地方税法三八八条一項）、市町村長は、評価基準によって、固定資産の価格を決定しなければならないと定めていると解される（地方税法四〇三条一項）。地方税法は、適正な時価を算定するための技術的かつ細目的な基準の定めを評価基準にゆだねたており、適正な時価は賦課期日における客観的時価をいうものというべきであるから、評価基準に賦課期日における客観的時価を上回る価格を算定することまでゆだねたものではない（前掲最高裁平成一五年六月二六日判決参照）。したがって、登録価格が賦課期日における対象土地の客観的時価を上回るときは、その限度で登録価格の決定は違法ということになる。

評価基準は、各筆の土地を個別評価することなく、諸制約の下において大量の土地について可及的に適正な時価を評価する技術的方法と基準を規定するものであり、宅地の価格に影響を及ぼすべきすべての事項を網羅するものではないから、個別的な評価と同様の正確性を有しないことは制度上やむを得ないものというべきであろう。評価基準による評価と客観的時価とが一致しない場合が生ずることもこのような制度のもとでは当然に予定されているものというべきであるから、評価基準に定める個別的評価要素が具体的な土地の特殊性に照らして適切さを欠くとみえる場合があるとしても、それのみでは違法とすることはできないものと解される。

しかし、このように、評価基準による評価が複数の評価要素の積み重ねを通じて結論において「適正な時価」に接近する方法にすぎないことからすると、地方税法は、上述したように登録価格が賦課期日における対象土地の客観的時価を上回ることまでも許容するものではないと解される。これらのことからすれば、登録価格が賦課期日における対象土地の客観的時価以下でないときは、その限度で登録価格の決定は違法になるというべきであり、また、登録価格が賦課期日における対象土地の客観的時価を上回るときを除いては、登録価格の評定が評価基準に適合しない場合には右登録価格の決定は法に反するということとなる。

2　最高裁における収益還元価格の排除の意味

上記の最高裁判決においてみたとおり、固定資産税は、資産の所有という事実に着目して課税される財産税であり、資産から生ずる現実の収益に着目して課税される収益税とは異なるものである。すなわち、資産が土地の場合には、土地の所有という事実に着目して課税するのであって、個々の所有者が現実に土地から収益を得ているか否か、土地が用益権又は担保権の目的となっているか否か、収益の帰属が何人にあるかを問わず、賦課期日における所有者を納税義務者として、その更地価格に着目して、課税される。

このような固定資産税の性質からすると、その課税標準又はその算定基礎となる土地の「適正な時価」（地方税法三四一条五号）とは、正常な条件の下に成立する当該土地の取引価格、すなわち、客観的な交換価値（客観的時価）をいうものと解すべきである。

もっとも、固定資産税が所有資産の価額に着目し、譲渡等により現実化した価値に着目するものでなく、固定資産の利用による利益に担税力の根拠を求めるべきであると解することが可能であるとすると、固定資産税の基礎とすべき適正な時価は取引価格とは別異のものとして概念することができるとの見解も考えられうるが、「時価」なる概念は、通常、正常な取引条件の下に実現される所定の時点における取引価格を意味すること、投機目的又は将来の期待による価格形成要因が不正常な条件として排除される場合の価格は当該土地の利用利益に近接すること、評価基準によれば標準宅地は正常売買価格に基づいて決定するものとされていることに照らせば、「時価」なる概念について、通常と異なる意義が与えられていると解する根拠はない。最高裁はこのような立場にたつものである。

すなわち、地方税法は、固定資産税の課税標準又はその算定基礎となるべき価格を正常取引価格としたうえで、税率の決定又は課税標準若しくは税額の調整によって、固定資産税の性格に応じた適正な課税を実現しようとしているものと解すべきである。

二　固定資産の評価にあたり、収益還元方法を用いることは妥当か

収益還元価格との関係については、最高裁平成一八年七月七日判決（裁判集民事二二〇号六二一頁）は、「土地に対する固定資産税は、土地の資産価値に着目し、その所有という事実に担税力を認めて課する一種の財産税であっ

て、個々の土地の収益性の有無にかかわらず、その所有者に対して課するものであるから、その課税標準とされている土地の価格である適正な時価とは、正常な条件の下に成立する当該土地の取引価格、すなわち、客観的な交換価値をいうと解される〔最高裁一五年六月二六日判決参照〕としたうえで、上記の適正な時価を、その年度において土地から得ることのできる収益を基準に資本還元して導き出される当該土地の価格をいうものと解すべき根拠はない。また、一般に、土地の取引価格は、上記の価格以下にとどまるものでなければ正常な条件の下に成立したものとはいえないと認めることもできないとする。／本件各土地の平成九年一月一日における客観的な交換価値を確定することなく、本件決定中本件各土地の前記収益還元価格を超える部分を取り消すべきものとした原審の判断には、判決に影響を及ぼすことが明らかな法令の違反がある。」と判示して、明確に「適正な時価」が「客観的な交換価値」であり「収益還元価格」ではないことを明らかにしている。評価基準は「適正な時価」に接近する方法であり、ここでは評価基準に「収益還元方法」をとることができるかという次元の問題と、「正当な時価」が「客観的な交換価値」か「収益還元価格」という問題は、次元の異なる問題であることに留意をすべきである。この問題を解決するにあたって、異なる次元の問題を混同することは有益ではない。よって、たとえば、評価基準において精通者価格等（不動産鑑定士等の価格を考慮する過程で収益還元価格も考慮すること）までもが排除されていると解する必要はなかろう。

収益還元方式を用いた不動産鑑定評価の位置づけについて、たとえばゴルフ場経営者等においては、取引実勢価格を基礎としてゴルフ場用地の客観的な交換価値を算定することは無理であり、また「用地取得価格＋造成価格」という積算方式では客観的な交換価値が算定できず、収益還元方式を用いて登録価格を算定すべきであると主張している。その前提においては最高裁平成一八年七月七日判決（客観的な交換価値は収益還元価格ではない。）の射程距離はゴルフ場用地との関係には及ばないとする。これに対して、課税庁のなかには、最高裁平成一八年七月七日判決の射程距離は、当然にゴルフ場用地には及ばず、また収益還元方式や売買実例方式といった評価方法は現時点で採用することはゴルフ場用地には困難であるとする主張が存する。

しかし、最高裁平成一五年六月二六日判決及び最高裁平成一八年七月七日判決の射程距離は、当然にゴルフ場用地にも及ぶと解すべきであり、収益還元方式を考慮した評価方法が「適正な時価」を指向し、それに接近するための評価方法の一つとして排除されていると解することまでは、前述したように、否定されていないと解することができよう。

3　登録価格の違法に関する判断基準

第一に、評価方法が評価基準及び市町村長の取扱要領等に従ったものであるかどうか（基準適合性）、第二に、右評価基準等が一般的に合理性を有するかどうか（基準の一般的合理性）、第三に、評価基準による評価の基礎となる数値、すなわち、標準宅地の価格が賦課期日における適正な時価であるかどうか（これは宅地に該当するものである。標準宅地の価額の適正さ）が審理される。

なお、評価基準による評価が複数の評価要素の積み重ねを通じて結論において「適正な時価」に接近する方法であることからすると、評価基準に定める個別的評価要素が具体的な土地の特殊性に照らして適切さを欠くとみえる場合があるとしても、一般的に合理的とされる評価基準による評価が客観的時価を超えないときは、これを違法とすることはできない。そして、評価基準による評価が客観的時価との不一致の程度の個別的差異を許容していることに照らせば、そのような事情があるとしても、なお、評価基準等に合致した評価は公平の原則に適合するものというべきであろう。

しかし、土地の評価について、第一から第三までの点が立証されたとしても、結果としての登録価格が賦課期日における対象土地の客観的時価を上回るときは、評価基準等は当該土地の具体的な「適正な時価」の評定方法として機能せず、法が客観的時価の算定方法を委任した趣旨を全うしていないことになるから、登録価格が賦課期日における対象土地の客観的時価を上回るときは、その限度で登録価格の決定は違法であるということになる（最高裁平成一五年六月二六日判決、東京地裁平成八年九月一一日判決・民集五七巻六号七四三頁参照）。

東京高裁平成一〇年五月二七日判決（民集五七巻六号七六六頁）は、課税標準又はその算定基礎となる土地の「適正な時価」とは、土地の客観的な交換価値をいうものと解すべきであり、旧自治大臣の裁量又は市町村長の裁量に属する事項と解することはできず、評価基準による評価が客観的時価を上回る場合には、その限度において、登録価格は違法なものということになる等とし、価格決定は土地の適正な時価を上回っていたとして原告の請求を一部認容し、控訴審もこれを支持している。同判決は、宅地の固定資産評価額を算定するに当たり、その算定の基準となる標準宅地の適正価格を、前年度における地価公示価格等に翌年一月一日までの価格変動に応じて修正を施した価格の七割と評価した上で、これを基礎として前記宅地の評価額を算定した固定資産評価審査委員会の決定につき、「このような手法により、固定資産税の賦課期日である平成六年一月一日時点における宅地の評価額を算定することが一般的には合理性を有するとしても、標準宅地の公示価格等が前年度の賦課期日から翌年度の賦課期日までの一年間の間に三割以上下落している場合には、前記標準宅地の評価額をもって賦課期日における適正な時価であったと推認することはできず、また、前記七割評価の手法では解消することができない価格変動分を解消するための価格修正要素が付加されているなどの特段の事情も認められないのであるから、これら決定に係る固定資産評価額は、賦課期日における当該宅地の客観的な時価を超えるものというべきであると判示していた。このような判例の流れのなかで、最高裁平成一五年六月二六日判決は、評価基準に定める市街地宅地評価法が標準宅地の適正な時価に基づいて所定の方式に従って各筆の宅地の評価をすべき旨を規定するところ、これにのっとって算定される当該宅地の価格が賦課期日における客観的な交換価値を超えるものではないと推認することができるためには、標準宅地の適正な時価として評定された価格が標準宅地の賦課期日における客観的な交換価値を上回っていないことが必要であると判示したものである。

最高裁平成一五年六月二六日判決から明らかなことは「適正な時価」が客観的な交換価値であって時価は交換価値であると解されること、「適正な時価」と「評価基準」額との間に不一致が制度的に起こりうることを正面から認めている。そうであるのであれば、登録価格の決定に当たってなされた評価基準に基づく評価方法とは異なる他の評価方法を、時価算定のための評価方法の争訟において主張立証しうることとなる。

固定資産税を財産税であると位置づけ、「適正な時価」を資産の所有に着目して課す財産税の性格から客観的交換価値であるとして、取引価格を算定基礎として導き出される鑑定評価額であるとして、地価公示法二条でいう「正常な価格」と同一のものであると解しているといえよう（東京高裁平成九年六月二六日判決（税務訴訟資料二二三号一一七八頁）は、相続税法二二条の時価についてであるが、「時価」とは、客観的な交換価値、すなわち不特定多数の独立当事者間の自由な取引において通常成立すると認められる価額をいうものと解され、相続税法二二条の「時価」と地価公示法の「正常な価格」とは、本来は同一の価格を指向する概念ということができると判示する。）。このような最高裁の見解は支持されうるものである。

不動産の鑑定にあたっては、地価公示法八条によると地価公示評価は、不動産鑑定士等によることとされ、不動産鑑定基準が用いられる。取引事例比較法、収益還元法、原価法による。評価基準は、土地の評価方法としては売買実例価額方式に基づいて評価すべきあるとしている。ちなみに、ゴルフ場用地については原則として取得価額方式に基づいて評価すべきであるとしている。この点で、最高裁判決は、適正な時価と登録価格の間に評価方法により差が生ずることを許容していることとなる。

三　鑑定評価は、固定資産の評価にあたりいかなる条件のもとで用いることができるか

1　評価基準の法的拘束力と「適正な時価」との関係

納税者も市町村長も評価基準を無視して固定資産の「適正な時価」を（別途鑑定評価等をもって）認定することができるかについては、評価基準の法的拘束力が問題となるところである。最高裁平成一五年六月二六日判決は「〔地方税〕法は、固定資産の評価の基準並びに評価の実施の方法及び手続を自治大臣〔現在は総務大臣〕の告示である評価基準にゆだね（地方税法三八八条一項）、市町村長は、評価基準によって、固定資産の価格を決定しなければならないと定めている（地方税法四〇三条一項）。これは、全国一律の統一的な評価基準による評価によって、各市町村全体の評価の均衡を図り、評価に関与する者の個人差に基づく評価の不均衡を解消するために、固定資産の価格は評価基準によって決定されることを要するものとする趣旨である」と判示しており、市町村長に対しては法的な拘束力を肯定する。

この点について、地方税法は、国と地方公共団体との関係を律するものであり、直接住民に対して法的拘束力をもたないところであるが、固定資産税が各市町村の税条例を通じて具体化されていくと、そこに評価基準が包含されることとなり、いわゆる課税庁にとどまらず、裁判所、固定資産評価委員会、納税者をも拘束するものであると

いわざるをえない。そのような意味でいわゆる法的基準説（法規範説）の理解が採用されているというべきであり、内部規範説的な見解は今日採用することはできない。

地方税法の法的な立て付け（構造）からもそのように解することになる。土地又は家屋の価格の決定に関し、地方税法三八八条一項は、総務大臣は固定資産評価基準を定め、これを告示しなければならない旨規定し、同法四〇三条一項は、市町村長は、原則として、同基準によって固定資産の価格を決定しなければならない旨規定している。これは、全国一律の統一的な固定資産評価基準による評価によって、各市町村全体の評価の均衡を図り、評価に関与する者の個人差に基づく評価の不均衡を解消するため、固定資産の価格の決定を同基準によることを要するものとし、かつ、同基準を総務大臣の告示に委任する趣旨と解される。

地方税法は、固定資産の評価の基準並びに評価の実施の方法及び手続を総務大臣の告示である固定資産評価基準にゆだね（三八八条一項）、市町村長は、同基準によって固定資産の価格を決定しなければならないと定めている（四〇三条一項）が、この趣旨は、全国一律の統一的な固定資産評価基準による評価によって、各市町村全体の評価の均衡を図り、評価に関与する者の個人差に基づく評価の不均衡を解消するために、固定資産の価格を客観的かつ明確な基準である固定資産評価基準によって決定すべきものとするところにある。そこで、評価基準を無視した独自の別の評価方法が資産価値を認定するにあたって採れることとなるものではない。法的基準説に立てばいわゆるそれに基づいた評価は原則的に肯定されうるはずであるが、この法的拘束力については一定の制約があることを最高裁平成一五年六月二六日は肯定しているといえよう。ここでは、「適正な時価」と「評価基準等」に思いを再度めぐらす必要がある。

この問題について、最高裁平成一五年七月一八日判決（裁判集民事二一〇号二八三頁）は、建物（固定資産）を所有者が市長によって決定された本件建物の価格を不服として争ったものであるが、「市長が本件建物について評価基準に従って決定した前記価格は、評価基準が定める評価の方法によっては再建築費を適切に算定することができない特別の事情又は評価基準が定める減点補正を超える減価を要する特別の事情の存しない限り、その適正な時価であると推認するのが相当である。」とし、原判決を破棄し、差し戻したものである。

ここでは、①評価基準が定める評価の方法によっては再建築費を適切に算定することができない特別の事情又は②評価基準が定める減点補正を超える減価を要する特別の事情の存しない限り、評価基準に基づく建物価格が適正な時価であると推認する。そうであるならば、地方税法三四一条五号の規定に照らすと、同法三八八条一項は、固定資産評価基準（評価基準）を適正に当該事案に適用すれば、当該不動産の時価と推認できる価格を算出し得る基準の策定を告示に委ねたものと解される。換言すれば、当該固定資産評価基準が委任の趣旨に適合する一般的合理性を有するなら、これを適用して算出された価格は、特別の事情がない限り、時価を上回らないと推認されることになる（最高裁平成一五年七月一八日判決・裁判集民事二一〇号二八三頁参照）。

地方税法三八八条一項に基づき定められた固定資産評価基準に基づく評価の方法は、一般的な合理性を有するといえるから、固定資産評価基準に従って算定された価格（登録価格）は、同基準が定める評価の方法によっては当該固定資産の価格を適切に算定することができない特別の事情又は固定資産税評価基準が定める減点補正を超える減価を要する特別の事情の存しない限り、適正な時価であると推認するのが相当である。

地方税法は、固定資産の評価の基準並びに評価の実施の方法及び手続を総務大臣の告示である固定資産評価基準にゆだね（同法三八八条一項）、市町村長は、固定資産評価基準によって固定資産の価格を決定しなければならない（同法四〇三条一項）。その趣旨は、全国一律の統一的な固定資産評価基準による評価によって、各市町村全体の評価の均衡を図り、評価に関与する者の個人差に基づく評価の不均衡を解消するために、固定資産の価格を客観的かつ明確な基準である固定資産評価基準によって決定すべきものとするところにある。最高裁平成一五年七月一八日判決（裁判集民事二一〇号二八三頁）は、地方税法三八八条一項に基づき定められた評価基準に基づく評価の方法は一般的な合理性を有するといえることから、そこで固定資産評価基準に従って算定された価格は、固定資産評価基準が定める評価の方法によっては当該固定資産の価格を適切に算定することができない「特別の事情」又は固定資産税評価基準が定める減点補正を超える減価を要する「特別の事情」の存しない限り、適正な時価であると推認するのが相当であると判示している。

最高裁平成一五年七月一八日判決は、地方税法三八八条一項に基づき定められた固定資産評価基準に基づく評価の方法は、固定資産評価基準が一般的な合理性を有するといえるか、同基準が定める評価の方法によっては当該固定資産の価格を適切に算定することができない特別の事情の存しない限り、適正な時価であると推認するのが相当であると解しているといえよう。評価基準に基づいた価格が「適正な時価」であると推認されるためには、まず、当該固定資産評価基準が委任の趣旨に適合する一般的合理性を有するか否かが大前提に存する。その合理性がなければ、まずそのような合理性の存しない評価基準によっても「適正な時価」と推認されることはない。また、合理性のある評価基準に基づいても「特別の事情」があれば推認されないということにすぎない。

2　特別の事情と鑑定評価による評価

固定資産評価基準に一般的合理性があるか否かの問題と、特別の事情の有無によることなく、不動産鑑定評価書等による反証が許されるかが問題となる。両者はまったく異なる、別の問題と解するか否かである。同基準に定める評価方法によっては時価を算定できない特別な事情がないのに、同基準に定める評価方法以外の評価方法によって算定した価格をもって、同基準に定める評価方法によって算定した価格の適正を争うことを許すことは、同基準による評価を義務付けた地方税法の上記立法趣旨に反する否かである。

最高裁平成一五年六月二六日判決から判断すれば、訴訟において、比準する土地（標準宅地）の価格の適正を、課税庁（市町村長）が採用したものとは別の鑑定評価で算定された価格をもって争うならともかく、原告の援用する鑑定書をもって、課税庁の採用した標準宅地の価格でなく、土地の価格そのものを鑑定評価の対象としたものであるから、鑑定書によって決定価格の適正を争うことはできないと解されるが否かである。最高裁平成一五年六月二六日判決から判断すれば、比準する土地（標準宅地）の価格の適正を、課税庁の採用したものとは別の鑑定評価で算定された価格をもって争うならともかく、原告の援用する鑑定書をもって、市町村長の採用した標準宅地の価格でなく、土地の価格そのものを鑑定評価の対象としたものであるから、個別鑑定書によって決定価格の適正を争うことはできないと解されるかである。

(1)　「特別の事情」とはどのような事情をいうか

「特別の事情」をどのように位置づけるが問題となるが、東京高裁（最高裁平成一八年七月七日判決差戻控訴審）平成一九年六月七日判決（裁判所ウェブサイト）は、土地課税台帳に登録された自己の所有地の価格が適正な時価を上回るなどとしてされた審査申出を棄却した固定資産評価審査委員会の決定の取消請求につき、固定資産評価基準（昭和三八年自治省告示第一五八号）、「固定資産評価基準の取扱いについて」（昭和三八年一二月二五日自治乙固発第三〇号）等における市街地宅地評価法が適正な時価への接近方法として一般的に合理性を有することからすると、同評価法に基づく商業地区等の地区の区分、状況が相当に相違する地域の区分、主要な街路の選定、標準宅地の選定、標準宅地の適正な時価の評定、主要な街路とその他の街路の各路線価の比準、画地計算法の適用等が適正に行われれば、前記評価方法によって算定した宅地の価格は、評価基準等自体が違法であるなど評価基準等によっては適正な時価を算定することができないというべき特別の事情がない限り、その適正な時価を超えるものではないと推認されるものというべきであるとした上、「対象土地に係る個別鑑定による評価額が本件各土地の登録価格を下回るとしても、鑑定評価という事柄の性質上、評価する者の個人差による評価の不均衡は不可避であり、評価基準等の制度趣旨にかんがみると、このような個別鑑定による評価額を根拠として上記特別の事情に当たるということはできないものというべきである。さらに、本件におけるB鑑定は、一画地としての認定及び正面路線の選択の点で評価基準と前提を異にしており、同鑑定をもって上記特別の事情に当たるということはできない。」と判示する。

ここで問題とされているのは、評価基準における市街地宅地評価法（いわゆる路線価方式による評価法）が客観的時価への接近方法として合理性を有するか、また、その他画地計算法の付表等について同様に合理性を有するかという意味での「特別の事情」の有無であり、さらに評価基準等自体が当該ゴルフ場用地の特殊事情により当該評価基準等によっては適正な時価を算定することができないという意味での「特別の事情」の有無である。

最高裁平成二一年六月五日判決（裁判集民事二三一号五七頁）は、本件各原野及び本件各雑種地について、評価基準所定の近傍地比準方式は、市町村内に原野又は雑種地の売買実例価額がない場合における原野又は雑種地の適正な時価を算定する方法として、一般的な合理性があるということができるから、市長が決定した本件各原野及び本件各雑種地の前記各価格は、評価要領所定の本件各土地が所在する地区の市街化区域内の原野及び雑種地に係る各評価方法が評価基準所定の近傍地比準方式を具体化したものとして一般的な合理性を有するものということができ、かつ、上記各価格がこれに従って決定されたものと認められる場合には、上記各評価方法によっては本件各原野及び本件各雑種地の価格を適切に算定することのできない特別の事情の存しない限り、その適正な時価であると推認するのが相当であると判示する。

そのうえで、同判決は、「市街化区域に在る原野及び雑種地は、宅地化の需要が生じやすい区域に在る上に、宅地への転用については市街化区域農地のように農地法による規制を受けることもなく、宅地への転用が容易であり、宅地に転用される可能性が高い土地ということができる。そして、本件区域内の原野及び雑種地についても上記事情が妥当し、本件区域内の市街化の程度は本件区域内の宅地の価格に反映されることに照らせば、事実関係等からうかがわれる本件区域全体の市街化の程度、見込みのみから直ちに、本件区域内の原野及び雑種地が一般的に宅地に準じた価格で取引される状況になく、付近の宅地の単価を基礎としてその価格を求める旨を定める評価要領所定の前記各評価方法が評価基準所定の近傍地比準方式に反するものということはできず、また、評価基準所定の近傍地比準方式によっては本件各原野及び本件各雑種地の価格を適切に算定することのできない特別の事情があるということもできない」と判示する。市街化区域農地の評価方法に係る補足意見として、「都市計画法七条二項は、『市街化区域は、すでに市街地を形成している区域及びおおむね一〇年以内に優先的かつ計画的に市街化を図るべき区域とする。』としているところ当該土地については、将来の見通しの問題であるから、不確定要素が入ることはやむを得ないが、区分後三十数年を経過した現在までの状況を見ると、現時点においてもこれを肯定することには大きな疑問があるといわなければならないが、本件区域が市街化区域の実質を備えていないとしても、そのことから原判決のいうように当然に本件各土地の登録価格がその適正な時価を上回ることになるとは、必ずしもいえない。私たちは、そのような趣旨から、法廷意見に同調するものである。」としている。この補足意見は、仮に「特別の事情」があるとして、別の評価方法によったとしても「適正な時価」を超えるものではないとの見解を示しているものと解される。

ここでは、市長が決定した本件各土地の各価格が評価基準の定めに正しく従って算出されたものか、評価基準所定の評価方法によっては当該土地の価格を適切に算定することのできない「特別の事情」が存するかが問題となっている。

このような「特別の事情」の有無が問題とされるべきであるが、「特別の事情」とは具体的にどのような事情と解することができるのか判例をみていく。

① 大阪高裁（差戻控訴審）平成二三年五月二七日判決（裁判所ウェブサイト）は、評価基準の一般的合理性及び特別の事情の有無について、以下のように判断をする。

（ア）市街化区域農地は、都市計画上、市街化区域に在って、農地法四条一項又は五条一項の許可を受けることを要せず、あらかじめ農業委員会に届け出ることによって、農地以外のものに転用し又はそのために同法三条一項本文所定の権利を設定し若しくは移転することができるものとされている農地であるから（同法四条一項五号、五条一項三号）、宅地化の需要が生じやすい区域に在り、かつ、宅地への転用が容易な農地であり、取引される場合には宅地に転用される可能性が高く、その意味で、宅地としての潜在的価値を有する農地ということができる。そして、このことは、正常な条件の下に成立する市街化区域農地の取引において前提とされることが通常であるから、その客観的な交換価値を算定する上で必ず考慮されなければならない要素というべきである。

地方税法附則一九条の二第一項は、上記のことなどから、市街化区域農地の適正な時価は、一般に、これに状況が類似する宅地の適正な時価に準じた水準にあるとの理解に基づいて、課税の公平及び市街化区域における宅地の供給の促進の見地から、市街化区域農地に対して課する固定資産税の課税標準となるべき価格については、当該市街化区域農地とその状況が類似する宅地の固定資産税の課税標準とされる価格に比準する価格によって定められるべき旨を規定していると解される。評価基準所定の市街化区域農地の評価方法は、上記規定に従うものであり、市街化区域農地の適正な時価を算定する方法として一般的な合理性を有するものということができる。

(イ)　被控訴人らは、「本件区域は、山腹の『ひとで』のような不整形な地形で、しかも起伏の激しい山腹の高低差一〇〇ｍに及ぶ傾斜地であり、土砂崩れの危険性も高い区域である。この区域に縦横に道路を開設するなどして市街地の形態を整えた上で上下水道等最小限の都市施設を整備することは物理的、技術的に不可能であるか、可能であるとしても莫大な工事費を要することになるから結局市街化を図ることは不可能というべきである。」とも主張するが、物理的、技術的に不可能ないし莫大な工事費を要することについての具体的な立証はなく、上記主張をもって、固定資産評価基準及び評価要領所定の評価方法によっては市街化区域農地の価格を適切に算定することができない市街化区域として開発することが不可能であることを「特別の事情」と見ることはできない。「特別の事情」として検討するに値する被控訴人らの主張立証がない。

②　広島高裁平成一六年二月一三日判決（裁判所ウェブサイト）は、本件土地の評価を近隣の宅地に比準した点は、一般的な合理性を肯定することができ、それ自体評価基準に違反するということはできないというべきであるとしたうえで、「しかしながら、本件土地については、評価基準が定める評価の方法によっては適切に評価することができないという特別の事情のあることが認められ、その結果、本件価格は、客観的時価を上回ったものというべきである」として控訴人がその所有する土地に土地は極めて個別性の高い土地であり、評価基準が定める方法によっては、適正な時価を算定することができない「特別の事情」が存する場合であり、本件土地の鑑定評価書の評価方法には合理性が認められるとして、控訴を棄却したものである。そのうえで、本判決においては、「鑑定評価書の本件土地の評価方法には合理性が認められ、控訴人がその所有する土地に土地は極めて個別性の高い土地であった。そのうえで、本判決においては、「鑑定評価書の本件土地の評価方法には合理性が認められ、また、本件土地は極めて個別性が高いことからして、他に適切な評価方法を見い出すことも困難であるというべきであるから、本件鑑定評価書の八三五万円が平成一二年度の本件土地の『適正な時価』（客観的時価）であると認めるのが相当であるとする。」と判示する。

一般的に合理的と考えられる評価基準をもって適正に評価した場合においても、評価対象不動産等に特別な事情が存するなどしてそのような評価基準を適正に適用したとしても「適正な時価」が担保できない場面である。そのような場合においては別途異なる鑑定評価方法により「適正な時価」を主張立証することとなる。

③　津地裁平成二〇年六月一九日判決（判例地方自治三二一号三九頁）は、本件土地建物を競売により七七〇万円で落札した原告が、被告津市の市長が、固定資産課税台帳に登録した本件土地建物の登録価格について、固定資産評価審査委員会が審査申出をしたところ棄却されたことから、棄却決定の取消しを求めて提訴した事案において、「適正な時価」とは、正常な条件の下に成立する当該不動産の取引価格、すなわち、客観的な交換価値を言うと解されるから、不動産課税台帳に登録された価格が賦課期日における当該不動産の客観的な交換価値を上回れば当該価格決定は違法となり、他方、固定資産評価基準に従って算定された価格は、評価基準によって適切に算定することができない特別の事情等がない限り適正な時価であると判示し、本件競売における最低落札価格を基に算出した原告主張の評価額は、本件不動産の客観的交換価値を示すとは認められない等として、原告の請求を棄却した。

なお、地方税法三四九条二項、三項は、基準年度の登録価格をもって第二年度及び第三年度における固定資産税の課税標準とすることを原則とする一方、「地目の変換、家屋の改築又は損壊その他これらに類する特別の事情」（同条二項一号）等があるため、かかる原則によることが不適当であるか課税上著しく均衡を失する場合には、比準評価の方法により課税標準を定めるものと規定する。法がかかる方法を採用したのは、固定資産の価格が通常は短期間に大きく変動するものではないため、毎年固定資産の価格を評価して決定するのではなく、同一固定資産については三年間は同一価格としてもそれほど正確性に反することはないと考えられること、他方で、固定資産の数が非常に多いことから、課税事務の簡素合理化を図る必要があることによる。このような趣旨からすると、地方税法三四九条二項一号でいう、上記の原則に対する例外的な取扱いを行うための「特別の事情」とは、当該土地、家屋自体に由来する要因であって、地目の変換、家屋の改築又は損壊に比肩するような大幅な価値の増減をもたらすものを指し、それによる価格変動が、これを課税標準決定に当たり考慮しないことが課税事務の簡素合理化の要請だけでは正当化できない程度に大きなものに限られると解される。ここでの特別の事情は地方税法三四九条二項一号でいう特別の事情であることに留意をしておくべきである。本件で問題となっている「特別」の事情は、このような条文に根拠を有する「特別な事情」に限定されるものではなく、このように厳格に解する理由はないといえる。

ここでいう「特別の事情」とは、一般的に合理的と考えられる評価基準をもって適正に評価した場合においても、評価対象不動産等に特別な事情が存するなどしてそのような評価基準を適正に適用したとしても「適正な時価」が担保できない場面である。

(2)「特別の事情」と鑑定評価との関係

固定資産評価基準に一般的合理性があるか否かの問題と、特別の事情の有無によることなく、不動産鑑定評価書等による反証が許されるかの問題である。両者はまったく異なる、別の問題と解するか否かである。同基準に定める評価方法によっては時価を算定できない特別な事情がないのに、同基準に定める評価方法以外の評価方法によって算定した価格をもって、同基準に定める評価方法によって算定した価格の適正を争うことを許すことは、同基準による評価を義務付けた地方税法の上記立法趣旨に反するか否かである。

最高裁平成一五年六月二六日判決・民集五七巻六号七二三頁からはまったく別個の次元の問題と解することが可能であるし、最高裁平成一五年七月一八日判決（裁判所時報一三四四号一頁）も、市長が本件建物について評価基準に従って決定した価格は、評価基準が定める評価の方法によっては再建築費を適切に算出することができない特別の事情又は評価基準が定める減点補正を超える減価を要する特別の事情の存しない限り、その適正な時価であると推認するにすぎず、あえて「特別の事情」の存在に係わることなく、評価基準による価格と別の合理的な鑑定評価に基づく価格を対比させることも可能ではあるが、一応評価基準においても「適正な時価」に接近する評価方法として合理性が肯定されている場合にはそれも一つの評価方法として評価しうることから、「特別の事情」というフィルターを解して、調整を図っていると解される。そのような意味で「特別の事情」の要件をあまりに厳格に解すると、最高裁平成一五年六月二六日判決が示唆するように、「法もこれを算定するための技術的かつ細目的な基準の定めを自治大臣の告示に委任したものであって、賦課期日における客観的な交換価値を上回る価格を算定することまでもゆだねたものではない。」との趣旨に反することとなる。

課税対象となる大量の固定資産の評価について、全国一律に評価の不均衡を解消することを目的として定められた評価基準等における市街地宅地評価法に一般的合理性が認められ、評価基準等自体が違法であるなど評価基準等によっては適正な時価を算定することができない特別の事情がない限りは、評価基準等に従って算定された価格は適正な時価と推認されるべきものであることは最高裁が説示したとおりであって、「特別の事情」の主張立証は原告にあるところ、対象土地に係る個別鑑定による評価額が本件各土地の登録価格を下回るとしても、鑑定評価という事柄の性質上、評価する者の個人差による評価の不均衡は不可避であり、上記評価基準等の制度趣旨、評価基準の法的拘束力に鑑みると、このような個別鑑定による評価額を根拠としてのみ「特別の事情」に当たるということは困難であるといえよう。

「特別の事情」が認定される場合においては、別途異なる鑑定評価方法により「適正な時価」を主張立証することが許されることとなる（「特別の事情」の有無については五参照）。

相続税の事案であるが、名古屋地裁平成一六年八月三〇日判決（判タ一一九六号六〇頁）においては、原告・被告双方から鑑定評価書が提出され、その優劣が裁判所において審査された。同判決は、被告は、「本件評価通達に基づいて算出した通達評価額をもって法二二条の『時価』と主張しているところ、本件評価通達は、国税庁長官によって発出された通達であって、法形式上は行政内部の機関や職員に対する関係で拘束力を有する行政規則（国家行政組織法一四条二項）にすぎず、国民に対して効力を有する法令としての性質を有するものではない（最高裁判所昭和三八年一二月二四日第三小法廷判決・集民七〇号五一三頁参照）。／もっとも、大量・反復して発生する課税事務を迅速かつ適正に処理するために、あらかじめ法令の解釈や事務処理上の指針を明らかにし、納税者に対して申告内容を確定する便宜を与えるとともに、各課税庁における事務処理を統一することが望ましいと考えられるから、通達に基づく課税行政が積極的な意義を有することは否定し難く、したがって、通達の内容が法令の趣旨に沿った合理的なものである限り、これに従った課税庁の処分は、一応適法なものであるとの推定を受けるであろうし、逆に、課税庁が、特段の事情がないにもかかわらず、通達に基づくことなく納税者に対して不利益な課税処分を行った場合には、当該処分は、租税法の基本原理の一つである公平負担の原則に反するものとして違法となり得るというべきである。／しかしながら、通達の意義は以上に尽きるものであり、納税者が反対証拠を提出して通達に基づく課税処分の適法性を争うことは何ら妨げられないというべきであり、その場合には、通達の内容の合理性と当該証拠のそれとを比較考量して、どちらがより法令の趣旨に沿ったものであるかを判断して決すべきものである。そして、本件で問題となっている法二二条の『時価』は、不特定多数の者の間において通常成立すべき客観的な交換価値を意味するから、通達評価額が、この意味における『時価』を上回らない場合には、適法であることはいうまでもないが、他の証拠によって上記『時価』を上回ると判断された場合には、これを採用した課税処分は違法となるというべきである（固定資産税について定めた地方税法三四一条五号の『適正な時価』に関する最高裁判所平成一五年六月二六日第一小法廷判決・民集五七巻六号七二三頁参照）。」と判示している。相続税の評価基準は、固定資産税とは違い、相続税財産評価通達に基づいて行われており、その点での法的な評価の違いが鑑定評価との関係においても相違が生ずる。同判決は、「不動産鑑定評価基準に従った客観的な交換価値の評価といっても、自然科学における解答のような一義的なものではあり得ず、現実には鑑定人の想定価格としての性格を免れるものではないので、どのような要素をどの程度しんしゃくするかによって、同一の土地についても異なる評価額が算出され得ることは避けられない。したがって、ある土地について複数の異なる評価額の不動産鑑定が存在する場合は、まずそれらの合理性を比較検討した上で、より合理性が高いと判断できる鑑定の評価額をもって時価と評価すべきであり（仮に合理性について優劣の判断が全くなし得ない場合には、その平均値をもって時価と評価すべきである。）、その上で通達評価額とを比較して、当該課税処分の適法性を判断すべきである。」と判示する。

評価基準等に基づく登録価格の法的な効力に相違はあるものの、別途異なる鑑定評価方法により「適正な時価」を主張立証することが許されうる点では両者に相違は存しない。

四　固定資産評価基準（取得価額方式）は評価基準として一般的合理性を有するか

1　評価基準等の一般的合理性

「適正な時価」を「客観的な交換価値」と解すると、土地の適正な時価の算定は、鑑定評価理論に従って個々の土地について個別的、具体的に鑑定評価することが最も正確な方法ということになるが、限りある人的資源を活用しても、一定の期間内に、反復・継続的に、全国に存在する大量の土地について均衡のとれた評価を実施することは、困難を極める。そこで、地方税法は、これらの諸制約の下において、その評価方法を総務大臣の定める統一的な評価基準によらしめることとしている。大量の土地について反復・継続的に実施される評価を可及的に適正に行い、各市町村全体の評価の均衡を確保するとともに、評価に関与する者の個人差に基づく評価の不均衡を解消しようとしている。

地方税法は、固定資産の評価については評価基準によることを求めていることから、地方税法にいう「適正な時価」とは評価基準にそって算定評定された時価ということになる。しかし、「適正な時価」とは本来客観的に観念されるべき事項であって、地方税法が総務大臣の策定する評価基準に委任したものは「適正な時価」を評価するための基準、方法及び手続であるから、評価基準による評価が客観的時価を上回る場合には、その限度において、登録価格は地方税法に反するものということになる。そこで、評価手続上、賦課期日の時価が予測値にならざるを得ないことも考慮して、少なくとも評価額が客観的時価を超えるという事態が生じないよう「適正な時価」をあらかじめ控え目に評定することも許される。評価基準は、評価事務の効率性と各市町村の評価の均衡を目的としており、評価基準に基づく評価は「適正な時価」を下回るように一定の「あそび」をもって作られているといえる。

そこで、各々の評価基準の一般的合理性が問われることとなる。

評価基準等の一般的合理性についてはこれまでも宅地を中心に議論をされてきた。たとえば、評価基準における市街地宅地評価法は、いわゆる路線価方式による評価法であり、大量の宅地の評価を短期間に相互の均衡を考慮しながら評価する方法として使用することができるものと解され、市街地宅地評価法において路線価方式を採用したことは一般的に合理性があるということができる。また、上記評価方法は、各街路について付設する路線価は、売買実例価格を基礎として、街路の状況、公共施設等の接近状況、家屋の疎密度その他の宅地の利用上の便等を総合的に考慮して決める旨定めているが、このような定めは、鑑定評価理論と矛盾するものではなく、客観的時価への接近方法として合理性を有するものであり、その他画地計算法の付表等についても合理性を欠くというべき事情はうかがわれないといえよう。そうすると、評価基準における市街地宅地評価法は適正な時価への接近方法として合理的であるというべきである。また多くの市町村はさらに取扱要領において、評価基準第一章第三節二（一）四の規定に基づき、画地計算法の付表等につきより詳細な補正率を定めるなど、より具体的に価格の算定方法を規定したものが多く、附表その他について宅地の評価法として合理性を欠くというべき事情は見当たらないのが一般的であるといってよかろう。取扱要領における市街地宅地評価法も比準表等のその他の規範も含めて、評価基準等は、適正な時価への接近方法として合理的であるといえよう。

このように、評価基準等が適正な時価への接近方法として一般的に合理性を有することからすると、たとえば、宅地であれば同評価法に基づく商業地区等の地区の区分、状況が相当に相違する地域の区分、主要な街路の選定、標準宅地の選定、標準宅地の適正な時価の評定、主要な街路とその他の街路の各路線価の比準、画地計算法の適用等が適正に行われれば、上記評価方法によって算定した宅地の価格は、評価基準等自体が違法であるなど評価基準等によっては適正な時価を算定することができないというべき特別の事情がない限り、その適正な時価を超えるものではないと推認されることとなる。

五　固定資産評価基準等が定める方法によっては、「適正な時価」を算定することができない「特別の事情」が存するか

1　ゴルフ場用地の特性と「特別の事情」

固定資産評価基準（第一章第一〇節二）においては、ゴルフ場用地の地目は「雑種地」として、雑種地のなかでも、ゴルフ場や遊園地等の広汎な土地を造成して一団の土地を利用する土地は、「ゴルフ場等の用地に供する土地」として他の用途に供される土地とは別に評価方法を定めている。(4) また、ゴルフ場用地については、「ゴルフ場の用に供する土地の評価の取扱いについて」（平成一一年九月一日自治評第三七号自治省資産評価室長通知、改正平成二〇年一〇月九日総税評第三八号）（以下「通知」という。）により、評価基準についてさらに具体的に取扱いが示されている。

ゴルフ場用地の評価は、原則として、当該ゴルフ場を開設するに当たり要した当該ゴルフ場用地の取得価額と当該ゴルフ場用地の造成費の合計額を基準とし（取得価額方式）、当該ゴルフ場の位置、利用状況等及び付近の土地の価額との均衡を併せて考慮してその価額を求める方法による。

また、①取得価額及び造成費は、当該ゴルフ場用地の取得後若しくは造成後において価格事情に変動があるとき、②ゴルフ場用地の取得価額若しくは造成費が不明のときは「附近の土地の価額」又は「最近における造成費」から評定した価額によるものとしている。時日の経過等により、これらが変動し又は不明となった場合には、「附近の

土地の価額」又は「最近の造成費用」から評定した価額によるとするものであり、通知は、この「附近の土地の価額」について、市街地近郊ゴルフ場以外のゴルフ場にあっては、「開発を目的とした近傍の山林に係る売買実例価額を基準とした額」を基準とし（山林比準方式）、市街地近郊ゴルフ場にあっては「ゴルフ場の近傍の宅地の固定資産評価額」を基準として（宅地比準方式）取得価額を算定する方法について具体的に定めている。

ゴルフ場経営者等は、評価基準等は原則として取得価額方式であるが、この方式によって「客観的な交換価値」を適正に算定しえない場合が生ずるために、地方税法の委任した趣旨を超えた基準として違法・無効なものとならざるを得ない場合がありうるところ、上記例外的評価方法としての基準（通知）が「客観的な交換価値」を算定するための基準となりうる旨、主張することがある。

「ゴルフ場等用地の取得後若しくは造成後において価格事情に変動があるとき、又はその取得価額若しくは造成費が不明のとき」の要件をあまりに厳格に解してしまうと、現行の評価基準等のもとでは原則的評価方法によることとなり、その結果、原則的評価方法と例外的評価方法で大きな乖離が生ずることとなる。ゴルフ場経営者等は、評価基準等に一般的合理性が欠けている、すなわち評価基準第一章第一〇節二における原則的評価方法と例外的評価方法との関係にあまりの乖離が生ずるのであれば、評価基準等の一般的合理性が存しないと解することができると主張しているものと解される。

なお一方で、ゴルフ場用地の地理的、構造的な特殊性等から評価基準等を適用することが不合理であるのであれば「特別の事情」が存することとなるともいえよう。一般的に合理的と考えられる評価基準をもって適正に評価した場合においても、評価対象不動産等に特別な事情が存するなどしてそのような評価基準を適正に適用したとしても「適正な時価」が担保できない場面と解することができる「特別の事情」が存するといえよう。

評価基準等に一般的合理性が欠ける場合、あるいは特別の事情が存する場合においては、別途鑑定評価にもとづき「適正な時価」を主張立証することとなり、その点で「適正な時価」に接近する別の評価方法（たとえば不動産鑑定士に基づく原価法に依拠したものなど）に基づく個別鑑定評価が意味を有することとなる。

2　再生手続に伴う評価額（時価）と「特別の事情」との関係

更生手続に係わるものにおいては、時価の算定が法的に強制されるとともに、その金額については一定の法的な手続というスクリーンを介して確定することが予定されている。会社更生法では更生担保権の目的物の価額について争いがある場合には、担保目的物の価額決定の申立てにより、価額が決定され、その決定について即時抗告はできるが、価額決定が確定したときは、その後の手続では価額の当否を争うことはできない（会社更生法一五三条以下）。確定した価額決定は裁判所をも拘束する（同法一五五条二項）。法文上、財産評定は「更生手続開始時の時価」で行うと定められており、更生管財人は、不動産鑑定評価を不動産鑑定士から取得したり、財産評価を公認会計士に依頼するなどして、更生担保権の目的物の「時価」を算出しているところである。

このような価額（時価）を固定資産税における固定資産の登録価格の関係において、固定資産の登録価格を別途個別鑑定評価に基づいた価格で登録価格との差額が存することを以て「特別の事情」ありとして主張する場合と全く異なる事情にあることに留意すべきであろう。

法人税法三三条は、内国法人がその有する資産につき更生計画認可の決定があつたことにより会社更生法等の規定による評価換えをする必要が生じた場合及び再生計画認可の決定に準ずる事実等それに準ずる場合（法人税法施行令六八条、六八条の二参照）に評価損の計上を認めている。

（資産の評価損の損金不算入等）

第三十三条　内国法人がその有する資産の評価換えをしてその帳簿価額を減額した場合には、その減額した部分の金額は、その内国法人の各事業年度の所得の金額の計算上、損金の額に算入しない。

2　内国法人の有する資産につき、災害による著しい損傷により当該資産の価額がその帳簿価額を下回ることとなつたことその他の政令で定める事実が生じた場合において、その内国法人が当該資産の評価換えをして損金経理によりその帳簿価額を減額したときは、その減額した部分の金額のうち、その評価換えの直前の当該資産の帳簿価額とその評価換えをした日の属する事業年度終了の時における当該資産の価額との差額に達するまでの金額は、前項の規定にかかわらず、その評価換えをした日の属する事業年度の所得の金額の計算上、損金の額に算入する。

3　内国法人がその有する資産につき更生計画認可の決定があつたことにより会社更生法又は金融機関等の更生手続の特例等に関する法律の規定に従つて行う評価換えをしてその帳簿価額を減額した場合には、その減額した部分の金額は、第一項の規定にかかわらず、その評価換えをした日の属する事業年度の所得の金額の計算上、損金の額に算入する。

4　内国法人について再生計画認可の決定があつたことその他これに準ずる政令で定める事実が生じた場合において、その内国法人がその有する資産の価額につき政令で定める評定を行つているときは、その資産（評価損の計上に適しないものとして政令で定めるものを除く。）の評価損の額として政令で定める金額は、第一項の規定にかかわらず、これらの事実が生じた日の属する事業年度の所得の金額の計算上、損金の額に算入する。

一方、法人税法における「時価」も固定資産税同様に「客観的な交換価値」と解されている（固定資産税の「適正な時価」と同様。ちなみに、相続税法も同様である。高松高裁平成一九年一一月二九日税務訴訟資料二五七号順号一〇八三七)。東京高裁昭和五九年一一月一四日判決(税務訴訟資料一四〇号二三二頁)は、譲渡した資産の時価について、通常の取引によらない時価なるものが考えられ、取引は通常の取引ではないから、Yが主張する時価の算定方法は合理性を欠くと主張するが、時価とは、その資産の市場における客観的な交換価値を意味するものであり、当事者の縁故関係その他特殊な取引状況の下で形成された取引価格は時価というに値しないと判示する。そうであるならば、法人税法三三条三項により、帳簿価格を時価で評価換えをした場合において、帳簿価格と時価との差額を評価損として計上した結果、評価換え後の固定資産税登録価格が法人の固定資産簿価(＝時価)を上回る価格を課税標準にして固定資産税の賦課が行われることとなり、租税法上きわめて不合理な結果が生ずることとなる。

このような不合理な結果は、税目が違うものとの間での不都合であり、また賦課期日と評価損の計上日が必ずしも同じではないなど反論は可能であるようにみえるが、そもそも固定資産税と法人税は時価を「客観的な交換価格」として同様の理解をしているのであるから、このような事情も「特別の事情」に該当すると解することができる。その結果、本件各土地における登録価格については「適正な時価」と推認することができないということになり、原告は個別鑑定をもって「適正な時価」を立証することとなる。

おわりに

鑑定評価は、固定資産の評価にあたり「特別の事情」が存するといった条件のもとで用いることができる。
課税実務上評価基準が用いられる理由は、全国一律の統一的な固定資産評価基準による評価によって、各市町村全体の評価の均衡を図り、評価に関与する者の個人差に基づく評価の不均衡を解消するために、固定資産の価格を客観的かつ明確な基準である評価基準によって決定すべきものとするところにある。そこで、評価基準を無視した独自の別の評価方法が資産価値を認定するにあたって採れることとなるものではない。評価基準について法的基準説に立てばいわゆるそれに基づいた評価は原則的に肯定されうるはずであるが、この法的拘束力については一定の制約があることを最高裁平成一五年六月二六日は肯定している。最高裁平成一五年七月一八日判決（裁判集民事二一〇号二八三頁）は、地方税法三八八条一項に基づき定められた固定資産評価基準（評価基準）に基づく評価の方法は、評価基準が一般的な合理性を有するといえないか、同基準が定める評価の方法によっては当該固定資産の価格を適切に算定することができない特別の事情の存しない限り、適正な時価であると推認するのが相当であると解される。なお、ここでいう「特別の事情」とは、一般的に合理的と考えられる評価基準をもって適正に評価した場合においても、評価対象不動産等に特別な事情が存するなどしてそのような評価基準を適正に適用したとしても「適正な時価」が担保できないような場面である。

ここで、固定資産評価基準（評価基準）に一般的合理性があるか否かの問題と、特別の事情の有無によることなく、不動産鑑定評価等による反証が許されるかが問題となる。両者がまったく異なる、別の問題と解するか否かである。最高裁平成一五年六月二六日判決からはまったく別個の次元の問題と解することが可能であるようにみえるが、地方税法は、一応評価基準においても「適正な時価」に接近する評価方法として合理性が肯定されている場合にはそれも一つの評価方法として評価しうることから、「特別の事情」というフィルターを解して、調整を図っていると解される。最高裁平成二一年六月五日判決（裁判集民事二三一号五七頁）は、課税対象となる大量の固定資産の評価について、全国一律に評価の不均衡を解消することを目的として定められた評価基準等における市街地宅地評価法に一般的合理性が認められ、評価基準等にそって適法に決定された場合には、評価基準等によっては適正な時価を算定することができない「特別の事情」が存しない限りは、評価基準等に従って算定された価格は適正な時価と推認されるべきものであることを説示する。
「特別の事情」の主張立証責任は原告にあるところ、対象土地に係る個別鑑定による評価額が本件各土地の登録価格を下回るとしても、鑑定評価という事柄の性質上、評価する者の個人差による評価の不均衡は不可避であり、上記評価基準等の制度趣旨、評価基準の法的拘束力に鑑みると、このような個別鑑定による評価額を根拠としてのみ「特別の事情」に当たるということは一般論としては困難であるといえる。
なお、「特別の事情」が認定される場合においては、別途異なる鑑定評価方法により「適正な時価」を主張立証することが許されることとなる。

〔追　記〕　最高裁平成二五年七月一二日判決（民集六七巻六号一二五五頁、判時二二〇一号三七頁）は、土地の基準年度に係る賦課期日における登録価格の決定が違法となるのは、当該登録価格が、⑴当該土地に適用される評価基準の定める評価方法に従って決定される価格を上回るときであるか、あるいは⑵これを上回るものではないが、その評価方法が適正な時価を算定する方法として一般的な合理性を有するものではなく、又はその評価方法によっては適正な時価を適切に算定することのできない特別の事情が存する場合（推認が及ばず、又はその推認が覆される場合）であって、同期日における当該土地の客観的な交換価値としての適正な時価を上回るときであるということができると判示し、⑴について固定資産評価基準の法的拘束力を重視する立場を採用している。(5)

また、東京地裁平成二三年一二月二〇日判決（判時二一四八号九頁）は、平成三年度評価基準の定める根切り工事の「地盤」による補正について、平成三年度評価基準解説は、「地盤」による補正は、基礎工事における山留工事及び排水工事の工事費の状況を標準評点数に反映させる目的のために設けられたものであり、この補正は、「地盤の軟弱な地域及び地下水の湧水量の多い地域については増点補正率を適用することとし本件家屋の平成一八年度価格は適切であるか否か、堅牢な地盤の地域及び湧水量の極めて少ない地域については減点補正率を適用することとなるものである。」と認定している。これは、非木造家屋の評価の方法として合理性があるということができるとしたうえで、本件家屋が高層で自重量が重いことを考慮しても、このような杭打事業を行ったのは、地盤が軟弱であることの証左であると合理的に推測されるところであるとして、そのような判断の下に、地盤が軟弱であるとして、本件家屋の根切り工事の「地盤」に係る補正係数を一・五〇としたことが重大な誤りであるということはできないと判断をしている。これに対して、東京高裁（控訴審）平成二五年四月一六日判決（以下「本件控訴審判決」という。）が存するところであり、控訴審判決は上記最高裁判決と親和性がある。本件控訴審判決は、本件家屋の敷地の地盤は軟弱なものではなく、普通程度のものであったことが認められ、根切り工事の補正項目「地盤」の補正係数に誤りがあったと判断している。両判決の結論の相違は事実認定にもよるが、重大性要件の差異によるものである。

最高裁平成二五年七月一二日判決は、区分建物を共有し、その敷地権に係る固定資産税の納税義務を負う上告人が、土地課税台帳に登録された上記敷地権の目的である各土地の価格を不服として、市固定資産評価審査委員会に対し審査の申出をしたところ、これを棄却する旨の決定を受けたため、その取消し等を求めた事案において、土地の基準年度に係る賦課期日における登録価格が、当該土地に適用される評価基準の定める評価方法に従って決定される価格を上回るとき、あるいは、これを上回るものではないが、その評価方法が適正な時価を算定する方法として一般的な合理性を有するものではなく、又はその評価方法によっては適正な時価を適切に算定することのできない「特別の事情」が存する場合であって、同期日における当該土地の客観的な交換価値としての適正な時価を上回るときは、当該登録価格の決定は違法となると判示する（この判決の評価については、本書八章参照）。千葉勝美裁判官の補足意見は、この「特別の事情」について下記のように述べる。

1　地方税法三四一条五号は、固定資産税の課税標準となる固定資産の価格を「適正な時価」としているところ、同法四三四条に基づく固定資産評価審査委員会の決定の取消しの訴えにおいては、同法四三二条に基づく固定資産課税台帳に登録された価格が適正な時価を超えた違法があるかどうかが審理判断の対象の一つとなる。そこで、土地の所有名義人が、自ら独自に提出した鑑定意見書等に基づき、その時価となるべき価格を算出して

（以下、この価格を「算出価格」という。）、法廷意見の述べる「特別の事情」（又は評価基準の定める評価方法自体の一般的な合理性の欠如）の主張立証を経ずに、上記の適正な時価を直接主張立証することにより、当該算出価格が評価基準の定める評価方法に従って決定された登録価格を下回るとして、当該登録価格の決定を違法とすることができるかが一応問題となろう。

2　上記の「適正な時価」とは、正常な条件の下に成立する当該土地の取引価格、すなわち、客観的な交換価値をいうと解されるが、これは評価的な概念であり、その鑑定評価は、必ずしも一義的に算出され得るものではなく、性質上、その鑑定評価には一定の幅があり得るものである。したがって、鑑定意見書等によっていきなり登録価格より低い価格をそれが適正な時価であると摘示された場合、その鑑定意見書等による評価の方法が一般に是認できるもので、それにより算出された価格が上記の客観的な交換価値として評価し得るものと見ることができるときであったとしても、当該算出価格を上回る登録価格が当然に適正な時価を超えるものとして違法になるということにはならない。当該登録価格が、評価基準の定める評価方法に従ってされたものである限り、特別の事情がない限り（又はその評価方法自体が一般的な合理性を欠くものでない限り）、適正な時価であるとの推認が働き（法廷意見の引用する平成一五年七月一八日第二小法廷判決等参照）、これが客観的な交換価値であることが否定されることにならないからである。

3　そもそも、このような算出価格が当該登録価格を下回る場合、それだけで、上記の適正な時価であることの推認が否定されて登録価格の決定が違法となるのであれば、課税を行う市町村の側としては、このようにして所有名義人から提出される鑑定意見書等が誤りであること、算出方法が不適当であること等を逐一反論し、その点を主張立証しなければならなくなり、評価基準に基づき画一的、統一的な評価方法を定めることにより、大量の全国規模の固定資産税の課税標準に係る評価について、各市町村全体の評価の均衡を確保し、評価人の個人差による不均衡を解消することにより公平かつ効率的に処理しようとした地方税法の趣旨に反することになる。

4　実際上、登録価格が算出価格を上回ることにより、登録価格が上記の客観的な交換価値を上回る場合というのは、評価基準の定める評価方法によることが適当でないような特別の事情がある場合に限られる。このような特別の事情（又はその評価方法自体の一般的な合理性の欠如）についての主張立証をしないまま独自の鑑定意見書等を提出したところで、その意見書の内容自体は是認できるものであったとしても、それだけでは当該登録価格が適正な時価であることの推認を覆すことにはならないのであって、登録価格の決定を違法とすることにはならない。

（なお、実際上は、このような特別の事情の存否が争われている場合でも、評価基準の定める評価方法自体が不適当であるというのではなく、評価方法の当てはめの適否（すなわち当てはめの過程で所要の補正をすることの要否等）の問題として処理すべきであることが多いものと思われる。また、仮にこのような特別の事情があると認められる場合には、課税を行う市町村の側としては、登録価格が適正な時価を超えていないことの主張立証をする必要が改めて生ずることになるが、その場合においても、実務上は次のような対応が求められることが多いであろう。すなわち、評価基準の定める評価方法の全部ではなくその一部につき特別の事情があるときは、地方税法の趣旨からして、適正な時価の認定において当該評価方法の他の部分を前提として行うことの可否、要否をまず検討すべきである。この点は、個々の事案ごとに適用の排除される評価方法の範囲や性質等を勘案して個別具体的に検討することになるが、実際には、当該評価方法を全て放棄するのではなく、排除された部分を除き残余の部分を前提として適正な時価を認定していくべき場合が多いものといえよう。）

5　したがって、土地の所有名義人が、独自の鑑定意見書等の提出により適正な時価を直接主張立証し登録価格の決定を違法とするためには、やはり、その前提として、評価基準の定める評価方法によることができない特別の事情（又はその評価方法自体の一般的な合理性の欠如）を主張立証すべきであり、前掲最高裁平成一五年七月一八日第二小法廷判決もこの考えを前提にしているものと解される。

このような見解は本章での私見と一致するといえよう。

（1）占部裕典監修・全国婦人税理士連盟編『固定資産税の課題と現状』一〇四頁以下［中野和子執筆］（信山社・一九九九）参照。

（2）占部監修・前掲書（『固定資産税の課題と現状』）一一〇頁［中野和子執筆］参照。

（3）占部監修・前掲書一一一頁。

（4）固定資産税税務研究会編『固定資産評価基準解説（土地編）』三五六頁以下（地方財務協会・二〇〇九）。

（5）徳地淳（ジュリスト一四六五号九一頁）は、本最高裁判決の違法基準⑴はこれまでの最高裁判決とは異なる理解にたっているとは解していない。東京高裁平成二三年一〇月二〇日判決（民集六七巻六号一三〇四頁）は、土地の価格は固定資産課税台帳に登録された価格を上回るものとなることが認められるとして、控訴を棄却した。東京高裁（差戻控訴審）平成二六年三月二七日判決は、本件敷地の登録価格の決定は本件制限が減価要因として考慮されておらず、市長によって決定された本件敷地登録価格は、本件敷地部分に適用される評価基準の定める評価方法に従って決定される価格を上回るものであると認められ、本件決定は違法なものであるとし、原判決中、控訴人に関する部分を変更し、請求を一部認容した。

第八章　家屋に係る固定資産税訴訟における審理の特殊性

はじめに

地方税法三四九条一項は、家屋に対して課する固定資産税の課税標準は、当該家屋の基準年度に係る賦課期日における価格で家屋課税台帳等に登録されたものとする旨定め、同法三四一条五号は、「価格」とは適正な時価をいう旨、また、同条六号は「基準年度」とは、昭和三一年度及び昭和三三年度並びに昭和三三年度から起算して三年度又は三の倍数の年度を経過したごとの年度をいう旨それぞれ定めている。

地方税法三八八条一項は、総務大臣は、固定資産の評価の基準並びに評価の実施の方法及び手続（以下「固定資産評価基準」という。）を定め、これを告示しなければならない旨定め、同法四〇三条一項は、市町村長は、固定資産評価基準によって、固定資産の価格を決定しなければならない旨定めている。

そこで、建築当初の評価により固定資産税台帳に登録された価格についての審査申出期間や出訴期間が経過した後に、建築当初の評価が不合理であることを理由として、その後の基準年度の評価を争うことができるか否かが問題となる。建築当初の評価により固定資産課税台帳に登録された価格についての審査申出期間や出訴期間が経過した後においては建築以降当該係争年度の前年度までの間の当該家屋に係る固定資産税の各賦課処分（納税通知）については公定力が確定していることから、本件家屋の平成一八年度の再建築費評点数も当該家屋の建築当初の評価を前提としてなされていることなどを理由に、固定資産評価審査委員会への審査の申立て、同決定の取消し訴訟が許されるか、許されるとするといかなる場合に違法となるかである。この点についてはこれまで論じられてこなかったあらたな争点であるといえよう。

東京地裁平成二三年一二月二〇日判決（固定資産評価審査決定取消請求事件、東京地裁平成二〇年（行ウ）第四三八号、棄却（控訴）、判時二一四八号九頁）をもとに、この問題を検討することとする。

一　事実と判旨

1　事　実

東京都港区赤坂に所在する家屋（以下「本件家屋」という。）は、平成五年七月二日に新築された非木造家屋であり、原告Xは、新築以来本件家屋を所有している。東京都知事は、平成一八年三月三一日、本件家屋についての平成一八年度の固定資産税の課税標準価格を二五一億四八万二五〇〇円と決定し（以下、この価格を「平成一八年度価格」という。）、これを固定資産課税台帳に登録した。平成一八年度価格は、以下のようにして算出されたものである。

(1)　本件家屋の建築当初の単位当たり再建築費評点数は、平成三年度固定資産評価基準（昭和六一年自治省告示第一九一号による改正後の昭和三八年一二月二五日自治省告示一五八号。以下「平成三年度評価基準」という。）によって算出され、その後の基準年度である平成六年度、平成九年度、平成一一年度及び平成一五年度の単位当たり再建築費評点数は、それぞれの各前基準年度の評点数に非木造家屋に係る各再建築費評点補正率を順次乗じて算出された。

(2)　在来分の非木造家屋の平成一八年度の評価替えに当たっては、平成一八年度固定資産評価基準（平成一七年総務省告示第一三四五号による改正後の昭和三八年一二月二五日自治省告示一五八号。以下「平成一八年度評価基準」という。）により平成一七年度の単位当たり再建築費評点数に再建築費評点補正率〇・九五を乗じて単位当たり再建築費評点数を求めるものとされているから、本件家屋については、地下一階及び地下二階部分を鉄骨鉄筋コンクリート造、地上階部分を鉄骨造（骨格材の肉厚が四ミリメートルを超えるもの）に区分し、それぞれの構造別に、平成一七年度の単位当たり再建築費評点数に再建築費評点補正率〇・九五を乗じて再建築費評点数（鉄骨鉄筋コンクリート造については二九二、〇〇〇、鉄骨造については三〇〇、四〇〇）を算出し、さらに、これらにそれぞれ損耗の状況による減点補正率（鉄骨鉄筋コンクリート造については〇・八四、鉄骨造については〇・七六八九）を乗じて単位当たり評点数を算出した上、これらにそれぞれ現況床面積を乗じて算出した総評点数に、評点一点当たりの価額（いずれも一・一〇）を乗じて構造ごとの価格を算出し、これらを合算して、平成一八年度価格を求めた。

Xは、平成一八年度価格を不服として、平成一八年七月二八日、東京都固定資産評価審査委員会に対し、地方税法四三二条一項に基づき、審査の申出をした。Xは、本件家屋についてはそもそも建築当初（平成五年度）の各補正項目に係る補正係数の適用に誤りがあり、結果的に再建築費評点数に誤りがあることから、それを基にして算出された平成一八年度価格が違法である旨を主張していた。

東京都固定資産評価審査委員会は、平成二〇年一月二三日、Xによる前記の審査の申出を棄却する旨の決定（以下「本件決定」という。）をしたが、Xがした建築当初の再建築費評点数の補正係数が不当に高い旨の主張については、平成一八年度の審査申出により審査されるべき事項ではないとして、これを判断しなかった。Xは、平成二〇年七月二二日、被告東京都Yに対して、本件決定のうち、Xが相当と考える価格を超える部分の取消しを求めて、本件訴えを提起した。

2 判旨

一 争点(1)（本件家屋の建築当初の単位当たり再建築費評点数の算出が誤っていることを理由として平成一八年度価格の妥当性を争うことが許されるか否か。）について

「地方税法が、固定資産税の課税標準である固定資産税課税台帳の登録価格について不服があるときは、原則として基準年度の価格について所定の審査申出期間内に固定資産評価審査委員会に対して審査の申出をすべきものとし、第一年度及び第三年度における価格については審査の申出をすることができる場合を限定し、これらの方法及び固定資産評価委員会の決定に対する取消訴訟によらなければ価格を争うことができないこととしているのは、固定資産税の賦課処分の前提問題である課税標準となる固定資産課税台帳の登録価格を早期に確定させることにより、固定資産税に関連する事項についての法的安定性を確保する趣旨であると解される。

そして、従前より存在する非木造家屋の評価を争う場合においても、建築以降当該係争年度の前年度までの間当該家屋に係る固定資産税の各賦課処分は、当該家屋の建築当初の評価を前提としてされているのであって、非木造家屋の評価を争う際に、建築当初の評価の誤りを無制限に主張できることとすると、既に確定した固定資産税の各賦課処分の前提問題となった建築当初の評価額についての争いがいつまでも蒸し返されることになり、上記のとおり地方税法が固定資産課税台帳の登録価格を早期に確定させることとした趣旨に反する結果となりかねない。また、建築当初の評価から時間が経過すればするほど、評価の対象となった家屋には経年変化が生じ、修復や増改築等による変更が生じることが当然に予想され、さらには、建築当初の建築関係書類が廃棄又は紛失されることがあ

ることも想像に難くないのであって、そうすると、時の経過と共に建築当初の評価に誤りがあったかどうかを的確に判断することは困難になることも当然に予想されるものといわざるを得ない。

以上のような点を考慮すると、地方税法は、原則として、建築当初の評価後の基準年度が到来した後においては、建築当初の評価の誤りを理由として、当該基準年度において固定資産課税台帳等に登録された家屋の価格の不服を主張することや、当該誤りを理由に当該不服に理由がある旨の決定や判決をすることを予定していないものというのが相当である。」

「基準年度の前年度における再建築費評点数に再建築費評点補正率を乗じる方法によって基準年度の再建築費評点数を算出している在来分の家屋について、建築当初の再建築費評点数に誤りがあるにもかかわらず、その誤りを主張してその後の基準年度の評価を争うことが一切できないこととすると、その後の評価についての是正の手段がないことになり、このような事態は、三年ごとに家屋の評価をし直すことを予定している地方税法（四〇九条）の建前や、基準年度の家屋の課税標準は、当該家屋の基準年度に係る賦課期日における適正な時価であって（同法三四九条一項、三四一条五号）、この適正な時価とは、正常な条件の下に成立する当該家屋の取引価格、すなわち、客観的な交換価値をいうと解されること（最高裁判所平成一〇年（行ヒ）第四一号同一五年六月二六日第一小法廷判決・民集五七巻六号七二三頁参照）、あるいは、市町村長が登録された価格等に重大な錯誤があることを発見した場合には、決定した価格を修正して登録しなければならないこと（同法四一七条一項）、そのため、前記争いのない事実等（第二の二(3)ウ）のとおり本件家屋においても行われたように、登録価格の再調査がされることもあること等と整合しないことになる。

(4)　これらの事情を考慮すると、建築当初の評価により固定資産課税台帳に登録された価格についての審査申出期間や出訴期間が経過した後にあっては、建築当初の評価において適切に評価できなかった事情がその後に判明したような場合や、建築当初の評価の誤りが重大で、それを基礎にその後の家屋の評価をすることが適正な時価の算定方法として不合理であると認められるような場合に限っては、建築当初の評価が不合理であることを理由として、その後の基準年度の価格を争うことも認められ、固定資産評価審査委員会や裁判所において、建築当初の評価に重大な誤りがある等と認めた場合には、基準年度の価格に対する不服に理由がある旨の判断をすることができると解するのが相当である。

このように解したとしても、不服の対象はあくまで当該基準年度の価格であって、固定資産評価審査委員会や裁判所の上記判断の効力が当該基準年度の前年度以前の固定資産税の賦課処分の効力に直接影響を及ぼすわけではないことを考えるならば、前記のとおりの法的安定性を確保するという地方税法の趣旨に反するものとはいえない。」

二　争点(2)（本件家屋の平成一八年度価格は適切であるか否か。）について

「本件家屋の建築当初の評価の誤りが重大であるといえるか否かを判断するに当たっては、本件家屋の各部分別評価において適用された補正係数に上記の観点に照らして重大な誤りがあるといえるか否かを判断することになる。」

「鉄骨鉄筋コンクリート造又は鉄筋コンクリート造の非木造家屋における主体構造部とは、基礎、柱、梁、床版、壁体、小屋組、屋根版等の主体構造部分をいい、平成三年度評価基準の定める主体構造部の『工事形態』による補正について、平成三年度評価基準解説（略）は、「『工事形態』による補正は、建物の主体構造部の工事形態が通常の工事形態に比較して複雑であるか単純であるかを基準として行うものである。この補正係数の判定は、（中略）主体構造部の使用資材の数量が明確な建物については、工事形態から生ずる労務費の相違を考慮して行うこととなるものである。工事形態における補正係数の判定は、建物の外観から見てこれを行うものであり、（中略）通常同

一用途の建物のうち外観から見て重量感のあるもの又は凹凸の多いもの等が増点補正率の対象となり、その形態が単純であるもの又は壁厚の薄いもの等が減点補正率の対象となるものである。」としているところ、これは、非木造家屋の評価の方法として合理性があるということができるから、本件家屋の主体構造部の補正項目『工事形態』についての補正係数を一・三〇としたことが、重大な誤りであるか否かも、上記基準に照らして判断するのが相当である。

「そこで、本件家屋の主体構造部の工事形態が通常の工事形態に比較して複雑であるか否かについてみるに、（略）本件家屋は、（中略）新築された平成五年当時には工区内であっても一桁の数しか存在していなかった一四〇メートルを超える大型高層ビルであって、平成三年度評価基準において、使用資材の数量が明確でない建物についての階層数による補正係数について『標準』とされている階層数（地上六階）のみならず、評価基準表の上限の補正係数を適用するものとされている階層数（地上九階）をはるかに上回る大型高層ビルであること、（略）各階平面の形状は、単純な長方形ではなく、屈曲部分が多くある凹凸の多いものであること（中略）が認められ、これらの事情を考慮すれば、本件家屋の主体構造部については、当時想定されていた標準的な家屋に比べてはもとより、当時複雑な家屋として想定されていたものよりもはるかに労務費がかさむ形態の家屋であると認められるから、本件家屋の主体構造部の『工事形態』に係る補正係数を評点基準表の上限一・〇五を超える一・三〇としたことが重大な誤りであるということはできないというべきである。」

その他、根切り工事（補正項目「地盤」、補正項目「敷地」）、外周壁骨組（中略）、その他の工事についても、建築当初の部分別評価を個別に検討しても、本件再調査において付設された補正係数はいずれも重大な誤りであるということはできず、他に、本件家屋の建築当初の評価において適切に評価できなかった事情がその後に判明し、又は、当該評価の誤りが重大で、それを基礎に本件家屋の平成一八年度価格の評価をすることが適正な時価の算定方法として不合理であると認めるに足りる証拠はない。

「そうすると、建築当初の評価の誤りにより本件家屋の平成一八年度価格の評価に誤りがあるとは認められず、他に、本件家屋の平成一八年度価格が適正な時価であることの推認を妨げるべき事情を認めるに足りる証拠は存在しないから、本件家屋の平成一八年度価格は適正な時価であると認められる。」

二　固定資産税の争訟方法の特殊性——問題の所在

地方税法四三二条（争訟の方法）一項本文は、固定資産税の納税者は、その納付すべき当該年度の固定資産税に係る固定資産について固定資産課税台帳に登録された価格について不服がある場合には、固定資産課税台帳に登録した価格等の公示の日から納税通知書の交付を受けた日後六〇日まで若しくは都道府県知事の勧告を受けて固定資産課税台帳に登録された価格を修正した場合の公示の日から同日後六〇日までの間において、又は登録価格等の公示の日以後における価格の決定・修正の通知を受けた日から六〇日以内において、文書をもって、固定資産評価審査委員会に審査の申出をすることができる旨を定めている。また、地方税法四三四条は、同委員会の決定に不服があるときは、その取消しの訴えを提起することができるとし、登録価格についての不服は、上記審査の申出又は上記取消しの訴えによることによってのみ争うことができることとしている。(1) さらに、地方税法三四九条二項、三項は、第一年度（基準年度の翌年度をいう。）及び第二年度（第一年度の翌年度（昭和三三年度を除く。）をいう。）の固定資産税の課税標準については原則として当該家屋の基準年度（昭和三一年度及び昭和三三年度並びに昭和三三年度から起算して三年度又は三の倍数の年度を経過したごとの年度をいう。）の価格とするものとされているところ、同法四三二条一項ただし書は、第一年度及び第三年度における土地又は家屋の価格に不服がある場合には、基準年度の価格によることが不適当となる特別の事情を主張する場合に限り（同法三四九条一項一号参照）、所定の期間内に、審査の申出ができるものとしている。ここでの特別の事情はきわめて限定的なものであり、第一年度及び第三年度の固定資産税の課税標準についての審査申出は例外的なものとしてその審査申出の対象を限定している。なお、固定資産の価格等についての決定及び審査は、固定資産税の課税手続中、中心的な地位を占めるものであり、納税者の権利義務に直接影響を及ぼす事項である上、いったん右価格が確定した後は、固定資産税の賦課についての不服申立理由とすることができないことからすれば、固定資産評価審査委員会の審査の決定に、取消事由を超える重大かつ明白な瑕疵があると主張する納税者においては、抗告訴訟としては取消訴訟のほかに出訴期間の制限のない無効確認等を求める訴えを提起できると解するほかない（大阪高裁昭和五六年七月三一日判決・行裁例集三二巻七号一三五六頁等）と解される。(2)

本件との関係において、家屋の評価についていえば、平成一八年度固定資産評価基準（平成一七年度総務省告示一三四五号による改正後の昭和三八年一二月二五日自治省告示一五八号）の第二章によれば、在来分の非木造家屋に係る再建築費評点数について、原則として、基準年度の前年度における再建築費評点数に再建築費評点補正率を乗じることによって求めることとしている。本件家屋の各基準年度（平成六年度、平成九年度、平成一五年度、平成一八年度）の再建築費評点数は、平成五年に新築された本件家屋については、建築当初の再建築費評点数に当該基準年度において適用される固定資産評価基準に定める再建築費評点補正率を乗じて基準年度である平成六年度の再建築費評点補正率を求めるなど、各基準年度の前年度の再建築費評点数に所定の再建築費評点補正率を乗じることによって求められてきたものであり、本件家屋の平成一八年度の再建築費評点数も、平成一七年度の再建築費評点数に平成一八年度評価基準に定める再建築費評点補正率を乗じて求められたものである。(3)

このような規定のもとで、本件における争点は、(1)建築当初の評価により固定資産税台帳に登録された価格についての審査申出期間や出訴期間が経過した後に、本件家屋の建築当初の単位当たり再建築費評点数の算出が誤っていることを理由として、平成一八年度価格の妥当性を争うことが許されるか否か、(2)許されるとした場合において、本件再調査において本件家屋の建築当初の単位当たり再建築費評点数を算出するに当たり、各評点項目の補正項目に対して適用された補正係数は適正であったか否か、である。

なお、本判決については、東京高裁（控訴審）平成二五年四月一六日判決（裁判所ウェブサイト）（以下「本件控訴審判決」という。）が存するところであり、控訴審判決についても言及することとする。

三　本判決の意義——本判決と本件控訴審判決の相違

本判決は、地方税法上、固定資産税課税台帳の登録価格について不服があるときは原則として基準年度の価格について所定の審査申出期間内に固定資産評価審査委員会に対して審査の申出をすべきものとし、第一年度及び第三年度における価格については審査の申出をすることができる場合を限定し、これらの方法及び固定資産評価委員会の決定に対する取消訴訟によらなければ価格を争うことができないこととしていることの趣旨として、(1)固定資産課税台帳の登録価格を早期に確定させることにより、固定資産税に関連する事項についての法的安定性を確保すること、(2)建築以降当該係争年度の前年度までの間の当該家屋に係る固定資産税の各賦課処分は、当該家屋の建築当初の評価を前提としてされていることから、非木造家屋の評価を争う際に、建築当初の評価の誤りを無制限に主張できることとすると、既に確定した固定資産税の各賦課処分の前提問題となった建築当初の評価額についての争いがいつまでも蒸し返されること、(3)建築当初の評価から時間が経過すればするほど、評価の対象となった家屋には経年変化が生じるとともに、建築当初の建築関係書類が廃棄又は紛失されることがあることから、時の経過と共に建築当初の評価に誤りがあったかどうかを的確に判断することが困難であること、を掲げている。これに対して、本件控訴審判決は(1)のみをその根拠として摘示するにとどめている。本判決が掲げる(2)(3)の根拠は宅地等の土地とは異なる、家屋についての固有な事象であるともいえよう。しかし、この趣旨の理解に係る相違は後に述べるように、少なからず審査の対象の範囲や違法性の判断基準にも影響を与えているようにみえる。

このような趣旨を受けて、建築当初の評価により固定資産課税台帳に登録された価格についての審査申出期間や出訴期間が経過した後においては建築以降当該係争年度の前年度までの間の当該家屋に係る固定資産税の各賦課処分（納税通知）については公定力が確定していることから、本件家屋の平成一八年度の再建築費評点数も当該家屋の建築当初の評価を前提としてなされていることなどを理由に、固定資産評価審査委員会への審査の申立て、同決定の取消し訴訟が許されるか、許されるとするといかなる場合に違法となるかである。

本判決は、(1)基準年度における家屋の課税標準は当該家屋の基準年度に係る賦課期日の「適正な時価」（客観的な交換価値）（地方税法三四九条一項、三四一条五号）であること、(2)市町村長が登録された価格等に重大な錯誤があることを発見した場合には、登録価格の再調査などを行い、価格を修正して登録しなければならないこと（同法四一七条一項）を根拠に、建築当初の評価により固定資産課税台帳に登録された価格についての審査申出期間や出訴期間が経過した後にあっては、「建築当初の評価において適切に評価できなかった事情がその後に判明したような場合」や、「建築当初の評価の誤りが重大で、それを基礎にその後の家屋の評価をすることが適正な時価の算定方法として不合理であると認められるような場合」に限っては、建築当初の評価が不合理であることを理由として、その後の基準年度の価格を争うことも認められるとする。(4) 地方税法四一七条一項は再調査の規定であり、この規定をそのよりどころとすることに疑義は存するが、市町村長による再調査と固定資産評価委員会による審査の要件をパラレルに理解をしようとしているものと解される。そのうえで、建築当初の本件家屋の再建築費評点数を算出するに当たり、各部分別評価において適用された補正係数に重大な誤りがあるといえるか否かについて検討を加えている。本判決は上記の二つの例外的許容場面に限っては公定力（取消制度の排他性）が当該基準年度の審査に及ばないものと解しているようにみえる。評価の誤りについては重大性要件を求めているところに特徴がある。二つの例外的許容場面に限って建築当初の本件家屋の再建築費評点数について争うことが可能であるところ、これが立証された場合にはその価格が適正な時価であると推認されないこととなるものと解される。

本件控訴審判決は、本件家屋の平成一八年度価格は、「固定資産評価基準に従って決定されたものということができ、特別の事情の存しない限り、その適正な時価であると推認される（以下、この推認のことを「本件推認」という。）というべきであるが、これに対して納税者が本件推認を覆すに足りる事情が存在することを主張立証したとき（すなわち、「本件家屋の建築当初の再建築費評点数の算出が固定資産評価基準に従っておらず、その算出に誤りがあることの主張立証がされたとき」）は、同算出を正しくやり直し、これに基づいて前年度（平成一七年度）の再建築費評点数を算出した上で、これに平成一八年度評価基準が定める再建築費評点補正率を乗じて再建築費評点数を算出し、これに基づいて平成一八年度の価格が決定されるべきであり、本件決定のうちその価格を超える部分は違法なものとして取り消すべきことになる。」と判示する（本控訴審判決は、特別の事情の範囲を広範囲にとられて、後述最高裁平成二五年七月一二日判決・民集六七巻六号一二五五頁、判時二二〇一号三七頁）における、土地の基準年度に係る賦課期日における登録価格の決定が違法となるのは、「当該土地に適用される評価基準の定める評価方法に従って決定される価格を上回るときである」との判断と親和性がある。[5]

本件控訴審判決は、通常、不服申立期間を経過すれば公定力が確定し、不可争力が発生するところ、本件控訴審判決は、不服申立期間又は出訴期間が経過しているにもかかわらず、固定資産評価委員会の決定に対する取消争訟において建築当初の評価により固定資産課税台帳に登録された価格について平成一八年度基準年度において争うことを許容する。このような本判決や本件控訴審判決の前提には、不服申立てによる審査の対象はあくまでも「適正な価格（時価）」であり、それが「当該基準年度の価格」（本件であれば平成一八年度の価格）である以上は審査の対象となるべきである、また、そのような結果固定資産評価審査委員会や裁判所の判断の効力が当該基準年度の前年度以前の固定資産税の賦課処分の効力に直接影響を及ぼすわけではない、とする判断が存する。

行政法の一般法理からいえば、公定力のもとで建築当初の評価により固定資産課税台帳に登録された価格は確定しており、再度審査の対象にすることには無理があるようにみえる。しかし、在来分の非木造家屋に係る再建築費評点数について、原則として、基準年度の前年度における再建築費評点数に再建築費評点補正率を乗じることによって求めることとしていることからして、再建築費評点補正率のみが審査の対象になるのではなく、地方税法四三二条一項の文言からも、基準年度の前年度における再建築費評点数を含めた価格そのものが基準年度ごとに評価の対象となること（三年ごとの仕切り評価）を当然の前提としていると解さざるを得ない。地方税法四三二条一項は、「固定資産税の納税者は、その納付すべき当該年度の固定資産税に係る固定資産について固定資産課税台帳に登録された価格（略）について不服がある場合においては、第四百十一条第一項の規定による公示の日から納税通知書の交付を受けた日後六十日まで（略）、文書をもつて、固定資産評価審査委員会に審査の申出をすることができる」と規定しており、あくまでも審査の対象は、「固定資産について固定資産課税台帳に登録された価格」である。本判決が引用する最高裁平成一五年六月二六日判決、本件控訴審判決が引用する最高裁平成一五年七月一八日判決（裁判集民事二一〇号二八三頁）は、固定資産評価基準が一般的な合理性を有するといえるか、同基準が定める評価の方法によっては当該固定資産の価格を適切に算定することができない特別の事情の存しない限り、適正な時価であると推認するのが相当であると解しており、評価基準に基づいた価格が「適正な時価」（客観的な交換価値）であると推認されるとしており、基準年度に係る固定資産課税台帳に登録された価格が適正な時価であるか否かが判断されるべきであるとしていることから、審査の対象は建築当初の本件家屋の再建築費評点数を算出するに当たり、各部分別評価において適用された補正係数以外の平成一八年度基準年度に係る固定資産課税台帳に登録された価格の算定における本件家屋の評価に係る再建築費評点補正率の適用に限定する必要はないといえる。

建築当初の評価において適切に評価できなかった場合にはその後の基準年度における価格に建築当初の評価誤りが承継されると考えて違法性が承継されたと考える余地もあろうが、違法性の承継の理論を検討するまでもなく基準年度の価格自体は、地方税法三四二条一項で毎年適正な時価との関係において審査の対象になりうることは明文のうえから明らかであるといえよう[6]。ここはいわゆる「違法性の承継」の問題ではないといえよう。このような状況は、国税における更正処分が不服申立期間を経過した後に、再更正処分を争うのと同様の関係にあるといってよかろう。

Xが主張するように、評価第一年度及び第三年度における価格に対する不服申立ての対象は制限されているものの基準年度の不服申立ての対象はなんら制限されていない。固定資産税の争訟方法に係る関係規定の趣旨、地方税法三四九条二項・四一七条一項・四三二条一項の規定の解釈によるところであると考えられるが、地方税法における固定資産税の争訟方法の特殊な制度的枠組みを考慮したとしても、本判決のような制約も不要であると解されよう。

三　本判決の意義

固定資産課税台帳に登録された価格についての審査申出期間や出訴期間が経過した後にも不服の主張が許されるのかという点について、本件は遡及して過去の賦課処分自体を争うものではない。固定資産課税台帳に登録された価格が評価基準のもとで建築当初の再建築費評点数の算出を含め実質的には固定資産の価格については一から評価の「洗い換え」（仕切り直し）が行われていると考えざるを得ず、固定資産課税台帳に登録された価格に係るあらゆる評価（評点数の付設）が審査の対象になる。

なお、地方税法三四九条二項、三項は、基準年度の登録価格をもって第一年度及び第三年度における固定資産税の課税標準とすることを原則とする一方、「地目の変換、家屋の改築又は損壊その他これらに類する特別の事情」（同条二項一号）等があるため、かかる原則によることが不適当であるか課税上著しく均衡を失する場合には、比準評価の方法により課税標準を定めるものと規定する。法がかかる方法を採用したのは、固定資産の価格が通常は短期間に大きく変動するものではないため、毎年固定資産の価格を評価して決定するのではなく、同一固定資産については三年間を同一価格としてもそれほど正確性に反することはないと考えられること、他方で、固定資産の数が非常に多いことから、課税事務の簡素合理化を図る必要があることによる。(7)このような趣旨からすると、地方税法三四九条二項一号でいう、上記の原則に対する例外的な取扱いを行うための「特別の事情」とは、当該土地、家屋自体に由来する要因であって、地目の変換、家屋の改築又は損壊に比肩するような大幅な価値の増減をもたらすものを指し、それによる価格変動が、これを課税標準決定に当たり考慮しないことが課税事務の簡素合理化の要請だけでは正当化できない程度に大きなものに限られると解される。(8)きわめてその要件を限定している。

これに対して、地方税法四一七条は、市町村長は同法四一一条一項の規定による公示の日以後において固定資産の価格等の登録がなされていないこと又は登録された価格等に重大な錯誤があることを発見した場合においては、直ちに固定資産課税台帳に登録された類似の固定資産の価格と均衡を失しないように価格等を決定し、又は決定された価格等を修正して、これを固定資産課税台帳に登録しなければならないと規定する。

これらの規定はいずれも基準年度から次の三年後の基準年度までの間での適用を想定したものにすぎない。本判決が認める「登録された価格等に重大な錯誤があること」とは、そもそも地方税法四一七条一項の要件であり、(9)これが直ちに不服申立期間経過後に審査を許容する（建築当初の本件家屋の再建築費評点数の審査を許容する）「特別の事情」になりうるかは疑問であろう。本判決は、まず、建築当初の本件家屋の再建築費評点数を算出するに当たり、各部分別評価において適用された補正係数に重大な誤りがあるといえるか否かについて検討しているが、次元の異なる場面であり、理論的に整合する必要は存しない。

本件控訴審判決は、原判決のこの要件を見直し、重大性要件を求めておらず、さらに建築当初の本件家屋の再建築費評点数の審査に係る門戸を開いている。建築当初の評価により固定資産課税台帳に登録された価格について、当該基準年度前の基準年度の固定資産の価格が当該不服申立期間や裁決の取消しに係る出訴期間が経過した後にあっては争えないことは当然であるが、当該基準年度において固定資産課税台帳等に登録された家屋の価格については当然に争えると解すべきである。

なお、第一年度及び第三年度における価格についての審査の申出にあたり、当該基準年度における価格（建築当初の評価により固定資産課税台帳に登録された価格）を争うことは許されない（地方税法四三二条一項ただし書参照）とすることに異論はなかろう。

四　登録価格の違法に関する判断基準——評価基準の法的拘束力と「適正な時価」の推認

本判決は、建築当初の評価の誤りにより本件家屋の平成一八年度価格の評価に重大な誤りがあるとは認められず、他に、本件家屋の平成一八年度価格が適正な時価であることの推認を妨げるべき事情を認めるに足りる証拠は存在しないと判示する。本判決は、平成三年度評価基準の定める根切り工事の「地盤」による補正について、平成三年度評価基準解説は、「地盤」による補正は、基礎工事における山留工事及び排水工事の工事費の状況を標準評点数に反映させる目的のために設けられたものであり、この補正は、「地盤の軟弱な地域及び地下水の湧水量の多い地域については増点補正率を適用することとし本件家屋の平成一八年度価格は適切であるか否か、堅牢な地盤の地域及び湧水量の極めて少ない地域については減点補正率を適用することとなるものである。」と認定している。これは、非木造家屋の評価の方法として合理性があるということができるとしたうえで、本件家屋が高層で自重量が重いことを考慮しても、このような杭打地業を行ったのは、地盤が軟弱であることの証左であると合理的に推測されるところであるとして、そのような判断の下に、地盤が軟弱であるとして、本件家屋の根切り工事の「地盤」に係る補正係数を一・五〇としたことが重大な誤りであるということはできないと判断をしている。これに対して、本件控訴審判決は、本件家屋の敷地の地盤は軟弱なものではなく、普通程度のものであったことが認められ、根切り工事の補正項目「地盤」の補正係数に誤りがあったと判断している。両判決の結論の相違は事実認定にもよるが、重大性要件の差異によるものである。

本判決が引用する最高裁平成一五年六月二六日判決は、①「土地課税台帳等に登録された価格が賦課期日における当該土地の客観的な交換価値を上回れば、当該価格の決定は違法となる。」、②「他方、〔地方税〕法は、固定資産の評価の基準並びに評価の実施の方法及び手続を自治大臣の告示である評価基準にゆだね（法三八八条一項）、市町村長は、評価基準によって、固定資産の価格を決定しなければならない（法的基準説）と定めている（法四〇三条一項）。これは、全国一律の統一的な評価基準による評価によって、各市町村全体の評価の均衡を図り、評価に関与する者の個人差に基づく評価の不均衡を解消するために、固定資産の価格は評価基準によって決定されることを要するものとする趣旨であるが、適正な時価の意義については上記のとおり解すべきであり、法もこれを算定するための技術的かつ細目的な基準の定めを自治大臣の告示に委任したものであって、賦課期日における客観的な交換価値を上回る価格を算定することまでもゆだねたものではない。」と判示しているところである（最高裁平成一五年六月二六日判決のほか、最高裁平成一八年七月七日判決・裁判集民事二二〇号六二一頁参照）。最高裁平成一五年六月二六日判決においても、上記②から明らかなように、地方税法上の固定資産税に係るすべての「固定資産」の「価格」を「適正な時価」と解しており、最高裁平成一五年六月二六日判決の射程距離がすべての固定資産、土地や家屋などに及ぶことを明らかにしている（地方税法三四一条参照）。この判決をふまえて重大な誤りがあれば推認が妨げられると解している。

本件控訴審判決が引用する最高裁平成一五年七月一八日判決（裁判集民事二一〇号二八三頁）も概ね同旨である[10]（最高裁平成二一年六月五日判決・裁判集民事二三一号五七頁等参照。この最高裁判決の補足意見は、仮に「特別の事情」があるとして、別の評価方法によったとしても「適正な時価」を超えるものではないとの見解を示しているものと解されると述べる。）[11]。

地方税法三八八条一項、同法四〇三条一項は、大量の固定資産について反復的、継続的に実施される評価を可及的に適正に行い、統一的な基準による評価を行うことによって、各市町村全体の評価の均衡を確保するとともに、評価に関与する者の個人差に基づく評価の不均衡を解消するため、固定資産の評価方法は固定資産評価基準（昭和三八年一二月二五日自治省告示第一五八号）（以下「評価基準」という。）による旨、規定している。

その結果、具体的には、第一に、評価方法が評価基準及び市町村長の取扱要領等に従ったものであるかどうか（基準適合性）、第一に、右評価基準等が一般的に合理性を有するかどうか（基準の一般的合理性）、第三に、評価基準による評価の基礎となる数値が賦課期日における適正な時価であるかどうかが審理されることとなる。

したがって、当該固定資産の評価が評価基準に従って行われている場合には、その価格に一応の妥当性があるものと推認することができる。しかし、評価基準が定める評価の方法によっては当該固定資産を適切に評価することができないという特別の事情が存することにより、評価基準に従って評価された登録価格が適正な時価である客観的時価を上回ることが認められる場合には、当該登録価格は「適正な時価」を超えるものといわざるを得ず、その限度で違法となるというべきである（最高裁平成一五年六月二六日判決、最高裁平成一五年七月一八日判決、東京地裁平成八年九月一一日判決・民集五七巻六号七四三頁、大阪地裁平成一八年八月一日判決・判タ一二二六号八九頁、東京高裁平成一六年一月二二日判決・判時一八五一号一一三頁（原判決・水戸地裁平成一四年九月二五日判決・判自二五二号二九頁）、最高裁平成一九年三月二二日判決・判自二九〇号七四頁、千葉地裁平成一九年二月二七日判決・判自二九五号七一頁、津地裁平成二〇年六月一九日判決・判自三一一号三九頁等参照）。したがって、家屋についていえば、登録価格が賦課期日における対象家屋の客観的時価を上回るときは、その限度で登録価格の決定は違法ということになる。

評価基準は、各戸の家屋を個別評価することなく、諸制約の下において大量の土地について可及的に適正な時価を評価する技術的方法と基準を規定するものであり、家屋の価格に影響を及ぼすべきすべての事項を網羅するものではないから、個別的な評価と同様の正確性を有しないことは制度上やむを得ないものというべきであろう。評価基準による評価と客観的時価とが一致しない場合が生ずることもこのような制度のもとでは当然に予定されているものというべきであるから、評価基準に定める個別的評価要素が具体的な土地の特殊性に照らして適切さを欠くとみえる場合があるとしても、それのみでは直ちに違法とすることはできないものと解されるところであった(12)。

しかし、最高裁平成二五年七月一二日判決は、土地の基準年度に係る賦課期日における登録価格の決定が違法となるのは、当該登録価格が、(1)当該土地に適用される評価基準の定める評価方法に従って決定される価格を上回るときであるか、あるいは(2)これを上回るものではないが、その評価方法が適正な時価を算定する方法として一般的な合理性を有するものではなく、又はその評価方法によっては適正な時価を適切に算定することのできない特別の事情が存する場合（推認が及ばず、又はその推認が覆される場合）であって、同期日における当該土地の客観的な交換価値としての適正な時価を上回るときであるということができる、と判示し、上記の二つの最高裁判決とは異なり、(1)について固定資産評価基準の法的拘束力を重視する立場を採用している(13)。すなわち、最高裁平成二五年七月一二日判決は、評価基準の定める評価方法に従って決定される価格を上回るときには時価との関係を論ずるまでもなく直ちに登録価格の決定が違法となるとするものである。本件控訴審判決は根切り工事の補正項目「地盤」の補正係数に誤りがあったと判断して直ちに登録価格の決定を違法と判断しており、すでに最高裁平成二五年七月一二日判決によっていたとも評価しうる。そうであれば、それを踏まえて本件控訴審判決は判示されていることといえる。最高裁平成二五年七月一二日判決の結論の妥当性はともかくも、本件についていえば、本判決の枠組みは納税者の権利救済の要請と固定資産税の評価に係る行政上の法関係の早期安定の要請という二つの要請を意識したものということもできようが、あえて重大性要件を求める必要はないものといえよう。

注

（1）　金子宏「固定資産税の改革――手続の整備と透明化に向けて」税研八四号二〇頁（二〇〇〇）、占部裕典「固定資産税の争訟方法の特殊性と改革の方向」総合税制研究八号一七頁（二〇〇〇）等参照。

（2）　無効確認等を求める訴えを提起できるかについては争いがないとはいえない。金子宏『租税法　第一九版』六二二頁以下（弘文堂・二〇一四）参照。大阪高裁平成三年五月三一日判決（判時一四〇〇号一五頁）は、納税者が、その無効な課税処分により徴収された税額（過誤納金）について、一般の正義公平の原則に基づき、これを不当利得としてその返還を求めることをも許されると判示する。大阪高裁平成三年五月三一日の判決は、現況が畑である土地を雑種地として認定して固定資産税を賦課した処分に対して過大になった税額を不当利得として認めたものであるが、本件の第一審は、不服審査前置主義により、不当利得を認めなかったが、本判決では、市町村長の固定資産税賦課処分の地目認定に、「重大かつ明白な誤りがあり」無効であることを理由とする不当利得返還請求について、無効原因の存否を判断することなく棄却したことを不当と判断している。

また、最高裁平成一一年六月三日判決（民集六四巻四号一〇一〇頁、判時二〇八三号七一頁）は、地方税法上、固定資産評価審査委員会に審査を申し出ることができる事項について不服がある固定資産税等の納税者は、同委員会に対する審査の申出及びその決定に対する取消しの訴えによってのみ争うことができる旨を規定しているが、それら規定が当該価格の決定が公務員の職務上の法的義務に違背してされた場合における国家賠償責任を否定する根拠となるものではないと判示する。

(3)　家屋の評価については、占部裕典監修『固定資産税の現状と課題』第九章（岡田悦美執筆）（信山社・一九九九）参照。基準年度の評価方法について、土地（宅地）と家屋では大きく異なる。

(4)　このような見解と同旨と解されるものとして、金子・前掲書六二五頁参照。

(5)　本件控訴審判決は、最高裁平成一五年七月一八日判決（裁判集民事二一〇号二八三頁）を引用するが、この最高裁判決は、建物（固定資産）について所有者が市長によって決定された本件建物の価格を不服として争ったものであるが、「市長が本件建物について評価基準に従って決定した前記価格は、評価基準が定める評価の方法によっては再建築費を適切に算定することができない特別の事情又は評価基準が定める減点補正を超える減価を要する特別の事情の存しない限り、その適正な時価であると推認するのが相当である。」とし、原判決を破棄し、差し戻したものである。

ここでは、(1)評価基準が定める評価の方法によっては再建築費を適切に算定することができない特別の事情、又は(2)評価基準が定める減点補正を超える減価を要する特別の事情の存しない限り、評価基準に基づく建物価格が適正な時価であると推認する。そうであるならば、地方税法三四一条五号の規定に照らすと、同法三八八条一項は、固定資産評価基準（評価基準）を適正に当該事案に適用すれば、当該不動産の時価と推認できる価格を算出し得る基準の策定を告示に委ねたものと解される。換言すれば、当該固定資産評価基準が委任の趣旨に適合する一般的合理性を有するなら、これを適用して算出された価格は、特別の事情がない限り、時価を上回らないと推認されることになる（最高裁平成一五年七月一八日判決参照）。

地方税法三八八条一項に基づき定められた固定資産評価基準に基づく評価の方法は、一般的な合理性を有するといえるから、固定資産評価基準に従って算定された価格（登録価格）は、同基準が定める評価の方法によっては当該固定資産の価格を適切に算定することができない特別の事情又は固定資産税評価基準が定める減点補正を超える減価を要する特別の事情の存しない限り、適正な時価であると推認するのが相当である。

地方税法は、固定資産の評価の基準並びに評価の実施の方法及び手続を総務大臣の告示である固定資産評価基準にゆだね（同法三八八条一項)、市町村長は、固定資産評価基準によって固定資産の価格を決定しなければならない(同法四〇三条一項)。その趣旨は、全国一律の統一的な固定資産評価基準による評価によって、各市町村全体の評価の均衡を図り、評価に関与する者の個人差に基づく評価の不均衡を解消するために、固定資産の価格を客観的かつ明確な基準である固定資産評価基準によって決定すべきものとするところにある。最高裁平成一五年七月一八日判決は、地方税法三八八条一項に基づき定められた評価基準に基づく評価の方法は一般的な合理性を有するといえることから、そこで固定資産評価基準に従って算定された価格は、固定資産評価基準が定める評価の方法によっては当該固定資産の価格を適切に算定することができない「特別の事情」又は固定資産税評価基準が定める減点補正を超える減価を要する「特別の事情」の存しない限り、適正な時価であると推認するのが相当であると判示している。

最高裁平成一五年七月一八日判決は、地方税法三八八条一項に基づき定められた固定資産評価基準に基づく評価の方法は、固定資産評価基準が一般的な合理性を有するといえるか、同基準が定める評価の方法によっては当該固定資産の価格を適切に算定することができない特別の事情の存しない限り、適正な時価であると推認するのが相当であると解しているといえよう。評価基準に基づいた価格が「適正な時価」であると推認されるためには、まず、当該固定資産評価基準が委任の趣旨に適合する一般的合理性を有するか否かが大前提に存する。その合理性がなければ、まずそのような合理性の存しない評価基準によっても「適正な時価」と推認されることはない。また、合理性のある評価基準に基づいても「特別の事情」があれば推認されないということにすぎない。

(6) 価格の決定の効力に認められる「公定力」は、後の各基準年度の価格決定には及ばない(一種の違法性の承継)として説明するものとして、碓井光明「固定資産の評価に関する不服の審査——固定資産評価審査委員会及び裁判所」明治大学法科大学院論集一四号一九一頁(二〇一四)がある。

(7) この改正については、「平成九年度税制改正のすべて」参照。

(8) 「特別の事情」とは、塚田功『固定資産税の審査申出とその対応のすべて』六九頁以下(ぎょうせい・一九九九)、固定資産税研究会編『固定資産税逐条解釈』一五九頁以下(地方財務協会・二〇一〇)参照。固定資産の価格が確定した場合には、市町村長・納税義務者ともに法律の許す範囲(地方税法四一七条、四三五条一項)以外は、市町村長は勝手に変更できないが、明らかな誤りも修正できないのは不合理として再調査を行う。納税者からの価格等の不服があれば市町村長は調査をし、固定資産の価格の修正を行うこともありうる。よって、審査委員会の申出をせずに登録価格を修正することができる。なお、本判決がいう「建築当初の評価において適切に評価できなかった事情がその後に判明したような場合」という要件は、地方税法四一七条一項の「固定資産の価格等の登録がなされていないこと」という文言を意識して持ち出したものかは明らかではない。

(9)「重大な錯誤」については、虚偽の申請または申告による誤算等一定のものに限定されている。塚田・前掲書七七頁以下、固定資産税研究会編・四八三頁参照。

(10) 最高裁平成一五年七月一八日判決は、建物（固定資産）を所有者が市長によって決定された本件建物の価格を不服として争ったものであるが、「市長が本件建物について評価基準に従って決定した前記価格は、評価基準が定める評価の方法によっては再建築費を適切に算定することができない特別の事情又は評価基準が定める減点補正を超える減価を要する特別の事情の存しない限り、その適正な時価であると推認するのが相当である。」とし、原判決を破棄し、差し戻したものであるが、「市長が本件建物について評価基準に従って決定した前記価格」というくだりをどのように解すかであるが、この文言を「市長が適切に評価基準を用いて評価した価格」といったような理解をすることまでは求めていないといえよう。

(11) この問題については、「固定資産税の『適正な時価』と相続税法の『時価』の解釈――固定資産税の登録価格等の鑑定評価による主張立証責任について」同志社法学三五五号一頁（二〇一二）参照。

(12) この問題については、占部裕典・前掲論文二四頁以下参照。

(13) 坂本勝・最判解説民事篇平成一五年度（上）三七三頁～三七三頁は、「固定資産税評価審査委員会の決定の取消訴訟において審理される同決定の実体法上の適法要件は［Ⅰ］登録価格が賦課期日における適正な時価を上回らないこと（判決要旨Ⅰ）、［Ⅱ］登録価額が評価基準によって決定される価格を上回らないこととなる」とした上で、前記Ⅱを満たせば、評価基準に定める市街地宅地評価法の一般的合理性を媒介として、前記［Ⅰ］を満たすことが推認されるとしていた。最高裁平成一五年六月二六日判決において当該土地に適用される評価基準の定める評価方法に従って決定される価格を上回るときは直ちに違法として理解はしておらず、あくまでも推認のための要件であったところ、本件最高裁判決はさらに［Ⅰ］の要件を適法要件と解している。本最高裁判決の徳地淳（ジュリスト一四六五号九一頁）は、［Ⅰ］はこれまでの最高裁判決とは異なる理解に立っているとは解していないようであるが、これまでの最高裁の判断と異にするといわざるを得ないであろう。控訴審・東京高裁平成二三年一〇月二〇日判決（民集六七巻六号一三〇四頁）は、土地の価格は固定資産課税台帳に登録された価格を上回るものとなることが認められるとして、控訴を棄却した。東京高裁（差戻控訴審）平成二六年三月二七日判決は、本件敷地の登録価格の決定は本件制限が減価要因として考慮されておらず、市長によって決定された本件敷地登録価格は、本件敷地部分に適用される評価基準の定める評価方法に従って決定される価格を上回るものであると認められ、本件決定は違法なものであるとし、原判決中、控訴人に関する部分を変更し、請求を一部認容した。最高裁平成二五年七月一二日判決の解説・批評については、羽根一成・地方自治職員研修四六巻一三号五八頁、吉村典久・ジュリスト一四六一号八頁、橋本浩史・税経通信六九巻二号二〇七頁、人見剛・ジュリスト臨時増刊一四六六号五八頁〔平成二五年度重要判例解説〕、宮本十至子・ジュリスト臨時増刊一四六六号二二二頁〔平成二五年度重要判例解説〕、仲野武志・自治研究九〇巻五号一三二頁がある。

第九章　更正にかかる処分理由の差替えの許容性

はじめに――問題の所在

課税庁は、青色申告書にかかる所得税の所得金額等や法人税の課税標準等の更正をする場合にはその更正通知書にその更正の理由を附記しなければならない（所得税法一五五条二項、法人税法一三〇条二項）。最高裁昭和三八年五月三一日判決（民集一七巻四号六一七頁）は、青色申告の理由附記の趣旨、目的について、「一般に、法が行政処分に理由を附記すべきものとしているのは、処分者の判断の慎重・合理性を担保してその恣意を抑制するとともに、処分の理由を相手方に知らせて不服の申立に便宜を与える趣旨に出たものであるから、その記載を欠くにおいては処分自体の取消を免れないものといわなければならない」と判示し、行政処分（更正）に対する手続的統制としての「処分適正化機能」及び争訟における「争点明確化機能」を挙げ、青色申告理由附記規定が強行規定であることを明言している。(1) しかし、このような青色申告者に対する理由附記制度がはたしてこのような機能を充分に今日果たしているかは疑問である。それは、一つは、訴訟において、処分理由がいとも簡単に差し替えられ、それについての納税者側の主張や反論がかならずしも充分に審査をされていないという傾向がうかがえるということである。処分理由の差替えに対する制約原理は現実には意義を有していないような印象さえ与えている。(2) さらに、一つは、青色申告者に対して更正の機会がきわめて少なく（勧奨による修正申告手法の代替）、そもそも理由附記の機会さえ納税者には付与されていないという現実が存することである。(3) 本稿は、前者の視点から問題を取り上げるものであるが、最初に処分理由の差替えの制約原理を検討した上で、最近の二つの租税回避事案にかかる判例（第一事案にかかる東京地裁平成一三年一一月九日判決・判時一七八四号四五頁、判タ一〇九二号八六頁、東京高裁平成一六年一月二八日判決（未登載）、第二事案にかかる大阪地裁平成一三年五月一八日判決・月報四八巻五号一二五七頁、判時一七九三号三七頁、大阪高裁平成一四年六月一四日判決・判時一八一六号三〇頁、判タ一〇九九号一八二頁）を素材に、具体的にその差替えの許容性について検討しようとするものである。ここで取り上げる二事案については訴訟（審理）において、どちらも更正の除斥期間経過後に処分理由の差替えが行われものであり、これらの訴訟においてそもそも更正の除斥期間経過後に処分理由の差替えは許されるのかという重要な問題を含んでいることに留意をしておく必要がある。

一　具体的な事案における処分理由の差替えの可否について

1　東京地裁平成一三年一一月九日判決、東京高裁平成一六年一月二八日判決（第一事案）

原告・被控訴人たるオウブンシャホールディング株式会社（X）はテレビ朝日等の株式を保有しており、これらの株式譲渡にあたり課税を回避すべく、まず現物出資によりオランダに設立した一〇〇％子会社であるアトランティック社の株主総会において、アスカファンド社（オウブンシャホールディング株式会社の筆頭株主でもあるセンチュリー文化財団が設立し、全株式を保有している。）に対して時価より低額で株式を割り当てる旨の決議を行い（以下、「本件割当決議」という。）、増資を行った（現物出資については旧法人税法五一条による圧縮記帳により課税を繰り延べる。またこの株式割り当てによりオウブンシャホールディング株式会社のアトランティック社に対する持分割合は大きく低下している。）。

本事案にかかる手続法上の争点は、被告・控訴人である本郷税務署長は、有価証券にかかる利益の計上漏れについての平成一〇年一二月一八日付更正処分（以下、「本件更正処分」という。）の附記理由において、本件更正にあたり法人税法一三二条の規定を適用していたところ、原審の第六回口頭弁論において主位的に法人税法二二条二項の適用を、予備的に法人税法一三二条一項の適用を主張したところであるが、訴訟においてこのような処分理由の差替え（あるいは追記）が許されるか否かである。

なお、本事案における控訴審での実体法上の争点は、被告・被控訴人（一審原告）であるオウブンシャホールディング株式会社（以下、「被控訴人」という。）が現物出資によりオランダに設立した一〇〇％子会社であるアトランティック社の株主総会において、アスカファンド社に対して時価より低額で株式を割り当てる旨の決議を行い（以下、「本件割当決議」という。）、増資を行った場合において、被控訴人の保有するアトランティック社の株式の資産価値が、法人税法二二条二項の規定の適用により（控訴人の主位的主張）、あるいは法人税法一三二条一項の規定の適用により（控訴人の予備的主張）、アスカファンド社に移転し、その結果、移転した資産価値相当額は法人税法三七条一項によりアスカファンド社に対する寄附金となるといえるかである。

2　大阪地裁平成一三年五月一八日判決、大阪高裁平成一四年六月一四日判決（第二事案）

原告・被控訴人三井住友銀行（X）のニューヨーク支店は、平成三年六月、アメリカ合衆国法人ペプシコ社（以下、Pという。）及びPの子会社であるメキシコ法人サブリタス社（以下、Sという。）との間でPからSへ振り出していた約束手形二通をXが買い取る旨のPURCHASE AND ASSIGNMENT AGREEMENT（以下、「本件手形買取契約」という。）及びLETTER AGREEMENT（以下、「本件覚書」という。）を締結した（以下、「ペプシコ事案」という。）。また、Xのロンドン支店は、平成三年九月、オランダ王国法人ロシコ社（以下、Rという。）との間で、RがＸに対して有する貸付債権の一部を原告が譲り受け、RがXに対して対して同額の預金をする旨のAGREEMENT（以下、「本件債権譲受・預金契約」という。）を締結した（以下、「ロシコ事案」という。）。

そこで、Xは、本件手形買取契約及び本件覚書に基づいて平成四年三月期の事業年度中に受領した貸付金利息に対して、メキシコ国において一五％の源泉税（三億四八一三万二八七一円）を課されたとして、また、本件債権譲受・預金契約に基づいて平成四年三月期と平成五年三月期にCから受領した貸付金利息について、オーストラリア国において各々一〇％の源泉税（三七一一万九〇一六円と二六三七万六五七六円）を課されたとして、平成四年六月、平成四年三月期分の法人税の確定申告にあたり、法人税法六九条、同法施行令一四一条二項三号に従い、前期メキシコ国での源泉税のうち一〇％に相当する二億三二〇八万八五八〇円とオーストラリア国における源泉税三七一一万九〇一六円の合計額二億六九八〇万七五九六円の外国税額を控除し、また平成五年六月の平成五年三月期分である確定申告にあたり、同様にオーストラリア国における源泉税二六三七万六五七六円の税額控除を行なった。これに対して、被告・控訴人である東税務署長（Y）は、上記外国税額控除等を否認する旨の更正処分等を行なっている。

Yは、更正処分にあたり、その附記理由を本件手形買取契約及び本件覚書はP及びRが負担すべきメキシコ国及びオーストラリア国の源泉税を原告が負担したかのようにするために、仮装して作り出されたものであるとして、受取手数料、貸付金利息及び預金利息は架空計上されたものであり、受取手数料及び貸付金利息を減算するとともに、右預金利息を加算している。

この事案において、Yは、いわゆる「私法上の法律構成による否認」の方法を展開し、「当事者が外形上取引を仮装する場合には、右取引は無効であり、また、当事者間の契約において、当事者の選択した法形式と当事者間における合意の実質が異なる場合には、取引の経済実体を考慮した実質的な合意内容に従って解釈し、その真に意図している私法上の事実関係を前提として法律構成をしたうえ、課税要件への当てはめを行なうべきである」と租税回避の一般論を述べる。そのうえで、当事者の意思の解釈について、「本件手形買取契約及び本件覚書は、P及びSに対する貸付金利息を収受するにあたり、PがSに対する貸付利息を収受するにあたり、Pがメキシコ国で課される源泉税の回収ないし軽減を図りつつ、右貸付金利息に係る実質的利益の大半を享受できるようにする意図の下に、Xとの間で交わされたものであり、Xは、日本国において外国税額控除の適用を得るために、あたかも契約当事者であるかのような外形を作出すべく取引に介在したにすぎないものであって、これらの一連の行為は、P、S及びXのいずれもが租税負担の軽減を図ろうとする認識の下に取引を仮装したものといえる。……結局、本件手形買取契約及び本件覚書は、手形売買契約としては通謀虚偽表示として無効である。／また、通謀虚偽表示により無効ではないとしても、契約当事者の真の意思は、原告が、我が国における外国税額控除の余裕枠をPに提供し、これに対して、Pが対価を支払うことを内容とする合意をしたものと認めるのが合理的であり、同合意内容からすると、いわゆる外国税額控除の余裕枠に関する売買契約であり、SがPに対して追っていた貸付金利息を原告を介して、Pが取得すると解するのが相当である。」と主張する。

本事案にかかわる争点は、Yによる更正処分の附記理由は不備であるといえるか、そして仮に附記理由に不備が存しないとしても、本件各取引が仮装行為であるとして理由を附記しておきながら、本訴において仮装行為以外の理由を主張することは許されるかが争点となる。

なお、本事案の実体法上の争点は、ペプシコ事案及びロシコ事案における各契約に基づく取引を、[1]「私法上の法律構成による否認」という枠組みのなかで、(1)通謀虚偽表示により仮装しているといえるか、(2)仮装行為に該当しない場合に、真に意図している私法上の事実関係を前提として、法律構成をして課税要件への当てはめを行なうことができるか、(3)全体があらかじめ計画された一連のスキームであるとして、全体を一体のものとして判断し、課税をすることができるか、またこれら主張が採用されない場合において、[2]法人税法六九条の限定解釈（事業目的基準）により、原告・被控訴人への外国税額控除の適用を否定することができるかである。

I　訴訟物・理由附記制度と処分理由の差替え（主張制限）

一　課税処分取消訴訟における処分理由の差替え

第一事案（オウブンシャホールディング事件）において、更正処分等の通知書（平成一〇年一二月一日）による所得金額は、法人税法一三二条及び法人税法三七条の規定を適用し算出されたところ（更正の理由八頁）、控訴人は訴訟の段階にいたって法人税法二二条二項による課税の主張を追加し、これを主位的な主張としたところである。なお、国税不服審判所長（裁決書　東裁（法）平一三第五八号）は、その判断において法人税法一三二条の規定の適用により、請求人に新株引受権があったものとして、次にこの新株引受権を無償譲渡した行為であるとして法人税法二二条二項を適用して、請求人においていったん収益として実現した後にその収益がアスカファンド社に対する寄附金として社外に流出したと判断している（平成一三年九月二七日付裁決書一三頁参照）。原処分庁が主張する法人税法一三二条の適用場面と異なる。

被控訴人（原告）は、「被告は、本件構成処分の法的根拠を、法一三二条から法二二条二項に変更したが、これは、更正期間経過後に何らの更正処分を受けないという納税者（原告）の利益を全く害することになる（最高裁昭和四七年一二月五日判決・民集二五巻五号九〇一頁）。よって上記の理由の差替えは、最高裁昭和五六年七月一四日判決が理由の差替えが許されないとして挙げた『格別の不利益』のある場合にあたる。／したがって、被告の上記主張変更は、上記最高裁判決に照らし、法一三〇条二項が規定する理由附記制度の趣旨に反する主張変更であり、同条項に反する違法がある。」（原判決二八頁）と主張していた。

原判決は、控訴人（被告）が訴訟の段階にいたって法人税法二二条二項による課税の主張を追加し、これを主位的な主張としたことをとらえて、本件各処分が不十分な検討に基づく過酷な処分であるとして控訴人の対応を戒めている（原判決一〇頁参照）。しかし、原判決は、結果的には必ずしも時期に遅れた主張ではない（原判決一〇頁）と結論づけている。ここでは、民事訴訟法一五七条一項の時期に遅れた攻撃防御方法の却下の要件のみが論じられているにすぎない。

第二事案（三井住友銀行外国税額控除事件）における更正処分の更正通知書に付記された処分理由は、きわめて処分理由が不明確であり、不備であるといえる。たとえば、「『約束手形買取契約』は、……本来ならPepsiCoが負担することとなるメキシコ国の源泉税の回収を図ることを目的として、貴社が外国税額控除を受けるための名目的な契約にすぎず、PepsiCoとSabritasのローン取引を約束手形買取のごとく取引の形式を整えただけの契約と認められます。」などの文言からすれば仮装取引と解されるようでもある。しかし、本件各取引は重加算税の対象となっていない。審査請求においても、国税不服審判所長（裁決書　大裁（法）平八第九九〇号）はその判断のなかで、課税庁の「本件メキシコ源泉税に係る取引及び本件オーストラリア源泉税に係る取引についての原処分庁の法形式どおり契約関係が存在するとは認められない旨の主張は、仮装取引であるが故に契約は無効とする趣旨なのか、それとも契約は有効に成立していることを前提に税務上否認するとする趣旨なのか、その法的構成が必ずしも判然としない。」（平成九年三月二五日付裁決書二二頁）と述べる。

原審・大阪地裁平成一三年五月一八日判決は、「その主張の基本的な事実関係について変更がない上、原告に格別の不利益をあたえるものとはいえず」と判示するが、これは「基本的課税要件事実の同一性」「処分理由の基礎となる事実の同一性」があり、被告に不利益を与えない場合に追加主張を認める立場と解することができる。

控訴審・大阪高裁平成一四年六月一四日判決は、「原告は、被告が私法上の法律構成による否認を主張することは、時機に後れた攻撃防御方法であるとともに、国税通則法一〇二条に反すると主張するが、いずれも理由がないと判断する。」「青色申告書に係る更正の場合、その通知書に理由を附記しなければならないとした法一三〇条二項の趣旨（処分の慎重性の担保と不服申立ての便宜）などから、被告課税庁側がその後の更正処分の取消訴訟において附記された理由と異なる理由の主張をすることが許されないと解することは困難である。したがって、被告が、本件取消訴訟において、裁決で認められなかった更正通知書附記の理由を改めて主張することや、その予備的主張として、更正通知書附記の理由と異なる理由を新たに追加して主張することは何ら妨げないというべきである。」と判示する。

これらの問題については、控訴人は、「課税処分取消訴訟においては、一般にいわゆる『総額主義』が採用されており、課税処分は、これによって確定された税額が総額において租税実体法によって客観的に定まっている税額を超えない限り、適法である」（控訴理由書五八頁一四行目～一六行目）と解している。そして、本件では、「法二二条二項の『取引』に当たると解すれば、前記二のとおり、本件各処分は適法であるし、仮にこれが法二二条二項の

『取引』に当たらないものと解しても、前記(1)及び(2)のとおり、法一三二条による課税として本件各処分は適法であるから、結論において相違はない。そして、法一三二条二項による課税の主張は、法一三二条による課税の主張に包含される関係にあり、控訴人は、本件増資による資産価値の移転が課税対象となることを、四一年判決を通して原審の当初の段階から主張していたのである」（控訴理由書五八頁下八行目～下一行目）と主張しているところである。

ここでは、青色申告者の更正処分にあたり、附記した理由を争訟段階にいたって追加主張する（差し替える）ことができるか否かについて検討を加える。ここでは特に、被控訴人（原告）の主張するように、本件処分理由の差替えが更正処分の除斥期間後に行われていることをどのように法的に評価をするかが、ここでの一つの大きな問題となる。この問題の解決にあたって総額主義に立つか、争点主義に立つかによって、一見すると結論が異なるようにみえる。控訴人は、総額主義に立脚した議論を展開している。

後述するように（Ⅱ参照）、学説において、通説といわれる見解は争点主義に立ち、総額主義を批判する。すなわち、争点主義に立つ者は、(1)理由の差替えを自由に認めるとすると、それはあらたな課税処分をするに等しく、原則として理由が変われば処分も変わることから理由の差替えは許されないとし、また(2)更正処分の除斥期間経過後または徴税権の時効消滅の後に更正処分を認めるのと同じ結果となることから、更正期限内に限って、不服審査及び訴訟の場で理由の差替えを認めるべきであると主張する。(4)

しかし、これらの主張は、通常、争点主義を前提とした主張であり、必ずしも控訴人と被控訴人は同じ土俵のうえで議論を展開しているものではない。

そこで、租税訴訟における「審理の対象（訴訟物）」及び「青色申告者に対する理由附記制度」が処分理由の差替えにいかなる影響を及ぼすかを検討したうえで、本事案における処分理由の差替えの可否について具体的に検討する。

二　課税処分取消訴訟の訴訟物

課税処分取消訴訟において審理の対象となるのは、訴訟要件と訴訟物たる権利関係である。訴訟物とは、原告の法的主張（裁判上の請求）によって特定されうるもので、訴訟における審理の対象となりうることのできる範囲（判決の主文で判断すべきの最小基本単位）を画する機能を有するものである。よって、それは判決の既判力の範囲をも画するものである。訴訟物は訴訟法上の概念であるが、特に課税処分取消訴訟の訴訟物をどのような内容及び法構造において概念構成するかについては、訴訟の目的たる処分の実体的性質、納税者の実体法上・手続法上の権利、法的利益の性質及び訴訟手続に関する法規の解釈の観点から総合的に検討する必要があろう。[5]かねてより、課税処分取消訴訟の訴訟物については議論の存するところであるが、[6]特に行政事件における行政処分の取消訴訟のそれをめぐる諸学説の対立にあわせて、今日において、課税処分の取消訴訟の訴訟物は、ほかの行政処分の取消訴訟同様、課税処分についての違法性一般であり、処分の主体、内容、手続、方式等すべての面における違法であると解されている。[7]このような違法性一般という言葉自体がいわば無内容であり、積極的な意味内容をもたないにも拘らずこの考え方が行政訴訟全般を通ずる既に確立された原則となっているのである。[8]

課税処分取消訴訟の訴訟物の特定（同一性）については、課税処分について審判される違法性（適法性）の範囲の問題と審判の対象となる課税処分の範囲（違法判断の対象が特定処分に限定されるか）の問題に区別して考えることができる。前者の問題は、訴訟物たる課税処分の違法性が処分時に示された理由又は原告が訴状において主張した違法事由によって特定されるか、それとも違法性一般が訴訟の対象になるかである。処分の同一性のとらえ方によって訴訟物の範囲は異なるが、処分の同一性をどのようにとらえるかは当該行政行為の性格により異なると考えられる。(9) 課税処分については、処分の同一性をどのようにとらえるかについて総額主義と争点主義の争いがある。(10) これまで、この争いは、処分理由の差替えについて大きな相違をもたらすとして論じられてきた。後者の問題は、違法判断の対象が特定の行政処分に限定されるかであるが、課税処分の取消訴訟においても、特定の課税処分の違法性に限定している。

Ⅱ　総額主義と争点主義がもたらす問題

総額主義は、処分の同一性を、それにより確定された税額の同一性によりとらえる見解であり、その結果、審理の対象は、課税処分による確定額が租税実体法のもとで客観的に定まる所得金額の範囲内にあるか否かを判断するために必要な事項すべてに及ぶと解される。更正処分等により確定された税額の適否、すなわち更正処分等自体ではなく、更正処分等により確定された税額等が、租税実体法によって一義的に定まっている客観的な課税標準や税額を上回っているか否かが訴訟物となる。(11) 総額主義は、現行法上、(1)租税債務の確定構造（租税実体法のもとでの租税債務の成立と租税手続法のもとでの租税確定手続の構造）、すなわち租税債務は暦年又は事業年度の終了時に当然成立し、これを申告・決定・更正により確定するという仕組みになっていること、(2)課税処分に不服申立段階はともかくも必ずしも理由が附記されているとは限らないこと、(3)紛争の一回的解決（これには吸収説が当然の前提となる）が図れること、などを根拠にするといえよう。

総額主義に対しては、争点主義から、(1)確定行為がなければおよそ一切の給付義務も強制徴収権限も発生することのない抽象的租税債務との対比において確定税額の適否を法が許容していることは考えられない、(2)白色申告においても不服申立てにおいて理由の附記が命じられていること、(3)更正処分等に附記された特定の理由が当該更正処分等を実体法的に適法であるというために十分なものであるか否かは、確定された税額の実体法的適法・違法の判断にかかる問題であること、などから訴訟の対象は当該理由により特定された税額の適否であると批判されている。[12]

総額主義のもとでは、行政事件訴訟法はなんら課税庁の主張制限について規定をおいていないことから、訴訟物の範囲内で客観的に存在した一切の事実及び法律上の根拠を主張できる。結果的には、この客観的な事実のうち、口頭弁論終結時までに知りえた事実のみが対象となる。よって、課税庁が認定した理由を含む個々の税額算定の根拠となる事実は、単に処分が違法か否かについての訴訟上の攻撃防御方法にすぎないから、民事訴訟法一五六条、一五七条による制約は別として、課税庁は訴訟において処分時の処分理由と異なる処分理由を主張することができる。[13]その結果、訴訟において、認容判決が確定すれば、課税庁が訴訟で他の脱漏所得を発見しても更正することができなくなると解される。[14]しかし、この点については、議論が全く存しない訳ではない。被告が訴訟係属中に右の脱漏所得を探索し課税根拠として主張することが可能であるからといって、取消判決による遮断効が当然に訴訟法上主張されなかったすべての脱漏所得にまで及ぶと解しうるかは問題であるとする指摘がある。[15]

一　総額主義における処分理由の差替え

訴訟前において、青色申告の理由附記の要件を充足すれば、先の更正処分の理由に問題があるとして、後日、処分理由を差し替えて増額更正処分を行ったとしても、さらに訴訟提起後において、同様の再更正処分を行ったとしても、それ自体問題は存しない。しかし、当該更正処分を争っている間に増額更正処分が行われる場合については、主張制限との関係で検討が必要である。増額更正処分が訴訟提起前に行われた場合には当然総額主義から当初の更正処分について訴えの利益がなくなるが、訴訟が提起された後に再更正処分がなされると、増額更正処分は総額主義のもとでは、更正処分の理由を含めて審理の対象とすることができる。課税庁としては、理由附記の差替えが許容されない場合においては、別途増額更正処分を行うことにより、主張制限さらには敗訴といった事態を免れることができる。訴訟提起後、青色申告については課税庁の主張の制限に服しながら、一方でこの抜け道を許容することにもなり、この点に限っていえば青色申告の理由附記制度の趣旨から問題がないとはいえないであろう。このことからも確定判決後に別の理由より増額更正処分を行うことは禁じられなければならない。

また、総額主義においても更正の除斥期間（国税通則法七〇条）の趣旨から、この期間の経過後の理由の差替えは許されないと解すべきである。更正処分の除斥期間経過後または徴税権の時効消滅の後に更正処分を認めるのと同じ結果となることから、更正期限内に限って、不服審査及び訴訟の場で理由の差替えを認めるべきである。この点では争点主義と相違が生ずべきではない。総額主義においては、更正の除斥期間内であればあらたな、何度でも更正処分を行うことにより理由の差替えは可能なのであるから、総額主義においても訴訟段階における理由の差替えは抑制的に運用されなければならないといえる。このように解するならば、不服申立てや訴訟の係属中において、総額主義に立脚しようとも、更正の除斥期間経過後の理由の差替えは許されないことになる。処分理由の差替えが原告納税者らに「格別の不利益」を与えるかを論ずるまでもなく、処分理由の差替えは許されないことになる。

これに対して、争点主義は、訴訟の提起及び訴訟の進行と更正処分の関係は一応切断された形となる。訴訟提起前に複数の課税処分がなされようと基本的には相互の処分が影響を受けることはない。各々の更正処分に基づいて、訴訟が提起され、審理されることになる。なお、「基本的事実の同一性」の範囲内においても、総額主義及び争点主義のどちらに立脚しようともこの理は該当することになる（後述Ⅳ参照）。

二　争点主義における処分理由の差替え

争点主義は、審理の対象となりうる訴訟物を更正処分等の違法性一般とし、その確定した税額の適否であるとする点では総額主義と同一であるが、(16) 青色更正の理由附記や裁決書における原処分維持の理由附記の義務づけなどに着目して、当該理由によって特定された税額の適否と考えるところに特色がある。(17) 総額主義のように客観的に定まっているとされる税額との対比における更正税額の適否ではなく、処分時等に付した理由によって特定された税額そのものの適否が訴訟物となり、理由が異なれば別個の処分となると解されている。(18) 争点主義は、(1)青色申告に対する更正処分には理由の附記が要求されていること、(2)その他の確定処分についても、それに対する異議申立てを棄却するときには遅かれ早かれ、すべての確定処分は原処分庁により理由を附記されることになることから、処分理由の差替えを自由に認めることはこれらの法の趣旨に反すること、などを根拠とし、手続保障の原則を強調するものである。現在の争点主義における処分理由は、青色申告は処分時の理由、白色申告は不服申立段階での理由を指すもので、必ずしも原処分時の理由ではないはいえよう。

審理の対象は、処分理由（処分にあたり、課税庁が認定した事実と法解釈）との関係における税額であるということになり、課税庁の処分理由に誤りがあり、税額が減少する場合に、課税処分は違法となる。よって、処分理由の差替えは原則としてできないが、認容判決が確定しても、更正の除斥期間が経過していない限りは、別の処分理由により再度の処分はできる。(19)争点主義のもとでは処分時の認定理由の存否に拘束され、それのみを争点として審理が行われるので、あらたな理由に基づいての再更正処分については別途訴訟を提起する必要があり、訴訟が併存することになる。争点主義に立脚すれば、更正の除斥期間経過後に処分理由を差し替えたあらたな更正処分が許されないことは当然である（「基本的事実の同一性」の範囲内での問題については、後述Ⅳ参照）。

争点主義に対しては、総額主義から、(1)法が青色申告者に対する更正のみになぜ理由附記を要求することとしたのかという、法の根拠そのものが不明確にならざるを得ない、(2)原処分の理由と裁決理由という、実体法と争訟面における各々の本質を異にした場面での問題を混同している、(3)理由附記について生じた瑕疵を不服申立ての段階で治癒ないし理由の追完を認めることになり、最高裁昭和四七年一二月五日判決（民集二六巻一〇号一七九五頁）（理由附記の不備は裁決理由により治癒しないと判示）に反することとなる、と批判されている。(20)

税務訴訟の訴訟物（審判の対象）をめぐっては、今日、総額主義と争点主義との争いに収斂されているといっても過言ではないが、両者の対立は、更正等の法的性質あるいは更正等のどの側面を重視するかによるところが大きい。(21)両説の対立は、課税処分が行政処分でありながらその実質は、金銭債務の確定という性格を有することから、課税処分取消訴訟の審理は、当該課税処分により認定された課税標準等又は税額等が客観的に存在することから、それはあたかも租税債務の存在という形で、民事訴訟の債務不存在確認訴訟に類似したものとして審理をすすめるか、まさに抗告訴訟として審理を行うかによるものであるとの指摘も存するが、(22)どちらの見解によろうとも、抽象的租税債務（客観的な租税債務）とは別に、特定の更正処分で確定した税額の範囲内で、部分的な税額の取消を許容する点では相違はなく（争点主義においても処分理由の内容の一部について違法があった場合について税額が当該部分についてのみ取り消されることから民事訴訟の債務不存在確認訴訟的色彩を有しているといえよう。）、当該税額と処分理由との結びつきが更正処分時までの理由に拘束されるか否かの相違である。

Ⅲ　青色申告の理由附記の程度

課税処分取消訴訟の訴訟物が違法性一般といっても、理由附記の不備等の手続的違法について、「内容の違法」と「手続の違法」（青色更正の理由附記の存否、理由附記の程度）とを区別して、前者の違法が争われている場合には、実質的には客観的所得の確認ないし租税債務の確認を本質とするが、後者の違法が争われている場合には、当該処分自体に存する瑕疵を理由とする取消権（形成権）を本質とする。(23)手続的違法事由による取消は、「総額主義」とは別個の問題である。(24)「総額主義」のもとでは、手続上の違法を主張しないことにより、手続の適否が当然除外されるものではないが、(25)「争点主義」においてはこれが全く排除されてしまうとの見解がある。(26)しかし、争点主義といえども、納税者にここまでの主張制限を課するものではないといえよう。(27)

課税庁は青色申告書にかかる更正をする場合には、その更正通知書にその更正の理由を附記しなければならないが、前掲最高裁昭和三八年五月三一日判決は、青色申告の理由附記の趣旨、目的について、「一般に、法が行政処分に理由を附記すべきものとしているのは、処分者の判断の慎重・合理性を担保してその恣意を抑制するとともに、処分の理由を相手方に知らせて不服の申立てに便宜を与える趣旨に出たものであるから、その記載を欠く場合においては処分自体の取消を免れないものといわなければならない」と判示し、行政処分（更正）に対する手続的統制としての「処分適正化機能」及び争訟における「争点明確化機能」を挙げ、青色申告理由附記規定が強行規定であることを明言している。(28) そして、附記すべき理由の程度については、特に「帳簿否認による更正」と「法的評価等の否認による更正」（あるいは「帳簿書類の記載の否認を伴わない更正」）とで理由附記の程度は異なるのかといった視点から論じられてきた。

同判決は、理由附記の程度について、「（旧）所得税法四五条一項の既定は、申告にかかる所得の計算が法定の帳簿組織による正当な記載に基づくものである以上、その帳簿の記載を無視して更正されることがない旨を納税者に保障したものであるから、同条二項が附記すべきものとしている理由には、特に帳簿書類の記載以上に信憑力のある資料を摘示して処分の具体的根拠を明らかにすることを必要とすると判示した。この最高裁判決の一般的な判例理論はその後の判決に踏襲されていくが、理由が要求される程度については実務上争われてきた。「帳簿書類の記載の否認を伴わない更正」について、最高裁昭和六〇年四月二三日判決（民集三九巻三号八五〇頁）は、「帳簿書類の記載自体を否認することなしに更正をする場合においては、右の更正は納税者による帳簿の記載を覆すものではないから、更正通知書記載の更正の理由が、そのような更正をした根拠について帳簿記載以上に信憑力のある資料を摘示するものでないとしても、更正の根拠を前記の更正処分庁の恣意抑制及び不服申立ての便宜という理由附記制度の趣旨目的を充足する程度に具体的に明示するものである限り、法の要求する更正理由の附記として欠けるところはない」と判示する。このような最高裁判決は、今日、理由附記の程度について、まず更正処分が帳簿書類の記載自体を否認する更正であるか否かを判断したうえで、仮にそれが「帳簿否認による更正」である場合には、そのような更正をした根拠を帳簿記載以上に信憑力をある資料を摘示することが要求されるが、仮にそれが「帳簿書類の記載の否認を伴わない更正」である場合には、そのような更正をした根拠を帳簿記載以上に信憑力のある資料を摘示する必要はなく、そのような評価に至った判断過程について説明又は摘示することにより、手続的統制としての「処分適正化機能」及び争訟における「争点明確化機能」といった理由附記の趣旨目的を充足する程度に具体的に明示されていれば足りると解されているといえよう(29)。いわゆる二分説を前提として理由附記の程度を異にするという見解が確立されているといえよう(30)。

しかし、具体的な更正処分が「帳簿否認による更正」か「法的評価等の否認による更正」かが争点の一つとなることもある。たとえば、東京地判平成八年一一月二九日判時一六〇二号五六頁は、「下記の取締役三名に対する役員報酬（筆者―記載省略）は、次の理由から実質的に代表取締役甲野太郎の報酬と認められ、また当該金額は、取締役会で決議された支給限度額を超えていますので、全額が過大な役員報酬となり、損金の額に算入されませんので所得金額に加算しました。(1)三名はいずれも勉学中であり、取締役として貴社の経営に参画していないこと。(2)役員報酬の振込口座である三名名義の普通預金は代表取締役甲野太郎が支配管理していること。(3)取締役会で各人毎の「報酬限度額」及び「当面の支給額」を法人税法上の「支給限度額」とみるのが相当であること。」という理由附記のもとで法人税の更正処分を行ったが、本件更正理由が上記否認類型のどちらに該当するのかが争点の一つとなった。原告は、法律的帰属説に立ち、本件更正理由は帳簿否認に当たると主張したが、同判決は、課税要件等の認定について経済的帰属説にたつ場合であっても、本件更正理由は、帳簿書類に記載された事実を否定するものではないものの、これと異なる複数の事実に基づいて、帳簿書類に記載された事実と異なる「実質的」な利益帰属を認定しているものであるから、理由附記制度の趣旨に照らせば、本件更正理由に記載された間接事実に関する事実的基礎については、その根拠資料を摘示すべきであるとしたうえで、本件更正理由は推論の過程と事実的根拠を明らかにしたものとして違法ということはできないと判示している（控訴審東京高判平成一〇年四月二八日（棄却）も同様の判示する。法人税法一三二条一項所定の行為計算の否認を理由に更正する場合の理由附記の程度については、東京地判平成五年三月二六日行裁例集四四巻三号二七四頁参照）。

具体的な更正処分が「帳簿否認による更正」か「法的評価等の否認による更正」かは処分理由の差替えにおける許容性の問題に影響を与える。後述するように、「基本的事実の同一性」を前提として原告の防御に不利益を与えるか否かかという「格別の不利益」の有無の判定において意義を有するであろう。(31)

なお、理由附記の不備は、「内容の違法」と区別し、「手続の違法」を構成するが、仮に課税庁が裁判所と異なる理論的な立場を前提として更正処分の理由附記を行ったとしても右の立場が独自の見解でなく、広く一般に唱えられている見解であり、被処分者も理由附記からそれがいかなる見解に基づく更正であるかを知ることができれば、恣意抑制及び不服申立ての便宜という理由附記の趣旨は全うされうるし、付記された理由が誤った法解釈に基づくものであったとしても、それによって理由自体が違法となるものではない（東京地裁平成八年一一月二九日判決・判時一六〇二号五六頁）と解されている。

しかし、第一事案においては、本件更正処分において附記理由として法人税法三七条による寄附金の損金不算入が記されているのみであり、最高裁のいう争点明確化機能を果たしておらずそもそも理由に不備があったといえよう。

Ⅳ　青色申告者に対する処分理由の差替え

一　更正理由の差替えと基本的課税要件事実の同一性

前述したところから、青色更正の附記理由の差替えあるいは主張の制限については、訴訟物論の次元での「総額主義」のもとで、青色申告については「青色申告の法理（あるいは理由附記制度）」により理由の差替えに一定の制限を課す見解と、訴訟物論での次元での「争点主義」のもとで、青色・白色申告を問わず理由の差替えに一定の制限を課す見解に二極化して理解することができる。

課税処分取消訴訟の訴訟物が違法性一般であるとの「総額主義」に立てば、訴訟提起後に被告課税庁において新たに認識された所得の課税根拠を含めて、課税庁の主張及び原告納税者の主張双方を考慮にいれると、訴訟提起時における課税標準等及び税額等を支えるあらゆる課税要件事実の存在とそれに対する課税法規の適用が審理の対象となりうる可能性を含んでいる。訴訟物の次元からみれば、何ら処分理由の差替えに対する制約、主張制限は及ばないことになる。しかし、一方で青色申告の理由附記規定から、攻撃防御方法の次元における「主張の制限」が広く及ぶと解されている。ただし、このような総額主義においても「処分理由の基礎となる事実の同一性」内で差替えを認めている。[32] なお、審査裁決の附記理由と異なった主張は許されると解されている。このような原則は、数的には限られた白色申告者に対する更正処分について及ぶと解されている。上述のような見解は、今日学説・実務の通説であるといえるとともに、裁判実務においても浸透している通説的な見解であるといえよう。[33]

これに対して訴訟物の次元における「争点主義」は、訴訟物が処分理由との関係における税額の適否であり、「基本的課税要件事実の同一性」の認められる範囲内では処分理由の差替えは認められるものの、原則として理由の差替えは許されないと解する。[34]「争点主義」のもとでは、租税争訟は処分理由の適否を争点として進展することとなることから、審査請求人又は原告の側でも、処分理由たる「基本的課税要件事実」と無関係な事実を処分の違法事由として提出することはできない。

個々の具体的な事例において、両者の間で処分理由の差替えの可否をめぐって、いかなる相違が生ずるのかがまず検討されていなければならない。総額主義において、「処分理由の基礎となる事実の同一性」の範囲とは、必ずしも勘定科目に拘束されることなく、同一性は時間的・場所的のみならず、その行為、態様、結果等が相互に関連するか否か総合的に客観的に判断して決すべきである。「総額主義」のもと、一個の訴訟物のなかでの理由の変更が許されるか否かという点で、「青色申告の理由附記」（規定の）趣旨目的から、主張が制限される。よって、ここでは「処分理由の同一性」は問題にならないと解される。これに対して、争点主義の立場からは、「基本的課税要件事実の同一性」の範囲内での理由の差替えは処分理由と一体となった処分として例外的に許容されるが、「基本的課税要件事実の同一性」とはいかなる範囲のものをいうかは具体的には示されていない。ただし、争点主義論者によるこれまでの差替えの許容性が争点となった判決に対する評価がおおむね肯定的であることから、理論的な相違はあるものの、「処分理由の基礎となる事実の同一性」と「基本的課税要件事実の同一性」の範囲にそれほど相違があるものとは考えられない。この点において、あえて総額主義と争点主義を区別して議論する必要はないといえる。

この点に関して、最高裁昭和五六年七月一四日判決（民集三五巻五号九〇一頁）は、不動産売買について販売価格七〇〇〇万円、不動産の取得価格七六〇〇万九六〇〇円で確定申告したのに対して、取得価格が過大であるとして六〇〇〇万円である旨の理由を附記したのに対して、訴訟において取得価格が申告額どおりであるにしても販売価格九四五〇万円である旨の追加主張をした事案について、「このような場合に被上告人に本件追加主張を許しても、右更正処分を争うにつき被処分者たる上告人に格別の不利益を与えるものではないから、一般的に青色申告者による申告についてした更正処分の取消訴訟において更正の理由とは異なるいかなる事実をも主張することができると解すべきかどうかはともかく、被上告人が本件追加主張を提出することは妨げないとした原審の判断は、結論において正当として是認することができる。」と判示した。この最高裁判決が総額主義、争点主義のどちらに立つかについては争いがあるとの見解は一部にあるものの、理由の差替えが一定の場合に許されることは明らかである。(35)

この最高裁判決以後、処分理由の差替えを認めた裁判例としては、徳島地裁平成五年七月六日判決（訟月四〇巻六号二一六八頁）、静岡地裁昭和六三年九月三〇日判決（判時一二九九号六二頁）、東京高裁昭和五七年八月一〇日判決（判時一〇六七号四五頁）、名古屋高裁昭和五八年九月三〇日判決（訟月三〇巻二号三七二頁）、東京地裁平成八年一一月二九日判決（判時一六〇二号五六頁）等がある。これらの判決からも窺い知ることができるように、理由の差替えについて、附記理由との「理由の同一性」という視点からではなく、「基本的事実の同一性」を前提としたうえで、原告の防御に不利益を与えるか否かという基準により差替えの許容性が判断されなければならないということであるから、理論的な相違はあるものの、「処分理由の基礎となる事実の同一性」あるいは「基本的課税要件事実の同一性」が存することは最低条件であり、そのうえでそのような理由の差替えが格別の不利益を与えるか否かが重ねて判断されることになる。

「基本的課税要件事実の同一性」を前提とする限り、国税通則法七〇条の更正の除斥期間経過後においても、別途理由を追加主張にあたっても基本的な課税要件事実の同一性が保たれているのであれば同一処分（結果的には理由を含めて）として取り扱われるのであり、それは別途更正処分をすることにならず、「基本的課税要件事実の同一性」の範囲内では更正の除斥期間経過後の追加主張が禁じられているとは解されないとの見解も考えられうるところである。しかし、⑴「基本的課税要件事実の同一性」といった論理は、「更正の除斥期間内」であれば、別途処分理由を変えて更正処分を行うことが可能であるとの前提のもとでそもそも成り立っているものであり（この規定は賦課処分に理由を附記することを要求しているではないが、処分には理由が存することを当然の前提としている。）、また⑵更正の除斥期間の趣旨は、納税者の法的安定性、課税関係の早期確定等のもとで除斥期間経過後はいかなる理由によろうとも課税庁からの別途更正や賦課決定、あるいは課税関係を維持するための主張を許さないというものである。課税庁が、不十分な税務調査等に基づいて賦課処分を行っておいて後から（たとえば更正除斥期間経過後に、課税要件事実が同一であっても同様）理由の差替えや追加主張を行うことができるということは、青色申告の理由の附記規定あるいは「基本的課税要件事実の同一性」といった理由からはともかくも、国税通則法七〇条からは訴訟の場であろうと許されないといえよう。これは争点主義、総額主義のどちらに立脚しようとも同じである。なお、課税庁の審問検査権の行使期間については規定が存しないが、更正や賦課決定のためのそれは原則的には更正や賦課決定（特別の更正の請求や徴収等の場合は除く）の除斥期間とパラレルに解することが妥当であると解されることから、訴訟の段階においても税務調査は更正の除斥期間の時間的な制約に服するべきであろう。

二　具体的事案における処分理由の差替えの許容性

1　第一事案における差替えの許容性

前述したように、本事案の訴訟段階における処分理由の差替えは、更正の除斥期間（国税通則法七〇条）経過後になされたものであり、よって法人税法一三二条一項による課税の主張が認められないこと論をまたない。仮に、この点をさておくとしても、以下の理由から、訴訟の段階において、本件更正処分の法的根拠を、法人税法一三二条から法人税法二二条に差し替える（変更）することは許されないといわざるを得ない。

(1)　本事案においては、「処分理由の基礎となる事実の同一性」と「基本的課税要件事実の同一性」の範囲に相違はない。被控訴人が現物出資によりオランダに設立した一〇〇％子会社であるアトランティック社の株主総会において、アスカファンド社に対して時価より低額で割り当てる旨の決議を行い、アスカファンド社がそれを引受け、増資を行ったという事実については相違がない。この点、総額主義及び争点主義において異論は存しないものと思われる。

(2)　しかし、上記基礎的事実に対する法的な評価（課税要件事実の存在）については、法人税法二二条二項の規定を適用するか、あるいは法人税法一三二条一項の規定を適用するかで大きく異なる。法人税法二二条二項の適用要件（所得の算定規定）と法人税法一三二条一項の適用のための発動要件（租税回避規定）は各々異なっており、両条の適用関係はそもそも重複しないものである。すなわち、両条では、課税要件事実の背景にある私法上の行為を税法上どのように評価をするかについて全く立場を異にする。本事案についていえば、前者においては、本件増資にかかる商法等の私法上の法的効果を絶対視したうえで、法人税法二二条二項にかかる法的な評価が行われることになる。具体的には「無償による資産の譲渡」あるいは「その他の取引」に該当するか否か、そして該当するとした場合においてはさらに、「資産の譲渡価格」が「適正な時価」であるのかといった税法的評価の問題になるのである。これに対して、後者においては、そもそも私法上の法的効果について、税法上どこまで肯定するか（すなわち尊重するか）という意味での税法的な評価が中心になる。法人税法一三二条一項の発動要件の検証がその評価にあたり重要な意味を有する。本事案はそもそも適用要件（発動要件）が重複しないことから、被告人が主張するように、法人税法一三二条の適用問題は、法人税法二二条二項の適用問題を包含するという関係にはないのである。

このことから導きだされる結論は、総額主義を前提にしようと、争点主義を前提にしようと相違がないということである。控訴人の主張するように、総額主義のもとでこの問題を一蹴することは許されないのである。すなわち、本事案のような差替えによって、被控訴人が受ける不利益は大きいと考えられる。

2　法人税法一三二条の発動要件

本事案は、基本的課税要件事実の範囲が同一であり、単に適用法規の相違のようにみえる。法人税法二二条二項と法人税法一三二条（同族会社の行為又は計算の否認規定）の適用について検討をしてみる必要があろう。

法人税法一三二条、すなわち同族会社の行為又は計算否認の規定は租税回避規定ではあるが、わが国の租税回避規定は基本的には租税回避行為に対して個別的に用意されているところである。よって、この規定は、そのような個別規定の存しない場合にはじめて適用されるものとして、きわめて厳格に適用されなければならない。

また、法人税法二二条二項は、所得の計算規定であることから、法人税法一三二条に当然に優先して適用されることになる。よって、資産の低額譲渡においてはまず法人税法二二条二項の規定が適用されることとなる。法人税法二二条二項を優先適用することにより、法人税法一三二条一項の適用が排除されることとなる（いわゆる択一適用）。たとえば、法人税法二二条二項の適用後にその適用誤りを理由に法人税法一三二条を適用する場合には、あらためて法人税法一三二条一項の発動要件が充足されていることが求められる。納税者の行為、取引の事実を確定するという作業を十分に踏まえたうえで、法人税法一三二条の要件を充足している場合にはじめて適用されうるものである。

法人税法一三二条（同族会社の行為又は計算否認の規定）の発動要件としては、まず、⑴「同族会社の行為又は計算」であること、次に、⑵当該計算行為を容認すれば、法人税等の負担を「不当に減少させる」こと、が必要である。同族会社については定義規定が存することからこの点での争いが生ずることはないと思われるが、問題は本条に掲げる「行為又は計算」がいかなる範囲を指すかということである。法人税法一三二条を適用するための前提は、法人税法一三二条によるものであることから「同族会社の行為又は計算否認」とは法人税法の範囲内でその行為や計算が否認されるのであり、否認対象になるのは同族会社が行った行為又は計算であり、当然のこと、この適用を受けるのは同族会社あるいはその相手先（法人）であるということになる。たとえば、A・B・C、三者間で法人税法一三二条一項を適用するにおいては、各々の取引ごとに個別に法人税法一三二条の適用がなされなければならず、単にAに対する法人税法一三二条一項の適用のみでもってBC間の取引においてまでその効果を及ぼすことはできないのである。

さらに、同族会社の行為計算否認規定の適用にあたっては、法人税法上の個別計算規定と抵触するような形での

の前提として要求している。

「同族会社の行為又は計算」の否認は許されない。

法人税を「不当に減少させる」との意味は、「結果としての法人税の減少についての不当性を必要としている」のみではなく、同族会社が「通常の経済人の行為と比べて不自然、不合理な行為又は計算」を行っていることをその前提として要求している。

ここでは二つの点に留意をしておく必要がある。いくら法人税法上、不当な結果が生ずることがあっても、その行為が通常の経済人の行為として広く採用されているものであれば、「租税回避行為」として、法人税法一三二条を適用することはできない。また、当然のことであるが、法人税法等に別段の定めがおかれていないにもかかわらず、法人税法上の課税要件をあらたに創り出す結果をもたらすような否認は許されない。たとえば、法人税法は未実現な利得を実現したとみなして課税する場合において必ず別段の定めをおいているのであるが、法人税法一三二条を用いて結果的に（そもそも課税対象とならない所得に）課税するといった行為否認は許されない。

控訴人は、法人税法一三二条の発動要件及び本件における同条の適用について、以下のように述べる。

「法一三二条一項一号の課税の対象となるためには、①内国法人である同族会社の行為又は計算でされたこと、②これを容認した場合にはその同族会社の法人税の負担を減少させる結果となること、③右法人税の負担が不当と評価されるものであることを要し、かつ、それで足りると解される。……／そして、議決権の行使が『行為』といえることは明らかであるから、仮に本件決議による被控訴人自身の『取引』を認めない立場に立ったとしても、議決権の行使によって、被控訴人にとって、不当に法人税の減少がもたらされていると認められている限りにおいて、本件増資による資産価値の移転は被控訴人の『行為』という点では一三二条一項の要件を満たすものであるというべきである」（控訴理由書五五頁二行目〜五六頁八行目）。

「本件は、アトランティック社の旧支配株主である被控訴人から、新支配株主であるアスカファンド社に対する企業譲渡の事案であり、自ら新株引受権を取得し、これをアスカファンド社に額面額で譲渡したのは同じ経済的効果を生じさせたものである。この経済的効果に照らせば、アスカファンド社から相当対価を受領することであることは明らかである」（控訴理由書五六頁下一一行目～下六行目）。

「これに対して、原判決は、本件において他に採り得た合理的行為として時価発行を上げ、時価発行では本件増資による資産価値の移転は生じないと判示して、本件における不当な法人税の減少を否定する。

しかしながら、仮に本件増資が時価発行であれば、被控訴人のアトランティック社における議決権割合が低下し、共益権が移転するだけで、自益権が移転することはない。……自益権、すなわちアトランティック社資産に対する割合的持分の価値の移転をもたらさない時価発行は、本件増資と比較されるべき合理的行為とはいえない」（控訴理由書五七頁一行目～一四行目）。

ここでの控訴人の主張を要約すれば、議決権の行使が同族会社の行為であり、議決権の行使によって、被控訴人にとって、不当に法人税の減少がもたらされており、法人税法一三二条一項の要件を満たすものであるということである。仮に、控訴人のいうように、本件がアトランティック社の旧支配株主である被控訴人から、新支配株主であるアスカファンド社に対する企業譲渡の事案であり、自ら新株引受権を取得し、これをアスカファンド社に額面額で譲渡したのと同じ経済的効果を生じさせるものであるとしても、この経済的効果に照らして、アスカファンド社から相当対価を受領することは明らかであるとして、法人税法一三二条一項を適用することがただちに許されると解することはできない。本事案のような有利な発行価額における取扱いはすでに旧法人税法三〇条においては引受人（会社）において課税されることとしており、また旧法人税法ら五一条においてもこのような圧縮記帳の結果は許容されていたのである。よって、本事案の場合には二重の意味で、引受人が外国法人であること、海外子会社の設立にあたり圧縮記帳の制度が用いられたことから、わが国の課税権が行使できないという結果となっているが、これによる租税負担の軽減が不当であるとはいえないのは明らかである。法人税法のなかでの予定された租税負担の軽減にすぎない。このような行為は、私法上も税法上も著しく合理性を欠く行為であるといえない。

また、被控訴人は議決権の行使が「同族会社の行為」であると主張するが、アトランティック社の株主として行った行為がその課税主体となる「同族会社の行為」とはいえない。法人税法一三二条一項の規定による否認の対象とはならない。また、仮に被控訴人が主張するようにこれが「同族会社の行為」であるとして、法人税法一三二条一項の規定を適用することにより、この行為を否認することにより、結果的に被控訴人段階における含み益（未実現の利得）に対して課税するという結果を引き起こすことになる。法人税法はみなし規定により未実現利益に課税する場合はともかく、実現した所得に課税することを原則としているのであるから、法人税法一三二条一項をもってしても未実現利益への課税は許されない（このことは、法人税法二二条二項の適用においても同様にあてはまることである。）。そもそも、本事案には、法人税法一三二条一項及び法人税法二二条二項の規定が適用できないのであり、このような否認を行うことは実質的には、本事案における一連の行為（スキーム）を租税回避行為とみなして実質的に法律の根拠が存しないにもかかわらず、租税回避行為として否認を行っているのに等しい。

被告・控訴人は、法人税法一三二条一項の規定の適用要件及びその前提となる法的事実の評価を誤っており、処分理由の差替えは許容されないであろう。

3　第二事案における処分理由の差替えの許容性

「青色申告」については、総額主義のもとでも、「青色申告の法理」（あるいは理由附記制度）により理由の差替えに一定の制限が存することについて異論は存しない。しかし、「基本的事実の同一性」を害するおそれがない場合には、例外として、理由の差替えも訴訟法上許容されている。[36] 本事案において、仮に理由附記の程度に問題が存しないとしても、訴訟段階に至って、仮装以外の理由に差し替える（あるいはそのような主張をする）ことは、「基本的事実の同一性」の範囲を明らかに超えているといえよう。課税庁においては、仮装行為の認定についてきわめて慎重な判断に基づいた理由附記が要求されるのであり、仮装行為にかかる処分理由の差替えについてはいかなる場合であろうとも「基本的事実の同一性」は存しない。仮装行為にかかる処分理由の差替えを肯定することは青色申告の理由附記の趣旨である「処分適正化機能」及び「争点明確化機能」を失わせることとなり、いかなる場合であろうと「基本的事実の同一性」等は認められないと解すべきである。

V　裁決理由の差替え

課税庁が審査裁決に附記された理由と異なる理由を主張することができる否かについて、通説及び実務は、審査裁決に理由が附記されるのは、裁決処分が他の行政処分とは異なり実質的な確定力（不可変更力）を有することから、争訟手続きそれ自体の必然的な要請として、理由附記が要請されているのであり、処分理由の差替えを訴訟法上制限することまでも意味するものではなく、裁決の拘束力は原処分の取消しまたは変更裁決の実効性を確保するための効力であり、審査庁が審査請求を棄却しまたは却下するにあたり、いかなる判断をし、またいかなる理由を附記しようとなんら課税庁を拘束するものではないと解している。[37]

しかし、青色申告の理由附記制度は原処分に理由附記を要求するものであるが、審査裁決の理由附記は不服審査段階における慎重な原処分庁、審査庁の判断を経たものであることから、課税庁を拘束する力は、青色申告の理由附記にかかる処分理由の差替えよりも手厚く保護される必要があろう。裁決の拘束力は、主張制限にまで及ぶと解せざるを得ないであろう(38)。

第一事案において、国税不服審判所長は、「法人税法一三二条の規定により新株引受権があるものとして、同法第二二条第二項を適用することができるのであり、そうすると、本件利益の無償譲渡について、無償譲渡された本件利益を請求人において実現した益金と認識し、またそれがアスカファンド社に寄附されたものとして所得金額の計算を行うことは相当である。」（裁決書一七頁）と判断していたところであり、本件における控訴人の主張とその内容が大きくことなる。

第二事案において、審査庁は、本件取引を仮装行為ではないと判断したものの、外国税額控除規定の適用をその趣旨・目的を逸脱したものであるとして、請求人の主張を棄却している。しかし、本訴に至り、控訴人は、再度本件各取引が仮装であるとの主張を展開している。控訴人は審査裁決の理由附記とは異なる主張をすることは許されないと解される。控訴人が原処分の正当性を主張するにあたり、裁決において示された原処分を正当とする理由以外の理由を主張できるとすれば、裁決においてそのような理由を附記すべきことを強要した国税通則法一〇一条一項の規定の意義が失われ、また現行制度が不服申立てを強制しておきながら、審査請求と取消訴訟は別個の争訟手続であるから課税庁の主張に連続性がなくともかまわないというのでは納税者の救済を著しく阻害することになる(39)。

青色申告の理由附記制度は原処分に理由附記を要求するものであるが、審査裁決の理由附記は実質的には不服審査（段階）という、より慎重な原処分庁、さらには審査庁（国税不服審判所長）の判断を経たものであり、課税庁を拘束する力は青色申告の理由附記にかかる処分理由の差替えよりも手厚く保護される必要がある。裁決の拘束力（国税通則法一〇二条）は、課税庁の主張制限に及ぶと解さざるをえない(40)。本件において、控訴人が本訴において、再度、本件各契約に基づく取引が仮装行為であると主張することは許されない。審査庁は、本件取引を仮装行為ではないと判断したものの、外国税額控除規定の適用をその趣旨・目的を逸脱したものであるとして、請求人の主張を棄却している。しかし、本訴に至り、控訴人は、再度本件各取引が仮装であるとの主張を展開している。控訴人は審査裁決の理由附記とは異なる主張をすることは許されないと解される。控訴人が原処分の正当性を主張するにあたり、裁決において示された原処分を正当とする理由以外の理由を主張できるとすれば、裁決においてそのような理由を附記すべきことを強要した国税通則法一〇一条一項の規定の意義が失われ、また現行制度が不服申立てを強制しておきながら、審査請求と取消訴訟は別個の争訟手続であるから課税庁の主張に連続性がなくともかまわないというのでは納税者の救済を著しく阻害することになる。(41)

青色申告の理由附記制度は原処分に理由附記を要求するものであるが、審査裁決の理由附記は実質的には不服審査(段階)という、より慎重な原処分庁、さらには審査庁(国税不服審判所長)の判断を経たものであり、課税庁を拘束する力は青色申告の理由附記にかかる処分理由の差替えよりも手厚く保護される必要がある。裁決の拘束力(国税通則法一〇二条)は、課税庁の主張制限に及ぶと解さざるをえない。(42)本件において、控訴が本訴において、再度、本件各契約に基づく取引が仮装行為であると主張することは許されない。

おわりに

更正にかかる処分理由の差替えの許容性については、総額主義や争点主義の立場からその許容性の範囲をめぐり争いが存するようにみえるが、現実には「基本的課税要件事実の同一性」という論理のもとで両者の間で際立った相違は生じていない。総額主義のもとでも「基本的課税要件事実の同一性」の範囲を超えた処分の理由の差替えは青色申告の度合いにおいてはその理由附記規定の趣旨から制約されうると解されよう。このような論理はおおむね肯定されうるところではあるが、今日裁判例においては「基礎的課税要件事実の同一性」ということのみでその差替えを簡単に許容しているきらいがあり、今一度「基本的課税要件事実」の範囲について再検討を加える必要があろう。また、いくら「基本的課税要件事実」に同一性があるようにみえても、納税者に格別の不利益を与える場合には、そのような追加主張は否定されなければならないと解されよう。

また、今日における問題は、更正の除斥期間を経過後に自由に課税庁が総額主義あるいは「基本的課税要件事実の同一性」の論理のもとで処分理由を差替え（追加主張）、裁判所においてこのような主張が充分な審査もなく許容されているということであろう。更正の除斥期間経過後にこのような処分理由の差替えを行うことは認められないであろう。

なお、処分理由の附記の問題は税務行政の実態を踏まえて（更正がそもそも行われていないという現実のうえで）あらたな理論構成や立法的解決が必要な時期にきているということに留意をしておくべきであろう。

最後に、本稿で取り上げた具体的な事案の結論を要約しておくこととする。

第一事案、第二事案は、訴訟にいたって処分理由の差替えが行われたものであるが、それらはいずれも更正の除斥期間経過後になされたものであり、そのような期間経過後における処分理由の差替えにかかる主張は許されないと解される。総額主義に立脚しようと、争点主義に立脚しようと、同様の結論が導かれる。

第一事案においては、法人税法一三二条及び法人税法二二条二項の適用対象となる私法的レベルでの事実は同一である（ただし、課税要件事実の認識・評価を誤って、その適用条文を異にする場合までを基本的課税要件事実の同一性が存するといえるであろうか。）。しかし、各々の規定の課税要件あるいは発動要件、あるいは各々規定の適用場面は異なっており、その結果、私法上の事実等を税法的にどのように評価をするのか（課税要件事実の有無にかかる判断）は両条のどちらを適用するかによって大きく異なる。よって、法人税法一三二条を法人税法二二条二項に差し替えることは、仮に基本的課税要件事実の範囲は同一であっても納税者（被控訴人）に与える不利益は大きい。このような格別の不利益をもたらす処分理由の差替えは更正の除斥期間内であっても許されない。この結論は、総額主義に立脚しようと、争点主義に立脚しようと結論に相違は生じない。

また、第二事案についても、控訴人による更正処分の附記理由は不備であるといわざるをえないし、仮に附記理由に不備が存しないとしても、本件各取引が仮装行為であるとして理由を附記しておきながら、訴訟に至って仮装行為以外の理由を主張することは許されない。

（1）金子宏『租税法　第九版増補版』六五〇頁以下（弘文堂・二〇〇四）。
（2）行政手続法四条は、不利益処分の理由の開示を規定する。しかし、同法四条は、国税や地方税の賦課処分について適用されない。固有の理由附記規定を有していることから適用は要しないとの趣旨である。
しかし、この固有の理由附記規定は現実には機能していないのである。
（3）この問題についてはすでに、占部裕典「勧奨による修正申告と更正」『租税債務確定手続』一頁以下（信山社・一九九八）において検討を試みている。
（4）清永敬次「訴訟における処分理由の追加的主張が許されないとされた事例」シュトイエル一四六号六頁（一九七四）。争点主義に立つ金子宏教授はさらに、総額主義においても同様の結論が導かれるとする（金子宏〈判例解説〉行政判例百選（三版）ジュリスト一二三号四一五頁（一九九三）。
（5）宮崎直見「課税処分取消訴訟の訴訟物（審判の対象）」小川英明＝松沢智編『裁判実務体系二〇　租税争訟法』三八頁（青林書院・一九八五）、占部・前掲書一三五頁等参照。
（6）学説・判例については、最高裁判所事務総局編『租税関係行政事件執務資料』三〇七頁以下（法曹会・一九八二）、泉徳治

＝大藤敏＝満田明彦「租税訴訟の審理について」司法研究報告書三六巻二号八一頁（一九八四）等参照。

（7）最高裁昭和四九年四月一八日判決・訟月二〇巻一一号一七五頁等。松沢智『租税争訟法』二二三頁（中央経済社・一九七七）、緒方節郎「課税処分取消訴訟の訴訟物」『実務民事訴訟法九巻』六頁、七頁（日本評論社・一九七〇）等参照。ただし、ここでいう違法性一般とは、特定の具体的な違法をいうものではないという趣旨を超えるものではなく、特定の更正処分につき、これが取り消されるべきであるとの納税者（原告）の法的主張が訴訟物であるということに変わりがない（鈴木康之「租税訴訟の訴訟物（審判の対象）」小川＝松沢・前掲書三八頁）。

（8）鈴木・前掲書三一八頁参照。

（9）泉＝大藤＝満田・前掲書一〇一頁、高林克巳「瑕疵ある行政行為の転換と処分理由の追加」法曹時報二一巻四号四一頁（一九六九）等参照。

（10）訴訟物と結びつけて議論するときには、主文基準説と理由基準説の争いといった方がよいかもしれない。鈴木康之・前掲書二一八頁。

（11）松沢・前掲書二一〇頁。

（12）福家・前掲書二八九頁以下。

（13）松沢・前掲書二二三頁。

（14）中尾功『税務訴訟入門』五七頁（商事法務研究会・一九九二）、今村隆＝小尾仁＝脇博人＝有賀文宣『課税訴訟の理論と実務』九〇頁、九一頁（脇執筆）（税務経理協会・一九九九）、松沢・前掲書二一九頁等。

（15）佐藤繁「課税処分取消訴訟の審理」鈴木忠一＝三ケ月章監修『新実務民事訴訟法一〇　行政訴訟法』六五頁注（2）（日本評論社・一九八二）。泉＝大藤＝満田・前掲書二〇〇頁、山田二郎『税務訴訟の理論と実際』一一頁（財経詳報社・一九七二）も同様の主張。この問題については、占部・前掲書二二五頁参照。

（16）福家俊朗「租税訴訟における訴訟物――更正の取消訴訟を中心に」北野弘久編『日本税法体系四』二八八頁（学陽書房・一九八〇）、鈴木・前掲書三三頁、松沢・前掲書二二二頁。

（17）ただし、争点主義に立つ金子教授が訴訟物をいわゆる違法性一般と解されているかは疑問である。金子・前掲書六九二頁以下。

(18) 金子・前掲書六九四頁以下、福家・前掲書二八八頁等。
(19) 松沢・前掲書二一九頁。
(20) 松沢智「青色申告の法理・完」判時一〇七四号一四頁以下（一九八三）。
(21) 福家・前掲論文二九五頁、占部・前掲書一三七頁等。
(22) 松沢・前掲書四九頁。金子・前掲書六九二頁以下参照。
(23) 松沢・前掲書二二三頁以下。
(24) 宮崎・前掲書四一頁。
(25) 佐藤・前掲論文五六頁以下の実務運営参照。
(26) 岡村忠生「税務訴訟における主張と立証」芝池義一＝田中治＝岡村忠生編『租税行政と権利保護』三一七頁（ミネルヴァ書房・一九九五）。
(27) 占部・前掲書一四一頁参照。
(28) 金子・前掲書六五〇頁以下参照。
(29) 村井正＝占部裕典「青色申告の法理」小川＝松沢・前掲書七三頁以下参照。
(30) 理由附記の程度についての詳細は、伊藤一夫「青色申告に係る更正の理由附記の程度」寳金敏明編『現代裁判法大系二九租税訴訟』七一頁以下（新日本法規・一九九九）、村井正＝占部裕典「青色申告の法理」小川＝松沢・前掲書七三頁以下参照。
(31) 清野正彦「処分理由の差替えの拒否」宝金・前掲書八四頁参照。
(32) 松沢・前掲論文一八頁。
(33) 松沢・前掲書四九頁以下、同・前掲論文一四頁以下。
(34) 金子・前掲書七六〇頁。
(35) 本判決については、金子・前掲判例解説四一四頁参照。
(36) 占部裕典「青色申告の理由差替えと主張制限」『租税行政と納税者の救済（松沢智先生古稀記念論文集）』五五頁以下（中央経済社・一九七七）参照。
(37) この問題については、占部・前掲書一四四頁以下参照。

(38) 竹下重人「理由が明示された処分に対する不服審査および訴訟」日本税法学会編『杉村章三郎先生古稀祝賀税法学論文集』一五二頁以下（三晃社・一九七〇）。その他、裁決の拘束力が主張制限にまで及ぶとする見解について、浦東久男「裁決の拘束力について」税法学四九〇号一五頁（一九九一）などがある。

(39) 前掲注（38）参照。

(40) 占部・前掲「青色申告の理由差替えと主張制限」六七頁参照。

(41) 前掲注（38）参照。

(42) 占部・前掲「青色申告の理由差替えと主張制限」六七頁参照。

第一〇章　税務訴訟における義務付け訴訟の許容性

はじめに――「更正の請求の排他性」との関係において

行政事件訴訟法は平成一六年において国民の権利利益のより実効的な救済手続の整備を図るための抜本的な改正が行われたが、そのなかでも税務訴訟において納税者に最も歓迎されたのは義務付け訴訟（行政事件訴訟法三条六項、三七条の二、三七条の三）が明文で導入されたことであろう。行政事件訴訟法改正以後、税務訴訟において義務付け訴訟の活用論が高まっていたところである。税務訴訟において、義務付け訴訟がもっとも有効に機能する場面として期待されたのは、更正の請求期間が尽きた場面であった(1)。すなわち、納税者が確定申告あるいは修正申告後に過大申告に気づいたものの、国税通則法二三条一項による通常の更正の請求あるいは同条二項による特別の更正の請求に係る申請期間を徒過した場合であった。これまで納税者や税理士等が「嘆願書」で対応していた場面で、この訴訟の活用により、課税庁より減額更正を得て、過大納付税額の還付等をうることであった(2)。しかし、現在、その活用に向けての動きは、活用期待論者の意向に沿うものとは言い難い状況にあるといってよかろう。

国税通則法二三条一項は、「納税申告書を提出した者が、その申告に係る税額等の計算が国税に関する法律の規定に従っていなかったこと又は当該計算に誤りがあったこと」（一号）による更正の請求を規定し、納税者から減額更正の発動を促すことを認めている。また、同法二三条二項は同条一項のような規定のみでは申告時には予知しえなかった事由や止むを得ない事由がその後において生じたときに遡って税額の減額等をなすべきところ、これを課税庁の一方的な処理（職権による減額更正等）に委ねることのみにせずに、納税者からの更正の請求をなしうることとして、手続保障原則のもとで納税者からの権利救済の途を拡大している。一方、課税庁は、国税通則法七〇条の更正の除斥期間内に更正の請求をうけて又は職権による更正（国税通則法二四条）によって納税者に対して適正な課税（更正等）を行うこととしている。

このような更正の請求による課税庁への減額更正等の発動による課税庁の職権更正等、課税庁による職権による自発的な更正等も原則として、国税通則法七〇条所定の更正の除斥期間を経過すると行うことができない。このような法的な構造のもとで、実務では、このような更正の請求期間を徒過した場合には納税者側からの権利救済は、原則として閉ざされると解しているといってよかろう。

一方、行政事件訴訟法三七条の二第一項は、訴えの提起に関する要件のうち、救済の必要性に関する要件として「一定の処分がされないことにより重大な損害を生ずるおそれ」があること（重大な損害要件）及び「その損害を避けるため他に適当な方法がない」こと（補充性要件）を定めている。同条二項は、損害の重大性の判断について考慮事項を定めている。同条三項は訴訟要件のうち、原告適格を規定し、同条四項がその判断の際の考慮事項について規定する（九条二項の準用）。また、義務付けを求める行政行為が行政処分であること、当該処分を行う権限が行政庁にあることも訴訟要件として当然の前提である。なお、同条五項は、本案において原告勝訴の要件（本案要件）として一義的明白性を定めている。一義的明白性は訴訟要件ではなく、本案要件であるとして位置づけられている。

このような法的構造における義務付け訴訟と更正の請求あるいは減額更正との関係については、以下のように、大きく三つの場面にわけて議論を展開することが有益であるといえよう。

［1］　国税通則法二三条一項・二項により更正の請求事由が存する場合において、更正の請求期間内に更正の請求を行ったが当該更正の請求に理由なしとの通知を受けて、当該通知処分の取消訴訟を提起するとともに、義務付け訴訟を提起する場合（以下、「［1］の場面」という。）

［2］　国税通則法二三条一項・二項の更正の請求事由に該当するにもかかわらず、更正の請求期間を徒過した後に、更正の除斥期間内に減額更正処分の義務付け訴訟を提起する場合(3)（以下、「[2]の場面」という。）

［3］　国税通則法七〇における更正の除斥期間経過後に、同法七一条一項により特別に減額更正事由とされている事由が発生しているにもかかわらず、同項の除斥期間内に減額更正処分がなされず、義務付け訴訟を提起する場合（以下、「[3]の場面」という。）

本稿は、税務訴訟における、上記のような場面での義務付け訴訟の適法性、特に[2][3]の場面での「非申請型義務付け訴訟」（行政事件訴訟法三七条の二）の適法性、及びそのような訴訟に関連する周辺問題について検討を加えるものである。この問題については、最近、注目すべき判決が下されている。「非申請型義務付け訴訟」としての「減額更正処分に係る義務付け訴訟」を否定した、原審・広島地裁平成一九年一〇月二六日判決（LEX/DB文献番号28140012、TAINS Z888-1302）、控訴審・広島高裁平成二〇年六月二〇日判決（TAINS Z888-1378）（以下、各々の判決を「広島地裁判決」、「広島高裁判決」という。）である。この二つの判決は、この問題についていくつかの興味ある判断をしている。(4)広島地裁判決及び広島高裁判決もそうであるが、[1][2][3]の場面を明確に区別することなく、義務付け訴訟の可否を論じ、一刀両断に非申請型義務付け訴訟を排除している。広島地裁判決及び広島高裁判決に係る事案は、[3]の場面であるといえよう（ただし、[2]の場面と論点はかなりの部分で重複する。しかし、[2]の場面と明確に区別して論ずることが必要である。）。広島地裁判決・広島高裁判決に係る事案（以下、「本件」という。）の争点は多岐にわたり、(1)本件義務付けの訴えが適法であるか、特に訴訟要件として「補充性の要件」「重大な損害要件」等を充足するか、にとどまらず、(2)本件不作為の違法の確認の訴えが適法であるか、特に無名抗告訴訟としての訴訟要件を充足するか、といった争点をも有している。特に、本稿では、これら両判決に着目しながら、税務訴訟における納税者の権利といった視点から、上記の問題を検討する。

一　税務行政のあり方と義務付け訴訟の必要性

1　義務付け訴訟の活用場面

国税の多くは申告により租税債務が確定するが、所得税法や法人税法においても、一次的には納税者が申告をすることにより納税者の租税債務は確定する（国税通則法一五条、一七条）。二次的には（法定申告期限経過後においては）納税者の修正申告や更正の請求による確定税額の修正変更のみでなく（国税通則法一九条、二三条）、課税庁においても決定や更正という賦課処分により税額を確定、修正変更させることができる（国税通則法二四条、二五条）。すなわち、国税通則法においては、納税者が過大申告を修正する場合には課税庁による減額更正処分の発動を求めるための更正の請求、過少申告を修正するためには修正申告が、課税庁が納税者の申告（あるいは無申告）を修正（あるいは確定）させるためには税務調査を経た上での更正（あるいは決定）が用意されている。

しかし、現実には、更正の請求期間の徒過した事業年度に係るものについては税務調査があればともかくも減額更正事由を課税庁が知りうることは少ない（そこで、納税者からは前述した嘆願書が現実には提出されている。）。また、課税庁が有する租税債務の確定権である決定や更正は多くの場合に、納税者による修正申告によって代替され（いわゆる「勧奨による修正申告」と呼ばれる場合である。）、形式的には納税者が確定するといったかたちをとるのが一般的であろう。すなわち、申告（修正申告を含む。）には、⑴納税者が自らの判断で自主的に行ったものと、⑵課税庁からの勧奨により行ったもの、とに分けられよう。しかし、その法的な効果は同一であり、この誤りに対する納税者からの救済手続は、国税通則法等において「更正の請求」のみによることとされている。よって、税務調査の誤りなどに起因した修正申告などは、すでに修正申告時に更正の請求期間が徒過している、いわゆる過年度修正などもあり、その救済方法が一つの問題であることは周知のところである。(5) そうであれば、義務付け訴訟を[2]や[3]の場面で活用する余地はきわめて広く、その必要性は高いといえよう。

また、一度確定した税額に租税債務に誤りがある場合に、納税者にいかなる救済方法が許されているか、また課税庁はいかなる処分を行うことができるか、といった視点からみた場合に、国税通則法のもとで課税庁に賦与された更正等の権限及びそのための除斥期間に係る規定（国税通則法二四条、二五条、七〇条）に比して、納税者の権利救済手続き（更正の請求）に係る規定（同法二三条）がきわめて不備であるといったことも、ここで承知しておくべきであろう。納税者に対して憲法で保障されている手続的保障原則のもとで、(6) 納税者から適正な税額への修正手続きがきわめて制限されていることから、納税者への適正かつ公平な課税に向けた法解釈や立法措置が求められているといったことにも、関係規定の解決にあたって十分に配慮をしておく必要があろう。納税者自らが課税要件事実をもっとも知り得ているのであるからその納税者からの修正（の発動）は原則一年で足りうるとの主張は、複雑な経済活動にもとづく課税要件事実の把握やきわめて複雑な課税要件規定のもとでは詭弁にすぎないともいえよう。

なお、上記[1]の場面において、納税者が更正の請求を行っているにもかかわらず、それに対する応答をせずに、課税庁が増額更正処分を行うことがある。あるいは、納税者が更正の請求に理由なしとの処分について、取消訴訟を提起している場面において、課税庁が増額更正処分を行うことがある。このような場合に、申請型義務付け訴訟（行政事件訴訟法三条六項二号）を活用する余地はあろう。(7) この点について否定的な見解は存しない。

2　本件のような義務付け訴訟はなぜおこったか

本件のような訴訟は、なぜ起こったのであろうか。このような訴訟は上記のような税務行政の現実をすくなからず背景にしているといえよう。そこで、なぜ原告・控訴人たる納税者が一〇年の長期にわたり、過大申告に係る税額の返還を求めてこのように訴訟を提起し、納税者が適正な課税を求めて権利主張をしなければならなくなったか、についてみておくことにしよう。

本件は、広島西税務署長が所得税法一五七条（同族会社の行為又は計算の否認等）を適用して平成九年三月一二日に行った平成五年から平成七年分の各所得税の更正処分及び過少申告加算税賦課決定（以下、「本件更正等の処分」という。）に起因する。原告・控訴人の主張の骨子は、本件更正等の処分が確定判決において広島西税務署長が行った本件更正等の処分が違法な課税処分であったことが明らかになったのであるから、同様の事実関係のもとで広島西税務署長の指導のもとに行った修正申告による過大な納付税額を還付してほしいということであろう。広島高裁判決は、本件において、「平成八年分の所得税の修正申告が控訴人の意に添わないものであれば、これに対する更正の請求及びそれに続く取消訴訟の手続を取ることができ、そのような手続を採れば控訴人が主張するリスクを軽減しつつ平成八年分所得税に関する被控訴人又は広島西税務署長の主張を争うことができたと考えられる。」と判示する。広島地裁判決も同様に、「更正の請求並びにそれに続く審査請求及び取消訴訟には相当の時間、費用、労力等を要するが、課税処分等に沿った納税をする一方でこれらの手続を継続することもできる上、前件取消等請求訴訟が提起されていた本件においては、なおさら、これらの手続を採ることが十分に期待できたものである。」と判示する。しかし、そのような課税庁の処分が違法であるとして争っている最中に、それが違法であるとしてさらなるリスク管理を納税者が負担しておかなければ、その違法な処分に起因する救済を納税者が得られないと解することが、通常の国民（納税者）の意識のもとでの権利救済手続として許容されうるかといった視点も無視できないであろう。(8)

本件のような訴訟に至る経緯は、以下のとおりである。

一　広島西税務署長は、(1)本件更正処分等に係る税務調査時に進行年度（平成八年分）について平成五年から平成七年分の各所得税の更正処分と同様の処分理由が存していたところ、控訴人たる納税者が確定申告に及んだことから、同税務署長は本件更正処分等と同様の処分理由で更正する用意がある旨を伝えるなどして納税者から修正申告を提出させるに及び、(2)本件更正処分等の取消訴訟において、控訴人が差戻審・広島高裁平成一七年五月二七日判決（確定）により勝訴したことから、納税者は同税務署長に対して、文書及び口頭で国税通則法七一条にもとづく減額更正をするようにたびたび請求していたところ、同税務署長はこれに対して、なんら対応をすることなく今日まで放置をし、(3)同税務署長は、納税者に対して減額更正をすることなく放置をして、結果的に国税通則法七一条一項にいう六カ月の期間を経過するに至ったにもかかわらず更正の期間をすでに徒過しており減額更正をする権限が存しないなどと主張している。本件は、原告・控訴人の立場からすれば、同税務署長が差戻審・広島高裁平成一七年五月二七日判決（確定）により国税通則法七一条に該当する減額更正事由（後発的事由）が生じたのであるから、同税務署長が減額更正等を行っていれば、原告・控訴人たる納税者に対する権利侵害は生じなかったともいえよう。

また、本件における被告・被控訴人の納税者への対応、さらには原審における被告・被控訴人の主張を通じてうかがえることは、課税庁（広島西税務署長）が国税通則法を中心とした、過大な納付税額の還付等に係る救済規定等の法的構造を十分に理解していないようにみえることである。本件が国税通則法七一条の問題であるところ（上記の(3)の場面)、同法二三条一項の適用に係る事案である(上記(2)の場面)としているところに、誤りが存するようにもみえる(詳細は、後述三参照)。

さらに、納税者がこのように長期にわたり、これまでも含めていくつもの争訟を提起して、納税者の権利主張をしなければならなかったかについて、さらに以下のような背景が存する。

二　原告・控訴人は、本件更正等の前提となった税務調査年度に係る平成八年分(すなわち、税務調査時に進行年度であった年分)の所得税等の確定申告を行ったところ、上記のような経緯で広島西税務署長の勧めに応じた修正申告を提出したところであるが、原告・控訴人は平成九年一二月二六日に更正の請求に及んだ。しかし、広島西税務署長は平成一〇年四月一四日に更正の請求の理由なしとして、その旨を原告・控訴人に通知をした。また、この通知処分についての控訴人(原告)による審査請求についても、平成一三年一二月一三日に、国税不服審判所は審査請求を棄却する旨の裁決をした。このような更正の請求等に至った経緯は次のようである(判決二頁～八頁)。

(1)　司法書士である原告・控訴人が、所得税の確定申告のうち、事業所得の金額の計算上、原告・控訴人及びその妻が設立した同族会社に司法書士業務の一部を委託した手数料を必要経費として計上して申告したところ、被告・被控訴人税務署長がその一部を否認し、平成九年三月一二日付けで平成五年分、平成六年分、平成七年分に係る更正及び過少申告加算税賦課決定を行った。そのため、本件更正処分の一部及び過少申告加算税賦課決定の取消し等を求めた(以下、「前件更正処分等取消訴訟」という。)。広島高裁(控訴審)平成一六年一月二二日判決は、被控訴人たる税務署長が本件支払手数料が適正価額か否かを判断する際に用いた人件費倍率比準法における比準会社は、いずれも事業内容及び事業規模等において相当な類似性を備えているとは認められないから、比準会社としての基礎的要件に欠けるものから算定した本件人件費倍率には合理性がなく、これによって本件受託手数料が控訴人の所得税の負担を不当に減少させるとして所得税法一五七条を適用し、本件各更正処分をしたことは違法であるとして、原判決（広島地裁平成一三年一〇月一一日判決・税務訴訟資料二五一号順号九〇〇〇）を変更し、控訴人の請求を認めた。

上告審・最高裁平成一六年一一月二六日判決は、原判決を破棄して広島高等裁判所に差し戻す旨の判決をした。平成一七年五月二七日、差戻審である広島高等裁判所は、所得税更正処分の一部を取り消す旨の判決をした（確定）。

なお、一審・広島地裁平成一三年一〇月一一日判決は、所得税法一五七条にいう「法人の行為又は計算」とは、同族会社との間の取引行為を全体として指し、その否認の対象を同族会社の行為又は計算に限定するものではない等として、本件更正等をいずれも適法として判示していたところである。しかし、このような本件更正等は違法として退けられている。

(2)　このような訴訟経緯のなかで、控訴人は、平成八年分の所得税の申告を平成九年三月一七日付けで期限内確定申告を行ったものの、平成五年分、平成六年分、平成七年分に係る更正及び過少申告加算税賦課決定が行われたことを受け、そのような賦課決定が行われたときに進行年度であった平成八年分についても平成八年分の所得税の申告を平成九年三月一七日付けで期限内確定申告を行ったものの、同様の更正処分が行われることが明白であるためにそのような処分を避ける為に、課税庁の指導のもとに、平成九年三月三一日付けで本件更正処分に係る処分理由の趣旨に沿った修正申告を行った。

控訴人は、平成九年一二月二六日に平成八年分の所得税等の更正の請求に及んだところ、平成一〇年四月一四日に、広島西税務署長は更正の請求の理由なしと控訴人（原告）に通知をした。また、この通知処分についての審査請求についても、平成一三年一二月一三日に、国税不服審判所は審査請求を棄却する旨の裁決をした。

(3)　その後、上記、差戻審・広島高裁平成一七年五月二七日判決の確定をまって、平成一七年七月二九日に国税通則法七一条にもとづいて増額更正処分及び平成八年分所得税等の修正申告撤回書を提出して、もって、平成八年分所得税等の減額更正処分の申立てを行ったところであるが、広島西税務署長は平成八年分所得税等の減額更正処分の申立てに対して今日までなんらの対応も行わなかった。本来この段階において、広島西税務署長は国税通則法七一条一項一号に基づき減額更正義務が生ずべきことを理解すべきであるがそのような意識すらもっていなかったといえよう。また、差戻審・広島高裁平成一七年五月二七日判決の確定により、当該判決の拘束力（行政事件訴訟法三一条一項）のもとで、原状に回復すべき義務（すなわち、平成一〇年四月一四日の更正の請求に係る裁決等につき確定申告状態に戻すべき義務）があったと解される可能性もある。にもかかわらず、平成八年度分所得税や平成六年から三年間にわたる消費税等に係る過大納付は放置されたままである。

原告・控訴人は、被告・被控訴人（国）に対して、(1)平成五年度から三年間にわたる所得税に係る更正処分等の取消等請求訴訟において、広島高裁平成一七年五月二七日判決（差戻控訴審判決・確定・納税者勝訴）により当該更正処分等が取消されたのであるから、国税通則法七一条に基づき、広島西税務署長に対して、平成八年分所得税額五〇三万四六〇〇円、平成六年度分消費税額三〇万九六〇〇円、平成七年分消費税額三九万四〇〇〇円、平成八年分消費税額七四万七九〇〇円として減額更正処分（以下、「減額更正処分等」という。）を行うことを義務付けることを求める訴え（以下、「本件義務付けの訴え」という。）、(2)広島西税務署長が原告・控訴人の平成一七年七月二九日付申立に対して、原告・控訴人の平成八年分所得税等の減額更正処分を行わないことが違法である旨の確認の訴え（以下、「不作為の違法確認の訴え」という。）、(3)広島西税務署長が所得税法一五七条の適用にあたり、課税庁に課せられた注意義務に違反して、国税不服審判所の別の裁決で比準業者の選定が不合理である旨指摘されていたにもかかわらず、平成六年度から三年間にわたる更正処分等の取消等請求訴訟を継続したとして、被告・被控訴人は、国家賠償法一条一項に基づき、本件更正等の処分に係る所得税等を納付するために銀行から借り入れた金銭の利息、前件取消等請求訴訟の訴訟追行に費やした弁護士費用、慰謝料等の損害を賠償する義務があるなどとして損害賠償請求訴訟を提起していた。

3　広島地裁判決・広島高裁判決の内容

広島地裁判決・広島高裁判決のうち、本稿に係わる部分を次に確認をしておくこととする。

(1)　広島地裁判決

国税通則法二三条一項一号は、「納税申告書を提出した者の権利利益の救済を図りつつ、更正の請求をすることができる期間を限定し、その申告に係る税額等をめぐった《(ママ)》租税法律関係の早期安定を図る趣旨のものであるところ、このような趣旨にかんがみれば、この期間を経過した後は、同条二項各号所定の事由に当たらない限り、納税申告書を提出した者の側から課税処分を争うことを許さないものと解すべきである。また、更正の請求並びにそれに続く審査請求及び取消訴訟には相当の時間、費用、労力等を要するが、課税処分等に沿った納税をする一方でこれらの手続を継続することもできる上、前件取消等請求訴訟が提起されていた本件においては、なおさら、これらの手続を採ることが十分に期待できたものである。

そして、Xの平成六年ないし平成八年の各課税期間の消費税（法定申告期限はそれぞれ平成七年、平成八年及び平成九年の各三月三一日・消費税法四五条一項）については、更正の請求をすることができる期間を既に経過しているところ、本件義務付けの訴えのうち各消費税に係る減額更正処分の義務付けを求めることを内容とする部分は、国税通則法二三条一項一号の上記趣旨にかんがみ許されるものではない。ましてや、平成八年分の所得税については、更正の請求及び審査請求までなされており、それらの手続においてないしその後に取消訴訟を提起して、前件取消等請求訴訟と同様の主張をする機会もあったところ、結局はそれをしなかったというのであるから、これを今さら争い得ないことは明らかである。したがって、本件義務付けの訴えは、その余の点を判断するまでもなく、不適法である。

Xは、本件義務付けの訴えに係る所得税及び各消費税につき、国税通則法二三条二項一号の更正の請求の対象ではなかったと主張しているが、これらについて同条一項一号の更正の請求ができたことに変わりはないから、この点は上記判断に影響を及ぼすものではない。」

なお、裁判所は、不作為の違法確認の訴えについては法定抗告訴訟としても、無名抗告訴訟としても不適法であるとして訴えを却下するとともに、損害賠償の請求についても理由がないとして請求を棄却している。

(2)　広島高裁判決

広島高裁の判断は、基本的には広島地裁の判決を引用するところであるが、以下（本件違法確認の訴え及び本件義務付けの訴えの適法性について）等の判断を付加する。

「ア　控訴人は、本件においては、課税庁が、国税通則法七一条一項一号の適用場面として、同法二四条に基づき、職権で減額更正をなすべき義務を負っており、その職権発動を促すことも行政事件訴訟法三条五項にいう『法令に基づく申請権』に含まれると主張する。

国税通則法七一条一項一号は、判決等によってある年度の税額が変動したため、それとの関連で他の年度の同一税目の租税に変動を生ずるというような場合に、他の年度の租税について更正・決定等を行うことを認めるものである。そして、本件がこれに該当するというためには、判決によって本件更正等の処分に係る各年分の課税標準や税額が変動したため、それとの関連で本件修正申告等に係る各年分の租税に変動が生じるものでなければならない。ところが、本件においては、判決の理由に沿って本件修正申告等の課税標準等又は税額等を算定すれば、更正すべきことになるというにすぎない。したがって、控訴人の主張は、その前提を欠き、採用できない。」

「イ　被控訴人の職権更正義務について

控訴人は、控訴人が平成八年分の所得税の申告について修正申告したのは、平成五、六、七年分に対する被控訴人の違法な課税処分に基づくものであり、かつ、被控訴人に問い合わせたものの、明確な回答を得られず、むしろ平成八年分について従前通りに処理した場合には税務調査もあり得る旨示唆を受けたため、重加算税、過少申告加算税などが賦課されるのを免れるためであったのであるから、被控訴人は、国税通則法二四条によって、控訴人の平成八年分の申告については、職権によって更正すべきであると主張する。

しかしながら、まず、前記アにおいて判断したとおり、本件は、同法七一条一項一号に定める場合ではないから、仮に、課税庁が職権で更正すべきであったとしても、同法七〇条一項によりその更正できる期間を経過している。また、平成八年分の所得税の修正申告が控訴人の意に添わないものであれば、これに対する更正の請求及びそれに続く取消訴訟の手続を取ることができ、そのような手続を採れば控訴人が主張するリスクを軽減しつつ平成八年分所得税に関する被控訴人又は広島西税務署長の主張を争うことができたと考えられる。」

二　国税通則法七一条のもとでの減額更正義務

減額更正義務が問題となる場合のうち、更正の請求を減額更正義務の前提としない規定として上述のとおり、国税通則法七一条が存する。広島地裁判決は本件がこの規定の問題であることを必ずしも正確に理解をしているとは思えない。広島高裁は国税通則法七一条の該当性を論じている点で一定の配慮を示すがなお、その論理の前提は広島地裁判決と相違はなく、疑問が存する。まず、国税通則法七一条との関係［3の場面］で義務付け訴訟の適法性を検討してみよう。

1　国税通則法七一条における課税庁の減額更正義務

国税通則法は、同法七〇条でいう更正の除斥期間が徒過した後においてもさらに、一定の後発的な事由が発生した場合に、納税者に対して救済措置を講じなければ課税の公平上許容しがたい場合について特例をおいている。国税通則法七一条は、納税者が更正の請求を経るまでもなく、課税庁に一定の減額更正事由に基づいて（同条一項一・二号）減額更正を行う義務が生ずる旨を、以下のように規定している。

国税通則法七一条

（国税の更正、決定等の期間制限の特例）

第七十一条　更正決定等で次の各号に掲げるものは、当該各号に掲げる期間の満了する日が前条の規定により更正決定等をすることができる期間の満了する日後に到来する場合には、前条の規定にかかわらず、当該各号に掲げる期間においても、することができる。

一　更正決定等に係る不服申立て若しくは訴えについての裁決、決定若しくは判決（以下この号において「裁決等」という。）による原処分の異動又は更正の請求に基づく更正に伴つて課税標準等又は税額等に異動を生ずべき国税（当該裁決等又は更正に係る国税の属する税目に属するものに限る。）で当該裁決等又は更正を受けた者に係るものについての更正決定等　当該裁決等又は更正があつた日から六月間

二　申告納税方式による国税につき、その課税標準の計算の基礎となつた事実のうちに含まれていた無効な行

為により生じた経済的成果がその行為の無効であることに基因して失われたこと、当該事実のうちに含まれていた取り消しうべき行為が取り消されたことその他これらに準ずる政令で定める理由に基づいてする更正（前条第二項第一号又は第二号の規定に該当するものに限る。）又は当該更正に伴い当該国税に係る加算税についてする賦課決定　当該理由が生じた日から三年間

2　（略）

国税通則法七一条一項一号は、(1)更正決定等に係る不服申立て若しくは訴えについての裁決、決定若しくは判決（以下、「裁決等」という。）による原処分の異動、または(2)更正の請求に基づく更正に伴って課税標準等又は税額等に異動を生ずべき国税（当該裁決等又は更正に係る国税の属する税目に属するものに限る。）で「当該裁決等又は更正を受けた者に係るものについての更正決定等」の場合に、同法七〇条の期間制限にもかかわらず、当該裁決等又は更正があった日から、六月間は更正決定等を職権で行うことが可能である旨を規定する。

また、国税通則法七一条一項二号は、「申告納税方式による国税につき、その課税標準の計算の基礎となつた事実のうちに含まれていた無効な行為により生じた経済的成果がその行為の無効であることに基因して失われたこと、当該事実のうちに含まれていた取り消しうべき行為が取り消されたことその他これらに準ずる政令で定める理由に基づいてする更正（前条第二項第一号又は第二号の規定に該当するものに限る。）又は当該更正に伴い当該国税に係る加算税についてする賦課決定」は、「当該理由が生じた日から三年間」は、国税通則法七〇条の期間制限にもかかわらず減額更正が義務付けられることを認めている。たとえば、所得税法一五二条における「その他これに準ずる政令で定める事実が生じた」場合として所得税法施行令二七四条による事由が発生した場合には、更正の請求を経て、減額更正が行われることとなる。国税通則法七一条一項二号については更正の請求が前提となっており、同項一号とは相違がある。同項二号の結果、翌年の課税に影響が及ぶ場合においては、同項一号により、さらに六月間

は更正等が職権で行うことが可能となる。国税通則法七一条が更正の請求規定をおいていない理由は、そもそも課税庁が減額更正事由を当然に知りうることからそのような手続は不必要としていると解されるところである。

本件においては、国税通則法七一条一項一号に該当する事実（一号要件）への該当性がまず問われるべきであり、一号の事実が発生すれば当然に減額更正義務が生ずると解されることになるのである。そこで、ここでは、⑴差戻控訴審・広島高裁平成一七年五月二七日判決（確定）により同法七一条一項一号の事実が発生しているか否か、⑵同法七一条一項に基づき、非申請型の義務付け訴訟（行政事件訴訟法三七条の二第一項）を提起することが可能であるか否か、が問われることとなる。

三　国税通則法七一条の適用の可否と義務付け訴訟

1　国税通則法七一条の適用の可否（[3]の場面）

⑴　国税通則法七一条のもとでの更正処分

被告・被控訴人は、⑴国税通則法七〇条一項一号、二項二号による更正処分の除斥期間を経過していることは明らかであることから、更正の除斥期間経過後について課税庁においては減額更正処分ができないことから、本件各義務付けの訴えは、不適法である、⑵さらに「重大な損害を生ずる」（重大損害要件）についてみるに、①減額更正されないことによる損害は、原告が平成八年分所得税および平成六年から平成八年までの各課税期間の消費税としてすでに納付した金員が原告に還付されないという意味でのいわば消極的な意味での財産的損害にすぎない、②控訴人は、法定の期間内に更正の請求をし得る地位にあったにもかかわらず、更正の請求をすることなく、法定の期間経過したのであって、更正の請求をしなかったことにより、みずから損害を生じさせたものに他ならないのであるから、このような損害が「重大な損害」にあたるということはできないと主張する。

本件は、被告・被控訴人が主張するように、国税通則法二三条一項に規定する更正の請求期間も経過しており、さらに国税通則法七〇条に規定する更正決定等の除斥期間をも経過している。このような場合においては、減額更正義務がそもそも消滅していることから義務づけ訴訟も提起できないと解されるところであるが、本件においては国税通則法七一条の規定をもって義務付け訴訟を提起することが可能であると主張しているところである。

国税通則法七一条一項の一号は、二四条の更正、二五条の決定、二六条の再更正、三二条の賦課決定の除斥期間の例外を定めたものであり、二号は、所定の場合における減額更正等（七〇条一項一号、二号）、またはこの更正に伴う加算税についての賦課決定の除斥期間の特例を定めるものであると解するのが一般的である。(9) 同条一号は、「更正決定等に係る不服申立て若しくは訴えについての裁決、決定若しくは判決（以下この号において「裁決等」という。）による原処分の異動又は更正の請求に基づく更正に伴って課税標準等又は税額等に異動を生ずべき国税（当該裁決等又は更正に係る国税の属する税目に属するものに限る。）で当該裁決等又は更正を受けた者に係るものについての更正決定等」は、当該裁決等又は更正があった日から六月間に、(2)「申告納税方式による国税につき、その課税標準の計算の基礎となつた事実のうちに含まれていた無効な行為により生じた経済的成果がその行為の無効であることに基因して失われたこと、当該事実のうちに含まれていた取り消しうべき行為が取り消されたことその他これらに準ずる政令で定める理由に基づいてする更正（前条第二項第一号又は第二号の規定に該当するものに限る。）又は当該更正に伴い当該国税に係る加算税についてする賦課決定」は、当該理由が生じた日から三年間として、更正の除斥期間の特例を規定している。

なお、国税通則法七〇条と同法七一条との関係について、「賦課権が除斥期間の満了によって一たん消滅した後ある期間をおいて復活するという考え方は現行法の体系にはなじまないと考えられているので、……通常の除斥期間満了後……賦課権を行使できる期間は断絶されることなく延長されると解するのが適当であろう。[10]」と解されている。

そこで、まず、国税通則法七一条一項一号は、以下の趣旨のもとで立法されていることに留意をしておくべきである。

「賦課処分の取消しを求める抗告訴訟なかんずく抗告訴訟においては、争訟が長期にわたって係属し、そのために決定若しくは裁決や判決が賦課権の通常の除斥期間の満了後に行われる可能性があり、現にそのような具体例の数も決して少なくない。右の決定若しくは裁決や判決において取消しの対象となった原処分については、改めて処分を行なう必要はないから、これについて賦課権の除斥期間の延長を図る必要はないが、決定若しくは裁決または判決による現処分の異動に伴いそれ以外の年分または事業年度分についての更正（減額更正の場合を含む。）のすべき場合に、すでにその除斥期間が満了しているときは、課税の公平を期する上から当然除斥期間の延長を認めなければならない。[11]」。

(2)　国税通則法七一条一項一号の要件の該当性

本件においては、この要件に合致するか否かが最終的には検討されなければならないであろう。国税通則法七一条一項一号の要件に充足するか否かは、本案の問題であり、訴訟要件の問題ではないと解されよう。

本件は、同項一号の、「更正決定等に係る不服申立て若しくは訴えについての裁決、決定若しくは判決（以下この号において「裁決等」という。）による原処分の異動又は更正の請求に基づく更正に伴つて課税標準等又は税額等に異動を生ずべき国税（当該裁決等又は更正に係る国税の属する税目に属するものに限る。）で当該裁決等又は更正を受けた者に係るものについての更正決定等」の要件充足性が問題となる。しかし、この充足性の有無は本案要件であり、訴訟要件の段階で考慮されるべき問題ではなかろう。この点で広島高裁判決は、本件が国税通則法七一条一項一号に定める場合でないと判示する。また、その充足性そのものの判断についても以下のように、疑問が生ずる。

本号でいう、「更正決定等」とは「更正若しくは決定または賦課決定」をいう（国税通則法五八条一項一号イ参照）ところ、本件においては平成五年分、六年分、七年分に係る申告に対する広島西税署長による更正処分を受け、かつ不服申立てを経て訴訟の提起に至り、上記確定判決を得たものである。よって、「更正決定等に係る不服申立て若しくは訴えについての裁決、決定若しくは判決（以下この号において「裁決等」という。）による原処分の異動」要件は充足する。次に「伴つて」という文言の射程距離であるが、基本的には課税の公平の見地からその範囲を判断すべきこととなる。一般的には「法令上、その年分の課税標準等又は税額等」が「他の年分の課税標準等の計算の基礎とされており、それと異なる計算が許されないような関係がある場合」とされている。(12) たとえば、争訟の結果、その年分の所得の金額を超えて雑損失の額がある旨が容認されたことに伴い、その翌年分の所得が変動する場合などである。(13) 争訟の対象となっている更正等の処分の時に、その更正等に伴って他の年分の減額更正処分がされている場合には、その更正等の取消しに伴い、原状回復のため、当該他の年分についても更正をしなければならないが、このような場合も「伴つて」であると解されている。(14)

しかし、申告漏れの事実についての調査が不十分であったため、又は法令の解釈を誤ったため、①期首棚卸高に含まれないと判断していたものが、含まれることとなり、又は期末棚卸高に含まれると判断されていたものが、含まれないこととなった場合、②収益の帰属時期についてした税務官庁の解釈が排斥された場合、のように年度帰属を誤って更正決定をしたような場合については、争訟において他の年分に帰属することが明らかとなっても、これに基づいてする他の年分の更正は「伴う」更正ではないと解されているところである。(15)

そうすると、本件においては、先の取消訴訟において平成五年分、六年分、七年分に係る本件更正等の処分については、差戻審・広島高裁平成一七年五月二七日判決によって取消判決が確定しているところである。よって、この判決の形成力により、本件更正等の処分についてはなかったものとして遡及して効力を失う。本件更正等処分において認定された支払手数料に応じて算定された事業税等（必要経費）が連動して後続年度（平成八年度）の所得に影響を及ぼすことから、少なくとも国税通則法七一条一項一号でいう「伴つて」にも該当することから、平成八年分所得税額について減額更正義務が少なからず生ずることとなる。本件においては、広島西税務署長が行った違法な課税処分が取り消されれば、平成八年分の課税標準等又は税額等も当然に課税庁の減額更正処分により申告額は減額されるべきところ、そのような減額更正処分は今日まで放置されている。

また、原告・控訴人は、本件更正等の処分が行われたときに進行年度であった平成八年度分所得税についても、本件更正等の処分に係る更正の処分理由にそって連動して修正申告を行っている。そして、その後、更正の請求を行い、さらに不服申立てを行っているところである（平成一三年一二月一三日付けで棄却裁決）が、審査請求において問題となっている役員報酬は、平成五年六月一日、平成八年三月五日及び同年一〇月一日の同族会社の取締役会の決議に係るものであり、また問題となっている支払手数料の額も本件更正処分の処分理由を前提としていたものであり、本件更正等が結果的に違法となった場合においては、両者の関係は「伴つて」ということができ、本件は同条一項一号の要件を充足するといえよう。

ちなみに、京都地裁昭和五一年九月一〇日判決（所得税更正処分等取消請求事件）（行裁例集二七巻九号一五六五頁）は、争訟が係属中の更正期間経過後の減額更正に関し、国税通則法七一条（国税の更正、決定等の期間制限の特例）

一号との関連において、「同法条は、判決による原処分の異動に伴って異動を生ずる国税につき更正する場合に、同法七〇条（国税の更正、決定等の期間制限）の期間制限に服さなくともよい場合のあることを規定しており、右規定は、例外規定の性格を有するものではあるけれども、判決により原処分を取り消すことについては、税負担の適正公平を図るためなんらの期間制限がないことを当然の前提としているものであるから、たとえ課税庁が訴訟係属中に原処分の誤りに気づき減額再更正を必要だと判断するに至った場合にも、右例外規定に該当しないとの一事によって、除斥期間経過後は再更正を許さず、判決により原処分が取消されるまで待たなければならないとすることは、あまりにも硬直した法解釈であるとの譏りを免れまい」と判示する。

国税通則法七一条一項一号は、「……原処分の異動又は更正の請求に基づく更正に伴って課税標準等又は税額等に異動を生ずべき国税（当該裁決等又は更正に係る国税の属する税目に属するものに限る。）」と規定していることから、所得税に係る本件更正等の処分に伴って消費税額に変動を及ぼす場合については、同条一項の規定が排除されている。このような場合を切り捨てることに合理性があるのか、きわめて疑問である。平成六年分、七年分、八年分に係る消費税についても一連の本件更正等処分を受けて修正申告として行ったものであり、実質的には更正処分に準ずるようなものであるとして、所得税と同様に解することも可能であろう。

広島高裁判決は、国税通則法七一条一項一号との関係において、「本件がこれに該当するというためには、判決によって本件更正等の処分に係る各年分の課税標準や税額が変動したため、それとの関連で本件修正申告等に係る各年分の租税に変動が生じるものでなければならないところ、本件においては、判決の理由に沿って本件修正申告等の課税標準等又は税額等を算定すれば、更正すべきことになるというにすぎない。」とするが、このような厳格の連動性を要求するにしても事業税等（必要経費）に係る部分については当然に該当することとなる。

(3) 取消判決の拘束力の位置づけ

上記の消費税については、差戻控訴審・広島高裁平成一七年五月二七日判決（確定）の形成力によって、本件更正等の処分が遡及的に失効することによって、平成六年分、七年分に係る消費税額の算定がなされている場合において、この判決の拘束力により、平成六年度分消費税額三〇万九六〇〇円、平成七年分消費税額三九万四〇〇〇円として減額更正処分を行わなければならないと解する余地も存しよう。すなわち、取消判決の拘束力は、「行政庁の側に対し処分を違法と確定した判決の判断能力を尊重し、受任し、以後その事件のような処分等がある場合には、適当な措置を採らなければならないという拘束を生ずることをさす」[16]ものと解される。本件において、本件更正処分等と同じ理由により、平成八年分の所得税の修正申告に係る更正の請求に対して理由なしとの処分がなされ、またその処分に対する不服申立て（異議申立て・審査請求）が棄却されているのであれば、本件更正処分等の取消訴訟により取消判決が確定した場合には、更正の請求等に対しては当該取消訴訟において取り消された処分と同一の理由で処分等が行われており、判決理由中の判断によれば維持し得ない関係にたつ処分等であるので、更正の請求に理由なしとの処分等は取り消されるべき不整合処分といえよう。具体的には当該更正の請求に理由なしとの判断を行った平成八年度の所得税の修正申告に対して、更正の請求を是認するという意味で減額更正がなされなければならないと解される。なお、国税通則法七一条一項一号の範囲と取消判決の拘束力の及ぶ範囲との関係には注意が必要であろう。

2　本件義務付け訴訟の訴訟要件について

行政事件訴訟法三七条の二第一項は、訴えの提起に関する要件のうち、救済の必要性に関する要件として「一定の処分がなされないことにより重大な損害を生ずるおそれ」があること（重大な損害要件）及び「その損害を避けるため他に適当な方法がない」こと（補充性要件）を定めている。

被控訴人（原審・被告）は、原審において、更正の請求の趣旨からの排除、「補充性」の要件からの排除といった二つの視点から、義務付けの訴えが不適法であると主張していた（判決一六頁〜一九頁）。

広島地裁判決は、上述したように、被告・被控訴人の主張をそのまま受け入れるものとなっている。すなわち、国税通則法二三条一項一号の規定は、「納税申告書を提出した者の権利利益の救済を図りつつ、更正の請求をすることができる期間を限定し、その申告に係る税額等をめぐった《（ママ）》租税法律関係の早期安定を図る趣旨のものであるところ、このような趣旨にかんがみれば、この期間を経過した後は、同条二項各号所定の事由に当たらない限り、納税申告書を提出した者の側から課税処分を争うことを許さない」との前提にたち（すなわち「更正の請求の排他性」を前提として）、本件義務付けの訴えの適法性について、(1)「原告の平成六年ないし平成八年の各課税期間の消費税（法定申告期限はそれぞれ平成七年、平成八年及び平成九年の各三月三一日、消費税法四五条一項）については、更正の請求をすることができる期間を既に経過しているところ、本件義務付けの訴えのうち各消費税に係る減額更正処分の義務付けを求めることを内容とする部分は、国税通則法二三条一項一号の上記趣旨にかんがみ許されるものではない」、(2)「平成八年分の所得税については、更正の請求及び審査請求までなされており、それらの手続においてないしその後に取消訴訟を提起して、前件取消等請求訴訟と同様の主張をする機会もあったところ、結局はそれをしなかったというのであるから、これを今さら争い得ないことは明らかである。したがって、本件義務付けの訴えは、その余の点を判断するまでもなく、不適法である」と判断している。しかし、広島地裁判決・広島高裁判決には、本件義務付けの訴えの適法性を国税通則法二三条との関係で論じている点で決定的な誤りが存するようにみえる（ただし、広島高裁判決は後述するように国税通則法七一条にも言及している。）。また、仮に国税通則法二三条の問題としてみても更正の請求期間が徒過した後には義務付け訴訟がそもそも許されないという見解には疑問が存するといえよう。義務付け訴訟と更正の請求との関係については、前記したように[1][2][3]の場面のように、大きく三つの場面にわけて議論が展開されなければならない。

通常の更正の請求期間（法定申告期限から一年）内においては、更正の請求により減額更正を求めることができるが、更正の請求の理由なしとの処分については当該処分の取消しを求めるとともに、あわせて減額更正処分を義務づける訴えを提起することも当然に許容されるものと解される（前記の[1]の場面）が、前記[2][3]の場面においても減額更正義務付け訴訟は提起することができると解される。しかし、広島地裁判決・広島高裁判決、被告・被控訴人のような立場、すなわち「更正の請求の排他性」のもとでは前記[2]の場面は否定されようが、前記[3]の場面は申請権（更正の請求）の存在が前提となっていないのであるから、「更正の請求の排他性」は及ばず、義務付け訴訟を提起することは可能である。更正の請求規定が存しないのであるから、非申請型義務付け訴訟における「補充性」の要件は原則として充足していると解される。

3　本件非申請型義務付け訴訟における「補充性」要件等

行政事件訴訟法三七条の二第一項は、前記したように、非申請型義務付けの訴えの要件に関して、「損害を避けるため他に適当な方法がないとき」と規定する。行政事件訴訟法三条六項一号の場合の義務付けの訴え（非申請型の処分の義務付けの訴え）は、救済の必要性に関する要件として、一定の処分がされないことにより重大な損害を生ずるおそれがあり、かつ、その損害を避けるため他に適当な方法がないときに限り、提起することができる、と定められている。

どのような場合に「損害を避けるため他に適当な方法がない」（補充性要件）と判断されるかどうかについては、このような救済の必要性の観点から、個別の事案に応じて裁判所において判断されることとなると解されている。(17) このような立場からは、処分を受ける者に対して不利益を課す処分の変更や撤回を求める場合、たとえば①過大な申告をした場合にその税額の減額を求める更正の請求の制度（国税通則法二三条、地方税法二〇条の九の三など）がある場合のように、損害を避けるための方法が個別法の中で特別に法定されているような場合や、②課税処分の一部に不服がある場合のように、既にされた不利益処分が可分で、新たな処分を求めるまでもなく、その不利益処分自体の一部取消しを求めることによってより適切に損害を避けることができる場合などにおいては、「損害を避けるため他に適当な方法がない」とはいえないものと考えられている。(18)

しかし、本件義務付けの訴えは、更正の請求が存しない場合であることから、更正の請求の排他性により補充性要件の排除は問題とならない。

「損害を避けるために他に適当な方法がないとき」に該当するか否かの判断については、「一定の処分がなされないことにより重大な損害が生ずるおそれ」があるか否かの判断と相まって、救済の必要性の観点から判断されるべき問題と考えられる。事実上又は法律上他に救済を求める方法があり得るとしても、その相手方の選択や、その方法についての法令上の根拠の有無、要件、効果の違いなどを踏まえ、権利救済の実効的救済の観点から、その方法が、その処分をする法律上の権限のある行政庁に対してその処分をすべきことを命じることを求める訴えである義務付けの訴えとの対比において「適正な」方法であるか否かといった判断をすべきものと考えられている。(19) 具体的な場合に「損害を避けるため他に適当な方法がないとき」に当たるかどうかを判断するに当たっては、原告側が救済の可能な方法がないことについてすべての事情を常に主張立証しなければならないということではなく、「一定の処分がされないことにより重大な損害を生ずるおそれ」があり、一般的にみて他に適当な方法があるとは認められない場合であれば、他に適当な方法があることについて具体的な反証がされない限り、「損害を避けるため他に適当な方法がないとき」に当たると認めてよいのではないかと考えられるとされている[20]。また、「『その損害を避けるために他に適当な方法がないとき』という要件は、法律上別の救済手段・救済手続が仕組まれている場合に、あえて義務付け訴訟を提起するというルールを塞いでおくものであり、補充性の点から手続上の交通整理を行う趣旨と解される。この要件について、たとえば第三者に対する民事上の請求が可能であるといった理由で適用されてしまうと、義務付け訴訟のルートが著しく使いにくいものになるおそれがある。この要件は、義務付けの請求に代替する救済手続が特に法定されているような場合にのみ適用されるべきであり、今回の法改正によって直接型義務付け訴訟を法定し、国民の権利救済のために必要な場合に活用するという立法者意思を正しく反映した解釈が要請される[21]」との立場も同様のものである。

補充性要件の有無については、このような立場は支持されうるところであり、このような判断基準からすれば、国税通則法七一条一項一号においては納税者に「更正の請求」による発動も認められておらず、また不作為の違法確認の訴えもできないことからも（法令に基づく申請権が法定されていない。仮に無名抗告訴訟として認められたとしても、その勝訴判決のなかで処分をすべきことが確定するわけではない。）、補充性の要件を充足していることは明らかであるといえる。

また、一定の処分がなされなければ、過大な納付税額の還付をも受けることができないのであるから、本件においては「重大な損害」要件も充足されていることは明らかであろう。

4 処分性及び処分権限（訴訟要件）

被告・被控訴人は、原審において、「本件義務付けの訴えは、その義務付けを求める広島西税務署長にその訴えに係る減額更正処分をする権限がないため、不適法である」（判決一七頁）と主張していたところである。本件義務付けの訴えは、平成八年分の所得税及び平成六年ないし平成八年の各課税期間の消費税の減額更正処分を求めているのであることから、処分性要件は充足している。被告・被控訴人は、いずれも法定申告期限から五年を経過しており、国税通則法七〇条一項一号及び二項一号の除斥期間を経過している、との主張である。課税庁の有する更正権限（国税通則法二四条）とその除斥期間（国税通則法七〇条）が義務付け訴訟の訴訟要件として求められているかは検討の余地が存するといえよう。本件では、原告・控訴人は、本件義務付けの訴えに係る減額更正処分について、国税通則法七一条一項一号の要件を満たし、かつ同条に基づいて、広島西税務署長が国税通則法二四条の更正権限に基づき、同法七一条一項一号で減額更正義務が発生していると主張しているのであるから、訴訟要件としては、広島西税務署長に国税通則法二四条にいう更正権限が存することで足りると解すべきであろう。

被告・被控訴人は、更正の除斥期間が経過しており、そもそも減額更正処分の権限が存しないと主張しているところである（ただし、被告・被控訴人は、国税通則法七〇条の期間を徒過していると主張しているところ、原告・控訴人の立場においても、形式的には同法七一条一項一号に規定する六カ月を経過していることになる。）が、減額更正のための同法七一条の特例としての期間を経過しているか否かは、訴訟要件ではなく、課税庁がいつまでに減額更正をすべきであったかという意味において本案要件であると解されよう。

なお、仮に課税庁が主張するように訴訟要件であるとしても、本件についてみれば原告・控訴人が六カ月の間、広島西税務署長による減額更正を申立書等により発動を促していたところであり、本件のような状況のもとで更正の除斥期間（六カ月）が経過したような場合にはそもそも課税庁から期限が経過したことにより減額更正義務が存しない、との主張は信義則上許されないとも解されよう。行政処分を放置しておいた側からの権限の行使期間が経過したとの主張は制限されよう。

判決にもとづいて減額更正するにあたっては、更正の除斥期間内（六カ月）に更正すべきところされなかった場合について、義務付け訴訟を提起することが一切認められないと解すると、多くの納税義務者は更正の除斥期間内ぎりぎりまで、減額更正を期待してまち続けているあるいは課税庁と折衝を続けていることからすれば、納税者は適当な時期に義務付け訴訟を提起し、かつ多くの場合に「仮の義務付け」の申立て（行政事件訴訟法三七条の五）を行うことも必要となってこよう。

さらに更正の除斥期間が経過すると、訴えの変更により国家賠償訴訟に切り換えることも念頭におかなければならなくなるであろう。さらに、差戻控訴審・広島高裁平成一七年五月二七日判決の確定判決の拘束力の問題として、平成八年分所得税等についても原状回復義務が生ずると解される可能性があり（前記三1⑶参照）、そのような場合においては同法七一条一項一号所定の期限とは無縁であり、同号による更正の期間制限の問題は生じないといえよう。

四　本件と更正の請求規定との関係

広島地裁は、本件における国税通則法二三条一項（通常の更正の請求規定）のもとで、当該申告書に係る国税の法定申告期限から一年以内に、税務署長に対して、その申告に係る課税標準等又は税額等につき更正をすべき旨を請求することができることを定めている以上、通常の更正の請求が可能な期間までに更正の請求が行われなかったのであるから、そもそも同法七一条等の減額更正義務等を論じるまでもないとの前提にたつものである。広島地裁判決は、本件はそもそも国税通則法二三条一項一号にいう更正の請求に係る事案であり、その法定申告期限から一年を経過していることから、控訴人たる納税者においては更正の請求による方法以外は許されないとの前提のもとで、他の救済方法によることは許されないとして「義務付け訴訟」も許されないとの見解にたつ。いわゆる「補充性要件」の充足を否定する。広島高裁判決も同様の判断を行う。

しかし、以下に述べるように、本件はそもそも国税通則法二三条一項にいう更正の請求が適用されうるか否かが問題となる場面ではない。納税者に申請権（更正の請求）が認められている場合にその期間を徒過した場合にいかなる救済方法も排除するとの結論を短絡的に導くことはできない。

1　本件における国税通則法二三条一項適用の是非

広島地裁判決・広島高裁判決は、更正の請求が許されない場面（三2における[2]の場面）、さらには[3]の場面で、その他の救済方法としての訴訟も一切許さないとして、義務付け訴訟排除説を採ることを明らかにしている。

更正の請求制度の趣旨は、納税者の権利救済を簡易な行政手続を通じて図ろうとするものであり、また税務行政上の法律関係の早期安定、税務行政の効率化などを図ろうとするものでもある。しかし、更正の請求は原則として法定申告期限から一年を経過すると行うことができないが、納税者には申告額に係る増額の修正申告、課税庁の増額・減額更正、決定が法定申告期限から一年を経過した後にも認められていることとの均衡上、更正の請求制度の趣旨等を考慮しても、更正の請求の制度を利用できなくなった納税者が課税庁に更正等権限のもとで減額更正義務が存すると解されるような場合に、更正の請求規定が存することをもって、義務付け訴訟の提起をも許さないとの法的な効果を有するものであるとは解されない。よって、「更正の請求の排他性」に基づいて非申請型義務付け訴訟を排除するとの見解は採用できない。改正行政事件訴訟法にこのような明文規定をおき、国民の権利救済のために必要である場合に活用するという立法意思を正しく反映した解釈が要請されるところ、このような見解（非申請型義務付け訴訟肯定説）は十分に支持しうるところである。この点で、本件は当然のこと、[2]の場面おいても、非申請型義務付け訴訟は許容されうると解されよう。以下、この問題について、検討を加える。

(1)　**関連規定の内容と関係**

関連規定は、以下の通りである（傍線部筆者、以下同）。これら規定の相互関連性、更正の請求の排他性の限界、課税庁の更正等に係る行政処分の裁量性などの検討が、本件の処理にあたっては不可欠であることに留意をすべきである。

国税通則法二三条一項（通常の更正の請求）

第二十三条　納税申告書を提出した者は、次の各号の一に該当する場合には、当該申告書に係る国税の法定申告期限から一年以内に限り、税務署長に対し、その申告に係る課税標準等又は税額等（当該課税標準等又は税額等に関し次条又は第二十六条（再更正）の規定による更正（以下この条において「更正」という。）があった場合には、当該更正後の課税標準等又は税額等）につき更正をすべき旨の請求をすることができる。

一　当該申告書に記載した課税標準等若しくは税額等の計算が国税に関する法律の規定に従っていなかったこと又は当該計算に誤りがあつたことにより、当該申告書の提出により納付すべき税額（当該税額に関し更正があった場合には、当該更正後の税額）が過大であるとき。

二　前号に規定する理由により、当該申告書に記載した純損失等の金額（当該金額に関し更正があった場合には、当該更正後の金額）が過少であるとき、又は当該申告書（当該申告書に関し更正があった場合には、更正通知書）に純損失等の金額の記載がなかったとき。

三　第一号に規定する理由により、当該申告書に記載した還付金の額に相当する税額（当該税額に関し更正があった場合には、当該更正後の税額）が過少であるとき、又は当該申告書（当該申告書に関し更正があった場合には、更正通知書）に還付金の額に相当する税額の記載がなかったとき。

国税通則法二三条二項（特別の更正の請求）

2　納税申告書を提出した者又は第二十五条（決定）の規定による決定（以下この項において「決定」という。）を受けた者は、次の各号の一に該当する場合（納税申告書を提出した者については、当該各号に掲げる期間の満了する日が前項に規定する期間の満了する日後に到来する場合に限る。）には、同項の規定にかかわらず、当該各号に掲げる期間において、その該当することを理由として同項の規定による更正の請求（以下「更正の請求」という。）をすることができる。

一　その申告、更正又は決定に係る課税標準等又は税額等の計算の基礎となつた事実に関する訴えについての判決（判決と同一の効力を有する和解その他の行為を含む。）により、その事実が当該計算の基礎としたところと異なることが確定したとき　その確定した日の翌日から起算して二月以内

二　その申告、更正又は決定に係る課税標準等又は税額等の計算に当たつてその申告をし、又は決定を受けた者に帰属するものとされていた所得その他課税物件が他の者に帰属するものとする当該他の者に係る国税の更正又は決定があつたとき　当該更正又は決定があつた日の翌日から起算して二月以内

三　その他当該国税の法定申告期限後に生じた前二号に類する政令で定めるやむを得ない理由があるとき
　当該理由が生じた日の翌日から起算して二月以内

国税通則法施行令六条（政令で定める特別の更正の事由）

第六条　法第二十三条第二項第三号（更正の請求）に規定する政令で定めるやむを得ない理由は、次に掲げる理由とする。

一　その申告、更正又は決定に係る課税標準等（法第十九条第一項（修正申告）に規定する課税標準等をいう。以下同じ。）又は税額等（同項に規定する税額等をいう。以下同じ。）の計算の基礎となつた事実のうちに含まれていた行為の効力に係る官公署の許可その他の処分が取り消されたこと。

二　その申告、更正又は決定に係る課税標準等又は税額等の計算の基礎となつた事実に係る契約が、解除権の行使によつて解除され、若しくは当該契約の成立後生じたやむを得ない事情によつて解除され、又は取り消されたこと。

三　帳簿書類の押収その他やむを得ない事情により、課税標準等又は税額等の計算の基礎となるべき帳簿書類その他の記録に基づいて国税の課税標準等又は税額等を計算することができなかつた場合において、その後、当該事情が消滅したこと。

四　わが国が締結した所得に対する租税に関する二重課税の回避又は脱税の防止のための条約に規定する権限のある当局間の協議により、その申告、更正又は決定に係る課税標準等又は税額等に関し、その内容と異なる内容の合意が行われたこと。

五　その申告、更正又は決定に係る課税標準等又は税額等の計算の基礎となつた事実に係る国税庁長官が発した通達に示されている法令の解釈その他の国税庁長官の法令の解釈が、更正又は決定に係る審査請求若しくは訴えについての裁決若しくは判決に伴つて変更され、変更後の解釈が国税庁長官により公表されたことにより、当該課税標準等又は税額等が異なることとなる取扱いを受けることとなつたことを知つたこと。

2（略）

国税通則法七〇条（国税の更正、決定等の期間制限）

第七十条　次の各号に掲げる更正又は賦課決定は、当該各号に定める期限又は日から三年を経過した日（同日前に期限後申告書の提出があつた場合には、同日とその提出があつた日から二年を経過した日とのいずれか遅い日）以後（法人税に係る更正については、第一号に定める期限又は日から五年を経過した日以後）においては、することができない。

一　更正（第三項の規定に該当するものを除く。）　その更正に係る国税の法定申告期限（還付請求申告書に係る当該更正については、当該申告書を提出した日）

二　課税標準申告書の提出を要する国税で当該申告書の提出があつたものに係る賦課決定　当該申告書の提出期限

2　前項各号に掲げる更正又は賦課決定で次に掲げるものは、同項の規定にかかわらず、同項各号に定める期限又は日から五年を経過する日（第二号及び第三号に掲げる更正（純損失等の金額に係るものに限る。）のうち法人税に係るものについては、同項第一号に定める期限又は日から七年を経過する日）まで、することができる。

一　納付すべき税額を減少させる更正又は賦課決定

二～四（略）

3　第二十五条（決定）の規定による決定又はその決定後にする更正は、その決定又は更正に係る国税の法定申告期限（還付請求申告書の提出がない場合にする当該決定又は更正については、政令で定める日）から五年を経過した日以後においては、することができない。

4 次の各号に掲げる国税に係る賦課決定は、当該各号に定める期限又は日から五年を経過した日以後においては、することができない。

一　課税標準申告書の提出を要する国税で当該申告書の提出がなかつたもの　当該申告書の提出期限

二　課税標準申告書の提出を要しない賦課課税方式による国税　その納税義務の成立の日

5 （略）

国税通則法七一条（国税の更正、決定等の期間制限の特例）

第七十一条　更正決定等で次の各号に掲げるものは、当該各号に掲げる期間の満了する日が前条の規定により更正決定等をすることができる期間の満了する日後に到来する場合には、前条の規定にかかわらず、当該各号に掲げる期間においても、することができる。

一　更正決定等に係る不服申立て若しくは訴えについての裁決、決定若しくは判決（以下この号において「裁決等」という。）による原処分の異動又は更正の請求に基づく更正に伴つて課税標準等又は税額等に異動を生ずべき国税（当該裁決等又は更正に係る国税の属する税目に属するものに限る。）で当該裁決等又は更正を受けた者に係るものについての更正決定等　当該裁決等又は更正があつた日から六月間

二　（略）

(2)　課税庁の減額更正義務と行政裁量

国税通則法二三条一項一号は、納税申告書を提出した者が、その申告に係る税額等の計算が国税に関する法律の規定に従つていなかつたこと又は当該計算に誤りがあつたことによるものであり、申告時にそのような要件を充足

していることが前提となっている。国税通則法二三条一項は、いわゆる通常の更正の請求の場面である。しかし、国税通則法二三条二項は同法二三条一項の、このような規定のみでは申告時には予知しえなかった事由や止むを得ない事由がその後において生じたときに税額の減額等を遡ってなすべきところ、これを課税庁の一方的な処理（職権による減額更正等）に委ねることのみにせずに、納税者から更正の請求をなしうることとしている。

すなわち、課税庁は、国税通則法七〇条の更正の除斥期間内に職権更正等により、納税者に対する適正な課税を行うこととし、特に同法七〇条二項などの期間はその結果、職権減額更正により納税者の権利救済に資することをも予定している。しかし、このような更正の請求による課税庁への減額更正等の発動による課税庁の職権更正等、課税庁による職権による自発的な更正等も国税通則法七〇条所定の更正の除斥期間を経過すると、これら更正等を行うことができなくなる。よって、通常の更正事由に該当する事由であろうとなかろうと、さらには特別の更正の請求事由に該当するか否かを問わず、課税庁は更正の請求を経由しなくとも、結果的にその申告に係る「課税標準等又は税額等の計算が国税に関する法律の規定に従っていなかったこと又は当該計算に誤りがあった」場合には減額更正をすべきことになる。そのような場合に課税庁に減額更正するかしないかの裁量が存するとの見解を一部散見することができるが、これは課税権の行使において課税庁に裁量が存するとの見解は租税法律主義のもとでの租税債務の確定規定に反して許されないことは明らかである。課税庁が課税要件事実を検討した結果過大申告となっていることを知った場合に放置することは結果的には租税平等主義違反（憲法一四条違反）を構成することにもなろう。

租税法のもとで税務調査等の発動において課税庁に裁量があるといった場合（質問検査権の行使について、最高裁昭和四八年七月一〇日判決・刑集二七巻七号一二〇五頁）はともかくも、課税処分に際して更正をするかしないか、するとすればどの範囲でするかといったような裁量は存しない。租税法規にもとづいて法的に成立している租税債務を課税庁において確定させるときにいかなる裁量も課税庁には存しないことは明らかである（国税通則法一五条、一六条）。なお、課税庁の課税処分が裁量行為であるか否かの問題と課税庁が減額更正事由（の存在）を知りうるか否かといった問題とは別次元の問題である。さらに、国税通則法七〇条に規定する更正の除斥期間が徒過した後においてもさらに一定の後発的な事由が発生した場合には、(1)特別の更正の請求事由とは別にさらなる特殊な更正の請求によって、課税庁に減額更正を義務付ける場合、(2)更正の請求の手続を解さずに、一定の特殊な事由が発生した場合に課税庁に減額更正義務を課す場合、が考えられるところ、国税通則法七一条は明らかに課税庁において更正の請求を経なくとも減額更正事由を承知することができる場合に限って（同法一項一・二号）、同法七〇条の期間制限の特例規定をおいている。このような納税者の権利救済規定の法的な構造を十分に理解する必要がある。

たしかに国税通則法二三条一項のみをみれば、広島地裁判決が判示するように、「この規定は、納税申告書を提出した者の権利利益の救済を図りつつ、更正の請求をすることができる期間を限定し、その申告に係る税額等をめぐった租税法律関係の早期安定を図る趣旨のものであるところ、このような趣旨にかんがみれば、この期間を経過した後は、同条二項各号所定の事由に当たらない限り、納税申告書を提出した者の側から課税処分を争うことを許さないものと解すべきである。」ということであるが、各々所得税法、消費税法等は別々にさらに特別の更正の請求規定をおいているのであり、また課税庁のもっている更正権限も増額のみでなく、減額も当然に行いうることが予定されているところであり、このような判示は、租税債務の確定規定、あるいは権利救済規定の相互関係を理解しない、一方的な理解である。

納税者の主張が国税通則法二三条により制限され、一方的に更正の除斥期間内で課税庁のみが裁量で税額決定を行うことができると解することは、(1)現行規定の解釈を誤るとともに、租税法律主義（合法性の原則）を無視した解釈であり、さらには(2)租税債務の確定手続における両者の現在の力関係は、税務調査後課税庁が更正に替えて修正申告を慫慂しており、納税者が更正を求めうる現状にはない、といった状態にあることなど（納税者は、更正の取消訴訟といった機会を失い、青色申告者においてはさらに理由附記といった手続的保障もうけられないこととなる。）を十分に理解したうえで、納税者の権利救済（手続保障を含む）が真実、この規定の、このような趣旨・解釈で図られているのか、を検討する必要がある。

また、更正の除斥期間までは更正等により税額が変動することから税額の最終確定はそのときまで存しないとすると、国税通則法二三条一項が課税関係の早期安定という趣旨のもとで用いられているといえども、最長七年は確定しないのである。通常の更正の請求期間の一年という期間は課税庁が有している更正権限の行使期間とのバランスからいえば、まったく不均衡なものであるが、これを課税庁の職権により適正な減額更正あるいは増額更正による課税が行われることにより、両者の均衡が図られているのである。

国税通則法二三条の趣旨は、広島地裁判決も引用しているように、「この規定は、納税申告書を提出した者の権利利益の救済を図りつつ、更正の請求をすることができる期間を限定し、その申告に係る税額等をめぐった《ママ》租税法律関係の早期安定を図る趣旨のものである」として広く説明されているが、更正の請求期間を原則、この一年に限定した趣旨を説明するための立法趣旨にすぎず、今日では枕詞的な意味合いしか持ち得ないのである。

なお、本件で問題となっている国税通則法七一条との関係もここで再度確認をしておく必要がある。国税通則法二三条一項は、申告時に「納税申告書を提出した者が、その申告に係る税額等の計算が国税に関する法律の規定に従つていなかつたこと又は当該計算に誤りがあつたこと」によるものである。国税通則法二三条二項は、後発的な減額事由等が租税債務成立以後に生ずるような場合であるが、同条項同様、当該年度の税額等の是正に係るものであり、さらに、同法七一条一項は、一定の後発的事由等が発生した場合に当該年度に係る更正等は行われたものの、それにともなって税額等が影響を受ける後続年度について、さらに課税庁に特別の除斥期間のもとで更正等の権限

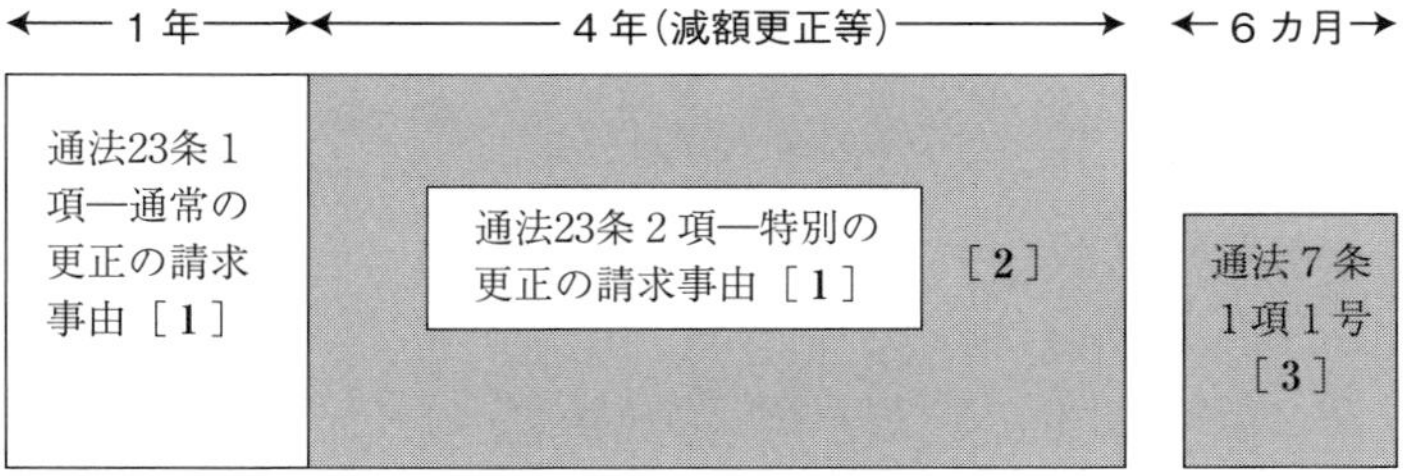

を賦与しているものである。本件は、平成八年分の確定申告を修正した修正申告に係る申告時に存した「税額等の計算が国税に関する法律の規定に従つていなかつたこと又は当該計算に誤りがあつたこと」を問題としているのではなく、後発的な原因（すなわち判決）に起因するものである。そもそも同法二三条一項の更正の対象にしようともできない後発的な事由なのである。だからこそ同法七一条の規定がおかれているのである。本件における事実のもとでは、国税通則法二三条一項一号（通常の更正の請求）の適用は問題とならず、国税通則法二三条一項との関係において、本件における義務付け訴訟の適否を論ずる余地は存しない。

(3)　国税通則法二三条一項・二項、七〇条、七一条との関係

国税通則法二三条一項・二項、七〇条、七一条との関係を図示すると、上掲のようになる。国税通則法二三条一項の適用場面[1]は、法定申告期限から一年内に通常の更正の請求事由が生じた場合である。課税庁は、納税者からの更正の請求にもとづき、減額更正等を行う。同法二三条二項の適用場面[2]は、法定申告期限から一年を経過した日から更正の除斥期間（この減額更正については四年間）内において、原則として特別の更正の請求事由が生じた場合である。課税庁は、納税者からの更正の請求にもとづいて更正等を行う。国税通則法七一条一項一号の適用場面[3]は、更正の除斥期間（国税通則法七〇条）経過後同法一項一号の事由（裁決等）が発生すれば、裁決等から六カ月間除斥期間が延長され、課税庁は減額更正義務を負う。本件は、[3]の場面である。[1]と[2]の場面の事由は[3]の場面の事由と重複しない。なお、上掲図の灰色部分は、更正の請求が納税者に賦与されておらず、課税庁のみが租税債務の確定権を有する場面である。

(4)　本件と関係規定の適用

国税通則法二三条一項一号は、「納税申告書を提出した者が、その申告に係る税額等の計算が国税に関する法律の規定に従つていなかつたこと又は当該計算に誤りがあつたこと」によるものである。本件は「納税申告書を提出した者が」「その申告に係る税額等の計算が国税に関する法律の規定に従つていなかったこと又は当該計算に誤りがあつたこと」によるものではない。納税者たる原告・控訴人はそもそも当初から誤った申告をしていたわけではなく正しい申告をしていたところ、本件係争年度に係る申告は、平成五年から七年分に係る申告に対して課税庁が誤った、違法な課税処分を行った結果生じたものであるといえよう。

平成八年分は本件更正等の処分時（あるいは税務調査時）に進行中であり、課税庁による更正等をたまたま免れたものである。さらに、納税者は、国税に関する法律の規定に従った確定申告書を一度は提出したものの、税務調査官によるこのままでは更正処分を行うことになるなどといったとの言にもとづき、一度提出した確定申告書を修正し、修正申告を提出するに及んでいる。平成八年分所得税等の申告における当該年分の課税標準等又は税額等は納税者の過誤に起因するものではなく、本件更正等に起因する、あるいは伴うものである。

国税通則法二三条一項による更正の請求、いわゆる通常の更正の請求は当初の申告に原始的な瑕疵があった場合で、その結果申告に係る税額等が過大となったこと（同項一号）などの場合に認められるものである。広島地裁判決を前提とするならば、特別の更正の請求によって減額更正を求めなかったにもかかわらず更正の請求期間が徒過しているということで、義務付け訴訟が許されないということになる。

特別の請求事由に該当しないが、国税通則法二三条一項の期間を経過すると確かに非申請型の義務付け訴訟となり、この場合に補充性の要件が充足されていないと反論することとなる。更正の請求手続規定があれば、その期間を徒過した後はいかなる場合も更正の義務付けができないというのは誤りである。国税通則法七一条一項の規定には、更正の請求を経なくともそのような事由を課税庁は十分に認識して、理解しているとの前提がある。

これに対して、国税通則法二三条二項による更正の請求、いわゆる特別の更正の請求は後発的な理由によって申告に係る税額等が過大になった場合などに認められるものである。後発的理由による更正の請求は、法定申告期限から一年を経過した後に同項掲記の事由が生じたことにより認められるものであり、通常の更正の請求の特例である。このような後発的事由に基づく更正の請求制度は、申告時には予知しえなかった事態その他のやむを得ない事由がその後において生じたことにより、遡って税額の減額等をなすべきこととなった場合に、これを税務官庁の一方的な更正の処分に委ねることなく、納税者の側からもその更正を請求しうることとして納税者の権利救済の途をさらに拡大したものである。すなわち、納税者側からの（減額）更正の請求を認めたものである。

ただし、納税申告書を提出した者は、国税通則法二三条二項各号の期間の満了する日が法定申告期限から一年以内であるときは、同項一項の通常の更正の請求によらなければならないこととされている（国税通則法二三条二項本文かっこ書参照）。よって、このような場合に限り、国税通則法二三条二項各号に掲記する事由も国税通則法二三条一項一号でいう「納税申告書を提出した者が、その申告に係る税額等の計算が国税に関する法律の規定に従つていなかつたこと又は当該計算に誤りがあつたこと」に含まれうると解するのか、それとも特別の更正の請求事由は「納税申告書を提出した者が、その申告に係る税額等の計算が国税に関する法律の規定に従つていなかつたこと又は当該計算に誤りがあつたこと」に包含されないものの、通常の更正の請求として手続を進めるにすぎないものであると解する趣旨なのか、解釈が分かれるものと思われる。

四　本件と更正の請求規定との関係

ちなみに、東京高裁昭和六一年七月三日判決（訟月三三巻四号一〇二三頁）は、「(同条二項において）同項による更正請求のできる期間の満了する日が同条一項の更正請求のできる期間の満了する日よりも後でなければ二項による更正の請求を認めないとした趣旨は、同条一項の期間内であれば一項による更正の請求が認められることによるものと解するのが相当であるから、同条一項に規定する更正の請求の要件のうち一号の『課税標準等若しくは税額等の計算が国税に関する法律の規定に従つていなかつたこと又は当該計算に誤りがあつたことによって、税額が過大となつた場合』のうちには同条二項が規定する場合も含まれていると解するのが相当である」と判示するところである。

すなわち、本件において減額事由となりうる後発的な事由は、広島高裁平成一七年五月二七日判決の確定であり、その事実が平成八年分の申告に係る法定申告期限から一年を超えて生じており、また特別の更正の請求事由にも該当しないのであるから、そもそもこれらの包含関係を論ずる意味もないところである。しかし、被控訴人（被告）がこのような包含関係をとらえて、本件も国税通則法二三条一項の適用がそもそもあった事案であると解しているのであれば、国税通則法二三条の法的構造、さらには減額更正事由と更正の請求事由との関係についての理解を誤っているものといわざるを得ない。

よって、このような意味において、国税通則法二三条二項は、同条一項における更正の請求事由に係る特例ではあるが、更正の請求期間の特例でもあると解しうる。本件は、結果的に、控訴人の主張するとおり、「納税申告書を提出した者が、その申告に係る課税標準等税額等の計算が国税に関する法律の規定に従っていなかったこと又は当該計算に誤りがあったこと」によるものに該当することとなるのであるが、当該期間内にそもそも国税通則法二三条一項において更正の請求を行って争うことができなかったものであり、本件がそもそも同法二三条一項一号に該当し、すでに更正の請求期間を徒過しているとの主張は的外れのものである。

原告・控訴人は、判決が確定したときにはすでに通常の更正の請求期間を徒過していたのであり、本件は、国税通則法二三条一項一号でいう「納税申告書を提出した者が、その申告に係る税額等の計算が国税に関する法律の規定に従つていなかつたこと又は当該計算に誤りがあつたこと」に該当しないことは明らかである。国税に関する法律の規定に従った「正当な税額」への救済措置は、特別の更正の請求事由にも該当せず、課税庁の一方的な更正の処分に委ねられていたものである。

2　更正の請求と更正の除斥期間との関係

国税通則法二三条一項に規定する通常の更正の請求事由、さらには同条二項に規定する特別の更正の請求事由に該当しない場合においては、つまるところ納税者の申告額の減額に対する「課税庁による一方的な更正処分」に委ねており、このような権限は一定の除斥期間（国税通則法七〇条等）に服することとなっている。

本件においては差戻審である広島高裁平成一七年五月二七日判決により平成八年度分の申告額の課税が明らかになったものであり、本件は通常の更正の請求事由、前述したようにそもそも国税通則法二三条一項一号による更正の請求事由に該当せず、同条の適用は論ずる余地が存しないものである。

本件は、差戻審である広島高裁平成一七年五月二七日判決に基づき所得税に係る平成八年分申告等が過大となったことを受けて、過大に納付した税額の還付を結果的には求めるものであり、後発的事由に基づくものであることに相違はない。しかし、本件における広島高裁平成一七年五月二七日判決は、国税通則法二三条二項、国税通則法施行令六条一項一号にいう、課税標準等又は税額等の計算の基礎となる事実のうちに含まれていた行為の効力に関する「官公署の許可その他の処分が取り消されたこと」に該当するということは困難であるといえる。すなわち、更正処分等が取り消された場合についてはそもそも判決の拘束力により減額更正処分が行われることとなり（行政事件訴訟法三三条）、更正の請求の手続きを経ることはそもそも予定されていない。

よって、本件のような場合においては、国税通則法二三条一項・二項にいう更正の請求事由にそもそも該当せず（すなわち、納税者になんら救済手続は予定されておらず）、そもそも国税通則法七〇条にいう更正の除斥期間、さらにはそれらの特例規定における更正の除斥期間（六カ月）内に行われる更正に服するものと解されている。このような場合において、納税者は単なる減額更正の期待を有しているにすぎないのではなく、法的な権利としての減額請求を有しているのである。国税通則法二三条一項に該当する事由が申告時に存在しながら、更正の請求期間を徒過したものではないことも明らかである。

納税申告書を提出した者は、国税通則法二三条二項各号の期間の満了する日が法定申告期限から一年以内であるときは、同項一項の通常の更正の請求によらなければならないこととなるところであるが本件はこのような事案ではないことに留意をすべきである。本件は、平成八年分の所得税等の過大納付税額等の還付を求めるものであるが、そもそも(1)課税庁（広島西税務署長）による平成五年、六年、七年分に係る違法な課税処分、(2)当該課税処分時の進行年度に係る課税標準等又は税額等の（当該課税処分を受けたことに基づく）修正申告書の提出、及び(3)平成八年度の過大納付税額に係る更正の請求の通知処分についての不服申立てに対する棄却裁決等（平成一三年一二月一三日裁決等）などに起因する事案である。上述した本件訴訟に至る経緯において明らかなように、差戻審・広島高裁平成一七年五月二七日判決による確定を受けて、広島西税務署長が真摯に国税通則法七一条一項に基づいて職権により増額更正処分を行うべき事案であったといえよう。なお、被控訴人においては、仮に平成一三年一二月一三日裁決を受けて、さらに更正の請求に理由なしとの処分の取消訴訟を提起しておかなければならなかったところ、そのような訴訟を提起しなかったのであるから、控訴人（原告）の権利救済の途は閉ざされているといった主張を展開することも同法七一条一項との関係において許されないといえよう。本件における後発的事由（差戻審・広島高裁平成一七年五月二七日判決による確定という事実）は、平成八年度の過大納付税額に係る更正の請求の通知処分についての不服申立てに対する棄却裁決等の後に生じているのである。

本件は、納税者が適切な確定申告を行っていたところ、違法な更正処分に起因する修正申告を行ったものである。本件更正処分の違法が確定したのは更正の請求の可能な法定申告期限から一年をはるかに経過した平成一七年に至ってである。申告額が過大で一年以内に納税者が結果的に「その申告に係る課税標準等又は税額等の計算が国税に関する法律の規定に従つていなかつたこと又は当該計算に誤りがあつたこと」になる場面も確かに包含して、更正の請求に係らしめているところである。しかし、そもそも申請時に過誤等が存していた場合、すなわち国税通則法二三条二項に該当するような案件においても、同条一項一号との関係において、通常の更正の請求の規定に基づいて更正の請求を認めているにすぎない（同法二三条二項かっこ書）。

四　本件と更正の請求規定との関係

国税通則法は、納税申告書を提出した者の過誤によって過大申告に至った場合については更正の請求によるべきところ、一年経過後に納税者の過誤による過大申告が発覚したものについて更正の請求規定の対象から除いている。しかし、後発的理由により申告額が過大になるに至ったものについては、同法二三条二項で特別な更正の請求によることとしている。本件は、そもそも特別の更正の請求に係るものでもなく（ただし、確定判決を受けて職権で減額更正がなされず、一年以内の場合には通常の更正の請求に包含して請求しうることとなる。）、国税通則法二三条一項一号が正面から適用されうるものではない。

広島地裁判決・広島高裁判決、被告・被控訴人の主張にも、国税通則法二三条一項、二三条二項、七一条相互の適用関係についての過誤がある。本件は、そもそも「判決の確定」との関係に起因する事由であることから、同法二三条一項一号の適用がないものであり、二三条一項一号でいう期間制限を徒過しているという被控訴人（被告）

の主張はまったくの筋違いである。

また、本件においては、被告・被控訴人の主張をそのまま両裁判所が認めたようになっているが、両者の理屈からいえば、納税者が課税庁から進行年度も含めて、同様の処理（取引）を行っていたところそれを否認され（結局三年にわたり更正）、進行年度において同様の処理をしているところ税務調査官より過年度更正の趣旨にそって同様の処理をすることを求められ、修正申告をした場合、この修正申告につき通常の更正の請求をし、訴訟を提起しておかなければ（本件は、更正の請求につき理由なしとの処分については不服申立てを行い争っている。）、後日過去三年分の課税処分の取消訴訟を提起して勝訴しても（この勝訴判決をもってしても）、修正申告を行った納税者が一切、訴訟を提起できないというのは、納税者の権利救済といった視点からも不合理である。

3　国税通則法七〇条と七一条との関係

本件は、本件更正処分等のときに進行年度であった平成八年分の課税標準等又は税額等が平成八年度の法定申告期限後には広島西税務署長が本件更正処分等と同様の理由により同年分の確定申告に対して更正処分を行うことが明らかであったために納税者は修正申告に応じたものと解される。本件は、その結果、修正申告により課税標準等又は税額等が過大となったものである。この時点における過大申告については国税通則法二三条一項による更正の請求によるところであり、納税者たる原告・控訴人もそれによって更正の請求をしたところである。しかし、前述したように本件の場合は、国税通則法二三条一項・二項の更正の請求事由にも該当せず、更正の請求によることがそもそも不可能な事案である。

通常の更正の請求期間後もこのような場合（特別の更正の請求事由にも該当しないもの）については国税通則法七

○条の更正の除斥期間内においては課税庁による職権による減額更正が予定されているところである。しかし、本件は差戻審である広島高裁平成一七年五月二七日判決が確定したときにはすでに平成八年分申告等については国税通則法七〇条の更正の除斥期間を経過していたところである。通常はこの更正の除斥期間の経過により課税関係は最終的に確定するのであるが、本件においては、さらに国税通則法七〇条の例外としての同法七一条による適用が想定されうることとなるのである。

国税通則法七一条は、同法七〇条の賦課権の期間制限の特例を定める。国税通則法七一条一項一号は、争訟の提起があった場合に、判決等による原処分の移動があったときに、その対象となった年分以外の年分等に係る課税標準等又は税額等について更正等をすべき場合であり、判決等による原処分の移動にともないそれ以外の年分又は事業年度について更正すべき場合に、すでに除斥期間が経過しているからという理由で減額更正処分を行わないことは許されないとの趣旨である。そこで、課税庁においては国税通則法七一条一項に掲記の事由（一号・二号）が生じた場合には職権で減額更正をしなければならない。よって、本件の場合においては国税通則法七一条一項一号の事由に該当するか否かが結果的には問題となるのである（前述三1参照）。

五　更正の請求と義務づけ訴訟

広島地裁判決は、本件義務付けの訴えの適法性について、(1)「原告の平成六年ないし平成八年の各課税期間の消費税（法定申告期限はそれぞれ平成七年、平成八年及び平成九年の各三月三一日、消費税法四五条一項）については、更正の請求をすることができる期間を既に経過しているところ、本件義務付けの訴えのうち各消費税に係る減額更正処分の義務付けを求めることを内容とする部分は、国税通則法二三条一項一号の上記趣旨にかんがみ許されるものではない」、(2)「平成八年分の所得税については、更正の請求及び審査請求までなされており、それらの手続においてないしその後に取消訴訟を提起して、前件取消等請求訴訟と同様の主張をする機会もあったところ、結局はそれをしなかったというのであるから、これを今さら争い得ないことは明らかである。したがって、本件義務付けの訴えは、その余の点を判断するまでもなく、不適法である」と判断している（判決文二二頁）。広島地裁判決は、被告の主張をそのまま受け入れるものとなっている。この点は、広島高裁判決も同様であるといえよう。

1　更正の請求の趣旨からの義務付け訴訟排除説の検討

(1)　非申請型義務付け訴訟排除説の根拠

被告・被控訴人は、以下に述べるように、更正の請求の趣旨からの排除、「補充性」の要件からの排除といった二つの視点から、義務付けの訴えが不適法であると述べる（広島地裁判決文一六頁〜一九頁）。

(ア)　国税通則法二三条一項一号が、納税申告書を提出した者による更正の請求をすることができる期間を法定申告期限から一年以内に限るとしているのは、納税義務者の権利利益の救済を図りつつも、その申告に係る税額等をめぐる租税法律関係を早期に確定させる要請から、かかる制限期間が経過した後は納税義務者が課税処分を争うことを否定する趣旨である。

いわゆる非申請型義務付け訴訟（行政事件訴訟法三条六項一号）は、一定の処分を求める法令上の申請権を有しない者に義務付け訴訟を認め申請権を認めたのと同様の救済手段を与えるものであり、法令上の申請権を有する者がこれを行使することができなくなった場合に救済手段を与えるものではない。そして、原告の平成八年分の所得税及び平成六年ないし平成八年の各課税期間の消費税については、更正の請求をすることができる期間を既に経過しているところ、これらの所得税及び各消費税に係る減額更正処分の義務付けを求めることを内容とする本件義務付けの訴えは、国税通則法二三条一項一号が更正の請求をすることができる期間を法定した上記趣旨からも、行政事件訴訟法三条六項一号の趣旨からも、予定されるところではなく、不適法である（同判決文一六頁～一七頁）。

（イ）　所得税の法定申告期限は翌年の三月一五日（所得税法一二〇条一項）、消費税の法定申告期限は翌年の三月三一日（消費税法四五条一項・平成七年課税期間までは平成八年法律第一七号による改正前の租税特別措置法八六条の五第一項、平成八年課税期間からは租税特別措置法八六条の六第一項による。）であるところ、本件義務付けの訴えに係る平成八年分の所得税及び平成六年ないし平成八年の各課税期間の消費税の減額更正処分については、いずれも法定申告期限から五年を経過しており、国税通則法七〇条一項一号及び二項一号の除斥期間を経過している。また、本件義務付けの訴えに係る減額更正処分について、国税通則法七一条一項一号又は二号所定の要件を満たす事実の主張立証もない。そして、行政庁に当該処分をする権限がなければ当該処分を「すべきである」（行政事件訴訟法三条六項一号）ということができない以上、非申請型義務付け訴訟は当該処分を行う権限が当該行政庁にあることを当然の前提とするものであるところ、上記のとおり、除斥期間の経過により本件義務付けの訴えに係る減額更正処分をする権限がない広島西税務署長にこれをせよと求める本件義務付けの訴えは、不適法である（同判決文一七頁）。

(2)　義務付け訴訟排除説（更正の請求の排他性）への疑問

（ア）の主張については、本件が国税通則法二三条一項で申請できなくなった（すなわち、同項一号の要件を充足しているにもかかわらず申請期間を徒過した）ことから、義務付け訴訟を求めているものではない。また、（イ）で述べるような、本件については、国税通則法七〇条の除斥期間を経過しているとの指摘も的外れである。国税通則法七一条は同法七〇条の特例規定として更正の除斥期間の特別の場合の延長を認めているのである。課税庁に存する更正の権限は、特例規定が適用されることから存するのである（国税通則法二四条、七一条）。

国税通則法七一条に非申請型義務付け訴訟排除説が及ばないことはすでに述べたところであるのでここでは再論を控える。広島地裁判決は、国税通則法七一条との関係をまったく無視をしているともいえ、国税通則法二三条による更正の請求制度は、納税者に対して、この方法による救済以外を一切排除しているとの見解にも大きな誤りが存するといえよう。広島地裁判決も広島高裁判決も結果的には、本件義務付け訴訟と更正の請求との関係について、国税通則法二三条一項・二項により更正の請求事由が存する場合において更正の請求期間内に更正の請求を行った場合に、当該更正の請求に理由なしとの通知を受けて、当該処分の取消訴訟を提起するとともに義務付け訴訟を提起する場合を除いて、①国税通則法二三条一項又は二項の更正の請求期間を徒過した後には、同法七〇条の除斥期間に、②国税通則法二三条二項における特別の更正の請求事由にそもそも該当しない事由であるが、同法七一条一項により特別に減額更正事由とされている事由が発生して同項の除斥期間内に、義務付け訴訟を提起する場合においても、非申請型義務付け訴訟が排除されていると結論づける。

このような判断が税務訴訟に与える影響はきわめて大であり、広島地裁判決・広島高裁判決においては精緻で慎重な判断が望まれたところである。

通常の更正の請求期間（法定申告期限から一年）内においては、更正の請求により減額更正を求めることができるが、更正の請求の理由なしとの処分については当該処分の取消しを求めるとともに、あわせて減額更正処分を義務づける訴えを提起することも当然に許容されるものと解される（上記の[1]の場面）が、上記[2]の場面（本件のような場合も当然に含む。）においても、後述するように、減額更正義務付け訴訟は提起することができると解されよう。広島地裁判決や被告・被控訴人の主張するような、更正の請求制度が存在することを理由に非申請型義務付け訴訟

を排除する（すなわち、「更正の請求の排他性」による義務付け訴訟の否定）との見解に誤りが存するといえよう。(22)

(3)　羈束行為としての減額更正義務

広島地裁判決・広島高裁判決によると、国税通則法二三条一項で更正の請求申請をしなかった者、すなわち租税債務の確定について争わなかった者については、別途国税通則法二三条二項でいう特別の更正の請求事由が発生したときにも、すでに更正の請求期間が徒過しているので争わせないとの理屈により非申請型義務付け訴訟は排除されてしまう。確定申告・修正申告時に存在しなかった事由が別途存在することとなれば、別途同法二三条二項にもとづき特別の更正の請求を行い、理由なしとの判断がなされれば、理由なしとの処分の取消訴訟と処分を義務付ける訴訟（併合提起）のみが可能であるということになる（行政事件訴訟法三七条の三）。

そもそも国税通則法二三条一項にいう期間が経過すれば、あるいは特別の更正の請求が経過すれば、納税者に減額更正等により適正税額による課税を受ける権利がなくなるのではなく、そのような事由にもとづく申請が納税者側から手続的にできなくなるというだけであり、すなわち申請型の義務付け訴訟ができなくなるというにすぎないと解される。当該申告書に記載した課税標準等若しくは税額等の計算が国税に関する法律の規定に従っていなかったこと又は当該計算に誤りがあったことにより、当該申告書の提出により納付すべき税額（当該税額に関し更正があった場合には、当該更正後の税額）が過大であるときには、そのような不適切な課税を放置しておくことはできず、国税通則法二四条において付与された更正権限に基づき、減額更正義務が当然に発生することから、そのような場合にすでに法的に成立している租税債務の確定を放置して、課税庁に減額するかしないかといった裁量が存するということはできない。

更正権限の発動にあたり、課税庁には租税法律主義（憲法三〇条・八四条）に基づく「合法性の原則」が適用され、すでに成立している租税債務を課税庁が課税するかしないかの裁量権は存しないと解される。課税要件事実の認定時における課税庁の判断と議論が混同されることがあってはならない。問題は、更正の請求制度の存在がなぜ、非申請型の義務付け訴訟を排除する効果（課税庁は更正の排他性の一つの効果として理解しているものと解される。）を有していると解されるかである。「更正の請求の排他性」が課税庁の除斥期間（国税通則法七〇条）内における義務付け訴訟にも及ぶか、義務付け訴訟を遮断する効果が存するか、については慎重な検討が必要である。

更正の請求の排他性について、「更正の請求についてみると、通則法二三条は、更正の請求に関する詳細な実体要件や手続要件を規定するとともに、更正の請求をすることができる期間についても、原則として、法定申告期限後一年以内と規定し、かかる実体要件、手続要件及び更正の請求の期間の要件を満たす限りにおいて納税義務者の権利利益を救済することを予定しているのであって、それ以外の方法による救済を否定する趣旨と解すべきである」との主張は義務付け訴訟との関係を意識した記述ではなく、疑問である。金子宏教授のいう、「更正の請求は、……申告内容を自己の利益に変更しようとする場合のために設けられた手続である。法がわざわざ更正の請求の手続を設けた趣旨にかんがみると、申告が過大である場合には、原則として、他の救済手段によることは許されない」[(23)]との見解（いわゆる、更正の請求の排他性）は、義務付け訴訟をも排除するかについて何ら明言はされていないところであり（あくまでも「原則として」の表記にとどめておられる。）、また、このような見解は改正行政事件訴訟法に義務付け訴訟との議論で展開されたものではない。改正行政事件訴訟法により義務付け訴訟が明文化される以前から同様の見解は金子宏教授の『租税法』に述べられているところである。[(24)]

被告・被控訴人が主張する、いわゆる「更正の請求の排他性」は、⑴更正の請求制度が法定されている場合にはその救済手続きにまず依るべきである、⑵更正の請求を経ずに申告額を上回る金額の減額を求めることはできない、との範囲において排他性が認められるにすぎないのであり、義務付け訴訟をも排除する効力を有すると解することはできないのである。

更正の請求は、前述したように、課税庁が更正・決定権限があることを前提に、課税庁に対して減額更正の発動を促す機能しか有しないことに留意をすべきである。課税庁においては申告額についても課税標準等又は税額等を見直して、減額、増額の権限を有しているところ、申告に係る当該課税年分の課税標準等又は税額等については原則としてまず納税者から減額更正の発動を促すことを認めているのであり、修正申告のように当初申告に係る課税標準等又は税額等を増額する場合には納税者にその年分の課税標準等又は税額等の変更を認めるものの、減額更正については税務行政等の視点（たとえば、修正申告により減額を認めると修正申告が濫用される可能性があることなど）から更正の請求制度をおいているのである。

被告・被控訴人は、更正の請求期間について、租税法律関係の法的安定性の面からの合理的な制約（期間制限）であるとの立場であるが、納税者からの修正申告制度、課税庁の更正や決定の除斥期間が長期にわたることを考えると、そのような法律関係の早期安定、行政の効率化という理由も説得力を持つものではない。更正の請求規定が存することをもって、このような義務付け訴訟を排除するとの見解は採用することができないと解されよう。

すなわち、通常の更正の請求期間を徒過したのちに、更正・決定等の除斥期間経過内において義務付け訴訟が提起できるか否かについては、否定説も存するところではあるが、以下の理由で誤りであるといえる。

① 通常の更正の請求は、納税者から、原則としてその原因の如何を問わず（すなわち、納税者自身の過ちによるもの、さらには税務調査に基づき課税庁からの勧奨による修正申告に応じたものの、課税庁の見解に過ちがあった場合なども含む。）減額更正の請求を行うものであり、更正の請求規定が期間徒過により納税者が利用できないことと、課税処分について権限を有している課税庁に減額を訴訟において義務付けることとの問題は次元の異なる問題であり、リンクする問題ではない。

②　更正の請求制度の趣旨は納税者の権利救済を簡易な行政手続を通じて図ろうとするものであり、更正の除斥期間制度の趣旨は行政上の法律関係の早期安定、税務行政の効率化などを図ろうとするものである。更正の請求は、原則として法定申告期限から一年を経過すると行うことができないが、納税者には申告額に係る修正申告が認められていること、さらには課税庁の増額・減額更正処分、さらには決定処分が法定申告期限から一年を経過した後にも認められていることとのバランス、更正の請求制度の趣旨等を考慮しても、更正の請求の制度の存在が、その制度が存在するとき（利用可能なとき）はともかくも、課税庁に減額更正義務があるにもかかわらず、義務付け訴訟の提起をも許さないとの法的な効果を有するものであるとは解されない。まさにこのような場合にこそ、非申請型の義務付け訴訟の訴訟要件である「補充性要件」を充足するものであるといえ、義務付け訴訟の提起が認められると解されよう。

2　「補充性」の要件からの非申請型義務付け訴訟排除説の検討

(1)　非申請型義務付け訴訟排除説の背景

本件において、被告・被控訴人は、本件義務付けの訴えが非申請型義務付け訴訟の一般的な訴訟要件（行政事件訴訟法三七条の二第一項）を満たさないと主張していたところである。

①　「一定の処分がされないことにより重大な損害を生ずる」（行政事件訴訟法三七条の二第一項）といえない。すなわち、原告が本件義務付けの訴えに係る減額更正処分がされないことにより生ずると主張している損害は、原告が平成八年分の所得税及び平成六年ないし平成八年の各課税期間の消費税として既に納付した金員が原告に還付されないという意味でのいわば消極的な意味での財産的損害にすぎない上、この損害は、原告が、法定の期間内に更

正の請求をし得る地位にあったにもかかわらず、更正の請求をすることなく、法定の期間を経過させたことにより、自ら生じさせたものである。

かかる損害は、重大なものとまではいえず、本件義務付けの訴えに係る減額更正処分がされないことにより生ずるものともいえない以上、「一定の処分がされないことにより重大な損害を生ずる」（行政事件訴訟法三七条の二第一項）といえないから、本件義務付けの訴えは、不適法である（広島地裁判決文一八頁）。

②　「損害を避けるため他に適当な方法がない」（行政事件訴訟法三七条の二第一項）といえない。すなわち、国税通則法二三条の趣旨にかんがみれば、更正の請求をすることができる期間中はもとより、その期間を経過し、もはや更正の請求を行うことができなくなったときでも、「損害を避けるため他に適当な方法がない」といえないものと解すべきである。

本件義務付けの訴えに係る所得税及び各消費税につき、国税通則法二三条一項一号の更正の請求をすることができる期間を既に経過していることから、「損害を避けるため他に適当な方法がない」（行政事件訴訟法三七条の二第一項）といえず、したがって、これらの減額更正処分の義務付けを求めることを内容とする本件義務付けの訴えは、不適法である（広島地裁判決文一八頁～一九頁）。

③　非申請型義務付け訴訟は、行政庁に当該処分をする権限がなければ、当該処分を「すべきである」（行政事件訴訟法三条六項一号）ということができないから、当該処分を行う権限が行政庁にあることが当然の前提となるところ、本件各義務付けの訴えに係る更正処分については、その除斥期間が経過しているから、広島西税務署長には更正処分をする権限はない。

④　本件義務付けの訴えに係る減額更正処分について、課税庁（広島西税務署長）がその処分をすべきことがその処分の根拠となる法令の規定から明らかであると認められ又は課税庁がその処分をしないことがその裁量権の範

囲を超え若しくはその濫用となると認められる場合には該当しない（判決文一九頁）。

非申請型義務付け訴訟の訴訟要件として、「一定の処分がされないことにより重大な損害を生ずるおそれがあり、かつ、その損害を避けるため他に適当な方法がないときに限り、提起することができる。」と規定しているところ、右記②の主張は、広く次のような見解を背景にしていると解される。

(ア)　過大な申告をした納税義務者が、更正の請求の制度（国税通則法二三条）があるにもかかわらず、更正の請求をしないで、職権による減額更正処分の義務付けを求める場合のように、損害を避ける方策が個別法で特別に法定されているのに、当該方策を採らずに義務付けを求める場合においては、「損害を避けるため他に適当な方法がない」（行政事件訴訟法三七条の二第一項）とはいえないものである。[25]そして、国税通則法が、更正の請求の制度を設けつつ、更正の請求をすることができる期間を限定して租税法律関係の安定を図っていることに照らすと、更正の請求をすることができる期間の経過前のみならず、更正の請求をすることができる期間を経過し、もはや更正の請求を行い得なくなった後においても、「損害を避けるため他に適当な方法がない」との要件を満たさないというべきである。[26]

(イ)　「申告に係る税額等の変更については、まず更正の請求をし、これに対し請求の理由がないとする税務官庁の処分があった場合にその処分内容について不服があれば、異議申立て、審査請求又は訴訟により争うみちを開いているのであって」、「更正の請求が所定の期限内にされなかった場合には、申告に係る税額等のいわゆる減額更正は、もっぱら税務官庁の一方的な更正の処分により行われることとなり、この場合には、減額要因の存否等について税務署長と納税者との間に争いがあっても、これを法廷の場にまで持ち込んで決着をつけるということはできない」[27]、「更正の請求は、……申告内容を自己の利益に変更しようとする場合のために設けられた手続である。法がわざわざ更正の請求の手続を設けた趣旨にかんがみると、申告が過大である場合には、原則として、他の救済手段によることは許されず、更正の請求の手続によらなければならないと解すべき」[28]においても明らかである。

被控訴人は、本件において、更正の請求期間内であっても、さらに更正の請求期間経過後更正決定等の除斥期間内であっても、職権による減額更正処分の義務付けを求めることは、義務付け訴訟の訴訟要件である補充性要件等を充足しないと述べる。すでに、本件が国税通則法二三条の適用の問題ではなく、同法二三条の更正の請求期間の徒過が問題とならないことは述べたところであるので、ここでは以下、[2]の場面での補充性要件について検討を加える。

(2)　補充性要件の検討

被告・被控訴人が主張するように税務訴訟における義務付け訴訟の許容性について、そもそも確定（修正）申告あるいは更正・決定に係る所得税額等の減額については、国税通則法二三条一項による更正の請求制度が法定されている以上は義務付け訴訟は許されないとする見解も存する。[29]すなわち、行政過程で特別の救済ルールが定められている場合、たとえば過大な納税申告の是正を求めるような場合には、減額更正の義務付け訴訟ではなく、更正の請求の制度によるべし、というような見解である。しかし、このような見解は、かならずしも課税処分の内容（課税標準等又は税額等の確定あるいは修正・変更規定）や更正の請求制度の意義を周知した見解とも解されない。単に形式的に更正の請求規定が存することからこのような結論を引き出しているとも考えられる。

義務付け訴訟否定説は、職権による減額更正処分に係る義務付け訴訟について、どの範囲の義務付け訴訟が認められうるかについて十分な検討がされたことは一度も存しないのである。改正行政事件訴訟法の立案・審議のなかで、「更正の請求規定」が存する場合には義務付け訴訟の訴訟要件との関係において、補充性との関係で常にそのような例として、無条件的に主張されてきた経緯があるといえよう。たとえば、衆議院法務委員会（平成一六年五月一一日）における山崎潮政府参考人答弁は、補充性要件について、過大申告に係る更正の請求制度をあげて、減額更正処分の義務付け訴訟はできないと解される発言をしているところであるが、どのような場面での更正の請求かは明らかではない。

まず、ここでは①「通常の更正の請求期限内」（前記三1[1]の場面）での更正の請求と義務付け訴訟の関係、②「通常の更正の請求期間経過後の除斥期間内」（本件のような場合である。前掲三1(1)における[2]と[3]の場面）での義務付け訴訟の許容性を区別して論ずる必要がある。このような区別もせずに一刀両断で更正の請求規定の存在をもって、上記のような、被告が主張する結論を導くことはできない。

通常の更正の請求（ここでは、特別の更正の請求が可能な場合を含む。）の期間内において、非申請型義務付け訴訟の提起が許されると解することはできないであろう。更正の請求に対する「理由なし」との行政処分の取消訴訟と併合して義務付け訴訟が可能であるとする義務付け訴訟制限許容説が妥当するといえよう。

しかし、更正の請求期間を徒過した後については議論が分かれるであろう。①義務付け訴訟がそもそも許されないとする排除説（被告・被控訴人の立場）、②更正の請求という手続を経ずに義務付け訴訟が提起できるとする義務付け訴訟許容説、がありうるところである。これらの二説の対立を、「義務付け訴訟」における訴訟要件との関係でまずみることとする。

改正行政事件訴訟法三七条の二第一項が定める義務付けの訴え（非申請型の処分の義務付けの訴え）は、救済の必要性に関する要件として、一定の処分がされないことにより重大な損害を生ずるおそれがあり、かつ、その損害を避けるため他に適当な方法がないときに限り、提起することができる、と定められている。

どのような場合に「損害を避けるため他に適当な方法がない」（補充性要件）と判断されるかどうかについては、このような救済の必要性の観点から、個別の事案に応じて裁判所において判断されることとなると解されている。(30)

このような立場からは、処分を受ける者に対して不利益を課す処分の変更や撤回を求める場合、たとえば、①過大な申告をした場合にその税額の減額を求める更正の請求の制度（国税通則法二三条、地方税法二〇条の九の三など）がある場合のように、損害を避けるための方法が個別法の中で特別に法定されているような場合や、②課税処分の一部に不服がある場合のように、既にされた不利益処分が可分で、新たな処分を求めるまでもなく、その不利益処分自体の一部取消しを求めることによってより適切に損害を避けることができる場合などにおいては、「損害を避けるため他に適当な方法がない」とはいえないものと考えられている。(31)

このような見解が改正行政事件訴訟法後の行政法関係の書物において十分に検証することもなく言及されているところではあるが、立法関係者においてもこのようなものを当然として排除するものと解していたわけではなく、「このような制度がそれに該当すると思われる」として言及されてきただけであり、その具体的な判断は今後の個々の事案における司法判断に委ねられているのである。

「損害を避けるため他に適当な方法がないとき」とは、広く、次のように解されている。「一定の処分がなされないことにより重大な損害が生ずるおそれ」があるか否かの判断と相まって救済の必要性の観点から判断されるべき問題と考えられる。事実上または法律上他に救済を求める方法があり得るとしても、その相手方の選択や、その方法についての法令上根拠の有無、要件、効果の違いなどを踏まえ、権利救済の実効的救済の観点から、その方法が、その処分をする法律上の権限のある行政庁に対してその処分をすべきことを命じることを求める訴えである義務付けの訴えとの対比において「適正な」方法であるか否かといった判断をすべきものと考えられている。(32)具体的な場合に「損害を避けるため他に適当な方法がないとき」に当たるかどうかを判断するに当たっては、原告側が救済の可能な方法がないことについてすべての事情を常に主張立証しなければならないということではなく、「一定の処分がされないことにより重大な損害を生ずるおそれ」があり、一般的にみて他に適当な方法があるとは認められない場合であれば、他に適当な方法があることについて具体的な反証がされない限り、「損害を避けるため他に適当な方法がないとき」に当たると認めてよいのではないかと考えられるとされている。[33]

また、「『その損害を避けるために他に適当な方法がないとき』という要件は、法律上別の救済手段・救済手続が仕組まれている場合に、あえて義務付け訴訟を提起するというルールを塞いでおくものであり、補充性の点から手続上の交通整理を行う趣旨と解される。この要件について、たとえば第三者に対する民事上の請求が可能であるといった理由で適用されてしまうと、義務付け訴訟のルートが著しく使いにくいものになるおそれがある。この要件は、義務付けの請求に代替する救済手続が特に法定されているような場合にのみ適用されるべきであり、今回の法改正によって直接型義務付け訴訟を法定し、国民の権利救済のために必要な場合に活用するという立法者意思を正しく反映した解釈が要請される。[34]」とも説かれている。

補充性要件の有無の判断については、このような立場は支持されうるところであるが、このような判断基準からすれば、更正の請求期間経過後の更正等の除斥期間内での義務付け訴訟の許容性については肯定的な結論にならざるを得ないはずである。

更正の請求の期間が経過した後でも、更正の請求の制度を設けつつ、その請求期間を限定して租税法律関係の法的安定を図った制度の趣旨からは、義務付けの訴えにより職権による減額更正処分を求めることはできず、その訴えが不適法なものであるとする見解は、更正の請求による手続のみによって納税者の権利救済を図ろうとするもので、きわめて納税者の権利救済を制限するものである。更正の請求制度の存在は納税者からの行政上での権利救済手続を定めたに過ぎず、この手続規定の存在をもって、たとえば、特別の更正の請求事由に該当しないものの更正等の除斥期間内において、更正の請求ができない場合に（そもそも更正の請求ができたのに行使しなかったのではない。)、司法救済が一切排除されているとは解されない。更正の請求制度の存在のみをもってこのような場面での課税庁の減額更正処分を前提とした義務付け訴訟を排除することは許されない。

たとえば、国税通則法二三条(更正の請求)一項による更正の請求は、所得税の法定申告期限から一年以内に限りすることができるものであるから、更正をすべき理由がない旨の処分の取消しの訴えにおいて所得金額の過大認定を違法理由として主張することのみが許され、更正の請求期間経過後納税者の責に帰すことのできないその余の事由にもとづく場合であっても司法上の救済手段が一切排除されていると解することは到底できないのである。

また、このたびの改正行政事件訴訟法において義務付け訴訟の規定が法定された趣旨等をも勘案すれば、このような結論は正鵠を得たものと解される。

よって、更正の請求制度が認められている以上、更正の請求を経ずにその請求の期間内に義務付け訴訟を提起することはできない(いわゆる非申請型義務付け訴訟は提起できない。)と解する余地は存する。このことは更正の請求制度の趣旨と義務付け訴訟の訴訟要件(特に補充性要件の不充足)から首肯しうるものであろう。同様に、更正の請求期間内に更正の請求を行い、それについて対応が存在せず、放置されている場合に不作為の違法確認の訴えあるいは更正の請求の「理由なし」との処分に対して当該処分の取消しの訴えと併合して義務付け訴訟を提起することのみが許容されていると解することについても異論は存しないといえよう。

(3)　日本弁護士連合会の義務付け訴訟肯定説

日本弁護士連合会行政訴訟センター[編]実務解説『行政事件訴訟法』一六七頁〜一六八頁(青林書院・二〇〇五)は、更正の請求と義務付け訴訟の関係について、以下のように述べる。

「[改正行政事件訴訟のもとで、]従来、ほとんど認められてこなかった義務付け訴訟が認められることとなった意味は大きい。とりわけ、申請権等がない場合の義務付け訴訟が認められたことは重要である。従来、更正の請求に対する不服の訴訟は、更正の請求に対する棄却処分の取消訴訟のみが認められてきた。しかし、今後は、減額更正処分をせよという義務付け訴訟が認められることになる。この場合、三七条の三第一項の要件を満たすことは明らかであるし、原告の請求に理由があるときは同条五項の要件を満たすことになるから、従来のような、更正の請求に対する棄却処分の取消訴訟といった迂遠な方法によらなくてもよいことになる。さらに、期間徒過等により更正の請求ができない場合の減額更正についても、従来は、職権の発動による減額更正処分を促すことしかできず、減額更正処分を求める義務付け訴訟はできないものと解されてきた（京都地判昭五六・一一・二〇訟務月報二八巻四号八六〇頁）。しかし、今後は、三七条の二による義務付け訴訟が可能になると解すべきである。この場合、更正処分が可能な期間内であれば税務署長は減額更正処分をするべきであるから三条六項一号の要件を満たすし、三七条の二の要件も満たすことになると解すべきであるから、本条の義務付け訴訟を提起することが可能だと考えられるのである。」

改正行政事件訴訟法のもとでは、このような明文規定がおかれた経緯などからもこのような見解は十分に支持しうるところである。旧行政事件訴訟法が抗告訴訟の態様として例示している訴訟類型のみでは適切な救済が得られない場合があることから、行政庁が一定の処分又は裁決をすべきであるにかかわらずこれがされない場合に、一定の要件の下で、行政庁がその処分又は裁決をすべき旨を命ずることを求める「義務付けの訴え」を抗告訴訟の新たな類型として定めることにより（同法三条六項）、義務付けの訴えが事案に応じて活用されるようにしたものである。上記した三つの場面（三**1**参照）に係る義務付け訴訟のうち［**2**］［**3**］については許容されうることとなる。(35)

更正の請求が認められている場合に、義務付け訴訟が許されるか否かについての問題と、更正の請求を行った場合に義務付け訴訟が提起できるか否かという問題はまず区別をされなければならない。上記したように、更正の請求が許される場合においては、納税者においてはまずその更正の請求という税務行政手続上の救済手続をもって救済を図るべきであろう。その意味で更正の請求を経ずに、義務付け訴訟を提起することは義務付け訴訟の訴訟要件の一つである「補充性」の要件を充足しないといってよかろう。

しかし、更正の請求を経て、更正の請求に対してなんら処分がなされないとき、あるいは更正の請求に対して「理由なし」との処分がなされた場合には、いわゆる申請型の義務付け訴訟として、各々、(1)不作為の違法確認の訴えと減額更正処分の義務付け訴訟を併合提起する、(2)更正の請求に対する「理由なし」との処分の取消訴訟と減額更正処分の義務付け訴訟を併合提起することが許されることとなろう（本件における一連の訴訟が(1)として実質的に解する余地が存することは前記したところである。後記六も参照）。この理は、通常の更正の請求期間を徒過した後に、特別の更正の請求をする場合についても同様である。よって、このような意味で、更正の請求規定が存在することから、税務行政における確定手続において「義務付け訴訟が排除されている」との一般的な記述は正鵠を得ていないといえよう。

このような見解からも本件義務付けの訴えは適法であるが、本件はそもそも更正の請求手続が納税者に付与されておらず、補充性の要件が問題とならないことは前記したとおりである。本件の場合は、更正の請求期間も経過しており、国税通則法七〇条に規定する更正決定等の除斥期間をも経過している。このような場合においては、減額更正義務がそもそも消滅していることから義務付け訴訟も提起できないと解される余地がある。しかし、本件においては、国税通則法七一条の規定をもって、本件義務付けの訴えを提起することが可能であると解されよう。

(4)　申告額を超えない部分の減額更正の義務付けの可否

申告後更正により増額された場合に、増額の更正処分の取消訴訟を提起するのか（当然にその場合には不服申立てを前提とする。）、それとも更正の請求で減額更正をしなければ申告額を超える減額を取消訴訟において請求することができないのかについては争いがあるところであるが、判例は一貫して後説を採用しているところである（神戸地裁昭和五四年一一月九日判決・訟月二六巻二号三四〇頁等）。更正処分の取消訴訟においては、申告額を超える部分の取消しを求めることは当然にできるが、申告額そのものに誤りがあったとして申告額を超えない部分を争うことはできないと解されている。「更正の請求の排他性」はここまで及ぶと解されている。

更正の請求をしておかなければ更正処分の取消訴訟や義務付け訴訟により、申告額を超えない部分の額について減額請求はできないのかは、一つの問題である。これも、いわゆる「更正の請求の排他性」の問題である。「更正の請求の排他性」がここまで及ぶということはできない。更正の請求は納税者が減額更正の発動を促すものであり、それに尽きるものであるといっても過言ではないのである。更正の請求の排他性は取消訴訟の排他性のアナロジーであるが、行政事件訴訟のもとで取消訴訟においてのみしか行政処分の公定力を排除できないことを明示する「取消訴訟の排他性」とその効力は大きく異なることに留意をすべきである。

この場合に申告額を超えない額について更正の請求をするにあたっては、更正の請求期限内での更正の請求と義務付け訴訟の関係において、「更正の請求の排他性」から増額更正の取消訴訟においても取消の対象となる金額は、義務付け訴訟においては義務付けるのであるから、あえて更正の請求前置は不要であるといえる。更正の請求期間経過後の除斥期間内での減額更正の義務付けの訴えが許容されうるのであり、その場合においてはそもそも更正の請求制度が前置されていないのであるから、当該義務付け訴訟のなかで申告額を超えない額の減額を請求することができると解することができよう。

すなわち、通説によれば、更正の請求の排他性が取消訴訟の取消しの範囲まで及ぶと解されているところである。この場合において更正の請求の手続を踏んでないことから「申告額」を超えて減額更正を認めることができないとの見解もありそうであるが、(36)課税庁はそもそも申告額を修正しうるのであるから、ここでその減額更正の発動を求めることになんら問題は存しない。しかし、課税庁は納税者の申告額も含めて減額更正する権限を有しているところから、更正の請求手続を前提としない義務付け訴訟において、そのような「更正の請求の排他性」を認めることは許されず、申告額を超えない部分までの減額更正を命じる義務付け判決も認められると解する。このことは、現行法上、「更正の請求の排他性」の名のもとで排除されているとはいえない。

「更正の請求の排他性」と取消訴訟との関係が仮に通説のように考えうるにしても、「更正の請求の排他性」が義務付け訴訟においても同様に影響を及ぼすかは同様に解することはできない。更正の請求ができない場合には、義務付け訴訟のみしか救済の余地がないのであるから非申請型の義務付け訴訟が認められることとなる。課税庁はそもそも申告額を修正しうるのであるから、ここで減額更正の発動を求めることになんら問題は存しない。

六　不作為の違法確認の訴えの適法性について

1　国税通則法七一条の発動と更正の請求手続の有無

広島地裁判決は、法定抗告訴訟たる不作為の違法確認の訴え（行政事件訴訟法三条五項）としての適法性について「法定抗告訴訟としての不作為の違法確認の訴えは、『法令に基づく申請に対し』（行政事件訴訟法三条五項）、行政庁が処分等をしないことの違法の確認を求めるものであり、法令に基づく申請権のあることにより原告適格が基礎付けられる。／原告・控訴人は、……平成八年分の所得税及び平成六年ないし平成八年の各課税期間の消費税について、更正の請求をすることができる期間を経過するなどし、広島西税務署長に対して減額更正を求める権限を失っており、上記原告適格を有していないから、かかる減額更正をしないことの違法の確認を求める本件違法確認の訴えは、法定抗告訴訟たる不作為の違法確認の訴えとしては、不適法である。」と判示する。

広島高裁判決は、基本的には広島地裁の判決を引用するところであるが、本件違法確認の訴えについて、「控訴人は、本件においては、課税庁が、国税通則法七一条一項一号の適用場面として、同法二四条に基づき、職権で減額更正をなすべき義務を負っており、その職権発動を促すことも行政事件訴訟法三条五項にいう『法令に基づく申請権』に含まれると主張する」としたうえで、「国税通則法七一条一項一号は、本件においては、判決の理由に沿って本件修正申告等の課税標準等又は税額等を算定すれば、更正すべきことになるというにすぎない。したがって、控訴人の主張は、その前提を欠き、採用できない。」と判示す。

国税通則法七一条が更正の請求といった手続規定を準用する規定を持たず、同条はそのような申請権を包含しないと解されることから、本件においては、国税通則法七一条に基づく義務づけ訴訟は申請権を前提としない、非申請型義務付け訴訟として許容されることとなる。そのような意味において、広島地裁判決・広島高裁判決は妥当な判断であると解される。

しかし、国税通則法七一条は、納税者からの申請権を前提としているとの見解もあり、検討を加える。

被告・控訴人は、平成九年一二月二六日付けで平成八年分の申告について更正の請求を行っている。広島西税務署長は、控訴人に対して平成一〇年四月一五日に更正の請求に理由がない旨の通知を行っている。これに対して、控訴人は平成一〇年六月三日に審査請求を行っているが、平成一三年一二月一四日に審査請求を棄却している。国税通則法七一条の適用については、原告・控訴人及び税務代理人は、平成一六年一二月一六日に、最高裁平成一六年一一月二六日判決を受けて、「国税通則法七一条にもとづく税務署長の更生処分に対する申立書及び平成八年分所得税の修正申告書撤回申立書」を提出し、さらに差戻審・広島高裁平成一七年五月二七日判決を受けて（平成八年分）所得税の更正の請求書を用いて、減額更正処分の申立てを行うなど、度々、課税庁に対して減額更正を促しているようである。

国税通則法七一条の職権による減額更正の発動手続について、同法七一条は、たとえば所得税法一五二条のように国税通則法二三条一項を準用する規定などをおいていない。この点について、納税者からの請求をまってなされることを前提とする見解[37]がある。このような見解においては、一定の請求が申請権として国税通則法七一条に包含されているか否かについては明らかではない。国税通則法七一条がそのような申請権を納税者に付与していないと解すると、憲法三〇条・八四条のもとで認められている租税法律主義のもとでの手続保障原則あるいは憲法三一条に規定する適正手続保障に違反することとなるとも解されよう。

これらの請求を申請権として国税通則法七一条に包含されていると解するのであれば、本件において、広島西税務署長は、これら申請権に基づく申立てに対して今日まで控訴人に対してなんら応答していないということになる。

行政事件訴訟法三条五項にいう「不作為の違法確認の訴え」は、行政庁が法令に基づく申請に対してなんら処分等をしないことについての違法の確認を求める訴えである。ここでいう「申請」とは法令上明文の規定がある場合に限定されない。法令の解釈上、特定の者に申請権があると認められる場合を含むとするのが、判例・通説である。[38]よって、このような解釈にたち、納税者の申請権が存在することを前提にすると、本件の場合においても、不作為の違法確認の訴え及び義務付け訴訟を併合提起しているのであり、本件義務付け訴訟を申請型義務付け訴訟（行政事件訴訟法三条六項二号、三七条の三）として解することが十分に可能であろう。しかし、前記したように国税通則法七一条一項は更正の請求を納税者に認めていないと解さざるを得ないので、このような解釈を採ることはできないと解さざるを得ないであろう。

2　無名抗告訴訟たる不作為の違法確認の訴えとしての適法性

広島地裁判決は、「抗告訴訟については、行政事件訴訟法三条二項以下に類型が個別的に法定されているが、同条一項が行政庁の公権力の行使に関する不服の訴訟を抗告訴訟として包括的に定義していることからすると、本件違法確認の訴えがいわゆる無名抗告訴訟として許容される可能性が、完全に否定されるものとは解されない。

もっとも、行政事件訴訟法は、公権力の行使につき、原則として行政庁に一次的判断権を留保しつつ、公権力の行使によって生じている違法な状態を排除する手段として抗告訴訟を位置付けているのであるから、本件違法確認の訴えが無名抗告訴訟として許容されるためには、行政庁の作為義務が法令上一義的に明確で、行政庁の一次的判断権を留保する必要性の認められない場合であって、行政庁の不作為によって国民に重大な損害ないし危険が切迫しており、かつ、他の適切な救済方法がないといった事情があることを訴訟要件として満たす必要があると解するのが相当である」。

これを「本件についてみるに、平成八年分の所得税及び平成六年ないし平成八年の各課税期間の消費税の減額更正処分がなされないことによる原告の損害の重大さはさておき、かかる損害は、上記所得税及び各消費税について原告がそもそも更正の請求をしなかったことにより自ら生じさせたもので、広島西税務署長の不作為によるものではない。／そして、……国税通則法二三条一項一号につき、同項所定の期間を経過した後は、納税申告書を提出した者が課税処分を争うことを許さないものと解すべきことをも考え合わせると、本件違法確認の訴えは、無名抗告訴訟としての訴訟要件も欠いており、不適法である。」と判示している。

本件不作為の違法確認の訴えが無名抗告訴訟として認められるためには、広島地裁判決が述べるように一義的明白性、緊急性、補充性という三つの要件を充足することが必要である（東京地裁平成一三年一二月四日判決・判例時報一七九一号三頁等）と解されるが、本件においては、本件義務付けの訴えの訴訟要件で論じたと同様に、補充性、緊急性も同様に充足しているものと解することができ、かつ確定判決により減額更正を発動すべきことが一義的に明白であるので一義的明白性の要件をも充足していると解される余地は十分にあろう。

七　行政手続法改正による「処分等の求め」への影響

行政手続法の一部を改正する法律案においては、「処分等の求め」の規定をおく（平成二〇年四月一一日に国会提出）。すなわち、改正案のもとでは、「何人も、法令に違反する事実がある場合において、その是正のためにされるべき処分又は行政指導（その根拠となる規定が法律に置かれているものに限る。）がされていないと思料するときは、当該処分をする権限を有する行政庁又は当該行政指導をする権限を有する行政機関に対し、その旨を申し出て、当該処分又は行政指導をすることを求めることができるものとする」（三六条の三第一項）とされている。(39)この規定は、国税通則法七四条の二（行政手続法の適用除外）の規定により排除されないことから、更正の請求期間が経過した後、更正の除斥期間内において、納税義務者は、「減額更正処分」がなされないときには当該処分も求めることができると説かれているようである。(40)しかし、本稿で考察したように、更正の請求の排他性により、そのような場合に納税義務者が争うことができないのであれば、この規定を納税義務者に適用することも結果的には否定されることになろう。このような前提で、国税通則法七四条の二において除外規定の対象とすべきでないと解しているともうけとれよう。そうであるならば、この規定の導入はさして税務行政手続上、納税者にとって意義のある規定とはならない。今後の無用の争いを避けるために、国税通則法上、明文でもって「処分等の求め」の規定に税務行政手続における更正を求めることが明文で保障されることが望ましいといえよう。

おわりに

本稿においては、税務訴訟として非申請型義務付け訴訟を提起しうるかという問題について、更正の請求の排他性に着目しながら非申請型義務付け訴訟の訴訟要件に検討を加えた。本件に即して、本稿を要約すれば、以下のようにいえるであろう。

1　[3]の場面

国税通則法二三条一項、二三条二項、七〇条、七一条相互の適用関係において、本件は、そもそも前件取消等請求訴訟による「判決の確定」との関係に起因する事由であることから、国税通則法二三条一項（さらには二項）の適用がそもそも問題とならない事案であり、同法二三条一項の期間制限を徒過しているという判断のもとで、本件義務付けの訴えの適否を論ずることはできない。広島高裁判決は、国税通則法七一条一項一号の該当性について判断をしていることからこの点について一定の理解を示しているようであるが、国税通則法七一条一項一号の該当性を判断のうえ、当該該当性を否定する一方で、更正の請求との関係においても非申請型義務付け訴訟が認められないとする点で広島地裁と同様の誤りを侵しているといえよう。

本件は、そもそも更正の請求等の申請権が存しない国税通則法七一条一項一号の適用が問題となる場面であり、更正の請求（すなわち、更正の請求の排他性）との関係において「補充性の要件」等を論ずる余地はない。なお、広島高裁判決は、仮に本件が国税通則法七一条一項一号に該当しているとしても課税庁の更正のための期間制限を経過しており、更正権限を有しないという。課税庁が取消判決の拘束力の範囲等との関係においても減額更正処分の権限を有している（国税通則法二四条）以上、非申請型義務付け訴訟たる本件義務付けの訴えは訴訟要件を充足しており、当該訴えは適法であると解される余地は十分にあろう。

また、国税通則法二四条のもとで更正権限を有するとともに、租税法律主義（憲法三〇条・八四条）の一内容である合法性の原則のもとで、課税庁は、本件が国税通則法七一条一項一号の事由に該当する場合には、「成立した租税債務」を所得税法等の規定によって確定させる必要があるといえる。課税庁による租税債務の確定は課税要件事実に課税要件規定を適用することにより行われるのであるから、課税処分を裁量行為として観念する余地は存しない。

2　[2]の場面

税務訴訟において、更正の請求期間が経過した場合において、減額の更正処分を命ずる判決を求めて、非申請型の義務付け訴訟を提起することも許容されると解することができよう。広島地裁判決・広島高裁判決は「更正の請求の排他性」のもとで更正の請求を経ない以上、義務付け訴訟が許されないとの解釈に立脚するが、そのような解釈は「更正の請求の排他性」を不当に拡大するものであり、採ることができない。納税者から税務行政手続にすぎない更正の請求規定が存することをもって、「更正の請求の排他性」を前提に補充性要件が欠如をしていると解することはできない。

なお、[2][3]の場面の共通の問題として、更正の除斥期間が経過するとの更正権限（国税通則法二四条）が行使できないことから更正の除斥期間経過後は義務付け訴訟を提起又は維持することはできない（訴えを提起していた場合には訴え却下となる。）と解されるか否かについては議論が存しよう。取消訴訟を提起し、取消請求が認容された場合との対比において課税庁に権限規定が存する以上、その期間にかかわらず義務付け訴訟が許容されうるとの見解もありえよう。しかし、更正の除斥期間が徒過している以上義務付け訴訟は許されないとの立場からは、仮の義務付けの申立てや国家賠償請求訴訟への訴えの変更なども考慮にいれたうえでの対応が納税者に求められることとなろう。しかし、減額更正を放置して、課税庁がそのような主張ができるか否かについては慎重に検討されなければならないであろう。

本件でみたように、納税者の申告に結果的に課税標準等又は税額等の誤りが存した場合に、どのような救済手続を付与するかはきわめて重要な問題である。本稿のような[1]〜[3]の場面（特に[2][3]の場面）に、義務付け訴訟の提起を認めることができないのであれば、更正の請求を含めた確定手続の見直しを積極的に行うこと（行政手続法の改正を含む。）が必要であろう。また、税務訴訟において、「更正の請求の排他性」が立法の趣旨・目的を超えて一人歩きすることのないように、その限界を明確にすることも急務であろう。

（1）　改正行政事件訴訟の税務訴訟への影響については、水野武夫「行政訴訟改革と税務訴訟」税法学五五一号一一三頁（二〇〇四）、同「納税者の権利救済と弁護士の役割」自由と正義五九巻三号二〇頁（二〇〇八）が有益である。浅沼潤三郎『改正　行政事件訴訟法』三三二頁以下（八千代出版・二〇〇五）、藤曲武美「更正の請求の期間徒過後の是正措置と義務付け訴訟」税務事例三八巻六号二五頁以下（二〇〇六）等参照。水野論文をはじめ租税実務家はおおむね義務付け訴訟に好意的である。なお、税務訴訟において義務付け訴訟の活用を肯定する税理士等の論考は多いが、その論拠は義務付け訴訟の規定をあげる程度のものが多い。

（2） 嘆願書に係わる法的な問題については、占部裕典「課税庁に対する嘆願書提出の法的意義とその効果」税理四六巻一二号二頁以下（二〇〇三）参照。

（3） 更正の請求は、国税通則法によるもの以外に、所得税法等の特則規定において、別途国税通則法の特則として認められているものがある。たとえば、所得税法一五二条、租税特別措置法二八条の三第一〇項、法人税法八〇条の二・八二条・八二条の一六、相続税法三二条等、数多く存在する。しかし、本稿では国税通則法の更正の請求のみを前提にして議論をすることにするが、本稿で論ずる論理は特則としての更正の請求にも同様にあてはまる。その他、義務付け訴訟の活用場面は多いが、たとえば、同族会社の行為・計算の否認規定（法人税法一三二条、所得税法一五九条等）の適用に際して、対応的調整規定が導入されたが、課税庁に対して対応的調整としての更正等を義務付け訴訟により義務付けることができるか否か、なども今後は重要な問題となろう。

（4） [1]の場面に係る義務付け訴訟としては、東京地裁平成一九年一〇月三〇日判決（TAINZ Z-888-1298）［受取配当金の益金不算入の計算誤りに係る更正の請求と義務付け訴訟］がある。地方税ではあるが、固定資産税台帳登録価格を修正して登録することを求める義務付け訴訟が許されるか否かについては、神戸地裁平成一九年三月一六日判決（判例地方自治三〇三号二七頁）がある。同判決は、地方税法が審査委員会への不服申立とその取消訴訟による救済が存在することをもって、「補充性要件」を充足しないとして、そのような訴えを不適法として却下する。ここでは、登録価格について不服申立ての期間及び方法を制限した趣旨等が問題となる。地方税法四三二条一項、四四条一項等参照。

（5） この問題の法的考察については、占部裕典『租税債務確定手続』「第一章　勧奨による修正申告と更正」（信山社・一九九八、初出論文一九八七）参照。

（6） 租税法律主義の一内容として、手続保障原則は強調されうる。金子宏『租税法　第一三版』七四頁（弘文堂・二〇〇八）参照。

（7） 更正の請求に理由なしとの処分について、当該処分の取消訴訟と減額更正処分の義務付け訴訟を併合提起している場合に

（更正の請求に応答がない場合には、不作為の違法確認の訴えと義務付け訴訟との併合提起）、新たな増額更正処分が行われた場合には、これら訴えは訴えの利益がなくなると解することとなろう。

(8)　本件において、納税者たる原告・控訴人がここまで争わなければならないのは、課税庁がそもそも違法な課税を処分して、納税者に対する課税処分が継続年度にもなされるとの調査官の指導にもとづいて後続（進行）年度についても修正申告をしたところ、裁判所においてなされた課税処分の取消訴訟（勝訴判決）にもとづいて、当然に係争年度について、もとの確定申告段階での税額に減額されるべきであると考えていたが、過大の税額を納付したまま放置されていることによる。当初の課税処分を七年をかけて争って、その課税処分が違法であることの判断を得たにもかかわらず、同様の理由で継続年度に修正申告したところ、課税庁は課税処分が違法であるとの結果を受け入れることなく放置をしているとの主張をしている。結果的には、適正な申告行為により租税債務を確定させていた原告・控訴人が、課税庁による誤った判断にもとづき過大な税額を納付することとなり、課税庁の違法な更正等により権利を侵害され、一〇年にわたり、本件を含む一連の訴訟に翻弄されてきたとの思いがある。

(9)　志場喜徳郎ほか『国税通則法精解』六八五頁（大蔵財務協会・二〇〇四）。

(10)　「国税通則法の制定に関する答申」（政府税制調査会）答申説明第三章第四節四・二の二(3)（イ）（一九六一年）

(11)　志場ほか・前掲書七一七頁。

(12)　志場ほか・前掲書七一八頁～七一九頁。

(13)　志場ほか・前掲書七一七頁。

(14)　志場ほか・前掲書七一九頁。

(15)　志場ほか・前掲書七一九頁～七二〇頁。

(16)　杉本良吉『行政事件訴訟法の解説』一一〇頁（法曹会・一九五三）。名古屋高判平八年七月一八日（判時一五九五号五八頁）等は同旨である。

ここでは、拘束力により生ずる作為義務の内容や限界が具体的には問題となる。この問題については、南博方＝高橋滋『条解行政事件訴訟法　第三版』五五一頁～五七〇頁（弘文堂・二〇〇八）参照。本件との関係でいえば特に問題となるのは、不整合処分の取消義務であろう。ここでの更正の請求が理由なしとの処分等については、本件更正処分等の取消訴訟により取消判決が確定した場合には、拘束力の内容として不整合処分の取消義務、本件においては減額更正義務が生ずると解される。ただし、拘束力の問題ではなく、取消判決の形成力の問題して、不整合処分が当然に失効するとすれば、その失効した処分を確認的に取り消す義務があるということになろう。南＝高橋・前掲書五六一頁等参照。

(17) 小林久起『司法制度改革概説三　行政事件訴訟法』一六二頁（商事法務・二〇〇四）、南＝高橋・前掲書六一五頁等も同旨。

(18) 小林・前掲書一六三頁。塩野宏『行政法Ⅱ　第四版』二一八頁（有斐閣・二〇〇五）、南＝高橋・前掲書六一五頁等も同旨。

(19) 小林・前掲書一六五頁。

(20) 小林・前掲書一六五頁。

(21) 橋本博之『解説　改正行政事件訴訟法』六三頁（弘文堂・二〇〇四）。同旨、南＝高橋・前掲書六一五頁。

(22) 更正の請求制度は、租税確定手続のレベルにおいて納税者からの租税債務の確定手続を定めるにすぎず、今日、判例や通説において説かれている「更正の請求の排他性」は再検討の余地が存する。この問題の法的考察については、占部裕典『租税確定手続』「第二章　更正の請求の機能――租税争訟における『更正の請求の排他性』の機能と限界」（信山社・一九九八）（初出論文一九九四）参照。

(23) 金子・前掲書六四一頁以下の「更正の請求」参照。

(24) このような記述は、志場ほか・前掲書三一九頁〜三二〇頁にも存する。

(25) このような見解に立つものとして、南＝高橋・前掲書六一五頁、小林・前掲行政事件訴訟法一六二〜一六三頁（商事法務・二〇〇四）、福井秀夫ほか『新行政事件訴訟法一　逐条解説とQ＆A』一三九頁〜一四〇頁（新日本法規・二〇〇四）等がある。

(26) 小林・前掲書一六三頁〜一六四頁、福井ほか・前掲書一四〇頁〜一四一頁参照。小林・前掲書一六四頁（注一）は、「更正の請求の期間（国税通則法第七〇条、地方税法一七条の五など）の経過前は、更正の請求をすることが損害を避けるための適当な方法と考えられますので、行政庁が職権で減額更正処分を求めるような義務付けの訴えを提起することはできないと考えられます。また、更正の請求の期間が経過したあとでも、更正の請求の制度を設けつつその請求期間を限定して租税法律関係の安定を図った制度の趣旨からは、義務付けの訴えにより職権による減額更正を求めることはできず、その訴えは不適法なものと考えられます」と述べる（なお、国税通則法七〇条等は更正の除斥期間の規定であり、引用誤りと考えられる）。この説明からは、更正の請求の期間経過前は補充性の要件により、更正の請求の期間経過後は更正の請求の排他性により、非申請型の義務付け訴訟を許さないものとの趣旨と解され、行政事件訴訟法三七条の二第一項の「損害を避けるため他に適当な方法がない」の文言を

「現に他に方法がない」と解するのであれば、このような説明も意義があるといえよう。また、「更正の請求の排他性」をもってどちらの場合を理由づけることも可能であるといえよう。

(27)　志場ほか・前掲書三二〇頁。
(28)　金子・前掲書六四二頁。
(29)　被告・被控訴人が引用する文献は、前掲注(25)の文献である。さらには、塩野・前掲書二一八頁参照。
(30)　小林・前掲書一六二頁。
(31)　小林・前掲書一六三頁。
(32)　小林・前掲書一六五頁。
(33)　小林・前掲書一六五頁。
(34)　橋本・前掲書六三頁。
(35)　[2]の場面について、非申請型義務付け訴訟肯定説にたつ論考として、水野・前掲税法学論文一一三頁以下等。浅沼・前掲書三三頁以下も同様に肯定説にたつが、その根拠は本稿とは異なる。
(36)　判例・通説は、更正処分の取消訴訟においては、申告額を超えて税額を取り消すことはできないと解している。この点についても、「更正の請求の排他性」や申告行為の性格、国税通則法二九条などが前提にあると解されているが、同様に疑問である。この問題については、占部・前掲『租税債務確定手続』二章で検討を加えている。
(37)　中川一郎・清永敬次編「コンメンタール国税通則法」j一二六―一二八頁(税法研究所・加除式)。
(38)　南＝高橋・前掲書八二頁。
(39)　行政手続法三六条の三の導入については、行政不服審査制度検討会『最終報告――行政不服審査法及び行政手続法改正要綱案の骨子』第一〇章(二〇〇七)参照。この問題については、占部裕典「租税手続法と租税争訟法の交錯(三・完)――改正行政事件訴訟法したにおける税務争訟の新しい道」同志社法学六〇巻二号二三頁以下(二〇〇八)参照。
(40)　速報税理二〇〇八年五月一日号一〇頁の「職権の更正処分を求める行政手続は国税も対象」等参照。
　行政手続法の一部を改正する法律案三六条の三は「その是正のためにされるべき処分」と規定しており、確かに減額更正の発動がされないときにはその発動を求めることができそうでもある。しかし、ここでも単に是正を求めても(減額更正を求めても)、課税庁としては「必要と認めるときには」処分をすればよいとの規定であるので、きわめて実効性のない規定である。本件の訴訟において、義務付け訴訟ができないことになると、ここで放置された場合の義務付け訴訟も当然に否定されることになることから、この規定は、実質「嘆願書」にお墨付きを与えるにすぎない規定(ただし書式等が明文に置かれることになる。)とも解されよう。また、同法律案の三六条の二は、「法令に違反する行為の是正を求める行政指導(その根拠となる規定が法律に置かれているものに限る。)の相手方は、当該行政指導が当該法律に規定する要件に適合しないと思料するときは、当該行政指導をした行政機関に対し、その旨を申し出て、当該行政指導の中止その他必要な措置をとることを求めることができる」と規定する。同法律案三六条の二は、「法令に違反する行為の是正を求める行政指導(その根拠となる規定が法律に置かれているものに限る。)」と規定されているので勧奨による修正申告の是正手段としては利用できない。

第一一章　税務訴訟における当事者訴訟の活用可能性

はじめに――問題の所在

行政事件訴訟法四条後段の「公法上の法律関係に関する訴訟」（実質的当事者訴訟）の確認の訴えとして、行政法のテキスト等で取り上げられる代表的なケースは租税債務の不存在確認訴訟である。しかし、このような租税債務の不存在確認訴訟は税務訴訟として広く認められうるものなのであろうか。租税債務不存在確認訴訟はどのような状況での租税債務の不存在確認を求めようとするものなのであろうか。納税告知処分との関係において言及などがあるにすぎず、それらに対する十分な説明や検討はないように思われる。このような単純な疑問に対する答えは行政法学においては用意されていないように思われる。給付の訴えとしての過誤納金返還請求訴訟も、状況は同様である。碓井光明教授は、「公法上の当事者訴訟の動向（1）（2・完）――最近の裁判例を中心として」（自治研究八五巻三号一七頁・四号三頁（二〇〇九））において、今後の問題は個別法において各々その適用の場面、および適用による意義などをあわせて検討する必要性を説かれている。(1) 今日、実質的当事者訴訟の適用拡大論のながれは改正行政事件訴訟法のもとでは否定することはできないであろう。(2) そうであるならば抽象的な議論はすでに飽食状態にあり、公法上の当事者訴訟における議論は、個別法分野においていかなる活用が可能かを検討する段階にきている。今後、裁判所の判断において、個別事案の具体的事情に応じて過去の裁判所判断をどこまで緩和するのか、どのような場合に確認の利益を肯定するのかに関心は移っている。そこで本稿では、当事者訴訟活用論を背景にして、税務訴訟における当事者訴訟の活用余地を検討するものである。

平成一六年改正で、「公法上の法律関係に関する確認の訴え」が追加され、公法上の当事者訴訟（実質的当事者訴訟）は「公法上の法律関係に関する確認の訴えその他の公法上の法律関係に関する訴訟」（行政事件訴訟法四条後段）と規定された。この改正の趣旨は、国民と行政主体の間での多様な法律関係に応じ、当事者訴訟としての確認訴訟を広く、国民の権利救済の実効的確保のために有効に機能させることが特に必要であることを注意的・確認的に明らかにしたものである。(3) この改正は公法上の当事者訴訟のうち確認訴訟の活用を促し、抗告訴訟と当事者訴訟との間の融通性を高めるものであり、当事者訴訟活用論が認知された今日においては、そのような段階での議論が当事者訴訟の議論においては強く求められている。本稿もそのような趣旨によったものである。

税務訴訟において実質的当事者訴訟を活用することの意義についてはこれまで余り検討されてこなかった。それは、抗告訴訟との関係、民事訴訟における当事者訴訟との訴訟類型の選択や訴えの利益（確認の利益）の有無といった問題のみでなく、税務争訟は、国税通則法等により自己完結的に救済規定をおいていること（「税務規定の自己完結的構造の存在」）から当事者訴訟の活用はきわめて限られると解されてきたことによるものであろう。しかし、税務規定の自己完結的構造をふまえたうえで、なお納税者の権利救済の現実を踏まえた上で権利救済の実効性確保の視点からその活用を検討する必要性は高いといえよう。確認訴訟が、異議申立て・審査請求などの不服申立前置を要さないこと（国税通則法一一五条）、更正処分等の取消訴訟に比べて訴訟費用が低廉であると考えられることなどから、平成一六年度改正により確認訴訟等の間口が広がったことに寄せられる期待は大きいと思われる。

一　税務訴訟における当事者訴訟の訴訟要件——確認訴訟における確認の利益

確認訴訟は、給付訴訟に比して、早期の段階において紛争に介入し（早期性）、執行力による裏打ちもなく、権利・法律行為関係等の観念的確定のみによって紛争の発生・深刻化を未然に防止して（予防性）、もって紛争処理に寄与しようとする訴訟類型である。実質的当事者訴訟の訴訟要件は、訴訟類型の選択の適否、紛争の現実性（即時確定の必要性）、訴訟選択の適否、被告適格の適否などから判断されることになろう(4)（大阪地判平成一九年八月一〇日判タ一二六一号一六四頁参照）。特に確認訴訟においては「確認の利益」の有無が問題となる。

1　実質的当事者訴訟の選択、当事者適格

訴訟類型の適否については、抗告訴訟との関係、民事訴訟における確認訴訟との関係が問題となる。税務訴訟において、確認訴訟等が更正処分等の効力を争うものであるときには取消訴訟の排他的管轄により当事者訴訟は原則として不適法とされている（「税務訴訟における取消訴訟の排他的管轄権による制約」）。よって、課税処分の無効を前提とする租税債務の不存在確認訴訟であれば許されることとなる（無効確認訴訟との関係については、行訴法三六条において当事者訴訟が優先する）と解されている（租税債務不存在確認の訴と課税処分に係る無効確認の訴えについて、岐阜地判昭和六二年八月一七日税務訴訟資料一六五号三〇四頁（上告審最判昭和六三年七月一四日税務訴訟資料一六五号三〇四頁）、高松高判昭和四七年一〇月三一日税務訴訟資料六六号九二五頁、東京地判昭和三七年五月二三日行例集一三巻五号八五六頁等参照）。

そこで、税務訴訟においても実質的当事者訴訟は、係争法律関係に行政処分が係わっていない場合、そのほか法律関係に処分が係わっていても紛争法律関係にその効力が及ばない場合などにそのような訴訟が認められることになる(5)。具体的にはどのような場面かが問題となろう。

民事訴訟法上の確認訴訟が予防的な機能をもつことが指摘されている。この点で取消訴訟や差止訴訟とは軌を一

にするところもあるが、この二つはいずれも公権力の行使を直接対象とするものであることから、制度的には役割分担は明確である。しかし、確認訴訟の予防的機能は、今後展開するであろう租税債務確定手続及び租税徴収手続過程の不透明な状況にあって納税者に対する不利益な税務行政の活動を防止することにあるのであるから、行政活動の中に処分も含まれる可能性があることだけで「抗告訴訟」が排他的・優先的に適用されると解するのは適切ではなかろう。(6)「更正の請求」（いわゆる「更正の請求の排他性」との関係）などの救済手続きとの関係が典型例であろう(7)（この問題については後述二2(2)参照）。

なお、民事訴訟と当事者訴訟との関係については、基本的には訴訟選択は問題となりうるがほかの行政分野に比してきわめて限られた場面である（後述Ⅱ2(1)参照）。よって訴訟の選択誤りを不適法とするかなどといった問題も存しようが、税務訴訟においてはまず問題となることがないであろう。なお、租税法において、租税法律関係を権力関係説と債務関係説で説明することが広く行われているが、ここでの債務関係と私法上の法律関係とは全く無縁の議論である。債務関係説のもとでは租税関係は原則「公法上の法律関係」であることには変わりはない。

また、納税者救済については自己完結的な救済の枠組みを有していると解されることから、税務訴訟における実質的当事者訴訟の訴訟要件については問題が生ずることが多い。たとえば、納税者においては権利主張について国税通則法で救済手続が法定されている場合が多く、当事者訴訟の提起において一定の制限があると解されよう（「税務訴訟における自己救済手続による制限」）。

原告適格については、特別の制限（行政事件訴訟法九条）はないので民事訴訟の例によることとなる。なお、被告適格も公法上の確認訴訟については行政主体（国税は国、地方税は地方公共団体）であるが、平成一六年改正により抗告訴訟の被告を行政主体として、両者の選択適用をより容易にしている（当事者訴訟における被告適格については、札幌高判昭和六〇年一一月二六日行集三六巻一一・一二号一九〇五頁、横浜地裁昭和三六年二月二〇日行集一二巻二号

二七五頁、大阪高判昭和三四年一二月七日税務訴訟資料二九号一三三三頁参照）。

税務訴訟において当事者適格が問題となることは少ないといえるが、納税義務者、源泉徴収義務者、課税庁との関係において、原告適格が問題となることがある（「税務訴訟における三面的課税関係による問題」）。具体的には、源泉徴収制度のもとで、申告制度から排除されている納税者（たとえば給与所得者）が国に対して債務不存在確認訴訟を直接に提起することができるかという問題である。源泉徴収義務者が課税庁に対して制度的に過誤納金返還請求権を有していることから、これまで給与所得者がそのような訴訟を提起することは許されないとして一蹴されてきた問題であるが、再検討が必要であろう（後述二**2**(2)参照）。

2　実質的当事者訴訟における訴えの利益（確認の利益）

確認の利益は給付の訴えではほとんど問題とならないが、確認訴訟においては、確認の対象は通常現在の法律関係や権利であるが確認の対象は無限に存在することから、特に裁判を必要とする紛争の現実性や確認判決による救済の有効性が問われる。よって、確認訴訟が適法とされるには確認の利益がなければならない。民事訴訟法と同様に、確認の利益が訴訟の適法要件として必要である。確認の利益は、判決をもって法律関係等の存否を確定することが、その法律関係等に関する法律上の紛争を解決し、当事者の法律上の地位ないし利益が害される危険を除去するために必要、適切である場合に認められる（最判平成一六年一二月二四日判時一八九〇号四六頁）。民事訴訟における確認の利益は、確認訴訟選択の適否、確認対象の適格性、即時確定の利益の三要件を満たす必要性があると一般に考えられているが、当事者訴訟（確認訴訟）における確認の利益の有無についても同様の視点からの検討が求められるものと解される。(8)

更正等の不利益処分が確実であって、しかもその不利益処分を取消訴訟で争えばそれでこと足りると解すると、紛争の成熟性について将来の処分との関係で否定的な見解につながることになる（最判昭和四七年一一月三〇日民集二六巻九号一七四六頁等参照）。確認訴訟が、処分の義務づけ訴訟や差止訴訟の代替的な機能を果たすとの見解のもとでも、その判断は同様に厳格なものとなるであろう。しかし、抗告訴訟としての当事者訴訟（法定外抗告訴訟）などとは明確に区別して考える必要があろう。訴えの利益を厳格に解することは当事者訴訟の活用拡大の趣旨にも反することとなる。よって、確認訴訟においては、紛争の成熟性といっても被告が原告の地位に不安を与えている、すなわち被告が原告の法的地位を否認したり、その地位と相容れない地位を主張する場合で足り、不安や危険が具体化した時点の訴えであれば足りると解される。平成一六年行訴法改正において、行政需要の増大と行政作用の多様化が進展する中で、取消訴訟などの抗告訴訟のみでは、国民の権利利益の実効的な救済を図ることが困難な場合が生じているとの認識の下、取消訴訟の対象となる行政の行為に限らず、国民と行政との間の多様な関係に応じて実効的な権利救済を図るため、確認訴訟の積極的な活用を意図して、行訴法四条に「公法上の法律関係に関する確認の訴え」を例示として付加挿入された趣旨も考慮すれば、実質的当事者訴訟としての確認訴訟における確認の利益をことさら制限的に解する必要はない（大阪地判平成二二年一〇月二日判例集未登載）。

また、税務訴訟において国税通則法五六条等で予定されている還付に係る給付訴訟が提起できる場合には確認の訴えは排除される（すでに納入済みの租税債務につき、その不存在の確認の訴えを提起することは、論争のより終局的解決をはかるべきとする立場に反し、従って、確認の利益を欠くものというべきであるから却下を免れない（高松高判昭和四五年一二月一七日税務訴訟資料六〇号八四九頁））。確認訴訟は執行力・形成力をともなわない非力な訴訟類型であるので紛争解決のためにより実効的な訴訟（給付訴訟や形成訴訟）が可能な場合には原則として確認の利益は認められない点では民事訴訟と同じであろう（民法に基づく税の還付訴訟については、大阪高判昭和六三年九月二七日税務訴訟資料一六五号七九一頁参照）。公法上の確認訴訟では取消訴訟（形成訴訟）やその他の抗告訴訟との優劣関係が問題となる。処分に対する排他的優越的訴訟と解されている取消訴訟との関係においてはその優越性が認められてきたところであるが、納税者の権利救済の実効性確保の視点から両者の紛争の流れのなかで柔軟に訴訟選択を認めていくことが肝要であろう。確認訴訟は、行政庁の判断の一要素である法律関係又は事実関係を対象にするのに対して、処分そのものの義務づけ又は差止訴訟では他の要素を含めて総合的な判断が求められるであろうから、確認訴訟とは訴訟物が異なり、両者間での柔軟な活用が期待される。(9)

さらに、確認対象選択の適格性については、①過去又は将来ではなく現在の、②事実関係ではなく法律関係に限定され、③確認対象の不存在（消極的確認）ではなく存在（積極的確認）を求めるべきことが原則とされてきた。単なる事実や過去の法律関係の存否は問題とすることができないが、現在の権利関係の基礎にある過去の基本的な法律関係を確定することが、現存する紛争の直接かつ抜本的な解決のために適切かつ必要と認められるような場合には確認の利益が認められる（広島高判昭和五六年九月二日税務訴訟資料一二〇号四七六頁等参照）一方、将来発生すべき権利ないし法律関係なるものは具体的な権利ないし法律関係として現在するものとはいえないから、たとえそのような権利ないし法律関係の将来における成否について法律上疑問があり、これに関して現在当事者間に争いが存してもこ確認の対象とするには適しないものといわざるを得ず、納税義務者からの確定申告又は税務署長の課税処分によって税額が確定する前に、その事業年度の法人税債務不存在の確認を求める訴えもまた、確認の対象たる具体的な権利ないし法律関係を欠くものとして不適当であると解されている（東京地判昭和四二年四月一一日行集一八巻四号四五二頁）。無効確認の訴えは無効が過去の法律関係であることから明文の規定がない以上は不適法であり、法令・行為の無効確認も一般には許されないことから、これらの無効の結果として定まる原告の地位または権利の確認を求めるべきである。

課税要件事実の有無、課税要件規定への適用についての判断は、所得税法や法人税法等においては暦年あるいは事業年度を課税年度とすることから課税関係は過去あるいは未来（将来）へと連動していることが通常であり、このような特徴は税務訴訟における確認対象の適格性を判断するにあたっては重要である。申告行為、更正処分、本税や加算税の納付等といったリスクを考えると申告期限等が到来していないこと（あるいは納税義務が成立や確定していないこと）をもって一律に否定することは問題であろう。租税債務の成立がない以上、租税債務不存在確認訴訟が提起できないということではない。

二　税務訴訟における当事者訴訟の適用場面の具体的検討

税務訴訟における当事者訴訟の活用場面として、①租税債務の確定前において租税実体法における課税要件等の充足について確認を求めることが考えられる。次に、②租税債務確定後において、租税実体法における課税要件等の確認を求めることが考えられる。これまで、租税債務不存在確認訴訟はこの場面でのものである。次に、③租税債務確定手続段階において、租税債務の不存在を確認することが考えられる。税務調査等の段階においてもたとえば修正申告の慫慂に従う義務のないことの確認など、その適用は問題となりうる。さらに、④租税債権の徴収手続段階においても租税債務の不存在確認を求めることが考えられる。時効による租税債務の消滅等について租税債務の不存在確認訴訟を提起するような場合であろう。以下、①〜④の場面においてその適用可能性を具体的に検討する。

1　債務確定前における当事者訴訟の活用

(1)　課税要件該当性の確認

課税要件を充足しているか否かについて、確認を求める訴えが想定される。たとえば、非課税要件に充足するか否かについて、納税者と課税庁の間で争いが存する場合である。たとえば、非課税所得に該当するか否かの確認について、非課税所得に該当するか否かの判断が結局は無申告に基づく決定、確定申告に基づく更正、賦課決定等といった行政処分が想定されることから、そのような後続の課税処分等をもって争うことが可能であることから、非課税であることをまえもって確認する訴えは不適法であるとの見解もありえよう。しかし、申告期限まで、あるいは課税庁による賦課処分まで課税関係について紛争が存する場合に争えないと解する理由は存しない。納税者の権利、法律的地位に危険・不安定が現存し、かつその危険・不安定を除去する方法として原告・被告間に当該請求について判決することが有効適切である場合に確認の利益は認められると解されることから、個別具体的な事例に即して判断せざるを得ず、一律に後日確定行為が予定されていることをもって確認の利益が存しないとはいえないであろう。後続の確定行為において、納税者が申告により税額を確定させる場合と賦課処分により税額を確定させる場合とがありうるが、特に前者については納税者自らが課税要件の充足等課税関係を判断せざるを得ず、後者の場合に比して「確認の利益」が認められやすいものといえよう。

たとえば、ある所得が非課税か否かについて、納税者が課税庁の判断と異なる場合において確定申告により非課税として所得金額も算定して所得税を申告して更正処分をまって不服申立て、取消訴訟等を提起して争うか、あるいは課税庁の判断どおりに申告をしておいて、更正の請求を行い、更正の請求に理由なしとの処分を不服申立て、取消訴訟等を提起して争うということになる。なお、確定申告をした後に更正処分の差止訴訟も理論的には可能であろうが、差止訴訟における訴訟要件を充足しないと解されることとなろう。このような場合にある所得が非課税所得であることの確認を求める訴えは可能であるといえよう。

同様に、固定資産税における非課税については、直接地方税法に根拠をおくものではないが、非課税申告又は非課税取扱申告を条例によって定める自治体が多いが、このような申告を提出して自治体と非課税要件をめぐって争いが生ずることがある。たとえば、固定資産税の非課税について、地方税法三四八条は、固定資産税の非課税の範囲を規定しているが、同条一項九号は、学校法人等がその設置する学校において直接保育又は教育の用に供する固定資産、学校法人等がその設置する寄宿舎で学校教育法一条の学校又は同法一二四条の専修学校に係るものにおいて「直接その用に供する固定資産」などは非課税とあると規定する。学校法人等が非課税申告をして、課税庁より非課税にならない旨の説明を受けるとこれらの行為は行政処分とはいえず、その結果保有する資産が非課税に該当するか否かの確認を求めるために非課税に該当する旨の確認訴訟を提起することが考えられよう。通常、賦課期日である一月一日現在の現況による判断にもとづいて賦課処分を受け、その取消訴訟を提起することとなるが事前に非課税に該当することの確認を求める訴えを提起することも可能と解すべきであろう。不服審査前置を経由することなく、また取消訴訟のように納税をしたうえで争うといった必要もなく、そのような確認訴訟は意義があるといえよう。課税処分の差止請求といった訴訟選択もありうるところではあるが、そのような訴訟の訴訟要件のハードルは高い。

(2)　租税法規や税務通達、個別回答にかかわる紛争

税務行政においては、各税法の基本通達、個別通達といった税務通達や個別照会回答が重要な役割を果たしてい

る。新たな解釈通達やこれまでの解釈通達とは異なる解釈通達などが示される。税務通達や個別回答が公表された場合においては、これらには原則として処分性がないと解されることから、租税法規の解釈通達として疑問が存するときには当該税務通達に従う義務のないことの確認を求める訴えが可能となるであろう。租税法規や税務通達、個別回答が違法・無効であるとして、その租税法規や税務通達、個別回答に直接起因する負担や義務のないことの確認を求める訴えが可能である。平成一六年の改正により「公法上の当事者訴訟」として活用が期待されていたのは、行政立法、行政計画、通達、行政指導などを契機とした国民と行政主体との間で紛争が生じた場合であった。税務通達等をめぐる法的紛争については、まさにこのような改正趣旨に応えうるものである。税務行政においては税務通達等が課税要件規定の解釈として極めて重要であり、課税庁の課税関係は通達に従って行われているのが実情である。上記(1)と同様に多くの場合に将来確定行為が予定されていることから、確定申告等において納税義務者の判断に基づき申告を行い、あるいは課税庁から決定や更正を受けた後争うことも十分に可能ではあるが、そのような確定行為によっては納税や加算税の不利益等を覚悟したうえで争わざるを得ず、確定行為を控えていることから確認の利益が存しないと解することはできない。

たとえば、傷害保険の保険料の取扱いについて、平成一八年四月に「長期傷害保険（終身保障タイプ）に関する税務上の取扱いについて」（企第四五八号平成一八年三月三一日）により個別照会に対して回答がなされた。この通達を前提にしても、それまでについては損金算入として取り扱われることの確認の訴え、あるいはこの通達による取扱いに服さないことの確認を求める訴えなどが想定される。納税者は将来の申告行為時において判断を求められるであろうが、そもそも毎月の保険料の処理、そのような保険を継続する否かなど確認の利益があるといえよう。

2　債務確定後の当事者訴訟の活用

(1)　処分性問題と税務訴訟における当事者訴訟 ―― 取消訴訟の排他的管轄と債務不存在確認訴訟

誤納金とは、無効な更正・決定等に基づいて納付徴収された租税、確定した税額を超えて納付徴収された租税などのように、実体法的にも手続法的にも、納付又は徴収された時点から既に法律上の原因を欠いていた徴収金のことであり、過納金とは、申告・更正・決定等租税債務の内容を確定すべき行為に基づき、それによって確定された税額が納付徴収された後に、その税額が過大であったため、更正・決定等が取り消され、あるいは減額更正がなされ、それによって減少した差額に相当する徴収金のことである（横浜地判平成四年九月一六日判時一四七七号三五頁）。確定申告後、課税庁による税務調査を経て増額の更正処分がなされた場合、納税者において、この税額に不服が存するときには不服審査を経て、更正処分の取消訴訟を提起することとなる。納税者としては増額部分の税額についての債務不存在確認訴訟も考えられうるところであるが、更正処分を取消訴訟によって取り消さないかぎり公定力が働いていることから、増額部分の税額についての債務不存在確認訴訟を当然に提起することはできないと解されている(10)（札幌高判昭和五九年八月九日判時一一四四号七七頁、釧路地判昭和五八年一一月二九日行集三四巻一一号二〇六七頁、山口地決昭和四七年一一月九日税務訴訟資料六六号九三六頁等参照）。そこで、課税処分が先行する場合においては、更正処分等を無効とする租税債務不存在確認訴訟は許されることとなる。そうであるならば納税者において、確認訴訟や給付訴訟を提起できる場面はきわめて限られてくることとなる。

紛争のもととなった行政の行為が「処分」か否か、「公権力の行使」か否かという判定により訴えのルールが変わるとして、その判別に関する解釈のリスクを国民の側に負わせるのは、平成一六年改正の趣旨に著しく反するとするとして、訴訟類型間の融通性を強調した上で抗告訴訟と当事者訴訟（確認訴訟）の並行訴訟提起に言及する見解が有力に主張されている。[11] このような見解については一般的には共感を覚えるが、租税においては確定行為（自動確定を除く）が先行行為として存在するのが一般的であり、その確定行為を機軸にして救済手続が構成されていることから、当事者訴訟が取消訴訟に従属するものではないとしても課税処分に対する「取消訴訟の排他的管轄権」（あるいは当該課税処分とそれを前提とした後続処分との距離）との関係、さらに税務争訟においては不服審査前置主義が前提とされていることからそのような訴えが前置を回避することとなることから、このような枠組みとの関係をどのように考えるかであろう。

(2) 更正の請求の排他性と債務不存在確認訴訟

納税者が確定申告後、あるいは修正申告後において、過大納付税額を争う場合においては更正の請求手続（国通法二三条等）を経て、過大納付税額の還付を受けることとなる。所得税法は、いわゆる申告納税制度を採用し（所税法一〇四条参照）、確定申告書に記載した所得税額が適正に計算したときの所得税額に比し過大であることを知った場合には、一定の期間内に限り、当初の申告書に記載した内容の更正の請求をすることができることとしている（国通法二三条、所税法一五二条等参照）。更正の請求手続が用意されている場合には、その手続によってのみしか過大納付税額の還付を受けられないとする「更正の請求の排他的管轄」（更正の請求の排他性）をどのように解するかにかかっているが、通説的には更正の請求を経ずに減額更正処分をうけることはできず、また更正の請求期間を徒過した後には申告税額を修正する方法は原則として存しないものと解されている（福岡高那覇支部判平成一六年四月一五日税務訴訟資料二五四号順号九六二七、東京高判昭和五八年四月一九日税務訴訟資料一三〇号五七頁、名古屋高判昭和四八年八月二九日訟月二〇巻三号六九頁、最判昭和四九年六月四日税務訴訟資料七五号七九五頁同旨）。また、申告無効と債務不存在確認訴訟との関係について、申告納税制度の下においては、納税義務者の意思に基づく申告により納税義務が確定したときは、納税義務者は修正申告や更正の請求のような特別の法定の手続以外の方法による申告書の内容の変更を許さないことが納税義務者の利益を著しく害すると認められる特段の事情がない限り、課税要件事実の不存在を主張することはできないと解されている（東京高判平成一九年九月二〇日税務訴訟資料二五七号順号一〇七八三、大阪高判平成九年四月一五日訟月四四巻八号一四六一頁、浦和地判昭和六一年六月三〇日税務訴訟資料一五二号五七五頁、最判昭和三九年一〇月二二日民集一八巻八号一七六二頁、岐阜地多治見支部判昭和三一年九月一七日税務訴訟資料二三号六七七頁）。よって、このような通説的立場からは、租税債務の不存在確認訴訟あるいは過大税額の不当利得返還請求訴訟を提起することはできず、「更正の請求の理由なし」という処分を争うことになって、抗告訴訟に救済手続を乗せることとなる。

確かに更正の請求の期間内においてはその排他性が働くものと解されるが、更正の請求期間経過後は訴訟との関係において「更正の請求の排他的管轄権」は及ぶと解さざるを得ないであろう。しかし、更正の請求期間経過後除斥期間内であれば租税債務の不存在確認訴訟あるいは過大税額の不当利得返還請求訴訟を拒む理由は存しない。「更正の請求の排他的管轄権」と「取消訴訟の排他的管轄権」を同列に扱うことは誤りである。(12)

それでは納税者が更正の請求期間を徒過した後においてはどのようなるであろうか。ここでは義務付け訴訟（非申請型義務付け訴訟）や仮の義務付けの申立てが訴訟類型としては考えられるところではあるが、補充性の要件を充足しないとして否定的な見解が有力であるが、この点についても問題が存する。課税庁においては除斥期間内であれば減額更正処分等も可能であるのであるから、「課税庁は〇〇額まで減額せよ」いった義務付け訴訟は可能であるといわざるを得ない。(13)「更正の請求の排他的管轄権」がそのような訴訟を排除する効力までを有するものではないことから、納税者は更正の請求の期間を徒過した後において、義務付け訴訟を提起することも許されるし、当事者訴訟をも提起することができないと解することとなる。納税者の権利救済の実効性の視点から個別事案にあわせて選択的に訴えを提起することとなる。納税者が更正の請求という手続をもって減額申請をすることはできなくなるが、訴訟において租税債務の不存在を主張することは許される。更正の除斥期間内である以上は税額が最終的に確定しておらず、課税庁においては税額を変更できるのであるから、租税債務不存在確認訴訟は許されると解すべきであろう。

なお、登録免許税法三一条一項は、同項各号のいずれかに該当する事実があるときは、登記機関が職権で遅滞なく所轄税務署長に過誤納金の還付に関する通知をしなければならないことを規定し、同条二項は、登記等を受けた者が登記機関に申し出て上記の通知をすべき旨の請求をすることができることとし、登記等を受けた者が職権で行われる上記の通知の手続を利用して簡易迅速に過誤納金の還付を受けることができるようにしている。最判平成一七年四月一四日民集五九巻三号四九一頁は、同条一項及び二項の趣旨は、過誤納金の還付が円滑に行われるようにするために簡便な手続を設けることにあるとしたうえで、同項が上記の請求につき一年の期間制限を定めているのも、登記等を受けた者が上記の簡便な手続を利用するについてその期間を画する趣旨であるにすぎないのであって、当該期間経過後は還付請求権が存在していても一切その行使をすることができず、登録免許税の還付を請求するには専ら同項所定の手続によらなければならないこととする手続の排他性を定めるものであるということはできないとして排他性を否定する(14)。更正の請求との関係については、申告納税方式の下では、自己の責任において確定申告をするために、その誤りを是正するについて法的安定の要請に基づき短期の期間制限を設けられても、納税義務者としてはやむを得ないことであるということができるからであるとして、これらを同列に論ずることはできないと判示する。しかし、これは論理が逆で申告納税者ほど複雑な課税要件規定のもとで所得の金額や税額を算定せざるを得ず、救済の必要性は高いといえよう。登録免許税法三一条および国税通則法二三条は行政庁との関係において制約があるにすぎず、上述したように訴訟においてもその排他性が及ぶと解すべきではない。

なお、修正申告等に基づく加算税賦課と債務不存在確認訴訟についてであるが、確定申告や修正申告が無効である場合に加算税についてもその賦課決定が無効となることから、加算税についても賦課決定があることにもとづいて債務不存在確認訴訟を提起することとなる（横浜地判平成一八年六月二八日税務訴訟資料二五六号順号一〇四三七は、申告行為に重大明白な瑕疵があれば、各加算税も重大明白な瑕疵があり、無効を前提とした当事者訴訟が可能であるとする（控訴審・東京高判平成一九年六月二〇日税務訴訟資料二五七号順号一〇七三〇も同旨）。これとの関係で、法人税再更正取消の確定判決は、加算税賦課決定に影響を与えるかについて、同一の事情を原因として両処分がされたとしても、両処分は全く別個の要件にもとづき課税されているのであり、一方の処分が他の処分の効力又は法律要件を当然に前提とするものでもないから、法人税再更正等処分を取り消す確定判決の既判力又は行政事件訴訟法三三条（取消判決等の拘束力）の効力は本件加算税賦課決定処分の効力又は右加算税納付義務に何らの影響を及ぼすものではなく、国にその納付金を返還する義務を生じさせるものでもないと解されている（大阪地裁昭和五一年九月二二日判決・行集二七巻九号一六一六頁等参照）。本税の確定行為と加算税との関係については公定力や取消判決の拘束力、違法性の承継の問題などともかかわる。法人税再更正等処分の取消判決等の拘束力は加算税賦課決定処分の効力又は右加算税納付義務に影響を及ぼすと解すべきであろう。

3　形式的行政処分と租税債務不存在確認訴訟

(1)　納税告知と租税債務不存在確認訴訟

自動確定による源泉徴収に係る所得税等の源泉徴収義務についてどのようにどのような訴訟類型の選択が許され

るかである。源泉徴収の対象となるべき所得の支払がなされるときは、支払者は法令の定めるところに従って所得税を徴収して国に納付する義務を負う。この納税義務は右の所得の支払の時成立し、その成立と同時に特別の手続を要しないで納付すべき税額が確定するものとされており（国通法一五）、源泉徴収による所得税については、申告納税方式による場合の納税者の税額の申告やこれを補正するための税務署長等の処分（更正、決定）、賦課課税方式による場合の税務署長等の処分（賦課決定）なくして、その税額が法令の定めるところに従って当然に、いわば自動的に確定する。源泉徴収所得税についての納税の告知は、国税通則法三六条所定の場合に国税徴収手続の第一段階をなすものとして要求され、滞納処分の不可欠の前提となるものであり、また、その性質は税額の確定した国税債権につき納期限を指定して納税義務者等に履行を請求する行為、すなわち徴収処分であって、それ自体独立して国税徴収権の消滅時効の中断事由となるものであるが（国通法七三条）、源泉徴収による所得税についての納税の告知は、確定した税額がいくばくであるかについての税務署長の意見が初めて公にされるものであるから、支払者がこれと意見を異にするときは、その税額による所得税の徴収を防止するため、異議申立て又は審査請求のほか、抗告訴訟をも提起しうるものと解すべきであり、この場合、支払者は納税の告知の前提となる納税義務の存否又は範囲を争って、納税の告知の違法を主張することができる。

支払者は、一方、源泉徴収による所得税の納税告知に対する抗告訴訟において、その前提問題たる納税義務の存否又は範囲を争って敗訴し、他方、受給者に対する税額相当額の支払請求訴訟（又は受給者より支払者に対する控除額の支払請求訴訟）において敗訴することがありうるが、それは納税の告知が課税処分ではなく、これに対する抗告訴訟が支払者の納税義務、また従って受給者の源泉納税義務の存否・範囲を訴訟上確定させ得るものでないことからであって、支払者は不利益を避けるため、抗告訴訟に併せて、またはこれと別個に、納税の告知を受けた納税義務の全部又は一部の不存在の確認の訴えを提起し、受給者に訴訟告知をして、自己の納税義務（受給者の源泉納税義務）の存否・範囲の確認について受給者とその責任を分かつことができる（最判昭和四五年一二月二四日民集二四巻一三号二二四三頁）。自動確定による税については公定力が存せず、かつ租税法において特別な救済手続が予定されていないことから、このような訴訟は適法といえることとなる。納税告知には処分性が存するが確定そのものに影響を及ぼすものではないことから、源泉徴収義務者は別途納税をうけた租税債務の不存在確認の訴えを提起することができることとなる（最判平成二三年一月一四日裁判所時報一五二三号一頁、大阪高判平成二〇年四月二五日訟月五五巻七号二六一一頁、大阪地判平成一八年一〇月二五日判時一九八〇号五五頁、最判昭和六二年四月二一日民集四一巻三号三二九頁、大阪地判昭和五一年九月二二日行集二七巻九号一六一六頁等参照）。これと関係して当該納税通知に係る不納付加算税との関係が問題となる。不納付加算税については、別途行政処分により不納付加算税の税額が確定しているが自動確定であり、納税通知自体に税額を確定させる効果はないのであるから、不納付加算税賦課決定処分の取消訴訟によらざるを得ないと解されることとなる（大阪高裁平成二〇年一〇月一五日税務訴訟資料二五八号順号一一〇五〇参照）。

登録免許税については、納税義務は登記の時に成立し、納付すべき税額は納税義務の成立と同時に特別の手続を要しないで確定する（国通法一五条二項一四号、三項六号）。そこで、登録免許税の納税義務者は、過大に登録免許税を納付して登記等を受けた場合には、そのことによって当然に還付請求権を取得し、同法五六条、七四条により五年間は過誤納金の還付を受けることができるのであり（登録免許税法三一条六項四号参照）、その還付がされないときは、還付金請求訴訟を提起することとなる（最判平成一七年四月一四日民集五九巻三号四九一頁）。

(2)　源泉徴収義務者以外のものによる租税債務不存在確認訴訟

源泉徴収に係る所得税については源泉徴収義務者と国（特別徴収義務者と地方公共団体）との間を規律しているが、

源泉徴収義務者以外の納税者は租税債務の債務不存在確認訴訟を提起することができるであろうか。国に対して違法な徴収による不当な利得の返還などを受給者が直接に請求することができる否かである。源泉徴収義務者が納税告知の取消訴訟を提起し、また一方で受給者が国に対して源泉徴収義務に係る所得税の不当利得返還請求訴訟を提起することができるかについては、確定申告に際して直接国から還付をうけることができないと解されている(15)（最判平成四年二月一八日民集四六巻二号七七頁、大阪高判平成三年九月二六日税務訴訟資料一八六号六三五頁参照）。受給者は、支払者から納税告知にかかる税相当額について求償権の行使を受けた場合には、自己の源泉納税義務を否認し、又はその範囲を争って支払者の請求の全部又は一部を拒むことができ、また、支払者が後に支給する給与からその税額相当額を控除したときは、受給者は、残余の支払のみでは給与債務の一部不履行であるとして、その控除にかかる債務の履行を請求して、その損害を回復することができるのであるから、納税告知処分について、受給者の手続保障に欠けるところはないということはできないと解されている。

しかし、給付の訴えや確認の訴えが提起できるか否かについては別途検討が必要である。他の還付請求手続を行うことができない等、他に何らかの救済手段のない場合、または還付請求をしないことによって正当な事由があって返還を認めないことが著しく正義に反する特段の事由が有る場合に限り、源泉徴収義務者以外の者である受給者はそのような請求が可能であると解する見解が存する(16)が、そのような限定は不要であり、そもそも源泉徴収に係る所得税（年末調整）だけで課税関係が終了している者、申告による確定のもとで更正の請求期間を徒過しているが除斥期間内にある者はいずれも源泉徴収関係における受給者としての立場ではなく本来の所得税に係る納税義務者として、公法上の当事者訴訟を提起することができると解すべきであろう(17)。

4　国税徴収法における不当利得返還請求訴訟等

(1)　徴収権と時効による租税債務の不存在確認訴訟

課税庁の差押えに対して、消滅時効を主張して租税債務不存在確認訴訟を提起するなどのことが考えられる（札幌高判昭和五九年五月二二日未登載、最判昭和六〇年二月二二日参照）。また、相続税法三四条一項に基づく連帯納付義務を負った者が、本来の納税義務者に対する相続税の徴収権が時効により消滅し、そのため連帯納付義務も消滅したなどと主張して、相続人の連帯納付義務が不存在であることの確認を求めることができる。相続税法三四条一項の規定による連帯納付義務は、相続人又は受遺者の固有の相続税の納税義務の確定という事実に照応して法律上当然に確定することから（最判昭和五五年七月一日民集三四巻四号五三五頁）、上記**3**(1)の納税告知と租税債務不存在確認訴訟の場合とその関係は同様である（東京高判平成一九年六月二八日判タ一二六五号一八三頁、東京地判平成一八年一一月八日税務訴訟資料二五六号順号一〇五六七、浦和地判平成五年三月一五日判例集未登載、名古屋高金沢支部判平成一七年九月二一日訟月五二巻八号二五三七頁、東京高判平成一五年九月二四日税務訴訟資料二五三号順号九四四四、東京地判平成一五年二月二六日税務訴訟資料二五三号順号九二九一、東京高判平成二〇年四月三〇日訟月五五巻四号一九五二頁等参照。一方、課税庁において、時効中断のためというような特別の必要がある場合には、国の側から民事訴訟を提起することは妨げられないとするものとして、東京地裁昭和三九年三月二六日判時三七二号八頁がある。）。

(2)　充当・督促と租税債務不存在確認訴訟

国税通則法五七条による充当は、課税庁が所定の場合に一方的に行うべきものとされ（同条一項）、その結果、充当された還付金等に相当する額の国税が納付があったものとみなされ（同条二項）、また、課税庁は充当をしたときは、その旨を相手方に通知するものとされている（同条三項）。このような実定法規の定めからすると、充当は、公権力行使の主体である税務署長が一方的に行う行為であって、それによって国民の法律上の地位に直接影響を及ぼすものというべきであり、また、国税通則法三七条による督促は、滞納処分の前提となるものであり、督促を受けたときは、納税者は、一定の日までに督促に係る国税を完納しなければ滞納処分を受ける地位に立たされることになり（同法四〇条、国税徴収法四七条）、国税通則法五七条所定の充当及び同法三七条所定の督促はいずれも、不服申立ての対象となるべき同法七五条（国税に関する処分についての不服申立て）所定の「国税に関する法律に基づく処分」に当たると解するのが相当であると解されている[18]（督促については、最判平成五年一〇月八日判時一五一二号二〇頁。充当については、札幌高判昭和五九年八月九日判時一一四四号七七頁、東京地判昭和三四年六月一七日行集一〇巻六号一一一〇頁）。督促や充当の取消訴訟を提起したうえで督促の対象となった租税債務や充当された租税債務が不存在であることの主張をすることは、別途確定行為において租税債務が確定していることから許されないものと解される。

(3)　交付要求と債務不存在確認訴訟

交付要求はすでに差し押さえられている財産を重複して差し押さえる煩をさけつつ、租税債権の満足をはかるために認められている制度であって民事における配当要求と性格を同じくする（国税徴収法八二条以下）。交付要求は強制換価手続の執行機関に対して滞納にかかる租税の弁済を催告する行為であり利害関係人の実体法上の権利義務を変動させる効果をもたないことから、行政処分とはいえないと解されている（最高裁昭和五九年三月二九日判決・訟月三〇巻八号一四九五号）。よって、交付要求に不服のある債権者及び債務者は配当異議の訴え（民事執行法九〇条）において、交付要求の対象とされている租税債権の存否（自動確定の租税につき課税要件が充足されていないこと、確定行為を要する租税につき確定行為が無効であること等）や交付要求が有効要件をみたしているかを争うことができると解される。(19)

また、課税庁が破産管財人に対してした交付要求について、交付要求は処分性が存しないことから、同様に破産管財人は交付要求に対して債務不存在確認訴訟を提起することができる(20)（東京高判平成一六年六月三〇日訟月五一巻八号二一〇二頁）。

おわりに

税務訴訟における当事者訴訟の活用は、「自己完結的な租税救済手続の枠組み」（及びその背景にある取消訴訟中心主義）のなかにどの程度、実質的当事者訴訟が割って入れるかということであろう。行政運営における公正の確保と透明性の向上を図ることを目的として制定された「行政手続法」（平成五年制定）は、国税通則法七四条の二（行政手続法の適用除外）の規定により、税務行政においてはほとんどの規定が適用除外となっている。また、一方、事後救済制度についても一連の司法制度改革の潮流の中で、行政救済制度の改革も進められ、平成一六年に、国民の権利利益のより実効的な救済手続の整備を図るために、「行政事件訴訟法」の抜本改正が行われたが、国税通則法等に直接的な影響はなかったといってもよい。気がついてみれば、税務行政は事前手続、救済手続保障の最も遅れた領域となっていたといえよう。国税通則法をはじめとする納税者の権利救済も「更正の請求の排他性」の名の下に大きく制約されているのが現状である。また、これとの関係において、税務訴訟においても更正の請求で申告額を争っていない以上は申告額については増額更正処分の取消訴訟において争えないものと取り扱われている。また、国税通則法一一五条、七五条三項・四項では、課税処分等に対して、訴えを提起するにはこれに不服申立前置が義務付けられており、訴訟に至るためには、納税者が争点が明確であり、訴訟ですみやかに決着をつけたいとしたとしても形式的に不服申立てを経由しなければならず、不服申立前置主義が納税者の負担になることも少なくない。

国税通則法をはじめとする「自己完結的な租税救済手続の枠組み」のなかで納税者の権利保障はきわめて不十分であるといわざるを得ない。そのような納税者による申告納税の救済としての「更正の請求」（原則一年）、申告内容の強制的修正たる更正等の除斥期間（原則三・五・七年）、課税庁の課税処分に対する硬直化した救済手続（不服審査前置主義及び抗告訴訟優位の救済）、租税債務の自動確定制度と源泉徴収制度のもとでの還付請求制度等などの枠組みの中で、納税者の権利救済が抜け落ちているところで「実質的当事者訴訟」を活用することが期待されうる。「自己完結的な租税救済手続の枠組み」の中での間隙部分を、今後この訴訟が果たすことが期待されよう。(21)

〔追　記〕　租税法律関係は債権債務の関係にあるとして、租税に関する債権債務が発生するのは納税義務の成立のときであり、申告や確認はそれによって何ら法的な権利義務関係を生じさせるものではないから、申告や更正にはいわゆる公定力が生ずる道理はなく、取消訴訟とは別に民事訴訟が提起できるという議論が展開されている（水野武夫「租税争訟制度の再検討」税法学五六八号一三九頁（二〇一二）、水野武夫「行政訴訟のさらなる改革――実効性ある権利救済のために」論究ジュリスト八号六三頁以下（二〇一四）等参照）。納税者の権利救済を拡大するもので傾聴に値する。しかし、租税債務の「成立」と「確定」の関係を成立した租税債務を単に確認するにすぎない関係として現行法の構造が理解できるかはなお検討の余地があるように思われる。更正の請求の排他性を再検討して取消訴訟等の対象を拡大する（第六章）、債権債務関係に当事者訴訟を広く認めようとする（第一一章）見解などとめざす方向性は同一であるように思われる。

（1）碓井光明「公法上の当事者訴訟の動向（1）（2・完）――最近の裁判例を中心として」自研八五巻三号一七頁・四号三頁（二〇〇九）。
（2）中川丈久「行政訴訟としての『確認訴訟』の可能性――改正行政事件訴訟法の理論的インパクト」民商一三〇巻六号一頁（二〇〇四）、斉藤浩『行政訴訟の実務と理論』（二〇〇七）三一八頁以下等参照。改正前の議論については、阿部泰隆「実質的当事者訴訟の蘇生?」季刊実務民事法6（一九八四）九頁以下、高木光「当事者訴訟と抗告訴訟の関係」雄川一郎先生献呈論文集（中）（一九九〇）三六四頁以下等参照。新行訴法の下での公法上の当事者訴訟活用論への批判については、阿部泰隆『行政法解釈学（Ⅱ）』三一二頁～三一七頁（有斐閣・二〇〇九）参照。阿部泰隆教授は、当事者訴訟は訴訟制度を複雑にするだけで逆に権利救済を阻害するとして、当事者訴訟の実害を強調される。また、そもそも当事者訴訟を訴訟類型と称すること自体に問題があるとして、今日当事者訴訟に乗せるといわれる訴訟でも民事訴訟に乗せればよいと説かれている。
（3）橋本博之『要説行政訴訟』（二〇〇六）一二九頁以下、橋本博之『改正行政事件訴訟法』（二〇〇四）八四頁以下、中川・前掲注（2）三頁以下参照。
（4）室井力＝芝池義一＝浜川清『コンメンタール行政法Ⅱ　行政事件訴訟法・国家賠償法〈第二版〉』（二〇〇六）七四頁以下〔浜川清〕。
（5）室井・前掲注（4）七五頁〔浜川〕。
（6）塩野宏『行政法〈第五版〉』（二〇一〇）二六四頁。
（7）碓井・前掲注（1）（2・完成）二五頁以下、室井＝芝池＝浜川・前掲注（4）七六頁〔浜川〕。
（8）室井＝芝池＝浜川・前掲注（4）七五頁〔浜川〕。
（9）室井＝芝池＝浜川・前掲注（4）八〇頁〔浜川〕は、訴訟物における同一性（確認の対象となる法律関係を争点の一つとする場合を含む）が認められる限りにおいて公法上の確認訴訟は不適法とされるとして、取消訴訟との並行提起に対する見解を疑問視する。
（10）南博方＝高橋滋『条解行政事件訴訟法〈第三版〉』（二〇〇六）一一八頁以下〔山田洋〕。なお、課税処分の無効を前提とする過誤納付金返還請求（不当利得返還請求）などは民事訴訟と考えられることがあるが、これを区別する実益はほとんどないとされる。同上一二三頁以下〔山田洋〕参照。

(11) 橋本・前掲注（3）〈要説行政訴訟〉一三七頁。
(12) この問題については、占部裕典『租税債務確定手続』（一九九八）一六八頁以下参照。
(13) この問題については、占部裕典「税務訴訟における義務付け訴訟の許容性（1）（2・完）」民商一三九巻二号（二〇〇八）一四七頁、一三九巻三号（二〇〇八）三三二頁参照。
(14) 本判決の意義については、碓井・前掲注（1）（2・完）二五頁以下、橋本・前掲注（3）〈要説行政訴訟〉三〇頁、斉藤誠・租税判例百選〈第五版〉（二〇一一）一六六頁以下参照。
(15) この問題については、加藤雅信＝岩崎政明「租税法学と民法学との対話――不当利得を接点として」租税法研究二〇号（一九九二）六四頁。
(16) 松沢智『新版租税争訟法』（二〇〇一）一三六頁以下。
(17) 加藤＝岩崎・前掲注（15）八六頁以下（岩崎）同旨。
(18) なお、充当については行政処分にあたらず、その措置が誤っているときには納税者は時効が完成するまで正しい金額の還付を求めることができると解する見解も存する。金子宏『租税法〈第一六版〉』（二〇一一）六八七頁。
(19) 金子・前掲注（18）七八一頁。
(20) この問題については、日本弁護士連合会行政センター編『実務解説行政事件訴訟法――改正行訴法を使いこなす』（二〇〇五）一六六頁以下参照。
(21) 「平成二三年度税制改正大綱」（平成二二年一二月一六日）において、①納税者権利憲章の策定（国税通則法一条の目的規定を改正し、税務行政において納税者の権利利益の保護を図る趣旨を明確にするとともに、国税通則法の名称を改正後の法律内容をよく表すものとなるよう変更など改正を行う）、②税務調査手続の整備（調査手続の透明性と予見可能性を高める観点から、税務調査に先立ち、課税庁が原則として事前通知を行うことを法律上明確化する）、③更正の請求規定の整備（実務慣行として行われてきた「嘆願」を解消する観点から、納税者が申告税額の減額を求めることができる更正の請求の期間を五年に延長する。あわせて、課税の公平の観点も踏まえ、課税庁による増額更正の期間を五年に延長する）、④処分の理由附記規定の整備（処分の適正化と納税者の予見可能性の確保の観点から、全ての処分について理由附記を実施する）などが示され、改正法案が提出された。「納税者権利憲章」の創設が先送りされるなど一部修正は行われたが、改正法が平成二三年一一月三〇日に成立した（公布日：平成二三年一二月二日、施行日：平成二三年一二月二日（別段の定めがあるものを除く））。その結果、②の下では実質的当事者訴訟の活用が拡がるものと解されるが、③の下では本稿で検討した実質的当事者訴訟が不要となる場面も存しようが、一方で減額更正等の申請型義務付け訴訟が増えることになろう。

第一二章　源泉徴収制度における権利関係と権利救済

はじめに――問題の所在

源泉徴収制度は、所得税の申告納税制度の下における、「納付方法」の一態様として採用されている。[1]

所得税法六条は、同法二八条一項（給与所得）に規定する給与等の支払をする者その他同法四編一章から六章まで（源泉徴収）に規定する支払をする者は、同法により、その支払に係る金額につき源泉徴収をする義務があると規定する。そのうえで、たとえば、所得税法一八三条は、「居住者に対し国内において第二八条第一項（給与所得）に規定する給与等（以下この章において『給与等』という。）の支払をする者は、その支払の際、その給与等について所得税を徴収し、その徴収の日の属する月の翌月十日までに、これを国に納付しなければならない。」と規定する。

一方で、国税通則法一五条一項は、国税を納付する義務（源泉徴収による国税については、これを徴収して国に納付する義務。以下「納税義務」という。）が成立する場合には、その成立と同時に特別の手続を要しないで納付すべき税額が確定する国税を除き、国税に関する法律の定める手続により、その国税についての納付すべき税額が確定されるものとし、同条二項二号は、「源泉徴収による所得税」を掲げる。同条三項は、納税義務の成立と同時に特別の手続を要しないで納付すべき税額が確定する国税として、源泉徴収による所得税を挙げる。源泉徴収による所得税は、いわゆる自動確定の税であることを明言している。このことから、たとえば給与等の所得の支払に際して、源泉徴収義務者は、支払時に納税義務者から租税を徴収する義務と徴収した租税を国庫に納付する義務を負う。この反面、納税義務者は徴収納付を受忍し、または源泉徴収義務者に税額相当額を給付する義務を負うが、みずから国庫へ納付する義務はなく、国との直接の関係は切断されている。[2]

なお、国税通則法六七条一項は、源泉徴収による国税がその法定納期限までに完納されなかった場合には、税務署長は、当該納税者から、同法三六条一項二号（源泉徴収による国税の納税の告知）の規定による納税の告知に係る税額又はその法定納期限後に当該告知を受けることなく納付された税額に一〇〇分の一〇の割合を乗じて計算した金額に相当する不納付加算税を徴収し、ただし、当該告知又は納付に係る国税を法定納期限までに納付しなかったことについて「正当な理由」があると認められる場合は、この限りでないと規定する。

また、所得税法二二一条は、源泉徴収の規定（第四編第一章から第五章まで）により所得税を徴収して納付すべき者がその所得税を納付しなかったときは、税務署長は、その所得税をその者から徴収すると規定する。所得税法二二二条は、①同法二二一条の規定により所得税を徴収された源泉徴収義務者がその徴収された所得税の額の全部又は一部につき源泉徴収の規定による徴収をしていなかつた場合、又は②これらの規定により所得税を徴収して納付すべき者がその徴収をしないでその所得税をその納付の期限後に納付した場合には、これらの者は、その徴収をしていなかった所得税の額に相当する金額を、その徴収をされるべき者（受給者）に対して同条の規定による徴収の時以後若しくは当該納付をした時以後に支払うべき金額から控除し、又は当該徴収をされるべき者に対し当該所得税の額に相当する金額の支払を請求することができる。この場合において、その控除された金額又はその請求に基づき支払われた金額は、受給者等については、源泉徴収の規定により徴収された所得税とみなすと規定している。

このような源泉徴収制度においては、法律関係の主体としての税務署長（国）、源泉徴収義務者、本来の納税義務者の三者が登場する。そして、実体法上、国と直接債務関係に立つのは納税義務者ではなく徴収義務者であると解されてきた。最終的に税を負担するのは法律上、本来の納税義務者であるにもかかわらず、国と本来の納税義務者は債権債務関係に立たないと解されている。このような源泉徴収をめぐる法律関係のなかで、これまでもいくつかの具体的な問題が論じられてきたところであるが、たとえば、最高裁平成四年二月一八日によって、本来の納税義務者が、源泉徴収義務者によって誤って過大に徴収された（源泉徴収された）所得税額を直接国に対して還付を求めたり、確定申告の段階で納付すべき税額から直接控除することはできず、源泉徴収義務者に対してのみ、差額の給付を求めることができると判断されており、源泉徴収の規定に係る法律関係は徐々にではあるが明確化されてきているといえよう。これまでの最高裁判決によりこれら三者の法律関係は明確になってきたといってよい。

さらに本稿で取り上げる、最高裁の二つの判決（最高裁平成二三年一月一四日、最高裁平成二三年三月二二日判決民集六五巻一号一頁—一部破棄自判、一部上告棄却）によりほぼ源泉徴収制度における三者の法律関係については進展をみた。

一　「支払をする者」の意義

本件においては、このよう規定の枠組みの中で、「退職手当等の支払をする者」及び「報酬……の支払をする者」が源泉徴収義務を負うことから、まずこれら文言の解釈が問題となる。

所得税法一九九条は、居住者に対し国内において同法三〇条一項（退職所得）に規定する退職手当等の支払をする者は、その支払の際、その退職手当等について所得税を徴収し、その徴収の日の属する月の翌月一〇日までに、これを国に納付しなければならない旨規定する。また、所得税法二〇四条一項柱書は、居住者に対し国内において同項各号に掲げる報酬若しくは料金、契約金又は賞金の支払をする者は、その支払の際、その報酬若しくは料金、契約金又は賞金について所得税を徴収し、その徴収の日の属する月の翌月一〇日までに、これを国に納付しなければならないと規定し、同項二号は、弁護士、司法書士等、その他これらに類する者で政令で定めるものの業務に関する報酬又は料金を掲げている。

1　最高裁平成二三年一月一四日判決の要旨

まず簡単に事実関係をみる。

A株式会社（以下「破産会社」という。）は、平成一一年九月一六日、大阪地方裁判所において破産宣告を受け、弁護士である上告人X（原告、控訴人）が破産管財人に選任された。大阪地方裁判所は、平成一二年六月二九日、Xの報酬を三〇〇〇万円とする旨決定し、Xは、同年七月三日、上記報酬の支払をした。また、Xは、平成一二年八月三〇日、破産会社の元従業員ら二七〇名を債権者とする退職金の債権（以下「本件各退職金債権」という。）に対し、合計五億九四一五万二八〇八円の配当をした。なお、上記元従業員らは、いずれも平成一一年九月一六日をもって破産会社を退職していた。

大阪地方裁判所は、平成一三年三月二一日、Xの報酬を五〇〇〇万円とする旨決定し、Xは、同月二八日、上記報酬の支払をした（以下、この報酬と上記報酬とを併せて「本件各報酬」という。）。

破産管財人であるXが、破産法（平成一六年法律第七五号による廃止前のもの。以下「旧破産法」という。）の下において、上記の支払をしたが、いずれの支払についても、Xは源泉徴収に係る所得税（源泉所得税）を徴収していなかった。

これに対して、所轄税務署長は、上記報酬支払には所得税法二〇四条一項二号の規定が、上記配当には同法一九九条の規定がそれぞれ適用されることを前提として、平成一五年一〇月二三日付けで、被上告人Xに対し、源泉所得税の納税の告知（以下「本件各納税告知」という。）及び不納付加算税の賦課決定（以下「本件各賦課決定」という。）

をした。

そこで、Xにおいて、主位的に、Xの被上告人Y（国、被告・被控訴人）に対する上記源泉所得税及び不納付加算税の納税義務が存在しないことの確認を求める訴訟を提起するとともに、予備的に、YのXに対する上記源泉所得税及び不納付加算税の債権が財団債権でないことの確認を求める訴えを追加している。

二審・大阪高裁平成二〇年四月二五日判決（金判一三五九号二八頁）は、次のとおり判断し、Xの主位的請求及び予備的請求をいずれも棄却すべきものとした。[3]

（一）弁護士である破産管財人が受ける報酬は、所得税法二〇四条一項二号にいう弁護士の業務に関する報酬に該当する。同項にいう「支払をする者」とは、当該支払に係る経済的出損の効果の帰属主体をいい、破産管財人の報酬の場合は、破産者がこれに当たると解されるが、破産管財人が自己に専属する管理処分権に基づいて破産財団から上記報酬の支払をすることは、法的には破産者が自らこれを行うのと同視できるし、その場合、破産管財人は当該支払を本来の管財業務として行うのであるから、破産管財人は、当該支払に付随する職務上の義務として、上記報酬につき所得税の源泉徴収義務を負うと解するのが相当である。そして、上記報酬に係る源泉所得税の債権は、破産財団管理上の当然の経費として破産債権者にとって共益的な支出に係るものであって、旧破産法四七条二号ただし書所定の財団債権に当たるというべきであり、その附帯税である不納付加算税の債権も、財団債権に当たるというべきである。

（二）破産債権である元従業員らの退職金の債権に対して破産管財人が行う配当は、所得税法一九九条にいう退職手当等の支払に当たり、当該配当においても、上記（一）と同様の理由により、破産者が同条にいう「支払をする者」に当たると解され、破産管財人は、当該配当に付随する職務上の義務として、当該配当につき所得税の源泉徴収義務を負い、その源泉所得税及び不納付加算税の債権は、いずれも財団債権に当たるというべきである。

なお、一審・大阪地裁平成一八年一〇月二五日判決（民集六五巻一号四三頁、訟務月報五四巻二号五四九頁）も税務署長が、原告が破産管財人個人に対して支払った報酬及び訴外会社の元従業員らに対して配当した退職金等について、破産者は、破産債権に対する配当及び財団債権に対する弁済について、所得税法の規定に従い、当該弁済及び配当に係る所得税を徴収し納付する義務を負い、その徴収及び納付は破産管財人の権限に属するとして、概ね原審と同様の理由でXの請求をいずれも棄却していた。(4)

しかし、最高裁平成二三年一月一四日判決は以下のように述べて、原判決を取り消す。

一　「支払をする者」の意義

「弁護士である破産管財人が支払を受ける報酬は、所得税法二〇四条一項二号にいう弁護士の業務に関する報酬に該当するものというべきところ、同項の規定が同号所定の報酬の支払をする者に所得税の源泉徴収義務を課しているのは、当該報酬の支払をする者がこれを受ける者と特に密接な関係にあって、徴税上特別の便宜を有し、能率を挙げ得る点を考慮したことによるものである（最高裁昭和三一年（あ）第一〇七一号同三七年二月二八日大法廷判決・刑集一六巻二号二一二頁参照）。

破産管財人の報酬は、旧破産法四七条三号にいう『破産財団ノ管理、換価及配当ニ関スル費用』に含まれ（最高裁昭和四〇年（オ）第一四六七号同四五年一〇月三〇日第二小法廷判決・民集二四巻一一号一六六七頁参照）、破産財団を責任財産として、破産管財人が、自ら行った管財業務の対価として、自らその支払をしてこれを受けるのであるから、弁護士である破産管財人は、その報酬につき、所得税法二〇四条一項にいう『支払をする者』に当たり、同項二号の規定に基づき、自らの報酬の支払の際にその報酬について所得税を徴収し、これを国に納付する義務を負うと解するのが相当である。

そして、破産管財人の報酬は、破産手続の遂行のために必要な費用であり、それ自体が破産財団の管理の上で当然支出を要する経費に属するものであるから、その支払の際に破産管財人が控除した源泉所得税の納付義務は、破産債権者において共益的な支出として共同負担するのが相当である。したがって、弁護士である破産管財人の報酬に係る源泉所得税の債権は、旧破産法四七条二号ただし書にいう『破産財団ニ関シテ生シタルモノ』として、財団債権に当たるというべきである（最高裁昭和三九年（行ツ）第六号同四三年一〇月八日第三小法廷判決・民集二二巻一〇号二〇九三頁、最高裁昭和五九年（行ツ）第三三三号同六二年四月二一日第三小法廷判決・民集四一巻三号三二九頁参照）。また、不納付加算税の債権も、本税である源泉所得税の債権に附帯して生ずるものであるから、旧破産法の下において、財団債権に当たると解される（前掲最高裁昭和六二年四月二一日第三小法廷判決参照）。」

二　「所得税法一九九条の規定が、退職手当等（退職手当、一時恩給その他の退職により一時に受ける給与及びこれらの性質を有する給与をいう。以下同じ。）の支払をする者に所得税の源泉徴収義務を課しているのも、退職手当等の支払をする者がこれを受ける者と特に密接な関係にあって、徴税上特別の便宜を有し、能率を挙げ得る点を考慮したことによるものである（前掲最高裁昭和三七年二月二八日大法廷判決参照）。

破産管財人は、破産手続を適正かつ公平に遂行するために、破産者から独立した地位を与えられて、法令上定められた職務の遂行に当たる者であり、破産者が雇用していた労働者との間において、破産宣告前の雇用関係に関し直接の債権債務関係に立つものではなく、破産債権である上記雇用関係に基づく退職手当等の債権に対して配当をする場合も、これを破産手続上の職務の遂行として行うのであるから、このような破産管財人と上記労働者との間に、使用者と労働者との関係に準ずるような特に密接な関係があるということはできない。また、破産管財人は、破産財団の管理処分権を破産者から承継するが（旧破産法七条）、破産宣告前の雇用関係に基づく退職手当等の支払に関し、その支払の際に所得税の源泉徴収をすべき者としての地位を破産者から当然に承継すると解すべき法令上の根拠は存しない。そうすると、破産管財人は、上記退職手当等につき、所得税法一九九条にいう『支払をする者』に含まれず、破産債権である上記退職手当等の債権に対する配当の際にその退職手当等について所得税を徴収し、これを国に納付する義務を負うものではないと解するのが相当である。」

「原判決のうち平成一二年八月分の源泉所得税及びその不納付加算税に関する部分は破棄を免れず、同部分につき第第一審判決を取消して、本件訴えのうち上記不納付加算税に関する部分を却下し、上記源泉所得税に関する上告人の主位的請求を認容すべきであり、上告人のその余の上告は棄却すべきである。」（裁判官全員一致の意見）。

2　本最高裁判決の意義

本件は、処分行政庁である税務署長が、Xが破産管財人個人に対して支払った報酬及び訴外会社の元従業員らに対して配当した退職金等について、源泉徴収に係る所得税の納税告知処分及び不納付加算税賦課決定処分をしたのに対し、Xが、本件各処分に係る納税義務が存在しないことの確認を求めた実質的当事者訴訟（行政事件訴訟法四条）である。(5)

破産実務においては、破産前の給与、退職金の配当に際しては、破産管財人が所得税の源泉徴収義務は負わないと解されてきており、すでに実務の上では定着しているという状況にあったことから、上記の一審、二審の判断は実務に大きな影響を与えるものとして、(6)最高裁判決に注目が集まっていたところである。本件における、主たる争点は、①弁護士である破産管財人の報酬に係る源泉所得税の債権は財団債権に当たるか、そして弁護士である破産管財人は、その報酬の支払につき、源泉徴収義務を負うか、②弁護士である破産管財人は、破産債権である破産宣告前の雇用関係に基づく退職手当等の債権に対する配当の際、その退職手当等について源泉徴収義務を負うか、である。最高裁は、本判決において、初めて、所得税法二〇四条一項、同法一九九条が規定する「支払をする者」の意義が明らかにしたといってよい(7)。本最高裁判決は、破産管財人の源泉徴収義務に係る混乱に終止符を打ったものであるが、本最高裁判決の直後の最高裁平成二三年三月二二日判決（民集六五巻二号七三五頁）(8)と相まって、源泉徴収義務者の範囲が明確にされつつあり、現在の源泉徴収に係る課税実務に与える影響は大きいものと思われる(9)。

二　源泉徴収義務制度の趣旨と憲法上の制約

1　所得税法における源泉徴収義務の法的構造

所得税法六条は、同法二八条一項（給与所得）に規定する給与等の支払をする者その他同法四編一章から六章まで（源泉徴収）に規定する支払をする者は、同法により、その支払に係る金額につき源泉徴収をする義務があると規定する。そのうえで、所得税法一九九条は、居住者に対し国内において同法三〇条一項（退職所得）に規定する退職手当等の支払をする者は、その支払の際、その退職手当等について所得税を徴収し、その徴収の日の属する月の翌月一〇日までに、これを国に納付しなければならない旨規定する。また、所得税法二〇四条一項柱書は、居住者に対し国内において同項各号に掲げる報酬若しくは料金、契約金又は賞金の支払をする者は、その支払の際、その報酬若しくは料金、契約金又は賞金について所得税を徴収し、その徴収の日の属する月の翌月一〇日までに、これを国に納付しなければならないと規定し、同項二号は、弁護士、司法書士等、その他これらに類する者で政令で定めるものの業務に関する報酬又は料金を掲げている。

一方で、国税通則法一五条は、国税を納付する義務（源泉徴収による国税については、これを徴収して国に納付する義務。以下「納税義務」という。）が成立する場合には、その成立と同時に特別の手続を要しないで納付すべき税額が確定する国税を除き、国税に関する法律の定める手続により、その国税についての納付すべき税額が確定されるものとして、同条二項二号は、納税義務は源泉徴収による所得税を掲げる。源泉徴収による所得税は、給与等の所得の支払の時に成立し、同時に納付すべき税額が確定する、いわゆる自動確定の税であることを明言する。このことから、たとえば給与等の所得の支払に際して、源泉徴収義務者は、支払時に納税義務者から租税を徴収する義務と徴収した租税を国庫に納付する義務を負う。この反面、納税義務者は徴収納付を受忍し、または源泉徴収義務者に税額相当額を給付する義務を負うが、みずから国庫へ納付する義務はなく、国との直接の関係は切断されている。国と源泉徴収義務者との関係は公法上の法律関係であり、源泉徴収義務者と納税義務者との関係は私法上の法律関係であると解されている[10]（なお、源泉徴収義務者と納税義務者との関係は私法上の法律関係と断定することができるかについては、所得税法二二一条、二二二条との関係において検討の余地があろう。）。

また、なお、国税通則法六七条一項は、源泉徴収による国税がその法定納期限までに完納されなかった場合には、税務署長は、当該納税者から、同法三六条一項二号（源泉徴収による国税の納税の告知）の規定による納税の告知に係る税額又はその法定納期限後に当該告知を受けることなく納付された税額に一〇〇分の一〇の割合を乗じて計算した金額に相当する不納付加算税を徴収し、ただし、当該告知又は納付に係る国税を法定納期限までに納付しなかったことについて「正当な理由」があると認められる場合は、この限りでないと規定する。本件においては、このような規定の枠組みの中で、「退職手当等の支払をする者」及び「報酬……の支払をする者」が源泉徴収義務を負うことから、まずこれら文言の解釈が問題となる。

これら規定については、特に憲法三〇条の「納税の義務」の規定により、税徴収の方法をも法律の規定によることを求められていると解される。(11)

最高裁昭和三七年二月二八日判決は、「憲法第三〇条は『国民は、法律の定めるところにより、納税の義務を負う』ことを宣言し、同八四条は、『あらたに租税を課し、又は現行の租税を変更するには、法律又は法律の定める条件によることを必要とする』と定めている。これらの規定は担税者の範囲、担税率等を定めるにつき法律によることを必要としただけでなく、税徴収の方法をも法律によることを要するものとした趣旨と解すべきである。」と判示する。

同判決は、さらに「税徴収の方法としては、担税義務者に直接納入されるのが常則であるが、税によっては第三者をして徴収且つ納入させるのを適当とするものもあり、実際においてもその例は少くない」としたうえで、給与所得者に対する所得税の源泉徴収制度は、これによって①国は税収を確保し、徴税手続を簡便にしてその費用と労力とを節約し得るのみならず、②担税者の側においても、申告、納付等に関する煩雑な事務から免がれることができることから、「源泉徴収制度は、給与所得者に対する所得税の徴収方法として能率的であり、合理的であって、公共の福祉の要請にこたえるものといわなければならない」と判示する。最高裁昭和三七年二月二八日は、源泉徴収義務者の徴税義務は憲法の条項に由来するとしているところ、給与所得に係る源泉徴収制度についての判示であり、特に年末調整という制度を抱える給与所得についての判断があらゆる源泉徴収義務の場面に当てはまるのか疑問は存するところであろうが、このことは一方で源泉徴収制度に係る規定の立法にあたって一定の制約が存することを示している。本件に係る法的枠組みの中で、「退職手当等の支払をする者」及び「報酬……の支払をする者」の解釈にあたって、憲法上の制約を考慮することは必然であると解されよう。

2　源泉徴収義務制度と憲法上の制約

本来の納税義務者でない源泉徴収義務者にその源泉徴収義務を負わせることについては憲法一四条等に違反しないかが問題となるところ、上記最高裁昭和三七年二月二八日判決は、「勤労所得者が事業所得者に比して徴収上差別的取扱を受けることを非難するが、租税はすべて最も能率的合理的な方法によつて徴収せらるべきものであるから、同じ所得税であつても、所得の種類や態様の異なるに応じてそれぞれにふさわしいような徴税の方法、納付の時期等が別様に定められることはむしろ当然であつて、それ等が一律でないことをもつて憲法一四条に違反するということはできない。次に論旨は、源泉徴収義務者が一般国民に比して不平等な取扱を受けることを論難する。しかし法は、給与の支払をなす者が給与を受ける者と特に密接な関係にあつて（傍線部筆者）、徴税上特別の便宜を有し、能率を挙げ得る点を考慮して、これを徴税義務者としているのである。（略）かような合理的理由がある以上これに基いて担税者と特別な関係を有する徴税義務者に一般国民と異る特別の義務を負担させたからとて、これをもつて憲法一四条に違反するものということはできない。」と判示して国との関係において、納税義務者との関係において、源泉徴収義務を負担する者が給与の支払をなす者が給与を受ける者と特に密接な関係に立つ場合は徴税義務者に一般国民と異る特別の義務を負担させることは許容されうると解している。源泉徴収義務制度における合憲性を担保する「特に密接な関係」（の必要性）を「徴収（徴税）の便宜」と「担税者の負担軽減」という二つの理由づけにより導いている。

本最高裁判決は、最高裁昭和三七年二月二八日判決がいう「担税者と特別な関係」を前提に、「支払を要する者」の意義を導き出しているが、給与所得に係る源泉徴収制度に対するこの最高裁判決の法理は広く、国内源泉所得に係る非居住者及び外国法人に対する源泉徴収はともかくも、居住者や内国法人に係る「源泉徴収制度」に及ぶ一般的な法理であると解して差し支えないであろう。「国と源泉徴収義務者」、「源泉徴収義務者と納税義務者（担税者）」という各々関係を、源泉徴収義務者を介在させることによって繋ぐともにともに一方で国と納税義務者との関係を切断することとしている。担税者と特別な関係を有する徴税義務者は担税者のために、強いては国庫のために義務を負わせたとしても、合理的理由があり、一般国民と異なる特別の義務を負担させたことにならないということである。

本最高裁判決は、最高裁昭和三七年二月二八日判決における源泉徴収制度の意義、憲法上の制約についての見解をそのまま踏襲、引用したものと解されるが、最高裁判決における源泉徴収義務制度の趣旨を踏まえたうえで、退職手当等及び弁護士報酬に係る源泉徴収への具体的な関連規定の解釈、さらには本最高裁判決の射程距離が明らかにされなければならないであろう。

3　本最高裁判決の論理とその射程距離

(1)　本最高裁判決の論理と問題

本最高裁判決は、所得税法二〇四条一項にいう報酬の「支払をする者」とは、「支払をする者がこれを受ける者と特に密接な関係にあるもので」あるとする一方で、所得税法一九九条にいう退職手当等の「支払をする者」も同様に解したうえで、破産管財人は、破産手続を適正かつ公平に遂行するために、破産者から独立した地位を与えられて、法令上定められた職務の遂行に当たる者であり、破産者が雇用していた労働者との間において、破産宣告前の雇用関係に関し直接の債権債務関係に立つものではない。本最高裁判決は、破産債権である上記雇用関係に基づく退職手当等の債権に対して配当をする場合も、これを破産手続上の職務の遂行として行うのであるから、このような破産管財人と上記労働者との間に、前述したとおり、「使用者と労働者との関係に準ずるような特に密接な関係」があるということはできないと判示する。ここでは、①退職手当等や報酬との関係において、最高裁昭和三七年二月二八日判決にいう「給与の支払をなす者が給与を受ける者と特に密接な関係」にある（密接関連性要件）とはどのような関係であると解することができるか、また、②退職手当等や報酬の「支払をする者」（支払者要件）における支払とはどのような行為を指すのかが、解釈上きわめて重要であろう。①において担税者と源泉徴収義務者との関係に直接の法的関係を求めるのであれば、②における「支払」に係る解釈はそれなりに限定されてくることになるが、「源泉徴収義務を負うこととなる者」と特別な法的な関係にある者の支払（たとえば源泉徴収義務者の債務者たる第三者による支払等）をどのように解するかなど、問題は存する。

本最高裁判決は、最高裁昭和三七年二月二八日判決がいう「法は、給与の支払をなす者が給与を受ける者と特に密接な関係にあつて、徴税上特別の便宜を有し、能率を挙げ得る点を考慮して、これを徴税義務者としている」（以下「密接関係説」という。）を前提としていることは明らかであるが、ここでいう「特に密接な関係」の射程距離は必ずしも明確ではないとの批判も存するところである。[12] 最高裁昭和三七年二月二八日判決は明らかに雇用関係あるいはそれに類する関係を念頭に置いており、法的な関係を意識していたとも考えることはできなくもないようにみえるが、この「特に密接な関係」が法的な意味での関係であるのか、経済的な意味での関係であるのかも必ずしも明らかでないようにもみえる。しかし、今日の給与所得等の定義にかかる最高裁判決を踏まえれば、たとえば、給与所得において、親会社から支給される者であっても給与に該当すれば支払者は源泉徴収義務を負うということで、必ずしも直接的な法的な関係を意味しているものではないといえよう（最高裁平成一七年一月二五日判決・民集五九巻一号六四頁参照)。

一方で、給与等又は退職手当等の「支払をする者」の意義については、給与の支払をなす者と給与を受ける者との関係を捨象したうえで、所得税法上の「給与所得」又は「退職所得」の支払あるいはそれに準ずる行為(たとえば、債務免除等)をする者がそれに該当し、源泉徴収義務をとにかく負うと解することもできよう(以下、そのような見解を「支払行為者説」という。)。支払行為者説においては、給与の支払をなす者と給与を受ける者との関係を捨象していることから、必ずしも、債務消滅の効果の帰属する者と解すべき必要性はないことになる。

なお、本最高裁判決は、破産管財人の報酬は、旧破産法四七条三号にいう「破産財団ノ管理、換価及配当ニ関スル費用」に含まれ、また、不納付加算税の債権も、本税である源泉所得税の債権に附帯して生ずるものであるから、旧破産法の下において、財団債権に当たると判示する。(13)

源泉徴収に係る租税債権が破産債権又は財団債権に該当しないとすれば、源泉所得税の徴収及び納付に係る事務は破産管財人の権限に属しないと解する余地があるところ、配当についてはそもそも破産管財人が源泉徴収義務を負わないことから、そもそも論ずる余地はない。

(2) 課税実務に与える影響

これまでの課税実務の対応は、支払行為者説によるものと解することができよう。第三者による支払(民法四七四条)による場合においても、本来の債務者ではなくとも第三者のように現に支払をするものも源泉徴収義務を負うこととされており、法的な債務債権関係、あるいは経済的な出損を負うものであるか等といったことは考慮されていないと解するができよう。(14) このような支払行為説によれば、本来の源泉徴収義務者に代わって支払をする者にも源泉徴収義務が生ずることになる(なお、そのような場合において、現実の支払者が源泉徴収義務を負うところ、それは本来の源泉徴収義務の名前で源泉徴収に係る所得税を徴収することができるかについては実務上、争いが存しないとはいえないが、支払行為説においては「支払」の意義をそのように解する限り、あえてそのような場面は想定できないといえよう。）。しかし、本件における処分行政庁の主張は必ずしも支払行為者説に立脚しているとはいえないであろう。

本件・一審において、Yは、支払をする者の意義について、「支払」には、現実に金銭を交付する行為のほか、給与等の支払義務を消滅させる一切の行為が含まれ、そうであるならば支払をする者とは、「債務消滅の効果の帰属する者」と解すべきであり、本件退職金に係る支払債務は使用者が負うべきものであることから、破産宣告により使用者は破産財団の管理処分権を失うものであるが、実体的権利の帰属主体は破産宣告後も破産者であると解され、本件退職金の支払をする者は破産者である使用者というべきであると主張する。そのうえで、破産管財人に専属する破産財団の管理処分権は、広く破産財団の存続、帰属、内容について変更を及ぼす一切の行為をする権限をいい、その例外として破産者に残される権限は、①自由財産の管理処分権、②破産法上、破産者自身がすべきものと定められている事項（破産法一二二条、一五三条一項、一八八条など）、③法人の社団法的、組織法的活動が挙げられる。本件退職金及び本件管財人報酬に係る源泉所得税を徴収し納付することは、破産者に残される上記①から③までの権限事項には該当しないから、破産管財人の専有する破産会社の財産的活動の処理権限に含まれる（最高裁平成四年一〇月二〇日第三小法廷判決（訟月三九巻七号一三七八頁参照））ことから、破産管財人であるXが本件退職金及び本件管財人報酬について源泉徴収義務を負うと解すべきであると主張していた。

これに対して、Xは、源泉徴収に関して規定する法律の規定（所得税法六条、国税通則法一五条二項二号等）は、いずれも「支払」という文言を用い、「支払」という行為をする者であって初めて源泉徴収義務を負うことを示している。これは、給与、退職金、報酬等を現実に支払うことができる者は、徴収すべき税額を容易に算定することができ、かつ、支払の原資（源泉）から税金を徴収して（天引きして）納付することが可能であって、このような立場にある者に対してであれば、源泉徴収義務を課しても酷ではないからであり、そうであるとすれば、支払をする者とは、当該支払に係る経済的出捐の効果の帰属主体であるだけでは足りず、これに加えて自らの権限で支払行為をすることができる者でなければならない（以下「支払行為権限者説」という。）と主張していた。

一審において、「退職手当等の支払をする者」の意義について、Xは、⑴一審において、源泉徴収義務は、本来の納税義務者（担税者）以外の第三者に租税を徴収させ、これを国に納付させる義務であり、源泉徴収制度は、源泉徴収義務者の負担の下に、租税債権者である国及び本来の納税義務者の負担を軽減するものである。源泉徴収義務違反に対しては、不納付加算税の賦課だけでなく、刑事罰による制裁まで規定されている（国税通則法六七条、所得税法二四〇条一項）。このような制度趣旨に照らせば、源泉徴収義務を課すことが許される第三者の範囲は、本来の納税義務者との間に特に綿密な関係があり、上記のような義務を課すに足りる合理的な理由のある者に限定されなければならない、⑵そして、源泉徴収に関して規定する法律の規定（所得税法六条、国税通則法一五条二項二号等）は、いずれも支払という行為に着目し、支払という行為をする者に源泉徴収義務を課しているところ、これは、当該給与、退職金、報酬等の支払をする者は、徴収すべき税額を容易に算定することができ、かつ、支払の原資（源泉）から税金を徴収して納付することが可能であって、この者に源泉徴収義務を課しても酷ではないからである、と主張している。そうであるとすれば、支払をする者とは、単にその支払に係る経済的出捐の効果が最終的に帰属する者であるだけでなく、現実に支払という行為をし、又はこれをすることができる者、すなわち、自らの権限で支払をすることができる者であると解さなければならないとして、Xは、破産者は支払をする者に当たらず、破産債権の配当について、源泉徴収義務がないと主張していた。

なお、このような支払行為権限者説等における「支払に係る経済的出捐の効果の帰属主体」については、被告又は課税庁において、そのような要件の必要性を主張してきたところであるが、かなり広範囲なものを想定しているといえよう。本件では、破産管財人が源泉徴収義務者ではないことから、この点は直接問題とはならない。

たとえば、東京高等平成二〇年一二月一〇日判決（税務訴訟資料二五八号順号一一一〇一）は、三名の医師の名義でそれぞれ開設された医療提供施設において雇用された従業員の給与等の所得について税務署長が実質的経営者に対してした源泉徴収に係る所得税の各納税告知処分の取消請求につき、居住者に対し国内において給与等又は報酬、料金等の支払義務を負う者が、所得税法一八三条又は二〇四条に基づき、源泉徴収義務を負うところ、同法一二条の規定する実質課税の原則によれば、前記各医療施設における事業活動から生ずる所得は、前記各医療施設の開設名義人である前記各医師らではなく、実質的経営者に帰属するものであるが、そのことから、論理必然的に、前記各医療施設の事業活動をめぐる法律関係の当事者ないし主体が実質的経営者であるということが導かれるものではなく、前記各医療施設の開設者が名実共に前記各医師らであることは明らかであって、診療報酬請求権が、私法上、前記各医師らに帰属することは否定する余地がないことから、前記各医療施設で勤務する看護師等の従業員との間の雇用契約の当事者は開設者である前記各医師らであって、同人らが従業員に対する給与等の支払義務を負うものと認めるのが相当であるから、実質的経営者を源泉徴収義務者とする前記各処分は違法であるとして、前記請求を一部認容した。被控訴人は、本件各医院の従業員に支給された給与等及び税理士報酬に係る源泉徴収義務について、「所得税法上、源泉徴収による所得税について徴収・納付の義務を負う者は、源泉徴収の対象となるべき一定の所得又は報酬、料金等の『支払をする者』とされているところ、所得税法が、一定の所得又は報酬、料金等について、その『支払をする者』に源泉徴収義務を課すことにした趣旨は、『支払をする者』は、その支払によって支払を受ける者に経済的利益を移転する際に、所得税として、その利益の一部を天引してこれを徴収し、国に納付することができ、かつ、当該税額の算定が容易であるからである。そうであるとすれば、『支払をする者』とは、当該支払に係る経済的出捐の効果の帰属主体をいうと解すべきである」と主張していたところである。

上記東京高裁は、「本件各医院が本件各院長を開設名義人として開設されている以上、本件各医院の開設者は、名実共に本件各院長であることは明らかであって、本件各医院における診療行為の対価として支払われる診療報酬請求権が、私法上、本件各院長に帰属することは否定する余地がないものというべきである。そうであれば、このこととの対比において、本件各医院で勤務する看護師等の従業員との間の雇用契約の当事者は、開設者である本件各院長であり、本件各院長が、従業員に対する給与等の支払義務を負うものと認めるのが相当である。なぜならば、一般に、個人が開設する診療所における雇用関係は、開設者を雇用主として成立するものと解されていることに加え、仮に、本件各医院における診療行為の対価として支払われる診療報酬請求権が本件各院長に帰属するにもかかわらず、本件各医院において勤務する従業員の給与等の支払義務者は、本件各院長ではないとしたならば、従業員に対する給与等の支払が滞った場合に、従業員は、本件各院長に帰属する診療報酬請求権を差し押さえて、給与等を回収することはできないということになりかねず、かかる事態が著しく不合理なものであることは明らかであるからである。そして、弁論の全趣旨によれば、控訴人が本件各医院の経営に関与することがなくなった後も、本件各医院は、開設者である本件各院長によって存続し、看護師等の従業員も勤務を継続していると認められること（この事実は、被控訴人は争うことを明らかにしていない。）は、本件各医院で勤務する看護師等の従業員との間の雇用契約の当事者が、本件各院長であることを裏付けるものということができる」と説示し、その報酬の支払義務者もまた、本件各院長であると認めるのが相当である。」と判示する。(15)

上記東京高裁判決は、本件各医院で勤務する看護師等の従業員との間の雇用契約の当事者は、開設者である本件各院長であり、本件各院長が、従業員に対する給与等の支払義務を負うものと認めるのが相当であると判示するところから、密接関係説によったものといえよう。本最高裁判決に近いものである。

しかし、上記東京高裁判決において、課税庁は、源泉徴収義務者を実際の支払者（あるいは法的な雇用関係にある本件各院長）ではなく、本件各院長による支払を控訴人の支払として、所得税の納税義務者と源泉徴収に係る所得税の納税義務者を一致させることを前提とした主張を展開したものと解される。本件各医院における事業活動によって収益を上げるための経費の性質を有する本件各医院の従業員等に対する給与等又は報酬と上記収益を控訴人に帰属させるための経費の性質を有する本件各院長に対する給与等とでは、その支払義務者が異なるとしても、論理的には、何ら矛盾するところはないものといえる。

たとえば、使用者（法人）が自己の役員又は使用人を他関連法人のもとに派遣した場合において、その派遣先が当該役員又は使用人に対して支払う給与等の一切を当該使用者に支払い、当該使用者から当該役員又は使用人に対して給与等を支払うこととしている場合の課税関係については、課税実務においては、その派遣先が当該使用者に支払う給与等に相当する金額については源泉徴収を要しないものとしており、使用者に源泉徴収義務が存すると解している（所得税法基本通達一八三〜一九三共―三参照）。結果的には経済的出損が使用者に帰属するものではないが、なお法的な意味での雇用関係は存するといえる。このような場合において使用者と役員等との間に密接な関係があるとすると、密接関係説によろうと支払行為者説によろうと結論は同一になるものと解される。支払行為者説によれば、「経済的出損が使用者に帰属するもの」との要件は存しないことから、源泉徴収義務は存しないといえる。

本件において、一審・大阪地裁判決は、破産債権に対する配当又は財団債権に対する弁済が、所得税法において源泉徴収の対象として規定されている一定の所得又は報酬、料金等に係るものであるときは、当該配当又は弁済に係る支払をする者は破産者であると解すべきであり、そして、「破産管財人は、破産財団の管理及び処分をする権利を専有し（破産法七条）、破産手続によって破産債権を確定してこれに対する配当をし、財団債権について破産手続によらずに随時に弁済をする（破産法四九条）ものとされているのであって」、また、上記源泉所得税は当該破産債権に対する配当又は当該財団債権に対する弁済に供される金員のうちの一部であるということからすれば、破産債権の配当又は財団債権の弁済の際の源泉所得税の徴収及び納付は、破産財団の処分に必然的に伴う事務ということができるから、破産財団の管理及び処分に係る事務というべきであり、したがって、破産債権に対する配当又は財団債権に対する弁済に係る源泉所得税の徴収及び納付は、破産管財人の権限に含まれると解するのが相当であると判示している。破産管財人が源泉徴収義務にかかる事務を負っているというのは二審・大阪高裁判決も同旨である。

大阪地裁判決・大阪高裁判決は、支払行為説や密接関係説によりも要件的には厳しいものであろうが、帰属主体による支払行為説によりは緩和されたものとなっている。支払行為については第三者による支払を許容し、第三者に源泉徴収義務を課すのではなくあくまでも源泉徴収義務者は破産者であり、その徴収及び納付は破産管財人の権限に属するというものであり、その際の源泉徴収票は破産者の名前によることとなるものと解される。これに対して、最高裁は、第三者による支払を許容するものの、第三者に源泉徴収及び納付を行わせるためには、破産管財人の権限に属するということが可能であるようにみえても、所得税法は源泉徴収義務者に代わって源泉徴収及び納付を行わせることを許容していないと解しているものと解されよう。

最高裁はそのような第三者に源泉徴収及び納付を負わせること自体が憲法一四条等に違反すると考えているものと思われる。そのような場合であっても、源泉徴収制度は、所得税法二二一条、二二二条を用いて自ら破産者が源泉徴収することを予定しているということになると解している。所得税法二二一条、二二二条の規定自体が支払行為を行う第三者に源泉徴収及び納付を負わせないことを予定しているといえるかはともかくも、最高裁昭和三七年二月二八日判決の趣旨を尊重すれば、支払行為を行う第三者に源泉徴収義務を負わせることはできず、すなわち支払行為を行うものは源泉徴収義務者の名前で、あるいは自らの名前で源泉徴収することは許されず、本最高裁判決の結論は妥当なものといえよう。

三　「退職手当等の支払をする者」及び「報酬の支払をする者」の解釈

1　本件報酬及び本件配当（退職手当等）の源泉徴収義務対象性

破産債権である所得税法三〇条一項（退職所得）に規定する退職手当等（以下この章において「退職手当等」という。）の債権に対する配当について、所得税法三〇条一項（退職所得）に規定する退職手当等（以下この章において「退職手当等」という。）にいう「退職手当等」の支払に該当するものでありうると解される。この点については、退職所得の意義との関係で本件のように退職時に一時に支給されていないものであるが、破産会社にかかる支払については実質的に退職所得に該当しているものと解することが可能であろう（最高裁昭和五八年九月九日判決・民集三七巻七号九六二頁等参照）。

破産管財人の報酬債権は裁判所による報酬額の決定により確定する（旧破産法一六六条）。また、破産財団の管理、換価及び配当に関する費用の請求権として財団債権にあたる（旧破産法四七条三号）。所得税法二〇四条一項二号にいう「弁護士（外国法事務弁護士を含む。）、……の業務に関する報酬又は料金」に該当することに異論はなかろう。

「退職手当等の支払をする者」及び「報酬の支払をする者」の解釈において、「報酬」及び「配当（退職手当等）」の源泉徴収義務対象性について異論は存しない。

問題は、「支払」、「支払をする者」の意義である。「支払をする者」とは、自動確定について規定する国税通則法一五条の規定等とあわせ読めば、給与や退職手当等の受給者に対して、現実に金員の支払（債務免除等、それに準ずるもの）をするものを指していると解することができる。支払をするものであることから現実に当該経済的な利益を相手（受給者）に移転（支払）することが求められている。所得税法一八三条一項によれば、給与等の支払義務者は源泉徴収に係る所得税の徴収義務を負うが、それは、給与等を現実に支払うに当たり、「その支払の際」に生じるものであるから、給与等の支給を受ける者の請求権が確定していても、その支払義務者が実際にその支払をなすまでは、源泉徴収義務が生じることはない。よって、支払義務者が給与等の一部を支払った場合には、給与等の請求権の総額に対する実際の支払額の割合に応じた所得税を源泉徴収した上で、その納税義務を負うことになると解される（最高裁平成二三年三月二二日判決における、裁判官田原睦夫の補足意見参照）。なお、ここでの支払は、現実の現金の支払を意味するのみでなく、所得税法基本通達一八一～二二三共―一（支払の義務）は、「法第四編《源泉徴収》に規定する『支払の際』又は『支払をする際』の支払には、現実の金銭を交付する行為のほか、元本に繰り入れ又は預金口座に振り替えるなどその支払の債務が消滅する一切の行為が含まれることに留意する。」と定めているように、現金の支払のみに限定されるものではない。文理解釈上、「支払をする者」にいう「支払」を現実の「支払行為」の意味に限定して解すべきまでの根拠に乏しいといわざるを得ない。(16)「支払」の意義については、密接関係説及び支払行為者説においても同様である。

このような見解は実務でも広く採られている。たとえば、支払者が債務免除を受けた場合の源泉徴収についても同様に支払に伴う源泉徴収であると解される。所得税法基本通達一八一～二二三共―二は、「給与等その他の源泉徴収の対象となるものの支払者が、当該源泉徴収の対象となるもので未払のものにつきその支払債務の免除を受けた場合には、当該債務の免除を受けた時においてその支払があったものとして源泉徴収を行うものとする。ただし、当該債務の免除が当該支払者の債務超過の状態が相当期間継続しその支払をすることができないと認められる場合に行われたものであるときは、この限りでない。（平一九課法九—一、課審四—一一改正）」と定めている。

2 支払の主体と支払行為

「給与等の支払」、「退職手当等の支払」及び「報酬の支払」といった場合においては、担税者との関係において、当該支払（経済的な出損）が所得税法（あるいは法人税法上）上、給与等（給与所得）、退職手当等（退職所得）又は報酬（事業所得や雑所得）を構成する一方当事者であるといえよう。最高裁が判示する「特に密接な関係」にあるとはそのような当事者を意味している。そのような者が現実に支払うときに源泉徴収義務が生ずるといえよう。そのような所得に係る当事者である者は源泉徴収義務者になりうるものであったが、現に「支払」がない以上源泉徴収義務が生ずることはない。次に「支払」であるが「支払の主体」はそのような所得に係る当事者であるといえるが、そのような者に限定されるかが次に問題となろう。

最高裁平成二三年三月二二日判決は、①「法一八三条一項は、給与等の支払をする者は、その支払の際、その給与等について所得税を徴収し、その徴収の日の属する月の翌月一〇日までに、これを国に納付しなければならない旨を定めるところ、給与等の支払をする者が、強制執行によりその回収を受ける場合であっても、それによって、上記の者の給与等の支払債務は消滅するのであるから、それが給与等の支払に当たると解するのが相当である」、②「同項は、給与等の支払が任意弁済によるのか、強制執行によるのかによって何らの区別も設けていないことからすれば、給与等の支払をする者は、上記の場合であっても、源泉徴収義務を負うものというべきである」としたうえで、上記の場合に、給与等の支払をする者がこれを支払う際に源泉所得税を徴収することができないが、上記の者は、源泉所得税を納付したときには、法二二二条に基づき、徴収をしていなかった源泉所得税に相当する金額を、その徴収をされるべき者に対して請求等することができるのであるから、所論の指摘するところは、上記解釈を左右するものではない。」と判示する。そうであるならば、給与等の支払については、現実に自ら支払えば源泉徴収義務を負う者が必ずしも自ら支払う必要はなく、源泉徴収義務を負うこととなる者が支払ったと同視しうる支払であれば足りることとなる。最高裁平成二三年三月二二日判決は、判決に基づく強制執行の場合について判示したものであるが、判決以外の債務名義に基づく強制執行の場合においても、ここでいう支払に該当することとなる。(17)

そうであるならば、使用者の取引先（債務者）が使用者の同意を得て、その使用人に給与を直接支払うことにより賃金債務が消滅した場合には、取引先が債務を弁済したときに、使用者が源泉徴収義務者となり、上記の最高裁判決同様二二二条に基づく請求権により、使用人に対して源泉徴収に係る所得税を徴収することとなると解される。また、実務においては、使用者が自己の役員又は使用人を他の者のもとに派遣した場合において、その派遣先が当該役員又は使用人に対して支払う給与等の一切を当該使用者に支払い、当該使用者から当該役員又は使用人に対して給与等を支払うこととしているときは、その派遣先が当該使用者に支払う給与等に相当する金額については源泉徴収を要しないものとする（所得税基本通達一八三～一九三共―三）として取り扱われているが、本最高裁判決からもこのような課税実務は許容されることになろう。

3　一審・原判決の論理と最高裁判決の論理

破産管財人の報酬は、破産財団を責任財産として、破産管財人が、自ら行った管財業務の対価として、自らその支払をしてこれを受けるのであるから、弁護士である破産管財人は、その報酬につき、所得税法二〇四条一項にいう「支払をする者」に当たるとする。この点について、異論は存しないものと解される。

これに対して、一方、破産管財人は、破産者が雇用していた労働者との間において、破産宣告前の雇用関係に関し直接の債権債務関係に立つものではなく、破産債権である上記雇用関係に基づく退職手当等の債権に対して配当をする場合も、これを破産手続上の職務の遂行として行うのであるから、このような破産管財人と上記労働者との間に、使用者と労働者との関係に準ずるような特に密接な関係があるということはできないことは明らかである。また、破産管財人は、破産財団の管理処分権を破産者から承継するが（旧破産法七条）、破産宣告前の雇用関係に基づく退職手当等の支払に関し、その支払の際に所得税の源泉徴収をすべき者としての地位を破産者から当然に承継すると解すべき法令上の根拠は存しないとの判断をしていることから、なんら直接的な法的関係も存しないとの判断をしている。

破産管財人と破産者が雇用していた労働者との間においては雇用関係に関し直接の債権債務関係等、特別な関係になく、また、国税通則法等に承継規定がないことは明らかであることから、破産者から源泉徴収義務者の地位を引き継ぐこともないのであるから、①最高裁のいう特別密接関係にないことは明らかである（①の要件の不充足）。

そうであるならば、破産債権である上記雇用関係に基づく退職手当等の債権に対して配当をする場合に、配当の支払をもって破産者（もともと源泉徴収義務者になりうる者）の「支払」といえるか否かが問題となる。該当するということになれば、上記最高裁平成二三年三月二二日判決と同様の展開となろう。

本最高裁判決は、破産管財人を「支払をする者」に該当しないとするが、特に密接な関係があるか否かの基準において使用者と労働者との関係に準ずるような関係になく、配当が実体法上の義務の履行ではなく、破産手続上の義務の履行にすぎないことを前提としている。また、破産者が本来、源泉徴収義務者になりうる地位にあるものであり、その地位を法的に引き継ぐ（承継する）場合（国税通則法五条等参照）には源泉徴収義務者になりうるところ、そのような地位にもないとして、従業員と特別な関係にないことを明言している。[18]所得税の源泉徴収をすべき者としての地位を破産者から当然に承継すると解すべき法令上の根拠を仔細に検討していることからすれば、本最高裁判決は、破産管財人と受給者との間に「特に密接な関係」にあるか否かという破産管財人の支払納税者と法的な意味での債権債務関係を求めていると解することもできようが、それよりもやや広範囲な関係（所得税法上での給与所得、退職所得等を構成する場合の当事者間の関係）を求めているものと解される。(19)

一方、Xは、民事執行法による個別の財産に対する強制執行（以下「個別的執行手続」という。）において、執行裁判所又は執行官（執行機関）が債務者の財産を換価した上で債権者に対する配当を行うとし、国税徴収法等による滞納処分においても、税務署長その他の徴収職員が滞納者の財産を換価した上で債権者に対する配当を行うものであり、いずれの手続においても、債務者又は滞納者の従業員に対する労働債権に対して配当が行われることがあるが、その際、執行機関又は徴収職員が配当する金員から源泉所得税を徴収することはないところ、その理論的根拠は、①源泉徴収義務は債務者が任意に支払をする場合に課されるものであるところ、配当は債務者の任意の支払ではないこと、②執行機関が債権者に対して負う配当義務は、執行債権の実体法上の性質が捨象された、いわば無色透明の手続上の債務であること、の二点にあると主張していた。(20)

しかし、このような主張は、本件最高裁判決や最高裁昭和三七年二月二八日判決における密接関係説を前提とすれば破産管財人は源泉徴収義務を負わないことは明らかである。しかし、原告が主張するように、事実行為としての支払を行う者とその効果が帰属する主体とが一致しない場合、源泉徴収義務を負う者が存在しないことになるかといえば、最高裁平成二三年三月二二日判決からいえば、特別な関係にある者による支払は必ずしも当該本人の手による支払でもなくとも実質的に源泉徴収義務者による支払の場合と同視できるものであれば足りるということになる。

なお、本件では、破産管財人が源泉徴収義務者に該当するか否かが争点であることから、破産管財人の支払が破産者の支払に該当するかという点についてはあえて判断する必要はなかったものである。

4　破産管財人による配当と破産者の支払との関係

最高裁平成二三年三月二二日判決は、給与等の支払をする者が、強制執行によりその回収を受ける場合であっても、それによって、上記の者の給与等の支払債務は消滅するのであるから、それが給与等の支払に当たると解するのが相当であることに加え、同項は、給与等の支払が任意弁済によるのか、強制執行によるのかによって何らの区別も設けていないことからすれば、給与等の支払をする者は、上記の場合であっても、源泉徴収義務を負うものというべきであると判示している。

そこで本件との類似性が問われることとなるが、破産手続は、破産者（債務者）の財産一般に対する包括的執行手続であることから、破産管財人は、破産者の破産宣告時の財産（破産財団所属財産）を換価した上で破産債権に対する配当を行うことから、個別的執行手続及び滞納処分と破産手続とは、その対象が債務者の個別財産に限られるか財産一般に及ぶかの違いがあるだけであって、その手続は極めて類似し、すなわち、破産手続における配当も、個別的執行手続及び滞納処分と同様に債務者の意思に反して行われる。また、破産手続においても、債権確定手続と執行手続とが分離され、配当においては労働債権であるという実体法上の性質は捨象されているといえよう(21)。

配当は実体法上の法的性質を考慮して支払われているものではない。最高裁平成二三年三月二二日判決における個別的執行手続等に源泉徴収義務が存しないとする理論的根拠は、破産債権の配当にも当てはまると解して差し支えない。

本件における第一審判決は、「支払をする者」とは当該支払に係る経済的出捐の効果の帰属主体をいうと解し、破産管財人は支払をする者に該当しないと判断している。そのうえで、源泉徴収の趣旨に照らせば、源泉徴収義務を課すことが許される第三者の範囲は、本来の納税義務者との間に特に密接な関係があり、当該義務を課すに足りる合理的な理由のある者に限定されなければならず、所得税法の定める源泉徴収制度の趣旨からすれば、支払をする者とは、単にその支払に係る経済的出捐の効果が最終的に帰属する者であるだけでなく、現実に支払という行為をし、又はこれをすることができる者、すなわち、自らの権限で支払をすることができる者であると解さなければならないと主張していたところであるが、破産手続における配当を個別的執行手続及び滞納処分と同様の結論を主張していたところである。(22)

第一審判決は、「破産債権に対する配当又は財団債権に対する弁済が所得税法において源泉徴収の対象として規定されている一定の所得又は報酬、料金等に係るものであるときは、当該配当又は弁済に係る支払をする者は破産者であると解すべきである。」としたうえで、「しかしながら、破産管財人は、破産財団の管理及び処分をする権利を専有し（〔旧〕破産法七条）、破産手続によって破産債権を確定してこれに対する配当をし、財団債権について破産手続によらず随時に弁済をする（〔旧〕破産法四九条）ものとされているのであって、配当又は弁済をする際に、源泉所得税が生じるか否かを判断し、源泉所得税が生じる場合にその税額を算出することができる上、破産債権に対する配当又は財団債権に対する弁済に係る源泉所得税は、当該配当又は弁済の時に法律上当然に成立し、その成立と同時に納付すべき税額が確定するものであるから、その徴収及び納付は、破産財団の管理及び処分に係る事務として、破産管財人の権限に包含されると解するのが相当である。」（括弧書き、占部）として、この関係をもって破産管財人は、源泉徴収義務を負うとする。

原判決は、①本件退職金に係る配当は、少なくとも元従業員らとの関係では、同人ら自身の退職金の受給としての性質を有し、所得税法三〇条一項にいう「退職により一時に受ける給与」として同項所定の「退職手当等」に該当するとともに、実体法的には、本件退職金債務の全部又は一部を消滅させる効果を生じ、破産宣告後も破産会社の法主体性は失われない以上、その効果は破産会社に帰属する、②他方、所得税法一九九条は、国内において居住者にその「支払をする者」は、支払の際に所得税を徴収し、これを国に納付すべき旨規定しており、当該「支払をする者」が、同条所定の源泉徴収義務（公法上の義務）を負うこととされている、③「支払をする者」が誰であるか及び破産者が「支払をする者」に当たるかに関わってくるが、源泉徴収制度が、一定の所得等に係る金員の支払者から受給者に移転する経済的利益を課税対象と捉え、これに対する税金を、本来の納付義務者である受給者に代えて支払者に徴収・納付させようとする制度であることに照らすと、上記「支払をする者」とは、経済的利益移転の一方当事者、すなわち、本件退職金の場合は、その経済的出捐の効果の帰属者である破産会社であると解されるから、破産会社は、上記「支払をする者」として同条に基づく源泉徴収義務を負担するものということができる、と判示する。そして、同判決は、「当該配当金は、少なくとも当該配当を受領する元従業員らとの関係では、所得税法三〇条一項所定の『退職手当等』に該当し、破産会社にとって本件退職金債務消滅の効果を生じるものである以上、その限りで『支払』（経済的利益の移転）に当たると解して差し支えないものと思われるし、自ら支払行為ができる必要がある等の点についても、上記の制度趣旨との関係でいう限り、必ずしもこれを自ら行い得る場合に限るべき理由はなく、少なくともこれと同視できる場合であれば足りるものと解するのが相当である（ただし、破産管財人による配当がこれに当たるか否かの議論は後に論じることとするが、当裁判所は積極に解するものである。）。」と判示する。

基本的には第一審判決とその論理構成は近いものである。原判決は「支払」の定義から支払の際に源泉所得税相当額を天引きすることによって容易に徴収できる点に視点をおいているものの、第一審判決は源泉徴収義務を負担させることが相当であるかといった点にも配慮しているといえなくもない。原判決は、「必ずしもこれを自ら行い得る場合に限るべき理由はなく、少なくともこれと同視できる場合であれば足りるものと解するのが相当であるとしており」、破産会社と破産管財人との同視性に「支払」概念を通じて着目しており、同視性が肯定されれば、退職手当等の受給者と破産管財人との特別な関係が肯定されうるものと解しているといえようが、本最高裁判決は、あくまでも退職手当等の受給者と破産管財人との直接的な関係に着目しているといえよう。

なお、国税不服審判所平成一四年二月二五日裁決も、「破産管財人の報酬は、財団債権として破産財団から支払われるが、この破産財団は破産者の財産であることには変わりがないことから、破産管財人の報酬の支払に伴う経済的出捐の効果が最終的に帰属する者は破産者であり、この意味において所得税法二〇四条一項にいう支払をする者とは、破産者を指すものといわざるを得ない。ただ、破産宣告により破産財団に対する管理処分権は破産管財人に専属することになるところ、租税の申告納付は破産財団の管理処分の一環とみることができるのであるから、破産者の源泉徴収義務及び納付義務に関する手続は、破産管財人が負うものと解するのが相当である。」と判断しており、これら下級審判決と同様の立場にたっているところである。

四　配当金の受領に対する所得税の課税関係

本最高裁判決によると、破産管財人は源泉徴収義務を負わないことから、その結果、だれが源泉徴収することとなるかが問題となるが、破産者が本来退職者と密接な関係にあり支払をすれば源泉徴収義務者になりうるものであることは最高裁判決の説示するところである。そうであるならば、破産管財人が現に支払をする者であり、その時点において破産者に源泉徴収義務が生ずるといわざるを得ない。(23) 本最高裁判決において、破産者に源泉徴収義務が生ずるか否かの判断については、疑義を呈する見解も多いが、[24] 最高裁平成二三年三月二二日判決と合わせ読むと最高裁の源泉徴収義務者の意義についてはさして異論は存しないものと解されよう。

そうであるとすると、最高裁平成二三年三月二二日判決（田原裁判官補足意見）が示唆するように、退職者が退職手当等の支給を受ける者の請求権が確定していても、その支払義務者（破産者）が実際にその支払をなすまでは、その徴収義務が生じることはない。また、支払義務者が退職手当等の一部を支払った場合には、退職手当等の請求権の総額に対する実際の支払額の割合に応じた所得税を源泉徴収した上で、その納税義務を負うことになると解されよう。

よって、配当がなされると、課税庁は、破産者が所得税を源泉徴収すべき場合であるのに源泉徴収していないとして、源泉徴収義務者からその税額を徴収することになり（所得税法二二一条）、この場合、源泉徴収義務者が受給者から源泉所得税を徴収していたかどうかに関係なく、税務署長は源泉徴収義務者に対して納税の履行を請求し（「納税の告知」）、納税の告知を行っても、なお納税の履行がなされないときは、税務署長は源泉徴収義務者に対して滞納処分を行うことになる（国税通則法四〇条）。源泉徴収義務者（破産者）が、徴収すべき所得税を徴収していなかった場合、その徴収すべき所得税の額を、本来負担すべき立場にある退職金の受給者に対して請求するか、又はその後支払うべき金額から控除することができる（所得税法二二二条）。[25]

破産者の破産債権者に対する支払請求権（不当利得返還請求権）は、破産者の自由財産になると解され、破産者が法人である場合など破産債権者自身による源泉所得税の納付が期待できない場合には、国は滞納処分として破産者の有する支払請求権を差し押え、又は債権者代位権（国税通則法四二条、民法四二三条）にもとづいて直接破産債権者に支払を請求して、その支払にかかる金員を源泉徴収に係る所得税の債権に充当することも考えられる。[26]

四　配当金の受領に対する所得税の課税関係

なお、破産管財人が配当時に源泉徴収税額を徴収することは、破産管財人の報酬の内容として、立法上は考えられうるところではあるが、[27] 現行法は退職手当等から源泉徴収税額を控除できるものは源泉徴収義務者であり、また現行法上破産管財人が破産者の名前で源泉徴収することも許されていないと解さざるを得ない。

五　源泉徴収制度における受給者の義務について

納税義務者（受給者）、源泉徴収義務者、国の三者間の関係について、金子宏教授は、「租税債権者たる国または地方団体と納税義務者との関係は切断されており、両者は徴収納付義務者を通じて間接的に対立し合うにすぎない。したがって、前者は公法上の法律関係であり、後者は私法上の法律関係であると解すべきであろう。徴収納付においては、国または地方団体と徴収義務者との間の法律関係と、徴収義務者と納税義務者との間の法律関係とが同時に存在することになる。」と解される。[28]

納税義務者と徴収義務者の法的地位について、受給者は支給者から給与等の支払を受ける都度、源泉徴収されるわけであるが、これは受給者たる本来の納税義務者からみればどのように解されるべきであろうか。源泉徴収を受忍する義務と解すべきか、あるいは納税義務と解すべきであろうか。すなわち、国と直接法律関係にたつのは源泉徴収義務者であるが、支給者の納税義務と受給者の義務とはどのような関係にあるのであろうか。

1　支払者から受給者への支払請求

すでに述べたように、所得税法二二一条は、「第一章から六章まで（源泉徴収）の規定により所得税を徴収して納付すべき者がその所得税を納付しなかつたときは、税務署長は、その所得税をその者から徴収する」と規定しており、支払者が源泉徴収をして納付しなかった場合に、税務署長は支払者（源泉徴収義務者）から徴収することとしている。そのうえで、所得税法二二二条は、「前条の規定により所得税を徴収された者がその徴収された所得税の額の全部又は一部につき第一章から第五章まで（源泉徴収）の規定による徴収をしていなかつた場合又はこれらの規定により所得税を徴収して納付すべき者がその徴収をしないでその所得税をその納付の期限後に納付した場合には、これらの者は、その徴収をしていなかつた所得税の額に相当する金額を、その徴収をされるべき者に対して同条の規定による徴収の時以後若しくは当該納付をした時以後に支払うべき金額から控除し、又は当該徴収をされるべき者に対し当該所得税の額に相当する金額の支払を請求することができる。」と規定して、支払者から受給者への支払請求を認めている。同条は、「この場合において、その控除された金額又はその請求に基づき支払われた金額は、当該徴収をされるべき者については、第一章から第五章までの規定により徴収された所得税とみなす」として、源泉徴収にかかる所得税に該当することを規定している。ここでの問題は、受給者（本来の納税義務者）の法的な位置づけである。

すなわち、受給者が所得税を天引きされるのは「納税義務」によるものであるとみるべきであるか、それとも単なる支払者たる源泉徴収義務を「受忍する義務」によると考えるべきかの問題である（前者を、以下、「納税義務負担説」と呼び、後者を「受忍義務負担説」と呼ぶ。）。

源泉徴収の対象となるべき所得の支払がなされるときは、支払者は、法令の定めるところに従って所得税を徴収して国に納付する義務（以下、単に「納税義務」というときは、これを指す。）を負うのであるが、この納税義務は右の所得の支払の時成立し、その成立と同時に特別の手続を要しないで納付すべき税額が確定するものとされている（国税通則法一五条一項・二項）。すなわち、源泉徴収による所得税については、申告納税方式による場合の納税者の税額の申告やこれを補正するための税務署長等の処分（更正、決定）、賦課課税方式による場合の税務署長等の処分（賦課決定）なくして、その税額が法令の定めるところに従って当然に、いわば自動的に確定するものとされている。ここでいう確定とは、行政上または司法上争うことを許さない趣旨ではないが、支払われた所得の額と法令の定める税率等から、支払者の徴収すべき税額が法律上当然に決定されることをいうのであって、申告納税方式において税額が納税者の申告により確定し、あるいは税務署長の処分により確定するのと、趣きを異にしており、このようなことは、法一五条の規定をまつまでもなく、源泉徴収制度の当然の前提として、法の予定するところというべきであると解されている（最裁昭和四五年一二月二四日判決・民集二四巻一三号二二四三頁）。

支払者は、この自動的に確定した税額を、法令に基づいてみずから算出し（ただし、計算の前提となるべき諸控除の申告は受給者による。）、これを支払額より徴収して国に納付すべきこととなるのであるが、それが法定の納期限までに納付されないときは、税務署長は支払者に対し、当該所得の支払と同時に確定した税額を示して納税の告知（法三六条）をし、さらに督促を経て、滞納処分をなすべきものとされている。この場合、納税義務の存否またはその範囲いかんにつき、支払者と税務署長との間に意見の対立があるときは、支払者はいかなる手続によりこれを争うべきかの問題を生ずる。

最裁昭和四五年一二月二四日判決は、①税務署長が、支払者の納付額を過少とし、またはその不納付を非とする意見を有するときに、これが納税者たる支払者に通知されるのは、納税の告知によるものであり、この点において、納税の告知は、あたかも申告納税方式による場合の更正または決定に類似するかの観を呈するのであるが、源泉徴収による所得税の税額は自動的に確定するのであって、右の納税の告知により確定されるものではない（すなわち、納税の告知は、更正または決定のごとき課税処分たる性質を有しない。）、②仮に、納税の告知がそれ自体として税額を確定させる行為（課税処分）であるとすると、取消判決等によりその効力が否定されない限り、支払者において、納税の告知により確定された税額を徴収して国に納付すべき義務の存することを争いえず、また従って受給者において、旧所得税法四三条（新法二二二条）に基づく支払者の請求等を拒みえないこととなるのである（支払者において徴収義務を負担するとは、すなわち、受給者において源泉納税義務を負うことにほかならず、両者は表裏をなす関係にあり、したがつて、もし納税の告知が課税処分であるとすれば、そこにおいて確定された税額およびその前提となる徴収義務の存在は、右処分が取り消されないかぎり、支払者はもとより受給者においても、これを否定しえないこととなるのである。）が、源泉徴収による所得税の税額が納税の告知によって確定されるとするのは、所得の支払の時に所得税を徴収すべきものとする制度の本旨に反するのみならず、もし、納税の告知によって、支払者の納税義務とともに、受給者の源泉納税義務の範囲（およびその前提となる当該義務の成立）が確定されるものであるとすれば、納税の告知は支払者および受給者の双方に対してなされることを要すべきところ、法二条五号は支払者のみを納税者とし、したがつて、納税の告知は支払者に対してのみなされるのであることから、現行法上、このような見地は許容されえない（すなわち、納税の告知は、納税者たる支払者に対してのみなされるにかかわらず、これにより支払者の納税義務の範囲（および成立）が公定力をもって確定されるものとすれば、同時に、しかも受給者不知の間に、その源泉納税義務の範囲（および成立）が公定力をもって確定されることとなるのであるが、かかる結果は、とうてい法の予定するところとは解しえないのである。）、③一般に、納税の告知は、法三六条所定の場合に（なお、資産再評価法七一条四項参照）、国税徴収手続の第一段階をなすものとして要求され、滞納処分の不可欠の前提となるものであり、また、その性質は、税額の確定した国税債権につき、納期限を指定して納税義務者等に履行を請求する行為、すなわち徴収処分であって（ただし、賦課課税方式による場合において法三二条一項一号に該当するときは、納税の告知が、同時に賦課決定の通知として、税額確定の効果をあわせもつ例外の場合にあたる）、それ自体独立して国税徴収権の消滅時効の中断事由となるもの（法七三条一項）であるが、源泉徴収による所得税についての納税の告知は、前記により確定した税額がいくばくであるかについての税務署長の意見が初めて公にされるものであるから、支払者がこれと意見を異にするときは、当該税額による所得税の徴収を防止するため、異議申立てまたは審査請求（法七六条、七九条）のほか、抗告訴訟をもなしうるものと解すべきであり、この場合、支払者は、納税の告知の前提となる納税義務の存否または範囲を争って、納税の告知の違法を主張することができるものと解される、と判示する。

したがって、受給者は、源泉徴収による所得税を徴収されまたは期限後に納付した支払者から、その税額に相当する金額の支払を請求されたときは、自己において源泉納税義務を負わないことまたはその義務の範囲を争って、支払者の請求の全部または一部を拒むことができるものと解されている。(29)

一方、支払者は、納税の告知に対する抗告訴訟において、その前提問題たる納税義務の存否または範囲を争って敗訴し、他方、受給者に対する税額相当額の支払請求訴訟（または受給者より支払者に対する控除額の支払請求訴訟）において敗訴することがありうるが、それは、納税の告知が課税処分ではなく、これに対する抗告訴訟が支払者の納税義務また従って受給者の源泉納税義務の存否・範囲を訴訟上確定させうるものでない故であって、支払者は、かかる不利益を避けるため、右の抗告訴訟にあわせて、またはこれと別個に、納税の告知を受けた納税義務の全部または一部の不存在の確認の訴えを提起し、受給者に訴訟告知をして、自己の納税義務（受給者の源泉納税義務）の存否・範囲の確認について、受給者とその責任を分かつことができると解されている（最裁昭和四五年一二月二四日判決）。

六　納税者の救済――納税告知と租税債務不存在確認訴訟

上記の最高裁昭和四五年一二月二四日判決からすれば、納税義務者（受給者）と国の関係は遮断されており、納税義務者が直接国に対して争うことはできないと解される。しかし、最高裁昭和四五年一二月二四日判決の射程距離については今一度検討してみる必要があろう。[30] すなわち、自動確定による源泉徴収に係る所得税等の源泉徴収義務についてどのようにどのような訴訟類型の選択が許されるかである。源泉徴収の対象となるべき所得の支払がなされるときは、支払者は法令の定めるところに従って所得税を徴収して国に納付する義務を負う。この納税義務は右の所得の支払の時成立し、その成立と同時に特別の手続を要しないで納付すべき税額が確定するものとされており（国通法一五）、源泉徴収による所得税については、申告納税方式による場合の納税者の税額の申告やこれを補正するための税務署長等の処分（更正、決定）、賦課課税方式による場合の税務署長等の処分（賦課決定）なくして、その税額が法令の定めるところに従って当然に、いわば自動的に確定する。源泉徴収所得税についての納税の告知は、国税通則法三六条所定の場合に国税徴収手続の第一段階をなすものとして要求され、滞納処分の不可欠の前提となるものであり、また、その性質は税額の確定した国税債権につき納期限を指定して納税義務者等に履行を請求する行為、すなわち徴収処分であって、それ自体独立して国税徴収権の消滅時効の中断事由となるものであるが（国通法七三条）、源泉徴収による所得税についての納税の告知は、確定した税額がいくばくであるかについての税務署長の意見が初めて公にされるものであるから、支払者がこれと意見を異にするときは、その税額による所得税の徴収を防止するため、異議申立て又は審査請求のほか、抗告訴訟をも提起しうるものと解すべきであり、この場合、支払者は納税の告知の前提となる納税義務の存否又は範囲を争って、納税の告知の違法を主張することができる(31)。支払者は、一方、源泉徴収による所得税の納税告知に対する抗告訴訟において、その前提問題たる納税義務の存否又は範囲を争って敗訴し、他方、受給者に対する税額相当額の支払請求訴訟（又は受給者より支払者に対する控除額の支払請求訴訟）において敗訴することがありうるが、それは納税の告知が課税処分ではなく、これに対する抗告訴訟が支払者の納税義務また従って受給者の源泉納税義務の存否・範囲を訴訟上確定させ得るものでないことからであって、支払者は不利益を避けるため、抗告訴訟に併せて、又はこれと別個に、納税の告知を受けた納税義務の全部又は一部の不存在の確認の訴えを提起し、受給者に訴訟告知をして、自己の納税義務（受給者の源泉納税義務）の存否・範囲の確認について受給者とその責任を分かつことができる（最判昭和四五年一二月二四日判決）。

自動確定による税については公定力が存せず、かつ租税法において特別な救済手続が予定されていないことから、このような訴訟は適法といえることとなる。納税告知には処分性が存するが確定そのものに影響を及ぼすものではないことから、源泉徴収義務者は別途納税をうけた租税債務の不存在確認の訴えを提起することができることとなる(32)（最高裁平成二三年一月一四日判決・裁判所時報一五二三号一頁、大阪高裁平成二〇年四月二五日判決・訟月五五巻七号二六一一頁、大阪地裁平成一八年一〇月二五日判決・判時一九八〇号五五頁、最判昭和六二・四・二一民集四一巻三号三二九頁、大阪地裁昭和五一年九月二二日・行裁例集二七巻九号一六一六頁等参照）。これと関係して当該納税通知に係る不納付加算税との関係が問題となる。不納付加算税については、別途行政処分により不納付加算税の税額が確定しているが自動確定であり、納税通知自体に税額を確定させる効果はないのであるから、不納付加算税賦課決定処分の取消訴訟によらざるをえないと解されることとなる（大阪高裁平成二〇年一〇月一五日判決・税務訴訟資料二五八号順号一一〇五〇参照）。

なお、登録免許税については、納税義務は登記の時に成立し、納付すべき税額は納税義務の成立と同時に特別の手続を要しないで確定する（国通法一五条二項一四号、三項六号）。そこで、登録免許税の納税義務者は、過大に登録免許税を納付して登記等を受けた場合には、そのことによって当然に還付請求権を取得し、同法五六条、七四条により五年間は過誤納金の還付を受けることができるのであり（登録免許税法三一条六項四号参照）、その還付がされないときは、還付金請求訴訟を提起することとなる（最高裁平成一七年四月一四日・民集五九巻三号四九一頁）。

おわりに

源泉徴収義務が生ずるためには、密接関係性要件と支払要件の二要件を充足する必要があるが、本最高裁判決は密接関係性要件における判断によって、本件の結論を導いている。密接関係性要件と支払要件について、厳格な意味での法的な関係にある場合と解する余地はなくはないであろうが、一八三条、一九九条等の規定を見る限り、法的な関係又はそれに準ずる関係（所得税法上、給与所得、退職所得等とみなされる支払を行う者と受給者との関係）として理解することとなる。一方で、支払要件を強調して「支払」における徴税の便宜を強調すれば、密接関連性要件はきわめて緩やかな関係で足りるということになり、現実に支払をする者という支払要件説につながることになろう。

本件においては、「配当」という形で実質的に退職金の支払を受けている（受給者にとって所得税法三〇条一項の退職所得であることに異論はない）のであるから、破産手続上の義務の履行においても、「支払をする者」に該当するとの見解もあり得よう（支払行為説）。密接関係性要件の「特に」という最高裁判決の判示からすれば、本最高裁判決は、このような解釈において、配当の支払に際してこのような特別の義務を負担させることについて、破産管財人と受給者との関係に特別な関係もなく、また源泉徴収義務者としての破産者の地位を引き継いで（承継して、上述の関係に立つことまでいえない。）いるとも言い難く、源泉徴収義務を負担させることへの合理性を充足することが難しかったといえる。本件最高裁判決は、「破産管財人は、破産財団の管理処分権を破産者から承継するが（旧破産法七条）、破産宣告前の雇用関係に基づく退職手当等の支払に関し、その支払の際に所得税の源泉徴収をすべき者としての地位を破産者から当然に承継すると解すべき法令上の根拠は存しない」としていることから、源泉徴収義務者としての地位が破産管財人に引き継がれていることを求めており、単に本来の源泉徴収義務者から支払業務を委託しているものとの法的な関係では、なお「特に密接な関係」にあるとはいえないことを示唆しているようにみえる。

　本件最高裁判決及び最高裁平成二三年三月二二日判決により、所得税法における源泉徴収制度の枠組みがかなり明確になってきたといえよう。その結果、課税庁のこれまでの源泉徴収に係る取扱いのなかには変更を迫られるものがでてこよう。

　また、源泉徴収制度における「納税の告知」の法的な意味について、さらには自動確定のもつ意義や法的な効果（最裁昭和四五年一二月二四日判決の射程距離を含む。）についても、あらたな検討段階にはいってきたといってよかろう。特に、国と納税義務者（受給者）との関係や受給者の権利救済については、税務訴訟における当事者訴訟の活用として、「自己完結的な租税救済手続の枠組み」（及びその背景にある取消訴訟中心主義）のなかにどの程度、実質的当事者訴訟が割って入れるかということであろう。行政運営における公正の確保と透明性の向上を図ることを目的として制定された「行政手続法」（平成五年制定）は、国税通則法七四条の二（行政手続法の適用除外）の規定により、税務行政においてはほとんどの規定が適用除外となっている。また、一方、事後救済制度についても一連の司法制度改革の潮流の中で、行政救済制度の改革も進められ、平成一六年に、国民の権利利益のより実効的な救済手続の整備を図るために、「行政事件訴訟法」の抜本改正が行われたが、そのなかで、租税債務の自動確定制度と源泉徴収制度のもとでの還付請求制度等などの枠組みの中で、納税者の権利救済が抜け落ちているところで「実質的当事者訴訟」を活用することが今後十分に期待されうるであろう。「自己完結的な租税救済手続の枠組み」の中での間隙部分を今後この訴訟が果たすことが期待されよう。

注

(1) 源泉徴収制度は、所得税の申告納税制度の下における、「納付方法」の一態様として採用されている。所得税の納税は、納税者がその年の経過後において納税額等を申告し、その申告した税額を自主的に納付することを建前としている。しかし、歳入の平準化と納税者の分割納税の便宜を図るために、所得の発生する期間中に予定納税の方法を先行し、あわせて源泉徴収の方法をとっている。予定納税や源泉徴収による納税は、その年分の所得税額が確定する前にいわば概算で分割納付する制度である。したがって、その年分の課税標準等及び税額等が確定したときは、確定申告によって清算することとなっている。ただし、大部分の給与所得については、確定申告に代えて年末調整が行われている（税務大学校『所得税法』（六三年版　四六八頁）。この支払をする際又は支払をする際の支払は、現実に金銭を交付する行為のほか、元本に繰り入れて又は預金口座に振り替えるなどの支払の債務が消滅する一切の行為が含まれる（基本通達一八一～二二三共―一）。支払者が債務免除をうけた場合の源泉徴収（一八一～二二三共―二、役員が未払賞与等の受領を辞退した場合（一八一～二二三強通―三）、源泉徴収の対象となるものの支払額が税引き手取り額で認められている場合の税額の計算（一八一～二二三共通―四九）参照。

　明治三四年に公社債利子所得に対する分類所得税に関して、はじめてこの制度が採用されたのであるが、それはこの方法が徴税上合理的であり、また能率的であると思料されたからであった。最近はこの制度は、いよいよ精緻さを加え、適用の範囲を拡大して今日に及んでいる。田中二郎『租税法　新版』二〇三頁（有斐閣・一九八一）。我が国の源泉徴収制度の導入経緯について、勤労所得源泉課税の初め「ドイツの税制を調べると、当時、ものすごい源泉課税をやっていた。しかもフラットな税じゃなくて、ちゃんと簡易税額表をつくって、源泉課税をやって相当な収入を上げていた。これはやらん手はないんじゃないかといって、渡辺喜久造君と一緒に研究して、勤労所得に源泉税課税をはじめたわけですよ。」（平田敬一郎）（平田敬一郎＝忠佐市＝泉美之松昭『昭和税制の回顧と展望（上巻）』（八四頁）という回顧談がある。従来は、中間課税の段階においても適正な見積もりを要求する制度（予定申告制度）がとられていたのであるが、このような見積もりは、技術的困難性を伴うとともに、ともかくも低額におこなわれる傾向があり、その当否について納税者と税務官庁との間に紛争が絶えなかった。そこで中間段階における紛争を避け、事務処理の円滑化を図るとともに、納税者の申告の手数の省く等の意味を含めて、昭和二九年の税制改正により、このような制度に切り換えられたのである（田中・前掲書二〇六頁）。源泉徴収方式に類似する制度して特別徴収方式がある。この方式は納税者に直接納付させない点では源泉徴収方式と同様であるが、租税の徴収に便宜を有する者にこれを徴収・納付させる点においてそれと異なるのであるとする見解がある（田中・前掲書二〇四頁）。清永教授は、納税義務を基本的納税義務と予納的納税義務として、後者に源泉徴収による所得税と予定納税にかかる所得税等を含められる（『税法　七版』一九〇頁（ミネルヴァ書房・二〇〇七））。予定納税等の場合は、予納的納税義務は本来の納税義務について生ずる。源泉徴収の場合は、予納的納税義務は、本来の納税義務者については源泉徴収受忍義務として現われ、徴収義務者の源泉徴収納付義務を通じて履行される。このように源泉徴収の場合、予納的納税義務はもともと本来の納税義務者について生ずるのであるが、国との関係では源泉徴収義務者の義務が前面にでてくるために、通則法も源泉徴収義務の成立時期だけを定めている（清永・前掲書一九二頁）。

（2）　金子宏『租税法（一七版）』七八七頁以下（弘文堂・二〇一二）。

（3）　原判決の解説として、山本和彦・金法一八四五号八頁、品川芳宣・TKC税研情報一八巻二号五三頁、近藤隆司・ジュリ臨時増刊〔平成二〇年度重要判例解説〕一三七六号一五七頁等がある。

（4）　第一審判決の解説として、桐山昌巳・銀行法務六七六号四六頁等がある。上記注（3）引用の判例解説等をあわせて参照。

（5）　源泉徴収に係る当事者訴訟の問題については、占部裕典「税務訴訟における当事者訴訟の活用可能性」高木光＝占部裕典ほか編『行政法学の未来に向けて（阿部泰隆先生古稀記念）』六〇七―六二七頁（有斐閣・二〇一二）参照。

（6）　桐山・前掲注（4）判例解説四六頁参照。破産手続による配当に際して、破産管財人が源泉徴収義務を負うか否かについては議論の対立があったところであるが、積極説に立つものとして、佐藤英明「破産手続における租税債権の扱い」ジュリ一二二二号一九一頁（二〇〇二）、消極説に立つものとして、永島正春「破産管財人の源泉徴収義務」税務弘報三六巻九号一四九頁（一九八八）があるが、議論については、伊藤ほか『条解破産法』九五四頁（弘文堂・二〇一〇）参照。

（7）　本最高裁判決の批評等として、稲葉孝史・NBL九四七号九頁、若林元伸・ジュリ一四一八号一〇〇頁、林仲宣＝高木良昌・税務弘報五九巻四号六六頁、長屋憲一・金法一九一六号六〇頁、山本和彦・金法一九一六号五七頁、正木洋子・税研JTR

Ｉ二六巻五号七八頁、池本征男・税務事例四三巻六号一頁、橋本浩史・税経通信六六巻七号一四七頁、市野瀬啻子・税理五四巻三号一五六頁、垂井英夫・税理五四巻六号一〇六頁、伊藤博之・税理五四巻一一号七五頁、朝倉洋子・旬刊速報税理三〇巻三六号三一頁、森稔樹・速判解九号二二九頁、古田孝夫・ジュリ一四三二号一〇〇頁、古田孝夫・法曹時報六六巻一号一八五頁、岡正晶・別冊ジュリ〔倒産判例百選〕二一六号四二頁、伊藤義一・ＴＫＣ税研情報二〇巻六号二四頁、松下淳一・別冊ジュリ〔租税判例百選　第五版〕二〇七号二一二頁、渕圭吾・判時二一三六号一七〇頁、金春・ジュリ臨時増刊〔平成二三年度重要判例解説〕一四四〇号一三九頁、中西良彦・税理五五巻九号八四頁等がある。

（8）最高裁平成二三年三月二二日判決の解説として、鐘ヶ江洋祐・ジュリ一四二四号八八頁、山本直道・税務弘報五九巻八号一三六頁、榎本光宏・ジュリ一四三五号一二二頁、高橋祐介・民商一四五巻三号三〇九頁、神山弘行・ジュリ臨時増刊〔平成二三年度重要判例解説〕一四四〇号二一七頁、堀招子・税経通信六七巻九号二四四頁等がある。なお、高松高裁昭和四四年九月四日判決は、給与等の支払が強制執行による場合における源泉徴収義務を否定する判示をしていたところである。この判決は本件における原告の主張においても展開されている。このような判決を支持する見解としては、碓井光明・ジュリ八四一号九八頁がある。否定説、肯定説、各々の見解については、判時二一一一号三三頁のコメント参照。

（9）なお、本最高裁判決は、その他、不納付加算税賦課決定を取り消す判決が確定した場合、同処分に係る納税義務不存在及び不納付加算税の債権が財団債権でないことの確認を求める訴えにおける「確認の利益」についても判断しているが、本稿ではこの点について言及しない。

（10）金子宏・前掲書七八八頁以下。

（11）反対、橋本公宣「源泉徴収制度の合憲性」別冊ジュリ七九号一七〇頁。その他、本判決に対する批判については、清永敬次「源泉徴収制度の合憲性」法学論叢七三巻一号、有倉遼吉「給与所得と公平負担の原則」別冊ジュリ一七号二二頁等参照。所得税の納税は、納税者がその年の経過後において納税額等を申告し、その申告した税額を自主的に納付することを建前としている。しかし、歳入の平準化と納税者の分割納税の便宜を図るために、所得の発生する期間中に予定納税の方法を先行し、あわせて源泉徴収の方法をとっている。

（12）本最高裁判決のこのような問題を指摘する解説は多い。たとえば、松下・前掲注（7）判例解説二一二頁等参照。

（13）前掲・最高裁昭和六二年四月二一日判決参照。源泉徴収に係る所得税の財団債権性を否定的に関する見解として、伊藤ほか・前掲注（6）書九五四頁以下等参照。

(14) 小畑孝雄『源泉所得税質疑応答集』一九頁、六八七頁（大蔵財務協会・二〇〇五）、渡辺淑夫『コンサルタント国際税務事例』五九九頁（税務研究会出版局・一九九一）。これらから伺える課税実務の取扱いは、支払行為者であるといえよう。第三者が源泉徴収義務者の名前で源泉徴収することを認める。なお、関係会社の名義による源泉所得税の納付は、納付として法的効果を生じないとものとして、国税不服審判所平成二一年一月一九日裁決（裁決事例集七七号二〇七頁）がある。

(15) 本判決の解説としては、山畑博史・速報判例解説（法学セミナー増刊）六号三三五頁がある。一審・東京地裁平成二〇年一月二五日判決（税務訴訟資料二五八号順号一〇八七二）は、原告は、原告が本件各医院の実質的な経営者で、各医院の収入の帰属者であり、本件各医院の院長名義でされた源泉所得税の納付は原告の収入からされたものであるから、原告がしたものと見るのが当然であり、原告が各院長の名義を借りたものとして有効であると主張するが、本件各院長はいずれも実在の人物であり、本件各医院以外においても医療に従事するなどの社会的活動を行っており、本件各院長の名義をもって外観上一見して原告の通称ないし別名と判断できるような事実が存在したとは認められないから、私法関係と異なり、法的安定性及び法律関係の明確性の要請が強く支配する租税法の下において、本件各院長の名義をもってされた源泉所得税の納付をもって、原告に係る源泉所得税の納付義務の履行がされたと認めることはできないと判示する。

(16) 占部裕典「賞与の認定と源泉徴収による所得税との法的関係」近大法学五〇巻二号一頁～四三頁（二〇〇三）。反対、浦東久男「源泉徴収と支払概念」税法学五三四号一五頁（一九九五）参照。

(17) 判時三四頁の判決の匿名コメント参照。

(18) 一方、本判決において、この点で破産者が源泉徴収義務者となりうるか否かについては議論が分かれている。明確ではないとする見解として、古田・前掲注（7）判例解説一〇三頁、佐藤・前掲注（7）判例解説一三頁等がある。また、源泉徴収義務者が存しないと解する見解として、渕・前掲注（7）判例批評一七三頁等がある。

(19) 古田・前掲注（5）判例解説一〇一頁は、「本判決は、基本的には、支払を受ける者との間で当該支払につき法律上の債権債務関係に立つ本来の債務者を想定し、これに準ずると評価できる程度の関係にある者を『特に密接な関係』にある者として源泉徴収義務者の範囲の中に取り込んでいくという解釈手法を採ったものと解することができる」という。

(20) 源泉徴収義務を否定する消極説は、個別執行において源泉徴収義務がなされないことを指摘するのに対して、積極説は、執行手続は執行機関において実施されるものであり、源泉徴収義務を負うべきは給与等の支払者は債務者自身であるから、個別的執行手続において源泉徴収義務相当額を執行機関が徴収しないのは当然であると解し、個別的執行手続の場合において、債務者は、源泉徴収義務の存在をもって配当異議を主張することはできないと解されるから、個別執行手続による配当終了後に、源泉徴収税額相当額につき、債権者に対して不当利得返還請求権を行使すべきこととなると解するが（伊藤ほか・前掲注（6）書九五四頁参照）、破産手続の場合も破産者が源泉徴収義務者であり、この点には相違はないものと解される。

(21) 永島正春「破産管財人の源泉徴収義務」税務弘報三六巻九号一四九頁参照。破産者にとって、その配当はそれらの債権の支払の性質を帯びてはいるが、破産手続における配当は、破産管財人が破産手続における執行機関として実施するものであり、破産管財人が破産手続における執行機関として行うものであり、破産管財人が破産者に代わってその債権を支払うものではないし、また破産手続は、確定した債権者表に基づいて作成された配当表に従って実施するものであり、配当に際して破産管財人が破産債権の実体法的な法律関係を考慮すべき権限はなく、また破産者が源泉徴収すべき租税相当額を、破産管財人において配当金から差し引くべき根拠規定も存しない（伊藤ほか・前掲注（6）書九五四頁参照）。

(22) 実務については源泉徴収義務者又は特別徴収義務者の範囲が必ずしも明確なわけではない。たとえば、国税徴収法七七条一項の「退職一時金、一時恩給及びこれらの性質を有する給付（確定給付企業年金法三八条二項の規定に基づいて支給される一時金及び同法四二条（脱退一時金の支給方法）の規定に基づいて支給される脱退一時金、確定拠出年金法三五条二項（同法七三条において準用する場合を含む。）の規定に基づいて支給される一時金その他政令で定める退職一時金を含む。）に係る債権」について、確定拠出年金等受給者からの支給裁定がなく保険会社において留保されているものを地方自治体が差し押さえた場合について、源泉徴収は地方自治体が受給者の滞納税額に充当するときに特別徴収をしているようである。

(23) 伊藤ほか・前掲注（6）書九五四頁。一方、破産者は、法律により破産財団の管理処分権を失っており、自由財産からの支払いも困難であることから、配当による「支払い」についても源泉徴収義務を免れているものと解される余地もあるとの見解もある（古田・前掲注（7）判例解説一〇三頁）。このような見解にたつと、配当のあった部分についてのみ源泉徴収を要しないこととなり、確定申告において当該部分を申告税額から控除できず（所税一二〇条一項五号）、そして当該部分の配当に係る所得については平成一一年度の所得として修正申告または期限後申告を行うこととなる（古田・前掲注（7）判例解説一〇四頁）。

(24) 古田・前掲注（7）判例解説一〇三頁。

(25) 受給者の課税関係について、退職所得の収入金額の収入すべき時期は、原則として、その支給の基因となった退職の日によることに取り扱われている（所基通三六―一〇）。しかし、会社役員等の役員が退職した場合に支払われる退職手当等で、その支給について株主総会その他正当な権限を有する機関の決議を要するものについては、その役員の退職後その決議があった日とされる。）。そこで、たとえば、役員甲が一五年間役員をし、六月の株主総会で退任が決まり、役員退職金一、五〇〇万円を支給することが決定され、七月にその一部として一、〇〇〇万円を支払い、これに係る所得税（三一万五、〇〇〇円）を徴収して納付したが、翌年二月になって当社は倒産したため、役員甲への未払退職金五〇〇万円は結果的に支払えない状態となったと仮定する。この場合、役員甲の退職金は、当初から一、〇〇〇万円であったものとして再計算した退職所得に係る所得税額（一〇万二、五〇〇円）との差額（二一万二、五〇〇円）について、会社が税務署長に未払退職金が実際に支払不能となった場合には、役員甲は、所得税法六四条一項の規定を準用して、確定申告又は更正の請求をすることで還付を受けることができる。

(26) 古田・前掲注（7）判例解説一〇三頁、上野久徳「破産と税金処理」判タ二〇九号一一五頁。なお、現行破産法の下でも、破産管財人による配当手続の履行後、破産者に、給与等を支払った者として、源泉徴収義務が生ずるが、その義務に係る債権が財団債権と解しうるかが問題となる。源泉徴収税の性格は配当によりはじめて源泉徴収義務が生ずる者であって、配当手続等の関係で費用性は認められないとして「配当に関する費用」にも「破産財団の管理」にも該当せず（二号）、破産手続開始前の原因に基づいて生じた租税等の請求権であって一定の要件に該当するものにも該当しない（三号）。また、破産財団に関して破産管財人がした行為によって生じた請求権（四号）にも該当しないとする見解が有力である（この問題については、伊藤ほか・前掲書九五四頁～九五五頁参照）。その結果、財団債権としての性格を持たないと解されるとして、現行破産法九九条一項一号にいう劣後的破産債権として位置づける見解が有力である（伊藤ほか・前掲書九五五頁）。そうすると、劣後的破産債権として破産財団から配当を受けることができると解する余地がある（古田・前掲注（7）判例解説一〇三頁）。

(27) 山田二郎・労判一五八号八〇頁等参照。立法論的検討については、岡正晶「破産管財人の源泉徴収義務に関する立法論的検討」金法一八四五号一六頁（二〇〇八）、佐藤英明「破産管財人が負う源泉徴収義務再論」税務事例研究一〇三号二五頁（二〇〇八）等参照。

(28) 金子・前掲書七八七・七八八頁。

(29) 本判決の解説等として、村上義弘・別冊ジュリスト一二〇号一七〇頁、木村弘之亮・別冊ジュリスト一二二号一二四頁、木村弘之亮・ジュリスト九二号一二六頁、園部逸夫・別冊ジュリスト六二号一四五頁、可部恒雄・最高裁判所判例解説民事篇昭和四五年度一〇九三頁、高木光・別冊ジュリスト一七八号二一四頁、木村弘之亮・別冊ジュリスト一八一号一二〇頁、可部恒雄・ジュリスト四七四号一〇四頁等がある。

(30) 行政事件訴訟法四条後段の「公法上の法律関係に関する訴訟」（実質的当事者訴訟）の確認の訴えとして、行政法のテキスト等で取り上げられる代表的なケースは租税債務の不存在確認訴訟である。しかし、このような租税債務の不存在確認訴訟は税務訴訟として広く認められうるものなのであろうか。租税債務不存在確認訴訟はどのような状況での租税債務の不存在確認を求めようとするものなのであろうか。納税告知処分との関係において言及などがあるにすぎず、それらに対する十分な説明や検討はないように思われる。このような単純な疑問に対する答えは行政法学においては用意されていないように思われる。給付の訴えとしての過誤納金返還請求訴訟も、状況は同様である。碓井光明教授は、「公法上の当事者訴訟の動向（一）（二・完）――最近の裁判例を中心として」（自治研究八五巻三号一七頁・四号三頁）において、今後の問題は個別法において各々その適用の場面、および適用による意義などをあわせて検討する必要性を説かれている。今日、実質的当事者訴訟の適用拡大論のながれは改正行政事件訴訟法のもとでは否定することはできないであろう。そうであるならば抽象的な議論はすでに飽食状態にあり、公法上の当事者訴訟における議論は、個別法分野においていかなる活用が可能かを検討する段階にきている。今後、裁判所の判断において、個別事案の具体的事情に応じて過去の裁判所判断をどこまで緩和するのか、どのような場合に確認の利益を肯定するのかに関心は移っている。

平成一六年改正で、「公法上の法律関係に関する確認の訴え」が追加され、公法上の当事者訴訟（実質的当事者訴訟）は「公法上の法律関係に関する確認の訴えその他の公法上の法律関係に関する訴訟」（行政事件訴訟法四条後段）と規定された。この改正の趣旨は、国民と行政主体の間での多様な法律関係に応じ、当事者訴訟としての確認訴訟を広く、国民の権利救済の実効的確保のために有効に機能させることが特に必要であることを注意的・確認的に明らかにしたものである。この改正は公法上の当事者訴訟のうち確認訴訟の活用を促し、抗告訴訟と当事者訴訟との間の融通性を高めるものであり、当事者訴訟活用論が認知された今日においては、そのような段階での議論が当事者訴訟の議論においては強く求められている。本稿もそのような趣旨によったものである。

税務訴訟において実質的当事者訴訟を活用することの意義についてはこれまであまり検討されてこなかった。それは、抗告訴訟との関係、民事訴訟における当事者訴訟との訴訟類型の選択や訴えの利益（確認の利益）の有無といった問題のみでなく、税務争訟は、国税通則法等により自己完結的に救済規定をおいていること（「税務規定の自己完結的構造の存在」）から当事者訴訟の活用はきわめて限られると解されてきたことによるものであろう。しかし、税務規定の自己完結的構造をふまえたうえで、なお納税者の権利救済の現実を踏まえた上で権利救済の実効性確保の視点からその活用を検討する必要性は高いといえよう。確認訴訟が、異議申立て・審査請求などの不服申立て前置を要さないこと（国税通則法一一五条）、更正処分等の取消訴訟に比べて訴訟費用が低廉であると考えられることなどから、平成一六年度改正により確認訴訟等の間口が広がったことに寄せられる期待は大きいと思われる。

(31)　確認訴訟は、給付訴訟に比して、早期段階において紛争に介入し（早期性）、執行力による裏打ちもなく、権利・法律行為関係等の観念的確定のみによって紛争の発生・深刻化を未然に防止して（予防性）、もって紛争処理に寄与しようとする訴訟類型である。実質的当事者訴訟の訴訟要件は、訴訟類型の選択の適否、紛争の現実性（即時確定の必要性）、訴訟選択の適否、被告適格の適否などから判断されることになろう（大阪地裁平成一九年八月一〇日判決・判タ一二六一号一六四頁参照）。特に確認訴訟においては「確認の利益」の有無が問題となる。

　訴訟類型の適否については、抗告訴訟との関係、民事訴訟における確認訴訟との関係が問題となる。税務訴訟において、確認訴訟等が更正処分等の効力を争うものであるときには取消訴訟の排他的管轄により当事者訴訟は原則として不適法とされている（「税務訴訟における取消訴訟の排他的管轄権による制約」）。よって、課税処分の無効を前提とする租税債務の不存在確認訴訟であれば許されることとなる（無効確認訴訟との関係については、行訴法三六条において当事者訴訟が優先する）と解されている（租税債務不存在確認の訴と課税処分に係る無効確認の訴えについて、岐阜地裁判昭和六二年八月一七日判決・税務訴訟資料一六五号三〇四頁、高松高裁昭和四七年一〇月三一日・税務訴訟資料六六号九二五頁、東京地裁昭和三七年五月二三日判決・行例集一三巻五号八五六頁等参照）。そこで、税務訴訟においても実質的当事者訴訟は、係争法律関係に行政処分が係わっていない場合、そのほか法律関係に処分が係わっていても紛争法律関係にその効力が及ばない場合などにそのような訴訟が認められることになる。なお、民事訴訟と当事者訴訟との関係については基本的には訴訟選択は問題となりうるがほかの行政分野に比してきわめて限られた場面である。よって、訴訟の選択誤りを不適法とするかなどといった問題も存しようが、税務訴訟においてはまず問題となることがないであろう。なお、租税法において、租税法律関係を権力関係説と債務関係説で説明することが広く行われているが、ここでの債務関係と私法上の法律関係とは全く無縁の議論である。債務関係説のもとでは租税関係は原則「公法上の法律関係」であることには変わりはない。

また、納税者救済については自己完結的な救済の枠組みを有していると解されることから、税務訴訟における実質的当事者訴訟の訴訟要件については問題が生ずることが多い。たとえば、納税者においては権利主張について国税通則法で救済手続が法定されている場合が多く、当事者訴訟の提起において一定の制限があると解されよう（「税務訴訟における自己救済手続による制限」）。

原告適格については、特別の制限（行政事件訴訟法九条）はないので民事訴訟の例によることとなる。なお、被告適格も公法上の確認訴訟については行政主体（国税は国、地方税は地方公共団体）であるが平成一六年改正により抗告訴訟の被告を行政主体として、両者の選択適用をより容易にしている（当事者訴訟における被告適格については、札幌高裁昭和六〇年一一月二六日判決・行集三六巻一一・一二号一九〇五頁、横浜地裁昭和三六年二月二〇日・行集一二巻二号二七五頁、大阪高裁昭和三四年一二月七日判決・税務訴訟資料二九号一三三三頁参照）。税務訴訟において当事者適格が問題となることは少ないといえるが、納税義務者、源泉徴収義務者、課税庁との関係において、原告適格が問題となることがある（「税務訴訟における三面的課税関係による問題」）。具体的には、源泉徴収制度のもとで、申告制度から排除されている納税者（たとえば給与所得者）が国に対して債務不存在確認訴訟を直接に提起することができるかという問題である。源泉徴収義務者が課税庁に対して制度的に過誤納金返還請求権を有していることから、これまで給与所得者がそのような訴訟を提起することは許されないとして一蹴されてきた問題であるが、再検討が必要であろう。

確認の利益は給付の訴えではほとんど問題とならないが、確認訴訟においては、確認の対象は通常現在の法律関係や権利であるが確認の対象は無限に存在することから、特に裁判を必要とする紛争の現実性や確認判決による救済の有効性が問われる。よって、確認訴訟が適法とされるには確認の利益がなければならない。民事訴訟法と同様に、確認の利益が訴訟の適法要件として必要である。確認の利益は、判決をもって法律関係等の存否を確定することが、その法律関係等に関する法律上の紛争を解決し、当事者の法律上の地位ないし利益が害される危険を除去するために必要、適切である場合に認められる（最高裁平成一六年一二月二四日判決・判時報一八九〇号四六頁）。民事訴訟における確認の利益は、確認訴訟選択の適否、確認対象の適格性、即時確定の利益の三要件を満たす必要性があると一般に考えられているが、当事者訴訟（確認訴訟）における確認の利益の有無についても同様の視点からの検討が求められるものと解される。

更正等の不利益処分が確実であって、しかもその不利益処分を取消訴訟で争えばそれでこと足りると解すると、紛争の成熟性について将来の処分との関係で否定的な見解につながることになる（最高裁昭和四七年一一月三〇日判決・民集二六巻九号一七四六頁等参照）。確認訴訟が、処分の義務づけ訴訟や差止訴訟の代替的な機能を果たすとの見解のもとでもその判断は同様に厳格なものとなるであろう。しかし、抗告訴訟としての当事者訴訟（法定外抗告訴訟）などとは明確に区別して考える必要があろう。訴えの利益を厳格に解することは当事者訴訟の活用拡大の趣旨にも反することとなる。よって、確認訴訟においては、紛争の成熟性といっても被告が原告の地位に不安を与えている、すなわち被告が原告の法的地位を否認したり、その地位と相いれない地位を主張する場合で足り、不安や危険が具体化した時点の訴えであれば足りると解される。平成一六年行訴法改正において、行政需要の増大と行政作用の多様化が進展する中で、取消訴訟などの抗告訴訟のみでは、国民の権利利益の実効的な救済を図ることが困難な場合が生じているとの認識の下、取消訴訟の対象となる行政の行為に限らず、国民と行政との間の多様な関係に応じて実効的な権利救済を図るため、確認訴訟の積極的な活用を意図して、行訴法四条に「公法上の法律関係に関する確認の訴え」を例示として付加挿入された趣旨も考慮すれば、実質的当事者訴訟としての確認訴訟における確認の利益をことさら制限的に解する必要はない（大阪地裁平成二一年一〇月二日判決（判例集未登載））。

また、税務訴訟において国税通則法五六条等で予定されている還付に係る給付訴訟が提起できる場合には確認の訴えは排除される（すでに納入済みの租税債務につき、その不存在の確認の訴えを提起することは、論争のより終局的解決をはかるべきとする立場に反し、従って、確認の利益を欠くものというべきであるから却下を免れない（高松高裁昭和四五年一二月一七日判決・税務訴訟資料六〇号八四九頁））。確認訴訟は執行力・形成力をともなわない非力な訴訟類型であるので紛争解決のためにより実効的な訴訟（給付訴訟や形成訴訟）が可能な場合には原則として確認の利益は認められない点では民事訴訟と同じであろう（民法に基づく税の還付訴訟については、大阪高裁昭和六三年九月二七日判決・税務訴訟資料一六五号七九一頁参照）。公法上の確認訴訟では取消訴訟（形成訴訟）やその他の抗告訴訟との優劣関係が問題となる。処分に対する排他的優越的訴訟と解されている取消訴訟との関係においてはその優越性が認められてきたところであるが、納税者の権利救済の実効性確保の視点から両者の紛争の流れのなかで柔軟に訴訟選択を認めていくことが肝要であろう。確認訴訟は、行政庁の判断の一要素である法律関係又は事実関係を対象にするのに対して、処分そのものの義務づけ又は差止訴訟では他の要素を含めて総合的な判断が求められるであると解されることから、確認訴訟とは訴訟物が異なり、両者間での柔軟な活用が期待される。

さらに、確認対象選択の適格性については、①過去又は将来ではなく現在の、②事実関係ではなく法律関係に限定され、③確対象の不存在（消極的確認）ではなく存在（積極的確認）を求めるべきことが原則とされてきた。単なる事実や過去の法律関係の存否は問題とすることができないが、現在の権利関係の基礎にある過去の基本的な法律関係を確定することが、現存する紛争の直接かつ抜本的な解決のために適切かつ必要と認められるような場合には確認の利益が認められる（広島高裁昭和五六年九月二日判決・税務訴訟資料一二〇号四七六頁等参照）一方、将来発生すべき権利ないし法律関係なるものは具体的な権利ないし法律関係として現在するものとはいえないから、たとえそのような権利ないし法律関係の将来における成否について法律上疑問があり、これに関して現在当事者間に争いが存しても確認の対象とするには適しないものといわざるを得ず、納税義務者からの確定申告又は税務署長の課税処分によって税額が確定する前に、その事業年度の法人税債務不存在の確認を求める訴えもまた、確認の対象たる具体的な権利ないし法律関係を欠くものとして不適当であると解されている（東京地裁昭和四二年四月一一日判決・行集一八巻四号四五二頁）。無効確認の訴えは無効が過去の法律関係であることから明文の規定がない以上は不適法であり、法令・行為の無効確認も一般には許されないことから、これらの無効の結果として定まる原告の地位または権利の確認を求めるべきである。

課税要件事実の有無、課税要件規定への適用についての判断は、所得課税法や法人税法等においては暦年あるいは事業年度を課税年度とすることから課税関係は過去あるいは未来（将来）へと連動していることが通常であり、このような特徴は税務訴訟における確認対象の適格性を判断するにあたっては重要である。申告行為、更正処分、本税や加算税の納付等といったリスクを考えると申告期限等が到来していないこと（あるいは納税義務が成立や確定していないこと）をもって一律に否定することは問題であろう。租税債務の成立がない以上、租税債務不存在確認訴訟が提起できないということではない。

(32) 誤納金とは、無効な更正・決定等に基づいて納付徴収された租税、確定した税額を超えて納付徴収された租税などのように、実体法的にも手続法的にも、納付又は徴収された時点から既に法律上の原因を欠いていた徴収金のことであり、過納金とは、申告・更正・決定等租税債務の内容を確定すべき行為に基づき、それによって確定された税額が納付徴収された後に、その税額が過大であったため、更正・決定等が取り消され、あるいは減額更正がなされ、それによって減少した差額に相当する徴収金のことである（横浜地裁平成四年九月一六日判決・判時一四七七号三五頁）。確定申告後、課税庁による税務調査を経て増額の更正処分がなされた場合、納税者において、この税額に不服が存するときには不服審査を経て、更正処分の取消訴訟を提起することとなる。納税者としては増額部分の税額についての債務不存在確認訴訟も考えられうるところであるが、更正処分を取消訴訟によって取り消さないかぎり公定力が働いていることから、増額部分の税額についての債務不存在確認訴訟を当然に提起することはできないと解されている（札幌高裁昭和五九年八月九日判決・判時一一四四号七七頁、釧路地裁昭和五八年一一月二九日判決・行集三四巻一一号二〇六七頁、山口地裁昭和四七年一一月九日判決・税務訴訟資料六六号九三六頁等参照）。そこで、課税処分が先行する場合においては、更正処分等を無効とする租税債務不存在確認訴訟は許されることとなる。そうであるならば納税者において、確認訴訟や給付訴訟を提起できる場面はきわめて限られてくることとなる。

紛争のもととなった行政の行為が「処分」か否か、「公権力の行使」か否かという判定により訴えのルールが変わるとして、その判別に関する解釈のリスクを国民の側に負わせるのは、平成一六年改正の趣旨に著しく反するとするとして訴訟類型間の融通性を強調した上で抗告訴訟と当事者訴訟（確認訴訟）の平行訴訟提起に言及する見解が有力に主張されている。このような見解については一般的には共感を覚えるが、租税においては確定行為（自動確定を除く）が先行行為として存在するのが一般的であり、その確定行為を機軸にして救済手続が構成されていることから、当事者訴訟が取消訴訟に従属するものではないとしても課税処分に対する「取消訴訟の排他的管轄権」（あるいは当該課税処分とそれを前提とした後続処分との距離）との関係、さらに税務争訟においては不服審査前置主義が前提とされていることからそのような訴えが前置を回避することとなることから、このような枠組みとの関係をどのように考えるかであろう。

第一三章　税務における損害賠償請求訴訟

第一節　弁護士業務と税理士業務の境界

はじめに

昭和二六年六月一五日法律第二三七号による税理士法制定の際、弁護士法三条と税理士法五二条の規定の調整を図るために、衆議院大蔵委員会における議員修正により、同法五一条が設けられた。弁護士法三条一項は、訴訟事件、非訟事件及び審査請求、異議申立て、再審査請求等行政庁に対する不服申立事件に関する行為その他一般の法律事務を行うことを弁護士の「職務」とした上で、同条二項において、弁護士は、当然、弁理士及び税理士の「事務」を行うことができる旨を定めている。他方、税理士法五二条は、税理士又は税理士法人でない者は、この法律に別段の定めがある場合を除くほか、税理士業務を行ってはならない旨規定するところ、弁護士には、もともと税務代理士の事務を行うことができる旨の規定（昭和二六年六月一五日法律第二三七号による改正前の弁護士法三条二項）があったが、税理士法制定により税務代理士がなくなり、新たに規定される税理士法五二条と弁護士法三条との調整を図るため、弁護士が、税理士としての登録手続（税理士法三条、一八条）を行わずに税理士業務を行うことを認めつつ、税理士業務を行うためには、所属弁護士会を経て、国税局長に通知することを要求し（同法五一条一項）、通知をした弁護士は、税務代理をする場合においては、その行為について代理の権限を有することを明示する書面を税務官公署に提出しなければならないとする制度を定めた（同法五一条二項、三〇条）。通知税理士制度のもとで、税理士業務を行う弁護士は、脱税相談等の禁止（同法三六条）、信用失墜行為の禁止（同法三七条）、秘密を守る義務（同法三八条）、帳簿作成の義務（同法四一条）、是正助言義務（同法四一条の三）その他、登録した税理士にも適用される義務を負うほか、財務大臣による懲戒（同法四五条から四八条まで）及び国税庁長官の監督上の措置（同法五五条）に服することになる。

このような制度のもとで、国税局が通知税理士としての手続きを経ていない弁護士に対して協議への立ち入りを拒絶したことが違法として争われ、国家賠償が認容された事例（大阪地裁平成二三年四月二一日判決（一部認容、一部棄却（控訴）。判時二一一九号七九頁）が存する。

一　事実の概要

原告XはAから依頼を受けた大阪弁護士会所属の弁護士である。被相続人の子であるA、B（滞納者）、C及びDらは、相続税法三四条の規定に基づき、いずれもBの滞納相続税（以下「本件滞納相続税」という。）についての連帯納付義務者である。被相続人が平成元年九月三〇日に死亡した後、その共同相続人間で紛争が生じ、平成四年七月ごろから、Aは、訴訟の処理をXに委任し、以後、Xは、Aの相続問題に関与するようになった。Bは一六億円を超える相続税を負担し、延納の許可を得ていたが、納税することが困難な状況となっていた。Xは、Aから相続に関する一連の紛争の処理を受任し、その処理の過程で、共同相続人との間の訴訟、S税務署の担当者及び本件担当者との交渉、S税務署長に対する異議申立て、国税不服審判所長に対する審判請求並びに本件督促処分等の取消訴訟などを遂行し、これら一連の過程で、XがAの代理人として関与してきた。すなわち、Xは、平成一一年一月一一日から平成二一年一〇月二一日までの間、大阪国税局徴収部特別国税徴収官付総括主査甲（乙主査）や同部徴収官付丙（丙徴収官）らに対し、延滞税の減免などについて陳情し、滞納者の所有する財産からの回収、納付についてA以外の他の連帯納付義務者との調整を申し出るとともに、Aに納付意思がある旨を陳述し、また具体的な納付計画に関する書面を提出し、さらに納付手続等にも関わってきた。しかし、これら一連の過程で、XがAの代理人として関与することにつき、平成二一年一〇月二三日まで、大阪国税局その他から、Aの代理人であるXが税理士法五一条に基づき、所属弁護士会を経由し当該税理士業務を行おうとする区域を管轄する国税局長に、同法施行規則二六条所定の書面である「税理士業務開始通知書」を提出せず、また、税理士法三〇条に基づき、同法施行規則一五条所定の書面である「税務代理権限証書」（以下「五一条通知等」という。）を税務官公所に提出していないことについて、異議ないし五一条通知等の要求があったことはなかった。

特に、Xは、平成二〇年七月ごろ本件担当者となった乙主査や丙徴収官に対して、Aと協議して、平成二二年六月末日を残額の最終納付完了期限とすることを申し出るとともに、本件滞納相続税の一部を納付するなどして、その旨を乙主査に連絡するなどしていたところ、乙主査は、平成二一年一〇月二三日、Xに対して、五一条通知等を税務官公所に提出していないことを理由に、本件滞納相続税の連帯納付義務の処理に関するAと大阪国税局との交渉及び協議（以下「本件納付協議」という。）の場に同席することを認めない旨を電話で伝えてきた。乙主査は、Xに電話をして、通知弁護士制度の説明をしたが、Xは、五一条通知等の提出を拒否した。

甲税理士は、同月一〇日、Aらとともに、乙主査及び丙徴収官を訪問し、税務代理権限証書を提出した後、本件滞納相続税に係る納付計画等について協議し、Aは、同日以降、乙主査との協議内容をXに報告した。

そこで、Xは、乙主査が、本件滞納相続税の協議に際してAと大阪国税局との交渉、協議の場にXが同席することを認めなかったことは違法な公権力の行使にあたるとして、被告国に対し、国家賠償法（以下「国賠法」という。）一条一項に基づき、慰謝料二〇〇万円等の支払を求めた。

二　判決の要旨

1　国賠法上の違法行為について

本件において、本件納付協議へのXの関与が、税務代理（税理士法二条一項一号、同法施行令一条の二）に当たることは、明らかであるが、一方でこれは弁護士法三条一項にいう「その他一般の法律事務」にも当たることは明らかである。「税理士法五一条の立法趣旨は、弁護士が、弁護士資格を利用して税理士業務を反復継続する場合、一般の税理士と同様の義務を負わせ、税理士としての監督に服させることで、いわばその自覚を促し、間接的に、申告納税制度の公正や納税義務の適正な実現といった、全体的公益の実現を図る点にあると解されるが（税理士法一条参照）、弁護士が弁護士法に基づく義務を負うことなどに鑑みれば、弁護士法三条一項に定める個別の法律事務を受任し、その処理の過程で、税務官公署に対する不服申立てや税務官公署に対してする主張又は陳述を行おうとする場合に、五一条通知等をしなかったとしても、そのことによって、当該案件における納税の公正や適切、あるいは納税者の利益や信頼が直ちに損なわれるものではない。

したがって弁護士法三条二項、国税通則法一〇七条一項により認められる代理権限が、税理士法五一条のような広く公益を図るための規定によって否定されるものではないと考えられ、弁護士は、弁護士の固有の権限として、受任した法律事務に付随して税理士の事務を行うことができると解するのが相当である。」

以上検討したところを本件にあてはめて検討するに、「Xは、（省略）弁護士法三条二項に基づき、本件納付協議に関与することができたというべきである。」

「したがって、乙主査が、Xに対し、五一条通知等の提出のないことを理由に本件措置を行ったことは、税理士法の解釈を誤るものであり、Xの弁護士としての業務を妨げる違法なものであったということができる。」

2　国賠法上の違法、過失について

「本件措置は税理士法の解釈を誤ったものであるが、国賠法上の問題として、乙主査が行った本件措置の違法性の有無を判断するに当たっては、国税徴収等に関する事務を担当する乙主査に通常要求される職務上の法的義務の内容に照らして、本件措置に職務上の義務に違背したと見られる点があるか否かという観点に立って、その違法性の有無が判断されるべきである。」「本件納付協議へのXの関与は税務代理に当たるため、形式的には被告の主張する解釈が成り立つ余地はあり、本件措置当時、これと異なる解釈は存在するものの、前記（略）のような解釈を述べた裁判例もなく、被告の主張する解釈は、国税当局の一般的な理解であったと思われる。したがって、乙主査が被告主張の解釈に従って行動することは、原則として違法とはいえない。」

「しかしながら、本件においては、この点を理由に、乙主査が行った本件措置が違法ではないということはできない。」「乙主査は、（略）税理士法が五一条の規定を置いた趣旨に遡り、この段階で、Xに五一条通知等の提出を求める必要性、合理性及びその提出がない場合にXを手続から排除することの相当性について慎重に検討すべきであるのに、税理士法についての前記誤った解釈を前提に、Xの業務が税務代理に該当するとの形式的理由のみで本件措置を行い、XとAに不利益を生じさせたものと評価することができる。」「そうすると、乙主査が本件措置を行ったことは、その職務上の義務に違反するものというべきであり、国賠法上も違法と評価することができ、乙主査に過失があることは明らかである。」

3 損　害

「Xは、乙主査の本件措置により、Aから受任した法律事務の履行を阻害され、精神的苦痛を被ったことが認められるが、その慰謝料の額は、一〇万円をもって相当とすべきである。」

三　通知税理士制度と税理士法五一条の立法趣旨

乙主査が、Xからの税理士法五一条通知等が提出されていないことを理由に、本件措置を行ったことが、税理士法、弁護士法の規定に照らし、違法と認められるか、が本件の最大の争点である。税理士法五一条の解釈にあたってはその立法趣旨が重要な意義をもつといえよう。なお、通知税理士制度の趣旨は上記（「はじめに」）に述べたとおりである。

1　相続税法五一条の立法趣旨と付随的税理士業務排除説

「税務代理」の範囲には課税場面のみならず、納付場面も含まれると解するのが相当であり、本件納付協議へのXの関与が弁護士業務として付随的に行われているものの、個々の行為をみれば「税務代理」に該当するということができよう（税理士法二条一項一号、同法施行令一条の二、基本通達二―三、二―四参照）。

そこで、Yは、このことからただちに、Xの事務は「税理士業務」に当たり、五一条通知等のない限り、弁護士としてはこれに関与することができないと主張する（以下、このような見解を「税理士業務全面的要求説」という。）。これに対して、Xの事務は税理士業務に当たるとしても弁護士が弁護士法に基づく義務を負うことなどに鑑みれば、弁護士法三条一項に定める個別の法律事務を受任し、その処理の過程で、税理士業務を行う場合には五一条通知等は不要であるとする見解もありうるところであり（以下「付随的税理士業務排除説」という。）、Xはこのような主張を展開している。税理士法五一条の解釈においては、さらに弁護士が税理士業務（事務）を反復継続して行う場合には税理士登録かあるいは五一条通知等が必要であると解すること（以下「税理士業務適用説」という。）も十分に可能である。税理士法二条一項は、税務代理（一号）、税務書類の作成（二号）、税務相談（三号）を「事務」ととらえ、他人の求めに応じ、租税等に関しこれらの「事務」を行うことを業とする者を税理士、税理士が行う「業務」を税理士業務とするが、「業とする」とは、これらの事務を反復継続して行い、又は反復継続して行う意思をもって行うことをいう（基本通達二―一）と解している。

第一一〇回国会大蔵委員会（第五七号昭和二六年五月二八日）における税理士法案（衆法第三八号）に係る趣旨説明において、「〔修正案第五十一条〕の趣旨は、従来弁護士は、弁護士法によりまして、当然に税務代理士を営むことができるということの規定がありましたのが、税理士法が通過いたしますと、税理士というものが新たにでき暮して、税務代理士がなくなりますので、その関係をいかに調整するかということから出て来ましたところの修正案であります。」と述べられている。また、同委員会においては、税理士法五一条の改正により、弁護士は、所属弁護士会を経て、国税局長に通知することにより、その国税局の管轄区域内において、随時、税理士業務を行うことができる」とされているところについては、「国税局長から証明書というものを交付いたしまして、登録にかわるものといたしまして――もちろん登録と同じ効果は生じないのでありますけれども、登録にかわる手続といたしまして、税務の円滑な執行に資して行きたい、かように考えておるわけでございます。弁護士の方が当然税理士業務ができるということを、否定いたす考えは毛頭ございません。そこでただいま仰せの随時とありますものを三箇月にするか、六箇月にするか、一箇年にするかといつた点につきましては、われわれといたしましては、まあ随時というからには、そう長い期間でない方がいいだろうと思つておるのでございますが、いずれ国税庁長官と弁護士会長さんの方とお打合せいたしまして、成案を得ましたならば、また委員会にお示しいたしたい、かように考えております。」と説明されている。税理士法五一条の文言及び立法趣旨、さらには両法をはじめとする関係法令との整合性、納税者の権利保護の視点、さらには国税庁における慣習的な取扱等、を踏まえた上で判断することとなろう。

弁護士法において税理士業務が当然にできるとされているところ、税理士法が通知税理士になれば随時税理士業務を行うことができるとしていることから、税理士業務のうち弁護士業務の付随的業務のようなものまで逐一通知をすることを求めていると解されないであろう。課税要件事実の認定においては私法上の法律行為に係る知識は不可欠であり、税理士業務と弁護士業務の境界はそれほど明確ではない。その逆も同様にいえるところ、税理士にはなんら制約があるわけではない。税理士が法律相談を受け付随的に税理士業務を遂行せざるを得ない場合にまで五一条通知等を求めることは不合理であろう。比較的短期間ではあるが独立的に税理士業務を行う場合に、五一条通知等が求められていると解すべきであろう。本判決も付随的税理士業務排除説にほぼ拠っているといえるであろう。

本判決は、弁護士が、受任した事件において、法令等の解釈に対立があるため、抗告訴訟を提起する場合においても、原則として不服審査前置の下で不服申立ての手続を前置しなければならず（国税通則法一一五条）、その場合に弁護士が行う事務は、形式的には税務代理、税務書類の作成または税務相談のいずれかに該当すると解される。しかし、この場合、抗告訴訟の代理は、弁護士固有の権限で行い得るのに、不服申立ての部分のみを、税理士としての監督に服させるべき合理的理由は存しないし、五一条通知等の提出のない限り不服申立てに関与できないとすることは、不服申立人は、弁護士、税理士その他適当と認める者を代理人に選任できるとする国税通則法一〇七条一項の定めとも整合しないとして、税理士業務全面的要求説には整合性がない旨を判示しているが、現行法の弁護士法、税理士法、国税通則法等の法的構造からすればこのような解釈は妥当であるといえよう。その結果、そのような業務については弁護士会の監督を受けることとなる（弁護士法五六条以下）。また、現実に大阪国税局はこのような不服申立てに五一条通知等を求めてこなかったという現実もある。

なお、税理士業務全面的要求説の背景に、税理士は、税理士法第一条において「税務に関する専門家」として位置づけられ、弁護士と税理士はそれぞれ重要な使命を持った職業専門家であるが、その専門性は異なっており、「弁護士は、現行の法曹養成制度における専門家としての資質の検証は行われているが、それをもって、税務に関する専門家としての資質の検証が十分であるとはいえない。」（税理士法改正に伴う「平成二四年三月一四日法務省大臣官房司法法制部長宛日本税理士会連合会提出意見」）といったような見解があるのであれば、弁護士の税務訴訟を含めた税務に関する能力を軽視しすぎるもので、一般論にしろ、このような見解には抵抗を感ぜざるを得ない。

四　本件における国賠法上の違法、過失

本判決は、本件措置は税理士法の解釈を誤ったものであるが、国賠法上の問題として、乙主査が行った本件措置の違法性の有無を判断するに当たっては、国税徴収等に関する事務を担当する乙主査に通常要求される職務上の法的義務の内容に照らして、本件措置に職務上の義務に違背したと見られる点があるか否かという観点に立っている。その違法性の判断にあたっては行為不法説中の職務行為基準説（違法性相対説）によっている。その結果、注意義務違反という過失の判断が違法性の判断と内容的には統一的に判断されている。

第二節　税理士業務の付随的業務としての会計業務責任

はじめに

近年、職業専門家としての税理士に対する損害賠償訴訟が多発しているが、裁判所は、税理士に対してきわめて高度な注意義務（善管注意義務）を課し、税理士の債務不履行責任が広く認められる傾向にあるといえよう。

依頼者（委嘱者）と税理士は依頼者の目的に応じて税理士業務等にかかる契約を締結するが、職業専門家としての税理士と依頼人との契約は、一般には委任あるいは準委任の関係と解されており、税理士は委任された業務について、善良なる管理者としての注意（職業専門家としての相当の注意）を払って職務を処理する義務を負っている（民法六四四条）。この善管注意義務を欠いた場合には民法四一五条に基づき、税理士は債務不履行責任を負うこととなる。

これらの債務不履行責任は、おおむね税理士法二条一項における、いわゆる税理士業務の遂行に関するものであり民事責任を問うものであったが、ここ数年、税理士の税理士法二条二項における、いわゆる会計業務にかかる民事責任を追及するものが増えてきている。日本の企業の多くを占める中小企業における会計業務は税務をも含めて税理士により行われているという実態がある。しかし、このような責任をめぐっては、十分な検討もされずに税理士をはじめとする実務家において、そのような責任はそもそも税理士に対する損害賠償請求の対象外であり、このことは自明のことであると解されてきているといってよかろう。

このような民事責任が争点となった裁判例は公刊されたもののなかには存在せず、そもそも皆無のようであったと思われるが（提訴されたものの多くは和解により解決している。）、この度、富山地裁平成一二年八月九日判決（未登載）（以下、「富山地裁判決」という。）において、この点が争点となった注目すべき判決が言い渡された。そこで、富山地裁判決を分析しながら、この問題に検討を加えていくこととする。

一　富山地裁判決の判旨とその論理構成

1　富山地裁判決の事実と判旨

〔事実〕　原告は、平成三年一月初旬ごろ、被告税理士と原告の医院に関して、税務書類の作成、財務書類の作成、会計帳簿記帳代行その他財務に関する事務について有償の準委任契約（以下、「業務契約」という。）を締結した。一カ月の報酬は七万円（原告に貸与したパソコン使用料、税務書類の作成等の報酬については別途請求）であった。この業務委任は、本件医院の事業開始にかかわる資金繰り、土地購入・建物建築契約、その後の本件医院の資金繰り等の事務に深くかかわっていた訴外Sから被告に対して直接、持ち込まれたものであった（業務契約の名義人は原告）。

当初、この業務契約は口頭で行なわれていたが、平成四年三月に書面で契約を交わしている。被告は、(1)平成元年一〇月から平成三年一月までの間の本件医院に関する入出金状況について訴外Sのメモ、同人補完の通帳、土地購入及び建物建築にかかる契約書類等並びに同人の説明等をもとに本件医院の開始貸借対照表と開業後の平成二年一一月八日からの同年末までの総勘定元帳等を作成し、さらにその後においては、(2)本件医院の事務員が入力したデータファイルを被告事務員が持ち帰り、被告の事務所において月次帳表、総勘定元帳、決算書類を作成し、本件医院に届けるとともに、(3)毎年度に確定申告書等の税務書類を作成していた。しかし、この間に訴外Sによる横領が発覚したことから、原告は、平成五年四月に訴外Sを解雇するとともに、被告との業務契約を解約した。原告の主張によると、横領は、(1)原告に対する貸金がないのにもかかわらず、貸付金の利息名目で、原告の口座から金員を無断で引き出す、(2)原告名義で銀行借入を行い、その一部を訴外Sの個人名義の口座に移し替える、(3)訴外Sが代表者を務めるM法人へ「M担保設定料」という名目で原告の口座から金員を引き出す、などの手口によるものであった。

そこで、原告は、以下のような主張をして、債務不履行に基づく損害賠償として六七一三万七六八九円の支払いを求めた。

(1)　業務契約上、被告は専門家として業務を遂行中に原告の従業員の不正行為を発見した場合には、これを原告に報告し、その原因を除去するように勧告すべき義務がある。被告は専門家責任として高度の注意義務を負う。

(2)　被告が作成した総勘定元帳にはそれぞれ被告により右事実について架空記帳がなされている。被告は、資料を確認し、帳簿を正確に記帳すべきであるにもかかわらず、これらの架空記帳により原告の訴外Sに対する架空の借入金が計上され、よって同人に対する借入金返済、利息支払い名目での支出を可能にしたものである。

これに対して、被告は、横領の事実を知らなかったこと、被告に不正発見の義務がないこと及び架空記帳でないことなどを主張していた。

〔判　旨〕 (1) 業務契約の内容について

「原告を名義上の委任者、被告を受任者として、本件医院に関し、税務書類の作成、会計帳簿記帳の代行その他財務事務に関する事務につき有償の準委任契約を締結したことは当事者間に争いがな（いところであるが――かっこ書筆者注。以下同）、……本件では、右契約の内容に、本件（事業）の経営指導ないし従業員の不正行為の発見も含まれるかについて争いがある」。「原告は、被告に委任する事務内容について被告と話をしたことは全くなく、Sにすべて委ねていたこと、Sと被告との間では、委任事務内容を定めるにあたり、本件（事業）の従業員の不正発見を念頭においたやりとりはされていないこと及び原告は、Sが不正行為をしているのではないかとの疑いを持ったにもかかわらず、被告に対し、相談をしたり、調査や報告を求めたりしていないことが認められ、右事実を総合すると、原被告間において、従業員の不正発見は合意内容とされていなかったと認めるのが相当である。他に、原被告間で締結された準委任契約の内容に従業員の不正発見が含まれていたことを認めるに足る証拠はない」。

(2) 付随的義務としての不正発見義務について

「当事者間で直接に合意内容となっていなくとも、いわゆる付随的義務として、被告に不正発見義務があるかどうか問題となりうるのでこれを検討する。ところで、債務者が、合意された契約内容に定められた給付義務のみならず、付随的な義務を負うのは、契約目的である給付結果に性質上必然的に伴う債権者の利益についても債務者は信義則上配慮すべきと考えられるからである。本件では、前記認定の契約締結に至る過程及び締結後の履行過程に表れた事情からすれば、原被告間の契約は、正確な財務書類の作成によって本件（事業）の財政状況や経営成績を金融機関等の利害関係者に示すようにすることを目的とするものであり、これが債務者である原告が取得すべき給付結果であると考えられる。しかしながら、本件で原告が侵害されたと主張している利益は、原告の所有財産そのもの……であり、これは、右給付結果に性質上必然的に伴う利益とはいえない。原告は、被告に対し、原告所有財産の管理（ないしは財産減少の危険の回避）を委ねたわけではないのであり、自己の財産に関する注意・危険は、本来、原告が負担すべきものである。そして、原被告間の契約は準委任契約であり、受任者には善管注意義務があることを考慮しても、前記事情に照らすと、受任者である被告に積極的に不正を発見すべき義務があるということはできず、これを認めるような規定も見当たらない」。

「しかし、税理士法第一条、第四一条の三の趣旨に照らせば、すくなくとも受任者が不正を発見したときには、これを委任者に報告する義務があるものと認めるのが相当である。……原告は、本件医院の資金繰りその他の経営について一切をSに委ねており（少なくともそのように認識される状況を作り出しており）……、被告が、Sが本件医院の実質的経営者であると認識するのも無理からぬ状況であったといえるから、被告が、Sによる、借入金の返済・利息支払等の名目での預金引き出し等を不正行為であると疑う余地は極めて少なかったというべきであり、他に被告がSの不正行為を発見していたことを認めるに足る証拠はない」。

(3)　虚偽記帳との相当因果関係について

「本件において、被告には、従業員の不正を発見すべき義務はないというべきであるから、この義務の不履行の問題は生じない。そして、不正行為を発見できなかったことは前記のとおりであり、発見したことを前提とする報告義務の不履行もまた生じない。

なお、原告は、被告による個々の記帳の不備について主張しているところ、記帳代行事務は、原被告間の契約の給付義務にあたるといえる。しかし、仮に、原告が主張するように、被告の記帳に不備な点があったとしても、本件においては、右記帳の不備と原告主張の損害との間に相当因果関係があるとは認められない。

この点、原告は、被告による架空記帳により、原告のSに対する架空の借入金が計上され、これにより、借入金の返済・利息支払い名目による預金の引き出しが可能になった旨主張する。

しかしながら、被告によるSからの借入金の記帳によって、原告のSに対する債務が発生するものではなく、債務の発生及びその額は、Sと原告との間の法律関係により定まるものであり、被告の記帳によって直ちに原告に損害が発生したということはできない。そして、前記認定のとおり、原告は、被告の事務員から毎月示される月次帳表により、Sに対する借入金の額を確認しており、これに疑問をもたなかったというのであるから、仮に、借入金の返済・利息支払い名目で預金の引き出しが、架空のものであったとしても、原告においてこれを承認しているものであって、これを被告の行為による結果であるとすることはできない。」

2　富山地裁判決の論理構成

富山地裁判決は、まず業務契約（本判決は、この契約を準委任契約と解する）のうちに、被告が不正発見義務を負う前提としての経営指導あるいは不正発見業務が含まれていた否かを審理する。本件のように口頭契約においても書面による契約においても抽象的に業務の内容が記されているにすぎない場合にはその解釈をめぐって争いが生ずる。本判決は、そのような準委任契約の内容に不正行為の発見は存しなかったと判示する。

次に本判決は、仮に業務契約にそのような義務が含まれていなくとも、付随的義務としてそのような義務が存するか否かを検討する。そこで、信義則上、付随的義務として債務者が不正発見義務を負うか否かについて検討を加えたうえで、原告が侵害されたと主張している利益は、原告の所有財産そのものであり、それらについての注意・危険は原告自身が負うべきであり、契約目的である給付結果に性質上必然的に伴う債権者の利益ではないと解している。税理士業務と会計業務を委任されている場合の付随的義務の内容、さらに付随的義務の根拠を信義則に求めることが妥当か否か、などが問題となろう。本判決は、結果的に、受任者である被告にはこのような不正発見義務はなく、これを認めるような規定も存しないと判示する。

しかしそのうえで、本判決は、税理士法一条、四一条の三の趣旨から不正行為を発見した場合においては、これを委任者に報告する義務があるものと解している。ただし、本件において、被告は不正を知らなかったと判示している。このような不正行為発見報告義務の法的な根拠を税理士法一条、四一条の三の趣旨に求めることができるか否か、なぜ不正行為を発見した場合にのみ報告義務が存するのか、などについて問題が生じよう。

二　本件税理士業務契約の内容（税理士の債務）について

税理士法二条二項をめぐる税理士の民事責任（債務不履行責任）は、一般的には、役員や経理責任者、その他従業員が横領、窃盗、不正支出などの不正行為をなし、依頼人に損害を与えた場合に、記帳業務等の会計業務を行う税理士が善管注意義務を尽くしておればこのような行為を発見することができたはずであり、よってこのような不作為は債務不履行にあたるとして損害賠償訴訟を提起することにより、問われることになろう（不法行為責任に基づいて損害賠償請求を提起することもありえようが本稿では言及しない。）。このような場合に、税理士側においては、依頼人との顧問契約又は税理士業務契約（以下、「本件税理士業務契約」という。）の内容は税理士法第二条所定の業務であり、特に会計業務においては総勘定元帳の記帳代行と試算表の作成のみが委任されていたのであるから、横領等の不正発見の目的は含まれていない、すなわち税理士業務契約において不正発見を目的とした経営指導等が委任されていないと主張して、反論することとなろう。では、このような委任の有無は、税理士の債務不履行責任の成否にいかなる影響を及ぼすのであろうか。まず、税理士法における会計業務の位置づけをみる。

1　税理士業務と会計業務の関連性

(1)　税理士法二条一項と同条二項の関係

税理士法二条一項は、税理士は他人の求めに応じ、租税に関して、「税務代理」（一号）、「税務書類の作成」（二号）、「税務相談」（三号）を行うことを業とする（以下、これらの業務を総称して、「税理士業務」という。）旨、規定している。さらに同条二項は、一項に規定する「税理士業務」のほか、税理士の名称を用いて、他人の求めに応じて、「税理士業務に付随して、財務書類の作成、会計帳簿の記帳の代行その他財務に関する事務を業として行うことができる。」（以下、この業務を「会計業務」という。）旨、規定している。

税理士法二条二項の規定は、一般的に「税法に基づくいわゆる税務計算は、企業の会計に関する知識を踏まえ、これを基礎として、税法に定められた納税義務の計算を行うもので、税理士の実際上の業務は、財務書類の作成や記帳の代行と極めて密接な関連があり、したがって、税理士は、税理士業務とあわせ上述のような財務に関する事務を行うことが多い[1]」ということから、昭和五五年の税理士法改正において導入されたものである。今日、この規定は、税理士の税務会計面での専門家としての地位を高めるための規定として評価されている[2]。

そして、また税理士法二条二項が、会計業務を行うについて、「税理士の名称を用いて、……行うことができる。」と定めているのも、「税理士が『税務に関する専門家として』税理士業務を行う基礎として、『財務書類の作成』、『会計帳簿の作成』、『財務に関する事務』の実行について、専門の知識と技術などを有しているものであることから、それを明確に示して、委嘱者である納税義務者一般の信頼と安心を確保し担保するためである。(3)」。税理士が行う「会計業務」のこのような位置づけについて、今日、異論は存しない。

税理士法二条二項が、会計業務を行うについて、「税理士業務に付随して」との意味は、単に会計業務が税理士の独占的業務でないこと、税理士業務ときわめて会計業務が密接な関係にあることを示すにすぎない。この文言の存在は、被告の主張するように、税理士の会計業務が単なる「記帳の代行」として仕訳帳等から総勘定元帳への機械的な転記のみを意味するものではない。

税務上の処理は通常の会計業務を前提とする。それゆえ、会計業務は、単に税務業務を行うためのものではなく、財務諸表の監査業務以外の会計業務を包含しているものであり、会計業務を付随業務と位置づけることには疑問がある(4)」と指摘されているように、現実にもきわめて密接に税理士業務に関係しているのである。

また、税理士業務（特に、「税務書類の作成」）と会計業務との関係は、委嘱者が個人事業主であり、かつ青色申告者である場合には、所得税法等において特別に帳簿記帳等の規定があることから特に留意されるべきである（後述**五2**参照）。

税理士法二条は、会計業務は自由業務であることから、税理士業務とは区別をして規定しているが、その実態は、「付随業務である会計業務について、納税者が納税義務を達成するために、税理士に委託しているケースが一般的である。このことは、国民からみて、税理士は単に税務の専門家としてのみではなく、会計の専門家でもある」との認識によるものである。

(2) 税務書類の作成とその前提としての会計業務

税理士法二条二項の規定が導入された経緯は前述のとおりであるが、これは税理士業務との関係においてきわめて重要な法的な意味を有している。税理士は、「適正な納税義務の実現を図る」義務を有しており、主として「税務書類の作成」（具体的には、納税申告書の作成）を通してこの義務を実現していくこととなる。税理士が適正な納付税額を算出するにあたっては、さまざまな経済活動等に伴う事実を認識し、それが課税要件を充足するか否かを確認することが不可欠である。この課税要件事実は、通常、会計帳簿やそのほか財務書類等に表示、反映されることから、税理士法二条二項に規定する会計業務は、「税務書類の作成」を中心とした税理士業務の前提をなすきわめて重要な業務である。単に税理士が会計業務だけを委任された場合と、税理士業務と会計業務をあわせて一体で委任をされた場合は明確に区別をして論ずる必要があるということに留意をすべきであろう。

2 本件税理士業務契約の内容について

(1) 税理士業務契約における一般的義務について

税理士がいかなる範囲の義務を負うか、すなわち、税理士の業務の具体的な内容（行為）については、業務契約（あるいは、税理士委嘱契約、顧問契約などと呼ばれる。以下、委嘱者と税理士との委任契約又は準委任契約で税理士業務及び（あるいは）会計業務を内容とする契約を一般に「業務契約」という。）の内容により、基本的には決まる。しかし、税理士の民事責任をめぐるこれまでの判例をみても往々にして税理士の業務契約の内容が不明確で、その業務の内容をめぐって争いが生じている。ましてや税理士業務以外の業務、特に会計業務の内容をめぐっては争いが生じやすいであろう。たとえば、富山地裁判決の事案においても、その業務の内容は、当初、税理士の業務契約が口頭で締結されており、また契約書（委嘱者は原告）が存する平成四年以後においても明示的に列挙されてはおらず、その内容は争点の一つとなっている。

このような場合において、税理士の業務は、納税義務者たる委嘱者と税理士との個々の契約のみでなく、業務契約締結時の委嘱者の状況、税理士の業務契約締結にいたる過程、税理士の業務契約締結後の両者における事務処理の現実、委嘱者（納税者）の会計及び税務に関する処理能力、又は税理士顧問料（報酬額）の多寡などから、総合的に、その業務内容が具体化されると考えられる。

(2)　富山地裁判決の税理士業務契約の内容について

原告と被告の間における税理士業務契約は、当初、口頭であるとされており、また平成四年分、五年分においては税理士業務契約が文書で交わされているが具体的な委嘱内容は記載されていないようである。仮に、毎月一定額の顧問料が授受されている場合で、被告の主張するように契約内容を限定していないときには「包括的な税務委嘱契約」が締結されていると解され、その場合の解釈として、原告と被告との間においては、税理士法二条一項及び二項における業務、すなわち、(ア)原告の所得税にかかる税務書類の作成及び税務代理業務、(イ)原告の税務調査の立会、(ウ)原告の税務相談、さらに会計に対する委任の範囲は、(エ)原告の総勘定元帳及び試算表の作成並びに決算、(オ)原告の会計処理に関する指導及び相談、は当然包含されるものの、その余の業務内容については、口頭契約締結時の当事者の状況、税理士業務契約の締結時の原告の会計処理能力・税務処理能力等を総合的に勘案して決定されること、前述のとおりであろう。

富山地裁判決は、「事実を総合すると、原被告間において、従業員の不正発見は合意内容とされていなかったと認めるのが相当である。他に、原被告間で締結された準委任契約の内容に従業員の不正発見が含まれていたことを認めるに足る証拠はない」と判示している。税理士業務契約にあえて言及すると、原告に全く会計的知識・税務的知識がなかったこと、経理担当者も単に被告から賃貸した計算機において日常的、反復的な会計事実について原始証憑類等に基づいてすくなくとも仕訳を行っていたという事実が存する場合には、被告は、本件税理士業務契約においても会計指導を含む広範囲な会計業務を全面的に任されており、さらにそれに基づいて財務書類、税務書類の作成が任されていたと考える余地もあろう。なお、顧問料、報酬額の多寡も契約内容を解釈するときの一要因とはなりうるであろう。

三　契約助言義務の不履行について

本件において、被告税理士は、善良な管理者の注意義務を負担しているが、この注意義務は税務の専門家として租税に関して求められる注意義務であるとしたうえで、業務契約において不正発見を税理士に委任していない以上、関係者の不正行為を必要に応じて調査確認し、その結果を報告すべきであるという義務を負担していないと主張することが可能であるようにみえる。このような「不正発見義務」自体の存否は富山地裁判決においても最大の争点の一つとなっている。しかし、問題は、積極的な横領等の「不正発見義務」を有していたか否かではなく、不正発見の前提としての会計上の虚偽記載などの疑義が存した場合において放置することが法的に許されるか否かであるというべきであろう。税理士は、そのような疑義について委嘱者に契約助言義務を負っているといえるであろうか。

1　契約助言義務の法的根拠について

問題となる税理士の「契約助言義務」（あるいは「一般助言義務」、「是正助言義務」とも呼ばれる。）は、業務契約（税理士業務及び会計業務を内容とする契約）の内容から個々的に税理士が負担するものではなく、委嘱者と税理士の両者が委任関係にたつことにより、業務契約にこのような義務についての明文の定めがなくとも、当然に内包されているものである。

納税義務者たる委嘱者は、「自己の真正にして適法な納税義務の過不足ない実現をめざしてこれに到達すべきことを期待して、税理士との間で、業務契約を締結するのであるから、その契約の内容を構成している税理士の『税務代理』、『税務書類の作成』、『税務相談』または『財務書類の作成、会計帳簿の記帳の代行その他財務に関する事務』に係る義務の履行によって、その期待が達成しうるものとしているのである。しかし、それとともに、委嘱者は、税理士に対し、『税務に関する専門家として』『信頼』しうべきものとしている税理士から、自己の真正にして適法な納税義務の過不足のない実現をめざしてこれに到達するために必要な資料・情報の提供を受け、それに資する助言を得られうることも期待をして税理士業務契約を締結しているものである」[5]ことから、税理士は委嘱者に対してこのような助言義務を負うと解される。

このような義務の存在は、次の点からも窺い知ることができる。

(1)　税理士法一条は、「税理士は、税務に関する専門家として、独立した公正な立場において、申告納税制度の理念にそって、納税義務者の信頼にこたえ、租税に関する法令に規定された納税義務の適正な実現を図ることを使命とする。」と規定しており、税理士が専門家として高度の知識、経験、能力を保持して、委嘱者の利益のために適正な処理をすることが予定されている。このためには、契約助言義務の存在が不可欠である。

すなわち、税理士は、納税義務者の信頼にこたえ、租税に関する法令に規定された納税義務の適正な実現を図るために、職業専門家として相当の注意を払って業務を遂行し、不正な経理操作等により納税義務者の適正な納税義務に影響を及ぼす事項については、委嘱者に適正な税務処理に向けての是正助言をする義務を負っている。この報告義務の対象となる事項は、納税者の適正な税額等の決定に影響を及ぼすあらゆる事項であると解される。

(2)　税理士法四一条の三は、税理士が税理士業務を行うにあたって、委嘱者が不正に国税又は地方税の賦課・徴収を免れている事実、国税又は地方税の課税標準等の基礎となる事実を仮装・隠蔽している事実があることを知ったときには直ちに、その是正をするように助言しなければならないと規定するが、ここでの法定助言義務はこの契約助言義務の理を受けたものである。税理士が本条に違反した場合には懲戒処分の対象となるが（税理士法四六条）、「……事実があることを知ったとき」と規定し、過失により知らなかった場合をその対象としていない。

(3)　税理士は、委嘱者の適正な税額の算出のためには、そのための資料・情報がえられなければならないことから、当然に必要な資料・情報を委嘱者に提供するように要求しなければならない。これは、委嘱者に対する税理士の義務であるとともに権利であり、「税理士が、『委任ノ本旨ニ従ヒ』業務を遂行するためには、委嘱者の協力が不可欠であり、この協力は税理士業務委託契約に起因し、由来するものである」[6]。委嘱者は、税務に関しては専門家ではなく、どのような資料・情報が必要かも知らないのが普通である。それゆえに職業専門家たる税理士は、なにが必要な資料・情報であるかを指示して、情報を求めることが必要である。このような、義務及び権利は、契約助言義務と一体として行使されることが予定されているといえよう。

2　忠実義務の内容としての契約助言義務について

最近の学説においては、専門家の特徴を踏まえながら、そこでの法的義務を専門的な知識・技能に応じた高度の注意義務を負う側面（高度注意義務）と委嘱者から依頼を受けて裁量的判断をしなければならないという意味での忠実義務を負う側面（忠実義務）とがあるとされており（以下、このような見解を「二分論」という。）、税務専門家・会計専門家としての税理士においてもこのような主張が今日広く展開されている。税理士法一条は、「税理士は、税務に関する専門家として、独立した公正な立場において、申告納税制度の理念にそって、納税義務者の信頼にこたえ、租税に関する法令に規定された納税義務の適正な実現を図ることを使命とする。」と規定しており、特に「納税義務者の信頼にこたえ」の意義は、税理士が専門家として高度の知識、経験、能力を保持しているということと、委嘱者の利益のために適正な処理をしてくれることの二個が含まれている。前者が善管注意義務（客観的に高度な注意義務）であり、後者が忠実義務であり、同法一条はこの二つの義務の存在を示しているとした上で、[7]この忠実義務をこれまでの善管注意義務とは区別する見解が主張されている。[8]

委嘱者である納税者は、専門家である税理士が委嘱者の利益のために適切な行為をしてくれるものと期待している。専門家は納税者の期待にこたえるように、税理士に委ねられている裁量的判断が依頼者の利益のために適切に行使されなければならない。

通説・判例は、これまで忠実義務を善管注意義務から派生すると解している。[9]忠実義務違反の類型の多くが善管注意義務から生ずると解することができる。しかし、善管注意義務とは明確に区別された、ここでの忠実義務がどのようなものを包摂するか必ずしも明確とはいえないが、専門家に裁量が委ねられている場合には、この忠実義務は依頼者の利益のために、その業務執行が適正になされたか否かの問題であり、前者の善管注意義務とは異なり、理論的には区別されうるものであるといえよう。

確かに、富山地裁判決の事案においても、ここでの忠実義務違反類型の一つである情報開示・説明義務違反として、十分な説明や情報提供がない、あるいは十分にされずに専門家が業務を行い、委嘱者に損害を与えたと構成することも可能であるようにみえるが、この事案の場合においては、税理士がそもそも委任者の利益の為に裁量権を行使するといった場面ではなく、税理士が高度な注意義務にもとづいて適正な会計処理、税務処理を行うことが要求されている場面（そもそも裁量の余地が存しない事項に係る問題）であるので、前者の善管注意義務違反として直截的に構成すれば足りると考える余地もあろうが、前述した契約是正義務の法的根拠を念頭に置くならば、具体的な履行義務（付随的履行義務）違反の一つと考えるべきであろう。

3　富山地裁判決における契約助言義務（是正助言義務）違反について

富山地裁判決においては、被告は原告との税理士業務契約において不正発見の目的を内容とする業務を委任されておらず、「当事者間で直接に合意内容となっていなくとも、いわゆる付随的義務として、被告に不正発見義務があるかどうか問題となりうるのでこれを検討する。……本件では、前記認定の契約締結に至る過程及び締結後の履行過程に表れた事情からすれば、原被告間の契約は、正確な財務書類の作成によって本件（事業）の財政状況や経営成績を金融機関等の利害関係者に示すようにすることを目的とするものであり、これが債務者である原告が取得すべき給付結果であると考えられる。しかしながら、本件で原告が侵害されたと主張している利益は、原告の所有財産そのもの（……）であり、これは、右給付結果に性質上必然的に伴う利益とはいえない。原告は、被告に対し、原告所有財産の管理（ないしは財産減少の危険の回避）を委ねたわけではないのであり、自己の財産に関する注意・危険は、本来、原告が負担すべきものである。……受任者である被告に積極的に不正を発見すべき義務があるということはできず、これを認めるような規定も見当たらない。」と判示している。

富山地裁判決は、不正発見が「当事者間で直接に合意内容となっていなくとも、いわゆる付随的義務として、被告に不正発見義務があるかどうか問題となりうるのでこれを検討する」と述べているが、この点では評価することができよう。税理士は会計業務責任については一切責任を負わないとする見解を否定するものであるといえよう。しかし、同判決が信義則にその付随的義務の根拠を求め、「原被告間の契約は準委任契約であり、受任者には善管注意義務があることを考慮しても、前記事情に照らすと、受任者である被告に積極的に不正を発見すべき義務があるということはでき（ない）」との解釈については疑問が存する。

⑴　付随的義務は、本件における会計業務のみでなく、税理士業務と一体となって給付されているということを看過しているように思われるし、⑵原告が主張している利益は所有財産そのものではなく、不正の疑いの存する記帳について報告・助言を受けるべき利益を侵害されたことによる損害を問題としているのであり、富山地裁の指摘するこの問題は損害論のレベルでの問題であるように思われる。

このような解釈は、被告が、総勘定元帳の記帳、決算書類の作成、税務申告書の作成といった一連の過程のなかで、原始証憑類等にあたることもなく、単に訴外Sの収支内訳書や指示、あるいは原告における経理担当者の会計処理を鵜呑みにした状態で会計処理、税務処理を行えば、税理士としての債務を履行したことになるとの解釈を結果的に肯定することになり、前述したようにこのような見解は失当である。

原告が主張するように、訴外Sの不正行為の存在を知りながら、あるいは不正行為を行うことを知りながら、被告が会計処理を行ったとするならば、明らかに、被告においては、適正な納税義務の実現に向けて原告に不正行為の報告も行わなかったのであるから、契約助言義務（是正助言義務）違反となるであろう（このような前提のもとでは、被告の債務不履行責任のみでなく、不法行為責任の問題が生ずることにもなろう。）。

なお、税理士は、不正行為があったとしても特別の調査をしないかぎり、不正行為は解明できず、かかる不正行為の疑いのあるときに特別の調査をする業務は、税理士法に定めるものではないと主張することもありえよう。この点について、確かに犯罪調査のための強制的な権限は税理士には存しないが、ここでいう契約助言義務においては、だれがいくら横領したとか、あるいはしたらしいということの報告（指摘）までは要求されていないということに注意をすべきである。富山地裁判決との関連でいえば、だれから（帳簿中に記載された氏名）の長期借入金で疑わしいものがいくらあるとか、土地購入の内金として計上し、支出した金額が土地購入後も数年にわたり期末に敷金として計上されつづけているとか、ある勘定科目のなかに金額の大きな支出でありながら、証票類（原始証憑類等）の存しないものが存することなどについての指摘が必要であり、それで必要かつ十分であったといえるのである。このような指摘があれば、依頼者は不正行為を知ることができたのである（因果関係の問題は後述七参照）。

四　会計処理・税務処理における不正行為発見の目的について

税理士法二条二項に規定する付随業務であるところの「記帳の代行」について、横領などの会社内の不正により生じた損害について、財務書類作成及び会計帳簿の記帳代行をした税理士に対して、高度の注意義務を発揮すべきところ、不正を発見できなかったのは債務不履行に当たるとして、損害の賠償請求を提起する事案が相次いで生じているといわれている。(10)

税理士は、不正行為の発見を委任されておらず、不正発見の報告義務を負わないとの主張を一般的には展開することになろう。そして、そのような主張を補強するものとして、「日本コッパーズ事件」控訴審判決（東京高裁平成九年九月二八日判決）等が考えられる。この判決の射程距離をどのように解すべきかは一つの問題である(11)。

学説においても、確かに後述するように、税理士の行う会計業務においては（当然に税務処理においても）不正行為の発見を目的としないことから、そもそも不正行為についての報告義務（債務）は存しないとする見解が散見される。このようなケースについて、「記帳代行や財務書類の作成などの『会計業務』は、自由業務である。したがって、税理士の資格がない者でも自由に業務を行うことができる。ただ、『会計業務』を税理士が行う場合、税務書類の作成を前提とし、しかも税法の適用に係わる判断を多少なりとも伴うことから、税理士でない者が行う場合に比べ、関与先から高いものが期待されているとみてよい。ただ、税理士が行う記帳代行業務は、不正の発見をねらいとする会計調査を前提とした『会計業務』ではない。あくまでも、関与先から提供された資料を基に正規の簿記の原則に従い総勘定元帳を作成し、それに基づく財務諸表を作成する義務を誠実に行うことにねらいがある。制度上も、法定監査（強制監査）業務は公認会計士や監査法人（会計監査人）が行うこととなっており、税理士には帳簿閲覧権や質問検査権が与えられていない。会計業務の最終局面には監査業務があり、税理士が任意で監査業務を行うことはできる。しかし、税理士が関与先との間で『会計業務』を行う旨の契約を結んだとしても、監査業務を行う旨の特約がない限り、税理士は監査について責任を問われない、と解されるべきである。もちろん、『会計業務』を通じて内部不正を発見できた場合にその旨を報告すべきものと考えられる。」との見解に代表される(12)。このような見解は、税理士会においても主張されているようである(13)。

また、税理士についても、有限会社の財務諸表の任意監査において、監査人が経理部長の不正行為を発見できないまま無限定の適正意見を表明したことが、監督契約上の債務不履行に当たらないとされた事例、いわゆる「日本コッパーズ事件」控訴審判決（東京高裁平成九年九月二八日判決・判時一五五二号一二八頁）[14]の射程距離にあるとして、監査契約において監査人に債務不履行責任が生じない以上、会計業務を行う税理士にそれが及ばないことは明らかであるとして、同様の見解が主張される傾向にある。

1　判例――日本コッパーズ事件の射程距離

日本コッパーズ事件においては、財務諸表監査において従業員の不正発見の目的が含まれていたか否かが一つの争点となった。日本コッパーズ事件判決（控訴審）において、(ア)証券取引法の適用を受ける公開会社にかかる会計、いわゆる証取会計向けの企業会計原則の全体が商法の計算書類規則を越えて、商法第三二条第二項の「公正なる会計慣行」であるということはできず、結局、企業会計原則は、有限会社については法的拘束力を及ぼさないし、証券取引法に基づく監査（証取監査）を対象とする監査基準、監査基準準則、監査報告準則は、中小企業に対する任意監査には直接適用されない、(イ)不正発見目的の合意のない限り、財務諸表監査においては、不正発見を目的とした監査手続きを行う必要はない、(ウ)不正発見の目的の特約のない通常の財務諸表監査においては、一般に公正妥当とみとめられる監査基準に従い、職業専門家の正当な注意義務を尽くしていれば不正行為を発見できなくとも責任は負うことはない、(エ)内部統制組織が不備であるということにより、監査手続きは特別に影響を受けるものではない、と判示している。

なお、一審の東京地裁平成三年三月一九日判決（判時一三八一号一一六頁）[15]は、「たとえ財務諸表の監査が被用者の不正行為の発見を主な目的にするものではなく、また適正意見の表明が被用者の不正行為がないことを証明するものではないとしても、財務諸表に著しい影響を与える不正がないことを確かめるのでなければ、財務諸表の適正性に対する意見の表明が無意味になる……ことに変わりはなく、また、独立監査人は、一般に認められた監査基準の下にという範囲内と、監査過程の固有の限界内に限られるのであるが、財務諸表に著しい影響を与えるであろう誤謬、不正を発見すべき監査計画を立案し、監査の実施に当たり然るべき技術を駆使し、正当な注意を払うことが可能であり、またそのような手続きによって監査を行うことが期待されている。このような点を考慮すると、監査人が被用者の不正行為を看過したまま適正意見を表明したというだけでは、責任を負ういわれはないが、職業専門家の正当な注意をもって監査を実施するという前記のような本来なすべき手続きを怠り、その結果被用者の重大な不正行為を看過したときは、監査人は、監査の依頼者に対し、それによって生じた損害について賠償すべき責任を負うものと解するのが相当である。」と判示した。この判決は、東京高裁平成七年九月二八日判決と違い、副次的ではあるが「従業員の不正行為を防止し会社の損害発生を回避することが契約の目的に含まれている」ことを認めていた。

2　不正目的委任要件説に対する批判

以下、このような見解（不正目的委任要件説）を詳細に検討する。

上記日本コッパーズ事件にかかる判決をめぐっては賛成・反対両説が存するところである。日本コッパーズ事件にかかる判決に対する批評はさておくとして、本件のような税理士責任を論ずる場合のこの判決の射程距離について検討を加えることとする。

(1)　不正行為発見の目的の存否は、会計業務において、不正行為の発見自体を目的とした委任の存否により判断すべきものではない。問題は、不正発見が会計業務の目的かどうかではないということに留意をする必要がある。

本件においては、職業専門家としての税理士が税理士業務契約の遂行において、すなわち税理士業務と会計業務において、税理士が何をすべきかが問われているといえる。委嘱者が通常の税理士業務契約において何を期待し、税理士法及び所得税法、所得税法施行令、所得税法施行規則（本件においては原告には所得税が課せられているので所得税法のみに言及）がいかなる業務遂行を期待しているかである。

(2)　前述したように、職業専門家である税理士は、税理士業務及び会計業務の遂行、すなわち、所得税法上の会計帳簿、財務諸表、税務申告書等の作成にあたっては、前述したように適正な納税義務の実現のために（税理士法一条）、適宜、原始証憑類等との照合を行うことにより正確な会計処理、決算処理及び税務処理が税理士法及び各租税法規により要求されていると解される。課税年度終了時に成立した租税債務をこれら一連の手続きを経て、最終的に確定させることは「税理士業務契約にもとづく基本的な義務」である。

この適正な税額の算出にあたっては、発生している要件事実を正確に会計帳簿、財務諸表、税務申告書に反映する必要がある。税理士業務（及びその前提となる会計業務）、特に税務書類の作成においては、当然に不正行為は排除されるべきであり、そのためには財務書類、総勘定元帳をはじめとする帳簿書類等において不審な点があれば、原始証憑類等との照合を行い、不正行為などによる虚偽記載を排除する義務を負っている。

加算税の賦課規定（国税通則法六五条、六六条、六八条参照）や補脱犯の規定（所得税法二三九条等）はまさにこのような不正行為などによる虚偽記載等を厳しく取り締まる趣旨でもある。税理士法四一条の三もこの趣旨を背景にしている。

(3)　税務業務及び会計業務においては、不正行為の存在が適正な課税標準及び税額の算定にあたり重大な影響をあたえることから、本件においては被告に対して、不正行為の発見について、日本コッパーズ事件における監査人よりも（有限会社においては、有限会社法四三条により計算書類が作成されており、この作成書類の任意監査における注意義務に比して）、「より高度な注意義務」が課せられていると解される。前述したように単に監査業務、会計業務といったレベルだけでこの問題を議論することはできない。

(4)　日本コッパーズ事件は、監査人による有限会社における財務諸表の任意監査であり、日本コッパーズ事件の東京高裁判決の射程距離は法人を前提に論じられている。本件の場合は税理士による個人の青色申告者に対する税理士業務、会計業務であり、その前提となる法規制等が大きく異なる。日本コッパーズ事件は、有限会社が作成した財務諸表の任意監査であるのに対して、本件では所得税法で規定されたその会計帳簿、財務諸表、税務申告書の作成行為自体に直接税理士がかかわるものである。

よって、日本コッパーズ事件にかかる判決の法理は本件に当然には及ばないと解される。被告が主張するように、原告から不正行為の発見を委任されていない以上、会計業務それ自体から不正行為を発見できず、虚偽の会計帳簿を作成し、それにより委嘱者に損害を与えたとしても、税理士が債務不履行責任を問われないとする解釈は失当である。

税理士業務及び（その前提としての）会計業務においては、その税理士業務契約自体にそもそも不正行為をはじめとする虚偽記載をその業務遂行過程において排除することが税理士自身に強く求められているのである。

3　富山地裁判決に対する疑問

富山地裁判決は、「税理士法一条、四一条の三の趣旨に照らせば、すくなくとも受任者が不正を発見したときには、これを委任者に報告する義務があるものと認めるのが相当である。」と判示する。このような法解釈は前記学説の通説と結論を同じくするところであるが、学説はその根拠を示しておらず、さらにそのような義務が法的な義務か否かも不明であった。この点で、富山地裁判決は、そのような義務の法的根拠（税理士法一条、四一条の三の趣旨）を示しており、注目すべきものであろう。しかし、このような根拠規定からなぜこのような結論が導かれるのかは必ずしも明確ではなく、このような規定の趣旨からからなぜ筆者の主張するような義務は生ぜず、不正を発見したときにのみ生ずるのか理解することはできない。税理士法一条は、「税務に関する専門家として」の税理士の使命にかかる規定であり、税理士法四一条の三は、「税理士業務を行うに当たって」の規定であり（また税理士の懲戒処分の前提となる行為を対象とするものである。）、なぜ両規定の趣旨から会計業務について富山地裁判決の解釈が導かれるのか疑問である。富山地裁が判示するそのような義務の存在は、直截的に信義則によるべきであったように思われる。税理士における税理士業務と会計業務の関連性（租税実体法・租税手続法双方において密接に関連をする。）を看過してはこの問題に対する解決はありえないと思われる。ちなみに、富山地裁判決においては税理士が会計業務のみを行う場合においてもこのような義務が派生することになるが、それはまさに税理士法四一条の三とはかかわりのない業務なのである。

富山地裁判決は、「被告が、Sが本件医院の実質的経営者であると認識するのも無理からぬ状況であったといえるから、被告が、Sによる、借入金の返済・利息支払等の名目で預金引き出し等を不正行為であると疑う余地は極めて少なかったというべきであり、他に被告がSの不正行為を発見していたことを認めるに足る証拠はない。」と認定をしている。

税理士が不正を知っていたか否かではなく、注意義務を尽くしても疑わしい記帳が存しなかったといえるか否かが問題なのである。

五　高度な注意義務違反（善管注意義務違反）について

1　税理士の専門性について

税理士は、「租税法の専門家」及び「職業会計人」の両者を併せ持った「税務に関する専門家」である。税務に関する専門家としての税理士の業務遂行にあたって、求められる義務は、税理士という専門家が通常払うであろう注意義務、すなわち「高度の（かつ広範囲の）注意義務」であると解される。

税理士法において、会計業務は付随業務として位置づけられてはいるが、長年にわたって中小企業を中心として財務諸表作成に携わっているのは税理士である。公認会計士は、会計の専門家であるが、監査が主業務となっており、税理士との職域は区分されている。税理士は、一般の会計専門家として位置づけられるのにふさわしい存在である。しかも、税理士試験においては「簿記論」「財務諸表」は必須科目であり、高度な試験により合否を判断している。このことは税理士が会計についての「専門家」であるという位置づけをしていることになる。

一般的には、税理士に要求される善管注意義務の程度について、「税理士は自己が受任した税理士業務については、当該受任事務に係る課税要件事実の認定（所得の帰属、年度帰属・相続財産か否かを含む。）、税法の解釈・適用・申告期限又は不服申立期限までの税務申告書の作成・提出にいたるまでの税法の専門家としての高度な注意義務が要求されている。(16)」。また、税理士は、善管注意義務に基づいて依頼者の利益のために税務処理上のあらゆる可能性を検討し、資料不足・不備等による疑問等については十分な調査を行う必要が求められている。

税理士損害賠償事件における税理士の注意義務をみると、たとえば、東京地裁平成五年一二月一五日判決（判時一五一一号八九頁）は、「（被告）は委任契約上（原告）に対して決算書類の作成および申告事務を善良な管理者の注意を持って処理する義務を負うことは明らかである。」「（被告）は原告からの資料に基づき、疑義があれば原告に問い合わせるなどして正確な有価証券売買の損益を計算することが可能であったし、そうすべき委任契約上の注意義務を負っていた。」と判示する。また、京都地裁平成七年四月二八日判決（税理士界一〇九四号）は、「税理士は税務に関する専門家として、信頼に応えて納税義務の適正な実現を図るために、誠実にその業務を行う義務があり、日頃から研鑽を図り、租税法令及び実務に精通し、職務を遂行しなければならない。」と述べた上で、(1)被告には的確な確定申告をし、後に修正申告を余儀なくされないよう善良な管理者としての注意を図るべき義務がある、(2)委任契約書に「必要な書類、帳簿及びその他の資料は委任者において一切とり揃えるものとする。これらの資料の不備に起因して生ずる委任事務の瑕疵は委任者の責任である」との記載がある場合においても、税理士は誠実に職務を行う義務があり、十分に依頼者の経済活動を把握してその税務申告が適正に行われ、財産権等の利益が害されないようにしなければならない、(3)税理士が、依頼者の税務書類の作成の過程において、依頼者から情報を聴取する際には、特に問題となりそうな点に言及し、事実関係の把握に務め、依頼者の説明だけでは十分に事実関係を把握できない場合には、課税庁において当該問題点を指摘し、調査を尽くさなければならない、と判示し、職業専門家としての税理士にきわめて高度な注意義務を課している。

なお、上記判決の控訴審判決である大阪高裁平成八年一一月二九日判決（税理士界一一〇九号）は、委嘱者により提供された資料・情報が実体的真実と合致する（虚偽のものではない）と信ずるに足りると客観的に判断されうる状況である場合には、その資料・情報により業務を行った税理士は、善管注意義務違反に問われることはないということを示唆している。

また、東京高裁平成七年六月一九日判決（判時一五四〇号四八頁）は、⑴「税理士は税務の専門家であるから、税務に関する法令、実務の専門知識を駆使して依頼者の要望に応ずる義務がある。すなわち相続税の修正申告手続きを受任した場合には、善良な管理者として依頼者の利益に配慮する義務があることはもちろんであり（民法六四四条）、税理士法上の義務として、法令に適合した適切な申告をすべきことは当然であるが、法令の許容範囲内で依頼者の利益を図る義務があるというべきである。そして、租税の申告（税額の確定作業）に伴い租税の納付義務が必要となるのであり、依頼者に納付の時期および方法について周知させる必要がある」、⑵「相続税の納付がいつであるのかを原告らに説明し、その納付が可能であるかどうかを確認し、これができない場合には延納許可申請の手続をするかどうかについて原告の意思を確認する義務があるというべきである。このような納付についての指導・助言を行うことは本件の事情のもとにおいては、単なるサービスというものではなく、相続税の確定申告に伴う付随業務であり、この懈怠については債務不履行責任を負うものと解するのが相当である」、と判示している。

学説・判例において、税理士が「税理士業務」を遂行する場合については高度な注意義務が課せられている。(17) 税理士が税理士業務及び会計業務を遂行するにあたり、判例においても疑義の存する項目については原始証憑類等との照合や事業主に確認を求める義務が存することは明らかである。会計業務における虚偽記帳はすなわち税務書類の虚偽記入を導くといえよう。所得税法上の青色申告者について、税理士が会計業務のみを委任された場合においても、このことは当然に要求されていると解される（後述**2**参照）。

2　会計業務における善管注意義務

税理士法二条における「税務代理」「税務書類の作成」「税務相談」「財務書類の作成、会計帳簿の記帳の代行等」の業務において、中心的な業務は、たとえば個人の事業所得の申告にあたっては、税理士による事業活動における事実の認定、事実についての会計的解釈（評価）、会計的解釈の記帳処理、税法的解釈を介しての確定申告書等の作成といった手順を経て遂行される。たとえば、依頼者個人が青色申告者である場合、所得税法はこれらの者の記帳義務等について、以下のように規定をする。

所得税法一四八条は、青色申告者は大蔵省令の定めるところにより、事業所得等を生ずべき業務につき帳簿書類を備えつけてこれに事業所得の金額等にかかる取引を記録し、かつ当該帳簿書類を保存しなければならないと規定する。そして、所得税法施行規則五六条以下において、事業所得については、青色申告者は事業所得の金額が正確に計算できるように、その事業所得を生ずべき事業にかかる「資産、負債及び資本に影響を及ぼす一切の取引を正規の簿記の原則に従い、整然と、かつ、明りょうに記録し、その記録に基づき、貸借対照表及び損益計算書を作成しなければならない。」と規定している。また、所得税法施行規則五八条は、青色申告者は、すべての取引を借方及び貸方に仕分する帳簿（仕訳帳）、すべての取引を勘定科目の種類別に分類して整理計算する帳簿（総勘定元帳）その他必要な帳簿などを備えなければならないと規定している。そしてさらに、所得税法施行規則五九条は、(1)仕訳帳には、取引の発生順に、取引の年月日、内容、勘定科目及び金額を記載しなければならない、及び(2)総勘定元帳には、その勘定ごとに、記載の年月日、相手方の勘定科目及び金額を記載しなければならないと規定している。

所得税法一四九条は、青色申告者には、大蔵省令で定めるところにより、貸借対照表及び損益計算書、事業所得等の金額に係る明細書、純損失の金額の計算に関する明細書を添付しなければならない（添付すべき書類については、所得税法施行規則六五条参照。ただし、簡易帳簿制度を選択した場合については貸借対照表の添付は不要である。同条二項）と規定する。なお、個人の青色申告者においては、確定決算を前提とする法人の申告者よりも、所得税法に税務書類の作成と会計業務に基づく財務諸表等との作成が特に密接に規定されている点に特徴があることに留意をすべきである。

上述の一連の過程においては往々にして、税理士に会計処理・税務処理の対象となる事実の認定に誤りが生じたり、それに基づく会計記帳処理（あるいは単なる数字の違算等）に誤りが生じたりする。このような場合においては、税理士の業務契約の内容によって、すなわち会計業務の受託といっても様々な形態があることから（請求書、納品書、領収書等の原始証憑から税理士が起票するものから、納税者の自計能力が高いことから、転記・元帳の作成・決算までを税理士が行う、あるいは決算のみを行うなど）どのような業務内容を受託し、それがどの時点で発生したかにより、責任が異なってくると解する見解が存する。(18) しかし、税務申告の作成にあたっては前述(1)の法規定から明らかなように、会計と税務は密接に関係し、かつこれらの処理は密接に連携しており、多くの税務処理の誤りは事実の認定に端を発する会計業務の段階で生じている。

事業者が作成すべき帳簿の種類は、所得税法の各規定とさらに正規の簿記の原則から、小口現金出納帳、当座預金出納帳、仕入れ帳、受取手形記入帳、支払手形記入帳、仕訳帳、総勘定元帳、補助元帳（得意先元帳、仕入れ元帳）であるが、これらは事業活動の遂行に伴う財務的要請から作成されるものであるとともに、所得税法上は総勘定元帳及び清算表を通じて、貸借対照表及び損益計算書を作成することである。この過程においては、総収入金額及び必要経費などに関する税法的知識や会計処理にかかる知識が不可欠となる。税務署長に提出すべき書類の作成は、税務書類の作成に該当するが、そのほかは会計業務あるいは、記帳代行として、位置づけられる。よって、税税理士業務に付随すべき業務といえども、税理士の税務・会計面での専門性に配慮した注意義務が要求されているといえる。

税理士法一条は、「税理士は、税務に関する専門家として、独立した公正な立場において、申告納税制度の理念に従って、納税義務者の信頼にこたえ、租税に関する法令に規定された納税義務の適正な実現を図ることを使命とする。」と定めている。「税理士の使命」の内容の中核は、納税義務の適正な実現を図ることであり、業務契約の当事者の一方である委嘱者（納税義務者）は、自己の真正にして適法な納税義務の過不足のない実現をめざして、業務契約を締結し、それを「税務代理」「税務書類の作成」「税務相談」または「財務書類の作成、会計帳簿の記帳の代行そのほか財務に関する事務」にかかる義務の履行により、その期待を達成するのである。

本件においては、青色申告者である依頼者個人に対する税理士の善管注意義務の内容が問題となっている。税理士の業務契約において、たとえば、税理士が決算だけの依頼を受けたとしても、あるいは税務書類の作成のみを依頼されたとしても、税理士業務契約書に特段の記載がなければ、総勘定元帳のうち不審なものは請求書、納品書、領収書等の原始証憑類等まで遡り、記帳内容を確認する義務が存すると解することができる。税理士と委嘱者の間で、従業員の不正による事業主の損害の防止について明確な合意契約（あるいは依頼）があったか否かにかかわらず、適正な税額の算定に重大な影響を及ぼす事項があれば、その損益計算書、貸借対照表及び確定申告書は適正な税額を反映していないことから、税理士はそのことを委嘱者に指摘しなければならない。税理士は、財務書類の作成が仮に任されていないとしても（単に）総勘定元帳に転記を行い、それに基づいて損益計算書、貸借対照表および確定申告書を提出すれば足りるとするものではない。適正な税額の算定にあたり、不審な点は原始証憑類等まで遡って、精査する義務を負わせられている。なお、これに対応する形で、委託者（納税義務者）には必要に応じて税理士に関係書類を開示する義務が負わせられている。

総勘定元帳等が、資産、負債および資本に影響を及ぼす一切の取引を正規の簿記の原則に従い、整然と、かつ明瞭に記録され、その記録に基づき、貸借対照表及び損益計算書が作成されていることは当然に求められている。税理士は、善管注意義務を果たして不審に思われるような記帳で原始証憑類等の存在しない取引は存在しないか、経理担当者や事務責任者の指示のみによる会計処理が存在し、それらのものとの関係会社と原告との間で同族会社の行為計算の否認規定（所得税法一五七条）の適用を受けるような取引が散在しないか、などにも配慮することが必要であろう。そもそも税理士が青色申告の承認の要件を明らかに充足していないような状況を察知しているような場合においては、税務書類の作成の前提となる会計業務には税務専門家としての注意が必要であろう。

六　税理士の会計処理・税務処理上の対応について

税理士が税理士業務と会計業務双方について委任をうけ、会計業務に基づき作成した会計帳簿を前提に税務書類の作成を行う場合に、税理士業務に付随する（あるいはその前提となる）会計業務について、個々の会計事実が単に貸借平均の原則のもとで形式的に結果的に借方と貸方とが一致すればよいというものではなく、適正な会計事実の認識が行われていなければならないことは当然である。税理士は、委任を受けた会計業務の内容に応じて、善管注意義務を果たし、不審な会計処理については適宜、原始証憑類等との照合を行うことが求められていると考えられる。

会計業務責任が問われる類型は、記帳ミスによる債務不履行、従業員等による不正行為に起因する虚偽記載による債務不履行に大別することができるであろう。富山地裁判決にかかる事案は、事務責任者と思われる者による借入金という形をとった横領にかかる事案であった。税理士が高度な注意義務を払ってその業務を遂行する過程において、たとえば原始証憑類等との照合などを通じて、不正行為（売上計上漏れ、仕入れの過大計上、経費の過大計上、たな卸除外、横領等の違法行為）の存在に気づいた場合、あるいはそれら不正行為の存在に疑念を抱いた場合について、税理士は原始証憑類等との照合による真偽の確認や委嘱者に対する是正助言義務（契約助言義務）を行うことにより、すみやかに税理士の債務（税理士法第一条を背景とした公的な責任義務と私的な責任義務の遂行による適正な納税義務の実現）を遂行しなければならない。架空長期借入金、架空資産（敷金等）、架空経費を発見した場合については会計帳簿等を修正し（総勘定元帳への真実の記帳）、税務処理を是正し、最終的には確定申告書に記載の課税標準等及び税額等を是正する義務がある。

そして、税理士は、その業務遂行にあたり、原始証憑類のない支出があること、不明朗な支出があることを指摘すれば、委嘱者は不正行為の存在を当然に知ることができる。会計帳簿の記帳、財務書類・税務書類等の作成にあたり虚偽記載が結果的に発見された場合において、税理士がこのような業務執行にあたって要求されている義務を果たしていなかった場合には、委嘱者は、税理士の債務不履行責任を追及することができる。

たとえば、従業員が売上を除外している（売上金を横領している）が、仕入金額は除外せずに損金に計上しているといった場合、たな卸資産が高額であり、かつ特殊な製品で数量がきわめて限定されるといった場合などにおいては、善管注意義務を払っておれば、通常売上金額に不審を抱くことが通常であろう。

本件における問題は、すくなくとも職業専門家としての税理士であれば当然に不審を抱くべき事項になんら疑念も抱かず、税理士が直接に横領の前提となる会計処理（虚偽記載）及びそれにもとづく税務処理（虚偽記載）をしたことに起因して、原告に損失が発生したか否かがそもそも争点となるべきであったと思われる。このような見解からすれば、前述したように高度な注意義務をもって長期借入金勘定などにかかる記帳について、このような記帳が虚偽記帳であるとの疑いを持つことができたか否かであり、そして仮に疑いをもつことが当然であったならば、虚偽記帳の疑われる処理について契約助言義務を行使せず、また原始証憑類等との照合もなく、結果的に開始貸借対照表、総勘定元帳等における借入金が虚偽記載である場合には、すくなくとも過失に基づく債務不履行が認められることになろう。

具体的には、本件においては、たとえば、次のような点に配慮がされるべきであったといえよう。被告が訴外Sにより作成してもらった収支内訳書とSの指示に基づいて、被告が手書きで総勘定元帳及び開始貸借対照表を作成したことについては争いがないが、被告の会計処理（単なる勘定科目操作としての仕訳）によって、原告からSへの架空の債務（借入金の返済。借入金の記帳により法的な債務が生ずるものではないが、この記帳を利用することにより不正行為を行っていたと解されよう。）が作り出されていたという点に留意をすべきであろう。被告がSの作成した収支内訳書あるいは指示に従い、Sからの借入金勘定（長期借入金勘定）を設け、虚偽の長期借入金処理をすれば、この勘定科目を通じて、Sへの支払い（借入金の返済及び借入利息の返済等）がなされることは当然に予見できたといえるかである。被告が一連の仕訳の流れを記載するにあたって、当然に不審を抱くことができたか、必要に応じて原始証憑類等との照合などを通じて架空資産などの虚偽記載を検証し、虚偽記載がある場合には、それを回避すべきであったといえるか、である。

なお、会計帳簿等に虚偽記載が存する場合においては、特に、本事案のような場合においては、税理士は是正助言義務を果たすことにより、さらに横領による損失額について所得税法三七条に規定する必要経費への算入の是非を検討する必要があり、また訴外Sに対する損害賠償請求権の収益計上時期等を検討することも要求されていた。これらの処理にあたっては、あわせて委嘱者との協議が不可欠であり、税理士がなんら報告もせず、またなんら対応策もとらなければ、不正行為による損害を結果的に拡大する結果となるであろう。

七　損害賠償の範囲について

税理士に対する損害賠償の範囲は、税法上の損害に制限されるであろうかか。この問題は、本判決においては、そもそも被告に債務不履行が存せず、また被告は不正行為も知っていなかったことから、直接には争点とならなかった。しかし、税理士が不正行為を知っていた場合、あるいは筆者のような見解を前提とした場合において、損害の発生と長期借入金等を記帳したこととの間に相当因果関係は存するであろうか。

税理士の債務不履行による民事上の責任について、税理士が民事上の責任を問われるのは、委嘱者に発生した税法上の損害とその原因を作った税理士の行為との間に因果関係が必要であるとする記述が散見される(19)。このような記述は、損害賠償の範囲の対象を「税法上の損害」に限定しているようにみえるが、このような見解は、本件のような税理士の債務不履行責任をまったく念頭におかない議論であり、税理士の業務執行における損害賠償の大部分が、税理士の過失による過大申告と過少申告（その後の更正等）をめぐって生ずることを踏まえたものであり(20)、本判決のような事案をも踏まえて十分に検討された文脈ではない(21)。これらの論者が主張する「税法上の損害」の意味は必ずしも明らかではないが、たとえば適正な税額と債務不履行による申告額との差額と附帯税の負担額を主として念頭においているものと考えられる。

債務不履行を理由として当該損害を賠償請求できるというためには、まず債務不履行と評価された具体的行為と損害との間に、当該具体的行為から当該結果が生じたという因果関係（事実的因果関係）が存在しなければならないのであり、この意味において税理士の債務不履行と損害との間に事実的因果関係があるとされた損害について、次に民法四一六条の規定により、どの範囲の損害が賠償されるべきかという規範的判断が加えられるのである。上述のような事実的因果関係の及ぶ範囲についての制約説的な見解は、税理士がそもそも独占的業務としての税理士業務（あるいは付随的な業務である会計業務と一体としての税理士業務として）の範囲の問題と因果関係の問題（ひいては、損害賠償の範囲の問題）とを混同する議論であり、誤りを犯しているといえる。また、責任の範囲（損害賠償の範囲）を税理士法二条の税理士業務と会計業務（付随業務）との範囲内に制約する見解は、この規定が税理士の独占業務の範囲を明確にするものに過ぎず、損害賠償の範囲を律するものではないことを失念しているといえる。

たとえば、この点について、「原告は、被告による架空記帳により、原告の篠原に対する架空の借入金が計上され、これにより、借入金の返済・利息支払い名目による預金の引き出しが可能になった」旨主張するが、本判決は、「被告によるSからの借入金の記帳によって、原告のSに対する債務が発生するものではなく、債務の発生及びその額は、Sと原告との間の法律関係により定まるものであり、被告の記帳によって直ちに原告に損害が発生したということはできない。そして、前記認定のとおり、原告は、被告の事務員から毎月示される月次帳表により、Sに対する借入金の額を確認しており、これに疑問をもたなかったというのであるから、仮に、借入金の返済・利息支払い名目で預金の引き出しが、架空のものであったとしても、原告においてこれを承認しているものであって、これを被告の行為による結果であるとすることはできない」と判示する。

しかし、横領者の口頭指示等により架空の「長期借入金勘定」を起こし、それを介して一連の不正行為（横領）が行われた場合に、結果実現（適正な納税者の実現）のために期待されている業務契約の内容（あるいは税理士法や各々の租税法による規定による義務）を税理士が怠り、すなわち税務書類の作成、財務諸表の作成、会計帳簿（本件においてはこれらは被告が作成したものであるが）の記帳にあたり、税理士であれば当然に疑念を抱く不審な会計処理についてなんら疑念を抱くことなく、その結果、原始証憑類等にあたることもせずに、結果的にその記帳・作成を委任された会計帳簿、財務諸表に虚偽の記載を行っている場合（最終的に税務申告も虚偽の記載を行うことになろう。）においては、相当因果関係が存することも十分に肯定しうる余地があるものと考えられる。

富山地裁判決は、「被告によるSからの借入金の記帳によって、原告のSに対する債務が発生するものではなく、債務の発生及びその額は、Sと原告との間の法律関係により定まるものであり、被告の記帳によって直ちに原告に損害が発生したということはできない」と判示するが、そのようなことは当然であり、そのような法律関係が存在すればそもそも不正行為は生じないのである。横領の手口はいろいろありうるが、本件においては借入金勘定を介した横領に被告が気がつくべきであったか否か問題となっているのである。また、原告が会計知識を有していたか否かを問わず、被告が記帳した会計帳簿等を受領することによって原告が借入金を承認していたと解する余地があるかは疑問である。

なお、仮に、原告の主張するように被告がこのような架空資産や架空経費の計上等による不正行為を知っていたのであれば、不法行為責任をも論ずる余地があろう。

さらに、このような会計帳簿への記帳、財務諸表の作成、税務書類の作成にかかる過程のなかで、重要な勘定科目、あるいは不審な勘定科目の項目については、会計処理にあたり記載すべき内容について、原始証憑類等にあたるということは職業専門家としての税理士に課せられた義務であるとともに、不審な勘定科目等について契約助言義務（是正助言義務）を介して、この事実を原告に報告し、会計事実、課税要件事実を正確に反映した、総勘定元帳、貸借対照表、損益計算書、税務申告書（確定申告書）を作成すべきであった。横領行為が原告に報告されておれば、このような不正行為に対してその回避策を採ることが可能であったといえよう。損害の範囲を当然に税法上の範囲と解する理由も乏しいといえよう。

八　過失相殺について

税理士に債務不履行責任が存する場合において、賠償責任及び賠償額の算定にあたり、委嘱者には、従業員の監督上の過失があるとして、過失相殺が認められるべきであるかが問題となろう。職業専門家である税理士の誤りが委嘱者の不十分な情報・資料に基づく場合で、税理士として重要な事項につき確認を怠った場合については過失相殺を論ずる余地がある。

本件における訴外Sの不正行為の防止については、税理士よりも経営者の方が適切な地位にあることから、事業主に過失がある場合については、損害賠償の算定においてこれを過失相殺すべきことになろう。

本件においては、過失相殺にあたり、以下のような点に留意がされるべきであろう。

(1)　税理士の業務契約の内容については、原告及び被告との間において争いのあるところではあるが、この業務契約を締結するにあたり、個人事業主の場合においては、通常、会計業務の処理においては単なる転記に止まらず、それに至る仕訳帳等の正確性をもかなり詳細に担保する趣旨であったと考える余地があるとすれば、個人事業主（及び中小企業法人）と税理士が締結する業務契約の内容については、「契約の非対称性」が十分に考慮される必要がある。個人事業が普通、被告のいうように簡単に仕訳等が理解でき、かつ税務書類が作成できるのであれば、税理士は不要な存在となろう。

なお、確定申告書に最終的には、委嘱者が確定申告書に署名捺印を行うことが法的に要求されているが、これは被告が主張するように税理士の会計処理・税務処理をすべて再度検証したうえで、問題が存しなかったということを法的に保証するものではない[22]。

(2) しかし、原告が訴外Sに委任状や実印を預け、事務処理を一任していたといったような状況が存すれば、原告の過失も大きいといわざるをえないであろう。さらにまた、原告が、原告の口座の通帳や銀行印を訴外Sに保管させていたといったような場合には、この点でSによる横領を容易にしたといえ、この点について、原告に監督上の責任が当然存するといえよう。

おわりに

税理士が依頼者との間で「税理士業務」、「会計業務」を内容とする業務契約を締結している場合には、税理士は会計帳簿の記帳代行、財務書類の作成、税務書類の作成等の過程において、適正な納税義務の実現のために、不正行為に基づき虚偽記載による会計処理又は税務処理を排除すべきである。そのため、被告は、高度な注意義務に基づいて不正行為と認められる事項、不正行為等の疑いのある不自然な事項については、契約助言義務を通じて原告へその会計処理の真偽を正す、あるいは原始証憑類等などとの照合を行うことにより、適正な会計処理及び税務処理を行うことが求められている。

特に依頼者が、青色申告者である場合には、税理士業務及びその前提となる会計業務においては、税理士法第一条、第四一条の三の規定の趣旨からのみでなく、所得税法第一四八条に規定する記帳義務、帳簿保存義務の趣旨からも不正行為を排除し、適正な納税義務を実現することが求められているといえよう。また、会計処理及び税務処理において虚偽記載の起因となる不正行為の排除は、租税法において租税実体法及び租税手続法において当然に予定されているといえる。

税理士の業務契約において、不正行為の発見が明文で委任されているか否かにかかわらず、業務契約を締結し、委任関係に入るとすると、税理士は、業務契約に内包された基本的な義務として、このような義務を負わせられることになるといえよう。

このような場合において、税理士は、だれがいくら横領したとか、あるいは横領したらしいとの報告までは要求されていない。資産勘定を介さない（だれからの）長期借入金がいくらあるとか、金額の大きな支出でありながら原始証憑類等が存しないものがあるなどの指摘が必要であり、それで十分に原告は不正行為を知ることができたのである。その結果、横領等の不正行為が存在する場合には、それを回避することができたのである。

ちなみに、本件において、被告は、税理士におけるこのような義務の存在を否定しており、具体的な会計業務及び税理士業務の遂行にあたり不審な会計処理等について原始証憑類等との照合を行わなかったばかりか、原告への契約助言義務（契約是正義務）も行使されていないところ、被告が訴外Sの不正行為を十分に承知していたかはともかくも、契約助言義務を適切に遂行し、原告に不審な勘定科目の内容等の指摘を行っていたか否かが審理されるべきであったといえよう。

さらに、会計業務責任をめぐる争点は、これまでの税理士に対する損害賠償請求事件の多くがそうであったように租税法上の処理あるいは判断を誤ったというのではなく、税務書類の作成の前提となる会計帳簿の作成あるいは記帳において、すくなくとも不正行為の疑いが存する事項について、原始証憑類等との照合や原告にその内容を問い合わせることもなく、たとえば富山地裁判にかかるような事案においては、税理士が会計処理（主として、長期借入金にかかる会計処理）を行い（それに基づいて税務書類も作成）、その結果勘定（長期借入金）勘定に記載された「借入金」を通して、原告から被告の貸付金の弁済を受ける、あるいは借入金利息の支払いを受けるという方法により、委嘱者に損害を与えたか否かである。ここでは、被告が原始証憑類等との照合や是正助言をしなかったという、税理士の懈怠により、架空経費等を計上して、過少に税額を申告しようとしている場合とは状況が異なる。そのような事案においては、税務申告にあたり過少に申告をしたという問題にとどまらず、被告が「長期借入金」として積極的に記載を行ったことが問題となっていることに留意をすべきであろう。

税理士は、たとえば、そのような事案において、資産勘定を介さない（だれからの）長期借入金がいくらあるとか、金額の大きな支出でありながら原始証憑類等が存しないものがあるなどの指摘が必要であり、それで十分に原告は不正行為を知ることができ、その結果、横領等の不正行為が存在する場合には、それを回避することができるといえよう。また、税理士としては、虚偽記載により経理責任者や事務責任者からの「長期借入金」（勘定科目）等を記載すれば、それらのものが「長期借入金」や「支払利息」を通して金銭の支払いを受けることは十分に予見することができたのであるから、原告が主張するように借入金が架空である場合には、それにより発生した損害とその原因を作った被告の行為との間に相当因果関係が存すると解することも十分に可能であるように思われる。

本判決は、会計業務につき一定の場合（不正行為を知っている場合）に税理士の損害賠償を認めるようにみえ、税理士における会計業務責任全面否定説といった見解を一歩進めるようにもみえるが、このような結論は、法解釈上、今後なお検討すべき余地があるように思われる。(23)

（1）日本税理士連合会編『新税理士法要説〔六訂版〕』五四頁（税務経理協会・一九九九）。
（2）日本税理士連合会・前掲注（1）五、四頁参照。
（3）新井隆一『税理士業務と責任』一〇一頁（ぎょうせい・一九九七）
（4）日本税理士連合会『税理士制度調査会中間答申』（平成一〇年六月一六日）。

(5) 新井・前掲注(3)一一〇頁。
(6) 新井・前掲注(3)一一九頁。
(7) 二分論は、税法学者においても最近は広く主張されている。松沢智『税理士の職務と責任〔第三版〕』一三五頁(中央経済社・一九九五)においては、この忠実義務をこれまでの善管注意義務とは区別する見解が主張される。
(8) 同様の主張について、山田二郎『税理士業務の民事責任とその対策』四九頁以下(東林出版社・一九九七)等参照。
(9) 日本税理士連合会業務対策部『税理士業務に関する損害賠償責任とその対応』三頁(一九九六)、能見善久「専門家の責任——その理論的枠組みの提案」専門家責任研究会編『専門家の民事責任』(別冊NBL二八号)七頁以下(商事法務研究会・一九九四)、後藤正幸「専門家としての税理士の責任」税法学五三六号二八頁、二九頁(一九九六)等参照。
(10) 日本税理士連合会業務対策部「税理士法第二条二項の専門家資任について(報告)」一頁(一九九七)、山田俊一「会計業務と専門家責任」税研七三号六六頁(一九九七)。
(11) 山田俊一・前掲注(10)六八頁、六九頁。日本税理士連合会業務対策部・前掲注(10)六頁も併せて参照。
(12) 石村耕治「税理士の職業賠償責任」朝日法学論集一八号一三頁(一九九八)。
(13) 日本税理士連合会業務対策部・前掲注(10)五頁、六頁参照。
(14) 日本コッパーズ事件の控訴審判決に対する判例批評等は多いが、龍田節「任意監査と監査人の責任」本誌一四一一号五四頁(一九九六)、居林次雄「有限会社の公認会計士監査の民事責任」金融・商事判例九八一号四三頁(一九九六)、石山卓磨「日本コッパーズ事件控訴審判決について」監査役三六八号四頁(一九九六)、上野正彦「日本コッパーズ事件とその判決」JICPジャーナル四八七号一三頁(一九九六)、江村稔「日本コッパーズ事件の監査論的意義」JICPジャーナル四八七号一八頁(一九九六)等を参照。
(15) 一審判決の評釈等としては、龍田節「任意監査と監査人の責任」本誌一三四九号五三頁(一九九一)、倉沢康一郎「監査人に対する社会的期待とその責任」監査役二九一号四頁(一九九一)、居林次雄「会計監査人の法的責任」富山大学経済論集三七巻三号一頁(一九九一)、近藤光男「会計監査人の会社に対する責任」判例時報一四〇〇号一七八頁(一九九二)、弥永真生「任意監査人の責任」ジュリスト一〇七八号一一五頁(一九九五)等参照。
(16) 佐藤義行「職業上の善管注意義務」税理三三八号四二頁(一九九〇)。同旨、首藤重幸「税理士の責任」日税研論集二四号一二七頁（一九九三）、新井・前掲注（3）一五頁、松沢・前掲注（7）一三五頁以下、山田二郎・前掲注（8）四六頁以下、日本税理士連合会業務対策部・前掲注（10）五頁以下等。

(17) 判例を紹介した上に税理士の高度な注意義務を指摘するものは多いが、とりあえず日本税理士会連合会業務対策部・前掲注（10）五頁以下、東海税理士会・名古屋税理士会税理士制度をめぐる諸問題について」二五九頁以下（一九九三）等参照。

(18) 布川博「依頼者に対する税理士の民事上の責任（後編）」税経通信平成七年一二月号二〇四頁以下（一九九五）参照。

(19) たとえば、首藤重幸「税理士の責任」日税研論集二四号一二九頁（一九九三）、およびこれを引用する加藤義幸『税理士法と民事責任』二〇〇頁、二〇一頁（六法出版社・一九九六）等。

(20) 首藤・前掲注（19）一三〇頁等参照。

(21) わが国の税理士の会計責任を論じた文献は存しない。税理士制度に相違はあるが、ドイツ等においては、広く責任が肯定されている。現代民事資任法研究会（渡辺達徳執筆）「専門的職業人の誤情報提供と損害賠償責任1　税理士の責任に関する裁判例を手がかりとして比較法的考察」比較法雑誌二三巻四号一七頁（一九九〇）が有益である。アメリカの会計士監査における責任については、安達巧「会計士監査における経営者不正の発見と監査人の資任——監査論（会計学）的考察を踏まえての検討」東北法学一七号一頁（一九九九）が詳しい。

(22) 日本税理士連合会業務対策部・前掲注（10）六頁。

(23) 「税理士法の一部を改正する法律」（平成一三年法律第三八号六月一日公布）は、税理士法人の創設を謳い、同法四八条の二から四八条の二一において税理士法人にかかる詳細な規定を創設している。税理士法人の創設は、税理士法人の業務範囲と社員の無限連帯責任にかかる問題を引き起こすが、そこで会計業務責任がますます問われることになろう。

＊ 脱稿後に大阪地判平成一三・五・二九（判例集未登載）に接した。本判決は、法人税事案ではあるが、税理士損害賠償請求事件において、税理士の債務不履行の有無を検討する前提として、まず税理士の果たすべき業務の範囲について、次のように判示する。

「税理士は納税者の求めに応じて租税に関する代理その他の業務を行うものであり、その主な業務は、税理士法二条によれば、『税務代理』『税務書類の作成』『税務相談』である。そして、同条は、税理士が『財務書類の作成、会計帳簿の記帳代行その他の財務に関する事務を業として行うことができる』旨を定めているものの、これは飽くまでも『税理士業務に付随して』行われることとされており、公認会計士が『財務の書類の監査又は証明』を本来の業務としていること（公認会計士法二条）とは一定の違いがある。

以上の点に、法人税の納税についていわゆる申告納税制度が採られていること（法人税法七四条以下）を合わせて考えれば、納税者は自らの責任によって財務書類等を正確に記帳し、これを基礎として申告を行うべき義務を負っているものというべきである。

しかし、税理士は、通常、税務に関しての専門的知識を持たない依頼者に代わって事務処理を行い、これによって報酬を得ているのであるから、その所属する税理士事務所の規模、依頼者である会社の規模、依頼者の作成した帳簿の正確性等の事業にかかわらず、税務の専門家として、依頼者のために最善を尽くして確定申告書類を作成するとともに、税務申告に必要な限度で、財務関係の処理をも行う義務を負うものと解するのが相当である。

すなわち、税理士は、確定申告手続においては商法三二条以下にいう商業帳簿に従って税務書類等を作成するだけでは足りず、法人税法施行規則別表二〇記載の帳簿を収集し……、その内容を検討した上で、確定申告書の記帳代行を行うべきなのであって、依頼者の商業帳簿すべてにつきその正確性を完全に確認する義務までを負うものではないが、帳簿上の数額が前年度の実績等と比較して極端に変動しているなど、疑義を差し挟むべき合理的な事由が存する場合にあっては、帳簿上の疑問点及び不備を指摘して依頼者に説明を求めるとともに、記載誤りなどがあれば、これを是正すべきである。」

このような見解は本稿で詳述した私見ときわめて近いものであり、評価しうるものである。

や 行

ら 行

わ 行

ま　行

な 行

は 行

た 行

さ 行

事項索引

あ 行

か 行

著者紹介

占部裕典　うらべ　ひろのり

同志社大学法科大学院教授（租税法、国際租税法、行政法専攻）
神戸大学法学部、同大学院法学研究科博士（後期）課程修了。博士（法学）（神戸大学）。エモリー大学ロースクール修士課程修了（LL.M.）。金沢大学法学部教授等を経て、現職。
租税法学会理事、信託法学会理事、日本税法学会理事。税制調査会専門家委員会特別委員、公認会計士試験委員等を歴任。
【主要著書】『租税法における文理解釈と限界』（単著、慈学社・2013）、『地方公共団体と自主課税権』（単著、慈学社・2011）、『租税法の解釈と立法政策（Ⅰ）・（Ⅱ）』（単著、信山社・2002）、『信託課税法』（単著、清文社・2001）、『国際的企業課税法の研究』（単著、信山社・1998）、『租税債務確定手続』（単著、信山社・1998）、『実務家のための税務相談（民法編）（２版）』（共編著、有斐閣・2006）、『判例分析ファイル　Ⅰ・Ⅱ・Ⅲ』（共編著、税務経理協会・2006）、『解釈法学と政策法学』（共編著、勁草書房・2005）、『固定資産税の現状と課題（全国婦人税理士連盟編）』（監修、信山社・1999）等多数。

租税法と行政法の交錯

2015年２月10日　初版第１刷発行

著　者　占部裕典
発行者　村岡侖衛
発行所　有限会社 慈学社出版　http://www.jigaku.jp
190-0182　東京都西多摩郡日の出町平井2169の２
TEL・FAX 042-597-5387
発売元　株式会社 大学図書
101-0062　東京都千代田区神田駿河台３の７
TEL 03-3295-6861　FAX 03-3219-5158

印刷・製本 亜細亜印刷

ISBN 978-4-903425-93-1